Mustererkennung im Mittelspiel

Arthur van de Oudeweetering

Mustererkennung im Mittelspiel

Schärfen Sie Ihren Blick für Schlüsselzüge und -manöver

New In Chess 2015

Für Ferrie und Joke, die meine Schachkarriere eingeleitet und stets unterstützt haben. Für Edith, Julie und Ilja, mit Dank für Ihre unschätzbare Hilfe, Geduld und ihren Enthusiasmus.

Veröffentlicht von New In Chess, Alkmaar, Niederlande
www.newinchess.com

Übersetzt aus der englischen Ausgabe *Improve Your Chess Pattern Recognition* (New In Chess 2014) von Harald Keilhack

Umschlaggestaltung: Volken Beck
Koordination: Peter Boel
Lektorat: René Olthof
Produktion: Anton Schermer

Haben Sie Fehler in diesem Buch gefunden?
Bitte senden Sie Ihre Hinweise an editors@newinchess.com. Wir werden alle relevanten Korrekturen auf der „Errata“-Seite auf unserer Webpräsenz www.newinchess.com sammeln und sie in einer möglichen Neuauflage berücksichtigen.

Zusätzliche Partien, auf die im Text verwiesen wird:
www.newinchess.com/avdo/pattern.zip

ISBN: 978-90-5691-615-2

Inhalt

Vorwort von Ian Rogers

Die meisten Spieler lernen die Themen der Standardkombinationen durch Bücher mit Taktikaufgaben. Doch solides Wissen über positionelle Konzepte ist viel schwerer zu erlangen.

Ständig fragen Spieler: „Die Eröffnung ist vorbei, was soll ich nun machen?" Doch außer der Kenntnis solcher Faustregeln wie „Verbessere die Stellung Deiner am schlechtesten platzierten Figur" ist Planfindung für die meisten ein Mysterium.

Der Band *Chess Middlegames* aus den Achtzigern, Ghostwriter Laszlo Hazai, behandelt in 4000 Beispielen zahlreiche Themen und war das beste Referenzbuch seiner Art. Das Buch ist freilich nonverbal, so dass der Leser schon einiges an Hingabe benötigt, um die Gemeinsamkeiten sowie die feinen Unterschiede etwa unter den über einhundert Beispielen zum starken und schwachen Isolani auf der d-Linie zu erkennen.

Arthur van de Oudeweetering springt in diese Lücke. Er hat nicht nur hunderte von zumeist aktuellen Beispielen gesammelt, mit denen viele wichtige Mittelspielthemen illustriert werden, sondern darüber hinaus eine neuartige Terminologie erarbeitet, mit deren Hilfe die Muster leichter wiedererkannt werden können.

Das vorliegende Buch ist nicht nur eine würdige neue Abhandlung über das Mittelspiel, nein, es macht auch Spaß es zu lesen! Sobald ein neues Kapitel beginnt, fragen Sie sich „Was meint er mit ‚Zurück in den Käfig' oder ‚Nach dem Haken angeln'?". Doch die Aufklärung folgt stets prompt.

Nach der Lektüre von *Mustererkennung im Mittelspiel* wird kein Spieler mehr die Gelegenheit verpassen, einen Läufer wegzuschnippen oder die Reserveoption für die Türme wahrzunehmen. Es wird Ihnen bewusster werden, was sie davon abhält, ohne Widerstand zu gewinnen. Wenn Sie eine Dampfwalze haben, werden Sie nach einem gegnerischen Sprinter Ausschau halten, usw.

Van de Oudeweeterings Abhandlung über den Killerspringer würde vermutlich bei Kasparow Anklang finden, der gerüchtehalber vor dem Computerzeitalter ein ausgeklügeltes System der Figurenbewertung entwickelt haben soll, das u.a. darauf beruht, wie nah am gegnerischen König sich ein Springer befindet.

Nachdem ich *MiM* verschlungen hatte, lag die Vermutung nahe, dass Caruanas Niederlage gegen Carlsen bei der Olympiade 2014 in Tromsø ihre Ursache darin gehabt haben könnte, dass der Italiener seine Riesenkrake überschätzt hatte (und ich hätte nie geglaubt, das ich jemals so etwas schreiben würde).

Sobald der Leser beginnt, die Muster aus *MiM* in seinen eigenen Partien anzuwenden, wird er den Übergang von der Eröffnung ins Mittelspiel viel leichter bewältigen und häufiger gute Stellungen erreichen. Dann beginnt der schwierige Teil – diese guten Stellungen auch in Siege umzumünzen, wie es in den meisten Beispielen aus *MiM* auch gelingt. Hierzu benötigen Sie Taktiktraining. Glücklicherweise gibt es dafür Dutzende von guten Büchern, während *MiM* auf seine Weise einzigartig ist.

Ian Rogers
September 2014

Einleitung

Über die Mustererkennung wurden viele wissenschaftliche Bücher verfasst; dieses soll nicht ein weiteres davon sein. Gewiss geht es in diesem Buch um Muster, in erster Linie aber um Schach.

Auch sollte von Beginn an klar sein, dass es hier nicht um taktische Muster geht, etwa um allerlei Arten von Mattbildern. Es werden sich vornehmlich positionelle Muster finden.

Schließlich wäre noch zu sagen, dass es sich um ein Buch über das Mittelspiel handelt. Gelegentlich wird ein Muster leichter anhand eines Endspiels zu erklären sein, da es dort weniger ablenkende Faktoren in Gestalt anderer Figuren gibt. Diese zusätzlichen Figuren könnten den Punkt, auf den man hinaus will, verderben. Man nehme zum Beispiel die Regel, dass ungleichfarbige Läufer den Angreifer begünstigen, falls die Schwerfiguren noch auf dem Brett sind. Selten werden Sie in Lehrbüchern und Artikeln zum Thema auf Stellungen treffen, in denen zusätzlich noch Springer anwesend sind. Schließlich mindern diese den Einfluss der Läufer, die ansonsten die alleinige Vorherrschaft über die Felder ihrer jeweiligen Farbe hätten.

Mithin werden Sie hin und wieder zu einem bestimmten Muster ein Beispiel aus dem Endspiel vorfinden. Schließlich ist – zumindest für mich – nicht immer ganz klar, wo das Mittelspiel aufhört und wo das Endspiel beginnt. So hat etwa Romanowski ausgeführt, dass Schwerfigurenendspiele wegen der Verwundbarkeit der Könige gleichfalls Mittelspielcharakter tragen. Daneben wird mitunter auf spezielle Eröffnungsvarianten Bezug genommen, die durch das zur Diskussion stehende Muster gekennzeichnet sind, z.B. der „Verlorene Läufer" in der Russischen Verteidigung (9....♗xa2!?). Der „Ganz seriöse Läuferzug" kommt gar in den verschiedensten Eröffnungen vor, wobei dieses Entwicklungs-Muster bemerkenswert beliebt geworden ist.

Unter den Mustern, die ich für dieses Buch ausgewählt habe, beruhen viele nur auf der Stellung einer einzigen Figur wie zum Beispiel des weißen Läufers auf d6, der das gegnerische Lager in zwei Hälften teilt („Der bestialische Läufer"). Ein anderes Muster handelt von einem bestimmten Zug, der kontraintuitiv eine Felderschwäche schafft, bei näherem Hinsehen jedoch auch etliche Vorteile mit sich bringt (in „Löcher sind halb so wild" schafft ...a7-a5 einen rückständigen Bauern auf b6 und eine Felderschwäche auf b5). Das einfache Erscheinungsbild dieser „Einzüger" macht es Ihnen viel leichter, die Idee während einer Partie zu erkennen. Einzig im letzten Teil werden auch einige kompliziertere Muster besprochen, so etwa Manöver (z.B. das Nievergelt-Manöver mit ...♔h8/...♖g8/...g7-g5) oder auch abstraktere Konzepte wie Figuren im Abseits (die ich genau so genannt habe). Oder die typische Auseinandersetzung, die sich aus einer bestimmten Bauernstruktur entwickelt.

Dieses Buch ist anders aufgebaut als der herkömmliche Wälzer zum Positionsspiel oder zur Mittelspielstrategie. Derartige Werke beginnen meist mit breit angelegten Konzepten wie Angriff und Verteidigung, Läufer gegen Springer, offene Linien usw. Im weiteren Verlauf gehen sie dann mehr ins Detail. Solche Bücher werden Sie (hoffentlich) mit wertvollem Verständnis und Wissen versorgen. Zugleich ist aber bekannt, dass die Entscheidungsfindung während einer realen Partie von der Kenntnis der Muster abhängt, die Sie erworben haben. Warum das Mittelspiel also nicht auf diese Weise studieren?

Ich erinnere mich lebhaft, wie ich plötzlich allerlei Möglichkeiten für Qualitätsopfer in meinen eigenen Partien entdeckte, nachdem ich für eine Trainingssitzung Material zu diesem Thema gesammelt und studiert hatte. Natürlich war mir auch zuvor schon das Konzept des Qualitätsopfers bekannt, doch irgendwie drängten sich die Züge viel konkreter in mein Bewusstsein. Mithin hoffe ich, dass Sie, nachdem Sie die sieben (Wiederholung ist nun mal die Mutter des Lernerfolgs!) Beispiele zum Läufer-Wegschnippen nachgespielt haben, in Ihren Partien nie mehr die Gelegenheit zu „Turm schlägt Läufer e6" verpassen werden. Die Erkennung eines Musters garantiert nicht den Weg zum Erfolg. Doch sie ist ein guter Ausgangspunkt für eine gute Idee. Danach müssen dann weitere Faktoren eingeschätzt und Varianten berechnet werden.

Über Mustererkennung im Schach könnte noch viel mehr gesagt werden, doch ich beschränke mich hier auf einen praktischen Aspekt. Bei der Suche nach Beispielen habe ich stets die Option des vertikalen und horizontalen Spiegelns verwendet. Auf diese Weise gelang es mir, bestimmte Muster mit anderen Bauernstrukturen in anderen Eröffnungen wiederzufinden. Doch dadurch verändert sich die Wahrnehmung etwas. Selbst eine simple Farbvertauschung kann sonderbare Dinge mit Ihrem Verstand anstellen.

In seinem sehr unterhaltsamen Buch *Improve Your Chess Now* hat Jonathan Tisdall ein typisches Beispiel hierfür gegeben. Nach 1.c3 e5 2.c4 ♘f6 würden wir 3.d3 automatisch als zu passiv verwerfen, und ich kann da nur zustimmen. Doch mit vertauschten Farben ist es der Auftakt zu einem Najdorf-Sizilianer. Wie sollen wir damit umgehen? Tisdall erwähnte hierzu, dass GM Julian Hodgson regelmäßig bestimmte Stellungen mit vertauschten Farben aufbaut, um neue Einblicke zu gewinnen. Eine äußerst interessante Methode! Und tatsächlich, wenn Jobawa die Philidor-Verteidigung mit Weiß auspackt (1.e4 e5 2.♘f3 ♘c6 3.♗e2), wie werden die Spieler dann an die Stellung herangehen? In den Sinn kommt auch Ljubojevic-Larsen, Tilburg 1981: 1.e4 c6 2.d3 g6 3.d4. Doch genug davon, ich komme gerade etwas von meinem Weg zu einem anderen Genre von Mustern ab.

Wenn man mit solch einer breiten Vorgabe startet, hat man natürlich die Wahl unter einer Vielzahl konkreter Themen. Auch wenn einige der Themen in diesem Buch relativ „normal" oder zumindest dem erfahreneren Spieler vertraut sein werden, so habe ich mich doch auf Muster konzentriert, die ein gewisses Überraschungsmoment beinhalten, zumindest aber gegen die klassischen Regeln des Positionsspiels, die wir alle verinnerlicht haben, verstoßen. Um diese Muster wirklich würdigen zu können, sollten Sie also zumindest ein Grundwissen über die Regeln bezüglich der Entwicklung, der Bauernstruktur und der starken/schwachen Felder haben. Andererseits habe ich in solchen Fällen meist zumindest ein Beispiel eingefügt, in dem sich die klassischen Regeln doch

Geltung verschaffen. Genauso wie es keine Regeln ohne Ausnahmen (= einige der Muster in diesem Buch) gibt, so gibt es mit Sicherheit keine Muster ohne Gegenbeispiele. Was bedeutet, dass es einfach keinen Stein des Weisen gibt. Entweder spielen die klassischen Schachgesetze doch mit hinein, oder die Umstände sind eben anders. Man bedenke auch den Umstand, dass zwei Muster aus diesem Buch in derselben Stellung aufeinanderprallen können, z.B. der Killerspringer gegen den bestialischen Läufer.
Den Anlass, über ein bestimmtes Thema zu schreiben, bot zumeist eine aktuelle Partie, die meine Aufmerksamkeit erregte. Einige Muster fielen mir dabei ins Auge oder riefen Erinnerungen an eine berühmte Partie wach, oder an eine eigene Partie. Die Suche in Büchern oder Datenbanken hat dann meist weitere Beispiele zutage gefördert. Ich habe es weitgehend vermieden, (zu) abgedroschene Beispiele zu verwenden, die bereits in (zu) vielen Lehrbüchern verwendet wurden. Doch gelegentlich hat es sich einfach angeboten, ein solches Beispiel als Vergleich zu einer aktuellen Partie anzuführen. Es wäre jedoch dumm, darauf zu verzichten, auf solche Vorgänger im Text hinzuweisen, wonach es zumindest bei einigen Lesern klingen sollte (um Ihrem Gedächtnis auf die Sprünge zu helfen und es Ihnen leichter zu machen, finden Sie jene Partien zum Herunterladen auf der New in Chess-Webseite unter www.newinchess.com/avdo/pattern.zip). Mithin stammt die Mehrzahl der Partien aus den letzten Jahren. Ich habe jedoch ein paar weniger bekannte ältere Partien hinzugefügt, einfach um die Dinge auch in historischer Perspektive zu beleuchten.

Ursprünglich wurden all diese Kapitel in 2012 und 2013 für das Online-Magazin *ChessVibesTraining* geschrieben. In erster Linie möchte ich ganz besonders Merijn van Delft dafür danken, dass er mich überzeugt hatte, für dieses Magazin zu schreiben, sowie Peter Doggers für seine Unterstützung während jener Zeit. Für das vorliegende Buch wurden die Artikel gründlich überarbeitet und aktualisiert. Es wird Ihrem praktischen Spiel vielleicht nichts nützen, doch um dem Buch mehr Struktur zu geben, wurden die Muster in vier Kategorien aufgeteilt:

- Der erste Teil, „Figuren auf typischen Posten", richtet sein Augenmerk auf typische, meist starke Plätze für Figuren. Wobei manches mehr, manches weniger geläufig ist. Von der Kraft eines Springers auf f5 gegen den rochierten König (dem „Killerspringer") mögen Sie schon gehört haben, doch die Riesenkrake (ein weißer Springer auf d6) ist weniger bekannt (ich bezweifle sogar, dass ihr bereits in irgendeinem Buch spezielle Aufmerksamkeit zuteil wurde).
- Der zweite Teil dreht sich um allerlei kontraintuitive Züge: Zurückschlagen, Abtäusche, Opfer, usw. usf.
- Einige davon hätten auch in den dritten Teil gepasst, den ich „Strategische Verfahren: Typische Opfer" genannt habe. Dieser Teil handelt von verschiedenen langfristigen positionellen Opfern. Wobei ich mich entschieden habe, zwischen Opfern, die etwas schlagen, sowie den oft überraschenderen stillen Opfern zu unterscheiden.
- Im vierten und letzten Teil bespreche ich eine Reihe von breitgefächerteren Konzepten: Nicht typische Figurenfelder oder typische Züge, sondern charakteristi-

sche Manöver oder kleine Pläne, die aus mehreren Zügen bestehen. Das abschließende Kapitel 40 behandelt Bauernstrukturen wie die in der praktisch entscheidenden 9. WM-Partie Anand-Carlsen in Chennai 2013, die das charakteristische Rennen zwischen Bauern am Königsflügel und am Damenflügel sah. Ich bin mir sicher, dass Ihnen auch viele andere Pläne und Bauernstrukturen in den Sinn kommen, die man in gleicher Weise behandeln könnte, doch das wäre Stoff für ein weiteres Buch.

Ich wünsche Ihnen viel Vergnügen und hoffe, dass Ihnen auch die Aufgaben gefallen werden!

Arthur van de Oudeweetering
Amsterdam, Juni 2014

Zeichenerklärung

Das Schachbrett und seine Koordinaten:

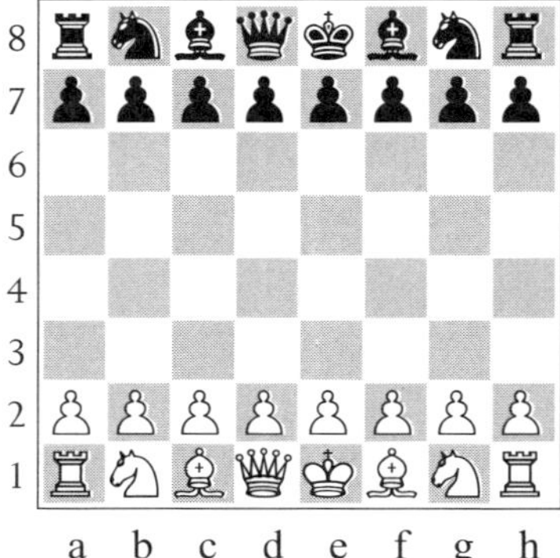

❑	Weiß am Zug
■	Schwarz am Zug
♔	König
♕	Dame
♖	Turm
♗	Läufer
♘	Springer

⩲	Weiß steht etwas besser
⩱	Schwarz steht etwas besser
±	Weiß steht besser
∓	Schwarz steht besser
+−	Weiß hat entscheidenden Vorteil
−+	Schwarz hat entscheidenden Vorteil
=	Die Stellung ist ausgeglichen
∞	Die Stellung ist unklar
≅	Mit Kompensation für das Material
>	stark (hinreichend)
<	schwach (unzureichend)
≥	besser ist
≤	schlechter ist
!	Starker Zug
!!	Glanzzug
?	Schlechter Zug
??	Grober Fehler
!?	Beachtlicher, interessanter Zug
?!	Zweifelhafter Zug
□	Einziger Zug
△	Mit der Idee
→	Mit Angriff
↑	Mit Initiative
⇈	Entwicklungsvorsprung
⇄	Gegenspiel
#	Matt
corr.	Fernpartie

Teil I

Figuren auf typischen Posten

1. Die Riesenkrake

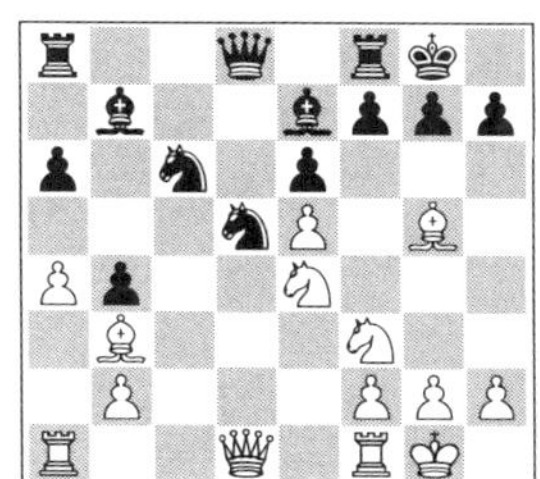

15.♘d6!

2. Der Killerspringer

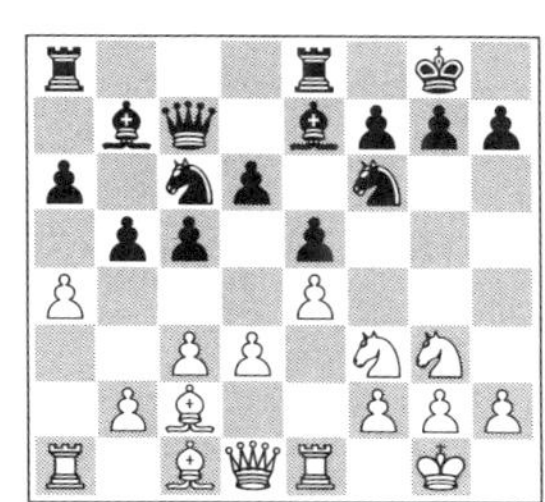

15.♘f5!

3. Nimzowitschs starker Vorstopper

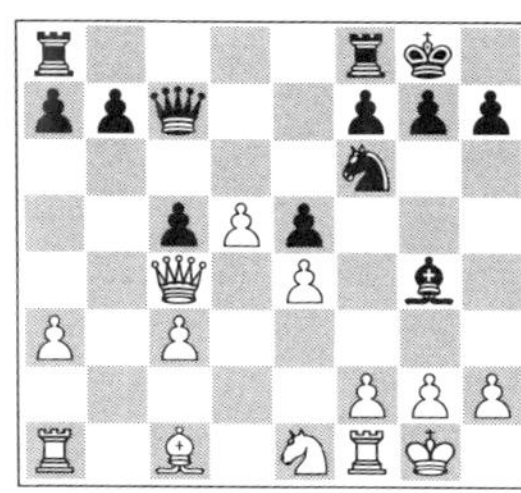

15....♘e8 und ...♘d6

4. Vom Rande aus herrschen

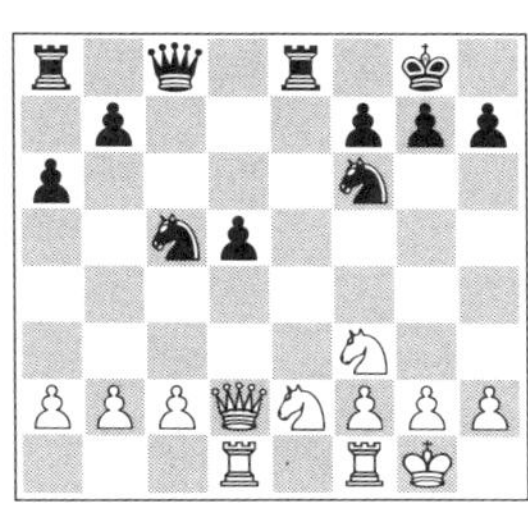

17...♘a4!?

5. In der Luft hängend in Aktion

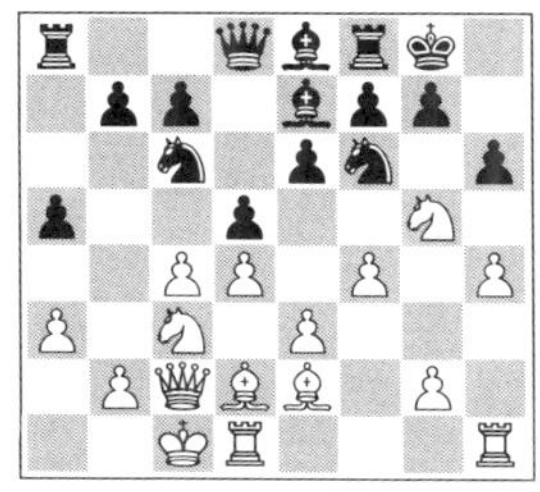

13...♘b4

6. Ein gar nicht so harmloser Zaungast

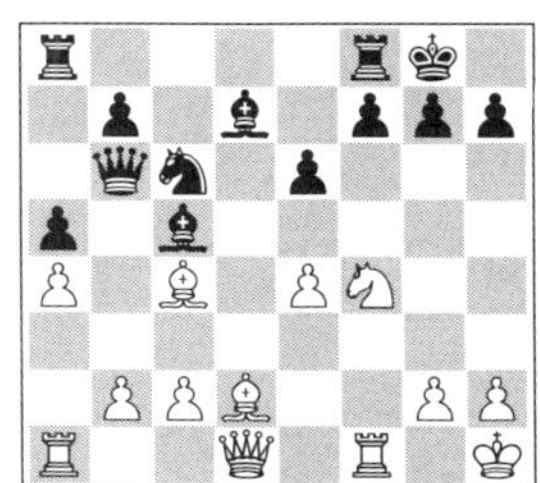

16.♘h5!

7. Der verlorene Läufer

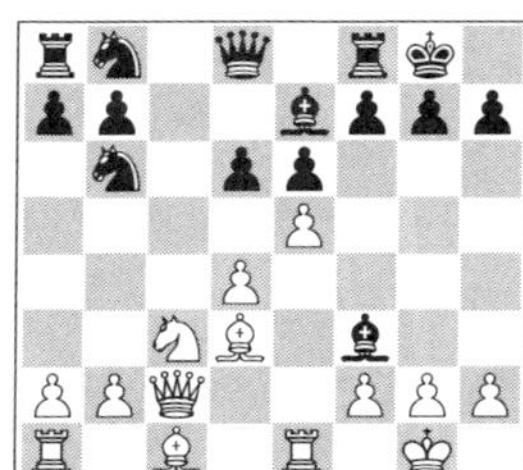

13.♗xh7+!? ♔h8 14.gxf3 g6

8. Anands mörderische Zwillingskanone

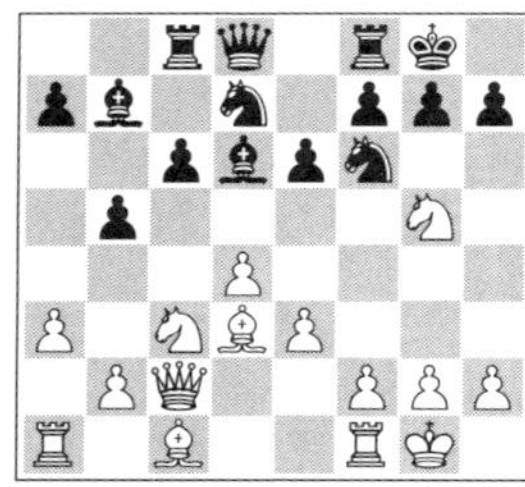

12...c5!

9. Der trügerische Läufer auf c8

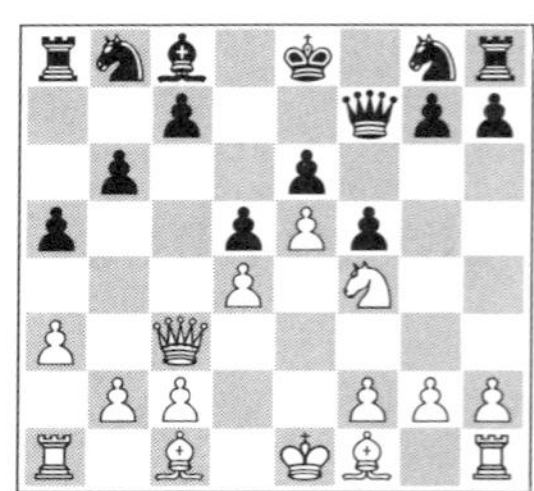

10...♗a6? ist hier verfehlt!

10. Der bestialische Läufer

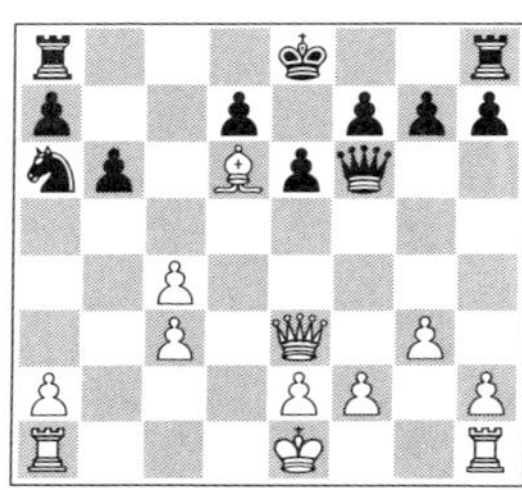

11. Verbotene Frucht oder nicht?

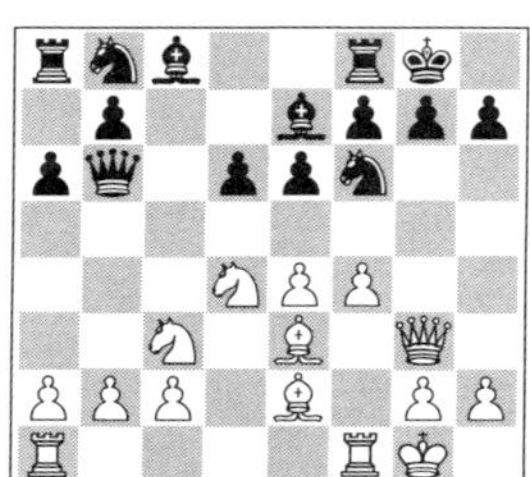

11...♕xb2!?

Kapitel 1

Die Riesenkrake – Eine äußerst mächtige Figur

Ein im Herz der gegnerischen Stellung platzierter Springer, der ebenso in Richtung Königsflügel wie in Richtung Damenflügel zielt, kann die gegnerischen Kräfte völlig lahmlegen. Das hört sich großartig an, nicht wahr? Solch ein Springer wird mitunter als Riesenkrake bezeichnet. Die acht Arme der Krake stehen dabei für die acht Felder, die der mächtige Springer beherrscht.

Die Schachgeschichte kennt einige berühmte Vorbilder für solch einen prächtigen Springer auf d3 oder d6. Denken Sie zum Beispiel an Robert Byrne-Fischer, USA-Meisterschaft 1963, oder an Kasparows eindrucksvollen Sieg gegen Karpow in der 16. Partie des Duells um die Weltmeisterschaft 1985. Diese Partien wurden schon vielerorts kommentiert. Hier möchte ich einige neuere Beispiele untersuchen und ein paar weitere Aspekte zu diesem Thema beleuchten.

Der Abtausch des relevanten Läufers

Betrachten wir zuerst, auf welche Weise ein Vorposten für die Riesenkrake geschaffen werden kann:

Hrant Melkumjan
Evgeny Postny
Sarajewo 2012

1.d4 d5 2.c4 dxc4 3.♘f3 ♘f6 4.e3 e6 5.♗xc4 a6 6.♗b3 b5 7.a4 b4 8.0-0 ♗b7 9.♘bd2 c5 10.e4 ♘c6 11.e5 ♘d5 12.dxc5 ♗xc5 13.♘e4 ♗e7

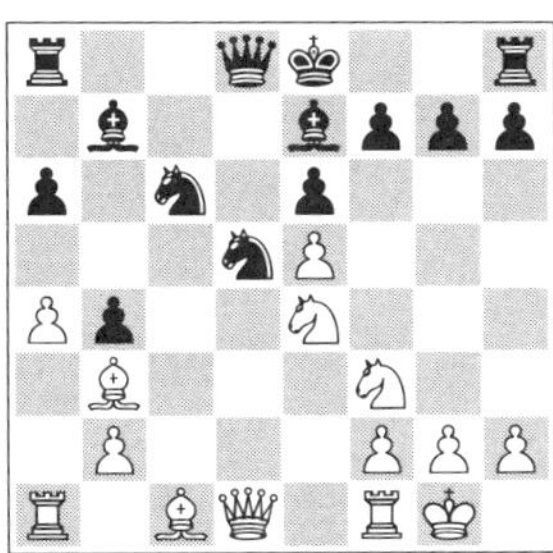

14.♗g5!

Tauscht den natürlichen Verteidiger des Feldes d6 ab. Nun kann der Springer auf d6 einfliegen, ohne Angst haben zu müssen, gleich abgetauscht zu werden.

14...0-0 15.♘d6 ♖b8

15...♗xg5 16.♘xb7 ♕e7 17.♗xd5 exd5 18.♕xd5 verliert einfach einen Bauern.

16.♗xd5 exd5 17.♗xe7 ♘xe7

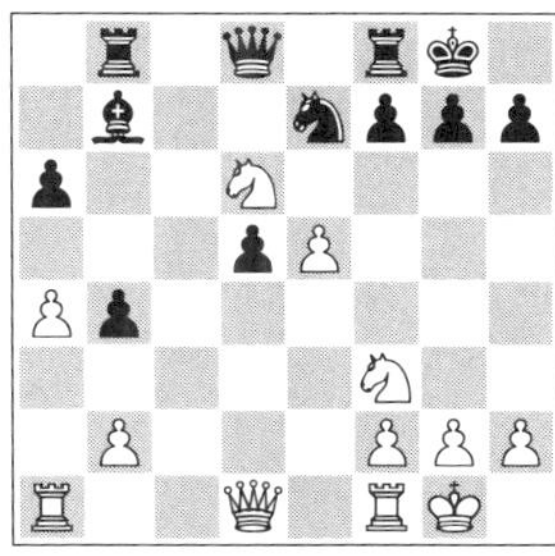

Reden wir kurz über den relativen Wert von Figuren: Der ♘d6 ist natürlich weit mehr als die üblichen drei Punkte wert. Die schwarzen Figuren sind ernsthaft in ihren Aktivitäten eingeschränkt, und Weiß beherrscht viel mehr Raum. All dies dank des Ungeheuers mit den acht Armen.

18.♕d3

Weiß schlägt den Weg in Richtung Königsflügel ein. Eine Alternative wäre 18.♘d4 ♘c8 19.♘xb7! ♖xb7 20.a5. Dies mag Ihnen überraschend erscheinen: Weiß gibt die Riesenkrake einfach für den schlechten Läufer. Aber wichtig ist nicht, was abgetauscht wird, sondern was auf dem Brett verbleibt. Weiß hat lediglich seinen Vorteil transformiert.

Das bekannteste Beispiel für eine derartige Situation ist wohl Fischers 22.♘xd7 in Fischer-Petrosjan, 7. Matchpartie 1971.

18...♕d7 19.♘g5

19.♘d4 war noch immer möglich.

19...♘g6 20.f4?!

20.♕g3, um 20...f6 mit 21.e6 zu beantworten, war eine bessere Möglichkeit zur Befestigung des Vorpostens auf d6. Damit vermeidet Weiß auch die Komplikationen nach 20.♘dxf7 ♕g4.

20...f6

Schwarz versucht, den Halt des starken Springers zu unterminieren.

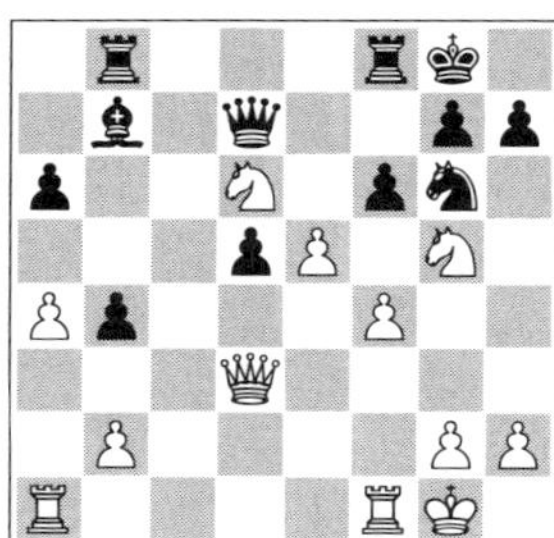

21.♘xb7?

Weiß hatte einen stocksolide scheinenden Positionsvorteil, doch hier hatte er bereits keine andere Wahl, als in scharfer und konkreter Weise fortzusetzen: 21.♘xh7 ♔xh7 22.♖f3, wonach Schwarz zu 22...♖h8 (22...f5 23.♖h3+ ♔g8 24.♕f3 ♖f6 25.♘xb7 ♖e6) Zuflucht nehmen müsste.

21...fxg5 22.♘c5 ♕c6 23.♘xa6

Die Dinge sind für Weiß fürchterlich schiefgegangen: Erinnern Sie sich noch an die einstmals so stolze Stellung dieses Springers auf d6?!

23...♖a8

Gewinnt eine Figur und damit letztlich auch die Partie.

24.♘xb4 ♕c5+ 25.♔h1 ♕xb4 26.♕xd5+ ♔h8 27.fxg5 ♕xa4

Schwarz gewann im weiteren Verlauf.

Johnny Hector
Jens Ove Fries Nielsen

Ballerup 2012

Ein weiteres aktuelles Beispiel, in welchem Weiß die schwarzfeldrigen Läufer tauscht, um seinen Springer zu einer Riesenkrake zu befördern. Diesmal verläuft die Partie anschließend reibungslos.

1.e4 d5 2.exd5 ♕xd5 3.♘f3 ♘f6 4.d4 ♗g4 5.♗e2 e6 6.0-0 ♗e7 7.h3 ♗h5 8.c4 ♕d8 9.♕b3 ♕c8 10.♘c3 0-0 11.♗f4 ♘bd7 12.♖fe1 ♗d6 13.♘e5 ♗xe2 14.♖xe2 ♘h5 15.♗d2 c6

Oha! Es erscheint logisch, dass Schwarz seiner Dame Platz schaffen will. Doch nun kann Weiß versuchen, einen Vorposten auf d6 zu etablieren.

16.♘e4 ♗e7

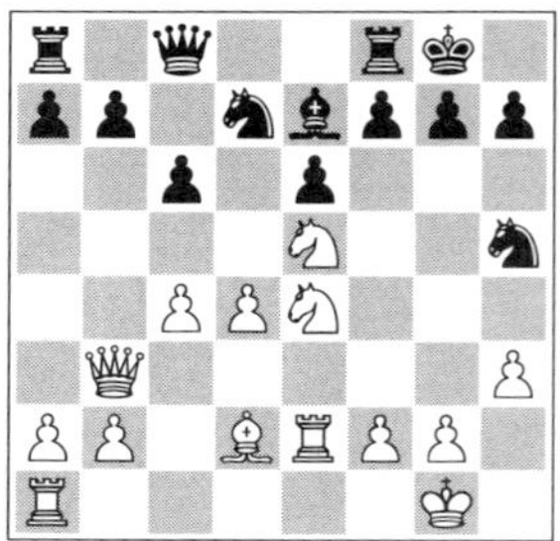

17.♗b4!

Auf geht's!

17...♗xb4 18.♕xb4 ♘hf6 19.♘d6

Und hier ist sie: Unsere Riesenkrake! Weiß steht klar besser.

19...♕c7 20.♖d1 a5 21.♕a3 ♘b6 22.♖d3

22.♖de1 (ein schwieriger Zug) war wohl besser, um nach 22...♘c8 auf f7 zu schlagen.

22...♘c8

Das logische Vorgehen gegen den furchteinflößenden Vorposten.

23.c5 ♘d5 24.♖b3 ♖a7 25.♖g3 ♘ce7

Es war folgerichtiger, hier oder im Zug zuvor den Springer per Abtausch auf d6 zu eliminieren – auch um den Preis eines potenziell gefährlichen d-Freibauern. Nun geht Schwarz an seinem chronischen Raummangel zugrunde. Man beachte den Unterschied in der Aktivität zwischen den weißen und den schwarzen Türmen.

26.♕f3 ♘g6 27.h4! ♖aa8

27...♘xh4 28.♕g4 ♘g6 29.♘xg6 hxg6 30.♖h3.

28.h5 ♘xe5 29.♖xe5 ♕e7 30.♖eg5 g6 31.hxg6 fxg6 32.♖xg6+ hxg6 33.♖xg6+ ♔h7 34.♕h5+ 1-0

Nafisa Muminowa
Pham Bich Ngoc
Ho-Chi-Minh-Stadt 2012

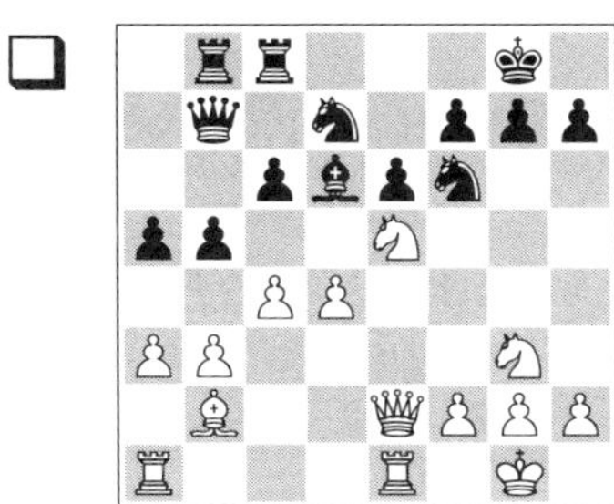

Hier noch ein weiteres Beispiel, in dem Weiß c4-c5 spielt und damit der Gegnerin ein starkes Springerfeld auf d5 überlässt. Bedeutsamer ist indes der Stützpunkt für ihren eigenen Springer auf d6.

18.c5 ♗xe5

18...♗c7 19.♘xf7 ♗xg3 (19...♔xf7 20.♕xe6+ ♔f8 (20...♔g6 21.♖e4 h6 22.♕f5+ ♔f7 23.♘h5, und es folgen Züge wie d4-d5 oder ♖e4-g4) 21.♕e7+ ♔g8 22.♘f5 ♘e8 23.d5) 20.hxg3 ♔xf7 21.♕xe6+ ♔f8 (21...♔g6 22.g4) 22.♕d6+ ♔g8 23.♖e7 mit der Drohung d4-d5.

19.dxe5 ♘d5 20.♘e4 ♖f8 21.♗d4 ♕c7 22.♘d6

Unsere geliebte Riesenkrake, prächtig unterstützt von Bauern auf c5 und e5. Weiß muss in dieser geschlossenen Stellung erst noch irgendwo durchbrechen (außer der d-Linie gibt es keine offenen Linien), doch der Nachziehenden mangelt es spürbar an Raum. Weiß gewann nach diversen weiteren Abenteuern.

Die Überleitung ins Endspiel

Andjelija Stojanovic
Dusan Colovic
Kragujevac 2012

1.c4 d6 2.♘c3 e5 3.g3 f5 4.♗g2 ♘f6 5.d3 ♗e7 6.♘f3 0-0 7.0-0 ♕e8 8.c5 ♔h8 9.cxd6 ♗xd6 10.♕a4 c6 11.♕h4 ♘bd7 12.e4 ♘c5 13.exf5 ♗xf5 14.d4 exd4 15.♕xd4 ♖d8 16.♗g5 ♘d3

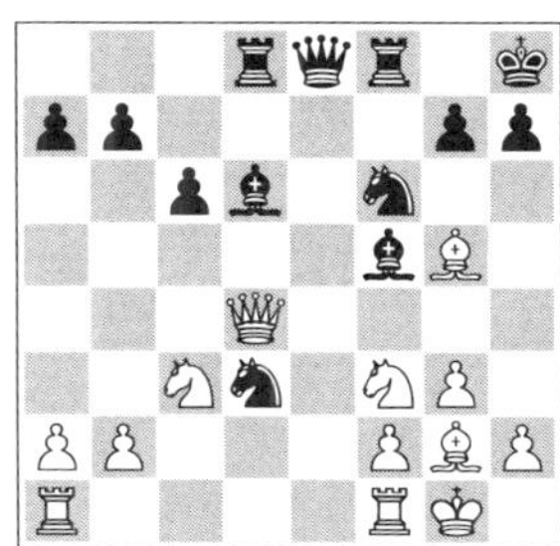

17.♕e3 ♗c5

17...♘g4 18.♕e2 (oder 18.♕xe8 ♖dxe8) 18...♕xe2 19.♘xe2 ♖de8 sieht nach einem besseren Versuch aus.

18.♕xe8 ♖dxe8

Hier sehen wir eine Riesenkrake im Endspiel (oder vielmehr in einem damenlosen Mittelspiel). Der Bauer b2 ist angegriffen, f2 steht unter Beschuss, die offene d-Linie ist verstellt, die Krake wird vom ♗f5 unterstützt, die e-Linie ist für die weißen Türme nicht zugänglich. Indes muss der Gegner sich hier nicht mit dem Problem einer kaltgestellten Dame herumschlagen wie etwa im vorigen Beispiel. Ein weiterer wichtiger Unterschied ist, dass Weiß hier nicht so stark unter Raumnachteil zu leiden hat.

19.♘a4

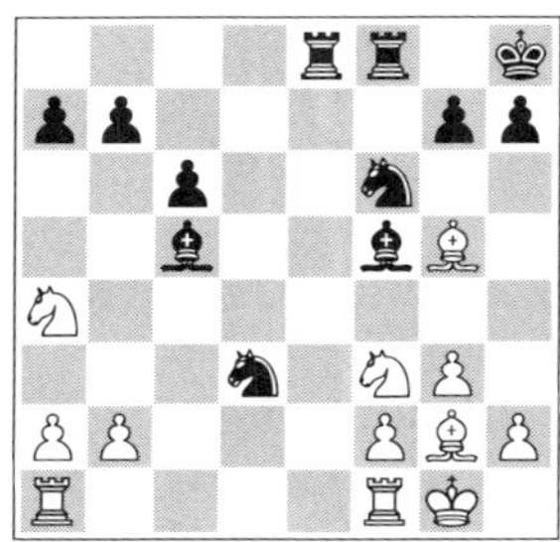

19...♗xf2+

Schwarz gibt seinen stolzen Springer für höhere Ziele. Er könnte auch versuchen, die Spannung – und damit auch seine Riesenkrake – mit 19...♗e7 zu erhalten. Ich vermute trotzdem mal, viele von uns wären von dem „aktiveren“ Textzug angetan.

20.♖xf2 ♘xf2 21.♔xf2 ♘e4+ 22.♔g1 ♗g4?!

Aber das ist zuviel. Das geradlinige 22...♘xg5 23.♘xg5 ♖e2 hätte ungeachtet des ungleichen Materials zu einer ungefähr ausgeglichenen Stellung geführt.

23.♗f4 ♗xf3 24.♗xf3 g5 25.♗xe4 ♖xe4?

25...gxf4 hätte schlicht den Bauern gerettet.

26.♘c3 ♖e6 27.♗xg5

Nun muss Weiß besser stehen. Aber gelang es ihm, die Partie noch zu verlieren.

Ein ganz normaler Vorposten

Nicolai Pedersen
Hans Tikkanen
Ballerup 2012

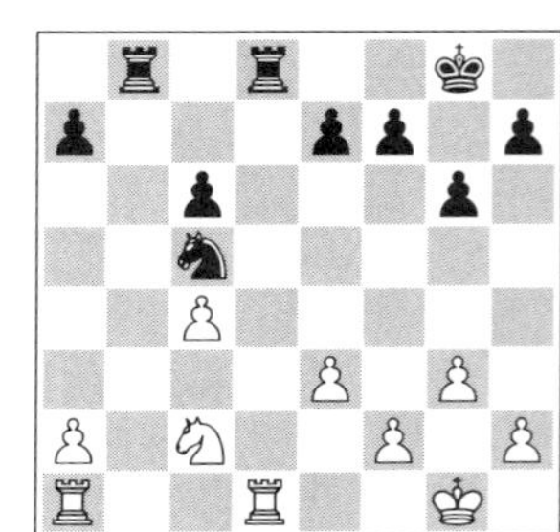

In praktischen Endspielen mit wenigen Figuren wird unsere Riesenkrake eher zu einem ganz normalen Vorposten – ganz einfach, weil sie nicht mehr die Aktivität so vieler Figuren lähmt. Natürlich kann es immer noch ein sehr starker Vorposten sein.

23...♖xd1+!

Erobert im Endeffekt die offene b-Linie, da die d-Linie bald blockiert sein wird.

24.♖xd1 e5 25.♘e1 e4!

Gewinnt die Vorherrschaft über d3 – die Heimstätte unserer Riesenkrake – zurück.

26.♘c2

Verständlicherweise möchte Weiß nicht nur passiv abwarten und plant, seinen Springer zu aktivieren.

26...♘d3

Natürlich ergreift Schwarz die Gelegenheit. Die Riesenkrake blockiert nun die d-Linie.

27.♘d4 ♘e5

Das direkte 27...♖b2 28.♘xc6 ♘xf2 war auch möglich, z.B. 29.♖d8+ ♔g7 30.♘xa7 ♘g4, und Schwarz steht auf Gewinn.

28.♘b3 ♖b4 29.c5 ♖a4 30.♘c1

Schwarz steht klar besser und gewann schließlich die Partie.

Die Riesenkrake entsteht direkt aus der Eröffnung

Harmen Jonkman
Francisco Palacios Llera
Internet 2002 (Schnellpartie)

1.e4 c5

Verschiedene Eröffnungsvarianten bringen eine Riesenkrake hervor, zum Beispiel diese: 1...e6 2.d4 d5 3.♘c3 ♗b4 4.e5 c5 5.♗d2 ♘e7 6.♘b5 ♗xd2+ 7.♕xd2 0-0 8.f4 a6 9.♘d6,
oder auch jene:
1...e5 2.♘f3 ♘c6 3.♗b5 a6 4.♗a4 ♘f6 5.0-0 ♗e7 6.♖e1 b5 7.♗b3 d6 8.c3 0-0 9.h3 ♗b7 10.d4 ♖e8 11.♘bd2 ♗f8 12.a4 h6 13.♗c2 exd4 14.cxd4 ♘b4 15.♗b1 c5 16.d5 ♘d7 17.♖a3 c4.
Das folgende Abspiel aus dem Alapin-Sizilianer zeigt ein drittes Beispiel.

2.c3 d5 3.exd5 ♕xd5 4.d4 ♘f6 5.♘f3 ♗g4 6.dxc5 ♕xd1+ 7.♔xd1 e5 8.b4 e4 9.h3 ♗h5 10.g4 ♘xg4 11.hxg4 ♗xg4 12.♘d2 ♘c6 13.♗h3 ♗xh3 14.♖xh3 exf3 15.♘xf3

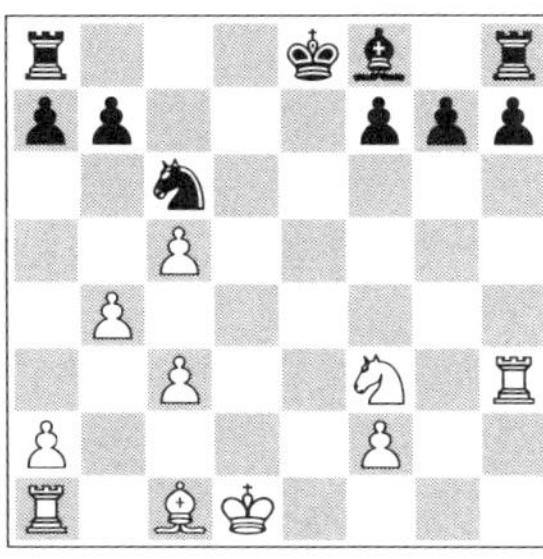

Hier sind die Konturen klar: Ein starkes Feld d6 sowie der unterstützende Bauer auf c5 sind bereits vorhanden (die Botwinnik-Variante der Slawischen Verteidigung ist mit vertauschten Farben durch eine ganz ähnliche Struktur gekennzeichnet – es wird Sie bestimmt nicht wundern, dass dort mitunter ein Springer auf d3 auftaucht). Der weiße Plan lautet vereinfacht gesagt wie folgt: Tausche den schwarzfeldrigen Läufer ab (eine bereits geläufige Idee, nicht wahr?) und dirigiere dann den Springer in Richtung d6.

15...♗e7 16.♔c2 ♗f6 17.a3 0-0 18.♗e3 ♖ad8 19.♖ah1 h6 20.♖g1 ♔h7 21.♗g5! ♗xg5 22.♘xg5+ ♔g8 23.♘e4 ♔h7 24.♘d6

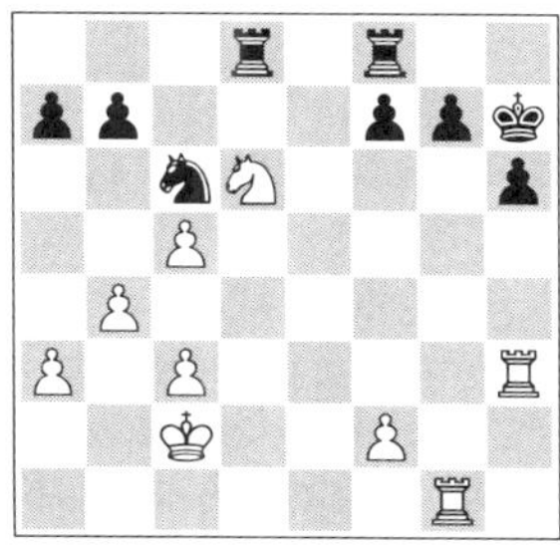

Melde Vollzug! Der Bauer b7 ist angegriffen, die schwarzen Türme werden dominiert.

24...♖d7 25.f4 f5 26.♖d3 g6 27.♖e1 ♖g7 28.♖e6 a6 29.♘xb7 ♘xb4+ 30.axb4 ♖xb7 31.♖dd6 ♖g7 32.♖xa6 h5 33.b5 ♖c8 34.c6 h4 35.b6 h3 36.c7 h2 37.♖a1 ♖a8 38.♖h1 ♖f8 39.♖xh2+ ♔g8 40.♖c6 ♖h7 41.♖xh7 1-0

Sopio Gwetadse
Nino Batsiaschwili
Anaklia 2012

Schließen wir dieses Kapitel mit einer kürzlich gespielten Partie aus der georgischen Damenmeisterschaft.

1.e4 g6 2.d4 ♗g7 3.♘c3 d6 4.♗e3 c6 5.♕d2 ♘d7 6.♘f3 b5 7.a4 b4 8.♘d1 ♖b8 9.♗d3 ♕c7 10.0-0 ♘gf6 11.♗h6 0-0 12.♗xg7 ♔xg7

Bei diesem Abtausch dürfte man kaum an eine künftige Riesenkrake denken.

13.c3 c5 14.♘e3 e6

Aber nun sollte die Idee allmählich klar werden. Mit diesem Zug büßt Schwarz seine Kontrolle über d6 ein.

15.♖fe1 ♗b7

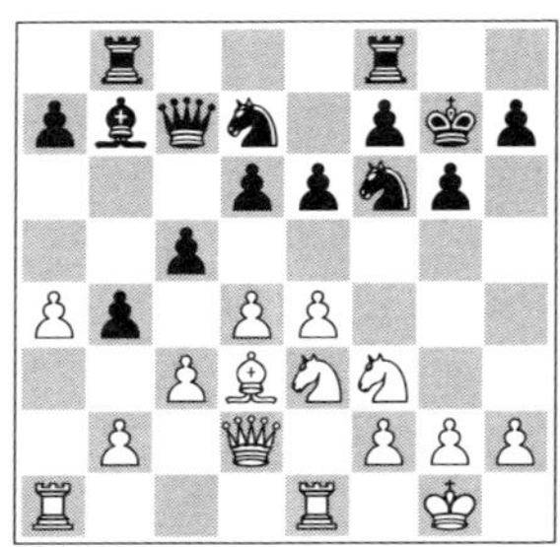

16.e5!? dxe5 17.dxe5 ♘g8

Stärker dürfe das überraschende 17...♘h5 sein. Falls Weiß genauso wie in der Partie fortsetzt, wäre die schwarze Stellung nach 18.♘c4 ♗xf3 19.gxf3 f6!? in Ordnung. Mit 19...f6 öffnet Schwarz die f-Linie und unterminiert die Unterstützung einer Riesenkrake auf d6.

18.♘c4 ♗xf3 19.gxf3 ♘b6 20.♘d6 bxc3 21.bxc3 ♖bd8

Der Versuch, die Riesenkrake mit 21...♘c8 abzutauschen, trifft auf 22.♗b5, wonach 22...♘xd6 23.exd6 dem Weißen einen starken Freibauern beschert (ganz genau wie in der Partie Hector-Fries-Nielsen).

22.♖ab1 ♕e7 23.a5 ♘c8 24.♖b7 ♖d7 25.♖xd7 ♕xd7

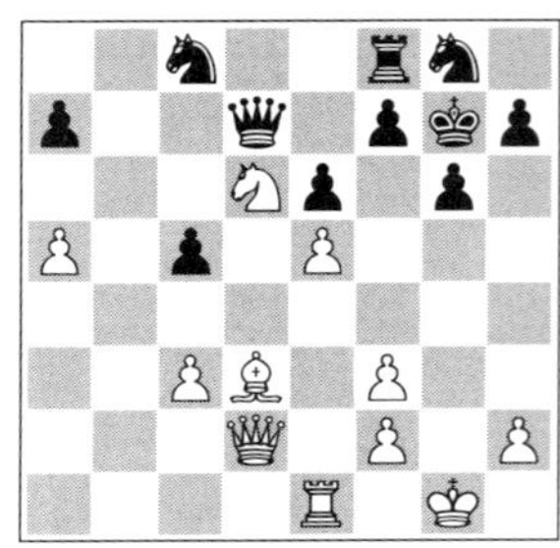

26.♗xg6

Ein listiger Zug, der aber auf einem Rechenfehler beruhen könnte. 26.♗b5 sieht natürlich aus, und objektiv war dieser Zug auch stärker.

26...♘xd6

26...♔xg6 wirkt schaurig, war aber spielbar. Nach 27.♕d3+ (oder 27.♔h1 h6 28.♖g1+ ♔h7 29.♖g7+ ♔xg7 30.♘f5+ exf5 31.♕xd7 ♘ge7) 27...f5 28.exf6+ ♔xf6 29.♘e4+ rettet sich Schwarz soeben mit 29...♔e7.

27.♗c2

Nun ist wieder alles im Lot. Weiß steht auf Gewinn.

27...♕c6 28.exd6 ♖d8? 29.♕g5+ 1-0

Zusammenfassung

So – nun erkennen Sie die Riesenkrake, wenn sie Ihnen über den Weg läuft! Es gibt verschiedene typische Methoden, eine Riesenkrake zu schaffen: Man kann zum Beispiel den gegnerischen Läufer, der das Eintrittsfeld kontrolliert, abtauschen, oder aber im Vorfeld für einen flankierenden Bauernschutz sorgen. Sobald die Riesenkrake in Stellung gebracht ist und die gegnerischen Figuren – insbesondere die Türme – dominiert, wird sie von unschätzbarem Wert sein. Mit weniger Figuren auf dem Brett ist die Riesenkrake noch immer eine starke Figur, doch ihr Einfluß auf das Spielgeschehen schwindet ein wenig.

Kapitel 2

Der Killerspringer

Ein Springer auf f5 (bzw. auf f4) übt oft gewaltigen Druck auf die gegnerische Rochadestellung aus. Meist ist es für den Verteidiger ratsam, sich umgehend um den Springer zu kümmern, bevor dieser im Verbund mit anderen Figuren starke Drohungen aufstellt. Untersuchen wir nun also die Kraft eines weiteren furchterregenden Springers.

Der Weg zum Stützpunkt

Robert Kempinski
Dimitar Dochew
Achaia 2012

1.d4 ♘f6 2.c4 g6 3.g3 ♗g7 4.♗g2 0-0 5.♘c3 d6 6.♘f3 ♘c6 7.0-0 a6 8.♗f4 ♖b8 9.♖c1 ♘h5 10.♗g5 h6 11.♗e3 f5 12.♕d2 g5 13.d5 f4 14.dxc6 fxe3 15.fxe3 e5 16.cxb7 ♗xb7 17.♕c2 ♘f6 18.♘d2 ♗xg2 19.♔xg2 ♘g4 20.♖xf8+ ♕xf8 21.♘d1 ♕e8 22.h3 ♘f6 23.♘c3 ♕c6+

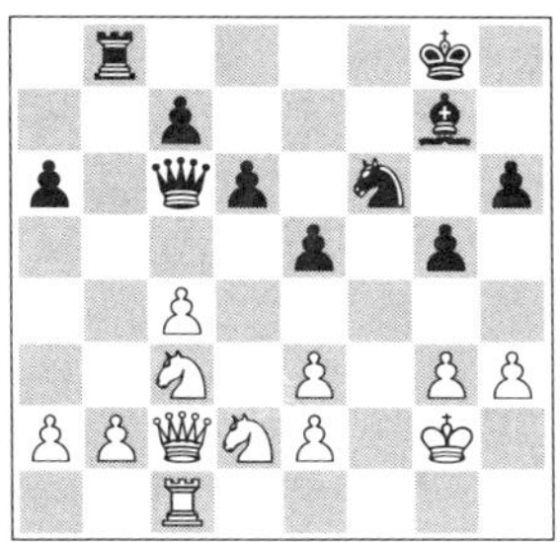

24.e4!

Natürlich war 24.♘ce4 eine gute Alternative – nach einem Abtausch wäre der weiße Springer dem schwarzen Läufer überlegen. Doch mit dem Textzug steuert Weiß mit seinem Springer das noch stärkere Feld f5 an.

24...g4 25.h4 ♕b6 26.b3

Weiß bereitet umsichtig ♕d3 und ♘f1-e3 vor.

26...c6

Schwarz würde liebend gern seinen schlechten Läufer mit 26...h5 nebst ...♗h6 beleben, um zugleich auch ♘e3 zu verhindern. Doch nach 27.♘d5 ♘xd5 28.exd5 erwacht der bislang verdoppelte weiße Mehrbauer zu neuem Leben. Mit dem Textzug verhindert Schwarz natürlich ♘d5, schafft aber ein neues Angriffsziel auf d6.

27.♕d3 ♕d4 28.♘f1 h5 29.♖d1 ♘d7 30.♕c2 ♕c5 31.♘a4 ♕a7

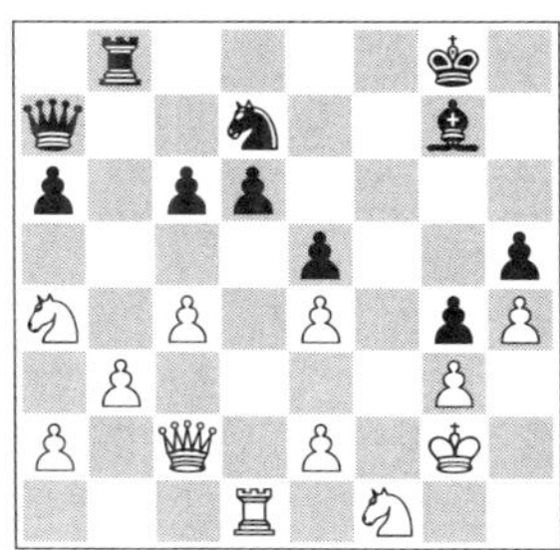

32.♕d3

32.♖xd6 gewinnt gleichfalls. Doch stattdessen Weiß bringt folgerichtig seinen Springer nach f5, wonach sich der schwarze König im Todeskampf befindet. Der Bauer d6 läuft in der Zwischenzeit nicht weg.

32...♖f8 33.♘e3 ♘f6 34.♘c3 ♖d8 35.♘f5

Wahrlich ein Feld mit einer tollen Aussicht!

35...♕c5 36.♕d2

Nach diesem kleinen Schritt zurück wird die Dame in Verbund mit dem Springer das Spiel entscheiden.

36...♗f8 37.♕g5+ ♔f7 38.♖f1 ♔e6 39.♘g7+ 1-0

Alexandre Dgebuadse
Ludwig Stahnecker

Schwäbisch Gmünd 2012

1.e4 e5 2.♘f3 ♘c6 3.♗c4 ♘f6 4.d3 ♗e7 5.0-0 0-0 6.♖e1 d6 7.c3 ♘a5 8.♗b5 a6 9.♗a4 b5 10.♗c2 c5 11.♘bd2 ♘c6 12.♘f1 ♖e8 13.a4 ♗b7?!

Ein scheinbar normaler Entwicklungszug. Doch der Verlust der Kontrolle über f5 ist ein schwerwiegendes Manko.

14.♘g3

Gleichfalls ein normaler Entwicklungszug – der Springer strebt nach f5!

14...♕c7 15.♘f5

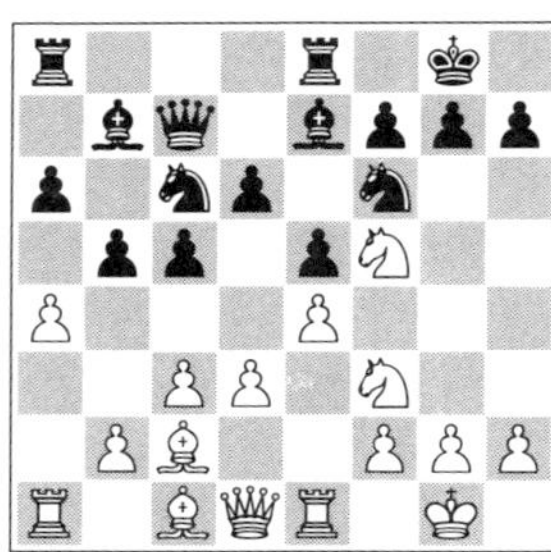

Der Springer hat seinen mächtigen Posten erreicht. Nun ruft Weiß den Rest seiner Truppen herbei.

15...♗f8 16.♗g5 ♘d7 17.♘d2 h6 18.♗e3 ♔h7

Schwarz darf den Springer wirklich nicht so lange auf f5 tolerieren. 18...♘e7 war gefragt.

19.♕f3 ♘e7?

Zu spät. Nun ist dies einfach schlecht.

20.♗b3!

In dieser Art von Spanisch-Stellungen kann dies eine sehr starke Diagonale für den Läufer sein, und ganz bestimmt ist sie dies im Zusammenwirken mit dem Springer auf f5. Hier geschieht dieser Zug sogar mit Tempo, da bedingt durch den unglücklichen 18. Zug von Schwarz der Bauer f7 nun angegriffen ist.

20...g6 21.♘xh6!

Vernichtend.

21...♗xh6 22.♕xf7+ ♗g7

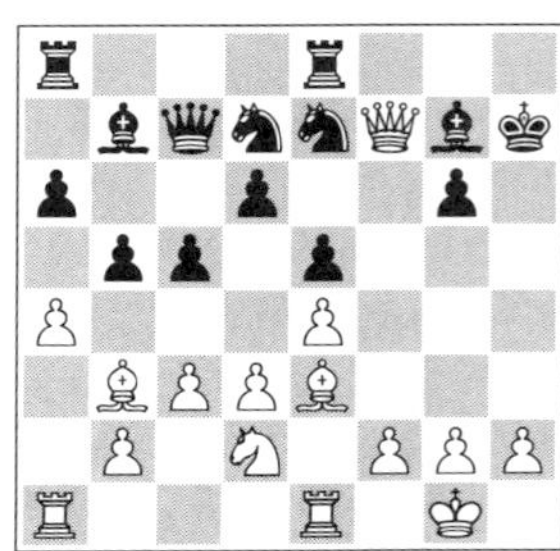

23.♗h6

Sehr hübsch!

23...♔xh6 24.♖e3 ♘f6 25.♖h3+ ♘h5 26.g4

Droht 27.♖xh5 gxh5 28.♕xh5 matt.

26...♗h8 27.♘f3 1-0

Weiß droht 28.g5 matt. Einzig der Turm auf a1 hat nicht am Angriff teilgenommen!

Rout Padmini
Alonso Zapata

Philadelphia 2012

1.e4 c5 2.♘f3 e6 3.d4 cxd4 4.♘xd4 a6 5.♗d3 ♘f6 6.0-0 ♕c7 7.♕e2 d6 8.♔h1 g6 9.c4 ♗g7 10.♘c3 0-0 11.♗e3 ♘bd7 12.f4 ♖e8 13.♖ac1 b6 14.b4 ♗b7 15.♘b3 ♖ac8 16.a3 ♕b8 17.♗d4 e5 18.fxe5 ♘xe5 19.♗b1 ♘fd7 20.♘d5 ♘xc4 21.♗xg7 ♗xd5 22.♗h6 f6 23.♘d4 ♕b7 24.♕a2 ♗f7 25.♕f2 b5 26.♕g3 d5 27.exd5 ♕xd5 28.♘f5

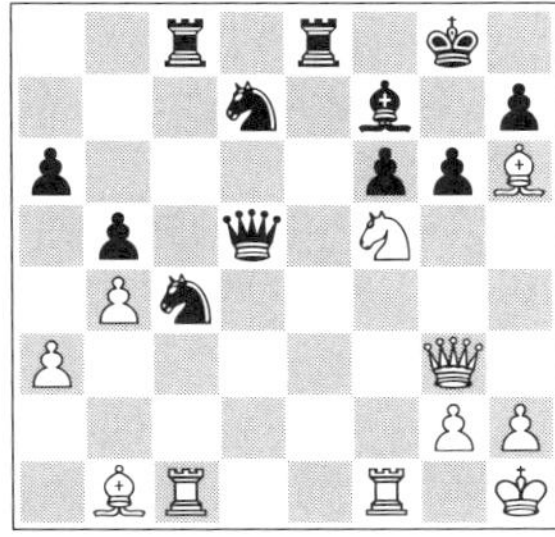

Hier hat der Springer keine Unterstützung durch einen Bauern auf e4, doch das Feld ist auch so stark genug. Weiß hat einen Bauern weniger, übt aber unangenehmen Druck auf den geschwächten schwarzen Königsflügel aus.

28...♖e5

Es ist schwer für Schwarz, einen konkreten Plan zu finden. Seine Dame steht im Zentrum ein wenig exponiert, und sie kann nun auf der e-Linie Schutz hinter dem Turm suchen.

29.♖cd1 ♕e6 30.♘d4

Ein zeitweiliger Rückzug, um ♗f4 vorzubereiten.

30...♕b6 31.♗f4 ♖ee8

31...♖d5!? 32.♘f5 ♖xd1 33.♖xd1 ♕e6 mit Abtausch eines Turmpaares dürfte eine Verbesserung im Vergleich zur Partie zu sein.

32.♘f5

Nun hat Schwarz es schwer, seine Figuren zusammenzuhalten, mit dem hängenden ♘d7 und dem in der Luft liegenden ♘h6+.

32...♘de5 33.♗xe5 ♖xe5?

Schwarz stolpert. Notwendig war 33...♘xe5, auch wenn die Stellung nach 34.♘d6 verständlicherweise nicht nach seinem Geschmack wäre: Er kämpft hier nur ums Remis.

34.♘h6+ ♔g7 35.♖d7?

Verpasst seine Chance. Konkretes Schach (zwingende Züge) waren gefragt: 35.♘xf7! ♔xf7 36.♖d7+ ♖e7 37.♕h3, und Weiß gewinnt.

35...♖c7 36.♘f5+ ♔f8 37.♖d8+ ♖e8 38.♖xe8+ ♗xe8 39.♘d4 ♖e7 40.♕h4 ♔g7

Weiß hat nun keine Kompensation mehr für den Bauern. Er verlor rasch.

Die halboffene Linie

Marek Hawelko
Artur Jussupow
Dubai 1986

1.e4 e5 2.♘f3 ♘c6 3.♗c4 ♗c5 4.c3 ♘f6 5.d3 d6 6.0-0 0-0 7.♖e1 a6 8.♗b3 ♗a7 9.h3 h6 10.♘bd2

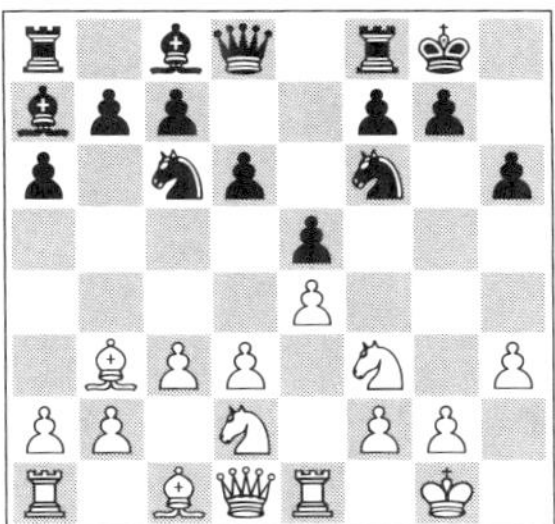

10...♘h5!

Ein gut bekannter zeitweiliger Sprung an den Brettrand, bei dem der Springer sein Ziel fest vor Augen hat: Das Feld f4. Verschiedene andere Eröffnungen, insbesondere einige Varianten der Königsindischen Verteidigung, zeichnen sich durch diese spiegelbildliche Version der weißen Springerreise nach f5 aus.

11.♘f1 ♕f6 12.♗e3 ♗e6

In einer früher im selben Jahr gespielten Partie gegen Karpow versuchte Jussupow das sofortige 12...♘f4. Dort folgte 13.♗xa7 ♖xa7 14.♘e3 ♘e7 15.♔h2 ♖a8 16.♖f1.

13.♗xe6 fxe6 14.♗xa7 ♖xa7 15.♘e3 ♖aa8 16.a4 ♘f4 17.♔h2 ♖ad8

Nun ist fast dieselbe Position wie in der Partie gegen Karpow entstanden. Der einzige Unterschied ist ♖ad8 anstelle von ♘e7. Im Ergebnis ist Schwarz einen Zug eher in der Mitte handlungsbereit, und es gelingt ihm damit, den Springer auf f4 zu unterstützen.

18.♖f1

Karpows Plan, den Springer mit 18.♘g1 d5 19.g3 von seinem Vorposten auf der halboffenen Linie zu vertreiben, kann nun mit 19...♘g6 beantwortet werden, was e4 und f2 bedroht.

18...d5 19.exd5 exd5

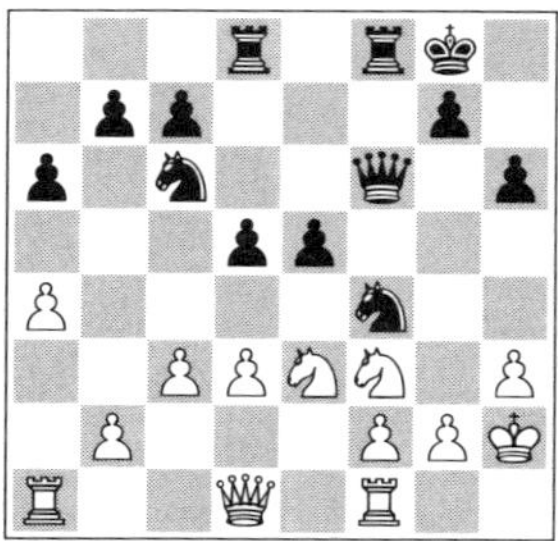

Schwarz steht besser. Er hat ein starkes Bauernzentrum erschaffen, und zum Verdruss von Weiß steht der Springer nach wie vor auf f4. Jussupow gelang es, die Partie zu gewinnen, auch wenn an dieser Stelle das Endergebnis natürlich noch längst nicht klar war.

Das Opfer auf h3

Benjamin Coraretti
Larry Kaufman

Philadelphia 2012

In der vorigen Partie bekamen wir den Plan des Verteidigers zur Zurückdrängung des Springers zu sehen: Nachdem h2-h3 gespielt ist, kann Weiß versuchen, g2-g3 zu bewerkstelligen, ohne von einem Springerschach auf h3 belästigt zu werden. Er bereitete dies mit ♔h2 vor, wobei in vergleichbaren Situationen oft auch ♗f1 zu sehen ist. Die spiegelbildliche Version mit ...♗f8 kommt regelmäßig in der Spanischen Eröffnung vor. Nichtsdestotrotz hat auch dieser Plan einen Nachteil: Mitunter wird ein aussichtsreiches Figurenopfer auf h3 möglich.

1.e4 e5 2.♘f3 ♘c6 3.♗c4 ♗c5 4.c3 ♘f6 5.d3 0-0 6.0-0 d6 7.♘bd2 a6 8.h3 ♗a7 9.♗b3 ♘e7 10.♖e1 ♘g6 11.♘f1

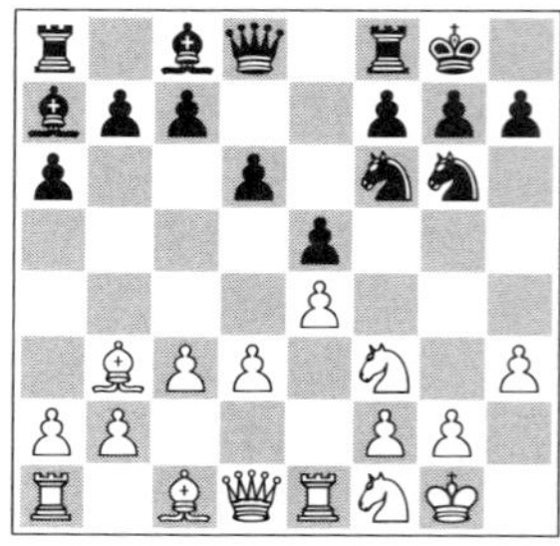

11...♘h5

Dieselbe Eröffnung und eine bereits vertraute Idee – der Springer strebt ohne Umschweife sein Ziel an.

12.d4

Im Vergleich zur vorigen Partie ist Weiß schneller mit Aktionen im Zentrum zur Stelle. Doch der Nachziehende zieht davon ungerührt seinen Plan durch.

12...♘hf4 13.♗xf4 ♘xf4 14.dxe5 ♗xh3!

Folgerichtig gespielt. Es dürfte kaum überraschen, dass all dies schon früher zu sehen war.

15.gxh3 ♘xh3+ 16.♔g2 ♘xf2

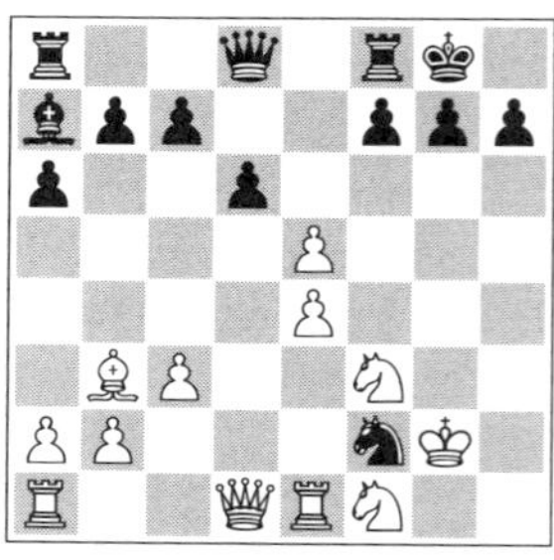

17.♕d2

17.♕d5!? wurde in Waitzkin-Acs, Budapest 1996, gespielt. Nach 17...♕c8 18.e6 ♔h8 19.♘g5 war Weiß auf dem Weg zum Sieg. Vielleicht hatte Kaufman in dieser Variante irgendein As im Ärmel?

17...♕c8 18.♘d4?!

Weiß ist in den Verwicklungen nicht auf der Höhe und verliert den Faden.

18...♕g4+ 19.♔xf2 dxe5 20.♘e3 ♕h4+ 21.♔g1 exd4 22.cxd4 ♕xe4 23.♗c2?!

Der Damentausch war es nicht wert, einen weiteren Bauern wegzuwerfen.

23...♕xd4 24.♕xd4 ♗xd4 25.♔g2 ♖ad8 26.♖ad1 ♗xb2 27.♘d5 g6 28.♘xc7 ♖xd1 29.♖xd1 ♖c8 30.♖b1 ♗e5 31.♖xb7 ♖xc7 32.♖b8+ ♔g7 33.♗b3 ♖c2+ 34.♗xc2 ♗xb8 0-1

Ein Standardopfer im Holländer

Jeroen Piket
Michail Gurewitsch

Luzern 1989

1.d4 f5 2.♘f3 ♘f6 3.c4 g6 4.g3 ♗g7 5.♗g2 0-0 6.0-0 d6 7.♘c3 ♘c6 8.d5 ♘a5 9.♕c2 c5 10.♘d2 e5 11.dxe6 ♗xe6 12.♖d1 ♕e7 13.b3 ♘c6 14.♗b2 ♘d4 15.♕d3

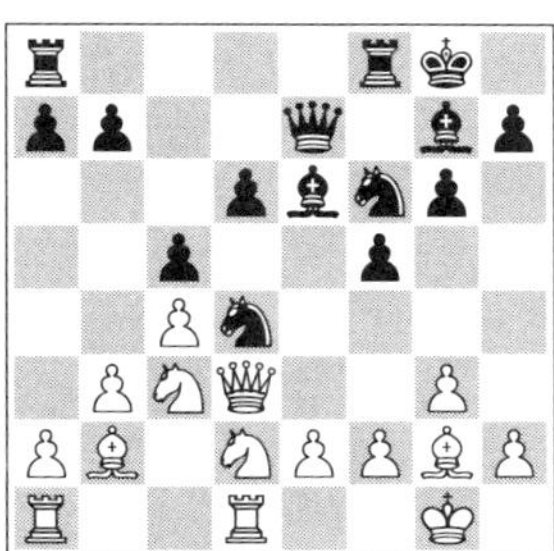

15...f4!

Reichlich unerwartet. Der Springer trifft normalerweise erst auf f4 ein, sobald der gegnerische e-Bauer verschwunden oder aber zumindest zwei Felder vorgerückt ist. In beiden Fällen ist es dem Kontrahenten nicht mehr möglich, das Feld f4 (bzw. f5) mit einem Bauern zu kontrollieren. Hier aber befindet sich der e-Bauer nach wie vor auf e2, doch das wird sich nach den folgenden zwei Zügen ändern!

16.gxf4

Nimmt die Herausforderung an.

16...♗f5! 17.e4

Die einzige Alternative wäre 17.♕e3, doch wahrscheinlich gefiel dem Weißen 17...♕xe3 18.fxe3 ♘c2 nicht. Auf 17.♕g3 folgt 17...♘h5 18.♕g5 ♗f6 19.♕h6 ♘xe2+.

17...♗e6

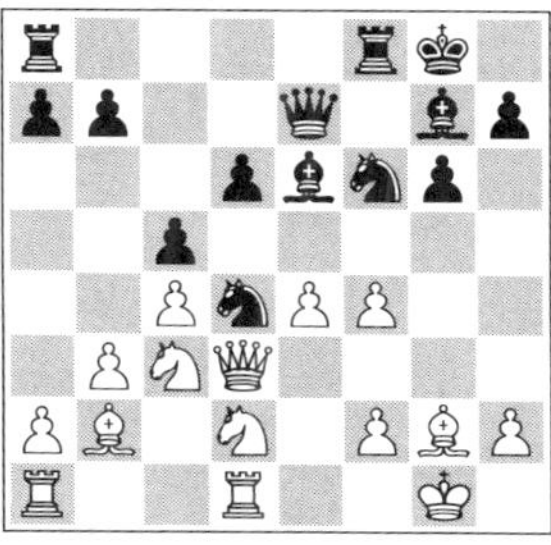

Nun, da der weiße g-Bauer verschwunden ist, ist f4 ein extrem reizvolles Feld für den Springer. Der Umstand, dass Weiß im Moment über einen Mehrbauern verfügt, ist absolut irrelevant. Im Leningrader System der Holländischen Verteidigung kommen analoge Bauernopfer, bei denen ...f5-f4, g3xf4 mit ...♘f6-h5! beantwortet wird, sehr häufig vor. Sehen Sie sich hierzu beispielsweise die Partien von Malanjuk an.

18.♘e2

Nach 18.f5 gxf5 19.exf5 ♗xf5 hätte Schwarz seinen Bauern zurückgewonnen und damit spürbar Oberwasser. Alle anderen plausiblen Züge werden mit 18...♘h5 beantwortet.

18...♘xe2+ 19.♕xe2 ♘h5 20.♘f1 ♘xf4 21.♕c2 ♗xb2 22.♕xb2

Mit nun wieder ausgeglichenem Material und einer geschwächten Königsflanke von Weiß brandmarkt der Riesenspringer auf f4 die weiße Stellung als hoffnungslos.

22...♗h3 23.♗f3 ♗xf1 24.♔xf1 ♕h4 0-1

Das Schlagen zum Königsflügel

Wenn der Killerspringer vom gegnerischen Läufer geschlagen wird, werden Sie es vielleicht staunend beäugen, wenn der Gegner mit dem e-Bauern zurückschlägt. Eine gegen den König gerichtete halboffene Linie (nach einem Zurückschlagen mit dem g-Bauern) sieht doch nach einer tollen Errungenschaft aus, nicht wahr? Nicht selten ist es jedoch nutzbringender, das Zentrumsfeld e4 (e5) für eine Leichtfigur zu räumen und mit dem Aufmarsch einer Bauernphalanx gegen den gegnerischen König zu drohen.

Rustam Kasimdschanow
Dmitri Botscharow
Internet 2006

1.e4 d6 2.d4 ♘f6 3.f3 e5 4.d5 ♗e7 5.c4 ♘h5 6.♘c3 ♗g5 7.♗xg5 ♕xg5 8.♕d2 ♕e7 9.0-0-0 0-0 10.♗d3 ♗d7 11.♘ge2 ♘a6 12.g4 ♘f6 13.♘g3 ♘c5 14.♗c2 ♖fb8 15.♖hg1 ♘e8 16.♘f5

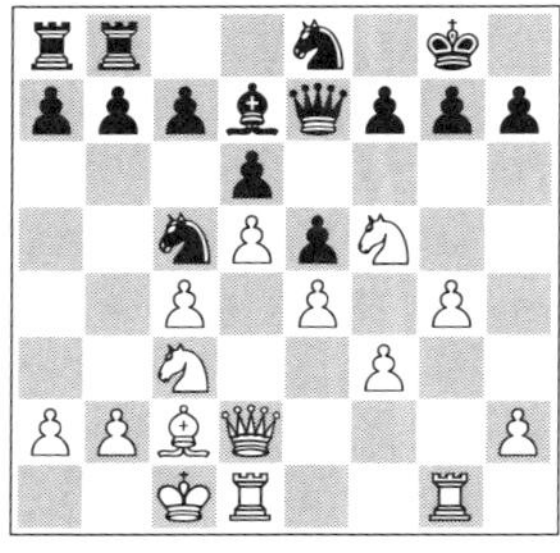

16...♗xf5 17.exf5

Natürlich wäre hier auch 17.gxf5 möglich, doch nach dem Textzug spielt sich die Partie von selbst. Weiß rückt, beginnend mit g4-g5, einfach seine Bauern am Königsflügel vor und legt damit die schwarze Königsstellung frei.

17...♕h4 18.g5

Trotzdem! Weiß schert sich nicht um den Bauern auf c4.

18...♕xc4 19.♖g4 e4 20.♗xe4 ♕a6 21.f6 b5

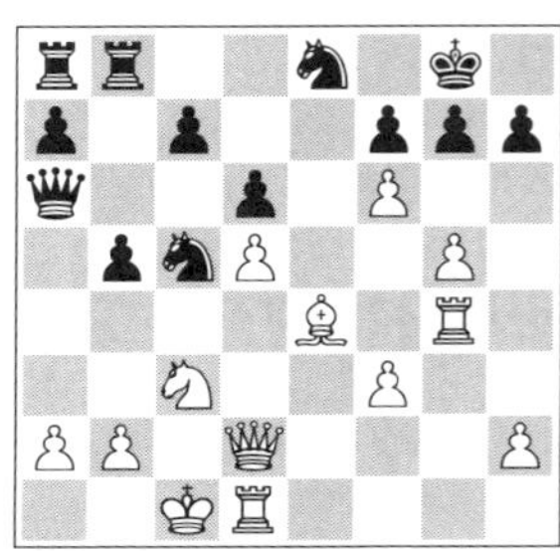

22.♗xh7+! ♔xh7 23.♖h4+ ♔g8 24.♕g2

24.fxg7! ♘xg7 25.♕c2+−.

24...♕c8 25.♘e2 ♕f5? 26.♘d4 ♕g6 27.♕h3 gxf6 28.♖h8+ ♔g7 29.♘f5+

Ein wahrhaft passender Zug zum Abschluss dieser kleinen Abhandlung!

29...♕xf5 30.♕h6

Matt.

Zusammenfassung

Ganz gleich, ob es sich um einen Vorposten handelt oder nicht: Ein Springer auf f5 bzw. f4, der die gegnerische Rochadestellung ins Auge fasst, ist in Stellungen der Spanischen Eröffnung oder der Holländischen Verteidigung eine furchtbare Waffe. Ich glaube, Kasparow hat einmal gesagt, dass ein Springer auf f5 praktisch immer ein Bauernopfer rechtfertigt. Prägen Sie sich die typischen Opfer gut ein, und ebenso auch das überraschende Zurückschlagen nach der Eliminierung des Springers wie im letzten Beispiel.

Kapitel 3

(Wie umdribbelt man) Nimzowitschs Vorstopper

Nimzowitschs Blockadespringer auf d6 ist legendär. Doch welche Faktoren bestimmen im modernen Schach dessen Stärke? Dringen wir etwas tiefer in diese Materie ein und studieren den Kampf des Springers gegen den Zentrumsfreibauern.

Unterstützung von Bauernvorstößen

Baskaran Adhiban
Alojzije Jankovic
Moskau 2012

1.d4 ♘f6 2.c4 g6 3.♘c3 ♗g7 4.e4 d6 5.f3 0-0 6.♗e3 ♘c6 7.♕d2 a6 8.♘ge2 ♗d7 9.♖c1 e6 10.♘d1 ♘e7 11.♘f2 b6 12.♗h6 e5 13.♖d1 c5 14.dxe5 dxe5 15.♘c3 ♘c6 16.♗g5 ♘d4 17.♘d5 ♗e6 18.♗d3 ♗xd5 19.exd5 ♕c7 20.0-0 ♘e8 21.♖de1 f5 22.♕d1 ♘d6

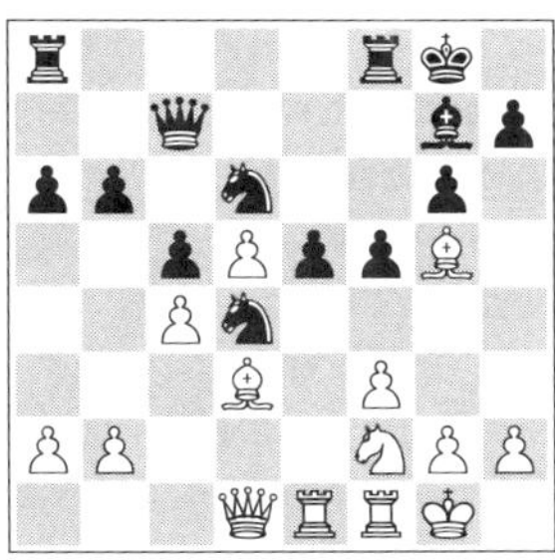

Von hier aus greift der Springer nicht nur den Bauern c4 an, der seinerseits den Freibauern deckt, sondern unterstützt auch Vorstöße wie ...b6-b5 oder ...e5-e4. In anderen Situationen unterstützt ein derartiger Springer auf d6 auch oft ...c5-c4 oder ermöglicht ...f7-f5. Vergleiche die Partie Leonhardt-Nimzowitsch, San Sebastian 1912, in der ein Springer auf e6 sowohl ...c6-c5 wie auch ...g6-g5 unterstützte.

23.g4?

Ein überaus optimistischer Zug, der f3 schwächt. Es ist mehr als fraglich, ob die geöffnete g-Linie dem Weißen irgendetwas einbringt.

23...♖ae8

23...b5! 24.b3 bxc4 25.bxc4 ♘f7! 26.♗c1 e4 27.fxe4 ♘e5 28.♗e2 f4! (ein Zug, der gleichfalls nach Nimzowitschs Geschmack wäre!), und Schwarz hat eine schöne Blockadestellung mit hervorragender Kompensation für den Bauern.

24.gxf5 gxf5 25.♔h1 ♕f7 26.♖g1 ♕h5 27.♖g3

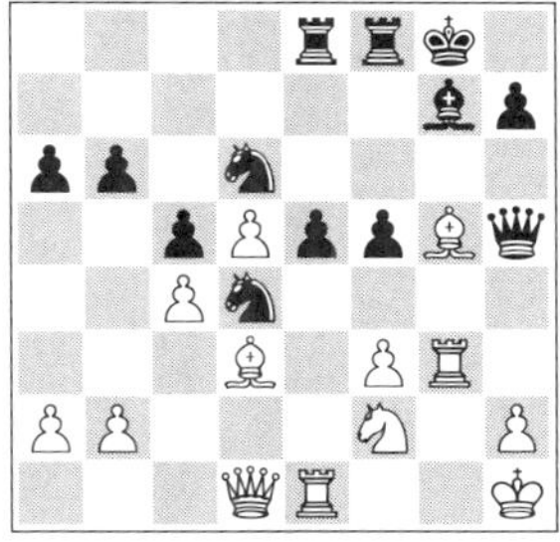

27...e4! 28.♗f4

28.fxe4 ♕xd1 29.♘xd1 fxe4 30.♗b1 ♘f3 31.♖e2 ♘xg5 32.♖xg5 ♖f1+ 33.♖g1 ♖xg1+ 34.♔xg1 ♗d4+ 35.♔g2 ♔g7, und Schwarz ist auch hier in hervorragender Verfassung.

28...♘xf3

Der offensichtliche Zug. Mit konkreter Berechnung hätte man jedoch 28...exd3! finden können, was praktisch zu einer Gewinnstellung führt: 29.♗xd6 (29.♘xd3

♘xc4 30.b3 ♖xe1+ 31.♕xe1 ♖e8) 29...♖xe1+ 30.♕xe1 ♖e8 31.♕g1 ♘xf3 32.♖xg7+ ♔h8, und Weiß ist hilflos.

29.♖h3 ♕g6 30.♖f1 ♔h8 31.♗e2 ♗e5 32.♗xf3 exf3 33.♖g1 ♕f7 34.♕xf3 ♗xf4

34...♘xc4 musste riskiert werden. Nach dem vermeintlich sicheren Textzug erhielt Schwarz keine weitere Gelegenheit, und die Partie endete mit einem Remis.

Gegen den schlechten Läufer

Wladimir Malachow
Kamil Miton
Warschau 2012 (Schnellschach)

1.c4 ♘f6 2.♘c3 g6 3.e4 d6 4.d4 ♗g7 5.♗d3 0-0 6.♘ge2 ♘c6 7.0-0 ♘d7 8.♗c2 e5 9.d5 ♘d4 10.♗e3 ♘xc2 11.♕xc2 f5 12.exf5 gxf5 13.f4 a5 14.♘g3 e4 15.♕d2 ♘f6

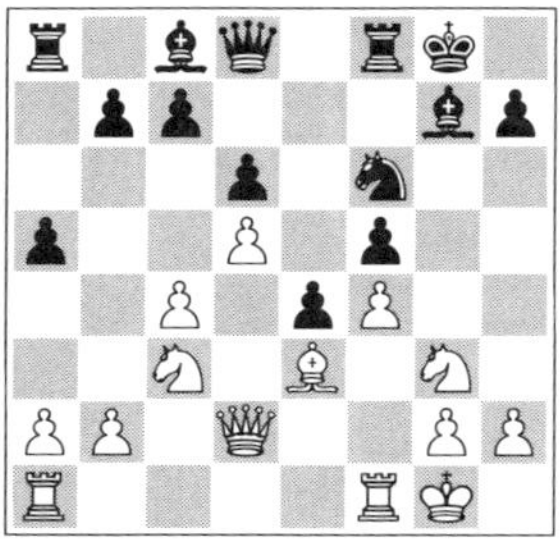

Einige Züge zuvor hatte Weiß mit dem Vorstoß f2-f4 den Gegner erfolgreich zu ...e5-e4 verlockt. Nun beginnt er eine erste Umgruppierung, mit dem Zweck, den Springer nach e3 zu stellen.

16.♗d4 b6 17.♘d1 ♕e8 18.♘e3

Das wäre vollbracht. Einmal mehr greift der Blockadespringer den Stützbauern auf f5 an. Man beachte auch den schlechten Läufer auf c8.

18...♕g6 19.♔h1 ♗d7 20.b3 h5 21.♘e2 ♘g4?!

Tauscht den Blockadespringer ab, doch gleich erscheint ein neuer Vorstopper auf e3. Die schwarzfeldrigen Läufer werden ebenfalls vom Brett verschwinden, wonach als einzige schwarze Leichtfigur der schlechte Läufer verbleibt!

22.♗xg7 ♕xg7 23.h3? ♘xe3

23...♘f2+! 24.♔g1 ♘d3 hätte eine schöne Riesenkrake hervorgezaubert. Man beachte, dass es sich um eine Schnellpartie handelt.

24.♕xe3 h4 25.♖g1 ♔f7 26.♕c3 ♕xc3 27.♘xc3 ♖g8 28.♘e2 ♔f6 29.♖ac1 ♖g7 30.♔h2 ♖ag8 31.g3 hxg3+ 32.♖xg3 ♖xg3 33.♘xg3 ♗e8 34.♘f1 e3

Eine Panikreaktion. Nach der Aktivierung des schlechten Läufers durch 34...♗h5 35.♘e3 ♗f3 wäre der Nachziehende noch immer gut im Spiel, z.B. 36.♖g1 ♖h8 37.♖g5? ♗g4 38.♘xg4+ fxg4 39.♖xg4 e3.

35.♖e1

Die einfachste Lösung.

35...♗f7 36.♘xe3

Und Weiß hatte einfach einen Bauern mehr, er gewann viele Züge später.

Dem Freibauern eine Einladungskarte schicken

Igor Bondarewski
Wassili Smyslow
Moskau 1946

1.e4 e5 2.♘f3 ♘c6 3.♗b5 a6 4.♗a4 ♘f6 5.0-0 ♗e7 6.♗xc6 dxc6 7.♖e1 ♘d7 8.d4 exd4 9.♕xd4 0-0 10.♗f4 ♘c5 11.♕xd8 ♗xd8 12.♘c3

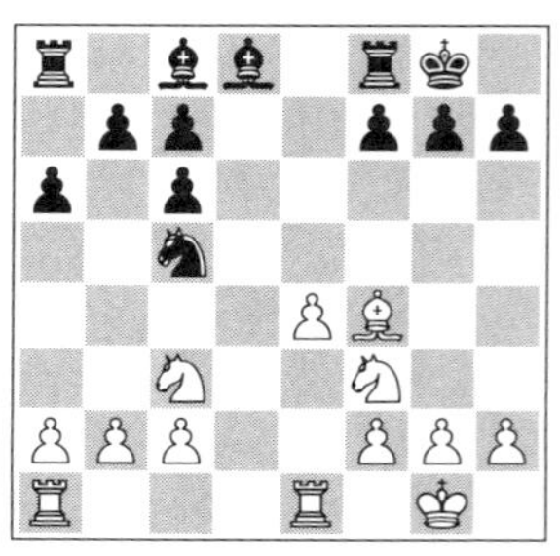

Ein Springer, der einen Zentrumsfreibauern blockiert und zugleich Aktivitäten rund um diesen Bauern unterstützt, kann so stark sein, dass Schwarz hier seinen Gegner zur Freibauernbildung mit dem Vorstoß e4-e5 geradezu einlädt. Natürlich ist es keineswegs nur der Vorstopper auf e6, der den Spielverlauf bestimmt. Das schwarze Läuferpaar erwacht gleichfalls zum Leben.

12...f5 13.e5 ♘e6 14.♗d2 g5

Dies wurde durch 13...♘e6 ermöglicht. Es droht gar Springerfang mit ...g5-g4.

15.♘e2 c5

Erneuert die Drohung ...g5-g4.

16.♗c3

Nun kann sich Schwarz erneut unter Tempogewinn entfalten. Etwas besser dürfte 16.h4 sein.

16...b5 17.b3 ♗b7 18.♘g3 g4 19.♘d2 ♗e7

19...♘f4 sieht einladend aus, würde aber umgehend etwas Gegenspiel mit 20.e6 erlauben.

20.♘h5 ♔f7! 21.♘f1 ♔g6 22.♘f6 ♖ad8 23.♖ad1 ♖xd1 24.♖xd1 ♖d8 25.♖xd8 ♗xd8

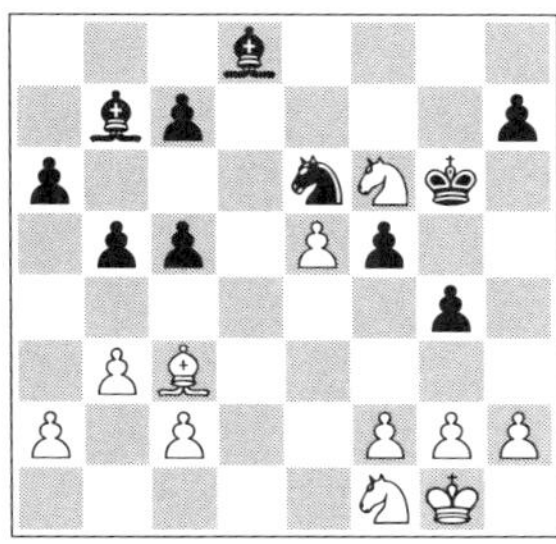

Ungeachtet der Abtäusche hat der Anziehende nach wie vor große Probleme mit der Koordination seiner Figuren und dem Schutz seiner Bauern (g2, c2). Schwarz könnte gelegentlich seinen h-Bauern vorrücken oder so etwas wie ...♘d4 spielen.

26.♘e3 f4 27.♘d1 ♗xf6 28.exf6 ♗e4 29.♗b2 b4

Witzigerweise ist der Springer erneut in Problemen. Dieses Mal droht 30...♗xc2.

30.f3 ♗xc2 31.♘f2 gxf3 32.gxf3 ♗b1 33.♘e4 ♗xa2 34.♘d2 a5 35.♔f2 ♘d4 36.♗xd4 cxd4 37.♔e2 ♔xf6 38.♔d3 ♔e5 39.♔c2 a4 40.bxa4 c5 41.a5 c4 42.a6 d3+ 0-1

Das Feld freimachen

Dawid Janowski
Aaron Nimzowitsch
Sankt Petersburg 1914

1.d4 ♘f6 2.c4 e6 3.♘c3 ♗b4 4.e3 b6 5.♗d3 ♗b7 6.♘f3 ♗xc3+ 7.bxc3 d6 8.♕c2 ♘bd7 9.e4 e5 10.0-0 0-0 11.♗g5 h6 12.♗d2 ♖e8 13.♖ae1 ♘h7 14.h3 ♘hf8 15.♘h2 ♘e6 16.♗e3 c5 17.d5 ♘f4 18.♗e2 ♘f8 19.♗g4 ♗c8 20.♕d2 ♗a6 21.g3 ♘4g6 22.♗e2 ♘h7 23.h4 ♘f6 24.♗d3 ♖b8 25.♕e2 ♖b7 26.♗c1 ♖be7 27.♔h1 ♗c8 28.♖g1 ♔f8 29.h5 ♘h8 30.g4 ♘h7 31.♗c2 ♖b7 32.f4 f6 33.fxe5 dxe5

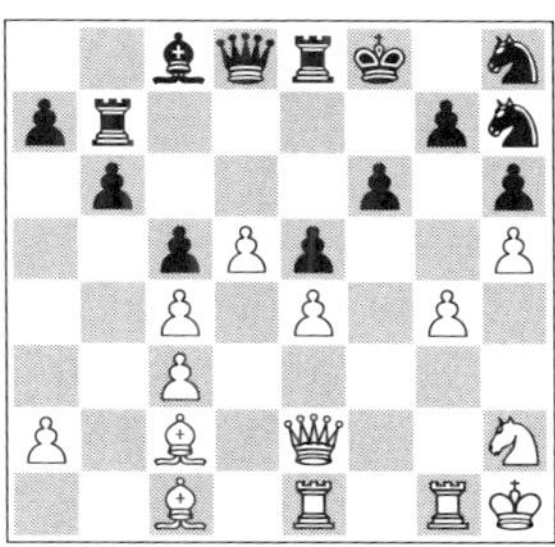

Verzichtet auf das Schlagen in Richtung Zentrum, um das Feld d6 für eine Figur freizumachen. Es ist der Springer auf h8, dem eine blendende Zukunft bevorsteht.

34.♘f3 ♘f7 35.♖ef1 ♔g8 36.♘h4 ♘d6 37.♘f5 ♗xf5 38.gxf5 ♘g5 39.♗xg5 hxg5 40.♗a4

Janowski entscheidet sich gegen passives Abwarten (auch hier ist Weiß auf einem schlechten Läufer sitzengeblieben) und nützt seinen Raumvorteil, um einen Angriff am Damenflügel zu inszenieren. Damit verabschiedet er sich aber praktisch vom Bauern h5.

40...♖f8 41.♗c6 ♖b8 42.a4 ♔f7 43.♔g2 ♖h8 44.♖h1 ♖h6 45.♖a1 ♕c7 46.♔f2 ♖bh8 47.♔e3 ♔g8 48.♔d3 ♕f7 49.a5 ♖xh5 50.♖xh5 ♖xh5 51.axb6 ♖h3+ 52.♔c2 axb6 53.♖a8+ ♔h7 54.♖d8 ♕a7 55.♖a8 ♕f7 56.♔b3

56.♖d8 war besser, wonach Schwarz 56...♕c7 57.♖a8 ♖h4 versuchen könnte, obgleich er nach 58.♔b3 weiterhin hart arbeiten müsste, um irgendetwas nachzuweisen.

56...♕h5 57.♕xh5+ ♖xh5 58.♗e8

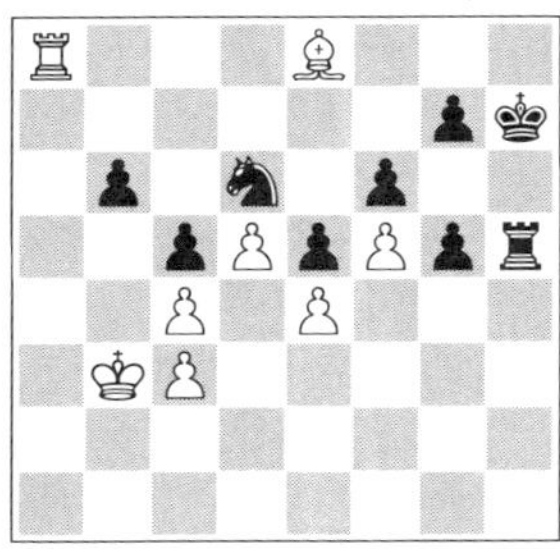

58...♘xe8?

Nimzowitsch gibt seinen stolzen Springer her. Stattdessen hätte er mit 58...♖h6!! 59.♗g6+ (59.♖d8 g4!) 59...♖xg6 60.fxg6+ ♔xg6 61.♔c2 ♘xe4 62.♔d3 ♔f5 Vorteil erlangen können. In *Die Praxis Meines Systems* konstatiert Nimzowitsch, dass er den letzten Zug in dieser Variante nicht gesehen hatte.

Nach dem Textzug endete die Partie später remis.

Raumvorteil

Babu Lalith
R.R. Laxman
Chennai 2012

1.♘f3 d5 2.d4 ♘f6 3.c4 e6 4.♘c3 ♗b4 5.e3 0-0 6.♗d3 c5 7.0-0 ♘c6 8.a3 ♗xc3 9.bxc3 ♕c7 10.♕e2 dxc4 11.♗xc4 e5 12.d5 ♘a5 13.e4 ♘xc4 14.♕xc4 ♗g4 15.♘e1 ♘e8 16.♗e3 b6 17.f4 ♘d6

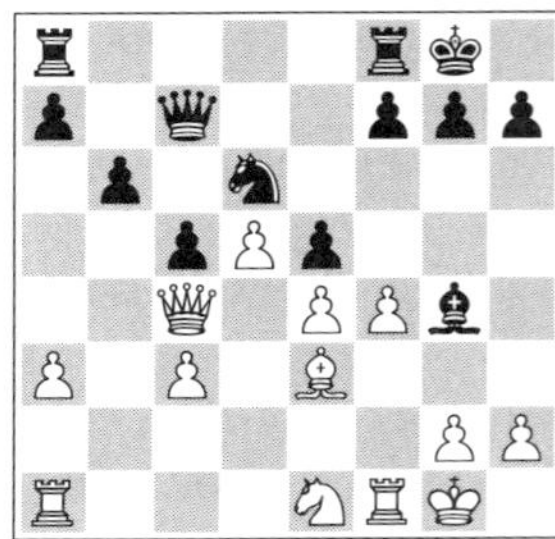

Natürlich gibt es auch Stellungen, in denen der Kontrahent Möglichkeiten hat, dem starken Springer etwas entgegenzusetzen. Zunächst einmal sichert ein Freibauer auf der fünften Reihe einen gewissen Raumvorteil, was sich auf die Aktivität der beiderseitigen Figuren auswirkt.

18.♕d3 f6 19.♘f3 ♖ae8 20.♖ae1 ♗xf3 21.gxf3

Nach 21.♖xf3 würde das prosaische 21...c4 22.♕c2 exf4 den Anziehenden in Schwierigkeiten bringen. Mit dem Textzug wird das weiße Zentrum beträchtlich verstärkt, so dass der Nachziehende besser überhaupt vom Schlagen auf f3 Abstand nehmen sollte.

21...♕d7 22.♗c1 ♕h3 23.♕e2 ♕h4 24.fxe5 fxe5 25.♔h1 ♖f6 26.♖g1 ♕h5 27.♖g3 ♖g6 28.♔g2 ♖f8 29.♖f1 ♖ff6 30.♗d2 c4 31.a4 ♕h4 32.♗e1 ♕f4 33.♖xg6 ♖xg6+ 34.♗g3 ♕h4 35.♕e3

Weiß hat nun einen offensichtlich guten Läufer und er kann jetzt versuchen, mit einem Bauernvorstoß wie a4-a5 oder f3-f4 durchzubrechen.

35...♕e7 36.f4 h5 37.fxe5 ♕xe5 38.♔f3!? ♕e8 39.♖e1?

Ein viel besserer Versuch war 39.♗xd6 ♖xd6 40.♕d4.

39...♘b7 40.♕d4 h4 41.♗f4 ♕d7

Hernach ist der weiße König äußerst verwundbar.

42.♔e3 ♘a5?

Nach 42...♕h3+ 43.♔d2 ♘c5 hätte der Nachziehende sehr gefährlichen Angriff.

43.♖f1

Macht den Fehler im 39. Zug wett.

43...♖g2 44.d6

Macht sich zunutze, dass der Springer weggezogen ist. Weiß steht nun klar besser.

Die Blockadefigur unterminieren

Artur Jussupow
Zoltan Ribli
Montpellier 1985

1.d4 ♘f6 2.c4 e6 3.♘f3 d5 4.♘c3 c5 5.cxd5 ♘xd5 6.e4 ♘xc3 7.bxc3 cxd4 8.cxd4 ♘c6 9.♗c4 b5 10.♗e2 ♗b4+ 11.♗d2 ♕a5 12.d5 exd5 13.exd5 ♘e7 14.0-0 ♗xd2 15.♘xd2 0-0 16.♘b3 ♕d8 17.♗f3 ♘f5 18.♖c1 ♘d6

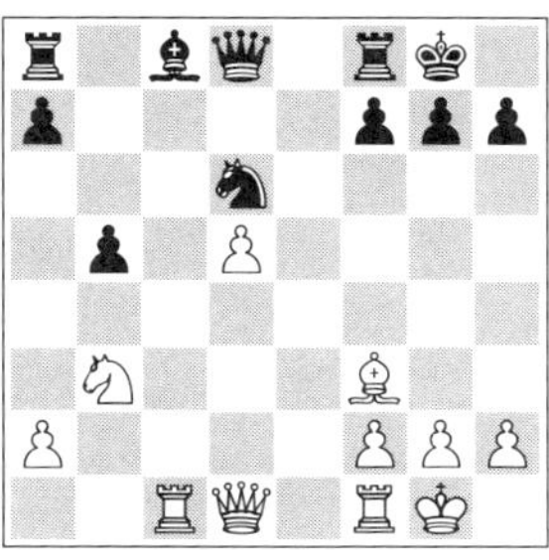

19.♕d4

Hier haben wir eine offene Stellung vor uns, und der Freibauer im Zentrum ist zugleich ein isolierter Bauer. Mithin hat Weiß Raumvorteil sowie ein paar gute Felder für seine Figuren. Der Anziehende würde gern ♕f4 und ♖c6 folgen lassen, um den Blockadespringer zu vertreiben.

19...♕b6 20.♕f4

Das Endspiel nach 20.♖c6 ♕xd4 21.♘xd4 ♖d8 22.♖c7 würde Weiß nur einen minimalen Vorteil einbringen.

20...♗d7 21.♘d4

Der Springer wird auf c6 auftauchen, womit er die Deckung des Springers d6 durch die Dame unterbricht.

21...♖fe8 22.♘c6 ♘c4 23.♖fe1

Weiß hat nun klaren Vorteil, und ♘e7+ ist bereits ein Ärgernis.

23...♘b2 24.♗e4

24.♖xe8+ ♗xe8 (24...♖xe8 25.♘e5) 25.♘e7+ ♔f8 26.♘c8 ♕f6 27.♕c7 hätte auf der Stelle gewonnen.

24...♘c4 25.h3 h6 26.♗d3 ♘b2

26...♗xc6 wäre ein besserer Versuch, auch wenn Schwarz nach 27.dxc6 ♖xe1+ 28.♖xe1 nicht auf c6 nehmen könnte: 28...♕xc6 29.♗e4 ♕e8 30.♗h7+.

27.♗b1 ♗xc6 28.dxc6 ♖xe1+ 29.♖xe1 ♕xc6 30.♗e4 ♕c3 31.♖c1 ♘d3

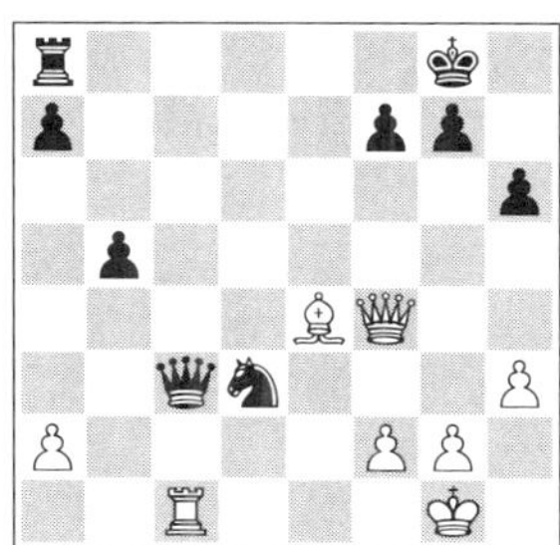

Schwarz scheint sich durch sein scharfes Spiel gerettet zu haben, indes...

32.♕xf7+!

Sehr hübsch. Schwarz verliert eine Figur. 32.♖xc3 ♘xf4 33.♖f3 (33.♗xa8 ♘e2+) 33...♘e2+ 34.♔f1 ♖e8 35.♗d5 (35.♖e3 ♘d4 36.♗h7+ ♔f8) 35...♖e7 36.♗xf7+ ♔h7 hätte es hingegen nicht getan.

1-0

Den Blockadespringer abtauschen

Bartlomiej Macieja
Bartosz Socko
Warschau 2012

1.♘f3 ♘f6 2.c4 g6 3.♘c3 ♗g7 4.e4 d6 5.d4 0-0 6.♗e2 e5 7.♗e3 c6 8.d5 ♘g4 9.♗g5 f6 10.♗h4 ♘h6 11.♘d2 ♕d7 12.f3 f5 13.b4 ♘f7 14.♘b3 ♗h6 15.♕d3 ♘a6 16.a3 c5 17.bxc5 ♘xc5 18.♘xc5 dxc5 19.a4 ♘d6

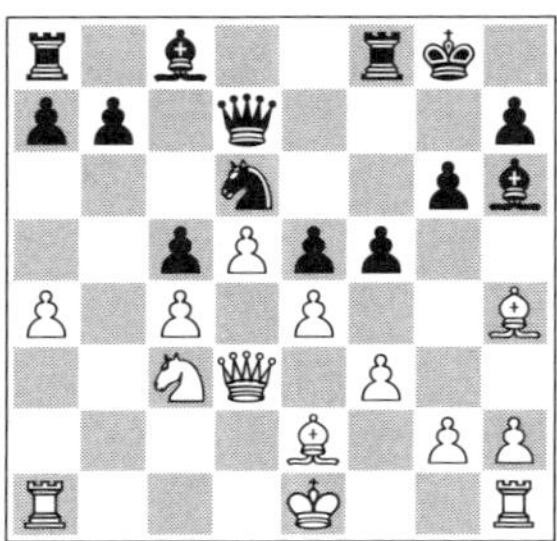

Weiß hat auch hier einen schönen Raumvorteil. Allerdings ist er auf einem schlechten Läufer sitzengeblieben.

20.a5 ♕c7 21.0-0 ♗d7

Ein vernünftig aussehender Entwicklungszug, der allerdings das etwas überraschende ...

22.♗e7!?

... erlaubt. Eine einfache, aber wirksame Maßnahme: Der Springer auf d6 wird abgetauscht, und an seiner Stelle taucht eine weitaus weniger geeignete Blockadefigur auf d6 auf. Schwarz hatte wahrscheinlich mit Zügen wie 22.♗f2 oder 22.♖ab1 gerechnet.

22...♖f7 23.♗xd6 ♕xd6 24.♖fb1 ♖b8 25.♗d1

Mit der eindeutigen Absicht, den schlechten Läufer via a4 abzutauschen.

25...♕f6 26.♗a4 ♗c8?

Schwarz weicht verständlicherweise dem Abtausch aus, doch ist dieser Zug einfach zu passiv. Stattdessen sollte er mittels 26...♕g5 am Königsflügel aktiv werden. Nun könnte Weiß mit 27.♗xd7 ♕e3+ 28.♕xe3 ♗xe3+ 29.♔f1 ♖xd7 ein angenehmes Endspiel erreichen, doch zumindest würde dann der schwarze Königsläufer ins Spiel kommen.

27.d6

Die Blockadefigur ist verschwunden , und es ist an der Zeit vorzurücken!

27...♗e6 28.d7 ♖d8 29.♖xb7

Weiß muss hier auf Gewinn stehen.

29...♕h4 30.g3 ♕h5 31.♖f1

31.♗c6! war ein klarerer Gewinn.

31...♕h3 32.♖xa7 f4 33.g4 ♗xg4 34.a6 ♗g5 35.♖b7 ♗h4 36.a7 ♖ff8 37.♘d5 ♗g3 38.♖b2 ♗h4 39.♘b6 ♔g7 40.♗c6 1-0

Zusammenfassung

Neben der zuverlässigen Blockade des Zentrumsfreibauern unterstützt ein Springer auf d6 oft auch die Bauernvorstöße nach b5 oder f5. Mitunter greift er auch wirksam die stützende Bauernkette des Gegners an. Der Gegner sollte versuchen, etwas aus seinem Raumvorteil zu machen und sich darüber hinaus vorsehen, nicht auf einem schlechten Läufer sitzenzubleiben, dem eine ideale Blockadefigur gegenüberstünde.

Kapitel 4

Vom Rande aus herrschen: Ein mächtiger Springer auf a5

Tarraschs geflügeltes Wort „ein Springer am Rande bringt Kummer und Schande" wurde oft genug rezitiert. Doch ist Ihnen bewusst, dass ein Springer zum Beispiel auf a5 oftmals hervorragend steht? Tatsächlich scheint es mehr Ausnahmen zu Tarraschs Regel zu geben als man meinen könnte.

Wang Hao
Magnus Carlsen
Wijk aan Zee 2013

Das Tata-Steel-Turnier 2013 lieferte hierfür ein eindrucksvolles Beispiel: „Der chinesische Großmeister tauschte seinen aktiven Springer gegen einen passiven Läufer von Schwarz und übersah dabei eine clevere Verteidigungsidee ...". Wenn Sie diese Zeilen aus dem Turnierreport zur elften Runde lesen, würde Ihnen zunächst kaum eine Stellung wie die folgende in den Sinn kommen.

1.e4 c5 2.♘f3 ♘c6 3.♗b5 e6 4.0-0 ♘ge7 5.♖e1 ♘g6 6.c3 d5 7.♕a4 ♗e7 8.d4 0-0 9.exd5 ♕xd5 10.dxc5 ♗xc5 11.♘bd2 ♗e7 12.♘c4 ♕d8 13.♗xc6 bxc6 14.♘d4 c5 15.♘c6 ♕c7 16.♘xe7+ ♘xe7 17.♕a5 ♕xa5 18.♘xa5 ♗a6 19.♗g5 ♖fe8 20.♖ad1 h6 21.♗xe7 ♖xe7

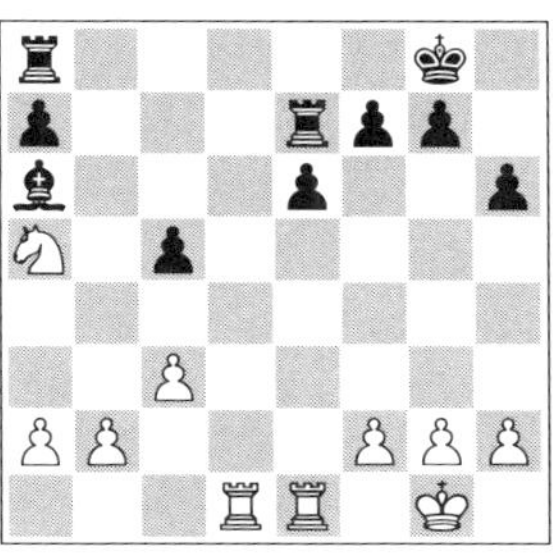

Der weiße Springer steht am Rand, während der schwarze Läufer, auch wenn er sich nicht auf der bestmöglichen Diagonale befindet, einen ganz normalen Eindruck macht. Aber dennoch war es einer der seltenen Momente während des Tata-Steel-Turniers 2013, in denen Carlsen in Problemen war.

Schwarz hat ein unangenehmes Endspiel. Zunächst einmal beherrscht Weiß die d-Linie und verfügt auch über die bessere Bauernstruktur. Ein weniger ins Auge fallender, doch bedeutender Umstand ist, dass der Springer auf a5 dem Läufer auf a6 überlegen ist. Die Reichweite des letzteren ist durch den Springer eingeengt, der seinerseits aber über Zugang zu einigen nützlichen Feldern verfügt.

22.c4

Pfercht den Läufer noch weiter ein. Doch auch das sofortige 22.♖d6 kam in Betracht: 22...♗b5, und nun 23.c4.

22...♔f8 23.♖d6 ♗b7 24.♖ed1 ♔e8

Hier haben wir den Moment, auf den sich der Turnierreport bezieht.

25.♘c6?

Würdigt die Stärke des Randspringers, der nach wie vor dem Läufer überlegen war, nicht hinreichend! Mit dem Übergang in ein Turmendspiel verschenkt Weiß seinen

Vorteil. Weitaus bessere Versuche waren 25.f3, was die Reichweite des Läufers weiter einschränkt, oder 25.a3 ♖c7 26.b4, was die Damenflügelmehrheit in Bewegung setzt.

25...♗xc6 26.♖xc6 ♖b7 27.b3 a5! 28.♖xc5 a4 29.h4 axb3 30.axb3 ♖ab8!

30...♖xb3 31.♖c7.

31.♖d3 ½-½

Den Läufer dominieren

Himal Gusain
Michail Oleksienko
New Delhi 2012

1.e4 c5 2.♘f3 e6 3.d4 cxd4 4.♘xd4 a6 5.♘c3 b5 6.♗d3 ♕b6 7.♘b3 ♕c7 8.0-0 ♗b7 9.a3 ♘f6 10.♕e2 d6 11.f4 ♘bd7 12.♗d2 ♗e7 13.♖ae1 h5 14.♘d1 ♖c8 15.♘f2 e5

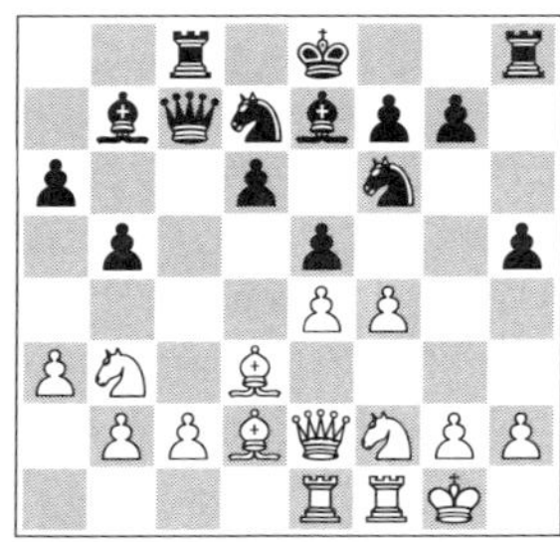

16.♘a5!

Hier ist der Springer mit einer anderen Bauernstruktur konfrontiert (a6, b5). Auf b3 hat er wenig Perspektiven, doch von a5 aus ist er dem Läufer auf b7 ebenbürtig und bereitet auch den Bauernvorstoß c2-c4 vor.

16...♘c5 17.b4!

Weiß ist mit der Situation völlig zufrieden und sieht keinen Anlass, seinen Springer gegen den ♗b7 zu tauschen.

17...♘xd3 18.cxd3 ♗a8

Der Nachziehende hält an seinem Läufer fest, gleichwohl dieser nur auf Felder ziehen kann, die in Reichweite des ♘a5 liegen!

19.♖c1 ♕d7 20.♗c3

Eine gute Alternative ist 20.♖xc8+ ♕xc8 21.♖c1 ♕d7 22.fxe5 dxe5 23.♗e3, was ein starkes Bauernzentrum behauptet.

20...exf4 21.♘h3 0-0 22.♘xf4 h4 23.♘h5?

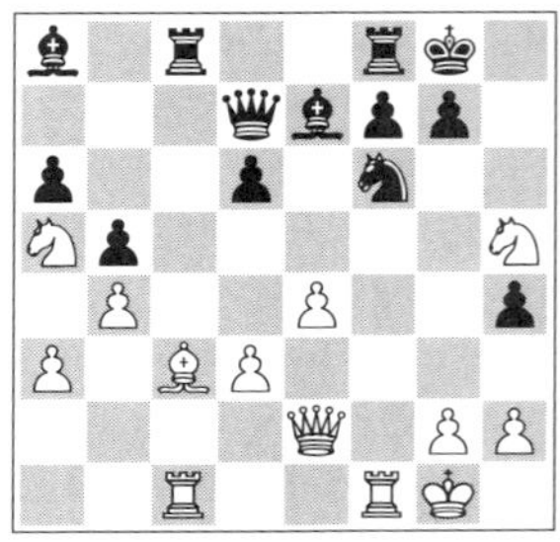

23...♘xh5 24.♕xh5 ♕e6?

Hier hätte Schwarz die lange Diagonale mit taktischen Mitteln freilegen können: 24...f5 25.exf5 ♕a7+ 26.♔h1 ♕e3 27.♗xg7 ♕g5!! 28.♕xg5 ♗xg5 29.♖xc8 ♖xc8 30.♗d4 ♖c2 31.♗f2 h3.

25.♘b3 ♕g6

25...♕xb3 26.♗xg7 ♔xg7 27.♕g4+ ♔h6 28.♖xc8.

26.♕xg6 fxg6 27.♖xf8+ ♗xf8 28.♗d2 ♖xc1+ 29.♗xc1 ♗e7 30.♘a5

Und wieder!

30...♗f6

30...d5 31.e5.

31.♔f2 d5 32.♔f3 dxe4+ 33.dxe4

Nun, da der Bauer e4 zuverlässig geschützt ist, dominiert der Springer auf a5 nach wie vor den ♗a8. Zugegeben, viel anderes ist von a5 aus nicht zu erledigen (die Kraft des Springers sollte auch nicht überschätzt werden!).

Die Partie endete mit einem Unentschieden.

Die Damenflügelbauern werden ins Visier genommen

Wadim Faibisowitsch
Alexei Gawrilow
Basel 2013

1.e4 e6 2.d4 d5 3.♘d2 c5 4.exd5 exd5 5.♘gf3 ♘f6 6.♗b5+ ♗d7 7.♗xd7+ ♘bxd7 8.0-0 ♗e7 9.dxc5 ♘xc5 10.♘b3 ♘ce4 11.♘bd4 ♕c8 12.♗e3 0-0 13.♕d3 ♖e8 14.♖ad1 a6 15.♘e2 ♗c5 16.♗xc5 ♘xc5 17.♕d2

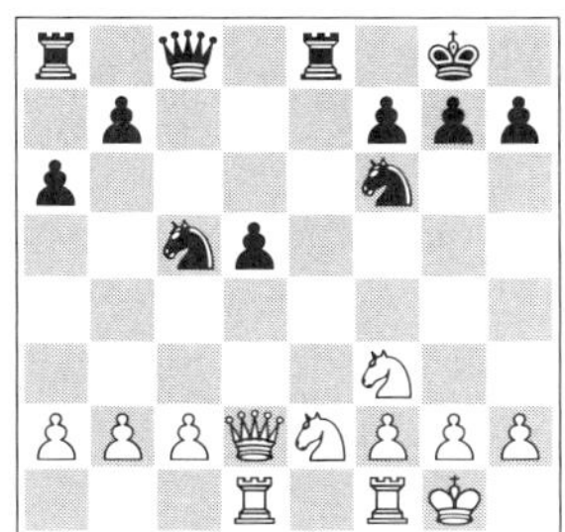

17...♘a4!

Hier haben wir wieder eine andere Bauernstruktur vor uns. Anstatt nur Felder zu kontrollieren, greift der Springer hier den Bauern auf b2 an und bindet eine weiße Figur an dessen Verteidigung. Der Versuch, den Springer mit b2-b3 zu verjagen, würde nur dazu führen, dass dieser sich auf c3 einnistet. Doch die Konstellation mit Bauer b2/c3 birgt auch ihre Gefahren, die bis zu dem Verlust eines Bauern reichen können.

18.c3 b5 19.♘ed4 ♕d7 20.♖fe1

20.b3 ist wegen 20...♘e4 nach wie vor nicht möglich.

20...♘e4 21.♕c2 ♖ac8 22.♕b3 g6 23.♘c2 ♘ec5 24.♖xe8+ ♕xe8 25.♕xd5?! ♘xb2

Schwarz hat die strategische Auseinandersetzung zu seinen Gunsten entschieden: Seine Bauernstruktur ist eindeutig besser, und zugleich kommt der Springer ins Spiel.

26.♖e1 ♕d8 27.♘b4 ♕xd5 28.♘xd5 ♖d8 29.♘b4 ♘ba4

Und erneut! Schwarz gewann die Partie.

Alexei Goganow
David Benidse
Eriwan 2013

1.♘f3 ♘f6 2.c4 c6 3.♘c3 d5 4.d4 g6 5.♗f4 ♗g7 6.e3 0-0 7.h3 ♕b6 8.♕b3 ♕xb3 9.axb3 ♗f5 10.♘d2 ♘bd7 11.g4 ♗e6 12.♗g2 h6 13.♔e2 a6 14.♗g3 ♘b6 15.c5 ♘bd7

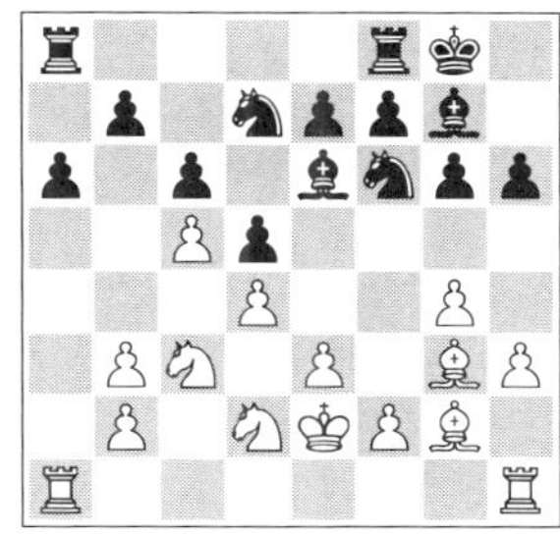

16.b4!

Macht dem Springer den Weg nach a5 frei.

16...♘h7 17.♘b3 f5

Schwarz sucht verzweifelt Gegenspiel am Königsflügel.

18.gxf5 gxf5 19.♘a5

Hier arbeitet der Springer perfekt mit dem ♗g3 zusammen. Der Bauer b7 kann nicht auf natürliche Weise gedeckt werden. Stünde der weißfeldrige Läufer von Schwarz auf c8 (und der Damenturm, sagen wir, auf e8), wäre der Springer auf a5 längst nicht so stark postiert. Ein Partiebeispiel, bei welchem die weißfeldrigen Läufer bereits abgetauscht waren, ist Thiede-Guliew, Bundesliga 2011/12. Dort behauptete Weiß dank des durch den ♘a5 ausgeübten Drucks in einer ganz ähnlichen Struktur eine leichte Initiative.

19...♖a7?

Der Nachziehende hatte den folgenden Zug wahrscheinlich nicht vorhergesehen. Anderenfalls hätte er sich sicherlich so etwas wie 19...♗f7 gespielt, und falls 20.♘xb7, so 20...e5.

20.b5! f4

20...axb5 21.♘xc6 ♖xa1 22.♘xe7+ ♔f7 23.♖xa1 ♔xe7 24.♗d6+ ♔f7 25.♗xf8 ♘hxf8 26.♖a7 mit Gewinn.

21.♗h4

Ebensogut war 21.♗xf4 möglich.

21...cxb5 22.♘xd5 f3+ 23.♗xf3 ♖xf3 24.♘xe7+ ♔f7 25.♔xf3 ♘df6 26.d5

Nun ist alles vorbei.

26...♘xd5 27.♘xd5 ♗xd5+ 28.e4 ♗e6 29.♖ab1 ♘g5+ 30.♔e3 1-0

Unterstützung eines Königsangriffs

Tigran L. Petrosjan
Hrant Melkumjan
Eriwan 2013

1.e4 e5 2.♘f3 ♘c6 3.♗b5 a6 4.♗a4 ♘f6 5.0-0 ♗e7 6.♗xc6 dxc6 7.d3 ♗g4 8.♘bd2 ♘d7 9.h3 ♗h5 10.♕e1 ♗c5 11.♘h2 ♕e7 12.♘b3 ♗b4 13.c3 ♗d6

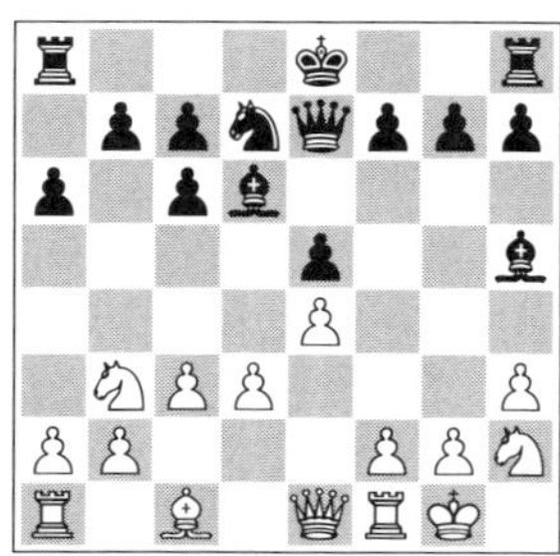

14.♘a5

Ein weiteres Beispiel für einen lästigen Angriff auf den Bauern b7. Der Bauer kann nicht vorrücken, da sein Kollege auf c6 fallen würde. Schwarz entscheidet sich für die lange Rochade, was b7 auf natürliche Weise deckt. Der Springer auf a5 wird dadurch jedoch zu einem gefährlichen Pfeiler eines Angriffs auf den schwarzen König.

14...0-0-0 15.b4 ♘b6 16.a4 ♕e6 17.c4 ♗e7 18.♖a3 c5

Schwarz möchte vermeiden, durch c4-c5 noch weiter zurückgeworfen zu werden.

19.b5

Nun steht Schwarz vor einer schwierigen Wahl: Durch Schlagen auf b5 die a-Linie zu öffnen, oder aber bei Zulassen von bxa6 dem Springer unter Umständen Zutritt nach c6 zu gewähren.

19...♖d7

Sicherlich, der Springer wird so bald nicht auf c6 erscheinen. Mit einer geöffneten a-Linie wäre hingegen ein Springeropfer auf b7 eher einmal wahrscheinlich.

20.bxa6 bxa6 21.♗e3 ♖hd8 22.g4 ♗g6 23.♕e2 h5 24.f3 hxg4 25.hxg4 f6 26.♖b1 ♗f7

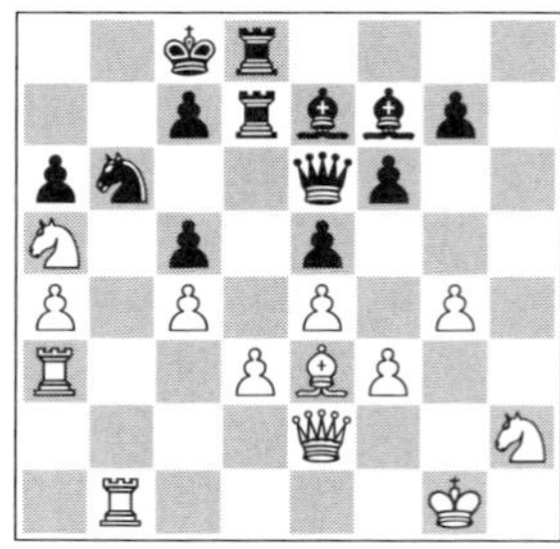

Eine kleine Aufgabe: Verbessern Sie die Position ihrer am ungünstigsten postierten Figur (was wäre deren Traumfeld?). Die Antwort wird bei Zug 29 gegeben.

27.♘f1 ♖h8 28.♔g2 ♖dd8 29.♗g1!

Nun droht Weiß ♘e3-d5.

29...f5?!

Nach diesem verzweifelten Gegenspielversuch hatte Weiß keine Probleme, die Partie zu seinen Gunsten zu beenden.

Anna Zatonskih
Piotr Dukaczewski
Gibraltar 2013

1.d4 d5 2.c4 dxc4 3.♘f3 ♘f6 4.e3 e6 5.♗xc4 c5 6.0-0 a6 7.dxc5 ♗xc5 8.♕xd8+ ♔xd8 9.♘e5 ♔e7 10.♗e2 ♘bd7 11.♘d3 ♗d6 12.♘d2 b5 13.♘b3 ♗b7 14.♘a5

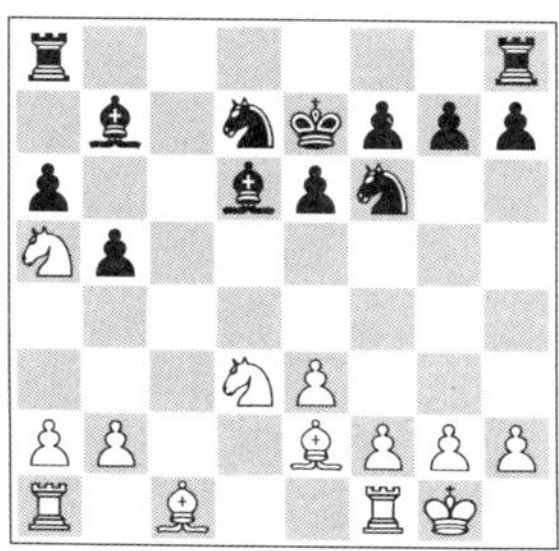

Ein weiteres Beispiel mit der Bauernformation a6/b5. Dieses Mal verfügt der ♗b7 über mehr Felder auf der langen Diagonale – im Moment wenigstens noch!

Wir haben bereits gesehen, dass ein Springer am Rand nicht unbedingt etwas schlechtes ist – jedenfalls solange es nur vorübergehend ist und der Springer sich auf der Durchgangsstation zu einem besseren Feld befindet (dies sollte natürlich nicht zu lange dauern. In geschlossenen Stellungen wie etwa dem vorletzten Beispiel ist der Zeitfaktor freilich nicht so bedeutend). Hier erweist sich c6 als optimales Feld, welches der Springer schließlich auf spektakuläre Weise einnehmen wird. Ein weiteres unterhaltsames Beispiel aus demselben Turnier wäre die Partie Huschenbeth-Valhondo.

14...♗d5 15.♗d2

Das unverzügliche 15.f3 wirkt gleichfalls logisch.

15...♘e4?!

Trügerische Aktivität. Der Springer ist nach baldigem f2-f3 zur Rückkehr verurteilt.

16.♗e1 f5 17.♘b4 ♖hc8

Gewiss ein spannungsgeladenes damenloses Mittelspiel.

18.♖d1

18.♘xd5+ oder 18.a4 kamen gleichfalls in Betracht.

18...♘b6 19.♗d3 ♗e5?

Eindeutig stärker war 19...♗c5 oder 19...♘f6. Der Textzug erlaubt in Verbund mit dem folgenden Zug einen tödlichen taktischen Schlag.

20.f3 ♘f6?

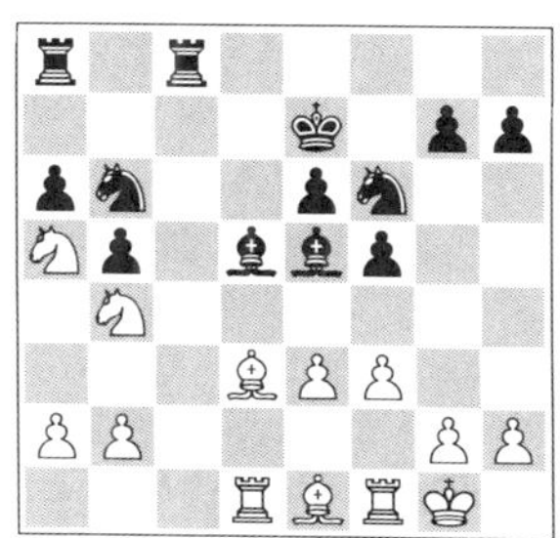

21.e4! fxe4 22.fxe4 ♘xe4 23.♗xe4 ♗xe4 24.♘bc6+ ♗xc6 25.♗b4+

Darum ging es!

25...♗d6 26.♖xd6 **1-0**

Auf der Gegenseite zurückschlagen

Vlastimil Jansa
Wassili Smyslow
Sotschi 1974

1.e4 e5 2.♘f3 ♘c6 3.♗b5 a6 4.♗a4 ♘f6 5.0-0 ♗e7 6.♖e1 b5 7.♗b3 0-0 8.c3 d6 9.h3 ♕d7 10.d4 ♖e8 11.♘bd2 ♗f8 12.a3 g6 13.♗c2 ♗g7 14.b4 ♘h5 15.♘b3 ♘d8 16.a4 ♘e6 17.axb5 ♘ef4 18.♘h2 ♕xb5 19.d5 ♖f8

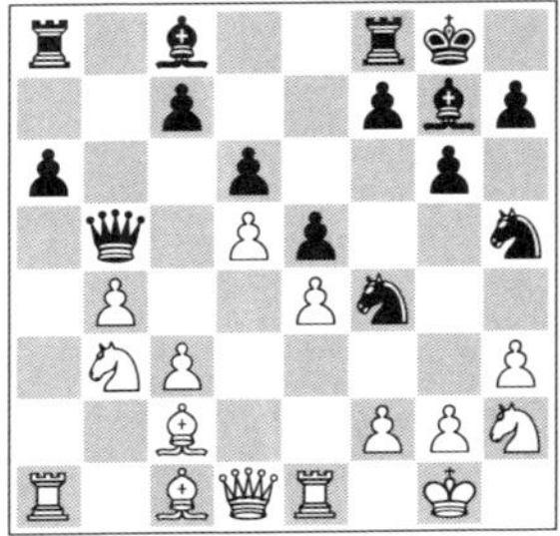

Ich würde Ihnen keinesfalls raten, die Kraft eines Springers auf a5 zu überschätzen. Mithin schließen wir das Kapitel mit einem passenden Beispiel ab, in welchem Schwarz erfolgreich Spiel am Königsflügel generiert. Dennoch glaube ich, die ersten sechs Beispiele haben das Potenzial eines solchen Springers eindrücklich demonstriert. Am Ende müssen Sie immer selbst entscheiden, ob es sich lohnt, einen Springer an den Rand zu stellen. Doch ich bin mir sicher, dass die vorgestellten Beispiele Ihre Entscheidungsgrundlage verbessert haben.

20.♘a5

Zielt auf das Feld c6 und ermöglicht Züge wie ♗a4.

20...♕e8!

Die Dame begibt sich auf ihren Weg zur Unterstützung des Killerspringers am entgegengesetzten Flügel.

21.h4?!

Spielt auf der falschen Seite des Brettes. Besser war 21.♗a4 ♕e7 22.♕f3!?, auch wenn der Damenzug angesichts von 22...f5 riskant erscheint.

21...f5 22.exf5 ♗xf5 23.♗xf5 gxf5 24.g3 ♕g6

Schwarz hat bereits die Initiative übernommen.

25.♔f1 ♘h3 26.♔g2?

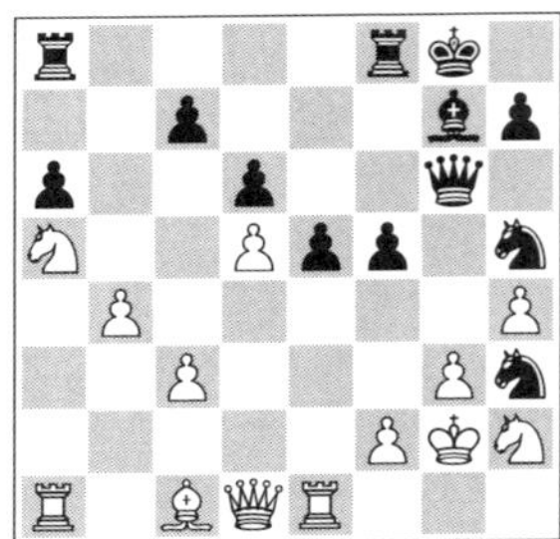

Ich vermute, der Anziehende befand sich bereits in Zeitnot, da dieser Zug offensichtlich auf der Stelle verliert. Zäher waren 26.♖a2 oder 26.♕c2.

26...♘xf2 27.♕f3 ♘g4 28.♘xg4 fxg4 29.♕e4 ♕f7 30.♗e3 ♘f6 31.♕f5 ♕xd5+ 32.♔h2 ♕f3 33.♕xf3 gxf3 34.♔h3 h5 35.♘c6

Schließlich doch – aber eindeutig zu spät.

35...♘g4 36.♗a7 f2 37.♖f1 ♖xa7 38.♘xa7 ♘e3 39.♘c6 e4 0-1

Zusammenfassung

Mitunter ist der Springer am Rand ebenso stark wie ein Läufer auf der langen Diagonalen! Sehr wirksam kann auch ein Angriff auf den Bauern b7 von a5 aus sein. Doch in beiden Fällen sollte der Springer nicht zu sehr beim Kampf an anderen Teilen des Brettes fehlen, wo der Gegner seine Chancen suchen wird.

Kapitel 5

In der Luft hängend in Aktion

Oder, um es anders auszudrücken: Angreifen mit einem Springer auf g5, der ständig bedroht ist, geschlagen zu werden. Mit dem Springer nach g5 zu hüpfen mag nicht das naheliegendste sein, wenn dieser sofort mit ...h7-h6 verjagt werden kann. Indes kann ein Bauer auf h4 beim Angriff auf einen rochierten König Wunder bewirken.

Wladislaw Worotnikow
Nicolas Grandadam
Basel 2013
1.d4 d5 2.♘c3 ♘f6 3.♘f3 e6 4.♗g5 ♗e7 5.♗xf6 ♗xf6 6.e4 dxe4 7.♘xe4 ♗e7 8.♗d3 ♘d7 9.♕d2 0-0 10.0-0-0 b6 11.h4 ♗b7 12.♕f4 ♕b8 13.♘eg5

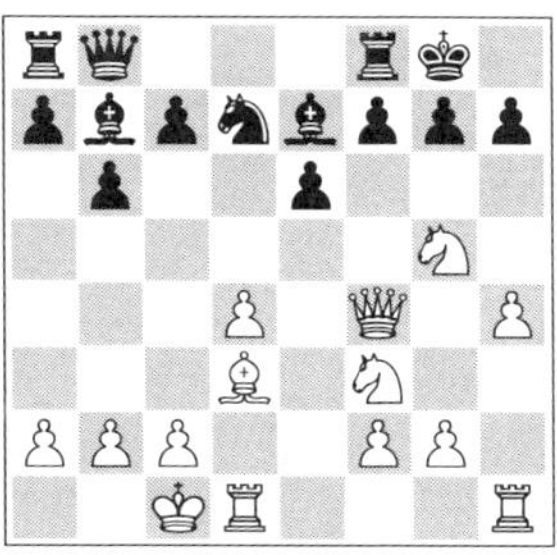

Der Anziehende hat gerade das schwarze 12....♕b8 mit 13.♘eg5 beantwortet. Es sieht reichlich logisch aus, am Königsflügel anzugreifen, zumal Schwarz gerade seine Dame zum anderen Flügel beordert hat. Damit wollte er ...c7-c5 vorbereiten und so etwas Raum gewinnen (und auch wenn der Zug auf den ersten Blick etwas merkwürdig aussieht, so wurde er doch mit Erfolg von Dreew gespielt). Doch nun – was hat Weiß eigentlich nach...

13...h6

... vor? 13...♘f6 war eine gute Alternative, auch wenn 14.♘e5 c5 15.♖h3 cxd4 16.♖g3 einigermaßen gefährlich aussieht.

14.♘e5!

Natürlich. Weiß denkt gar nicht daran, den ♘g5 wegzuziehen.

14...♘xe5

Oder 14...♘f6 15.♖h3 – der bekannte Turmschwenk, der eine weitere Figur in den Angriff einbezieht – 15...c5 (15...♗d6) 16.♖g3 cxd4 (nach 16...♗d6 gewinnt das überraschende 17.♘h7! auf der Stelle: 17...♘xh7 18.♕xh6 g6 19.♗xg6 bzw. 17...♘h5 18.♕xh6 ♘xg3 19.♘f6+) 17.♗h7+! ♘xh7 18.♘gxf7, und Weiß droht unter anderem 19.♖xg7+.

15.dxe5

Nun schränkt der Bauer auf e5 die schwarzen Verteidigungsmöglichkeiten ein.

15...a5

Der Nachziehende würde liebend gern die weißfeldrigen Läufer abtauschen und damit eine wichtige Angriffsfigur eliminieren. Doch wie die Partie zeigt, ist dies viel zu langsam.

Doch mit 15...hxg5 16.hxg5 die Figur zu nehmen, war gleichfalls indiskutabel – mit der Öffnung der h-Linie wäre ein Matt praktisch nicht mehr zu vermeiden (die unmittelbare Drohung lautet 17.♖h8+).

16.♖h3 ♗a6 17.♗h7+ ♔h8 18.♗e4

Mit Doppelangriff: a8 und f7 hängen zugleich.

18...♗b7 19.♘xf7+ ♔g8 20.♘xh6+ 1-0

Anhaltende Spannung

Ljubomir Ljubojevic
Viktor Kortschnoi
Wijk aan Zee 2008

1.d4 ♘f6 2.c4 e6 3.♘c3 ♗b4 4.♕c2 ♘c6 5.e3 d5 6.a3 ♗d6 7.f4 a5 8.♘f3 ♗e7 9.♗d2 0-0 10.♗e2 ♗d7 11.♘g5 ♗e8 12.h4

In diesem Partiebeispiel verläuft der Angriff weniger geradlinig, und die Spannung hält für geraume Zeit an.

12...h6

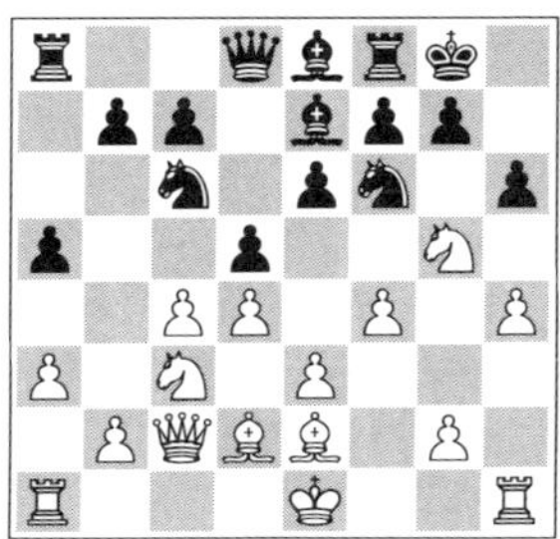

13.0-0-0!

Mit der Dame auf c2 kommt ein Schlagen auf g5 natürlich kaum in Betracht. Nichtsdestotrotz muss Weiß die Augen offen halten, ob veränderte Umstände doch einmal das Nehmen der Figur erlauben.

13...♘b4

Ein apartes Spiegelbild! Nach 13...hxg5 14.hxg5 ♘e4 (14...g6 15.♖h6!) 15.♘xe4 dxe4 16.♕xe4 g6 lautet der Gewinnzug 17.♕f3.

14.♕b1

Hält die Spannung aufrecht. Nach 14.axb4 axb4 15.♘b1 ♖a2 würde Schwarz die Initiative übernehmen. Die weiße Mehrfigur auf g5 hängt in der Luft, doch eine exakte Beurteilung der Lage wäre kaum möglich.

14...c5 15.e4!?

Weiß unternimmt alles, um seine Formation ♕b1/♘g5 zu rechtfertigen, und er möchte unbedingt den Springer auf f6 loswerden.

15...cxd4 16.e5 dxc3 17.♗xc3 hxg5

Die Spannung löst sich schließlich, und das Spiel wird konkreter. Ein interessanter Versuch war 17...g6 18.exf6 ♗xf6 19.axb4 ♗xc3 20.bxc3 ♕f6, und auch hier scheint Schwarz obenauf zu sein.

18.exf6 ♘a2+

Schwarz entscheidet sich, den Spannungszustand am Damenflügel gleichfalls aufzuheben. Die Position ist unglaublich schwierig, und es gibt zahlreiche plausible Möglichkeiten: 18...♗d6 und 18...♗c5 kamen gleichfalls in Betracht.

19.♕xa2 ♗xf6 20.hxg5 ♗xc3 21.bxc3

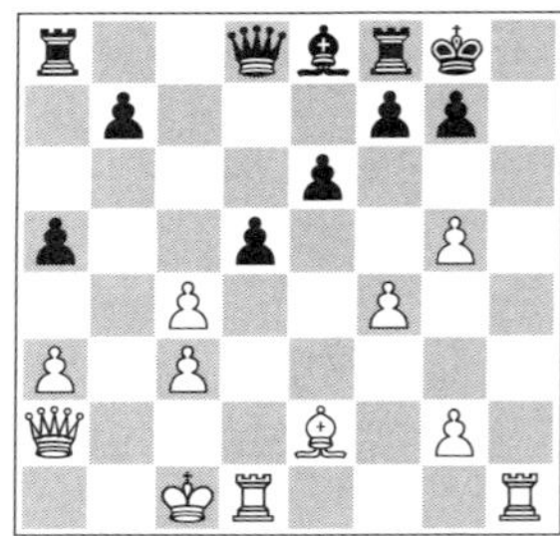

Die Stellung wurde etwas vereinfacht, und beide Parteien bemühen sich nach Kräften, dem gegnerischen König nachzustellen.

21...♕c7 22.g3 ♗a4 23.♗d3 ♖fd8 24.♗c2

Zunächst 24.♕h2 wäre eine gute Alternative. Die Position ist immer noch sehr verwickelt und verlangt beiden Seiten viel Rechenarbeit ab. Die Schlacht endete schließlich mit einem Unentschieden.

Den ♘f6 vernichten

Dragan Damjanovic
Nikola Nestorovic
Belgrad 2008

1.d4 ♘f6 2.c4 e6 3.♘c3 ♗b4 4.♕c2 c5 5.dxc5 ♕c7 6.a3 ♗xc5 7.b4 ♗e7 8.♘b5 ♕c6 9.♘f3 d6

10.♗b2 a6 11.♘bd4 ♕c7 12.e3 0-0 13.♗d3 ♘bd7

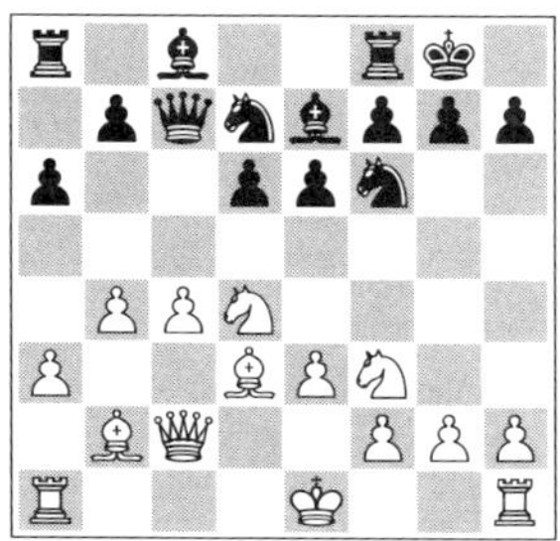

14.♘g5

Es geht wieder los.

14...h6 15.h4 ♘e5 16.♗h7+ ♔h8

Ein typisches Szenario: Weiß muss sowohl den ♘f6 wie auch den eigenen ♗h7 aus der Bahn schaffen, um mattzusetzen.

17.f4

Es ist keinesfalls leicht für Weiß, seinem Anliegen Nachdruck zu verleihen, und er zieht jetzt das komplette Programm durch.

17...♘xc4?!

Das weniger gierige 17...♘eg4 war solide und stark. Danach wäre es für Weiß praktisch unmöglich, den ♘f6 zu eliminieren.

18.♗d3 b5 19.♘df3!

Plötzlich hat Weiß ernsthafte Drohungen aufgebaut (Schlagen auf f6 nebst Schlagen auf c4), die den Springerausflug nach g5 rechtfertigen.

19...♗d8?

Sieht zwar clever aus, doch war 19...♖a7 der bessere Weg, den ♘c4 zu entfesseln.

20.♗xf6

Aber nicht 20.♗xc4 ♕xc4!.

20...♗xf6 21.♖c1 g6 22.h5 hxg5

Das ist nun praktisch erzwungen.

23.hxg6+ ♔g8 24.g7?

24.♗xc4 ♕xc4 25.gxf7+ ♔xf7 26.♕h7+ hätte den Sack zugemacht.

24...♖d8!

Aber nicht 24...♔xg7 25.fxg5 ♗e5 26.♗xc4 ♖h8 27.♖xh8 ♔xh8 28.♘xe5 dxe5 29.♕h7+! oder 24...♗xg7 25.♗h7+ ♔h8 26.♗g8+ (merken Sie sich diesen typischen Trick – falls Sie ihn noch nicht kannten –, um den Läufer aus dem Weg zu schaffen) 26...♔xg8 27.♕h7+.

25.♗xc4 ♗xg7

Schwarz hat den Angriff überlebt, er hat jetzt sogar Oberwasser. Später gewann er die Partie.

♕h5: Noch ein geradliniger Angriff

Murray Chandler
Nigel Short
Brighton 1981

1.e4 e6 2.d4 d5 3.♘d2 ♗e7 4.♘gf3 ♘f6 5.e5 ♘e4 6.♗d3 ♘xd2 7.♗xd2 0-0 8.h4 h6 9.c3 ♘d7

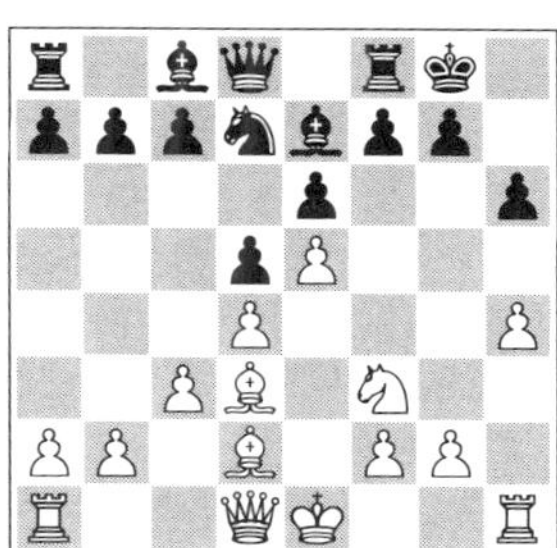

10.♘g5

Das sollte jetzt keine Überraschung mehr sein.

10...c5 11.♕h5

Eine weitere Angriffsformation, mit der Weiß f7 ins Auge fasst, und ...hxg5 ist jetzt definitiv unmöglich. Im Unterschied zu Stellungen mit der Dame auf c2 ist hier kein Springer auf f6, den Weiß erst noch eliminieren müsste. Und der Nachziehende muss sich vor Zügen wie ♘h7 vorsehen. Er ergreift nun die Gelegenheit, Spiel am entgegengesetzten Flügel einzuleiten.

11...cxd4 12.cxd4 ♕b6 13.♗c3 ♗b4 14.♔f1 ♗xc3

Der Nachziehende hat damit zumindest eine der weißen Angriffsfiguren eliminiert.

15.bxc3 ♕b2 16.♖d1

Schwarz steckt nun in großen Schwierigkeiten. Auf sich allein gestellt, kann seine Dame am gegnerischen Damenflügel nicht viel ausrichten.

16...♕xa2 17.♖h3

Folgt dem allgemeinen Ratschlag, so viele Figuren wie möglich in den Angriff einzubeziehen. Hierzu dient dem Weißen ein Turmschwenk auf der dritten Reihe.

17...b6 18.♗h7+!

Präzise gespielt. Weiß vermeidet den Abtausch seines übriggebliebenen Läufers durch ...♗a6.

18...♔h8 19.♖g3 ♗a6+ 20.♔g1 ♕e2

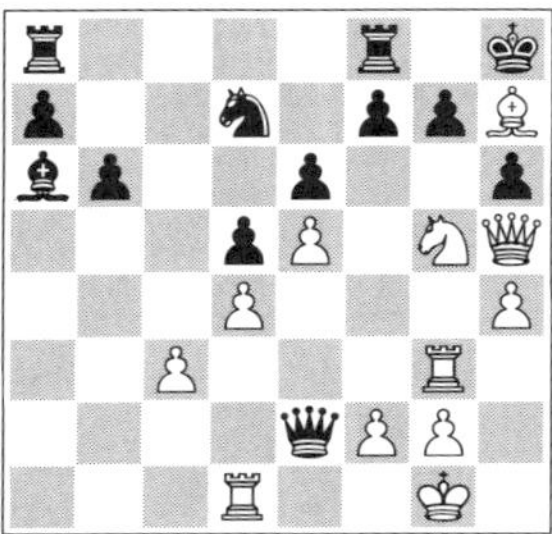

21.♘xf7+!

Ich schätze, Weiß hat diesen Schlag schon vor der Ausführung seines 18. Zuges berechnet.

21...♖xf7 22.♕xf7 ♕xd1+ 23.♔h2 g5 24.♗g6 ♘f8 25.♕f6+ ♔g8 26.♗f7+ ♔h7 27.hxg5 1-0

Für einen weiteren schnellen Angriffssieg mit ♕h5 siehe Mrva-Hlinka, Slowakei 2012.

Ohne die weißfeldrigen Läufer

Vahe Baghdasarjan
Vitaly Kunin
Moskau 2012

1.e4 d6 2.f4 ♘f6 3.♘c3 ♘bd7 4.♘f3 e5 5.♗c4 ♗e7 6.d4 exd4 7.♕xd4 0-0 8.♗e3 c6 9.0-0-0 b5 10.♗e2 c5 11.♕d3 b4 12.♘d5 ♘xd5 13.exd5 a5 14.♖de1 ♘f6

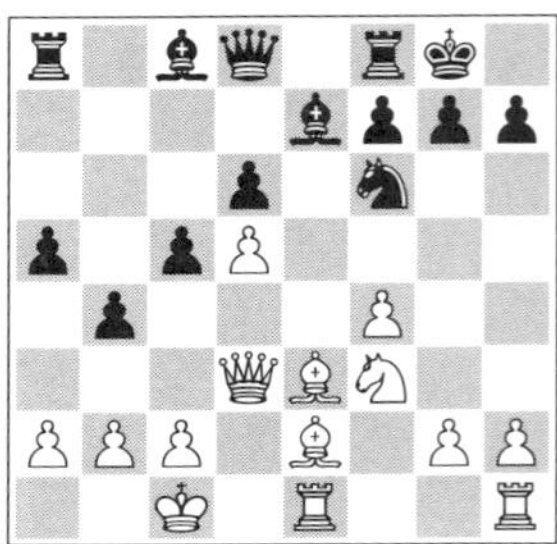

15.♘g5 h6

Natürlich könnte man auch einiges dafür vorbringen, diesen Zug doch gleich ganz zu unterlassen, zumal er die Bauernstruktur am Königsflügel schwächt. Nichtsdestotrotz zwingt der Einschub von h2-h4 und ...h7-h6 den Anziehenden, an jedem Punkt seiner Berechnungen ein mögliches Schlagen einzukalkulieren.

16.h4 ♗a6

Natürlich ist Schwarz begierig darauf, ein Leichtfigurenpaar abzutauschen und damit das weiße Angriffspotenzial zu vermindern. Durch die Abwesenheit der weißfeldrigen Läufer wird die Aufstellung mit ♘g5 recht harmlos.

17.♕d1 ♗xe2 18.♖xe2 ♕d7

Es ist zu früh, um auf g5 zu nehmen: 18...hxg5 19.hxg5 ♘e4 20.♖ee1 g6 21.♕f3.

19.♕d3 ♖fc8 20.♗f2

Für Weiß hingegen war es zu spät, es sich mit 20.♘e4 anders zu überlegen. Nach 20...c4 21.♕d4 a4 wäre der schwarze Angriff viel schneller.

20...a4 21.♕h3

Gesteht praktisch die Niederlage ein.

21...♖a7

21...♕xh3 22.♘xh3 ♗f8 23.♖d1 ♖e8 wäre gleichfalls plausibel, doch der Textzug lässt die weißen Sorgen um seinen d-Bauern noch anschwellen.

22.♕d3

Die Antwort hierauf sagt eigentlich schon alles, doch die Alternativen waren nicht wirklich besser und führten höchstwahrscheinlich zum Verlust des Bauern d5: 22.♕xd7 ♖xd7 23.♘e4 ♘xd5 24.g3 ♘b6.

22...♕g4 23.♖he1 ♕xf4+ 24.♔b1 hxg5

Man hätte fast vergessen, dass dieses Schlagen mitunter möglich ist!

25.g3 ♕g4 26.♖xe7 ♖xe7 27.♖xe7 gxh4 28.gxh4 a3 29.♖e1 axb2 30.♖g1 ♕e4 31.♕g3 g6 32.h5 ♘xh5 33.♕xd6 c4 34.♖e1 ♕f5 35.♕xb4 ♕xf2 36.d6 ♘f6 37.♕c3 ♖d8 **0-1**

Eine theoretische Position

Schachriar Mamedscharow
Anna Zatonskih
Gibraltar 2012

1.d4 d5 2.c4 e6 3.♘c3 ♗e7 4.♗f4 ♘f6 5.e3 0-0 6.♕c2 c5 7.dxc5 ♗xc5 8.♘f3 ♘c6 9.a3 ♕a5 10.0-0-0 dxc4 11.♗xc4 a6

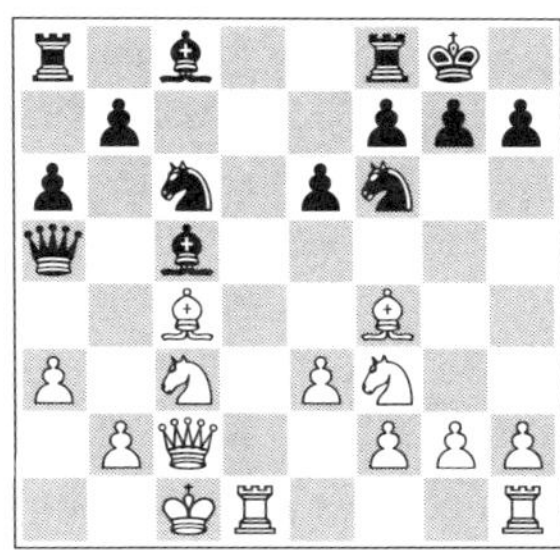

Eine in der Theorie des Damengambits bekannte Stellung, in der Weiß schon verschiedene Züge versucht hat.

12.♘g5!?

Die wichtigste Alternative ist 12.♗d3, während 12.♘d2 mit 12...♗e7 beantwortet werden kann.

12...♗e7

12...b5? 13.♘ce4 verliert auf der Stelle, die Zugfolge 12...h6 13.h4 (13.♘ge4!?) 13...♗e7 würde hingegen zur Partie überleiten.

13.h4 h6

Auch hier gäbe es Argumente dafür, auf diesen Zug zu verzichten, da er keine wirkliche Drohung aufstellt. Doch das unverzügliche 13...b5 trifft auf 14.♘ce4 g6 15.♘xf6+ ♗xf6 16.♘xh7! ♔xh7 17.h5 mit mächtigem Angriff, 13...e5 ermöglicht hingegen 14.♘d5 g6 15.♘xf6+ ♗xf6 16.♘xh7. Einmal mehr ist die Eliminierung des ♘f6 von eminenter Bedeutung. Möglich wäre allerdings 13...♘e5.

14.♔b1 b5?

Das ist nach wie vor nicht spielbar. Schwarz musste sich mit Zügen wie 14...♘e5 oder 14...♖d8 begnügen.

15.♘ce4 ♘xe4 16.♕xe4

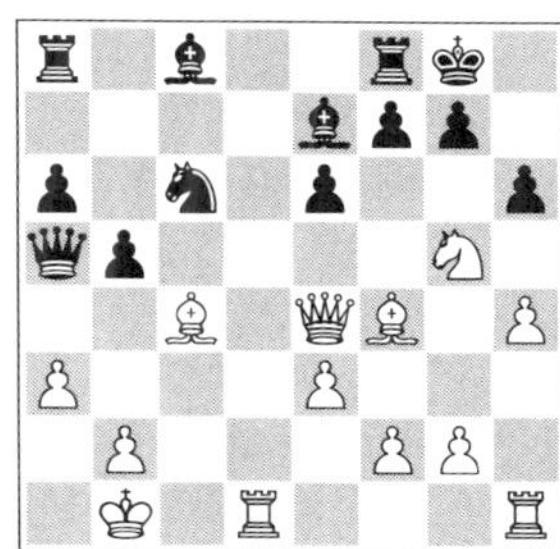

16...♗xg5

Hatte die Nachziehende ihre Hoffnungen auf diesen Zug gesetzt? 16...hxg5 kann mit dem hübschen Zwischenzug 17.♗c7! (wobei das geradlinige 17.hxg5 g6 18.♗e5 ♘xe5 19.♕h4 gleichfalls gewinnt) 17...♕xc7 18.hxg5 beantwortet werden.

17.♗d3 f5 18.♕xc6 ♗xf4 19.♕xa8 ♕b6 20.♕f3 ♗e5 21.♕e2 ♗b7 22.f3

Die Schwarzspielerin hat ohne hinreichende Kompensation eine Qualität weniger. Sie verlor chancenlos.

Ein Sonderfall

Judit Polgar
Ferenc Berkes
Budapest 2003

1.e4 e6 2.d4 d5 3.♘c3 ♘f6 4.♗g5 dxe4 5.♘xe4 ♗e7 6.♗xf6 ♗xf6 7.♘f3 0-0 8.♕d2 ♘d7 9.0-0-0 ♗e7 10.♗d3 b6 11.♘eg5 h6

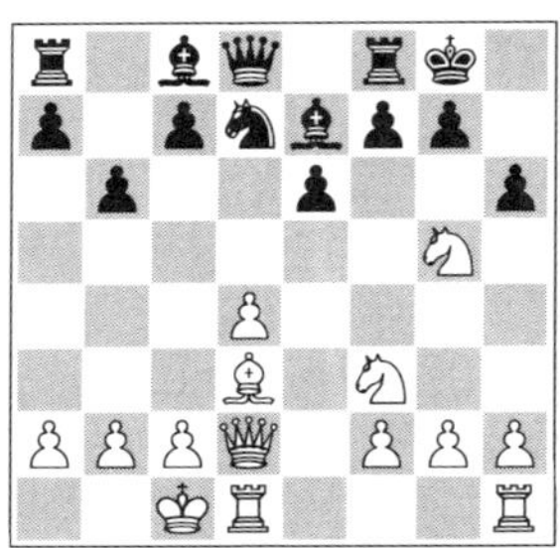

12.♗h7+

Mit Blick auf die vorangegangenen Beispiele würde man 12.h4 erwarten, was tatsächlich auch schon gespielt und mit 12...♗b7 beantwortet wurde. Polgar hebt sich diesen Zug jedoch für später auf und verhindert zunächst die Entwicklung des schwarzen Damenläufers.

12...♔h8 13.♗e4 hxg5

Schwarz entscheidet sich für ein Qualitätsopfer, da auf 13...♖b8 doch noch 14.h4 folgen könnte. 13...♗xg5 wurde in einer späteren Partie Wolokitin-Nielsen, Bundesliga 2004/05, gespielt und ist eine sichere Möglichkeit. Berkes muss von Judits nächstem Zug überrascht gewesen sein.

14.g4!

Nach 14.♗xa8 g4 stünde Weiß umgehend vor Problemen, da der Springer wegen 15...♗g5 nicht wegziehen könnte.

14...♖b8 15.h4

Erst jetzt, dafür mit umso vernichtenderer Wirkung, da die Öffnung der h-Linie nicht mehr zu verhindern ist.

15...g6

Nach 15...gxh4 16.g5 ♔g8 (16...f6 17.♘xh4!) 17.♕f4 f5 18.♕xh4 fxe4 19.♕h7+ ♔f7 20.♕h5+ g6 21.♕h7+ ♔e8 22.♕xg6+ ♖f7 23.♖h7, oder auch 15...♔g8 16.hxg5 ♗b7 17.♗xb7 ♖xb7 18.♖h3!, erweist sich der weiße Angriff als übermächtig.

16.hxg5+ ♔g7 17.♕f4

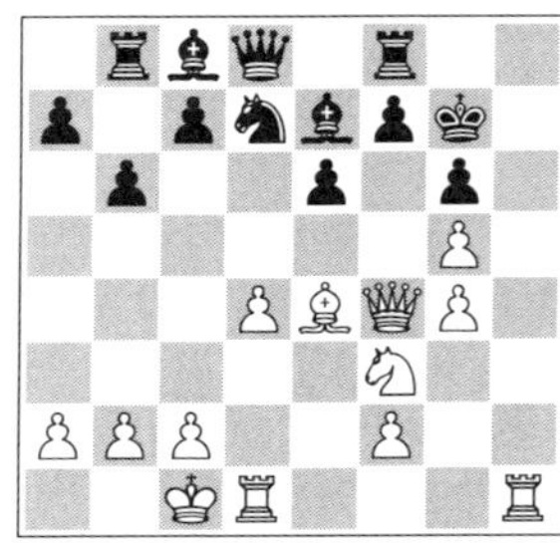

17...♗b7?

Dies verliert umgehend, doch auch das stärkere 17...♖h8 hätte die Partie nicht gerettet: 18.♖xh8 ♕xh8 19.♘e5, und nun zum Beispiel 19...♘xe5 (19...♕e8 20.♖h1) 20.♕xe5+ ♔g8 21.♕xc7 ♗xg5+ 22.♔b1, und Weiß gewinnt.

18.♖h7+ ♔xh7 19.♕h2+ ♔g8 20.♖h1 ♗xg5+ 21.♘xg5 ♕xg5+ 22.f4 ♕xf4+ 23.♕xf4 ♗xe4 24.♕xe4 1-0

Zusammenfassung

Diese Beispiele werden Ihnen bestimmt helfen, die Option ♘g5 zu würdigen, selbst wenn sich der unterstützende h-Bauer noch auf h2 befindet. Angesichts der damit verbundenen Öffnung der h-Linie kann der Springer meist nicht sofort geschlagen werden. Im weiteren Verlauf entsteht oft eine recht angespannte Situation.

Kapitel 6

Ein gar nicht so harmloser Zaungast

Die Kraft eines weißfeldrigen Läufers, der bei einem Königsangriff auf f7 oder h7 zielt, ist wohlbekannt. Doch ebenso sollte ein scheinbar unauffällig auf h5 postierter Randspringer Ihre Aufmerksamkeit erregen!

Im Gespann mit der Dame

Arkadij Naiditsch
Hrvoje Stevic
Bol 2013

1.e4 d5 2.exd5 ♕xd5 3.♘c3 ♕a5 4.d4 ♘f6 5.♗d2 ♗g4 6.f3 ♗d7 7.♗c4 ♕b6 8.♘ge2 e6 9.0-0 ♗e7 10.a4 a5 11.♘e4 c5 12.dxc5 ♗xc5+ 13.♔h1 ♘xe4 14.fxe4 0-0 15.♘f4 ♘c6

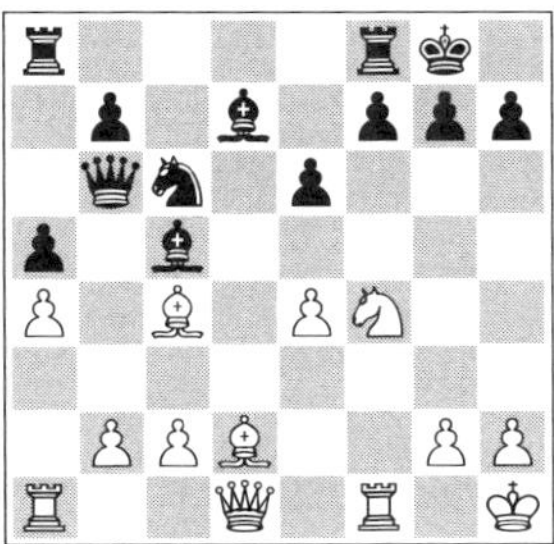

16.♘h5!?

Dem schwarzen Königsflügel mangelt es offensichtlich an Verteidigungsfiguren; mithin beginnt der Anziehende, seine Truppen dorthin zu verlegen. Die Dame kann zur Unterstützung des Springers auf g4 erscheinen. Das logische und solide 16.♗c3 kann mit 16...♗d4 (16...♖ad8 17.♘h5 ♗d4 18.♕g4 gibt Weiß Druck) 17.♗xd4 ♕xd4 18.♕xd4 ♘xd4 19.♖ad1 und nun 19...♗xa4! 20.b3?! (20.♖xd4 e5 21.♖d2) 20...♘xc2 21.bxa4 ♘e3 erwidert werden, wonach Schwarz wohlauf ist.

16...♗d4

Verteidigt den Bauern g7, den Weiß sich vorgeknöpft hat. Nach dem leichtfertigen 16...♕xb2? 17.c3 stünde die schwarze Dame zu weit vom Schuss und wäre zudem in Gefahr, nach ♗b3 gefangen zu werden.

16...♘e5 kann mit 17.♗c3 beantwortet werden, da 17...♘xc4? an 18.♘f6+ scheitert. Ein Springeropfer auf f6 ist keineswegs ungewöhnlich, wenn der Springer von h5 aus angreift! Sehen Sie sich die Partie Sokolov-Rezan, Sibenik 2012, an.

17.♕g4 ♕c5?

Ein origineller Einfall, um ♗h6 zu verhindern, der jedoch nach hinten losgeht. Korrekt war 17...♔h8.

18.♗e3!

Nicht 18.♗h6 g6 19.♗xf8 ♖xf8, wonach zwei Figuren hängen würden, auch wenn die Lage nach 20.♖ad1! kompliziert bliebe.

18...♕xc4

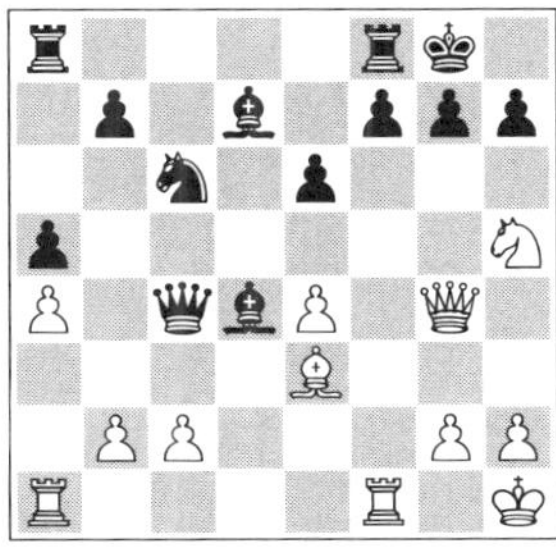

19.e5!

Mit diesem eleganten Zug werden die schwarzen Figuren vom Königsflügel abgeschnitten, insbesondere von der Verteidigung des Punktes g7. Schwarz nahm zu ...

19...♕xf1+ 20.♖xf1 ♗xe5

... Zuflucht, konnte damit seine Niederlage aber letztlich nicht abwenden.

Druck auf g7 ausüben

Constantin Lupulescu
Francisco Vallejo Pons
Legnica 2013

1.d4 e6 2.c4 d5 3.♘c3 ♗b4 4.♘f3 ♘f6 5.♗g5 dxc4 6.e4 h6 7.♗xf6 ♕xf6 8.♗xc4 c5 9.0-0 0-0 10.e5 ♕d8 11.♘e4 cxd4 12.♕e2 ♕b6 13.♖ad1 ♖d8 14.♘g3 ♗e7 15.h4 ♘a6

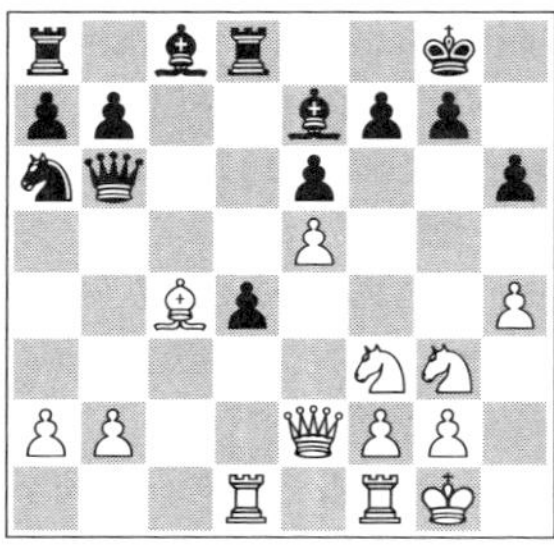

16.♘h5

Weiß hat im Verlauf der Eröffnung einen Bauern geopfert und bringt jetzt das bereits bekannte Dame-Springer-Tandem gegen g7 in Stellung. Diesmal sorgt der Bauer e5 dafür, dass die schwarzen Figuren vom Königsflügel abgeschnitten bleiben und nicht bei der Verteidigung ihres Königs helfen können. Mit 16.♗d3 eine Batterie zu errichten, wäre wegen 16...♘b4 17.♗b1 d3 nicht so effektiv.

16...♘c5

Gibt den Bauern zurück, um die Entwicklung zu vervollständigen.

17.♘xd4 ♗d7 18.♕g4 ♗f8

Weiß erfreut sich eines schönen Raumvorteils, doch es ist nicht so leicht, daraus auch etwas zu machen.

19.b4!? ♕xb4

19...♘a4 20.♖d3.

20.♘f5 ♔h8

20...exf5 21.♗xf7+ verdeutlicht die Idee hinter 19.b4.

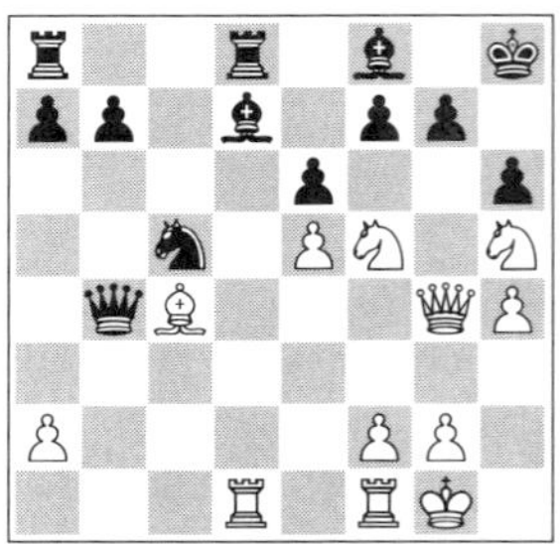

21.♘fxg7!?

Ein weiteres typisches Feld für ein Springeropfer. Ein Killerspringer könnte dasselbe vollbringen, siehe z.B. Ibragimow-Faizrachmanow, Kasan 2013, als Beispiel für ein analoges Springeropfer auf g7.

21...b5 22.♕f4 ♗xg7 23.♘xg7 ♔xg7 24.♕f6+ ♔g8

24...♔f8 25.♕xh6+ ♔e7 26.♕f6+ ♔f8 27.♖d4 bxc4 28.h5.

25.♖d4 ♕xc4 26.♖xc4 bxc4 27.♕xh6 ♗c6

In materieller Hinsicht könnte Schwarz nicht klagen, doch die offene Königsstellung im Verbund mit dem h-Freibauern bereitete ihm einige Sorgen. Viele Züge später schaffte er jedoch ein Remis.

Die Springer gehen voran

Krzysztof Pytel
Jacek Bednarski
Piotrkow Trybunalski 1970

1.e4 e6 2.d4 d5 3.♘c3 ♘f6 4.e5 ♘fd7 5.♘ce2 c5 6.c3 b6 7.♘g3 ♗a6 8.♗xa6 ♘xa6 9.h4 ♕c8 10.♘f3 cxd4 11.cxd4 ♕c4 12.b3

♗b4+ 13.♗d2 ♕d3 14.a3 ♗xd2+ 15.♕xd2 ♕xb3 16.0-0 0-0

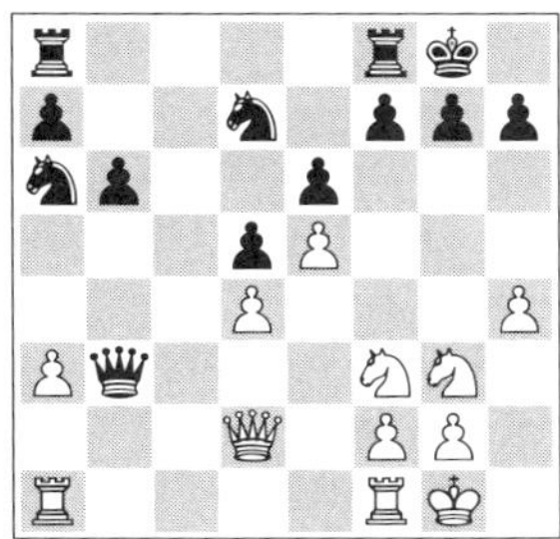

Eine ganz ähnliche Situation: Weiß hat einen Bauern geopfert, und die schwarzen Figuren stehen weit vom Königsflügel entfernt. Der Bauer auf e5 garantiert dem Anziehenden Raumvorteil, allerdings könnte Schwarz zügig ein Spiel auf der c-Linie entfachen.

17.♘h5

Nun droht augenfällig 18.♕g5.

17...h6

17...f6 18.exf6 ♘xf6 19.♘xf6+ ♖xf6 20.♖ab1 ♕a4 21.♖fc1, und dank des vom Spielgeschehen abgeschnittenen Springers auf a6 hat Weiß gute Kompensation für den Bauern.

18.♖fb1 ♕a4 19.♘h2

Plant das geradlinige ♘h2-g4xh6.

19...♖ac8 20.♖c1 ♖xc1+

Verpasst das überraschende 20...♘ac5!? 21.dxc5 ♕xh4 22.♘f4 bxc5, und für den zuvor nur herumlungernden Springer hätte Schwarz drei Bauern eingesammelt.

21.♖xc1 ♕xa3?

Schwarz musste das Figurenopfer 21...♘xe5 22.dxe5 ♕xh4 versuchen, mit ähnlicher Stellung wie in der letzten Anmerkung.

22.♘g4 ♕e7 23.♘gf6+ ♔h8 24.♕f4

Auch in dieser Partie findet die Dame schließlich ihren Weg auf die g-Linie. Schwarz steht vor unüberwindbaren Probleme.

24...♖d8 25.♕g3 g6 26.♕e3 g5 27.♕d3 ♘f8 28.♕xa6,

und Weiß gewann bald.

Ein französisches Manöver

Fabian Libiszewski
Virgilio Vuelban
Grosseto 2013

1.e4 c5 2.♘f3 d6 3.♗b5+ ♗d7 4.♗xd7+ ♕xd7 5.0-0 ♘f6 6.♖e1 ♘c6 7.c3 e6 8.d4 cxd4 9.cxd4 d5 10.e5 ♘e4 11.♘bd2 ♘xd2 12.♗xd2 ♗e7 13.♖c1 0-0 14.♖c3 ♖fc8 15.a3 ♖c7 16.♖d3 ♗d8

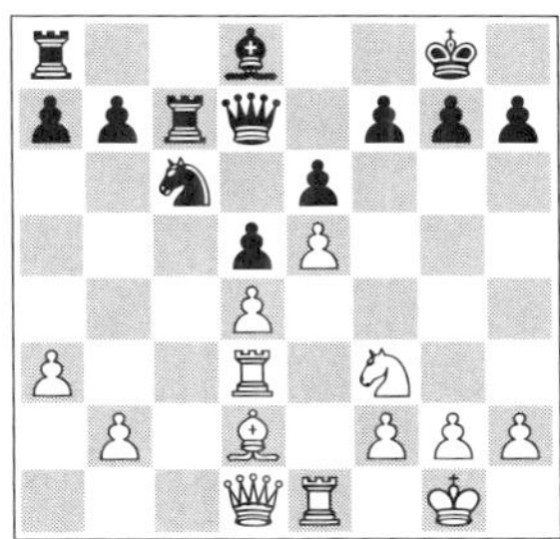

Nicht gerade eine Stellung, die man mit einem Angriffsspringer auf h5 in Verbindung bringen würde. Doch der nächste Zug ist ein Schritt in genau diese Richtung.

17.♘g5 h6

17...♗xg5 18.♗xg5 ♘e7 wäre eine vernünftige Alternative, zumal nicht klar ist, wie Weiß hier durchbrechen soll, z.B. 19.♕h5 ♖ac8 20.♖h3 h6 21.♗xh6 gxh6 22.♕xh6 ♘g6 23.♖g3 ♕e7 24.h4 ♕f8 25.♕e3 ♔h8.

18.♘h3!

Eine analoge Springertour ist häufig in Stellungen der französischen Winawer-Variante anzutreffen. Man nehme zum Beispiel die Partie De Firmian-Harmon, Philadelphia Open 2011. Der Springer kann via f4 nach h5 ziehen, während dem ♖d3 die dritte Reihe offengehalten wird.

18...♘e7 19.♘f4 ♖ac8 20.♘h5 ♕b5 21.♗c3 ♖c6 22.f4

Weiß hat es hier nicht so leicht, Druck gegen g7 auszuüben, da Schwarz sich mit ...♘g6 oder ...♘f5 verteidigen kann. Deshalb wirft er, um den Druck zu verstärken, seine Bauern in die Schlacht.

22...♘g6 23.♕d2 ♗a5 24.g4

Nach 24.♗xa5 ♖c2 25.♕e3 ♕xa5 stünde der Anziehende, der die c-Linie ebenso wie die zweite Reihe preisgegeben hat, vor großen Problemen. Und zwar nicht zuletzt, da ...♘h4 (sic!) in der Luft liegt.

24...♗xc3 25.bxc3 ♘e7 26.♖f3 ♕b3 27.♖c1

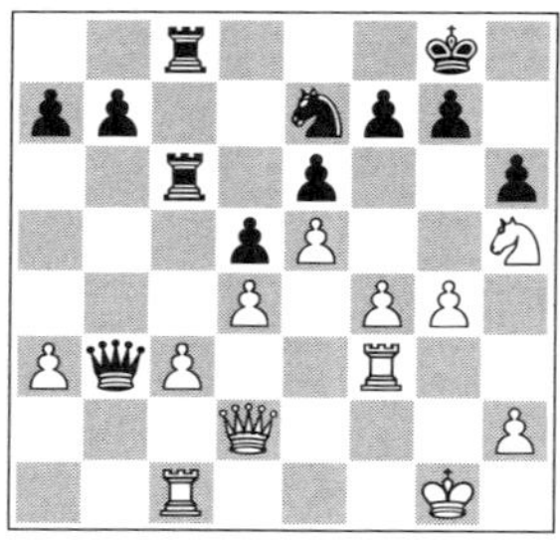

Weiß hat es geschafft, den Damenflügel geschlossen zu halten, und steht am anderen Flügel zu f4-f5 bereit.

27...♖a6?

27...♘g6 war gefragt, um 28.f5 exf5 29.gxf5 mit 29...♘h4 (ja, erneut!) zu beantworten.

28.f5 ♖xa3 29.fxe6 ♖a2 30.♕f4

Weiß kam dem Gewinn immerhin noch nahe:

30...f5 31.♖cf1 ♖xc3 32.♘f6+ gxf6 33.exf6 ♖xf3 34.♖xf3 ♕d1+ 35.♖f1 ♕e2 36.♕g3 f4 37.fxe7 ♕xe6 38.♕xf4 ♕xe7 39.♖c1 ♔g7 40.♖c7 ♖a1+ 41.♔g2

Und hier wurde remis vereinbart.

Ein starkes Feld am Rand

Radoslaw Wojtaszek
Alexander Donchenko

Legnica 2013

1.d4 d5 2.♘f3 ♘f6 3.c4 dxc4 4.e3 e6 5.♗xc4 c5 6.0-0 a6 7.♗b3 ♘c6 8.♘c3 ♕c7 9.♗d2 ♗e7 10.dxc5 ♗xc5 11.♕c2 ♗e7 12.♘e4 0-0 13.♖fd1 ♖d8 14.♗c3 ♗d7 15.♘xf6+ ♗xf6 16.♗xf6 gxf6 17.♖d4 f5 18.♖h4 ♖ac8 19.♖c4 ♕a5 20.♖d1 ♗e8 21.♖c3 ♖xd1+ 22.♕xd1 ♖d8 23.♕c1 ♘e5 24.♘d4 ♘c6 25.h3 ♕e5

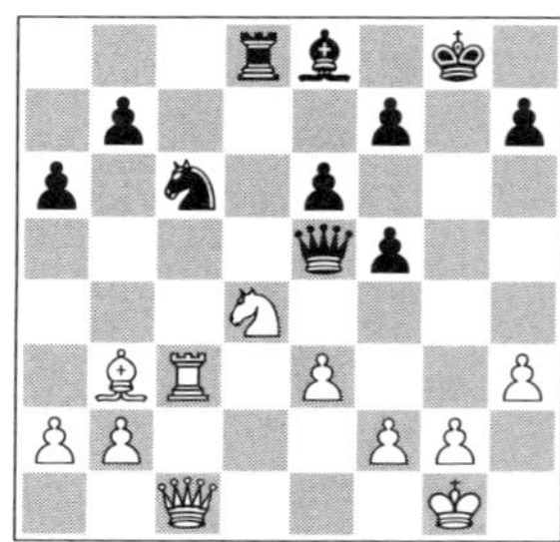

Hier haben wir eine andere Situation. Schwarz hat genug Raum und auch Verteidigungskräfte am Königsflügel, doch seine Bauernstruktur ist geschwächt. Der Umstand, dass der g-Bauer von Schwarz fehlt, macht h5 zu einem unangreifbaren Stützpunkt für den Springer, der von dort aus g7 und f6 überwacht.

26.♘e2

Und los geht's, geradeheraus in Richtung h5. Schwarz braucht derweil Zeit, um seine Leichtfiguren zu entknoten.

26...♘e7 27.♘f4 ♗c6 28.♘h5

Der Springer ist auf h5 gelandet. Sobald die weiße Dame zur Zusammenarbeit auf den dunklen Feldern herbeischwebt, wird es für den Nachziehenden ungemütlich.

28...♘g6

Viel sicherer war 28...♕d6, was die Kontrolle über die d-Linie übernimmt.

29.Tc5 Dh8 30.Lc4 Se5?

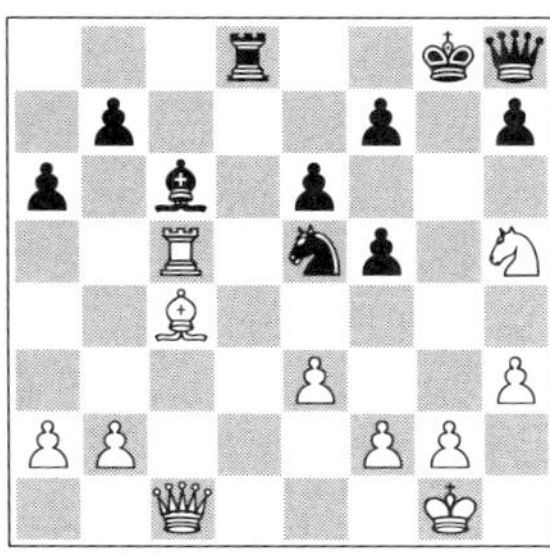

Verteidigt gegen 31.Lxa6, fällt dabei aber auf einen Trick herein.

31.e4!

Der Traum von Weiß wird wahr: Die Dame wird nun gemeinsam mit dem Springer auf den dunklen Feldern dem König nachstellen.

31...Kf8 32.exf5 Dg8

Stellt eine kleine Gegendrohung auf, die jedoch zu spät kommt. Etwas besser war 32...Sxc4 33.Txc4 (33.fxe6 wäre gleichfalls möglich, z.B. 33...Sd6 34.Dg5, und die passive Stellung der schwarzen Dame verursacht Probleme) 33...De5, doch nach 34.Dh6+ Ke8 35.Tc1 exf5 36.Dxh7 hat Weiß das Sagen. Nach dem Textzug gewann Weiß leicht:

33.Dh6+ Ke7 34.Df6+ Kd7 35.fxe6+ usw.

Im Tandem mit dem Läufer

Nigel Short
Gata Kamsky
Linares 1994

1.e4 e5 2.Sf3 Sc6 3.Lb5 a6 4.La4 Sf6 5.0-0 b5 6.Lb3 Lb7 7.Te1 Lc5 8.c3 d6 9.d4 Lb6 10.Le3 0-0 11.Sbd2 h6 12.h3 Sd7 13.a3 Se7 14.La2 Kh8 15.b4 a5 16.Dc2 axb4 17.axb4 f5 18.dxe5 Lxe3 19.Txe3 Sxe5 20.Sxe5 dxe5 21.Tae1

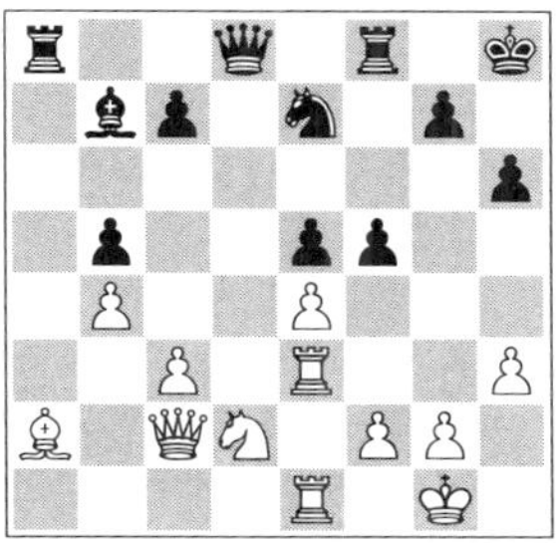

Selbstredend kann der Springer von h5 aus (oder wie in unserem Beispiel, als schwarzer Springer von h4 aus) im Zusammenarbeit mit einem fianchettierten Läufer auch Druck auf g7/g2 ausüben.

21...Ta6!?

Ein Schwenk des Damenturms, der zugleich auch den Aufbau einer Réti-Batterie ermöglicht – dabei wird die Dame auf der langen Diagonale hinter dem Läufer platziert. Short nahm jetzt den Bauern, wobei er augenscheinlich die Gefahren gegen g2 durch die gebündelten schwarzen Kräfte nach ...Sh4 unterschätzte.

22.exf5?!

22.Lb1 war vorzuziehen, was den Status quo im Zentrum beibehält und die Diagonale a8-h1 geschlossen hält.

22...Sxf5 23.Txe5?

23.Lb1 war nach wie vor viel besser, auch wenn Schwarz 23...e4! hat, z.B. 24.Txe4 (24.Sxe4 Sxe3 25.Txe3 Lxe4!? 26.Dxe4 g6) 24...Lxe4 25.Sxe4 Te6.

23...Sh4

Hier ist dieses Feld die naheliegende Wahl. Der Springer hing, und von h4 aus greift er seinerseits gleich den Bauern g2 an.

24.Se4

24.f3 wird gleichfalls mit 24...Tg6 beantwortet. Auch hier hat Schwarz einfach zu viele Drohungen, z.B. 25.T5e2 Lxf3 26.Dxg6 Sxg6 27.Sxf3 Sf4.

24...Tg6 25.Sg3 Lxg2 26.T1e3 Td6,

und Schwarz gewann. Ein rascher Abflug für Nigel Short.

Typische Mittelspiele

Artasches Minasjan
Hrant Melkumjan
Eriwan 2012

1.e4 e5 2.♘f3 ♘c6 3.♗b5 a6 4.♗a4 ♘f6 5.d3 d6 6.c3 g6 7.d4 ♗d7 8.0-0 ♗g7 9.♖e1 0-0 10.♘bd2 ♖e8 11.d5 ♘e7 12.♗xd7 ♘xd7 13.♘c4 h6 14.b4 ♖f8 15.a4 f5 16.♘fd2 ♘f6 17.f3 h5 18.♘f1 f4 19.♘a5 b6 20.♘b3 g5 21.c4 ♕d7 22.♕d3

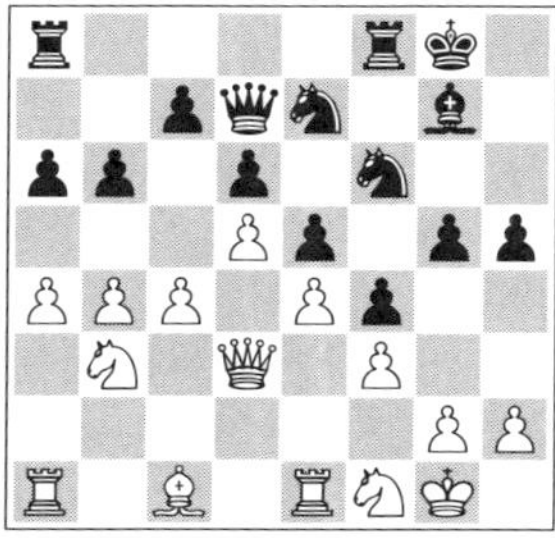

Der Randspringer ist überdies ein Markenzeichen gewisser Mittelspielstellungen, die aus bestimmten Eröffnungen entstehen. Man nehme zum Beispiel die Königsindische Verteidigung, wo man oft einem schwarzen Springer auf h4 begegnen wird, der Druck auf die weiße Königsstellung ausübt. Unser abschließendes Beispiel sieht eine ganz ähnliche Struktur, wenn auch mit abgetauschten weißfeldrigen Läufern (mehr dazu im Kapitel „Der trügerische Läufer auf c8"). In der französischen Steinitz-Variante findet sich ebenfalls ein eröffnungstheoretisch begründeter Ausflug des Springers nach h5, siehe Caruana-Meier, Dortmund 2013.

22...♘g6 23.a5 bxa5 24.♖xa5 ♘h4

Schwarz will ganz einfach ...g5-g4 folgen lassen. Der Druck richtet sich diesmal gegen f3.

25.c5 g4 26.c6 ♕f7 27.♘bd2

Reichlich passiv. Schwarz besetzt nun die g-Linie mit seinen Schwerfiguren.

27...♕g6 28.♖e2 ♗h6 29.♔h1 ♔h8 30.♖xa6?

Die logische Konsequenz der Strategie von Weiß, doch nach den natürlichen Zügen...

30...♖xa6 31.♕xa6 gxf3 32.♘xf3 ♘xf3 33.gxf3 ♖g8

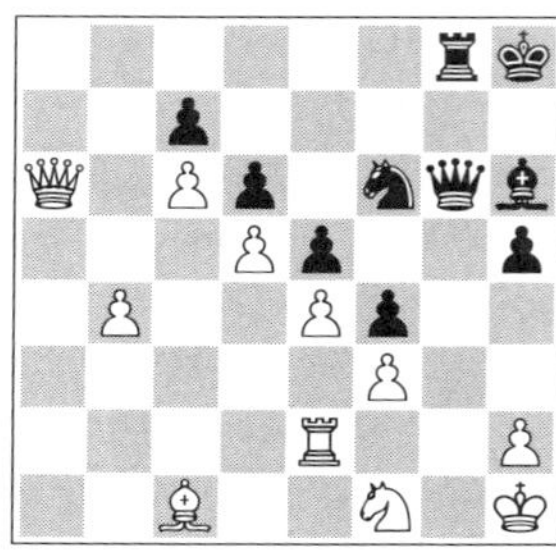

... war er hoffnungslos verloren.

34.♕a7 ♘xe4! 35.fxe4 f3 36.♖c2 f2 **0-1**

Zusammenfassung

Ein Springer am Rand kann sich – vielleicht überraschenderweise – als furchterregender Angreifer gegen einen rochierten König erweisen. Logischerweise ist meist der Punkt g7 das Angriffsziel. Die Dame und/oder ein fianchettierter Läufer können sich mit dem Springer zusammentun. Werfen Sie noch einmal einen Blick auf das Kapitel zum Pendant des ♘h5: „Vom Rande aus herrschen: Ein mächtiger Springer auf a5". Oder spielen Sie den Klassiker Tal-Wasjukow, Kiew 1964, nach.

Kapitel 7

Der verlorene Läufer

Als Fischer in der ersten Weltmeisterschaftspartie gegen Spasski 29...♗xh2 spielte, reagierte die Schachwelt ungläubig und verwirrt. In unseren vom Computer regierten Tagen lässt sich jedoch einiges mehr zugunsten von Fischers Erwägungen sagen, die ihm vor seiner Entscheidung durch den Kopf gegangen sein müssen.

Das einfache Schlagen

Beim Greifen nach dem vergifteten Randbauern gibt es verschiedene Versionen und unterschiedliche Aspekte. Neben einem guten Urteilsvermögen ist dabei stets konkrete Berechnung gefragt. Ich schlage Ihnen mithin vor, alle Diagrammstellungen als Aufgabe zu betrachten: Bilden Sie sich zunächst Ihre eigene Meinung, ob Sie sich für oder gegen das Schlagen entscheiden würden, bevor Sie die Fragmente nachspielen.

Sehen wir uns als Erstes eine Stellung an, die dem Fall Spasski-Fischer ganz ähnlich ist, nur dass hier die Damen noch auf dem Brett sind.

Suat Atalik
Ivan Martic
Paracin 2012

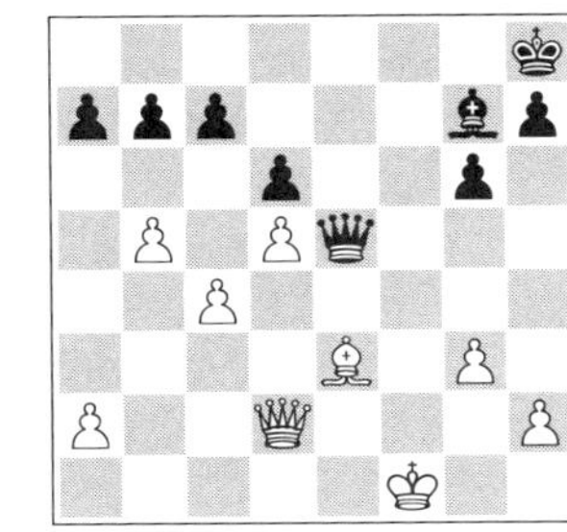

Die Stellung von Schwarz ist ein klein wenig vorzuziehen, da seine Dame aktiver ist. Darüber hinaus nötigen die Königsstellung sowie die Bauernstruktur dem Weißen eine gewisse Umsicht ab. Atalik vertraute hier konkreter Berechnung.

27.♗xa7 b6

Natürlich. Die Programme schätzen die Stellung nach 27...h5 gleichfalls als ausgeglichen ein: 28.♗f2 ♕f5.

28.♕e2 ♕f5+ 29.♔g2 h5 30.a4

Der Standardvorstoß zur Befreiung des Läufers.

30...♔h7 31.h4

Das sofortige 31.a5 hätte dem Nachziehenden nach 31...bxa5 einen starken Freibauern verschafft.

31...♕c8 32.♕e7!

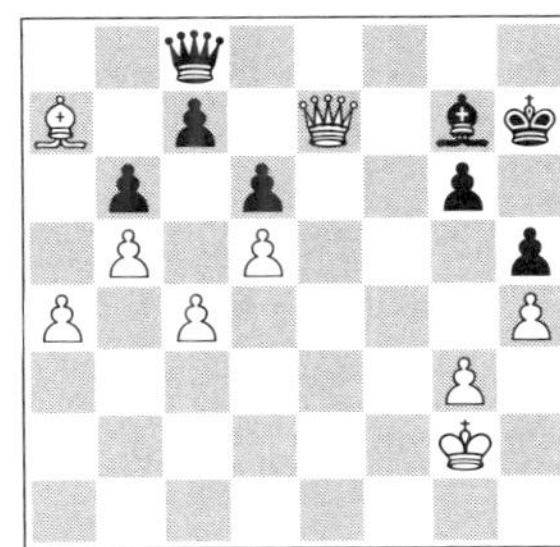

32...♕g4

Die findige Idee von Weiß bestand in 32...♕b7 33.a5 ♕xa7 34.a6 ♕b8 35.♕d7, und ein Remis wäre das logische Ergebnis. Weiß versucht seinen a-Bauern umzuwandeln, und derweil wird die

schwarze Dame auf der entgegengesetzten Brettseite Dauerschach bieten.
Schwarz entscheidet sich dazu, den Läufer weiterhin außer Spiel zu belassen, anstatt ihn zu erobern. Er aktiviert seine Dame auf den hellen Feldern.

33.a5

33.♕xc7.

33...♕xc4

33...bxa5!?.

34.axb6 cxb6 35.♗xb6 ♕a2+ 36.♔h3 ♕xd5 37.♔h2 ♕a2+ 38.♔g1 ♕b1+ 39.♔g2 ♕xb5 40.♕xd6 ♕e2+ 41.♗f2 ½-½

Ein Zwischenschach

Aleksander Stamnow
Karen Grigorjan
Albena 2012

Manchmal hat man die Möglichkeit, anstatt eine Figur zurückzuschlagen, einen Randbauern – etwa auf h7 – mit Schach zu schlagen. Im Ergebnis wird der Läufer nach ...g7-g6 schließlich verlorengehen. Doch das ist natürlich keineswegs das Ende, sondern für uns vielmehr der Ausgangspunkt!

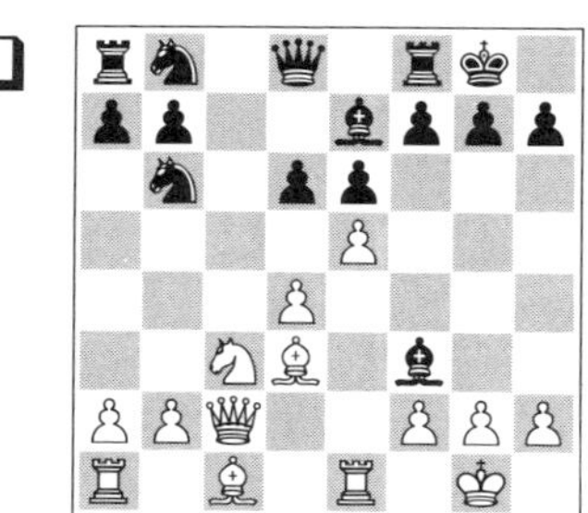

Schwarz hat soeben auf f3 geschlagen. Würden Sie nun zuerst auf h7 nehmen? (Oder, falls Sie die Sichtweise von Schwarz bevorzugen: Hätten Sie Ihrem Gegner diese Möglichkeit durch 12...♗xf3 eingeräumt?)

13.♗xh7+ ♔h8 14.gxf3 g6?

Die Standardantwort, insbesondere da Weiß wegen der Fesselung mit 16...♖g8 nicht zweimal auf g6 nehmen kann. Doch Grigorjan hat vermutlich die weiße Entgegnung übersehen. Schwarz hatte hier durchaus Alternativen: 14...dxe5 15.♖xe5 (nach 15.dxe5 g6 wäre die Partiefortsetzung nicht möglich) 15...f5 ist ein starker Vorschlag meiner Computerprogramme, wobei 14...♘c6 für mich gleichfalls natürlich aussieht: Schwarz entwickelt sich, greift den Bauern d4 an und lässt den weißen Läufer vorerst auf h7 verhungern.

15.♕d2!

Ein sehr hübsches und überraschendes Manöver. Sie finden in der Partie Velimirovic-Honfi, Majdanpek 1976, einen ganz ähnlichen Fall.

15...g5

15...♔xh7 16.♕h6+ ♔g8 17.♘e4 dxe5 18.♘g5 ♗xg5 19.♗xg5 f6 20.♕xg6+ ♔h8 21.♕h5+ ♔g8 22.♗h6 ♖f7 23.♔h1 mit Gewinn.

16.♗c2 dxe5 17.♖xe5 ♖g8

17...♘c6 18.♕d3 f5 19.♖xe6.

18.d5!

18.♕d3 ♖g7.

18...♘8d7

18...exd5 19.♘xd5 ♘c6 20.♕c3 lässt Schwarz in schweren Nöten.

19.♖e2 ♘f8 20.♗b3 ♖g6 21.♕e3 ♕c7

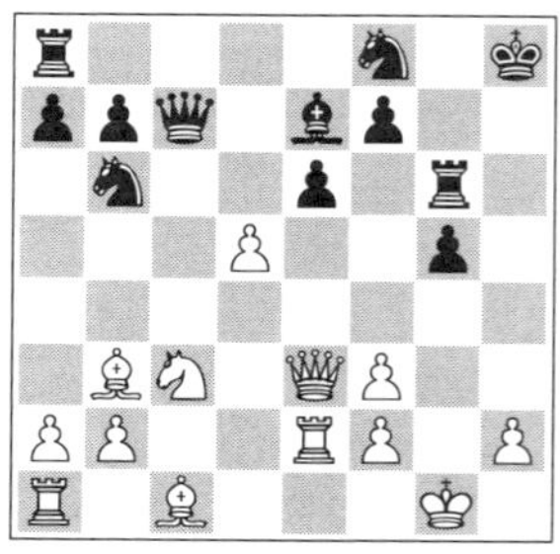

22.♕e5+

Dieser Abtausch gibt dem Nachziehenden unnötigerweise Gelegenheit zum

Aufatmen. So etwas wie 22.♕e4 hätte einen viel größeren Vorteil behauptet.

22...♕xe5 23.♖xe5 ♗f6 24.♖e2 ♗xc3 25.bxc3 ♘xd5 26.♗xd5 exd5 27.♖e7 ♔g8 28.♖xb7 ♖c6 29.♗d2 ♘e6 30.♖d7 ♖d8

Und Schwarz entkam schließlich zum Remis.

Drei Bauern für den verlorenen Läufer

Ewgeni Romanow
Dean Ippolito
Philadelphia 2012

1.c4 e6 2.g3 ♘f6 3.♗g2 d5 4.♘f3 ♗e7 5.d4 0-0 6.♕c2 c5 7.dxc5 ♗xc5 8.cxd5 ♕c7 9.♘c3 ♘xd5 10.0-0 ♘d7 11.♗d2 ♗b4 12.♘g5 ♘7f6 13.♗e4 ♗xc3

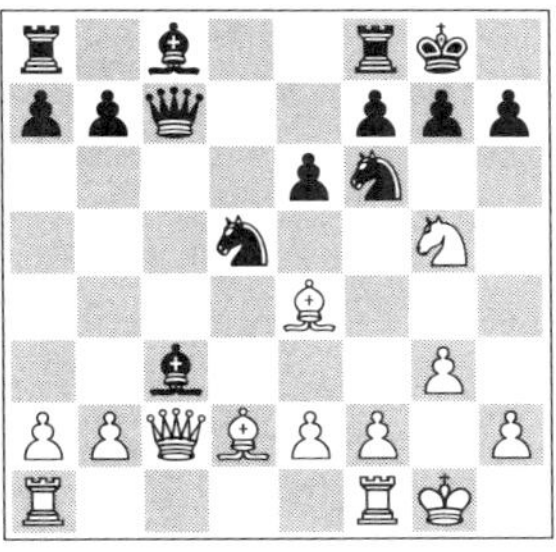

Erneut die Frage: Würden Sie zwischendurch auf h7 nehmen? Romanow hatte die Entscheidung für sich wahrscheinlich schon im Vorfeld getroffen, als er mit der etwas unnatürlich wirkenden Idee 13.♗e4 aufwartete, was die ♕c2 deckt und zugleich ♘xd5 drohte.

14.♗xh7+ ♔h8 15.bxc3 g6 16.c4

Das sofortige 16.♗xg6 war mit Sicherheit eine Option: 16...fxg6 17.♕xg6 ♕g7 18.♕d3, und wie in der Partie hat Weiß drei Bauern für eine Figur. Dies ist eine ziemlich häufig vorkommende Materialverteilung nach dem Zwischenzug ♗xh7+.

16...♘e7 17.♗c3 e5 18.♘xf7+ ♖xf7 19.♗xg6 ♖g7 20.♗d3 ♗h3

Schwarz entwickelt sich rasch und übernimmt die Initiative – ein schlechtes Omen für Weiß. Die Alternative im 16. Zug wäre wohl besser gewesen.

21.♖fd1 ♕c6 22.e4 ♘g4

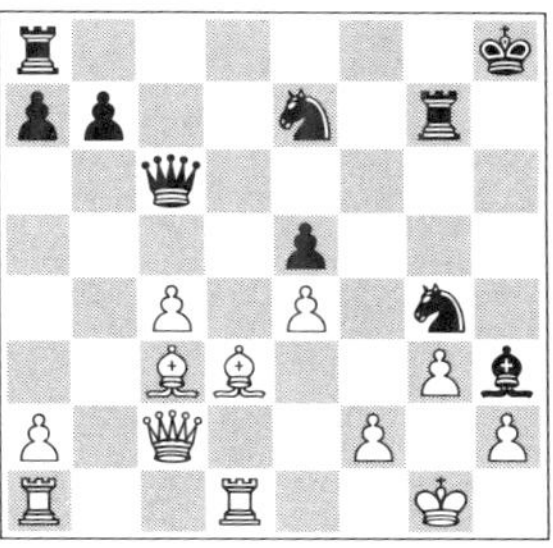

23.♗f1?!

Danach kann Schwarz mit Leichtigkeit alle Figuren gegen den Königsflügel richten. 23.♗e2 war vorzuziehen.

23...♗xf1 24.♖xf1 ♕h6 25.h4 ♖ag8 26.♕d2 ♕h5 27.♕e2 ♘g6

Es ist den weißen Kräften nicht gelungen, Aktivität zu entfalten, während der Nachziehende nun zum entscheidenden Schlag bereitsteht.

28.f3 ♘f6 29.♔h1 ♘xh4 30.♕h2 ♖xg3 31.♗e1 ♖g1+ 0-1

Ein langanhaltender Angriff

Jan Plachetka
Andrej Kovac
Banska Stiavnica 2012

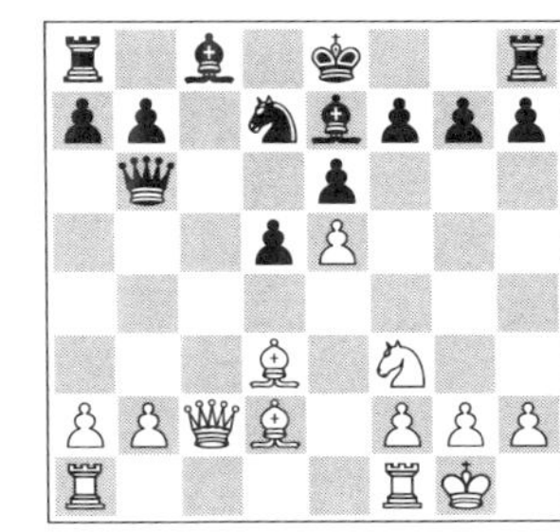

Hier lautet die Streitfrage natürlich: Würden Sie sich Ihren Bauern mit ♗xh7 zurückholen?

15.♗xh7

Ja, das ist durchaus möglich. Man konnte aber auch den Druck mit 15.♖ac1 aufrechterhalten, samt Kompensation für den Bauern.

15...g6?!

Eine zweifelhafte Lageeinschätzung von Schwarz. Die Antwort von Weiß ist erzwungen, doch obgleich er nur zwei Bauern für die Figur bekommt, wird der schwarze König – ganz im Gegensatz zum vorigen Beispiel – unter starken Beschuss kommen. Da Schwarz materiell nicht in Rückstand ist, wäre 15...♕c5 eine passable Alternative, was den Läufer auf h7 verhungern lässt. Weiß würde allerdings auch dann etwas besser stehen.

16.♗xg6 fxg6 17.♕xg6+ ♔d8 18.♖ac1

Gleich 18.♕g7 ♖e8 19.♘g5 war stärker. Nach 19...♗xg5 20.♗xg5+ ♔c7 21.♗e7 kann der König nirgendwohin flüchten.

18...♖e8

18...♘f8!.

19.♕g7

19.♗e3! ♕a6 20.♖fd1, und Schwarz könnte kaum etwas ziehen.

19...♘b8! 20.♘g5 ♘c6

Mit der nunmehr geschlossenen c-Linie ist die Lage nicht mehr so klar, auch wenn es nach wie vor alles andere als einfach für Schwarz ist.

21.♘f7+ ♔d7 22.♘d6 ♖f8

22...♕d4.

23.♗g5 ♕d8

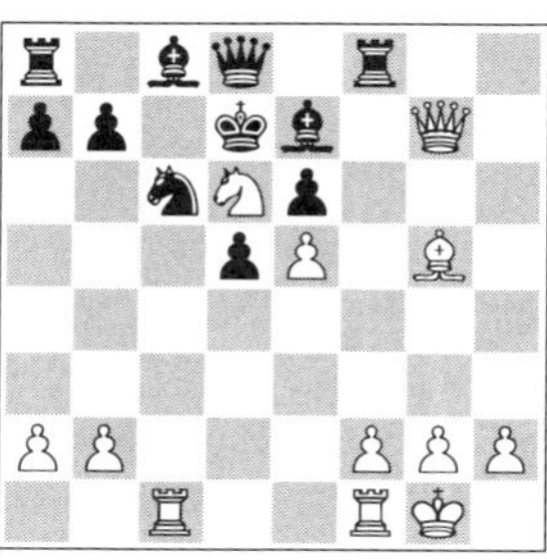

24.♗xe7

Hier war 24.♘e4 stark. Nach dem Textzug war die Stellung weniger klar. Nichtsdestotrotz gelang es Plachetka, seinen Gegner allmählich zurückzudrängen und die Partie zu gewinnen:

24...♕xe7 25.♕g3 ♔c7 26.b4 a6 27.a4 ♔b8 28.♕c3 ♕g7 29.f4 ♖d8 30.♕c5 ♕d7 31.♖f2 ♘e7 32.♖fc2 ♖a7 33.♕b6 ♖g8 34.a5 ♘c6 35.♖xc6 1-0

Hauptsächlich Berechnung

Enrique Tejedor Fuentes
Alexander Graf
Melilla 2011

1.e4 e6 2.d4 d5 3.♘c3 ♘c6 4.♘f3 ♘f6 5.♗d3 ♗b4 6.e5 ♘e4 7.♗d2 ♘xd2 8.♕xd2 ♗e7 9.a3 a5 10.h4 ♗d7 11.g4 a4 12.g5 ♘a5 13.♕f4 c5 14.dxc5 ♗xc5 15.♘xa4 ♗xa4 16.♕xa4+ ♘c6 17.♕b5 ♕e7 18.♕b3 0-0 19.c3 ♕c7 20.♕c2 ♘xe5

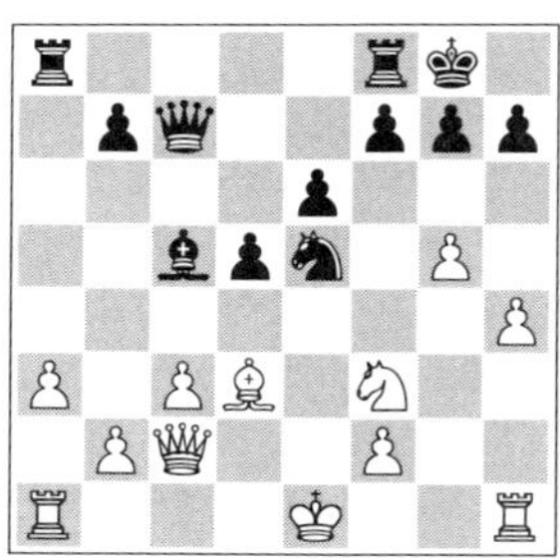

Schwarz hat soeben auf e5 einen Bauern gewonnen, und der Anziehende muss sich nun entscheiden, ob er mit Schach auf h7 schlagen soll. Auch hier wird sein Läufer anschließend verloren gehen, und möglicherweise gar für nichts. Hier kommt es hauptsächlich darauf an, mit den Rechenfähigkeiten auf der Höhe zu sein.

21.♗xh7+

Objektiv sollte das verlieren, doch da die Alternative auch nicht gerade einladend war, wagte Weiß einen Versuch. Und er kam tatsächlich damit durch – und das zumal gegen einen äußerst starken Gegner! Nach 21.♘xe5 ♕xe5+ 22.♔f1 (22.♕e2 ♕f4) 22...g6 stünde Schwarz dank seines starken Bauernzentrums und der sicheren Königsstellung einfach besser.

21...♔h8 22.♘d4

22.♘xe5 ♕xe5+ 23.♔f1 g6 verliert zwar den Läufer, zieht aber eine überraschend vertrackte Variante nach sich: 24.h5 ♔xh7 25.hxg6+ ♔g8 (25...♔g7?? 26.♖h7+ ♔g8 27.g7) 26.♖e1 ♕g7 (26...♕f5) 27.♖h6 fxg6! 28.♖xe6 ♖xf2+ 29.♕xf2 ♖f8 30.♕f6 ♗e7 31.♖xg6 ♖xf6+ 32.♖exf6 ♗xf6 33.♖xg7+ ♗xg7, und Schwarz müsste auch hier erst noch einen Gewinn nachweisen!

22...g6

Die natürliche Reaktion. Doch wie auch schon in den Partien zuvor kamen hier durchaus andere Züge in Betracht: 22...♗xd4 23.cxd4 ♘f3+ 24.♔f1 ♕f4 wäre beispielsweise eine äußerst gesunde Alternative für Schwarz.

23.h5

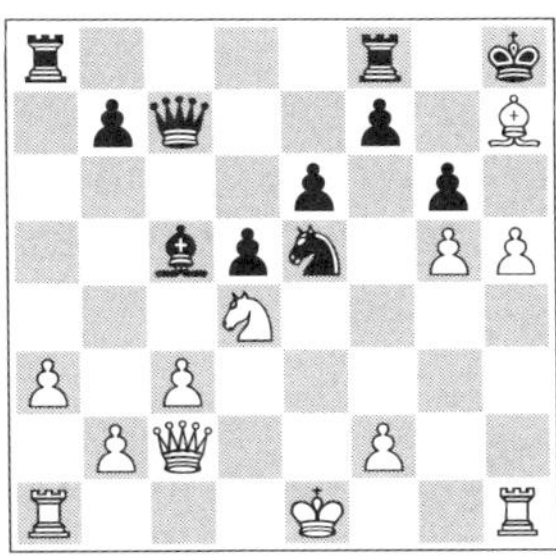

23...♔xh7?

Hier verpasst Graf einen Gewinn und gerät schließlich selbst in Schwierigkeiten. 23...♗xd4 war korrekt: 24.hxg6 (24.0-0-0 ♗xc3) 24...♗xf2+ 25.♔xf2 ♘g4+ mit Gewinn.

24.hxg6+ ♔g8

24...♔g7? 25.♘xe6+! fxe6 26.♖h7+ ♔g8 27.♖xc7, und die Dame wird aufgespießt – ein Trick, den man sich merken sollte.

25.g7 ♘d3+

Der einzige Zug.

26.♕xd3 ♕e5+ 27.♘e2 ♕xg7

Weiß hat nun einen Bauern mehr, und der Nachziehende muss noch immer auf seinen König aufpassen. Letztlich setzte sich aber in den folgenden Verwicklungen doch die größere Spielstärke von Graf durch.

Am anderen Flügel Nutzen ziehen

Asaf Givon
Jiri Jirka
Tel Aviv 2012

1.e4 e5 2.♘f3 ♘c6 3.♗b5 ♘d4 4.♘xd4 exd4 5.♗c4 ♘f6 6.0-0 d5 7.exd5 ♘xd5 8.♕h5 c6 9.♕e5+ ♗e6 10.♕xd4 ♗d6 11.♗xd5 0-0 12.♘c3 cxd5 13.d3 ♖c8 14.♗f4 ♗c5 15.♕e5 ♖e8 16.♖ae1 d4 17.♘e4

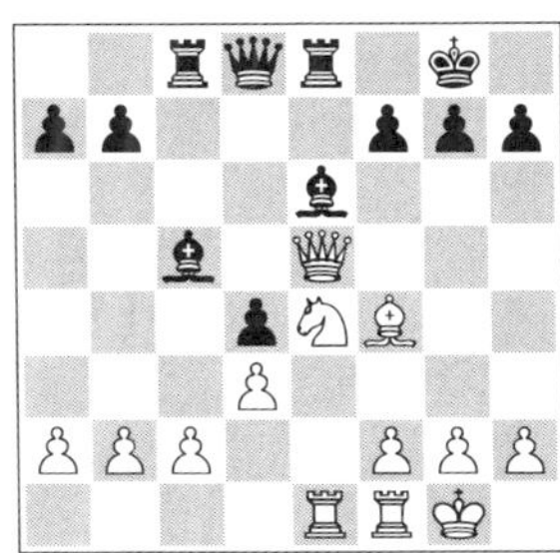

Schwarz hat Kompensation für den Bauern. In der Partie entschied er sich für...

17...♗xa2,

... doch so etwas wie 17...♗f8 wäre gleichfalls in Betracht gekommen.

18.♕h5 ♗f8 19.b3

Damit droht 20.♘g5.

19...h6 20.♖e2 ♖e6 21.♖a1 ♖a6

Weiß hat keine Möglichkeit, den verlorenen Läufer direkt zu erobern. In der Regel gibt es aber einen anderen Weg, von einer aus dem Spiel befindlichen gegnerischen Figur zu profitieren: Richten Sie ihre Aufmerksamkeit auf den entgegengesetzten Flügel, wo der Kontrahent praktisch mit einer Figur weniger spielt!

22.h3 ♖cc6 23.♕g4

23.♘g3.

23...♖a5 24.♘g3 ♗b4?

Schwarz versucht, mittels Qualitätsopfer seinen ♗a2 zu befreien – was jedoch zu optimistisch ist. Doch auch nach dem besseren 24...♖g6 25.♕f3 ist seine Lage alles andere als rosig. Weiß hat viele logische Züge wie ♖ae1 oder ♗e5, wobei ♘f5 ebenfalls in den Bereich des Möglichen rückt. Darüber hinaus ist der Bauer d4 ein Angriffsziel. Der Läufer auf a2 ist vorerst gesund, aber nicht munter. Man vergleiche ein typisches Qualitätsopfer auf a7 im Königsinder, z.B. Maris-Senders, Borne 2012.

25.♗e5 ♖xe5 26.♖xe5 ♖xc2 27.♘f5

27.♕e4 gewinnt ebenso, z.B. 27...♕c7 28.♖e8+ ♗f8 29.♘f5 g6 30.♘xh6+ ♔g7 31.♕xd4+ f6 32.♖xf8.

27...♕f6 28.♕xd4

28.♕e4 hätte noch immer gewonnen, z.B. 28...g6 29.♘xh6+ ♔g7 30.♘g4 ♕c6 31.♖d5 ♖c1+ 32.♔h2 ♗d6+ 33.f4 ♖xa1 34.♕xd4+ ♔h7 35.♖xd6.

28...♗c3 29.♖e8+ ♔h7 30.♕xf6 ♗xf6

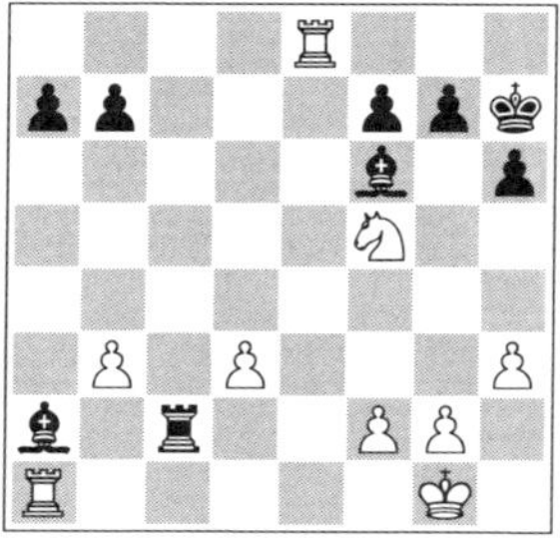

Nun, da der verlorene Läufer tatsächlich zum Leben erwacht, ist der Gewinn zu einer technisch äußerst anspruchsvollen Angelegenheit geworden, die sich in der Partie als zu schwierig für Weiß erwies. Am Ende verlor der Anziehende sogar.

Aus der Eröffnung verloren

Benjamin Bok
David Burnier
Biel 2012

1.e4 e5 2.♘f3 ♘f6 3.♘xe5 d6 4.♘f3 ♘xe4 5.♘c3 ♘xc3 6.dxc3 ♘c6 7.♗e3 ♗e7 8.♕d2 ♗e6 9.0-0-0

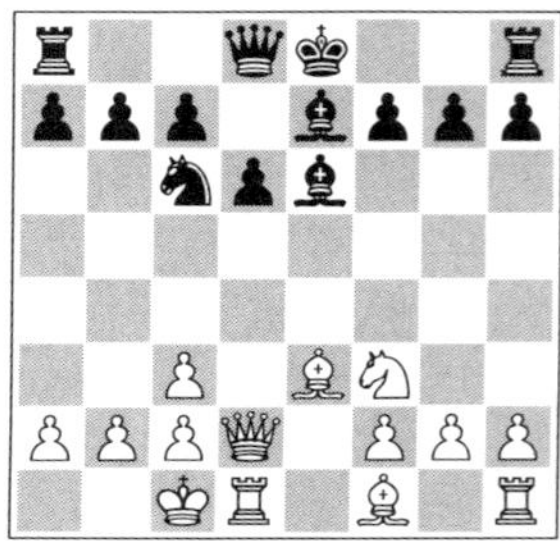

Dies ist ein ebenso irritierendes wie brutales Beispiel für den Einfluß, den kaltblütige und vorurteilsfreie Computer heutzutage auf die Entwicklung der Eröffnungstheorie ausüben. Früher hätten wir das Schlagen nur in Betracht gezogen, wenn b2-b3 mit ...♗a3+ beantwortet werden könnte. Andererseits... werfen Sie doch einmal einen Blick auf Mason-Tschigorin, Paris 1900!
In der französischen Tarrasch-Variante gibt es ein weiteres aktuelles Beispiel aus der Eröffnungstheorie, wo Schwarz sich mit einem Läufer herumplagt, der mit Schach auf h2 geschlagen hat. Man sehe hierzu Petrik-Melas, Istanbul (ol) 2012.

9...♗xa2 10.b3 a5 11.♔b2 a4

Dieselbe Stellung mit dem weißen Damenläufer auf f4 wurde gleichfalls eröffnungstheoretisch heiß diskutiert.

12.♔xa2 axb3+ 13.♔xb3 ♖a5 14.♔b2 ♕a8 15.♕d3

Eine Neuerung, mit der Weiß einen Platz für seinen König schafft. Logisch aussehende frühere Versuche waren 15.♖b1, z.B. 15...0-0 16.♗e2 (16.♗d3 d5 17.♔c1 ♖a1 18.♕e1! ♗f6 19.♘d4! Van Delft) 16...d5 17.♔c1 ♖a1 18.♕e1 d4 19.♘xd4 ♘xd4 20.♗xd4? ♗g5+ 21.♗e3 ♗xe3+ 22.fxe3 ♖d8 23.♗d3 ♖xd3 24.cxd3 ♕a3+ 0-1, Philippe-Koch, Mulhouse 2011, sowie 15.♗c4 d5 16.♗xd5 ♗a3+ 17.♔b1 0-0 18.♕d3 ♗e7 19.♔b2 ♖xd5 20.♖a1 ♕d8, und Schwarz gewann in Lanzani-Humeau, Grosseto 2010.

15...d5

15...0-0!?.

16.♔c1

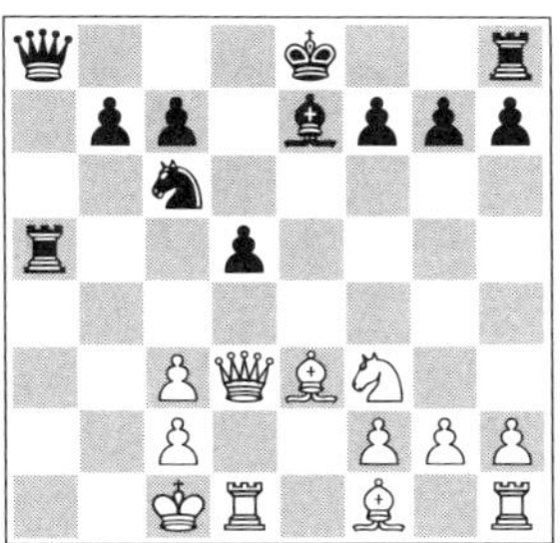

16...d4?

16...0-0 wäre ein besserer Versuch. In der Partie gelingt es Weiß, seinen König wie geplant auf die andere Brettseite zu überführen, wonach er einfach eine Figur mehr hat.

17.♘xd4 0-0 18.♘xc6 bxc6 19.♕e4 ♖e8 20.♔d2 ♗f6 21.♕f4 ♗e5 22.♕h4 ♗f6 23.♕h3 ♖d5+ 24.♗d3

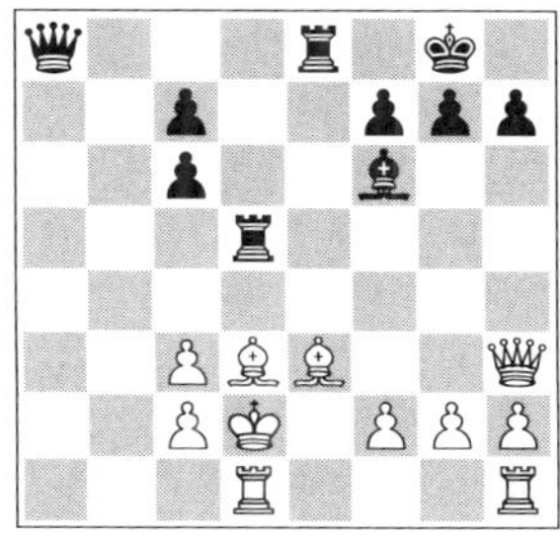

24...♗xc3+ 25.♔e2 g6 26.♕f3 ♕a2 27.♔f1 c5 28.g3 ♗d4 29.♗xd4 ♖xd4 30.♔g2 ♖ed8 31.♖a1 ♕b2 32.♖hb1 ♕c3 33.♖a7 ♖4d7 34.♖bb7 c4 35.♖xc7 1-0

Zusammenfassung

Ein eingesperrter Läufer muss nicht das Ende aller Tage bedeuten. Im Gegenteil ist das der Punkt, an dem die Berechnungen erst anfangen. Es braucht Zeit, um den Läufer tatsächlich zu erobern, und mitunter kostet das zu viele Bauern. In anderen Fällen verlegt sich der Kampf nach der Einsperrung auf den entgegengesetzten Flügel – was übrigens eine typische Methode bei abseits stehenden Figuren ist.
Wo früher das Schlagen voreilig verworfen wurde (vielleicht auch unter dem Einfluss der zwei Fragezeichen, die vielerorts an Fischers 29... ♗xh2 angeheftet wurden), zwingen uns heutzutage die Computerprogramme, uns ernsthaft mit zuvor undenkbar scheinenden Zügen wie 9...♗xa2 auseinanderzusetzen.

Kapitel 8

Anands mörderische Zwillingskanone

Vielleicht waren Sie früher schon von der eindrucksvollen Läuferpostierung in der berühmten Partie Lasker-Bauer beeindruckt. Doch nach der Partie Aronjan-Anand vom Tata-Steel-Turnier in Wijk aan Zee 2012 konnten Sie gewiss sein, so etwas noch nie gesehen hatten. Anand richtete zwei wahrhaft tödliche Läufer auf die gegnerische Königsstellung und schlug seinen Gegner vernichtend.

Levon Aronjan
Viswanathan Anand
Wijk aan Zee 2012

1.d4 d5 2.c4 c6 3.♘f3 ♘f6 4.♘c3 e6 5.e3 ♘bd7 6.♗d3 dxc4 7.♗xc4 b5 8.♗d3 ♗d6 9.0-0 0-0 10.♕c2 ♗b7 11.a3 ♖c8 12.♘g5

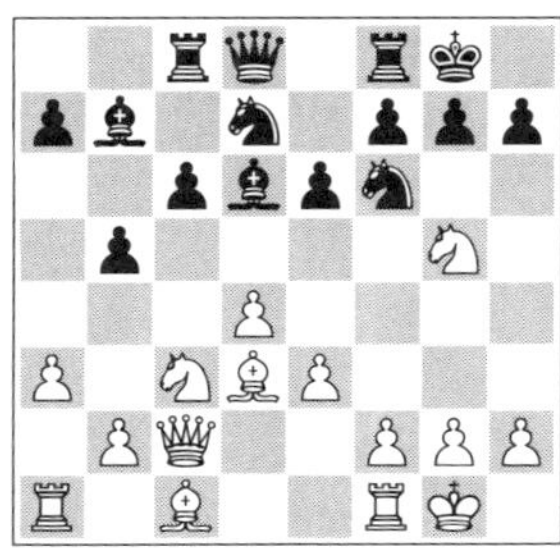

12...c5! 13.♘xh7 ♘g4 14.f4 cxd4 15.exd4 ♗c5 16.♗e2 ♘de5 17.♗xg4 ♗xd4+ 18.♔h1 ♘xg4 19.♘xf8 f5 20.♘g6 ♕f6 21.h3 ♕xg6 22.♕e2 ♕h5 23.♕d3 ♗e3 0-1

So spektakulär diese Partie auch war, es war längst nicht das erste Beispiel, bei dem Seite an Seite stehende Läufer auf den Diagonalen a7-g1 und a8-h1 mörderische Kräfte entfaltet haben.

Richard Rapport
Wei Yi
Athen 2012

1.d4 ♘f6 2.c4 e6 3.♘c3 ♗b4 4.e3 0-0 5.♘e2 c6 6.a3 ♗a5 7.b4 ♗c7 8.♗b2 d5 9.♘g3 ♖e8 10.f4 b6 11.♗e2 dxc4 12.♗xc4 ♘d5 13.♕d2 ♘d7 14.0-0 ♘7f6 15.♘ge2 ♗b7 16.e4 ♘xc3 17.♘xc3

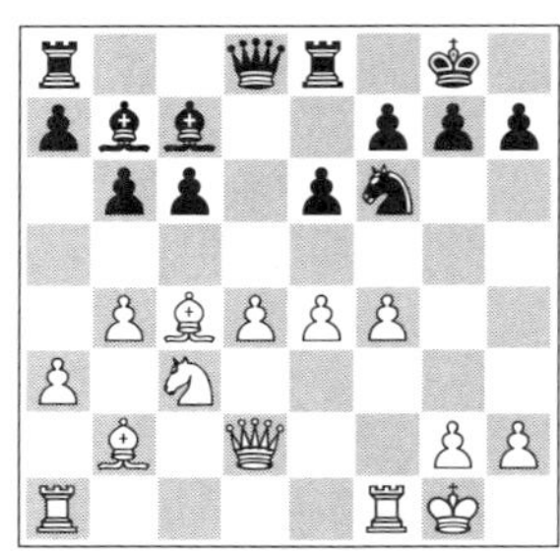

17...c5

Hier kommt Läufer Nr. 1.

18.e5

Die logische Antwort, doch nun verstellen keine gegnerischen Bauern mehr den Blick des ♗b7 – man rufe sich Aronjan-Anand in Erinnerung.

18...cxd4 19.♘b5 ♘e4 20.♕e1?

Die natürlichen Züge 20.♕c2 und 20.♕xd4 waren beide besser.

20...a6! 21.♘xd4

Das ist der Haken: Nach 21.♘xc7 ♕xc7 wäre der ♗c4 angegriffen, und Schwarz würde seinen Mehrbauern behalten. Nach dem Textzug erwacht der schwarze Königsläufer gleichfalls zum Leben.

21...b5 22.♗b3 ♗b6

Die Stellung erinnert nun an die berühmte Partie Rotlewi-Rubinstein, auf die Anand nach seiner Partie gegen Aronjan ebenfalls umgehend hingewiesen hatte.

23.♖d1 ♖e7 24.♔h1 ♖d7 25.♕e3 ♔h8?!

25...g6! 26.♗c2 ♖c8 27.♗xe4 ♗xe4 28.♕xe4 ♖c4.

26.f5 exf5 27.♖xf5 ♖c8 28.e6 fxe6 29.♗xe6

Weiß hat nun ebenfalls zwei furchterregende Läufer – schwierige Berechnungen stehen an.

29...♖c2 30.♗xd7 ♖xb2 31.♕f4?

Naheliegend, aber falsch. Weiß entfesselt seinen Springer und droht Matt, doch nach seinem coolen Antwortzug ist der Nachziehende obenauf. 31.♕e1 war richtig und hätte Weiß am Drücker gelassen (31...♘f6 32.♗c6!).

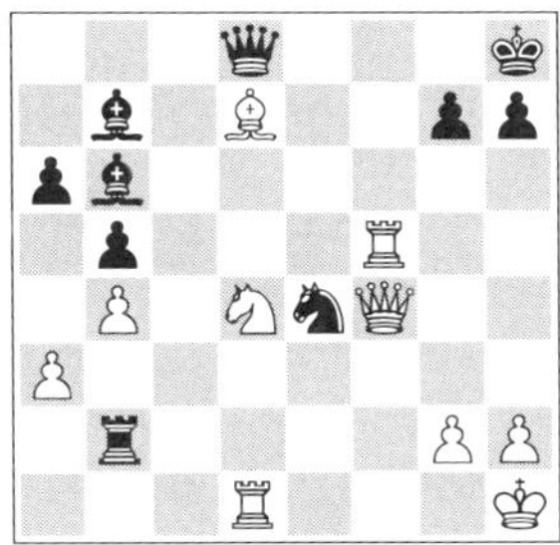

31...♘f6!

Verteidigt gegen das Matt und greift sowohl g2 wie auch d7 an. Plötzlich stehen die weißen Figuren völlig unkoordiniert, während die Läufer von Schwarz – ok, nicht nur die – ihr Ding machen können.

32.♘f3 ♕xd7 33.♕b8+ ♘g8 34.♖f1 ♕xf5 35.♕xb7 ♖b1 0-1

Freie Bahn für die Läufer

Jesse Kraai
Darwin Yang
Lubbock 2010

Hier haben wir ein weiteres Beispiel, in dem die Läufer beider Parteien freie Bahn haben. Man beachte indes einen kleinen Unterschied: Während die Damenläufer beider Seiten als gleichwertig betrachtet werden können, ist der schwarze ♗c5 dem weißen ♗d3 etwas überlegen. Daneben verfügt Schwarz noch über einen Zentrumsbauern auf e6. Unabhängig davon bedarf es schon einiger Fehlgriffe, um diese Stellung aus dem Gleichgewicht zu bringen.

1.♘f3 d5 2.d4 ♘f6 3.c4 c6 4.e3 e6 5.♘bd2 ♘bd7 6.♗d3 ♗e7 7.0-0 0-0 8.e4 dxe4 9.♘xe4 c5 10.♘xc5 ♘xc5 11.dxc5 ♗xc5 12.♕e2 h6 13.b3 b6 14.♗b2 ♗b7 15.♖ad1 ♕e7 16.♘e5 ♖ad8 17.h4 ♖d6

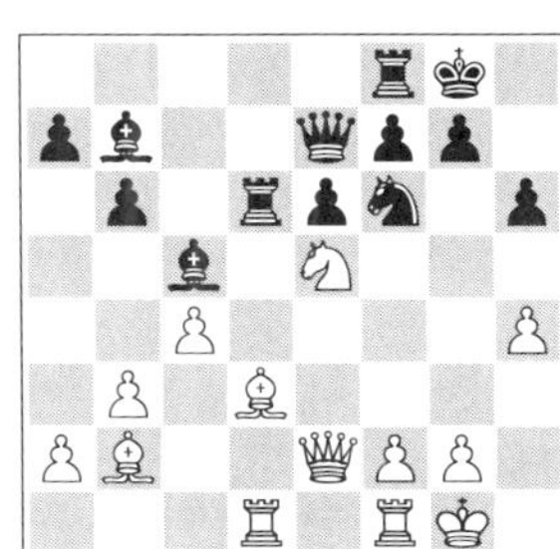

18.♘g4? ♘xg4 19.♕xg4 f5!

Gewinnt ein Tempo und entscheidet damit die Schlacht um die d-Linie für sich.

20.♕g3 ♖fd8 21.♗c2?

Besser war 21.♗e5 ♖6d7 22.♗c2 ♖d2 23.♖xd2 ♖xd2 24.♗b1, und Schwarz stünde nur leicht besser.

21...♗e4! 22.♖c1 ♖d2 23.♗xe4 fxe4 24.♗c3 ♖2d3 25.♕g4 e3 26.fxe3 ♗xe3+ 27.♔h1 ♖3d4 28.♗xd4 ♖xd4 0-1

Keine Verteidigungsfiguren

Tamas Gelaschwili
Rasul Ibragimow
Dubai 2010

1.d4 ♘f6 2.♘f3 e6 3.e3 b6 4.♗d3 ♗b7 5.0-0 c5 6.c4 ♗e7 7.♘c3 cxd4 8.exd4 d5 9.cxd5 ♘xd5 10.♘e5 0-0 11.♕h5 g6 12.♕f3 ♘c6 13.♗h6

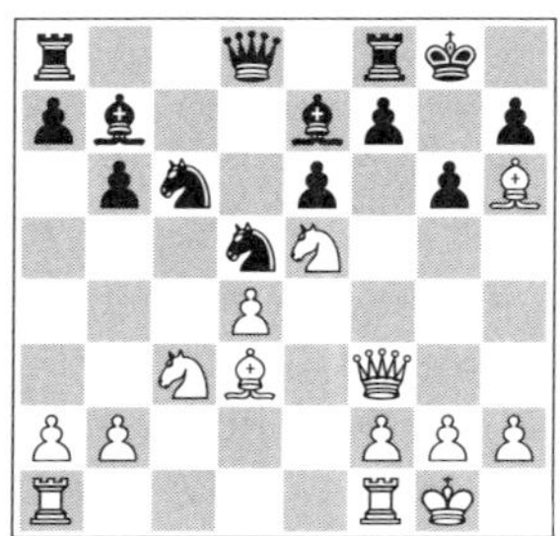

13...♘xd4!

13...♘xe5 schien erzwungen zu sein, doch Schwarz ergreift die Chance, so viele Figuren wie möglich gegen den schlecht geschützten weißen König zu richten. Selbstredend werden die Läufer in Kürze auf den beiden gefahrbringendsten Diagonalen postiert sein.

14.♕e4 ♗c5 15.♗xf8 f5 16.♕e1 ♘f4

Der Materialvorteil von Weiß ist bedeutungslos gegenüber dem Umstand, dass nun alles auf seinen schlecht befestigten Königsflügel zielt: Als nächstes wird die Dame zur Unterstützung der Leichtfiguren herbeieilen. Tatsächlich hatte Schwarz in den nächsten Zügen öfters sogar die Wahl zwischen verschiedenen gleichguten Fortsetzungen.

17.♗e4

17.♗xc5 scheitert nun an 17...♕g5 18.♗e4 ♘f3+; bzw. 17.♗h6 ♘xg2 18.♕d2 ♕c7 19.♖fe1 ♘xe1 20.♖xe1 ♗d6.

17...fxe4

17...♗xe4 18.♘xe4 ♗xf8 19.♘c3 ♗g7.

18.♗h6 ♕h4

18...♘xg2 19.♔xg2 ♕f6 war gleichfalls möglich.

19.♗xf4 ♕xf4 20.♘c4 ♗a6

20...b5! 21.♘e3 ♗d6.

21.♘e2

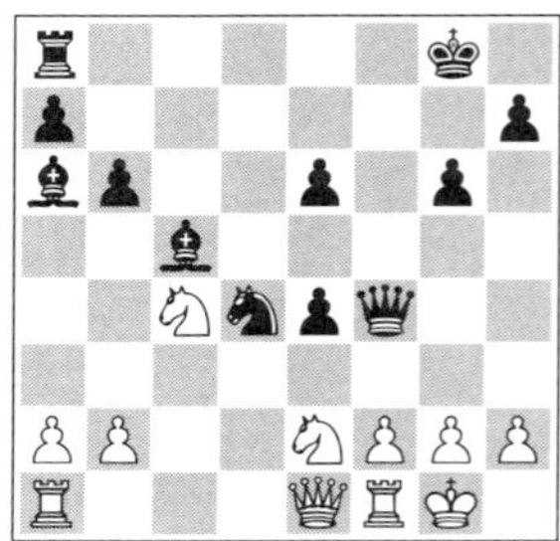

21...♕g4?

Schade. 21...♘xe2+ 22.♕xe2 e3 mit schwarzem Gewinn war noch immer gut genug. Nach dem Textzug versandete die Partie in einem Remis.

Die Diagonale freilegen

Michael Adams
Alexander Onischuk
Wijk aan Zee 1995

1.e4 e5 2.♘f3 ♘c6 3.♗b5 a6 4.♗a4 ♘f6 5.0-0 b5 6.♗b3 ♗c5 7.c3 d6 8.d4 ♗b6 9.h3 ♗b7 10.♖e1 0-0 11.a4 h6 12.d5 ♘e7 13.axb5 axb5 14.♖xa8 ♗xa8

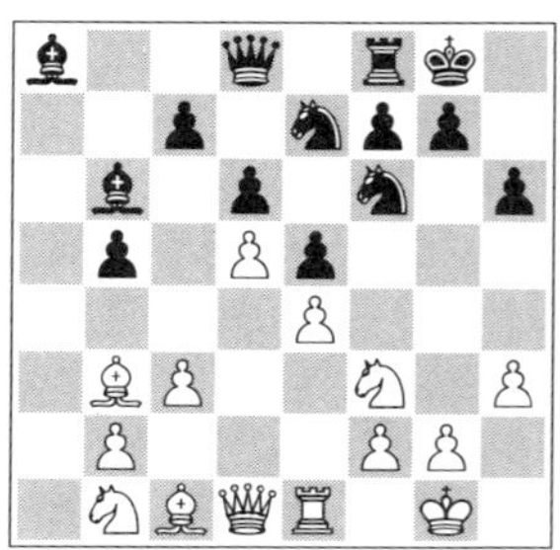

15.♘a3

15.♗e3, um einen der aktiven Läufer abzutauschen, ist eine gebräuchliche Methode, doch hier bringt das nach 15...♗xe3 16.♖xe3 c6 17.dxc6 ♗xc6 18.♘bd2 ♘g6 19.♗c2 ♕a8 20.♕b1 ♖e8 21.♘f1 d5 wie in Parligas-Balogh, Rijeka 2010, gleichfalls herzlich wenig.

15...c6! 16.dxc6 ♗xc6 17.♗c2 ♘g6 18.♗d3 ♕d7 19.b4?!

19.♕e2 ♖b8 ist ebenfalls schön für Schwarz. Der Textzug leitet einen verfehlten Plan ein, der schon im nächsten Zug ins Stocken gerät.

19...♖a8 20.c4? ♖xa3! 21.♗xa3 bxc4 22.♗xc4

Nach 22.♗c2 ♕a7 23.♕e2 ♘f4 ist Weiß in Schwierigkeiten, 22.b5 ♗xb5 23.♗c2 hilft angesichts von 23...♕a7 auch nicht.

22...♘xe4

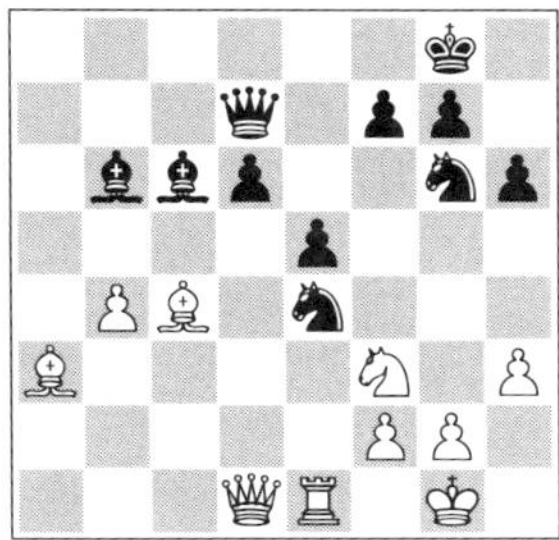

Die Drohungen gegen f2 und a3 (...♕a7) zwingen den Anziehenden, die Qualität umgehend zurückzugeben, wonach er in einer hoffnungslosen Stellung mit einem Minusbauern verbleibt, und die fürchterlichen Läufer sind ja auch noch am Leben ... Dieweil die Bauern d5 und e4 in der Kiste verschwunden sind, ist der schwarze Damenläufer auch hier drohend gegen den weißen Königsflügel gerichtet.

23.♖xe4 ♗xe4 24.♗b2 ♕c6 25.♕b3 d5 26.♗f1 ♕f6 27.♗c1 ♘h4 28.♗e2 ♗xf3 29.♗xf3 e4 30.♗b2 ♘xf3+ 31.gxf3 ♕g5+ 0-1

32.♔h1 ♗xf2 und 32.♔f1 ♕d2 führen jeweils zum Matt.

Direkt aus der Eröffnung

Ljubomir Ljubojevic
Albin Planinc

Vrsac 1971

Es gibt verschiedene Eröffnungssysteme, die typischerweise diese Läuferformation zum Thema haben. Man denke an verschiedene Abspiele des Meraner Systems (längst nicht nur das bei Aronjan-Anand), das Angenommene Damengambit, den Taimanow-Sizilianer, oder aber, wie im vorangegangenen Beispiel, die altehrwürdige Archangelsk-Variante. Zu dieser Variante eine weitere spektakuläre Kostprobe, vorgetragen von einem der abenteuerlustigsten Spieler, der hier vor einem Damenopfer nicht zurückschreckt. Ein ebenso hübsches wie typisches Beispiel ist Kamsky-Swidler vom Weltcup 2011 in Khanty-Mansiysk (mit dem augenfälligen 26...♖e2!!, erinnern Sie sich?).

1.e4 e5 2.♘f3 ♘c6 3.♗b5 a6 4.♗a4 ♘f6 5.0-0 b5 6.♗b3 ♗b7 7.d4 ♘xd4 8.♘xd4 exd4 9.e5 ♘e4 10.c3 d3 11.♕xd3 ♘c5 12.♕g3 ♘xb3 13.axb3 ♕e7 14.♗g5 ♕e6

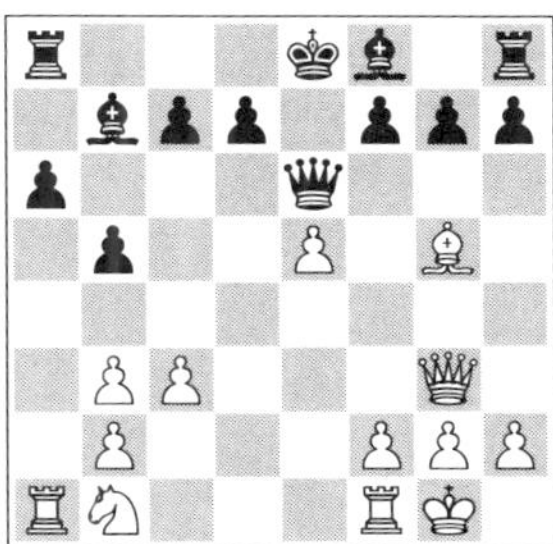

15.f4

Wie schon im ersten Beispiel haben die Läufer nach diesem Zug freie Bahn. Planinc entscheidet sich, umgehend die Initiative an sich zu reißen.

15...f6!? 16.exf6 ♗c5+ 17.♔h1 gxf6 18.♖e1 0-0-0 19.♖xe6 dxe6 20.♕e1 fxg5

Damit hat Schwarz seine Dame für Turm und Läufer geopfert. Die schwarzen Läufer sind mächtig stark, und wenn auch noch die Türme zum Angriff dazustoßen, werden sich dunkle Wolken über der weißen Königsstellung zusammenziehen.

21.♘d2 gxf4 22.♕xe6+ ♔b8 23.♘f3 ♖hg8 24.c4 b4

24...♗e3 nebst Verdoppelung auf der g-Linie war eine starke Alternative.

25.♖f1 ♖g6 26.♕f5 ♗e3 27.h3 ♖g3 28.♕xh7? ♗xf3 29.♖xf3 ♖d1+ 30.♔h2 ♗g1+ 31.♔h1 ♖g7 32.♕h8+ ♔b7 33.♖d3 ♖e1 34.g3 ♗d4+ 35.♔h2 ♖ge7 0-1

Auf zwei Springern sitzengeblieben

Yaroslav Bulygin
Kirill Brysgalin
Armawir 2010

1.e4 c5 2.♘f3 ♘c6 3.d4 cxd4 4.♘xd4 ♕c7 5.♘c3 e6 6.♘db5 ♕b8 7.♗e3 a6 8.♘d4 ♕c7 9.♕d2 ♘f6 10.f3 ♘e5 11.a3 b5 12.♗e2 ♗b7 13.0-0 ♖c8 14.f4 ♘c4 15.♗xc4 ♕xc4 16.e5 ♘g4 17.♖ad1 ♕c7 18.h3 ♘xe3 19.♕xe3 ♗c5 20.♘ce2 0-0 21.c3

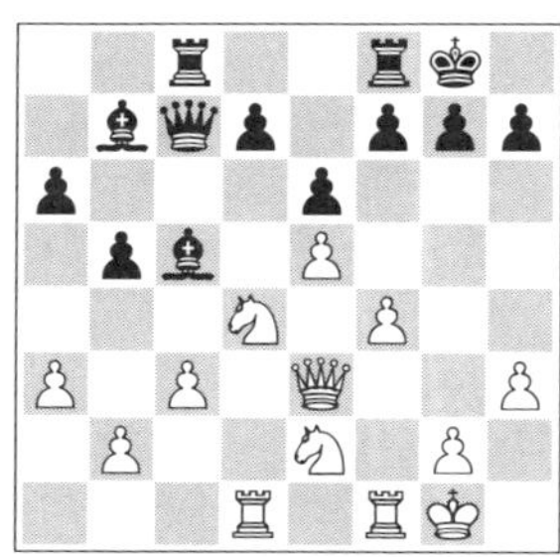

Wenn man mit zwei Springern gegen das Läuferpaar kämpft, ist es im Allgemeinen schwierig, dem Läuferpaar Paroli zu bieten, da es nicht möglich ist, sich einem der Läufer auf einer Diagonale entgegenzustellen.

21...f6

Aktiviert den Turm und versucht, auf e5 ein Angriffsziel zu schaffen.

22.♔h1 ♖f7!

Schwarz bereitet geduldig die Verdopplung auf der f-Linie vor, bevor er auf e5 nimmt. Er steht eindeutig besser, und für seinen Kontrahenten ist es schwierig, mit einem vernünftigen Plan aufzuwarten.

23.♘c1 fxe5 24.fxe5 ♖cf8 25.♖xf7 ♖xf7 26.♘d3 ♗b6 27.♖d2 ♕c4 28.♔h2 ♗c7

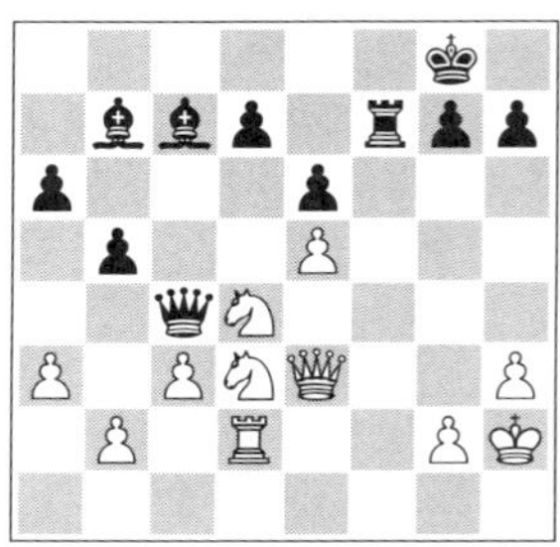

29.♖f2?

Dies verliert forciert einen Bauern. Es war vielleicht nicht sehr reizvoll, so zu spielen, doch allemal war es besser, mit 29.♖e2 passiv zu bleiben.

29...♖xf2 30.♘xf2 ♕f1 31.♘f3 ♗xf3 32.♕xf3 ♗xe5+ 33.g3 ♗c7

... und Schwarz gewann, indem er langsam seinen freien e-Bauern vorrückte. Als weiteres Beispiel siehe Levushkina-Leon Hoyos, Deizisau 2010, wo die Weißspielerin in der Schlussstellung komplett in Zugzwang war.

Ins Endspiel überleiten

Christoph Berberich
Viktor Erdös
Deizisau 2010

1.d4 ♘f6 2.♘f3 d5 3.c4 e6 4.♘c3 dxc4 5.e3 a6 6.a4 b6 7.♗xc4

♗b7 8.0-0 c5 9.♕e2 ♕c7 10.♗d2 ♗d6 11.dxc5 ♗xc5 12.♖ac1 ♘c6 13.h3 0-0 14.e4 ♘d4 15.♘xd4 ♗xd4 16.♗d3 ♕e5 17.♔h1 ♖fd8 18.♗b1

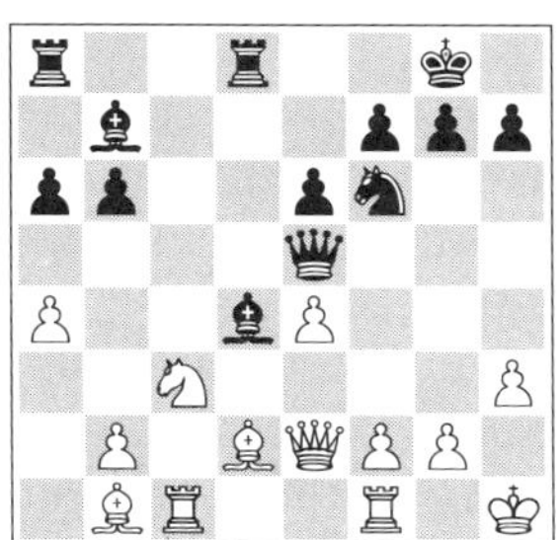

Im Endspiel wird die Kraft des Läuferpaars in der Regel nicht geringer, im Gegenteil – es sind weniger Kräfte verfügbar, die sich ihrer weitreichenden Aktivität entgegenstellen könnten. Hier übt Schwarz Druck gegen den Bauern e4 aus, was den Anziehenden (einmal mehr) dazu verlockt, sein Heil im Vorstoß von e- und f-Bauer zu suchen.

18...♖d7 19.f4 ♕h5! 20.♕xh5 ♘xh5 21.♔h2

Wie zu sehen hat Weiß weiterhin Mühe, seinen Laden zusammenzuhalten.

21...♖ad8 22.♖ce1 g5 23.g3 gxf4 24.gxf4 ♔h8 25.♖e2

Den Zug 25.♗c1 kann Schwarz gut mit 25...♗c6 beantworten, wonach der drohende Vorstoß ...b6-b5-b4 den Druck auf den Bauern e4 weiter erhöht.

25...♗g1+

Schwarz entscheidet sich dafür, Vereinfachungen zu erzwingen. Er konnte ebensogut auch mit 25...♗c6 oder 25...e5 26.f5 ♘f4 den Druck stetig erhöhen, was ihm gleichfalls gute Chancen versprach.

26.♖xg1 ♖xd2 27.♖gg2 ♖xe2

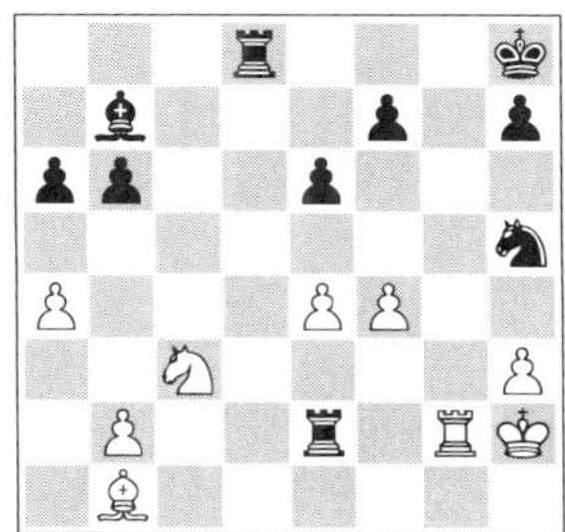

28.♖xe2

Dies verliert einfach einen Bauern, doch 28.♘xe2 ♖d2 war nicht viel besser. Schwarz gewann nun rasch.

28...♘xf4 29.♖f2 e5 30.♗a2 ♔g7 31.♘e2 ♖d2 32.♗c4 ♗xe4 33.♗xa6 ♖xb2

Aufgegeben.

Zusammenfassung

Ein Läuferpaar ist meist ohnehin schon stark, doch diese Zwillingskanone ist einfach vernichtend. Es lohnt sich, Opfer zwecks Öffnung der beiden Diagonalen zu bringen.

Kapitel 9

Der trügerische Läufer auf c8

Mitunter scheint ein Läufer unentwickelt oder einfach schlecht zu sein. Doch das Erscheinungsbild kann trügerisch sein – der Läufer könnte eine wichtige Funktion ausüben oder ganz leise eine gewichtige Rolle spielen.

Nur ein Teilproblem lösen

Victor Bologan
Ewgeni Levin
Loo 2013

1.e4 e6 2.d4 d5 3.e5 c5 4.c3 ♘c6 5.♘f3 ♗d7 6.♗e2 ♖c8 7.0-0 ♘ge7 8.♘a3 cxd4 9.cxd4 ♘f5 10.♘c2 ♕b6 11.b3 ♘b4 12.♘ce1

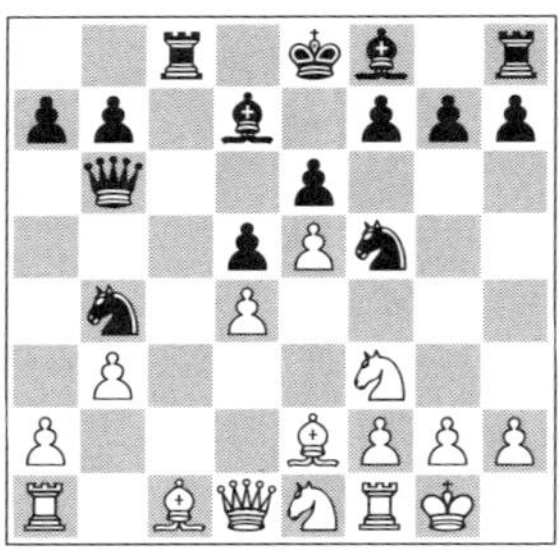

Bologan hat eine Fortsetzung gewählt, die man zuvor als harmlos erachtet hatte. Der Nachziehende tauscht nun seinen berühmt-berüchtigten schlechten französischen Läufer ab.

12...♗b5 13.♗xb5+ ♕xb5

Auf den ersten Blick kann Schwarz zufrieden sein – er hat ein wichtiges Ziel erreicht. Doch noch immer leidet er unter Raumnachteil.

14.g4 ♘e7 15.♘h4 ♘g6 16.♘hg2!

Da er über mehr Raum verfügt, vermeidet Weiß weitere Vereinfachungen. Sowohl der verbleibende schwarze Läufer wie auch der ♘g6 würden gern das Feld e7 benützen – ein bekanntes Problem in diesem Stellungstyp.

16...♗e7 17.♗e3 0-0 18.h4!? f5

18...♘xh4 19.♘xh4 ♗xh4 20.g5 oder 18...♗xh4 19.g5 sehen schaurig für Schwarz aus.

19.exf6 ♖xf6 20.h5 ♘f8 21.g5 ♖f7 22.♕g4

Hier sieht man, dass der abgetauschte Läufer auf d7 eine wichtige Verteidigungsfunktion erfüllen würde.

22...♗d6 23.g6 hxg6 24.hxg6 ♖fc7

Entfernt eine weitere Figur vom Königsflügel. Eine Alternative war 24...♖f6.

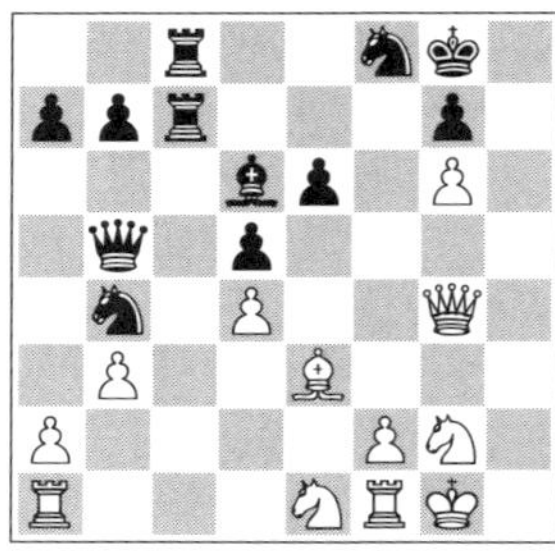

25.♗f4

Weiß ergreift die Gelegenheit, den Abtausch seines eigenen schlechten Läufers anzubieten, wonach er die Kontrolle über einige wichtige dunkle Felder erlangen würde.

25...♕a6 26.♘f3 ♘d3 27.♗xd6 ♕xd6 28.♖ad1 ♖c3

Der Nachziehende möchte die Kontrolle über e5 und f4 behaupten und damit verhindern, dass die weißen Springer aktive Posten einnehmen.

29.♖d2 e5 30.♖xd3!

Ergreift die Gelegenheit, auf Kosten eines Qualitätsopfers für einen Bauern seine Springer zu aktivieren.

30...♖xd3 31.♘xe5 ♖dc3 32.♘f4 ♖c1 33.♔g2 ♕a6 34.♖xc1 ♖xc1 35.♘ed3 ♖c7 36.♕h5 ♕d6 37.♘e5 ♖e7 38.♔g3 ♖c7 39.♘f7 ♖c3+ 40.f3 1-0

Eine ganz glatt verlaufene Partie. Der Abtausch der weißfeldrigen Läufer löste die Probleme nicht und ließ dem Weißen zu viel Zeit und Raum am Königsflügel.

Ein Figurenopfer auf den hellen Feldern erlauben

Ljubomir Ljubojevic
Yasser Seirawan
Tilburg 1983

Jene aktuelle Partie von Bologan rief bei mir Erinnerungen an eine phantastische Partie von Ljubojevic wach: Einer von nicht wenigen Fällen, in denen der Nachziehende nach dem Abtausch seines schlechten Läufers mit einem gefährlichen Figurenopfer konfrontiert wurde, welches die ganze auf den hellen Feldern aufgebaute Bauernkette zerstörte.

1.e4 e6 2.d4 d5 3.♘c3 ♗b4 4.e5 ♕d7 5.♕g4 f5 6.♕g3 b6 7.♘h3 a5 8.♘f4 ♕f7 9.a3 ♗xc3+ 10.♕xc3

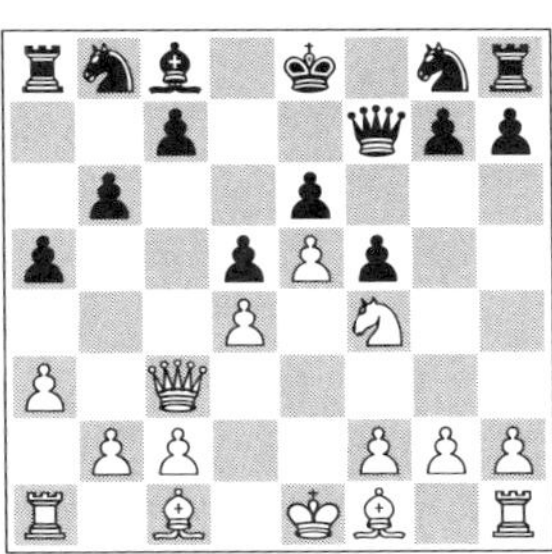

10...♗a6?

Dies könnte man als groben Fehler bezeichnen (in Bezug auf das Niveau der beiden Spieler natürlich).

11.♗xa6 ♖xa6 12.♘xe6!

Ein bekannter taktischer Streich. Man vergleiche zum Beispiel die Partie Psachis-Krayz, Rishon LeZion 1997.

12...♕xe6 13.♕xc7 ♘c6 14.♕xg7 ♕g6 15.♕xh8

Schwarz hat noch Glück, dass sich Wege finden um weiterzukämpfen.

15...♘d8

15...♕xg2 verliert wegen 16.♗g5! (16.♗e3 ♕xh1+ 17.♔d2, und nun 17...♕g2!, auch 16.♖f1 ♘xd4 wäre viel weniger klar). Die Annahme des doppelten Turmopfers würde den schwarzen König völlig im Stich lassen, während auf 16...♕xg5 die Erwiderung 17.♔f1 gut genug ist.

Damals wurde 15...h5 mit der Drohung ...♖a7-h7 als Versuch vorgeschlagen, es dem Weißen schwerer zu machen, doch heutzutage sind die Programme davon wenig beeindruckt und werfen zügig Varianten wie 16.g4 fxg4 17.♗e3 ♖a7 18.f4 aus.

16.♗h6 b5

Vielleicht war 16...♘f7 17.♕g7 ♘gxh6 18.♕xg6 hxg6 19.h4 ein besserer Versuch, doch Weiß muss auf Gewinn stehen. Er hat einfach zu viele Bauern.

17.♗g7 ♔f7 18.♗f6 ♘e6 19.h4

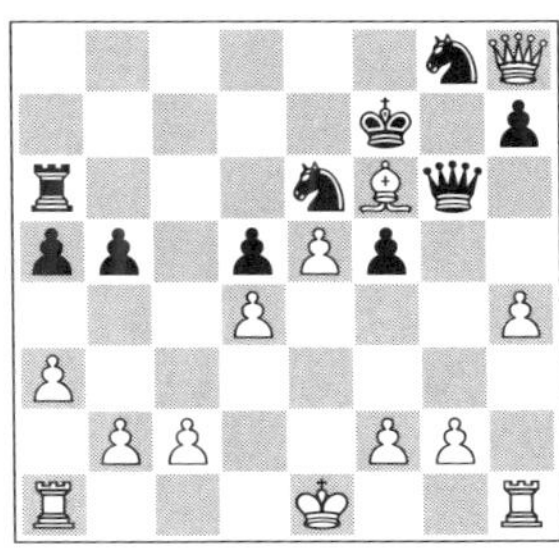

Aktiv gespielt. Weiß piesackt nicht nur die schwarze Dame, sondern ermöglicht auch einen Turmschwenk. Nach ♖h3 droht der Turm, nach g3 oder nach c3 zu gehen.

19...♖c6 20.h5 ♕h6 21.c3 ♖c8 22.f4

Ljubojevic schließt die Partie attraktiv ab, doch alle (nun, nicht ganz wörtlich alle!) Wege führen hier nach Rom.

22...♘xf4

22...♘e7 23.♗g5.

23.0-0 ♘e2+ 24.♔f2 ♘f4 25.g4! fxg4 26.♗g5 ♕xg5 27.♔g3 ♘f6 28.♕xf6+ ♕xf6 29.exf6 ♘xh5+ 30.♔xg4 ♘xf6+ 31.♔f5,

... und Weiß gewann leicht.

Die Bauernkette zerstören

Maxim Sorokin
Valeri Newerow
Minsk 1990

Hier eine weitere Illustration von Subas Sprichwort „Schlechte Läufer decken gute Bauern".

1.e4 e6 2.d4 d5 3.♘d2 ♘f6 4.e5 ♘fd7 5.c3 c5 6.♗d3 b6 7.♘e2

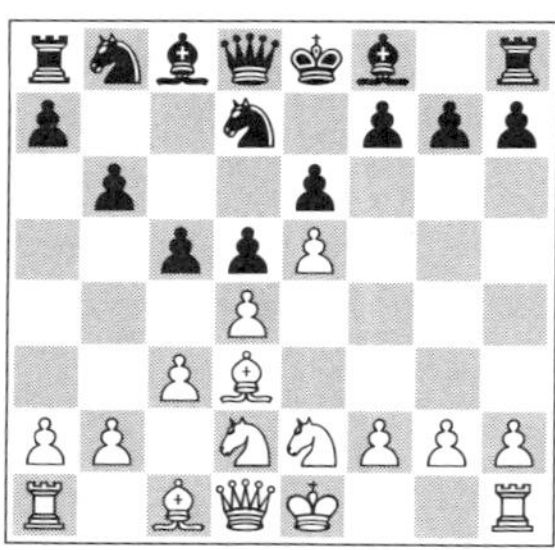

7...♗a6 8.♗xa6 ♘xa6 9.♘f4 ♗e7 10.♕g4

Auch hier nimmt Weiß umgehend das Geschehen am entgegengesetzten Flügel in die Hand – natürlich begünstigt durch seinen Raumvorteil am Königsflügel, den ihm der Bauer e5 garantiert.

10...g6 11.♘f3 b5 12.h4!

Selbst ohne den Turm auf h1 wäre die Drohung h4-h5 sehr stark, mit der auch gleich Opfer auf e6 oder g6 drohen. Jetzt, da der Anziehende zu Recht die Rochade aufgeschoben hat, ist diese Drohung noch durchschlagskräftiger.

12...c4 13.h5 g5

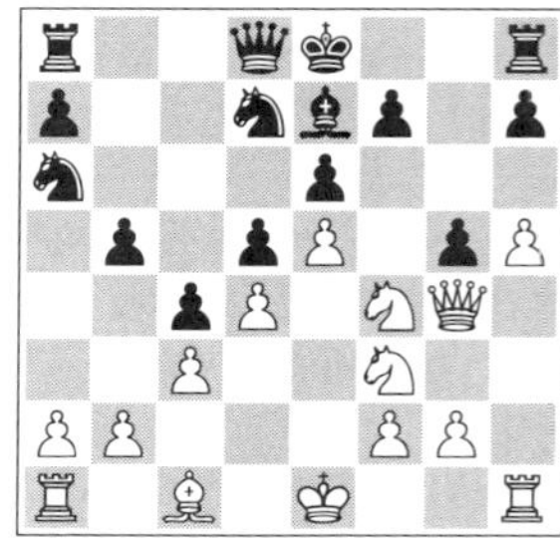

14.♘xe6! fxe6 15.♕xe6 ♕b6 16.♕xd5

Drei Bauern für eine Figur. Weiß hat ein kompaktes Bauernzentrum. Im weiterem Partieverlauf gelang es ihm, seine Bauern allmählich vorzurücken. Im 40. Zug hatte er dann drei verbundene Freibauern, und kurze Zeit später gewann er die Partie.

Durch die Mitte

Sergei Karjakin
Hou Yifan
Wijk aan Zee 2013

1.e4 e6 2.d4 d5 3.♘c3 ♘f6 4.e5 ♘fd7 5.f4 c5 6.♘f3 ♗e7 7.♗e3 b6 8.♗e2 ♗a6 9.0-0

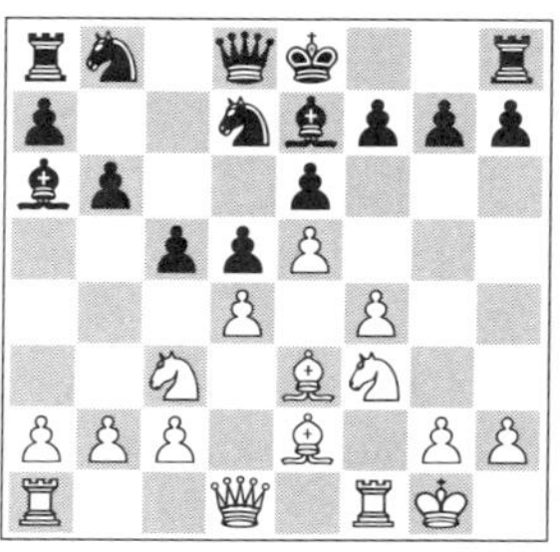

9...♗xe2 10.♘xe2 ♘c6 11.c4!

Eine Neuerung in einer fast nicht mehr theoretischen Stellung – doch, und das ist wichtiger, ein sehr starker Zug.

11...dxc4

Nach 11...cxd4 12.cxd5 dxe3 (12...exd5 13.♘exd4) 13.dxc6 ♘c5 14.♘fd4 ist Weiß eindeutig obenauf.

12.d5!

Ein typischer Durchbruch auf den hellen Feldern, nach welchem nicht mehr viel vom schwarzen Bauernzentrum übrigbleibt. Nach der Partie sagte Karjakin, der an diesem Tag seinen Geburtstag feierte, dass seine Gegnerin „einfach gepatzt" habe und sein Zug c2-c4 äußerst stark gewesen sei. Tatsächlich macht es den Eindruck, dass Weiß von hier an einen sehr großen Vorteil hat, Hou Yifan konnte sich in der Partie nicht mehr erholen.

12...exd5 13.♕xd5 ♘b4

13...♖c8 14.♖ad1 ♕c7 15.e6.

14.♕xc4 b5 15.♕e4

Zentralisierung!

15...♕c8 16.♘c3 ♕c6 17.♕xc6 ♘xc6 18.♘xb5 ♖b8 19.♘c7+ ♔d8 20.♘d5 ♖xb2 21.♖fd1

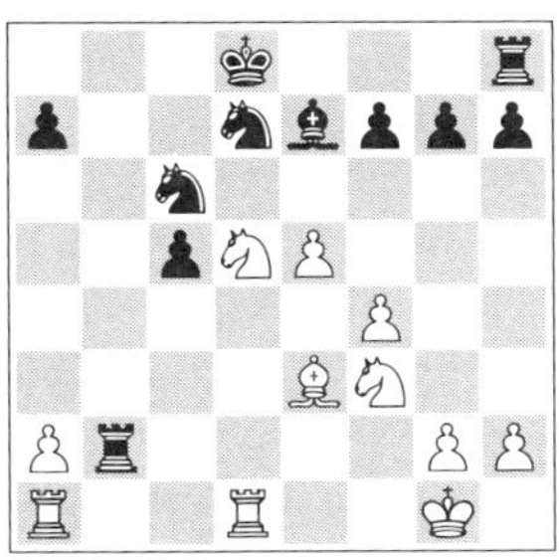

Der schwarze König ist in der Mitte steckengeblieben, was ihm unabhängig des Umstandes, dass wir uns bereits im Endspiel befinden, viele Unannehmlichkeiten bereitet.

21...♖e8 22.♖ac1

22.a3 war eine solide Alternative. Karjakin zog weiterhin sein geradliniges Spiel durch, und obgleich sich Hou Yifan erfindungsreich verteidigte, brachte Weiß schließlich den Punkt heim.

Von der Grundreihe aus kämpfen

K. Raghunandan
Ziaur Rahman
Chennai 2013

In der Hauptvariante der Königsindischen Verteidigung, in der ganz pauschal gesagt die weiße Initiative am Damenflügel mit dem schwarzen Angriff am Königsflügel im Wettstreit liegt, nimmt der schwarze Damenläufer üblicherweise von seinem Ausgangsfeld auf c8 am Kampf teil. Er spielt von dort aus eine aktive Rolle (weit mehr, als es der eigentliche königsindische Läufer auf g7 tut); zum Beispiel, indem er den Vorstoß ...g6-g5-g4 unterstützt oder aber auf seine Gelegenheit wartet, sich auf h3 zu opfern (man sehe z.B. Bhat-Ootes, Collado Villalba 2010).

Hier ein weiteres Beispiel zur aktiven Rolle des Läufers auf c8.

1.d4 d6 2.c4 e5 3.d5 g6 4.♘c3 ♘d7 5.♘f3 ♗g7 6.e4 ♘e7 7.♗e2 0-0 8.0-0 a5 9.a3 ♘c5 10.b3 f5 11.♘d2 f4 12.♖b1 h5 13.b4 axb4 14.axb4 ♘d7 15.♘b3 ♘f6 16.c5

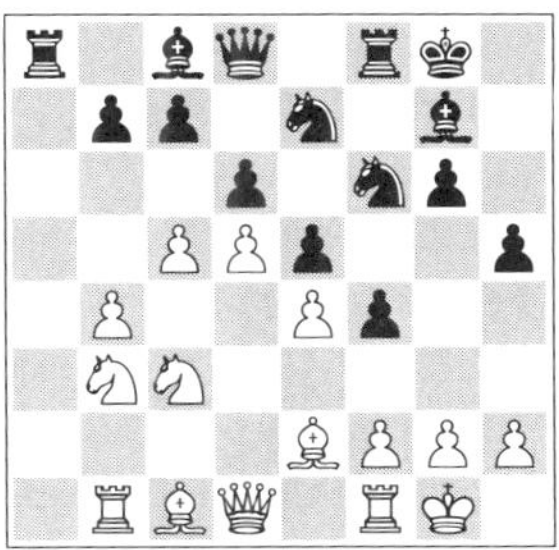

16...g5

Damit ist, wenn auch über eine ungewöhnliche Zugfolge, eine ganz typische Stellung entstanden.

17.f3 g4

Es ist unnötig, den Läufer nach d7 zu „entwickeln“.

18.♕e1 ♘g6 19.♔h1 ♖f7 20.♘d2 ♗f8 21.♘c4 ♖g7 22.cxd6 cxd6 23.♕f2

Reichlich handelsübliche Manöver, mit der Ausnahme, dass die Dame kaum einmal nach f2 geht (viel öfter zieht der Läufer in einer frühen Phase auf dieses Feld). Schwarz leitet nun als Erster seinen Angriff ein, und das nicht zuletzt mithilfe des ♗c8.

23...g3 24.hxg3 fxg3 25.♕xg3 h4 26.♕f2 ♘h5 27.♖d1 ♘gf4 28.♗xf4 exf4 29.♗f1 h3 30.gxh3 ♘g3+ 31.♔h2 ♕h4 32.♗g2 ♖h7 33.♘e2

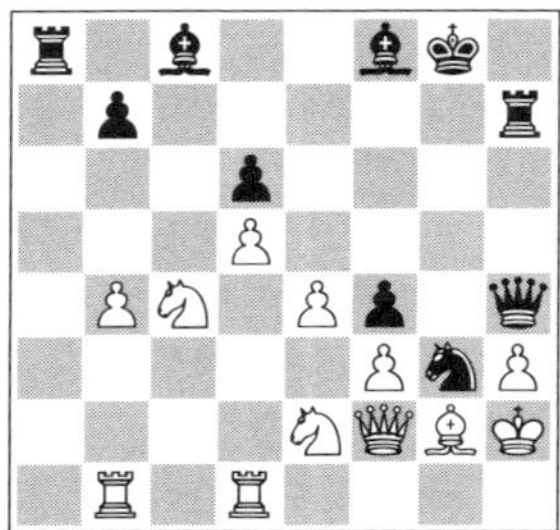

33...♗xh3

Der erste Zug des Läufers in dieser Partie!

34.♘xg3 ♗xg2+ 35.♔xg2 fxg3 0-1

Interessant eliminiert

Alexei Aleksandrow
R. Ramnath Bhuvanesh
Bhubaneswar 2011

Natürlich sollte einem eingefleischten Königsindisch-Spieler die wahre Stärke des ♗c8 bekannt sein. Doch auch die Spieler mit den weißen Steinen sind sich der Kraft dieser unentwickelten Figur bewusst geworden und werden jede Möglichkeit wahrnehmen, diesen Angriffsläufer zu eliminieren. Mitunter wird dies durch unerwartete Manöver erreicht.

1.d4 ♘f6 2.c4 g6 3.♘c3 ♗g7 4.e4 d6 5.♗d3 0-0 6.♘ge2 ♘c6 7.0-0 ♘d7 8.♗e3 e5 9.d5 ♘d4 10.♘b5 ♘xe2+ 11.♗xe2

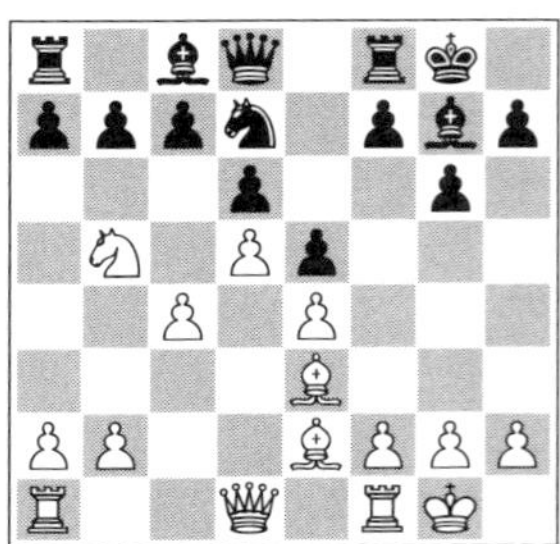

11...a6

Ein logischer Zug, zumal der Bauer angegriffen war.

12.♘a7!

Der Springer wird insgesamt vier Hüpfer machen, nur um eine unentwickelte Figur abzutauschen. Hm – das ist nicht die Art, wie wir Schach spielen gelernt haben. Wichtig ist indes, was auf dem Brett übrig bleibt: Und da hat Weiß einen Raumvorteil sowie eine vollständige Entwicklung. Und der ♗c8 wird nicht mehr in der aufziehenden Zweiflügelschlacht teilnehmen.

12...♘c5

Nach 12...♖xa7 müsste Weiß mit 13.♗xa7 b6 – der verlorene Läufer! – rechnen, doch die Verwicklungen nach 14.b4 ♗b7 15.♖c1 sehen vorteilhaft für Weiß aus.

13.♘xc8 ♕xc8 14.♗g4 ♕d8

Die verbliebenen Leichtfiguren von Schwarz sind nicht gut für einen Angriff am Königsflügel platziert. Weiß wird am Damenflügel viel effektiver angreifen können. 14...f5 15.exf5 gxf5 16.♗h3 sieht gleichfalls angenehm für Weiß aus.

15.f3 a5 16.♕c2 ♗f6 17.♕d2 ♕e7 18.b3 ♖fb8

Schwarz hat eine zähe Verteidigungsstellung aufgebaut, doch nach einigem Manövrieren brach Weiß am Königsflügel durch und gewann.

Analoge Eröffnungstheorie

Alexei Mokschanow
Anatoli Osgibtsew
Loo 2013

1.e4 e5 2.♘f3 ♘c6 3.♗b5 g6 4.0-0 ♗g7 5.c3 a6 6.♗a4 d6 7.d4 ♗d7

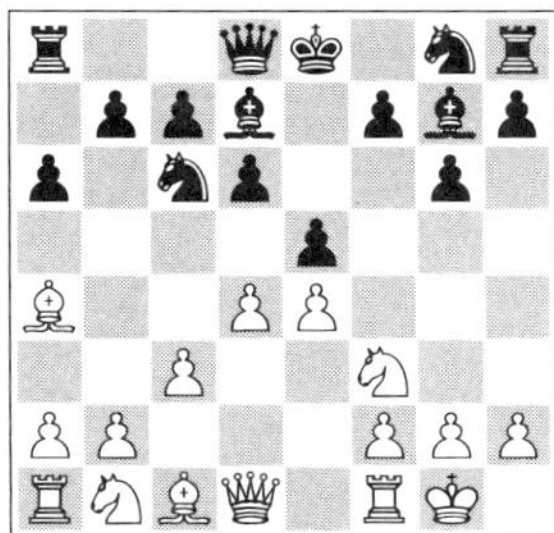

In dieser Stellung aus der Spanischen Eröffnung hat Weiß die Gelegenheit, einen königsindischen Stellungstyp herbeizuführen, und dies zudem noch mit abgetauschten weißfeldrigen Läufern. Das bedeutet, dass der potenziell so gefährliche schwarze Läufer vom Brett verschwunden ist, und demgegenüber der schlechte Läufer von Weiß. Ein gutes Geschäft, mag man meinen. Zudem war ich stets beeindruckt von einer frühen Kasparow-Partie gegen Georgadse, in der Weiß eine Art Tschechisches Benoni mit abgetauschten weißfeldrigen Läufern auf dem Brett hatte – gleichfalls aus einer 1.e4-e5-Eröffnung. In jener Partie musste er jedoch eine Reihe von Tempi aufwenden – c3-c4, ♘d2-b1-c3 und ♗c2-a4 –, um dies zu erreichen. So, und warum um alles in der Welt wird diese Spanisch-Stellung nicht als klar vorteilhaft für Weiß erachtet? Ich vermute, die Dinge liegen nicht ganz so einfach. Durch den Abtausch einer Figur hat Schwarz weniger stark unter seinem Raumnachteil zu leiden, und der weiße Königsflügel könnte hier ein wenig verwundbarer sein, wobei sich das Spiel zugleich noch in alle Richtungen entwickeln kann. So wie in dieser Partie:

8.d5 ♘b8 9.c4 ♗xa4 10.♕xa4+ ♘d7 11.♗e3

11.♘c3 ♘f6 12.♘e1 0-0 13.♘d3 ♘h5 14.♗e3 f5 wurde auch schon gespielt und ist ebenso mit dem Königsinder vergleichbar.

11...♘f6 12.♘c3 ♘g4 13.♗g5 f6 14.♗d2 0-0 15.♕c2 ♘h6 16.b4 ♘f7 17.♘a4

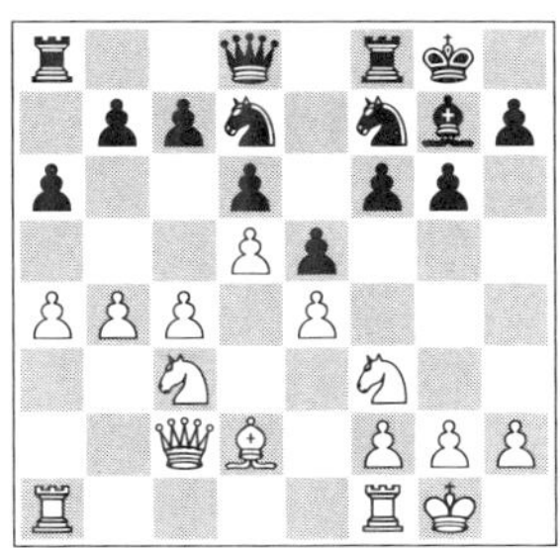

Nun wagte Schwarz

17...f5,

... und nach vielen Abenteuern endete die Partie mit einem Remis. Stoff zum Nachdenken!

Zusammenfassung

Ein sogenannter schlechter Läufer auf c8 kann ein nützlicher Verteidiger sein. In anderen Fällen kann er sich sogar als wichtige Angriffsfigur erweisen, selbst wenn er sich noch auf seinem Ausgangsfeld befindet.

Kapitel 10

Der bestialische Läufer

Ein Springer auf einem zentralen Vorposten der sechsten (bzw. dritten) Reihe – auch bekannt als Riesenkrake – ist fast immer eine schreckliche Macht. Ein Läufer auf demselben Feld kann die gegnerischen Kräfte in ganz ähnlicher Weise lähmen.

Um das Biest drumrumspielen

Bevor wir zu einigen wirklichen Bestien kommen, schauen wir uns die folgende aktuelle Spitzenbegegnung an, die durch einen angespannten Kampf rund um den weißen Läufer auf d6 gekennzeichnet war.

Morosewitsch hatte im frühen Kampfgeschehen einen Bauern geopfert und seinen Läufer auf diesem starken Feld etabliert. Topalow war jedoch sehr gut vorbereitet und fand Wege, die Stellung des Läufers zu unterminieren und um ihn herumzuspielen.

Alexander Morosewitsch
Weselin Topalow
Zug 2013

1.♘f3 c5 2.c4 ♘f6 3.♘c3 ♘c6 4.d4 cxd4 5.♘xd4 e6 6.g3 ♕b6 7.♘b3 ♘e5 8.e4 ♗b4 9.c5 ♕c6 10.f3 b6 11.♗f4 ♘g6 12.♗d6 bxc5

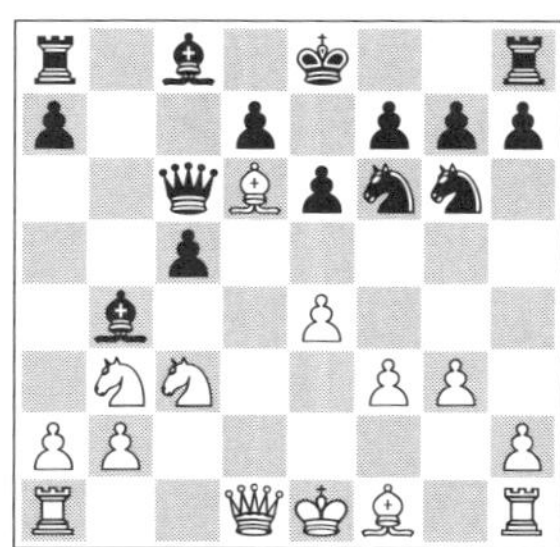

13.a3

Laut Topalow der absolute einzige Zug, weil er den positionellen Trick ...♘d5 mit Angriff auf den Läufer d6 verhindert.

13...♗xc3+ 14.bxc3

Nun beabsichtigt Weiß, die Stellung des ♗d6 mit ♘a5-c4 weiter zu verstärken. Doch Topalow erkannte die Drohung und verhinderte dieses Manöver:

14...a5! 15.e5

Deckt den Läufer, überlässt aber das Feld d5 freiwillig dem schwarzen Springer. Topalow schätzte dies als Fehler ein und bezeichnete 15.♕d2 als interessante Möglichkeit. 15.♘xc5 wird mit 15...♘d5 angemessen erwidert.

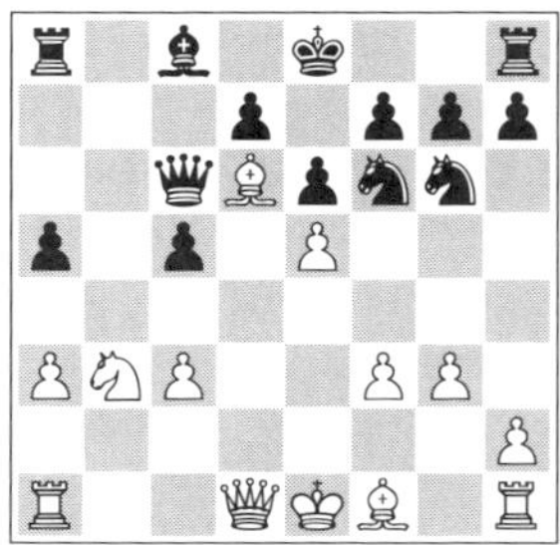

15...♘d5

In *New In Chess* 2013/4 räumte Topalow ein, dass in seiner Datei mit Heimanalysen 15...♘g4! als bester Zug angegeben war. 15...♘e4 (mit Angriff auf den ♗d6) sieht logisch aus, wird aber mit 16.♗b5 ♕xb5 17.fxe4 erwidert, obgleich Schwarz besser stehen sollte.

16.♗d3

16.♕d2!?, um 16...f6 mit 17.f4 zu beantworten, z.B. 17...♘dxf4 18.gxf4 ♕xh1 19.0-0-0 (Topalow).

16...f6! 17.♗xg6+ hxg6 18.♕d3 ♔f7 19.♘d2 c4! 20.♕d4

Oder 20.♕xc4 ♕xc4 21.♘xc4 ♗a6 22.♘xa5 ♘xc3 23.♔f2 ♖ac8, und Schwarz ist in bester Verfassung. Der schwarze König wird vom ♗d6 nicht mehr behelligt, während die anderen Figuren einfach um in herumspielen.

20...♕b6 21.♕xb6 ♘xb6

In diesem Endspiel bereitet der ♗d6 keinerlei Sorgen mehr. Topalow gewann in gutem Stil.

Den König festhalten

Evgeny Postny
Alexander Deltschew
Hagenau 2013

In dieser Partie erweist sich der Läufer auf e6 als absolute tödlich gegen den unrochierten König auf f8.

1.d4 d6 2.♘f3 g6 3.c4 ♗g7 4.♘c3 e5 5.e4 ♘c6 6.d5 ♘ce7 7.♗e2 f5 8.exf5 gxf5 9.♘g5 ♘f6

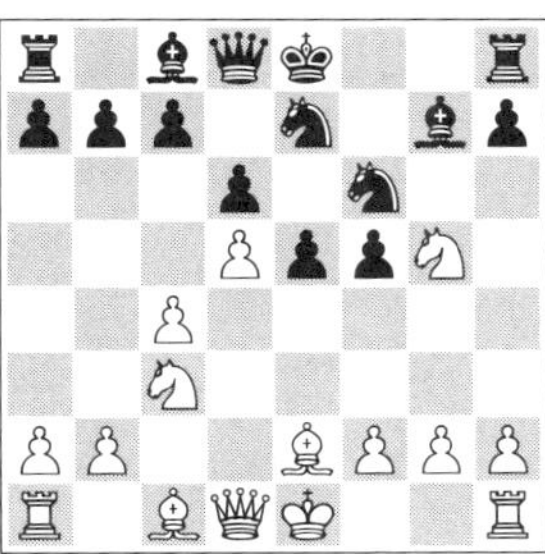

10.♗h5+ ♔f8 11.♗f7! h6 12.♘e6+ ♗xe6 13.♗xe6

Der Läufer auf e6 bindet viele Kräfte bei Schwarz. Der ♖h8 hat keinen vernünftigen Zug, während der ♘e7 an die Verteidigung des Bauern f5 gebunden ist. Ich weiß nicht, ob man das als Theorievariante bezeichnen soll, jedenfalls wurden all diese Züge schon zuvor gespielt. Noch merkwürdiger, dass ein so starker Spieler wie Deltschew in solch einer Stellung gelandet ist. Der einzige Weg für Schwarz, den bestialischen Läufer loszuwerden, beginnt mit

13...♘d7,

... doch dies erlaubt...

14.♕h5,

... und nach...

14...♕e8 15.♕h3 ♘c5 16.♗xf5

... war Schwarz einfach verloren.

Reinier Vazquez Igarza
Julio Granda Zuniga
Benasque 2013

1.d4 ♘f6 2.c4 e6 3.♘c3 ♗b4 4.♘f3 c5 5.g3 ♘e4 6.♕d3 cxd4 7.♘xd4 ♗xc3+ 8.bxc3 ♘c5 9.♕e3 b6 10.♗g2 ♗b7 11.♗xb7 ♘xb7 12.♗a3 ♘a6 13.♘f5 ♕f6 14.♘d6+ ♘xd6 15.♗xd6

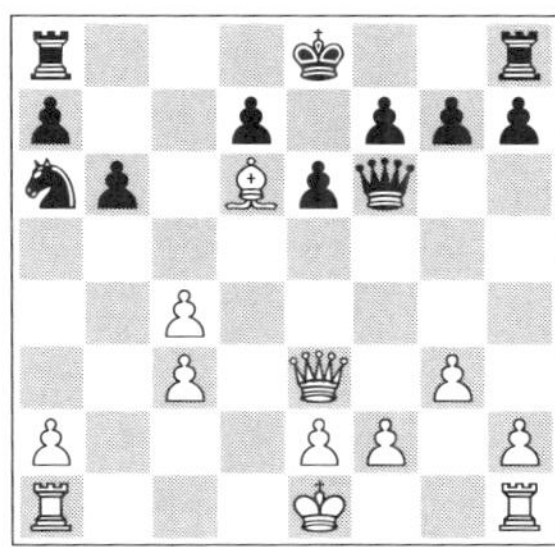

Auch hier hat der Läufer den schwarzen König, der sich diesmal noch in der Mitte befindet, fest in seinem Griff – was die schlechte Bauernstruktur von Weiß gut kompensiert. Im Moment hat Schwarz wenig Auswahl.

15...♖c8

15...0-0-0 wäre nach dem einfachen 16.0-0 viel zu gefährlich, und das sofortige 15...♘c5 würde Weiß die zusätzliche Möglichkeit 16.♗xc5 bxc5 17.0-0 0-0 18.♖ab1 einräumen.

16.♖d1 ♖xc4

Eine geradlinige Fortsetzung. 16...♘c5, um den Läufer von d6 zu vertreiben, wäre die andere logische Option gewesen und wurde in der Praxis gleichfalls schon versucht: 17.0-0 ♘b7 18.♗e5 ♕g6 19.♕f3 ♘c5 20.♗d6 (20.♖d4!?) 20...♘e4 21.♕d3 ♖c6 22.♗a3 ♘c5 23.♕d2 0-0, und nachdem es ihm gelungen war zu rochieren, war die schwarze Stellung in Karason-Kveinys, Reykjavik 2011, völlig in Ordnung.

17.0-0 ♖xc3

17...♕xc3 wird mit dem aparten 18.♕g5 ♕f6 19.♕b5 widerlegt, während 17...♘c5 auf 18.♖d4! trifft, zum Beispiel 18...♖xd4 19.cxd4 ♘b7 20.♗e5 ♕g6 21.♕f3 ♘d8 22.♕a8 0-0 23.♗d6 (einmal mehr!) 23...♖e8 24.♖c1 mit Gewinn. 17...h5 könnte eine interessante Möglichkeit sein. Der ♗d6 wird ignoriert und Schwarz versucht, den Turm über die h-Linie ins Spiel zu bringen.

18.♕d2

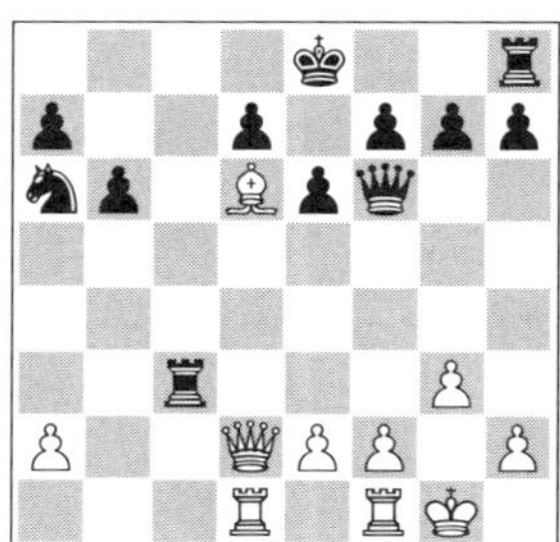

18...♖c4

Nach dem findigen 18...♖c5 ignoriert Weiß am besten das Opferangebot: 19.♕d3! ♘b4 20.♕a3, und der Läufer bleibt Herr des Geschehens und garantiert dem Anziehenden reichliche Kompensation für die beiden Bauern.

19.♗e5 ♕d8 20.♕d3 d5 21.♗xg7 ♖g8 22.♕xh7

Weiß hat seine zwei Bauern zurückerobert, und der Nachziehende hat nach wie vor mit seiner unsicheren Königsstellung zu kämpfen.

22...♔e7

22...♔d7 23.♗b2.

23.f4 ♘c5 24.f5 ♔d6 25.fxe6 fxe6 26.♗f6

Weiß muss hier auf Gewinn stehen, wobei 26.♖f7 sehr stark aussieht. In der Partie gab der Anziehende seinen Vorteil aus der Hand und musste mit einem halben Punkt zufrieden sein.

Die offene Linie ausnützen

Dmitri Andreikin
Leinier Dominguez Perez
Havanna 2013

1.e4 c5 2.♘f3 d6 3.d4 cxd4 4.♕xd4 ♘c6 5.♗b5 ♗d7 6.♕d3 g6 7.c4 ♗g7 8.0-0 ♘f6 9.♘c3 0-0 10.♗xc6 ♗xc6 11.♘d4 ♖c8 12.b3 ♘xe4 13.♘xe4 d5 14.♘xc6 ♖xc6 15.♖b1 dxe4 16.♕xe4 ♕d6 17.♗g5 ♗f6 18.♖bd1 ♕c7 19.♗f4 ♕c8 20.h3 h5 21.♖d5 a6 22.♖fd1 e6 23.♖5d3 ♖e8

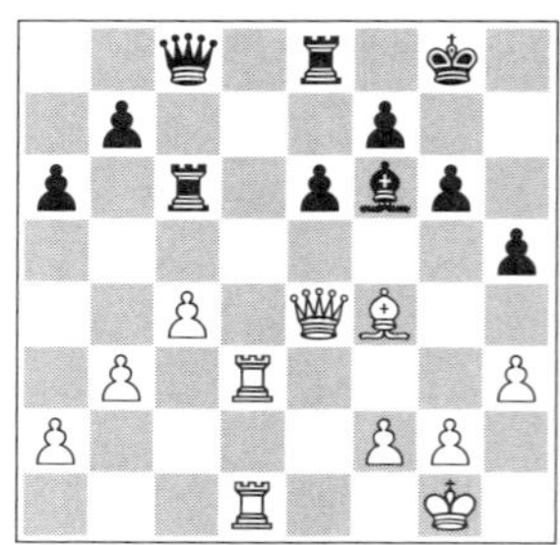

24.♗d6!?

Anstatt einen sonst möglichen Turmtausch zu erlauben, versucht Weiß, seinen Vorteil zu vergrößern, indem er einen Vorposten auf d6 etabliert. Dieser soll die schwarzen Türme dominieren in der Hoffnung, die eigenen Türme sinnvoll einsetzen zu können. Man vergleiche den Zug 22.♗a7 in der Partie Calzetta Ruiz-

Lematschko, Plowdiw 2008. Zugegeben, das naheliegende 24.♖d7 ist hier auch nicht schlecht, wonach 24...♖d8 (24...e5 25.♕d5 ♖ce6 26.♗e3) 25.♖xd8+ ♗xd8 26.♗e5 ♗c7 27.♗c3 dem Weißen ebenfalls Vorteil belässt.

24...e5 25.c5

Dies führt unweigerlich zum Abtausch der Läufer. Weniger verpflichtend war es, den Druck mit 25.♖d5 zu erhöhen und sich alle Optionen offenzuhalten.

25...♕e6 26.♕b4 ♕c8 27.♕e4 ♕e6 28.a4 ♗e7 29.b4 ♗xd6 30.♖xd6

30.cxd6 ♖d8 31.d7 sollte natürlich vorteilhaft für Weiß sein, doch der Textzug ist noch stärker: Er belässt dem Anziehenden die einzige offene Linie, was in Schwerfigurenendspielen ein gewichtiger Trumpf ist.

30...♕c8

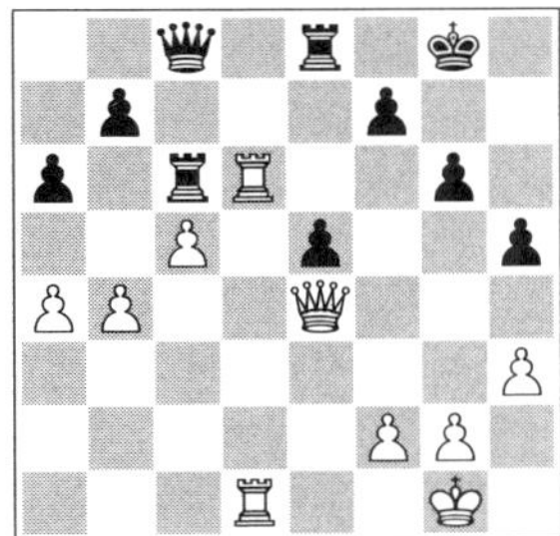

31.a5

Weiß möchte seinen Gegner ersticken. Er will die Kontrolle über das ganze Brett behaupten und keinesfalls den Gegenstoß ...a6-a5 erlauben. Andere Pläne, die sich die Möglichkeit behalten hätten, einen Freibauern am Damenflügel zu kreieren, kamen natürlich ebenso in Betracht.

31...♖c7 32.g4

Fährt mit eben jener Strategie fort.

32...hxg4 33.hxg4 ♖ce7 34.♔g2 ♔g7 35.♕f3

Damit ist nicht viel zu erreichen, nach 35...♖e6 wird unweigerlich ein Turmpaar getauscht. Das geradlinige 35.♖h1 ♖h8 36.♔g3 ♖xh1 37.♕xh1 hätte mehr Chancen eingeräumt. Später hinderte die offene Königsstellung den Anziehenden daran, mehr zu erreichen, und die Partie endete Unentschieden.

Angriff gegen den rochierten König

Siegbert Tarrasch
Emanuel Lasker
Deutschland 1908

1.e4 e5 2.♘f3 ♘c6 3.♗b5 ♘f6 4.0-0 d6 5.d4 ♗d7 6.♘c3 ♗e7 7.♖e1 exd4 8.♘xd4 0-0 9.♘xc6 ♗xc6 10.♗xc6 bxc6 11.♘e2 ♕d7 12.♘g3 ♖fe8 13.b3 ♖ad8 14.♗b2 ♘g4 15.♗xg7 ♘xf2 16.♔xf2 ♔xg7 17.♘f5+ ♔h8 18.♕d4+ f6 19.♕xa7 ♗f8 20.♕d4 ♖e5 21.♖ad1 ♖de8 22.♕c3 ♕f7 23.♘g3 ♗h6 24.♕f3 d5 25.exd5 ♗e3+ 26.♔f1 cxd5

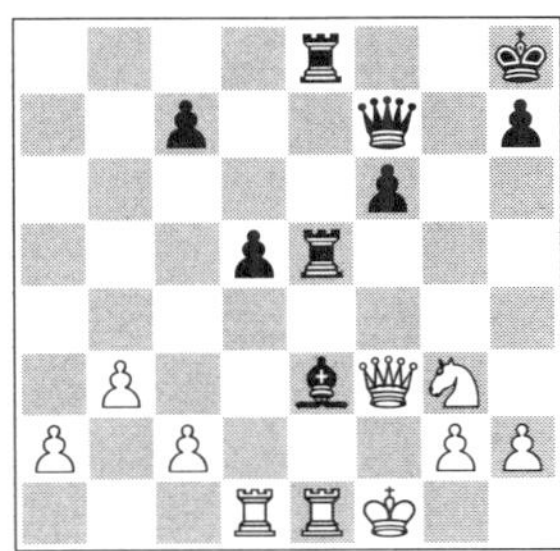

27.♖d3

Hier dominiert der Läufer die gegnerischen Türme, und ganz wie im vorigen Beispiel tummeln sich die eigenen Türme hinter seinem Rücken. Ohne die Türme auf dem Brett würde der ♗e3 offenkundig gewaltig an Stärke einbüßen. Hier verpasst Tarrasch die Gelegenheit, den Läufer mit 27.♘f5 d4 28.♘xe3 dxe3 29.♖e2 umgehend zu eliminieren, wonach Lasker seine Kompensation für den Bauern erst noch nachweisen müsste.

27...♕e6

Verhindert ♘g3-f5 und bereitet den nächsten Zug vor.

28.♖e2 f5 29.♖d1 f4 30.♘h1 d4

Jetzt ist die Bestie perfekt gesichert sowie quicklebendig und erlaubt den Schwerfiguren, in ihrem Rücken frei zu manövrieren.

31.♘f2 ♕a6

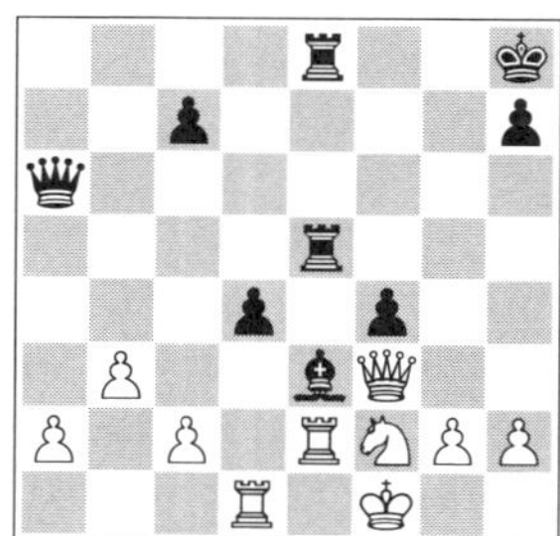

32.♘d3

Ein natürlicher Zug, der die Fesselung aufhebt und den Springer aktiviert. Nun erweist sich jedoch der Königsflügel als unzureichend geschützt. Das clevere 32.♔g1! war gefragt.

32...♖g5 33.♖a1

Die hartnäckigste Verteidigung, die zugleich aber die Passivität der weißen Türme deutlich unterstreicht.

33...♕h6 34.♔e1

34.h3 ist wegen 34...♖g3 35.♕d5 f3 nicht möglich.

34...♕xh2 35.♔d1 ♕g1+ 36.♘e1

36.♖e1 rettet die Partie nicht: 36...♕xg2 37.♕xg2 ♖xg2 38.♘xf4 ♖d2+ 39.♔c1 ♖e2+.

36...♖ge5 37.♕c6 ♖5e6

Nicht das genaueste. 37...♔g8! war ein guter Vorbereitungszug, und auf 38.♕xc7 folgt 38...d3 39.cxd3 ♗d4 mit Gewinn. In der Partie brach Weiß aber nach einem Fehler im 40. Zug auch so zusammen.

38.♕xc7 ♖8e7 39.♕d8+ ♔g7 40.a4? f3! 41.gxf3 ♗g5 0-1

Nimzos Vorstopper, oder ...

Ewgeni Alekseew
Artur Gabrieljan
Jekaterinburg 2013

1.e4 c5 2.♘f3 d6 3.d4 cxd4 4.♕xd4 ♘c6 5.♗b5 ♗d7 6.♕d3 ♘f6 7.c4 ♘b4 8.♕e2 ♖c8 9.♘c3 e6 10.0-0 a6 11.♗xd7+ ♘xd7 12.♗f4 ♗e7 13.♖ac1 ♕a5 14.a3 ♘c6 15.♖fd1 ♘de5 16.♘xe5 dxe5 17.♗e3 ♗f6 18.♕c2 ♘d4 19.♗xd4 exd4 20.♘e2 e5 21.b4 ♕c7 22.♕b3 0-0 23.♖c2 ♖fd8 24.♘c1 ♕c6 25.f3 ♗g5 26.♘d3 ♗e3+ 27.♔h1 ♕e6 28.♖b1 ♖c6 29.c5

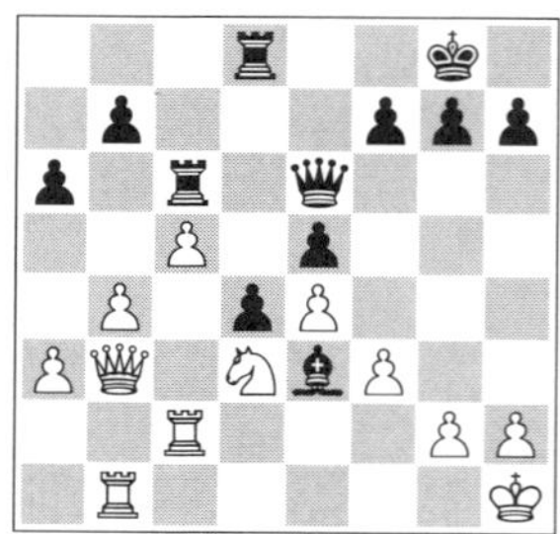

Hier sind die weißen Trümpfe klar: Ein starker Blockadespringer und die Bauernmehrheit am Damenflügel. Die Chancen von Schwarz liegen also wo?

29...♕e7!

Korrekt! Dank des bestialischen Läufers liegen die Chancen von Schwarz in einem Angriff auf den weißen König, ganz genau wie in der hundert Jahre älteren Partie zuvor. Man vergleiche auch Kapitel 39 „Eine schwere Entscheidung" zur Frage, wann man die Damen tauschen sollte und wann lieber nicht.

30.b5

Beschleunigt die Dinge. 30.a4 ♖h6 31.h3 ♕g5 brächte Schwarz zumindest ein Dauerschach ein. 32.b5 ♕g3 33.bxa6 ♖xh3+ (33...bxa6) 34.gxh3 ♕xh3+ 35.♖h2 ♕xf3+ 36.♖g2.

30...axb5 31.♕xb5 ♖d7 32.a4 ♖dc7 33.a5 ♖h6 34.g3 ♖hc6 35.♕c4 h5 36.♕d5 h4 37.gxh4 ♖e6 38.h5 ♕f6 39.♖f1 ♕g5 40.♖g2 ♕e7 41.♖b2 ♖d7 42.♕a2 ♖h6 43.♖b6 ♖xh5 44.c6 bxc6 45.♖xc6

Ich möchte bei den letzten Zügen nicht ins Detail gehen: Weiß hat einen Freibauern erschaffen, während Schwarz Linien am Königsflügel geöffnet hat.

45...♖a7 46.a6 ♕d7 47.♖b6 ♖g5 48.♖a1 ♕c8 49.♖ab1

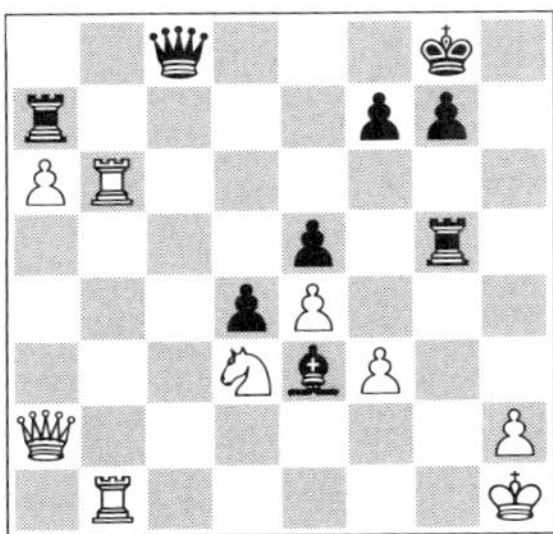

49...♕c3

Bemerkenswerterweise wiegt der weit vorgerückte Freibauer den schwarzen Königsangriff, der sich als genauso effektiv wie im vorigen Beispiel erweist, nicht auf. Hier wäre das vorbereitende 49...♔h7! sehr stark gewesen, z.B. 50.♕e2 (50.♖f1 ♖c7 51.a7 ♖xa7 52.♕xa7 ♕h3) 50...♖c7.

50.♘xe5? ♖xe5?

Die listige Linienverstellung mit 50...♗c1! hätte die Partie entschieden. Nun wurde die Schlacht schlussendlich bis zum Remis ausgekämpft.

Ein harmloser Zaungast?

Konstantin Landa
Alexander Morosewitsch
Eilat 2012

1.♘f3 d5 2.d4 ♗f5 3.c4 e6 4.♘c3 ♘f6 5.♗g5 c6 6.♕b3 ♕b6 7.c5 ♕c7 8.♘h4 ♗g6 9.e3 ♘bd7 10.♗f4 ♕c8 11.♗e2 ♗e7 12.0-0 ♗d8 13.♕d1 0-0 14.♗d6 ♖e8 15.♘xg6 hxg6 16.f4

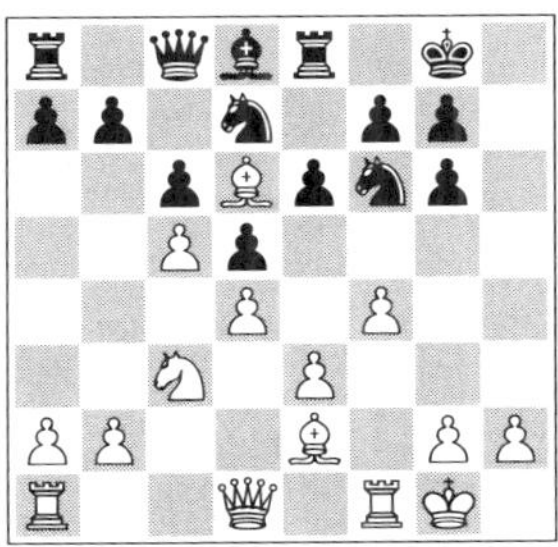

16...♗a5!?

Wir schließen das Kapitel mit einer weiteren Partie von Morosewitsch, doch diesmal ist er es, der gegen einen bestialischen Läufer ankämpft. 16...♗c7 mit Abtausch des Eindringlings wäre ein Zug, den man erwarten könnte. Stattdessen versucht Morosewitsch, den Läufer einfach zu ignorieren.

17.♗d3 b6 18.♕a4 ♗xc3 19.bxc3 b5 20.♕c2 ♘g4

Einstweilen bleiben die Türme passiv. Er versucht, zunächst das Feld e4 für einen seiner Springer zu erobern, um etwas Raum zu gewinnen; der ♘g4 könnte auch nach f7 gehen, um den Läufer zu belästigen.

21.♕e2 ♘h6 22.a4 a6 23.g4 f5 24.gxf5

Es war besser, diesen Zug erst noch vorzubereiten und mit 24.♔h1!? die Spannung aufrechtzuerhalten. Auf 24...♘xg4 folgt ganz gelassen 25.♖g1.

24...exf5!

Nun wird die Aktivität des ♖e8 nicht mehr vom Läufer auf d6 beeinträchtigt.

25.♖f3 ♘f6 26.♖g3 ♔f7 27.♕g2 ♕e6 28.♕a2

Erobert die Kontrolle über die a-Linie. Die Alternative war 28.♗e5, doch nach 28...♘e4 29.♗xe4 fxe4 wäre die schwarze Stellung ganz in Ordnung.

28...♖ad8 29.axb5 axb5 30.♕a6 ♕d7 31.♕a7 ♘e4 32.♗xe4 fxe4

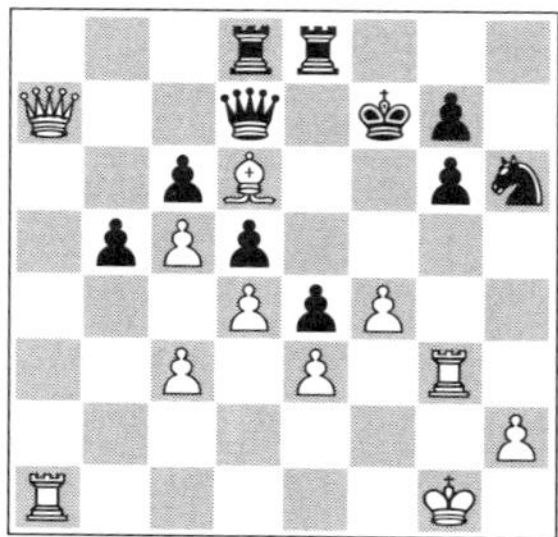

Nun erhält der verbliebene Springer das herrliche Feld f5, von wo aus er den Bauern e3 ebenso im Auge hat wie – natürlich – den ♗d6, der inzwischen fast zu einem schlechten Läufer außerhalb der eigenen Bauernkette geworden ist.

33.♔f2 ♘f5 34.♖gg1? ♖h8!

Schwarz schert sich nicht mehr um den ♗d6. Er ist vielmehr auf die schwachen Bauern und den König von Weiß konzentriert. Die Türme haben jetzt genug Raum, und Morosewitschs Strategie hat sich auf wundervolle Weise durchgesetzt.

35.♖g2 ♖h3 36.♕b6 ♖f3+ 37.♔e1 ♖xe3+ 38.♖e2 ♖xe2+ 39.♔xe2 ♔g8 40.♖a7 ♕e8 41.♕b7 g5!

Und der schwarze Angriff erwies sich als entscheidend:

42.fxg5 ♕h5+ 43.♔e1 ♕xg5 44.♕f7+ ♔h7 45.♗e5 ♕c1+ 46.♔f2 ♕d2+ 47.♔g1 ♕d1+ 48.♔g2

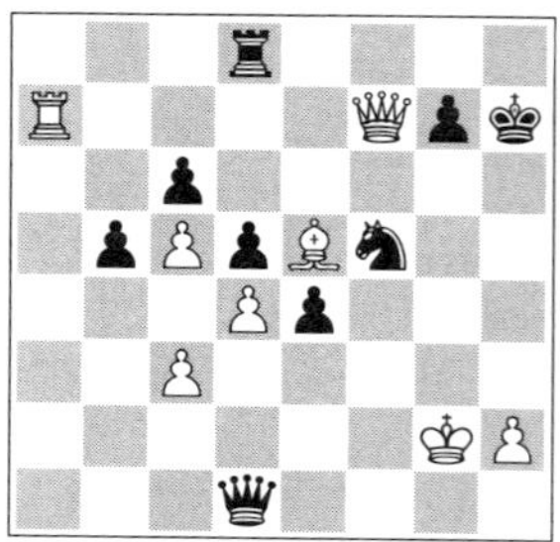

48...♖f8 49.♕xf8 ♘e3+ 50.♔f2 ♕d2+ 51.♔g3 ♕g2+ 0-1

Zusammenfassung

Ein Läufer, der fest verankert auf der sechsten Reihe einer Zentrumslinie steht, garantiert oftmals einen großen Raumvorteil. Er kann entweder dem gegnerischen König Schwierigkeiten bereiten oder aber ein Druckspiel auf der offenen Linie ermöglichen. Sein relativer Wert ist meist höher als die üblichen drei Punkte, außer es gelingt dem Gegner, um ihn herumzuspielen und anderweitig Linien für seine Türme zu öffnen.

Kapitel 11

Verbotene Frucht oder nicht?

„Schlage niemals mit der Dame auf b2 – auch nicht, wenn es korrekt ist". Doch die alte wie auch die moderne Eröffnungstheorie spricht da oft genug eine andere Sprache. Und moderne Programmen pfeifen erst recht auf diesen alten Lehrsatz. Sehen wir uns einige waghalsige Damen an.

Die gute alte Entwicklung

Zunächst zeigt ein moderner „Klassiker", wie es schiefgehen kann.

Anish Giri
Mateusz Bartel
Rhodos 2013

1.♘f3 d5 2.d4 a6 3.♗g5 c6 4.e3 ♕b6 5.♗d3

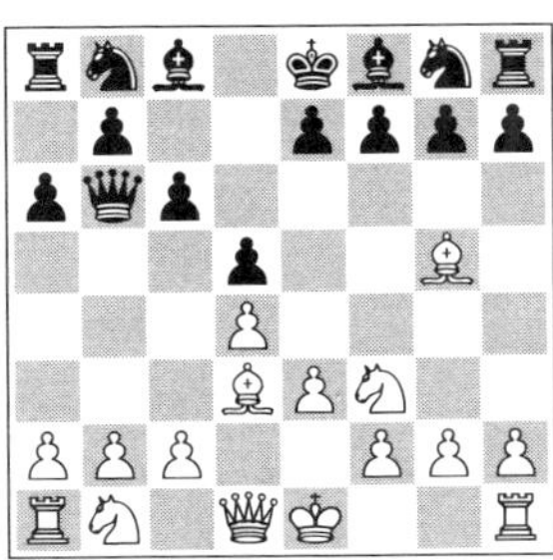

Giri: „Ich muss zugeben – als alter Pfennigfuchser, der ich nun einmal bin, habe ich ernsthaft erwogen, den Bauern nicht zum Opfer anzubieten. Doch als ich durchzählte, wie viele Figuren wir beide entwickelt hatten, war ich dann überzeugt. Es stand 4:0 für mich." Dieser große Entwicklungsvorsprung – verursacht durch die Zeit, die die Dame braucht, um sich den Bauern b2 einzuverleiben – ist die klassische Begründung dafür, warum das Schlagen auf b2 meist verurteilt wird. In seinem inspirierenden Buch *Sacrifice and Initiative* gebraucht Ivan Sokolov mehr als einmal die Methode, die Giri hier anwendet: Er legt seiner Stellungsbewertung das Verhältnis von Angreifern versus Verteidigern zugrunde.

5...♕xb2 6.♘bd2 ♕a3?

Ich schätze, Bartel wollte nicht ...e7-e6 spielen, bevor er seinen weißfeldrigen Läufer vor die Bauernkette gespielt hatte, und ebenso wollte er 6...♗g4 7.♖b1 vermeiden. Sein Vorhaben braucht jedoch viel zu viel Zeit und wird sich als überehrgeizig erweisen, so dass Giri lehrbuchartig gewinnen kann.

7.0-0 ♗g4 8.♕b1 b5 9.c4!

Nachdem er seine Entwicklung beinahe abgeschlossen hat, öffnet Weiß die Stellung.

9...♗xf3 10.♘xf3 dxc4 11.♗xc4 e6 12.e4 ♗e7 13.♗c1

Nicht 13.d5? ♗xg5 14.♘xg5 ♕e7 mit einer undurchsichtigen Stellung.

13...♕a5

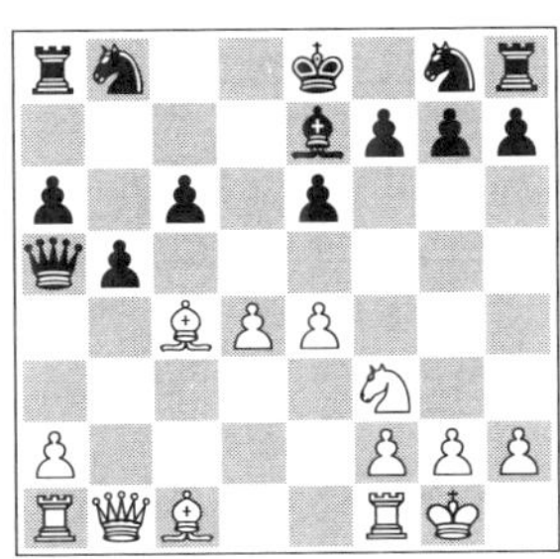

14.d5

Giri gibt 14.a4! als besten Zug an. Der Textzug war jedoch gut genug, um die Partie in ganzen 23 Zügen zu gewinnen.

14...exd5 15.exd5 ♘f6 16.d6 ♗xd6 17.♖e1+ ♔f8 18.♕f5 ♘bd7 19.♗xf7 ♘e5 20.♖xe5 ♗xe5 21.♗b3 ♖e8 22.♗e3 b4 23.♗f4 1-0

Siehe bei Bosiosic-Mazi, Triest 2013, eine ähnliche (und sogar noch raschere) Bestrafung.

Der große Verteidiger

Leonid Stein
Viktor Kortschnoi
Moskau 1964

1.e4 c5 2.♘f3 d6 3.d4 cxd4 4.♘xd4 ♘f6 5.♘c3 a6 6.♗e2 e6 7.0-0 ♗e7 8.f4 ♕c7 9.♕e1 0-0 10.♕g3

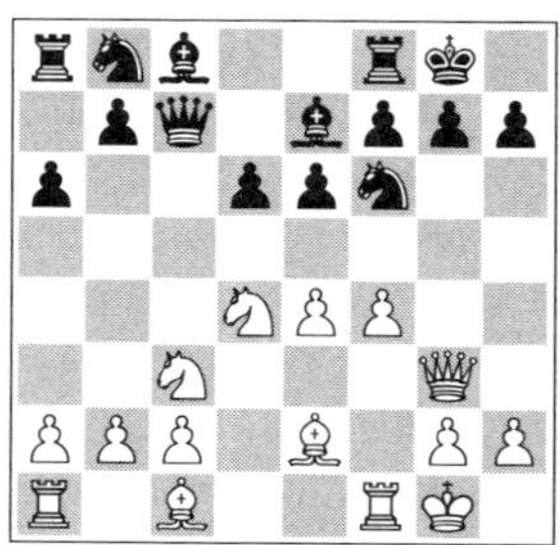

Kortschnoi ist bekannt für sein erfindungsreiches Verteidigungsspiel nach einem Bauernraub. Mithin ist mir bei der Arbeit an diesem Kapitel diese Partie als erste in den Sinn gekommen. Hier investiert er ganz kühn ein weiteres Tempo – ...♕d8-c7-b6 – auf dem Weg zum Bestimmungsort auf b2. Wie Kortschnoi schrieb, war er nicht auf einen regulären Scheveninger-Sizilianer vorbereitet.

10...♕b6 11.♗e3 ♕xb2 12.♗f2 ♕b4

In Anbetracht der Drohung 13.♖ab1 samt eines Abzugsangriffs des ♘c3 ist Schwarz zum Rückzug gezwungen.

13.e5 dxe5 14.fxe5 ♘e8

14...♘fd7 15.♘d5 exd5 16.♘f5 g6 17.a3 ♗h4 18.axb4 ♗xg3 19.♘e7+ ♔g7 20.♗xg3 ist eine nette forcierte Variante. Wegen seiner schlechten Entwicklung hat Schwarz große Sorgen.

Nach dem Textzug hat Weiß eine wichtige Entscheidung zu treffen – was typisch für die Situationen nach einem Bauernraub auf b2 ist. Er kann entweder einen Angriff auf der entgegengesetzten Brettseite anzetteln oder aber versuchen, die Dame zu fangen. Der Meister des Angriffs – Leonid Stein – entschied sich augenscheinlich dafür, den König ins Visier zu nehmen.

15.♗d3

Nach 15.♘b3!? (mit der Drohung a2-a3!) 15...♕a3 hätte Weiß definitiv Kompensation. Von beiden Seiten ist hier genaue Berechnung gefragt, um die vielfältigen Möglichkeiten einzuschätzen.

15...♕a5 16.♘e4 ♘d7 17.♘f3

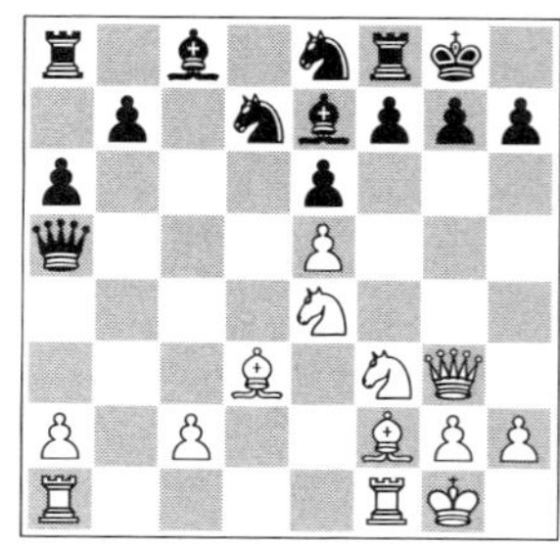

17...g6

Die weiße Stellung sieht sehr stark aus. Doch laut Kortschnoi war 17...f5 eine zufriedenstellende Verteidigung. Diese Einschätzung wurde durch eine Partie Sigurjonsson-Sax, Amsterdam 1976, wie auch später durch Kasparow bestätigt.

Stein gewann diese Partie nach einem spannenden Kampf, was Kortschnoi nicht davon abhielt, sie in *Schachmaty w SSSR* zu kommentieren.

18.♗d4 ♘g7 19.♘f6+ ♗xf6 20.exf6 ♘h5 21.♕h4 ♕d8 22.♖ae1 ♘dxf6 23.♘g5 e5 24.♗xe5 h6 25.♗xf6 hxg5 26.♕xg5 ♘xf6 27.♖xf6 ♕d4+ 28.♔h1 ♕g4 29.♕h6 ♗f5 30.h3 ♕d4 31.♖xf5 gxf5 32.♖e3 ♕g7 33.♕h4 ♕a1+ 34.♔h2 ♖fe8 35.♖g3+ ♔f8 36.♕h6+ ♔e7 37.♖e3+ ♔d7 38.♗xf5+,

... und Schwarz wurde mattgesetzt.

Fang mich, wenn Du mich kriegst

Jozsef Palkövi
Paul Backwinkel
Bundesliga 1994/95

1.e4 c5 2.c3 e6 3.d4 d5 4.exd5 exd5 5.♗e3 ♕b6 6.dxc5 ♕xb2

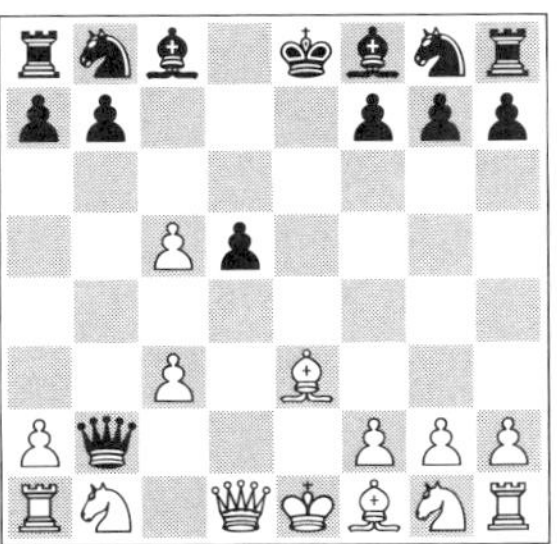

7.♕b3!?

Eine Idee des verstorbenen holländischen IM Johan van Mil, dessen ansteckende Begeisterung für das Spiel viel zu zeitig ausgelöscht wurde.

Ich entsinne mich, dass ich selbst diese Idee schon angewandt habe, und zwar bei einer Simultanveranstaltung in diversen Geschäften im Rahmenprogramm der holländischen Juniorenmeisterschaft 2005. Wie es sich so ergab, war ein gewisser Magnus Carlsen als jugendlicher Gast in der örtlichen Buchhandlung, in der jene Partie ausgetragen wurde. Als mein Gegner ihn nach seinem Urteil über die Stellung fragte, war von Carlsens Gesichtsausdruck abzulesen, dass dieser nicht so überzeugt davon war, dass die Dame gefangen werden könne.

7...♕xa1 8.♘f3 ♘d7?!

Schwarz verteidigt sich gegen die Drohung ♘d4-c2. Es zeigt sich aber, dass das natürliche 8...♘f6 gleichfalls möglich war, da Schwarz auf 9.♘d4 die Antwort 9...a5! 10.♘c2 a4 zur Verfügung hätte. Sogar das vorbereitende 8...a6 scheint spielbar: 9.♘d4 ♘c6! 10.♘c2 ♘a5. Die Stellung nach 8...♘c6 9.♗b5 ist gleichfalls in der Praxis vorgekommen. 9...a5 dürfte darauf die stärkste Antwort sein.

9.♗b5 ♘f6 10.0-0 ♗e7 11.♘e1

Nun ist die Dame gefangen, doch nach...

11...0-0 12.♘c2 ♘xc5 13.♗xc5 ♕xb1 14.♖xb1 ♗xc5

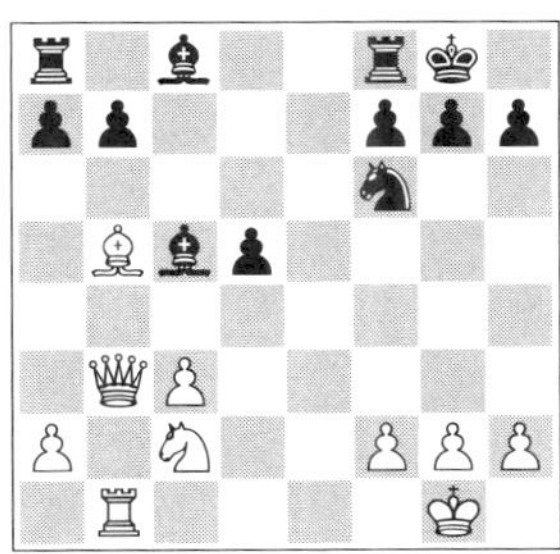

... hat Schwarz eine solide Stellung und beinahe genug Material für die Dame. Zehn Züge später endete die Partie mit einer Zugwiederholung, auch wenn selbige sicherlich nicht so ganz erzwungen war.

Ungleiches Material

Maxim Matlakow
Jan Smeets
Tromsø 2013

1.d4 d5 2.c4 c6 3.♘c3 dxc4 4.e4 b5 5.a4 b4 6.♘ce2 e6 7.♘f3 ♗a6 8.♘g3 c5 9.d5 ♘f6 10.♗g5 h6 11.♗xf6 ♕xf6 12.♖c1 ♘d7 13.♗xc4 ♗xc4 14.♖xc4

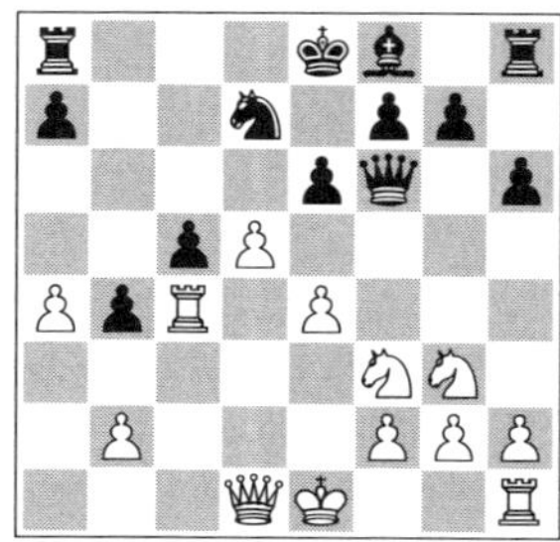

Ungleiche Materialverhältnisse wie im vorangegangenen Beispiel sind bei diesem Thema nicht ungewöhnlich. Man sehe zum Beispiel die etwas obskure Theorievariante der Pirc-Verteidigung in Gaponenko-Reich, Stuttgart 2004. Hier ein anderes, neueres Beispiel.

14...♕xb2!?

À la Kortschnoi! Schwarz war vermutlich nicht ganz zufrieden mit seiner Stellung nach einer langsamen Entwicklung – zum Beispiel mit 14...g6 oder 14...♖d8.

15.0-0 ♗e7?!

Jetzt würde Schwarz natürlich gerne seine Entwicklung vollenden. Doch auch hier kam das vorbereitende 15...♖d8 in Betracht.

16.♖c2

Nun, da f6 geräumt ist, kann 16.d6 mit 16...♗f6 begegnet werden.

16...♕b3!?

16...♕a3 17.dxe6 fxe6 18.♘h5 gibt Weiß gefährliches Spiel.

17.♘d4

17.dxe6 ♕xe6.

17...cxd4

Erzwungen.

18.♖c8+ ♖xc8 19.♕xb3 ♖c3

Ein schädlicher Zwischenzug. Das sofortige 19...e5 20.♘f5 ♗f8 nebst ...g7-g6 wäre besser gewesen, auch wenn man hier mit 21.d6 g6 22.♘xd4 exd4 23.e5 rechnen müsste.

20.♕d1 e5 21.♘f5 ♗f8 22.d6 ♘c5

Unglücklicherweise trifft das logische 22...g6 nun auf 23.♘xd4 exd4 24.♕xd4.

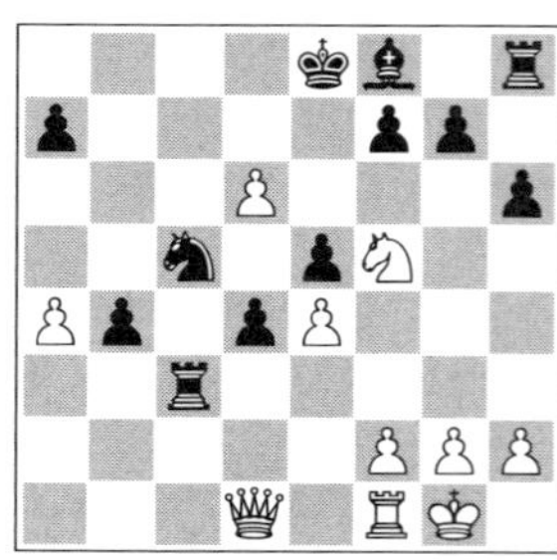

23.♘xd4

Was hier ebenso folgt!

23...exd4 24.♕xd4

Es ist offensichtlich, dass die schlechte Entwicklung dem Nachziehenden viele Probleme bereitet. Der Läufer und der ♖h8 sind nach wie vor unentwickelt, und der König steht exponiert. Dass Weiß hier bereits auf Gewinn steht, wird schon nach wenigen Zügen klar.

24...a5 25.♕d5 f6 26.f4 ♘d7 27.e5 ♖c5 28.♕a8+ ♔f7 29.♕b7 ♗xd6 30.♕xd7+ ♗e7 31.e6+ ♔f8 32.♕b7 g6 33.♖d1 1-0

Eine offene b-Linie für den Turm

Neben der Gefahr, dass die Dame nach dem Schlagen auf b2 gefangen wird, kann auch die (halb-)offene b-Linie ihren Tribut zollen. Man sehe zum Beispiel die Partie Arachamia-Grant-Gligoric, Moskau 1994, in der ein auf der siebten Reihe eingedrungener Turm fatale Schäden verursachte. In jenem zweifelhaften Abspiel der Modernen Verteidigung musste Weiß nicht einmal einen Bauern opfern.

Werfen wir einen Blick auf ein etwas subtileres Beispiel.

Jonathan Penrose
Kjell Krantz

Fernschach-Olympiade 1977

1.e4 c5 2.♘f3 ♘c6 3.d4 cxd4 4.♘xd4 ♘f6 5.♘c3 e5 6.♘db5 d6

7.♗g5 a6 8.♘a3 ♗e6 9.♘c4 ♖c8 10.♗xf6 gxf6 11.♗d3 ♘e7 12.♘e3 ♕b6 13.0-0

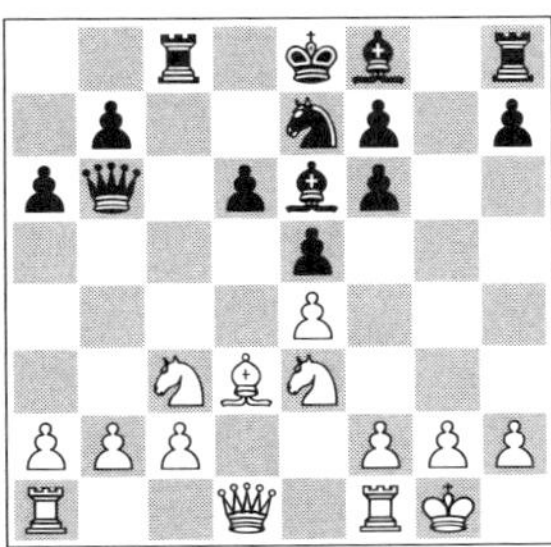

13...♕xb2 14.♘cd5 ♗xd5 15.exd5 ♕d4

Verlässt die b-Linie.

16.♖b1

Die Weiß trotzdem umgehend besetzt. Dieser Zug war damals eine Neuerung.

16...♖c7

16...b5 kann mit 17.a4! beantwortet werden, was den Damenflügel für die weißen Figuren öffnet. Man vergleiche mit Giris c2-c4 im ersten Beispiel.

17.♕f3 ♕f4 18.♕e2

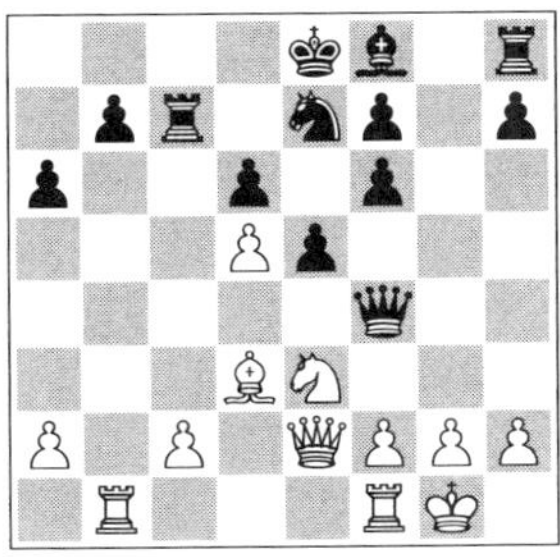

18...e4?!

18...♗h6 ist gleichfalls keine Lösung: 19.♘c4 ♘c8 20.♖b4 gab Weiß in der Partie Ghinda-M.S. Tseitlin, Pernik 1978, klaren Vorteil. Man beachte, dass die schwarze Dame noch immer in Schwierigkeiten steckt. Am besten könnte ein Zug wie 18...h5 sein, doch Weiß hat auch dann offensichtliche Kompensation für den Bauern.

19.♗xa6!

Öffnet den Damenflügel weiter und lässt Schwarz dafür büßen, dass er den Königsflügel nicht entwickelt hat.

19...bxa6 20.♖b8+ ♘c8

20...♖c8 21.♖xc8+ ♘xc8 22.♕xa6 ♔d8 23.♖b1 ist gleichfalls hoffnungslos.

21.♕xa6 ♔d8 22.♖fb1 ♕e5 23.♖xc8+ ♖xc8 24.♕a5+ ♔e8 25.♕a4+ ♔d8 26.♖b7 1-0

In die andere Richtung blicken

Ein weiteres Beispiel vom Weltcup 2013: Hier hätte der Bauernraub wirklich durch einen erfolgreichen Königsangriff bestraft werden sollen. Dem Weißen misslang jedoch der Abschluss.

Essam El Gindy
Leinier Dominguez Perez
Tromsø 2013

1.d4 ♘f6 2.c4 g6 3.♘c3 d5 4.cxd5 ♘xd5 5.e3 ♗g7 6.♘xd5 ♕xd5 7.♘e2 0-0 8.♘c3 ♕d8 9.♗e2 c5 10.d5 e6 11.e4 exd5 12.exd5 ♕b6 13.0-0 ♗f5 14.♗g4 ♗xg4 15.♕xg4 ♘a6 16.♖d1 ♖fe8 17.h3 ♗d4 18.♘e2 ♗e5 19.♗g5

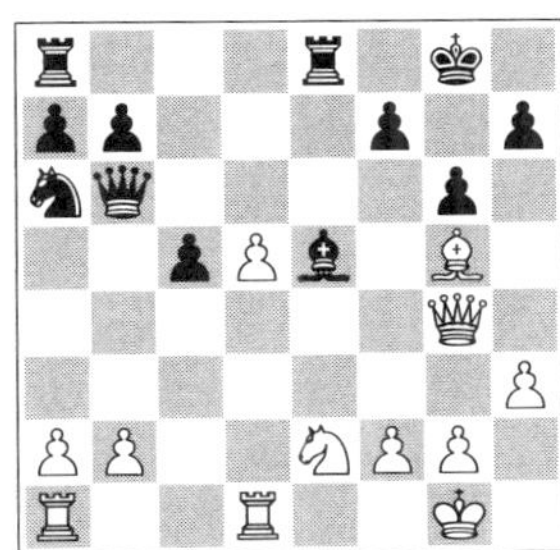

Schwarz ist vollständig entwickelt, und mithin könnte man fragen, was denn das Risiko beim Schlagen auf b2 gewesen sein soll. Ein Problem ist, dass der ♘a6 sich weit entfernt vom Kampfgeschehen befindet. Und der Nachziehende muss ein Auge auf den d-Bauern werfen.

19...♕xb2 20.♖ab1 ♕c2 21.♘g3 ♗d6

Nach 21...♘b4 könnte der Zentrumsfreibauer vorrücken: 22.d6.

22.♗f6!

Nun, da der schwarze Königsläufer die lange Diagonale verlassen hat, beginnt Weiß den gegnerischen König ins Visier zu nehmen. 22.♖xb7 scheitert an dem fiesen 22...♗xg3 23.fxg3 ♖e2.

22...b5 23.♕g5 ♘c7

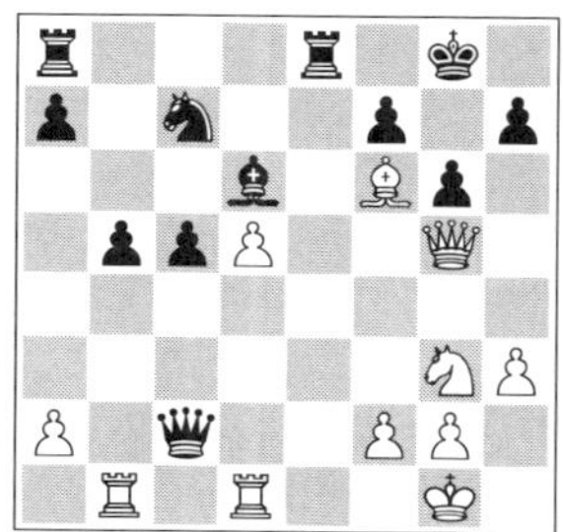

24.♖bc1!

Die Dame wird noch weiter vom Königsflügel weggetrieben, wo Weiß zuzuschlagen beabsichtigt.

24...♕a4

Nach 24...♕xa2 25.♘f5 ♕a6 26.♘h6+ ♔f8 27.♘g4 ♔g8 28.♗c3 fällt gleichfalls der Vorhang.

25.♘h5 ♖e4 26.♗a1 ♔f8 27.♗g7+ ♔g8 28.♗c3 ♔f8 29.♘f6

29.♕f6 war stärker: 29...♘e8 (29...gxh5 30.♕xd6+) 30.♕h8+ ♔e7 31.♘f6.

29...♗f4 30.♘xh7+ ♔e8 31.♘f6+

31.♕f6 ♗xc1 32.♖xc1, und der schwarze König hat keine echten Verteidiger, z.B. 32...♕a6 33.♖d1!.

31...♔d8 32.♕g4

Urplötzlich ist die weiße Dame in Schwierigkeiten geraten. Doch mit 32.♘xe4+ ♗xg5 33.♘xg5 könnte Weiß obenauf bleiben. Nach dem Textzug freilich gerieten die Dinge mit 32...♗h2+ 33.♔xh2 ♖xg4 auf die abschüssige Bahn, und Weiß schaffte es gar noch zu verlieren.

Sollte sie gehen oder bleiben?

Mateusz Bartel
Surya Ganguly
Biel 2013

1.e4 c5 2.♘f3 d6 3.♗b5+ ♘d7 4.0-0 a6 5.♗xd7+ ♗xd7 6.♖e1 e6 7.c3 ♘e7 8.d4 ♖c8 9.♗g5 h6 10.♗h4 ♕b6 11.♗g3

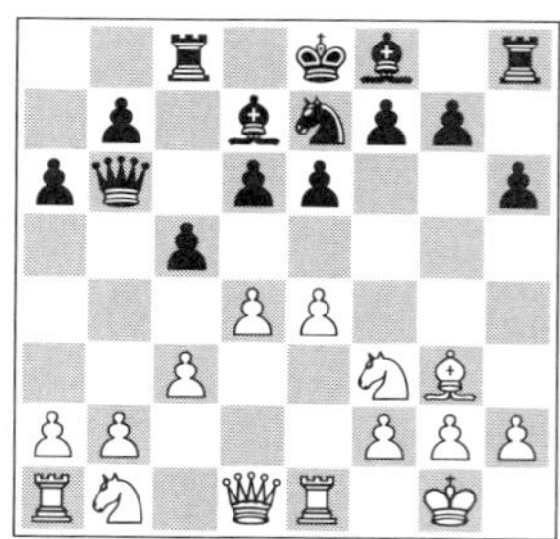

Hier sehen wir Bartel, drei Monate vor der Partie gegen Giri (zu Beginn des Kapitels), auf der anderen Seite des Brettes: Dieses Mal ist er es, der dem Gegner das Schlagen auf b2 erlaubt.

11...♕xb2 12.♘bd2 cxd4 13.cxd4 ♕b6

John Emms machte zu solchen Rückzügen eine aufschlussreiche Bemerkung: „Ich habe beobachtet, dass der Instinkt vielen Spielern sagt, dass es das Beste ist, mit der Beute im Gepäck sobald wie möglich den ‚sicheren' Rückzug anzutreten. Eine äußerst nachvollziehbare Einstellung, doch häufig nicht die beste Lösung. (...) Meist ist es besser, am Ort des Verbrechens zu verweilen."

14.♖b1 ♕c7 15.♕b3 ♘g6 16.h4!

Bartel gibt sich nicht damit zufrieden, mit 16.♕xb7 einfach den Bauern zurückzugewinnen, und beginnt die schwarzen Figuren zurückzudrängen.

16...♗e7 17.h5 ♘f8 18.♕a3 ♖d8 19.♖ec1 ♕b8

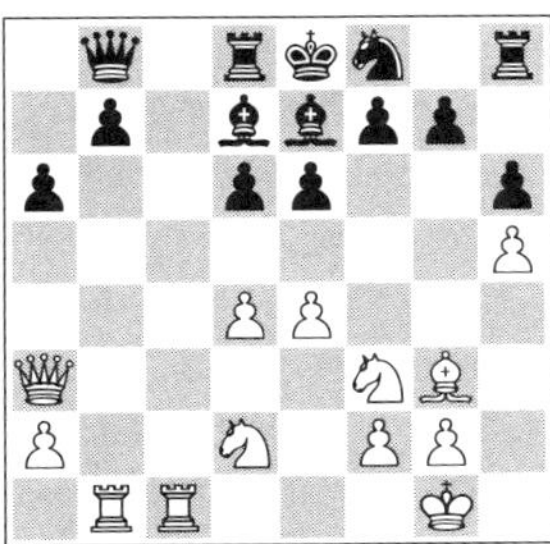

Wenn wir auf diese, sagen wir, bescheidene Stellung der Dame blicken, verstehen wir Emms' Pointe viel eher. Wäre es nicht besser, die Dame auf b2 oder c3 zu haben, wo sie weißen Figuren nachstellt?

20.♕a5 ♘h7 21.♖c7 ♗b5 22.♘c4

22.♕c3!? b6 23.d5 e5 24.♘xe5 dxe5 25.♗xe5.

22...b6 23.♖xe7+! ♔xe7 24.♘xb6 ♕b7

24...♕c7 25.♘d5+.

25.a4

Und Bartel vollstreckte auf gefällige Weise:

25...♕xe4 26.♘d2 ♕xd4 27.axb5 axb5 28.♕a7+ ♔e8 29.♘b3 ♕d3 30.♖c1 ♕xb3 31.♗xd6 **1-0**

Zusammenfassung

Beim Schlagen auf b2 gibt es neben dem Entwicklungsrückstand noch andere Risiken. Die daraus resultierende Öffnung der b-Linie oder aber ein Mangel an Verteidigungsfiguren am entgegengesetzten Flügel können sich verheerend auswirken. Auf der anderen Seite lohnt es sich mitunter, nach dem Schlagen auf b2 mit der Dame daselbst zu verweilen.

Aufgaben

Am Ende eines jeden Teils werden Sie Aufgaben finden. Jedes Muster, das wir diskutiert haben, wird hier genau einmal auftauchen. In allen vier Übungsteilen werden Sie an den letzten Aufgaben vermutlich härter zu knacken haben als an den ersten. In den meisten Fällen sollte der erste Schritt zur Lösung sein, das jeweils passende Muster zu finden. Wenn Ihnen das gelingt, hat dieses Buch sein bescheidenes Ziel schon erreicht.

Aufgabe 1

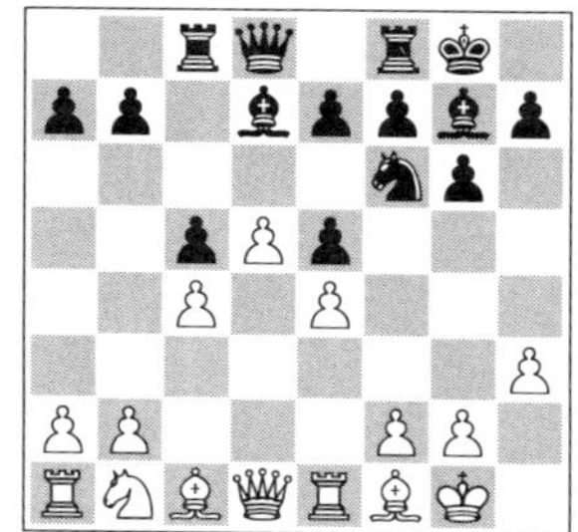

(*Auflösung auf S. 276*)

Aufgabe 2

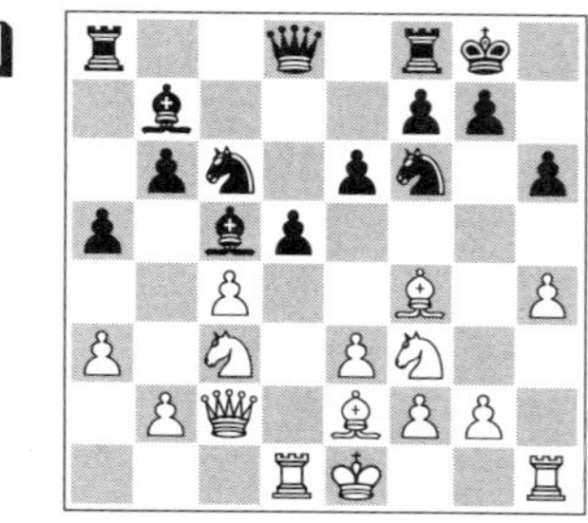

(*Auflösung auf S. 276*)

Aufgabe 3

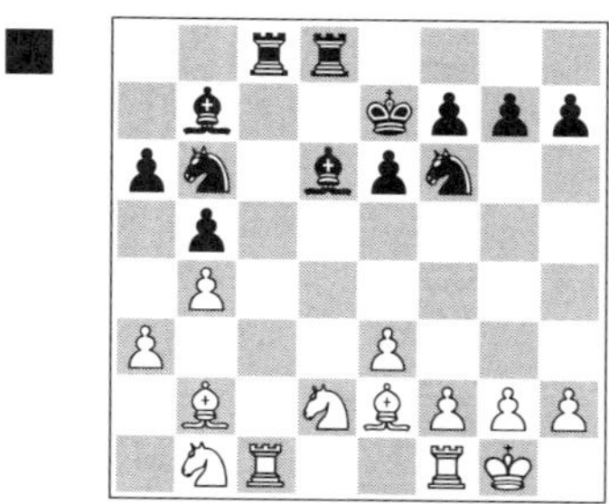

In dieser symmetrischen Stellung steht Schwarz im Augenblick ein wenig aktiver. Nun versuchte er, Raum zu gewinnen.

(*Auflösung auf S. 277*)

Aufgabe 4

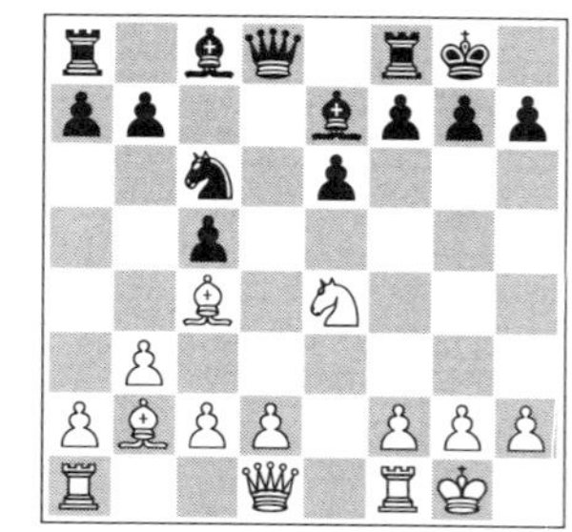

Der Nachziehende wollte mit 10...e5?! den Wirkungsradius des ♗b2 einschränken. Wie sollte Weiß darauf antworten?

(*Auflösung auf S. 277*)

Aufgabe 5

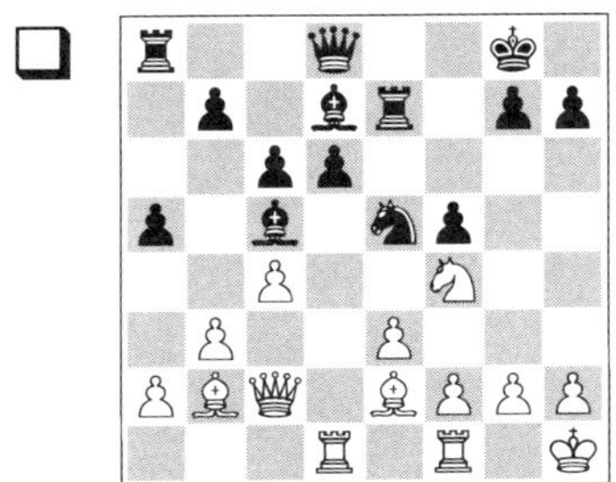

(*Auflösung auf S. 277*)

Aufgabe 6

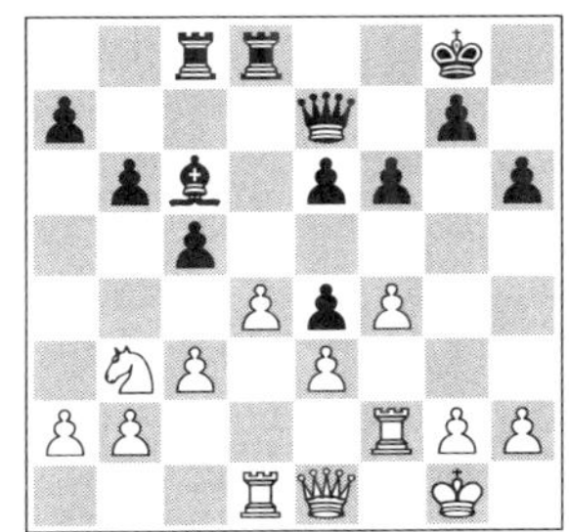

(*Auflösung auf S. 278*)

Aufgabe 7

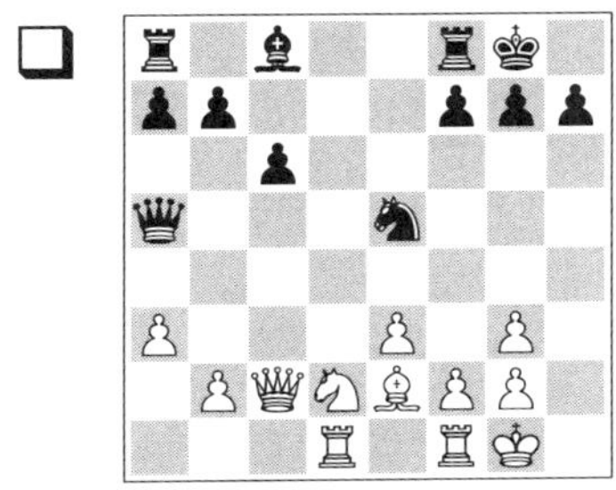

(*Auflösung auf S. 278*)

Aufgabe 8

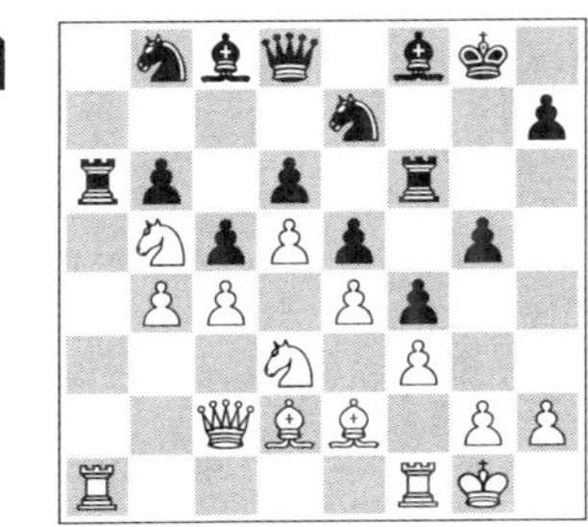

(*Auflösung auf S. 278*)

Aufgabe 9

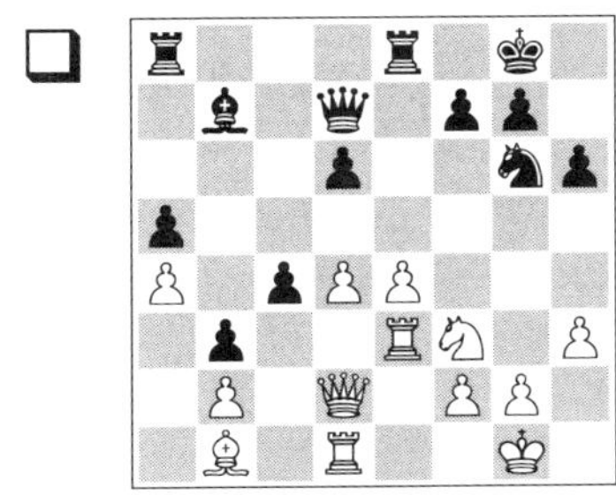

Mit seinem letzten Zug hat Schwarz den Bauern a4 ins Visier genommen. Nun, Kasparow hatte gesagt, dass ein Springer auf f5 in der Regel einen Bauern wert sei. Also ...

(*Auflösung auf S. 279*)

Aufgabe 10

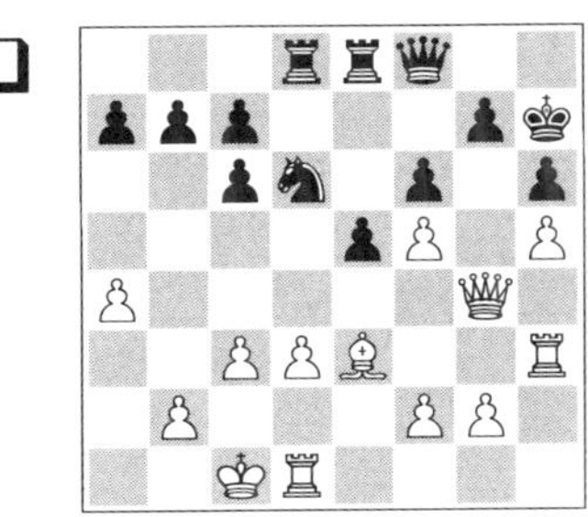

Weiß entschied sich, auf a7 zu nehmen. Tat er gut daran?

(*Auflösung auf S. 279*)

Aufgabe 11

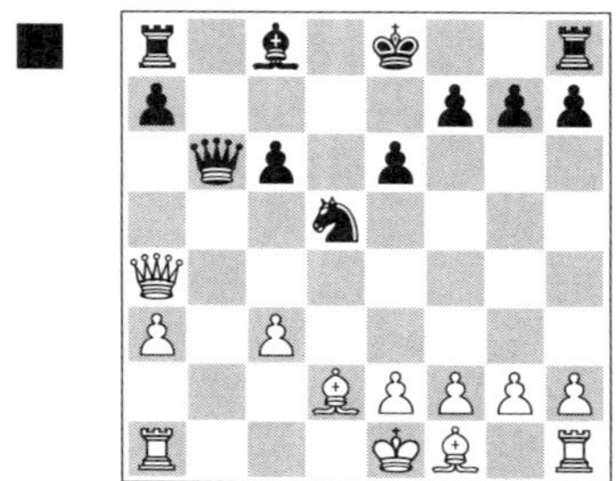

Beurteilen Sie 12...♕b2.
(*Auflösung auf S. 280*)

Teil II

Den Autopilot abschalten

12. Über den Tellerrand in die Zukunft schauen

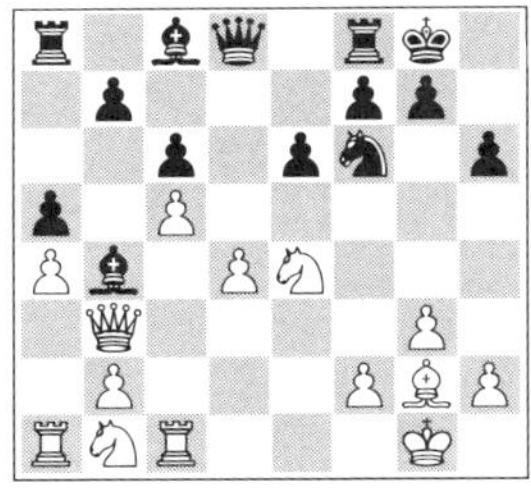

16.♘d6 ♘e8 17.♘xc8!

13. Löcher sind halb so wild

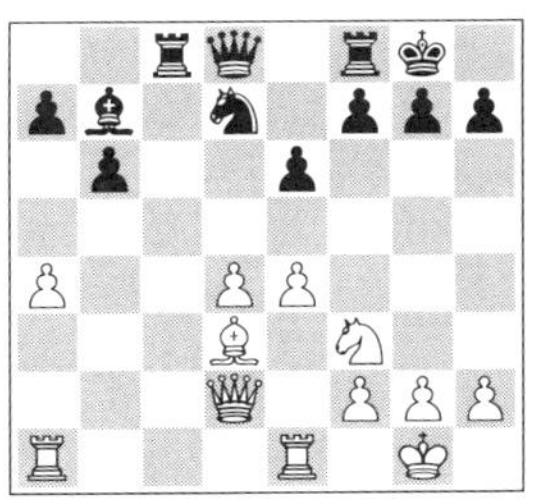

15...a5!?

14. Die Drohung einfach ignorieren

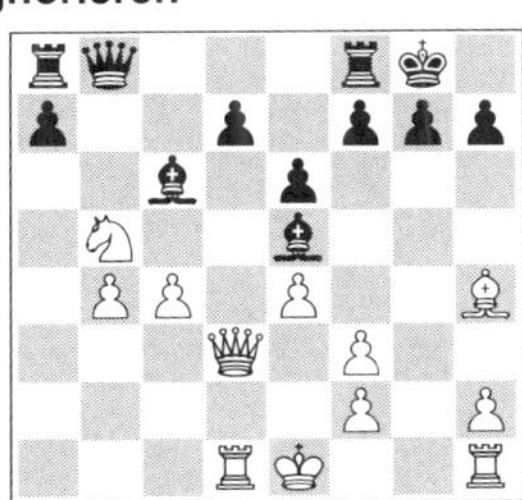

20.♗e7 f5!?

15. Stille Opfer

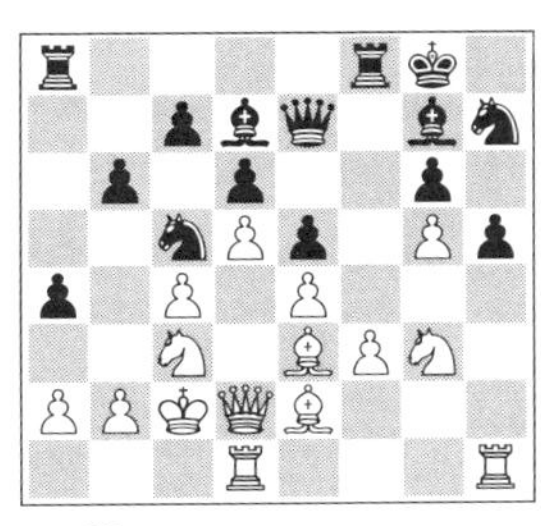

20...♖f4!

16. Zurück in den Käfig

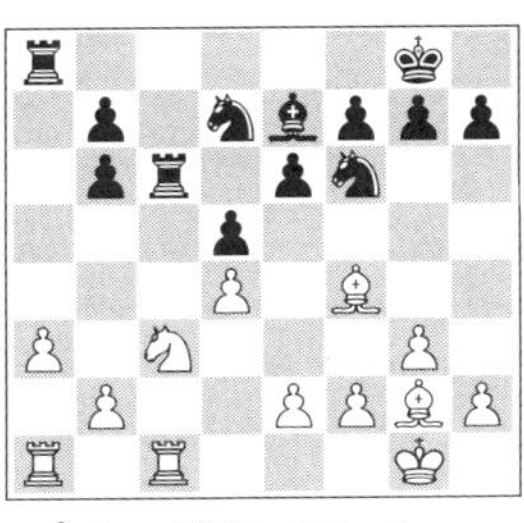

16.♗d2! ♖d8 17.e3

17. Den f-Bauern verdoppeln!

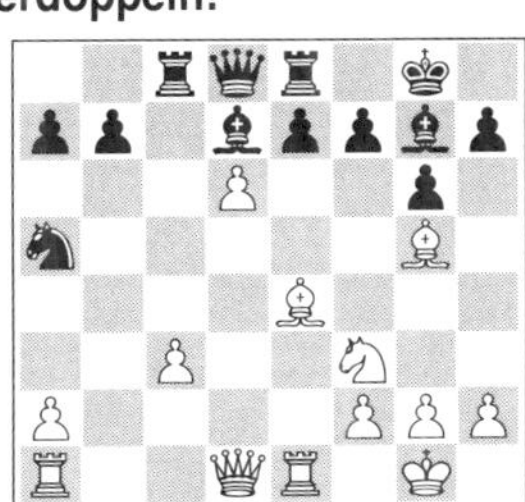

15...♗f6!?

18. In Richtung Rand

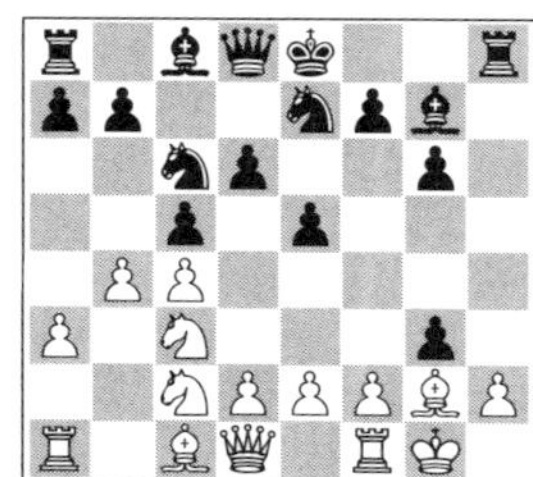

11.fxg3!

19. Verdoppelter Randbauer

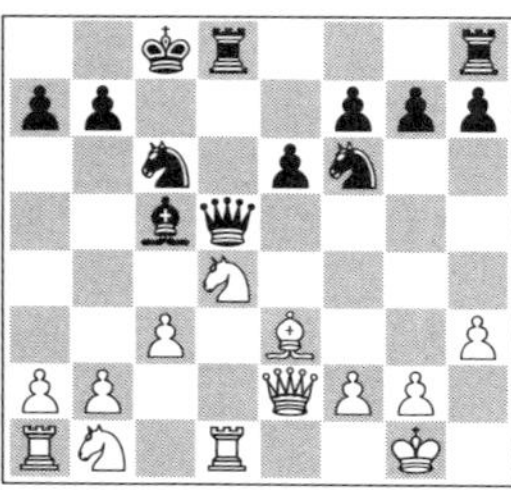

13.♘a3 bxa3 14.bxa3

20. Lang lebe die Königin!

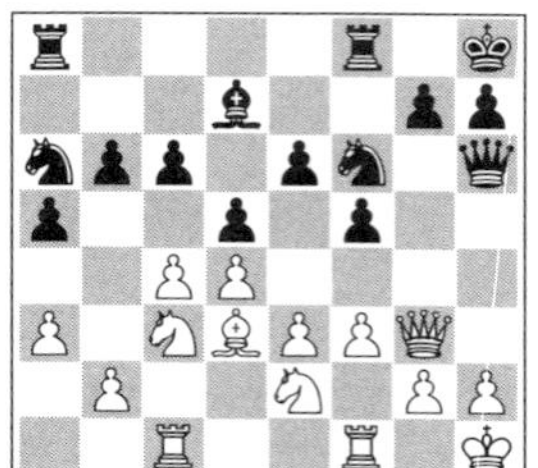

18.♕e5!

Kapitel 12

Über den Tellerrand in die Zukunft schauen

Mitunter ist geistreiches prophylaktisches Denken oder aber konkrete Berechnung gefordert, um zu einer kontraintuitiven Entscheidung zu gelangen. Machen wir uns den Kopf frei, um etwas von den folgenden eindrucksvollen Beispielen zu lernen.

Das Läuferpaar eliminieren

Wir hatten bereits das Manöver mit dem Springertransfer nach a7 zwecks Eliminierung des königsindischen Läufers auf c8 betrachtet (siehe Kapitel 9, „Der trügerische Läufer auf c8“). Es gibt weitere, weniger standardmäßige Situationen, die einen Blick über den Tellerrand erfordern. Hier ein Beispiel, in dem einem solch starken Spieler wie Anish Giri eine erstaunliche Verteidigungsprophylaxe entgangen war.

Anish Giri
Levon Aronjan
Istanbul 2012

1.d4 d5 2.c4 c6 3.♘f3 ♘f6 4.♕b3 e6 5.g3 ♗e7 6.♗g2 0-0 7.0-0 ♘bd7 8.♗f4 a5 9.♖c1 h6 10.a4 ♘e4 11.♘fd2 ♘d6 12.♗xd6 ♗xd6 13.e4 dxe4 14.♘xe4 ♗b4 15.c5 ♘f6

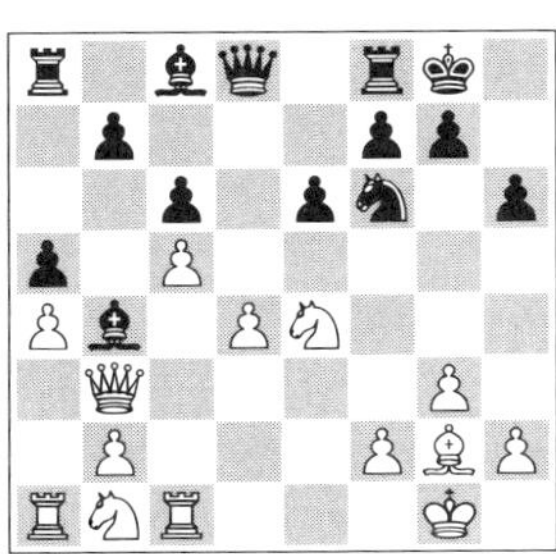

16.♕c4?

Aronjans Kommentare in *New In Chess* 2012/7 sind äußerst aufschlussreich:
„Ein Fehler. Als mich Anish unmittelbar nach der Partie fragte, wo er denn etwas falsch gemacht habe, führte ich aus, dass Weiß mit 16.♘d6 ♘e8 17.♘xc8 samt Verteidigung des d-Bauern Ausgleich behaupten konnte. Ungeachtet der Tatsache, dass der ♗c8 im Moment recht bescheiden aussieht, wird dieser, sobald Schwarz ...e6-e5 spielt, im Verbund mit dem ♗b4 zu einer mächtigen Waffe.“
Das hört sich alles so einfach an, doch ich glaube, für die meisten von uns wäre es eine unglaublich schwierige Entscheidung, den starken Springer für den unentwickelten Läufer herzugeben, selbst wenn wir dessen verstecktes Potenzial erkannt hätten.

16...♘xe4 17.♗xe4 ♔h8 18.♗g2

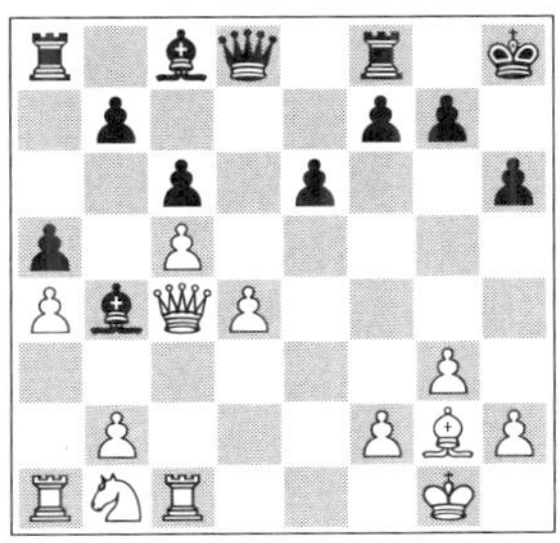

18...e5! 19.d5

19.dxe5 ♕e7 20.f4 ♗f5, und Weiß hat bereits große Entwicklungsprobleme.

19...f5 20.dxc6 e4 21.cxb7 ♗xb7 22.c6 ♗a6 23.♕b3

23.c7 ♗xc4 24.cxd8♕ ♖axd8 25.♖xc4 ♖d1+ 26.♗f1 f4, und die weißen Figuren sind gefesselt, wenn auch vielleicht nicht ganz so brutal wie in Vachier-Lagrave-Ding Liren zuvor im selben Jahr:

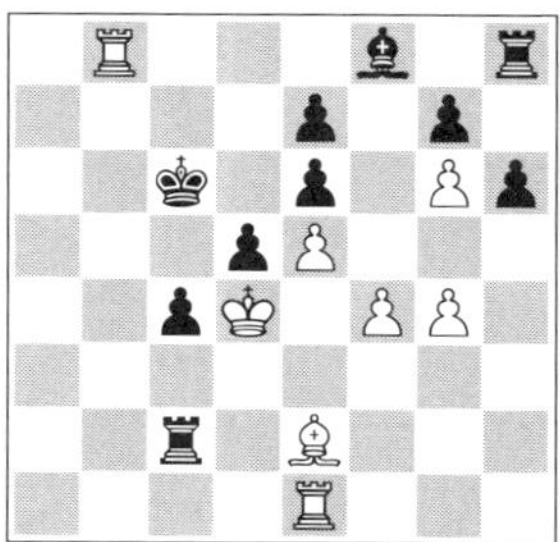

In unserer Partie konnte sich Giri auch nach dem Textzug nicht behaupten.

Einen Verteidiger ausschalten

Aronjans Kommentare riefen mir umgehend die folgende Partie in Erinnerung.

Wladimir Kramnik
Alexei Dreew
Linares 1997

1.♘f3 d5 2.d4 ♘f6 3.c4 c6 4.♘c3 e6 5.e3 ♘bd7 6.♕c2 ♗d6 7.♗d3 0-0 8.0-0 ♕e7 9.c5 ♗c7 10.e4 dxe4 11.♘xe4 ♘d5 12.♗d2 ♖d8 13.♖ae1 f6

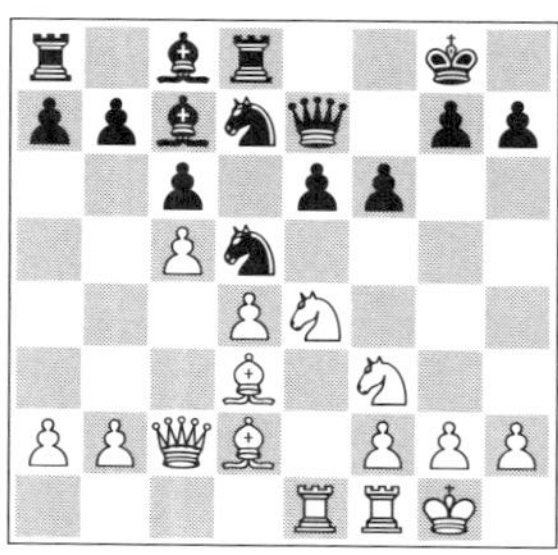

Hier leitet Kramnik denselben bemerkenswerten Abtausch ein: Sein zentralisierter Springer gegen den schlechten Läufer. Doch bei nächstbester Gelegenheit würde dieser Läufer via d7 und e8 nach g6 gehen und zur stärksten Verteidigungsfigur auf dem Brett werden. Eindrucksvolles prophylaktisches Handeln von Kramnik!

14.♘d6 ♘f8 15.♘xc8! ♖axc8 16.♖e4

Nun, wo der Läufer verschwunden ist, wurde auch der Bauer e6 seines natürlichen Verteidigers beraubt – ganz genau wie in den Französisch-Stellungen aus „Der trügerische Läufer auf c8“, in denen Schwarz seinen schlechten Läufer abgetauscht hatte. Darüber hinaus wird das weiße Läuferpaar zu einer Macht, sobald die Stellung sich öffnet.

Im Nachhinein hört sich das alles sehr logisch ein – doch wer hätte schon solch einen klaren Kopf, um sich so frühzeitig für ♘d6xc8 zu entscheiden? Kramnik verbesserte allmählich seine Figurenstellung, sicherte seinen Raumvorteil, und...

16...♕f7 17.♖fe1 ♖e8 18.b4 a6 19.a4 ♖a8 20.g3 ♕d7 21.♗c4 ♖eb8 22.♖b1 ♖d8 23.♖ee1 ♘g6 24.♗d3 ♘f8 25.♗f1 ♘g6 26.b5

... gewann schließlich die Partie.

Konkrete Berechnung

Ana Ivekovic
Mladen Palac
Zagreb 2013

1.d4 ♘f6 2.c4 e6 3.♘f3 d5 4.♘c3 ♗b4 5.e3 0-0 6.♕c2 c5 7.a3 ♗xc3+ 8.bxc3 ♕c7 9.♗b2 ♘c6 10.♗d3 ♘a5 11.♘e5 b6 12.cxd5 c4 13.♗e2 exd5 14.0-0 ♘e4 15.♗g4 ♘b3 16.♖ad1 f6 17.♗xc8 ♖axc8 18.♘f3 ♖fe8 19.♗c1 ♕d6 20.♕b2 b5 21.♘d2 ♘exd2 22.♗xd2 ♖c6 23.♖fe1 f5 24.♗c1 ♕f6 25.♕c2 ♖ce6 26.f3

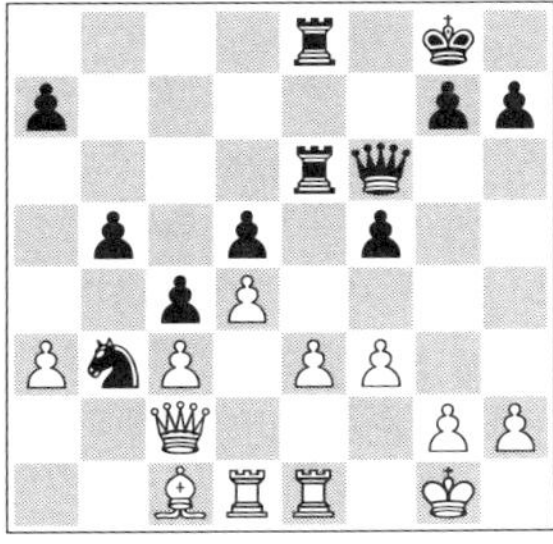

Die Dinge werden oft klarer, wenn man sich – anstatt alle möglichen strategischen Szenarien im Auge zu haben – auf konkrete Variantenberechnung verlassen kann. Doch auch hier ist das kontraintuitive Schlagen eines schlechten Läufers der Ausgangspunkt. Vielleicht mag Hertans Konzept der „zwingenden Züge" (*Forcing Chess Moves*) dabei helfen.

Auch wenn hier ebensogut andere Züge möglich waren, entscheidet sich der Großmeister mit den schwarzen Steinen für:

26...♘xc1 27.♕xc1

Wie ich schon öfters geschrieben habe, zählt nicht, was vom Brett verschwunden ist, sondern was dort übrigbleibt (so wie sich auch ein Computer – ungleich Menschen – niemals über vorangegangene Züge Gedanken macht). Schwarz gewinnt zwingend den Bauern e3.

27...♕e7 28.♔f2 ♕h4+ 29.♔g1 f4 30.♕b1 ♖xe3 31.♖xe3 fxe3 32.♕xb5

Damit hat die Weißspielerin ihren Bauern zurückgewonnen, doch der e-Freibauer war zuviel für sie.

32...♕f2+ 33.♔h1 ♖d8 34.♕c6 e2 35.♕e6+ ♔h8 36.♖g1 h6 37.♕e5 ♖f8 38.a4 ♖f6 39.♕e8+ ♔h7 40.♕e5 ♖g6 0-1

Selbstredend sollten Sie versuchen sich zu vergewissern, dass Ihre Berechnungen auch korrekt sind. Werfen Sie einen Blick auf Alburt-Geller, Reykjavik 1984, wo Alburt vermutlich einen taktischen Gegenschlag übersehen hatte, als er seinen starken Springer gegen einen unentwickelten Läufer abtauschte!

Läufer gegen Springer

Robert Fischer
Tigran Petrosjan
Buenos Aires 1971

1.e4 c5 2.♘f3 e6 3.d4 cxd4 4.♘xd4 a6 5.♗d3 ♘c6 6.♘xc6 bxc6 7.0-0 d5 8.c4 ♘f6 9.cxd5 cxd5 10.exd5 exd5 11.♘c3 ♗e7 12.♕a4+ ♕d7 13.♖e1 ♕xa4 14.♘xa4 ♗e6 15.♗e3 0-0 16.♗c5 ♖fe8 17.♗xe7 ♖xe7 18.b4 ♔f8 19.♘c5 ♗c8 20.f3 ♖ea7 21.♖e5 ♗d7

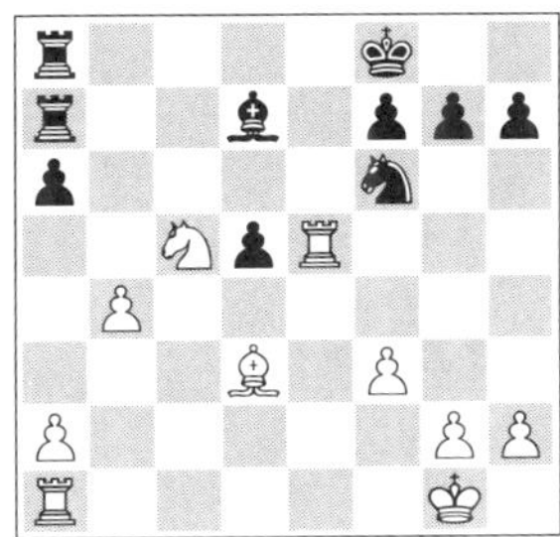

Dies ist ein sehr bekanntes Beispiel, das das Thema des Kapitels wundervoll illustriert. Weiß hat sich einen starken Vorposten auf c5 geschaffen, der zugleich auch den schwachen Bauern auf a6 attackiert. Und doch...

22.♘xd7+

... tauschte Weiß ihn im nächsten Zug gegen den passiven Läufer! Indes beabsichtige Schwarz, 22...♗b5 zu spielen. Und Fischer war ein Anhänger klarer Strategien: Übrig bleibt ein starker Läufer von Weiß gegen einen untätigen Springer auf f6, während die weißen Türme die c-Linie kontrollieren. Die schwarzen Bauern auf a6 und d5 sind nach wie vor verwundbar, und der Anziehende hat stets die Möglichkeit, am Damenflügel einen entfernten

Freibauern zu erschaffen. Man kann dies ebensogut auch als Transformation des Vorteils begreifen.

22...♖xd7 23.♖c1 ♖d6

23...d4 dürfte eine bessere Fortsetzung sein. Nicht weil „Freibauern vorgestoßen werden müssen" (ja genau – Fischer!), sondern um dem ♘f6 eine Zukunft auf d5 zu geben, z.B. 24.♖c6 ♘d5 25.a3 ♘f4.

24.♖c7

Mit den weißen Türmen auf der siebten Reihe ist die Stellung von Schwarz reichlich hoffnungslos.

24...♘d7

24...d4 scheitert nun an 25.♗c4.

25.♖e2 g6 26.♔f2 h5 27.f4 h4 28.♔f3 f5 29.♔e3 d4+ 30.♔d2 ♘b6 31.♖ee7

Damit fällt der Vorhang für Schwarz.

31...♘d5 32.♖f7+ ♔e8 33.♖b7 ♘xb4? 34.♗c4 1-0

Den Weg bereiten

Fedor Dus-Chotimirski
Emanuel Lasker

Sankt Petersburg 1909

1.d4 d5 2.♘f3 ♘f6 3.c4 e6 4.♘c3 ♗e7 5.♗f4 0-0 6.e3 ♘bd7 7.♗d3 c6 8.♕c2 dxc4 9.♗xc4 ♕a5 10.0-0 ♘d5 11.♗g3 ♘xc3 12.bxc3 ♘f6 13.♗d3 h6 14.♘e5 ♕d8 15.f4 ♘d5 16.♖f3 c5 17.e4 ♘f6 18.♗f2 cxd4 19.cxd4 ♗d7

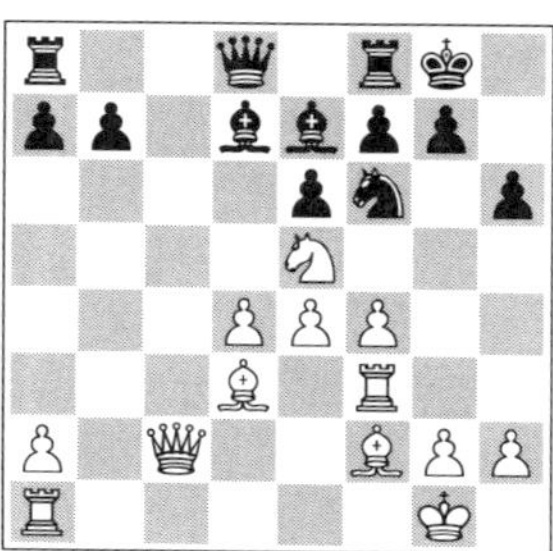

Bei seiner Kommentierung der vorigen Partie in *Meine großen Vorkämpfer Band 6* spricht Kasparow voller Bewunderung über Fischers Spiel in dieser Partie und fügt hinzu: „Man sollte berücksichtigen, dass damals solch ein Abtausch eines starken Läufers gegen einen passiven Läufer völlig ungewöhnlich war." Hier jedenfalls ein Beispiel aus noch viel früherer Zeit.

20.♘xd7

Auch hier ist das bestimmt nicht der einzige Zug, doch er sorgt für ein bewegliches Bauernzentrum, noch dazu das Läuferpaar hinter sich wissend.

20...♕xd7 21.h3 ♖ac8 22.♕e2 ♖c7 23.f5!

Nun muss Schwarz etwas gegen den Zentrumsvorstoß e4-e5 tun.

23...♘h7 24.e5

Trotzdem!

24...exf5

24...♘g5 trifft auf 25.f6 ♘xf3+ 26.♕xf3, und Schwarz ist ohne Verteidigung.

25.♗xf5 ♕d8 26.♖d1 g6 27.♗c2 ♕c8 28.♗b3

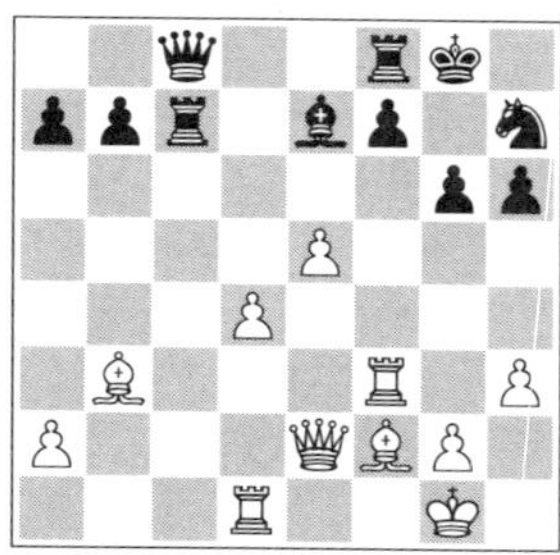

Nun ist es nur eine Frage der Zeit, bis der d-Freibauer vorrückt.

28...♖c1 29.♔h2 ♘g5 30.♖fd3 ♖xd1 31.♖xd1 ♗d8 32.h4 ♘e6 33.d5

Nun ist es soweit.

33...♘f4 34.♕e4 ♕g4 35.g3!

Weiß fürchtet sich nicht vor Gespenstern.

35...♗xh4

35...♕h3+ 36.♔g1 ♘h5 und nun z.B. 37.♖d3 wäre genauso aussichtslos.

36.gxh4 ♖c8 37.♖d3 ♖c1 38.♕f3 ♕f5 39.♖d4 g5 40.e6 ♕e5 41.♖e4 ♕d6 42.e7 1-0

Vorurteilsfrei spielen

Hier ein jüngeres Beispiel, bei dem unvoreingenommenes Urteilsvermögen Hand in Hand mit konkreter Berechnung geht.

Peter Michalik
Kamil Banas
Slowakei 2012/13

1.d4 d5 2.c4 e6 3.♘f3 c6 4.e3 f5 5.b3 ♗b4+ 6.♘bd2 ♘f6 7.♗d3 ♘bd7 8.0-0 0-0 9.♗b2 ♘e4 10.a3 ♗d6 11.b4 ♘df6 12.cxd5 cxd5 13.♘b3 ♕e7 14.♘c5 b6 15.♘a4 ♕b7 16.♘e5 a5 17.f3 ♘g5 18.b5 ♗d7 19.♕e2 ♖ac8 20.♖ac1 ♖xc1 21.♖xc1 ♖c8

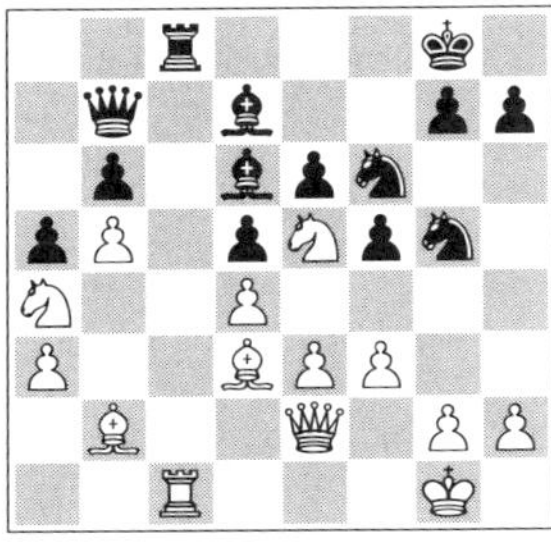

22.♘xd7!

Tauscht den unangreifbaren Stonewall-Springer auf e5 gegen den schlechten Stonewall-Läufer ab. Doch wie üblich zählt das, was auf dem Brett übrigbleibt.

22...♘xd7

22...♖xc1+ 23.♗xc1 ♕xd7 dürfte ein besserer Versuch sein, zumal Schwarz mit der Partiefortsetzung grandios scheitert: 24.h4 ♘f7 25.e4 fxe4 26.fxe4 dxe4 27.♗xe4 ♗xa3.

Das sofortige 22...♕xd7 würde dem Anziehenden nach 23.♖xc8+ ♕xc8 24.♘xb6 ♕b8 25.♘a4 ♗xh2+ 26.♔f1 einen gefährlichen Freibauern bescheren.

23.♖xc8+ ♕xc8 24.h4 ♘f7

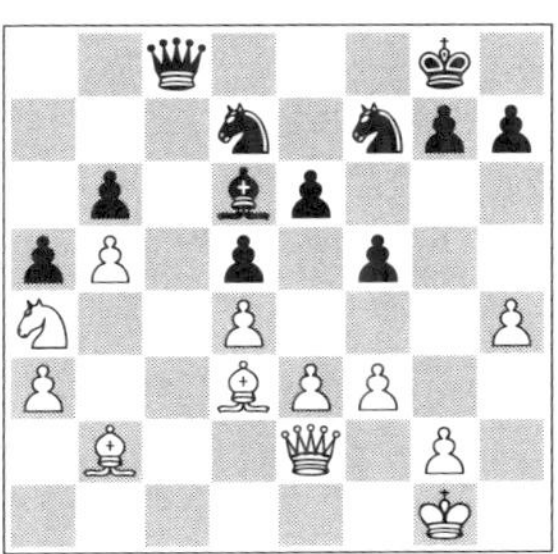

25.e4

Die Stellung wird sich für die weißen Läufer öffnen, und die schwarzen Mittelbauern sind ohne den weißfeldrigen Läufer recht verwundbar. Darf ich Sie einmal mehr an Subas Sprichwort erinnern: „Schlechte Läufer verteidigen gute Bauern."

25...fxe4 26.fxe4 ♕c7 27.exd5 exd5 28.♘c3?

Zunächst 28.♕e8+ war gefragt, und erst nach 28...♘f8 (28...♗f8 29.♗xh7+ ♔xh7 30.♕xf7) dann 29.♘c3.

28...♘f6 29.♕f3 ♕d8

Gibt das Kompliment zurück. Das sofortige 29...♕e7 war stärker.

30.♔f1 ♕e7 31.♘xd5 ♘xd5 32.♕xd5 ♗g3

32...♗xa3 33.♗xa3 ♕xa3 ist wegen 34.♕a8+ ♕f8 35.♗xh7+ unmöglich. Nach 32...♕xh4 33.♕a8+ ♗f8 34.♕f3 steht Weiß ebenfalls besser. Nach dem Textzug gewann Weiß schließlich dank seines d-Freibauern und des Läuferpaars.

Zurück zu den Wurzeln

Jan Timman
Simen Agdestein
Taxco 1985

1.e4 e6 2.d4 d5 3.♘c3 ♗b4 4.e5 c5 5.♗d2 ♘e7 6.♘b5 ♗xd2+ 7.♕xd2

0-0 8.c3 ♘bc6 9.f4 a6 10.♘d6 cxd4 11.cxd4 f6 12.♘f3 ♘g6

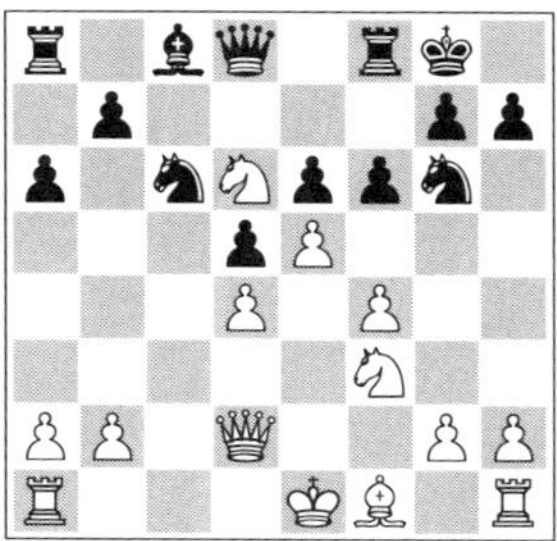

Wohlgemerkt, in vielen Fällen liegt die richtige Lösung nicht hinter, sondern innerhalb des vertrauten Horizonts. Das bedeutet hier schlicht, den schlechten Läufer in Ruhe zu lassen und den starken Springer zu behalten. Die vorliegende Partie stammt aus dem Interzonenturnier Taxco 1985, das Timman sehr überzeugend mit 12 aus 15 gewann. Dieser Umstand sowie die vorangegangenen Beispiele mögen Sie zu der Überzeugung bringen, dass der nächste Zug eine ganz tolle Entscheidung gewesen war.

13.♘xc8

Freilich, dieser Zug ist nicht verkehrt, er ist genau genommen sogar erzwungen. Die wünschenswerte Möglichkeit, die Riesenkrake an Ort und Stelle zu lassen und f4 mit 13.g3 zu decken, scheitert an dem taktischen Trick 13...fxe5 14.dxe5 ♘gxe5.

13...fxe5 14.dxe5

14.fxe5 ♖xc8 15.♗d3 ♘h4 ist gut für Schwarz.

14...♖xc8 15.g3 ♕b6 16.♗h3

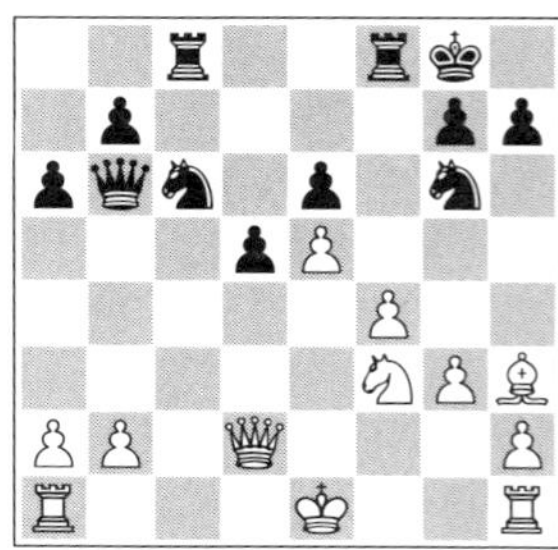

Greift den Bauern an, der nicht mehr vom weißfeldrigen Läufer gedeckt ist. Doch hier steht der weiße König – keineswegs untypisch für diese Art von Französisch-Stellungen – recht unsicher, was die weißen Absichten vereiteln sollte.

16...♔h8! 17.a3

17.♗xe6 kann nun mit 17...♘cxe5 beantwortet werden.

17...♘a5?

Der Nachziehende hätte seinen Zug 12...♘g6 hier mit 17...♘cxe5 18.♘xe5 ♘xe5 19.fxe5 ♖c4 rechtfertigen können, z.B. 20.♗g2 ♖f5 21.♖c1 ♖xe5+ 22.♔f1 ♖f5+ 23.♔e1 ♕f2+!.

18.♕d4

Nun war bei Weiß wieder alles in Ordnung, und er gewann später.

Zusammenfassung

Nach diesen Beispielen hoffe ich, dass Sie ungewöhnlichen Abtäuschen vorurteilsfrei gegenüberstehen.

Hüten Sie sich vor Verallgemeinerungen! Wenn Sie Tauschaktionen berechnen, achten Sie stets darauf, was auf dem Brett verbleibt.

Kapitel 13

Löcher sind halb so wild

Manchmal muss man etwas hergeben, um etwas anderes zu bekommen. Hört sich vernünftig an, mögen Sie sagen, doch in der Praxis kostet es stets einige Überwindung, sich zu einem hässlich aussehenden Bauernzug durchzuringen. Hier werden wir einige typische Fälle von Bauernzügen betrachten, die freiwillig einen rückständigen Bauern schaffen und mithin dem Gegner ein starkes Feld in die Hand geben. Hässlich und kontraintuitiv zwar auf den ersten Blick, doch lassen Sie uns herausfinden, worin jeweils der Nutzen bestehen könnte.

Anatoli Waisser
Jean-Pierre Le Roux
Nancy 2013

1.d4 ♘f6 2.c4 g6 3.♘c3 d5 4.cxd5 ♘xd5 5.e4 ♘xc3 6.bxc3 c5 7.♘f3 ♗g7 8.♗e3 ♕a5 9.♕d2 0-0 10.♖c1 cxd4 11.cxd4 ♕xd2+ 12.♘xd2 e6 13.♗b5 ♘c6 14.♘b3

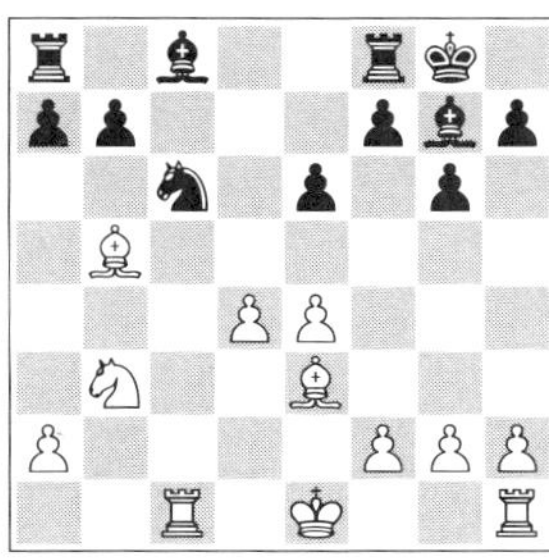

Eine Stellung, die keineswegs neu ist, auch wenn sie nicht gerade im Epizentrum der theoretischen Diskussion steht. Normalerweise würde der Nachziehende den Zug ♘b3 mit ...b7-b6 beantworten, um die Aktivität des Springers einzuschränken, doch da dies in der vorliegenden Stellung nicht möglich ist, entschied sich Schwarz meist für 14...♗d7 oder 14...♖d8. Le Roux kam mit einer ganz anderen Lösung daher.

14...a5!?

Dies stellt natürlich die Drohung ...a5-a4 samt Gewinn des Bauern d4 auf, hinterlässt aber auch klaffende Löcher auf b6 und b5. Ich weiß nicht, ob Schwarz am Brett auf diesen Zug verfiel, doch ganz gleich ob Vorbereitung oder nicht – er zeugt von gewisser Vorstellungsgabe! In der Partie klappte es auch recht gut, wenngleich der Anziehende sicherlich auch seine Möglichkeiten gehabt hätte.

15.a4

Eine natürliche Erwiderung, wenngleich auch 15.♗xc6 in Betracht kam. Nach 15...bxc6 kann Weiß mit 16.0-0 fortsetzen, wonach ein schönes Springerfeld auf c5 winkt (selbstredend nicht 16.♖xc6 ♗b7).

15...♘a7

Dieser Folgezug ist ebenso originell. Schwarz richtet all seine Kräfte auf ein neues Ziel: Den Bauern auf a4.

16.♗c4 ♗d7 17.♘c5 ♗c6

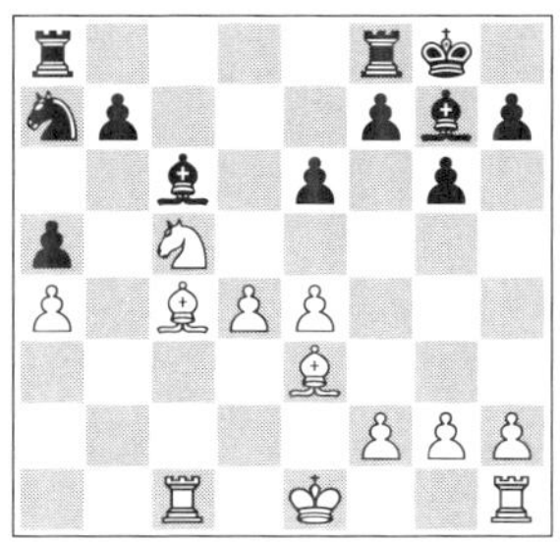

Angesichts des Springers auf a7 kein sehr attraktiver Posten für den Läufer. Doch Schwarz droht jetzt 18...b6.

18.d5

Das sofortige 18.♖b1 führt nach 18...♖fd8 zu Problemen mit dem Bauern auf d4.

18...exd5 19.exd5 ♗e8 20.♖b1?!

Nun wirkt dieser Zug wie ein Zeitverlust. Das sofortige Schlagen mit 20.♘xb7 macht einen besseren Eindruck: 20...♗xa4 21.0-0! (21.♘xa5 ♗b2).

20...♘c8 21.♘xb7 ♗xa4

Damit war ein kompliziertes Endspiel entstanden, bei dem die beiderseitigen Freibauern im Blickpunkt standen.

22.♔d2

22.0-0 ♗d7 23.♗c5 ♖e8 24.d6.

22...♗d7 23.♗c5 ♖e8 24.♖he1 ♖xe1 25.♖xe1 a4,

... und Schwarz gewann schließlich.

Ein neuartiges Konzept

Alexander Beljawski
Jordi Magem Badals
Linares 2002

1.c4 c5 2.♘c3 ♘f6 3.♘f3 d5 4.cxd5 ♘xd5 5.d4 e6 6.e4 ♘xc3 7.bxc3 cxd4 8.cxd4 ♗b4+ 9.♗d2 ♗xd2+ 10.♕xd2 0-0 11.♗c4 ♘d7 12.0-0 b6 13.a4 ♗b7 14.♖fe1 ♖c8 15.♗d3

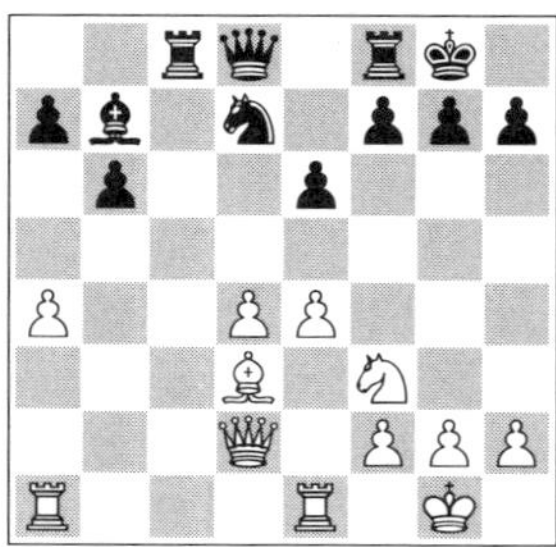

Als ich die vorige Partie aus der Französischen Meisterschaft sah, kam mir gleich diese in den Sinn.

15...a5!?

Offensichtlich ist dieser Zug eine Idee von Comas Fabrego, der in seinem Buch *True Lies in Chess* („Wahre Lügen im Schach“) ausführlich ihre Entstehungsgeschichte beschreibt. Er bezeichnete den Textzug als „konzeptuelle Neuerung“. Über diese konkrete Stellung schrieb er, dass es nicht klar sei, ob der Bauer b6 schwächer sei als der Bauer a4, und dass in manchen Abspielen das Feld b4 ein hervorragender Stützpunkt für die schwarze Dame sein könne. Zu ganz ähnlichen Stellungen merkte er an, dass Weiß nun nicht mehr den Standardplan a4-a5 spielen könne. Dem Nachziehenden hingegen steht nach wie vor der Zentrumsgegenstoß ...e6-e5 offen.

Mithin gibt es also ein paar konkrete Erwägungen, die die dauerhafte Schwächung der schwarzen Bauernstruktur am Damenflügel rechtfertigen könnten.

16.h3 ♕e7

Comas Fabrego erwartete, dass das Beispiel Schule machen würde, doch wurde 15...a5!? seither nur selten gespielt (als letzte Toppaarung sah beispielsweise Leko-Wang Yue, Peking 2013, 15...h6 16.a5). An der Textstelle folgte in Baramidze-Bacrot, Bundesliga 2012/13, der Zug 16...h6, und es kam bald zum Friedensschluss: 17.♖ab1 ♕e7 18.♗b5 ♘f6 (eine typische Reaktion, man vgl. die Hauptpartie) 19.♗d3 ♘d7 20.♗b5 ♘f6 21.♗d3 ½-½.

17.♖ab1 ♖fd8 18.♗b5 ♘f6

Anderenfalls wird Weiß den Springer tauschen, was b6 noch weiter schwächt.

19.♕d3 ♕c7 20.♖b3 h6

Stattdessen gibt Comas Fabrego 20...♕f4 als stärkstes an, was den Druck auf das weiße Bauernzentrum noch erhöht, z.B. 21.g3 ♕h6 22.♔h2 ♖c1. Nach dem Textzug endete die Partie schließlich unentschieden. Beljawski war nicht in der Lage, Schwarz vor irgendwelche Probleme zu stellen.

Ich muss sagen, die Idee von Comas Fabrego hat mich wirklich verblüfft. Doch ist zweifelhaft, ob wir wirklich von einer völlig neuartigen Konzeption sprechen können. So dürfte zum Beispiel die folgende Partie aufmerksamen Beobachtern der Schachgeschichte kaum entgangen sein.

Boris Spasski
Robert Fischer
Reykjavik 1972
1.d4 ♘f6 2.c4 e6 3.♘c3 ♗b4 4.♘f3 c5 5.e3 ♘c6 6.♗d3 ♗xc3+ 7.bxc3 d6 8.e4 e5 9.d5 ♘e7 10.♘h4 h6 11.f4 ♘g6 12.♘xg6 fxg6 13.fxe5 dxe5 14.♗e3 b6 15.0-0 0-0 16.a4

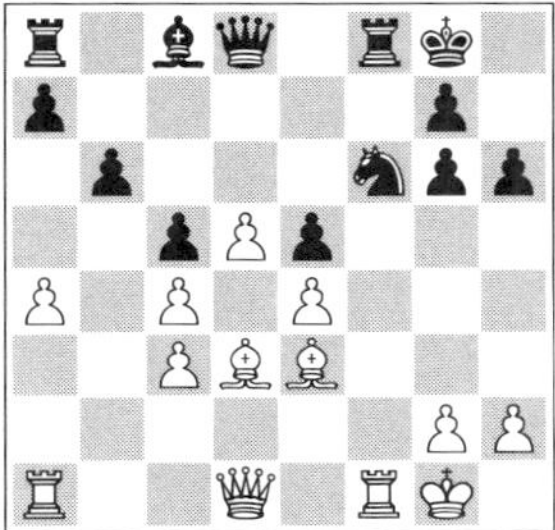

16...a5!
Spasski hatte soeben a2-a4 gespielt. Fischer verhindert umgehend a4-a5 und nimmt die dauerhafte Schwächung seines b-Bauern in Kauf. Doch da dieser seine einzige Schwäche ist und leicht verteidigt werden kann, hat er jetzt freie Hand am Königsflügel. Spasski verlor die Partie ohne echten Kampf.
17.♖b1 ♗d7 18.♖b2 ♖b8 19.♖bf2 ♕e7 20.♗c2 g5 21.♗d2 ♕e8 22.♗e1 ♕g6 23.♕d3 ♘h5 24.♖xf8+ ♖xf8 25.♖xf8+ ♔xf8 26.♗d1 ♘f4 27.♕c2 ♗xa4 0-1
Vergleichen Sie hierzu Timmans Sieg gegen Pinter im Interzonenturnier Las Palmas 1982 (wobei man hinzufügen sollte, dass Timman das Match Spasski-Fischer ausgiebig analysiert hatte).

Und was ist mit dem folgenden Partieausschnitt, der Ihnen wohlbekannt sein dürfte? Wie die zahllosen Referenzen belegen, ist diese Partie in die Geschichte unseres Spiels eingegangen. Wie auch immer, ganz genau wie im ersten Beispiel sehen wir einen verblüffenden Zug – keineswegs ein Gewinnzug, sondern einer, der zu einer interessanten positionellen Auseinandersetzung führt. Und auch hier scheint der Gegner aus seinem inneren Gleichgewicht geworfen worden zu sein.

Emanuel Lasker
José Raul Capablanca
Sankt Petersburg 1914, Finalrunde
1.e4 e5 2.♘f3 ♘c6 3.♗b5 a6 4.♗xc6 dxc6 5.d4 exd4 6.♕xd4 ♕xd4 7.♘xd4 ♗d6 8.♘c3 ♘e7 9.0-0 0-0 10.f4 ♖e8 11.♘b3 f6

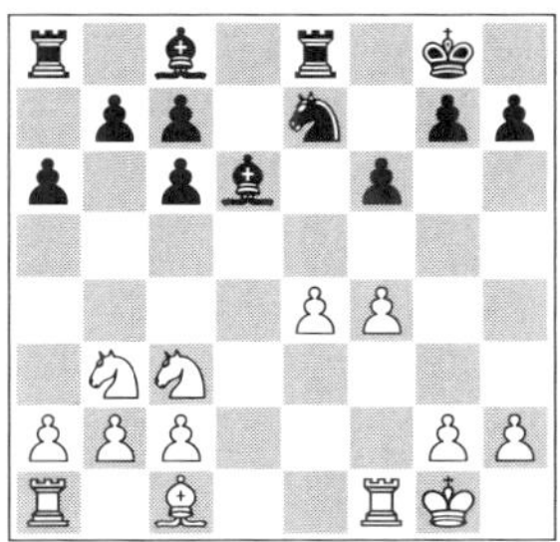

12.f5!?
Wie Weinstein (Laskers Biograph) schrieb, verstößt dieser Zug gleich gegen drei Steinitz'sche Prinzipien: Weiß hat nun einen rückständigen Bauern auf e4, ein schwaches Feld e5, und seine Bauernmehrheit kann nicht mehr so ohne weiteres in Bewegung gesetzt werden.
12...b6
12...♗d7 nebst ...♖ad8 wurde von Réti und Tarrasch empfohlen.
13.♗f4 ♗b7?!
Capablanca selbst sagte, dass er seltsamerweise den 15. Zug von Weiß übersehen habe, ansonsten hätte er sich für 13...♗xf4 14.♖xf4 c5 15.♖d1 ♗b7

16.♖f2 ♖ad8 (16...♖ac8 mit der Idee ...♘c6-e5-c4 – Nimzowitsch) 17.♖xd8 ♖xd8 18.♖d2 ♖xd2 19.♘xd2 ♘c6 20.♘d5 ♘d4 entschieden.

14.♗xd6 cxd6 15.♘d4

Hier offenbart die Strategie von Weiß einen neuen Aspekt (oder würden Sie das mit der Möglichkeit von ♕b4 nach ...a7-a5 in der zweiten Partie vergleichen): Ein starkes Feld im gegnerischen Lager. Dieser Springer wird gerade zu einer Riesenkrake befördert. Sollten wir Capablancas Sorglosigkeit mit der Hybris der Jugend entschuldigen?

15...♖ad8 16.♘e6 ♖d7 17.♖ad1

Lasker gewann die Partie nach einigen Momenten der Unentschlossenheit seitens Capablancas.

Eine Frage des Raums

Sabino Brunello
Sergey Erenburg
Helsingor 2013

1.e4 c6 2.d4 d5 3.♘c3 dxe4 4.♘xe4 ♗f5 5.♘g3 ♗g6 6.♘h3 e6 7.♘f4 ♕h4 8.♗e3 ♘d7 9.♕d2 ♗e7 10.♗e2 ♘gf6 11.♘xg6 hxg6 12.♗g5 ♕h7 13.0-0-0 ♗d6 14.♗f3 0-0-0 15.h4 ♔b8 16.♖he1 ♖c8 17.♔b1 ♖he8 18.♘e2 ♕g8 19.♘c1 ♕f8 20.♘b3 ♘h7 21.♗e3 ♘hf6 22.♕c1 ♘d5 23.♗d2 ♘5f6 24.♘a5 ♗b4 25.♘c4 ♗xd2 26.♕xd2 ♘b6 27.♘a5 ♖ed8 28.c4 ♖c7

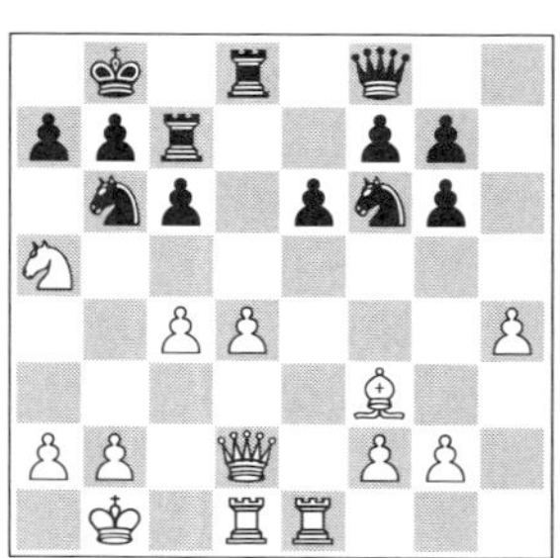

29.c5!

Ein modernes Beispiel, für das jedoch dieselben Aspekte gelten: Ein rückständiger Bauer, samt der Einladung an den Springer, das starke Feld zu besetzen. Keine echten Bauernmehrheiten, aber Weiß arbeitet wieder daran, eine Riesenkrake zu erschaffen.
Mit der endgültigen Verhinderung von ...c6-c5 leidet Schwarz definitiv unter Raumnachteil.

29...♘bd5 30.♘c4 ♘e8

Da einer der beiden Springer von Schwarz überzählig ist, kann er genausogut den Einmarsch seines Gegenspielers verhindern.

31.♕a5 ♕e7 32.g3

Weiß nimmt sich Zeit – er jagt nicht irgendwelchen verrückten Plänen hinterher, sondern deckt einfach den Bauern h4.

32...♕f6 33.♖d3 ♕f5

Schwarz hat seine Dame aktiviert, doch da seine anderen Figuren nach wie vor herumdösen, wird das nach hinten losgehen.

34.♕d2 ♘e7

Damit schneidet der Nachziehende seiner eigenen Dame den Rückzug ab.

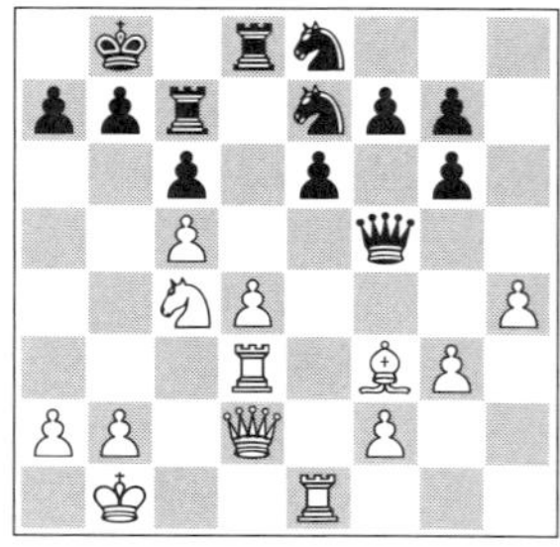

35.g4!

Ran an den Braten!

Man vergleiche hierzu Van Kampen-Heedt, Kopenhagen 2013, wo sich die schwarze Dame nach c4-c5 bald in

Schwierigkeiten befand (auch wenn Weiß dort mehrere Gewinnwege hatte):

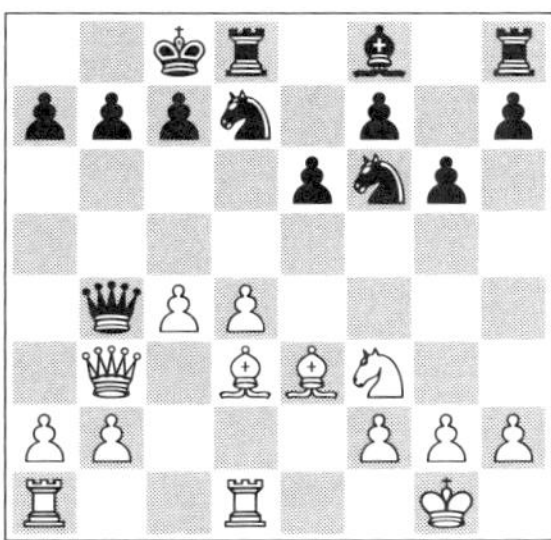

17.c5 ♘d5 18.♕c2

35...♕f6 36.g5 ♕f5 37.♗e4 ♕g4 38.♘e5 ♕xh4 39.♘xf7 ♖dd7 40.♘e5 ♖d8 41.f4

Weiß steht auf Gewinn. Der Nachziehende gab nach weiteren zehn Zügen auf.

Meelis Kanep
Sergei Iwanow
Finnland 2009/10

1.d4 e6 2.♘f3 ♘f6 3.c4 b6 4.g3 ♗a6 5.b3 c6 6.♗g2 d5 7.0-0 ♘bd7 8.♘bd2 ♗e7 9.♗b2 0-0 10.♕c2 ♖c8 11.e4 ♘xe4 12.♘xe4 dxe4 13.♕xe4 b5

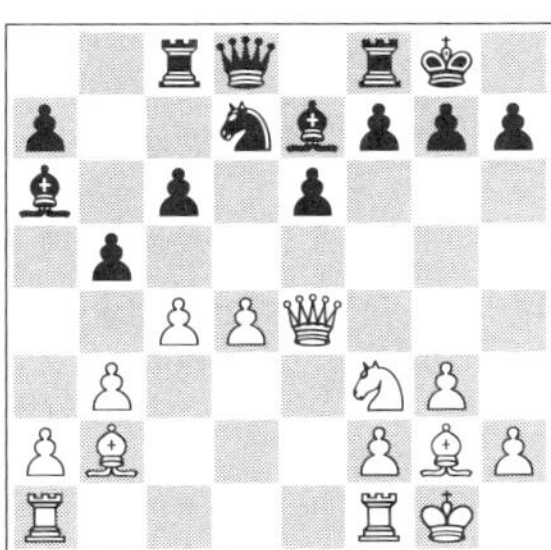

14.c5

Erneut dieser Zug – auch wenn es hier nicht so einfach für Weiß sein wird, eine Riesenkrake auf d6 einzupflanzen. Auch sieht der ♗b2 jetzt nach einem schlechten Läufer aus, da der Bauer d4 nicht so ohne weiteres vorrücken kann. Dennoch scheint auch hier der schwarze Raummangel der wichtigste Faktor zu sein. Nach anderen Zügen sollte Schwarz seine Probleme lösen können, z.B. 14.♖ac1 bxc4 15.bxc4 ♕a5 oder 14.♖fc1 bxc4 15.bxc4 c5.

14...b4

Aktiviert den Damenläufer.

15.♖fe1 ♘f6 16.♕c2 ♗b5 17.♘e5 ♘d5 18.♗e4 ♘f6 19.♗f3 ♘d5

Der Springer mag einen hübschen Posten im Zentrum einnehmen, doch ist er dort nicht übermäßig effektiv. Er hat weder geeignete Angriffsobjekte noch gute Felder, die er anvisieren könnte. Könnte Schwarz seinen Läufer nach d5 überführen, wäre die Sache mit dem Vorstoß c4-c5 eine ganz andere Geschichte. Wie Sie sehen, gibt es keine einfachen Regeln, nach denen man beurteilen könnte, wann ein solcher ein Loch hinterlassender Vorstoß aussichtsreich ist oder nicht.

20.♖ad1 a5 21.h4 ♖c7 22.♗g2 ♗f6 23.♘g4 h5 24.♘e5 ♗xe5 25.dxe5 ♕e7 26.♗c1 ♖a8 27.♗g5 ♕f8

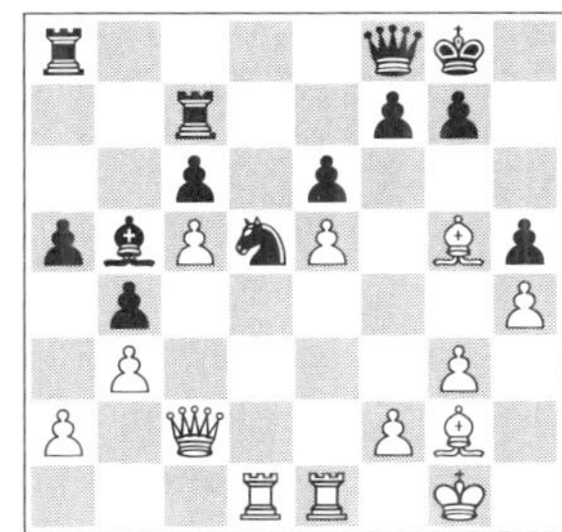

Der Nachziehende hat ein weiteres Leichtfigurenpaar abgetauscht, doch seine Schwerfiguren stehen nach wie vor passiv. Nun inszeniert Weiß einen zwingenden Durchbruch. Es dauert einfach zu lange, mit den schwarzen Figuren ein Gegenspiel zu organisieren.

28.g4 hxg4 29.♖d4 g3 30.fxg3 a4 31.♖g4 axb3 32.axb3 ♘c3 33.♗f6 ♖a2 34.♕c1 ♕xc5+ 35.♔h1 ♕f2 36.♖xg7+ ♔f8 37.♖g8+ 1-0

Capablancas Traum wird wahr

Baskaran Adhiban
Hikaru Nakamura
Tromsø 2013

Lassen Sie uns mit einem neueren Beispiel schließen, in dem ein ähnlich gewagter antipositioneller Bauernvorstoß auf eine Weise bestraft wurde, die man zuvor schon erwartet hätte, an der Sie nach den vorgangegangenen Beispielen nun aber vielleicht zweifeln würden. Nur um alles wieder ins Lot zu rücken...

1.e4 e5 2.♘f3 ♘c6 3.♗b5 a6 4.♗xc6 dxc6 5.♘c3 f6 6.d4 exd4 7.♕xd4 ♕xd4 8.♘xd4 ♗d7 9.♗e3 0-0-0 10.0-0-0 ♘e7 11.♘b3 b6 12.f4 ♘g6 13.a3 c5 14.♖hf1 ♗d6 15.♘d2 ♖he8 16.♘c4 ♗f8

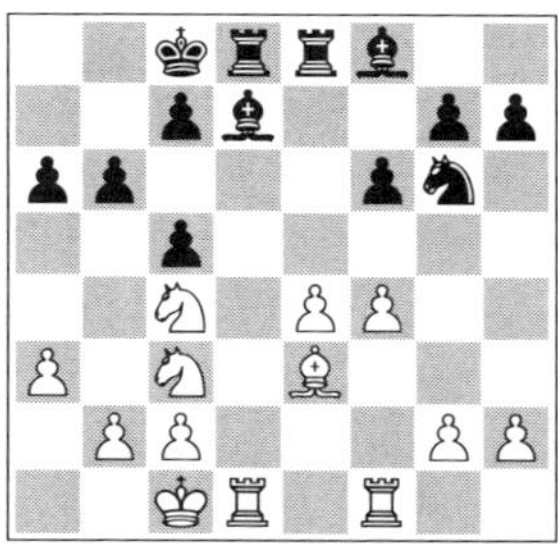

Offenkundig drückt der Nachziehende gegen das weiße Bauernzentrum, wobei er unter anderem auf sein Läuferpaar bauen kann. Ein äußerst charakteristisches Bild für die Spanische Abtauschvariante. Der nächste Zug von Weiß ist mithin nicht als Zeichen der Stärke, sondern eher als Versuch zu sehen, seine Stellung zusammenzuhalten.

17.f5 ♘h8!?

Nakamura hat es auf den rückständigen Bauern e4 abgesehen. 17...♘e5 wird mit 18.♘xe5 ♖xe5 19.♗f4 ♖ee8 20.♘d5 erwidert, doch Schwarz könnte hier immer noch 20...♗b5 21.♖fe1 ♖d7 spielen.

18.a4

Mir gefällt dieser Zug nicht, da er nichts verhindert. Das sofortige 18.♗f4 sieht logischer aus. 18.e5 wäre ein interessanter Versuch, die zeitweilige Abseitsstellung des Springers auf h8 auszunützen, wird aber mit 18...♗b5! widerlegt, wie Nakamura nach der Partie ausführte.

18...♘f7 19.♗f4 b5 20.axb5 axb5 21.♘d2 ♗c6 22.♖de1 ♘d6

Schwarz hat seinen Plan verwirklicht und steht bereits klar besser. Ihm gelang es, den Druck aufzubauen, von dem Capablanca nur träumen konnte. Es droht ...b5-b4 mit Gewinn des Bauern e4.

23.♗xd6 ♗xd6 24.g3 ♗e5 25.♘d1 ♔b7 26.♘f3 ♗d6 27.♘f2 ♖a8 28.♔d2 ♖a2

28...♖ed8 29.♔e3 ♖a2 sieht auch nicht schlecht aus.

29.♖a1 ♖xa1 30.♖xa1 ♗xe4 31.♘xe4 ♖xe4 32.♔d3 ♖b4

Und in nur zehn weiteren Zügen verwertete Naka glatt seinen Vorteil.

Zusammenfassung

Wir haben einige Beispiele gesehen, in denen sich die freiwillige Verunstaltung der Bauernstruktur als völlig gerechtfertigt erwies. Kompensierende Faktoren wie Raumvorteil oder ein starkes Feld sorgten für ein mehr als hinreichendes Gegengewicht. Prägen Sie sich diese Beispiele gut ein – sie werden Ihnen helfen, unvoreingenommen an Fragen bezüglich der Bauernstruktur heranzugehen.

Kapitel 14

Die Drohung einfach ignorieren

Opfer können gänzlich unerwartet auftauchen. Ein Überraschungsmoment ist garantiert, wenn die Drohung eines Materialgewinns nicht mit der logischen Parade, sondern mit einer unvorhergesehenen Gegenaktion beantwortet wird.

Im Zentrum kontern

Lassen Sie uns diesen Sachverhalt mit einigen Beispielen eines Qualitätsopfers verdeutlichen. Natürlich gäbe es auch zu anderen Opfertypen reichlich Illustrationsmaterial, doch dies scheint mir eine gute Gelegenheit, einen Blick auf die vielfältige Welt der Qualitätsopfer zu werfen. Eine klare Kategorisierung dieser Opfer schien mir allerdings immer problematisch, da die einzelnen Beispiele stets ihre ganz eigene Mischung materieller und positioneller Faktoren zeigen.

Anastasia Bykowa
Jakow Geller
Taganrog 2013

1.d4 d5 2.♘f3 ♘f6 3.c4 e6 4.g3 dxc4 5.♗g2 c6 6.0-0 b5 7.♘e5 ♗b7 8.a4 ♕c8 9.♘c3 a6 10.e3 ♘bd7 11.f4 ♖b8 12.e4 ♗e7 13.♗e3 0-0 14.♖c1 ♕c7 15.♕e2 ♘xe5 16.fxe5 ♘d7 17.♕g4

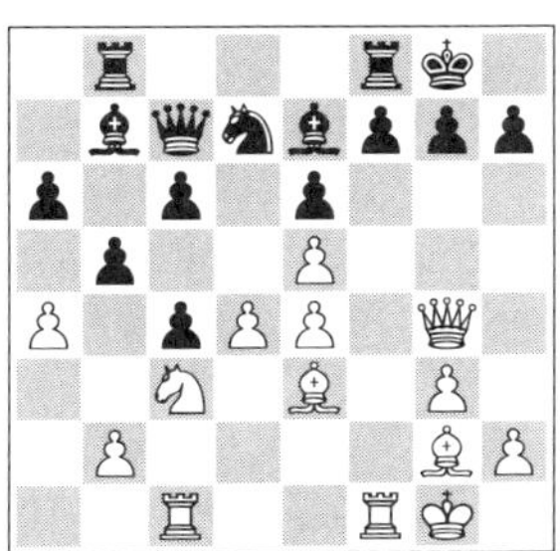

Mit dem Damenzug nach g4 hat Weiß soeben die Drohung ♗h6 samt Qualitätsgewinn aufgestellt.

17...c5!

Ignoriert die Drohung und nützt die Zeit sowie den Mehrbauern, um das Zentrum in Besitz zu nehmen. Weiß hatte wahrscheinlich mit 17...♔h8 gerechnet. Originellerweise könnte Schwarz die Qualität auch mit 17...g6 18.♗h6 ♕b6! opfern, was gleichfalls e5 bedroht und vielleicht sogar noch stärker war.

18.♗h6 g6 19.♗xf8 ♖xf8

Der Angriff von Weiß verpufft, und die Bauernkette beginnt zu zerbröckeln.

20.d5 ♘xe5

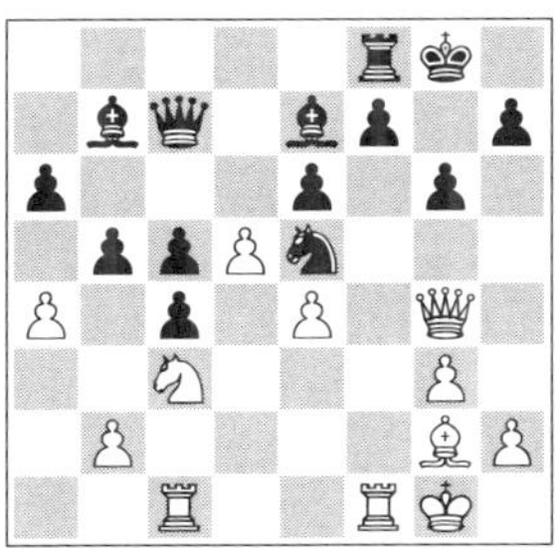

Für die Qualität hat Schwarz sich einen zweiten Bauern gesichert. Im weiteren Verlauf brachte er die Vorzüge seiner Stellung zur Geltung, als da wären: Die Damenflügelmehrheit, das starke Läuferpaar und ein bärenstarker Springer. Die weißen Türme sind dagegen nicht in der Lage, ins gegnerische Lager einzudringen, und die beiden Leichtfiguren von Weiß - allesamt behindert vom Bauern e4 - machen auch keinen tollen Eindruck.

Bemerkenswerterweise wagte Geller sechs Tage darauf im selben Turnier gegen Lugowskoi ein ganz ähnliches Qualitätsopfer. Dabei wurde er wahrscheinlich von der Leichtigkeit des Sieges in der eben gesehenen Partie inspiriert.

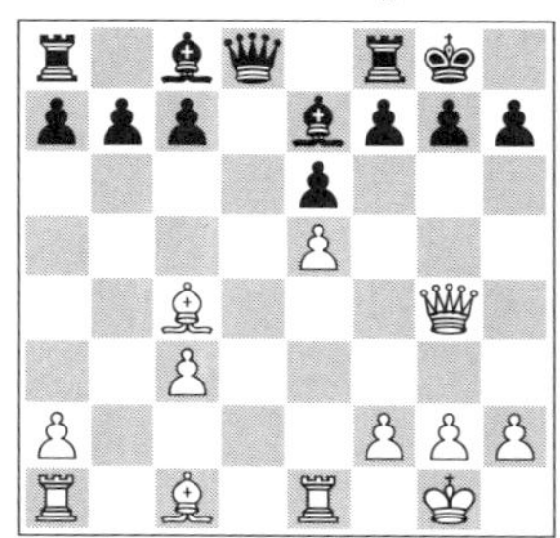

12....♗d7?!

Diesmal lief es jedoch anders, und er verlor ganz gesetzmäßig. Bei solchen Opfern gibt es eben keine Garantie!

Die dunklen Felder kontrollieren

Gideon Stahlberg
Leonid Stein
Eriwan 1965

1.c4 ♘f6 2.♘c3 g6 3.d4 ♗g7 4.e4 0-0 5.♗e2 d6 6.f4 c5 7.♘f3 cxd4 8.♘xd4 ♘a6 9.♗e3 ♘c5 10.♗f3 ♗h6 11.♘b3 e5 12.♘xc5 exf4 13.♗f2 dxc5 14.♗xc5

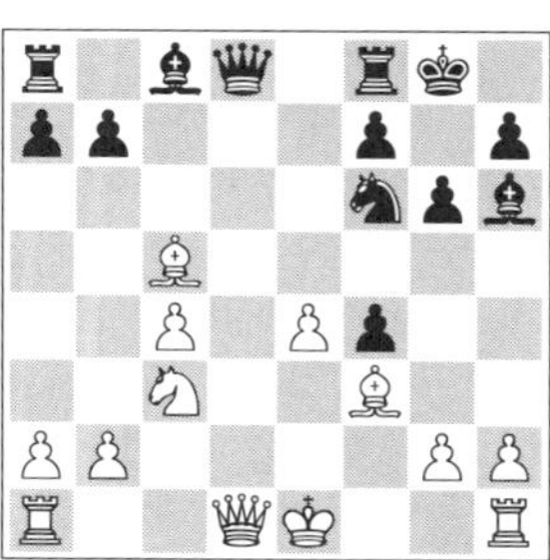

Dies ist eine weniger bekannte Partie von einem meiner Idole aus alten Zeiten – Leonid Stein –, der hier ebenfalls die weiße Drohung, auf f8 zu schlagen, ignorierte. Eine bekanntere Partie zu diesem Thema wäre Chasin-Stein, Tallinn 1965.

14...♘d7!

Höchstwahrscheinlich rechnete Stahlberg nur mit 14...♕xd1+ 15.♖xd1 ♖e8 16.0-0, was Weiß Vorteil belassen hätte.

15.♗xf8 ♕h4+ 16.♔d2

Stahlberg entscheidet sich, seinen König zum Damenflügel zu überführen, auch um den Preis der Gefahr, dass der König für eine Weile exponiert steht. Die Alternative war 16.♔f1, was einstweilen den ♖h1 vom Spiel ausschließt. Doch auch dann hätte Schwarz nach 16...♗xf8 17.♕e1 ♕d8!? dank seiner sicheren Kontrolle über die schwarzen Felder gute Kompensation.

16...♗xf8 17.♕e1 ♕e7 18.♔c2 ♘e5 19.♖c1!? ♗g7

19...♘xc4 gewinnt einen Bauern zurück, wirkt aber ein wenig langsam. Die Folgen wären freilich auch dann längst nicht klar: 20.♘d5 ♕e5 21.♕c3 ♘e3+ 22.♔b1 (22.♘xe3 ♕xc3+ 23.♔xc3 fxe3 24.♔d3 ♗e6) 22...♕xc3 23.♖xc3 ♘xd5 24.exd5 ♗f5+ 25.♔a1 ♗d6, und Schwarz stünde nur leicht schlechter.

20.♘d5 ♕c5 21.♕g1! ♕xc4+ 22.♔b1 ♕d3+ 23.♖c2

23.♔a1 ♘c4.

23...♗e6

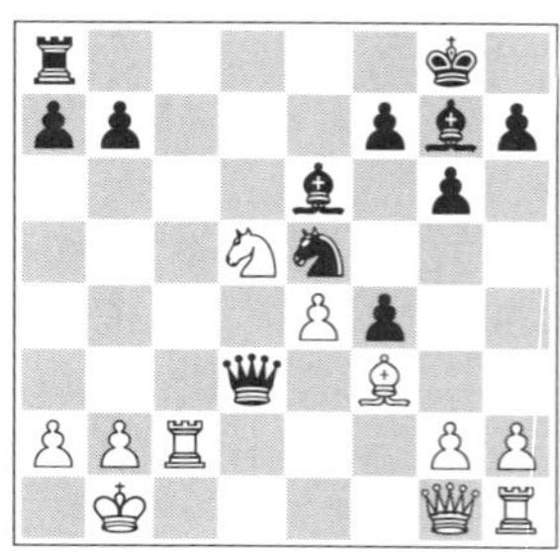

24.♗e2?

Ein merkwürdiges Versehen von Stahlberg, der bislang sehr gut gespielt hatte.

Was wäre logischer, als die Dame zurück ins Spiel zu bringen? Zum Beispiel 24.♕f2 oder 24.♕d1.

24...♕xe4

Greift sich einen zweiten Bauern und - was mindestens ebenso wichtig ist - unterminiert die Stellung der stärksten weißen Figur, des ♘d5. Plötzlich steht Schwarz klar besser, und er gewann denn auch überzeugend.

Unsichere Königsstellung

Jesus Martinez Villar
Wadim Malachatko
Roquetas de Mar 2012

1.d4 ♘f6 2.♘f3 e6 3.c4 b6 4.a3 ♗a6 5.♕c2 ♗b7 6.♘c3 c5 7.dxc5 bxc5 8.e4 ♘c6 9.♗d3 ♕b8 10.♗g5 ♘g4 11.♗h4 ♗d6 12.♗e2 ♘ge5 13.♖d1 ♘xf3+ 14.♗xf3 ♘d4 15.♕d3 ♗c6 16.b4 ♘xf3+ 17.gxf3 cxb4 18.♘b5 ♗e5 19.axb4 0-0

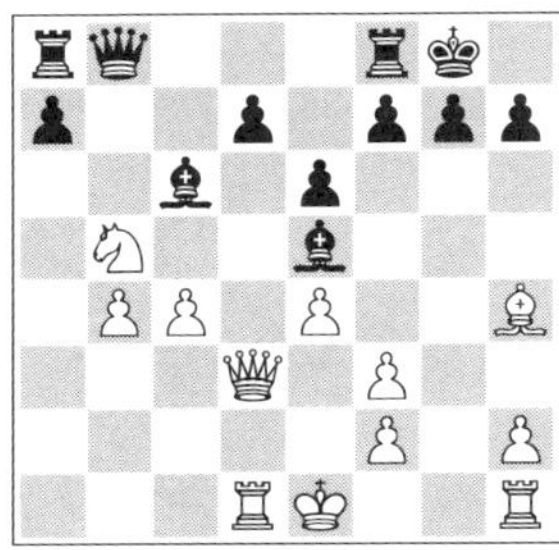

20.♗e7 f5!?

Dies muss Weiß einen Schock versetzt haben. Offenkundig war der Nachziehende mit Variaten wie 20...♖e8 21.♗d6 ♗xd6 22.♕xd6 ♗xb5 23.♕xb8 ♖axb8 24.cxb5 d5 25.exd5 exd5+ 26.♔f1 ♖xb5 nicht zufrieden.

21.♗xf8 ♕xf8 22.♘d6?

Das ist nicht gut, doch angesichts der weißen Königsstellung war guter Rat ohnehin teuer. 22.exf5 ♕xb4+ 23.♔f1 ♖f8 sieht sehr ungemütlich für Weiß aus.

22...fxe4 23.fxe4 ♗xd6 24.♕xd6 ♕f3 25.♖g1 ♕xe4+

Schwarz hatte genug Kompensation und gewann – auch wenn der Rest der Partie nicht ganz so geradlinig verlief.

Das Bauernzentrum wird zerstört

Arkadij Naiditsch
Viswanathan Anand
Baden-Baden 2013

1.e4 c5 2.♘f3 d6 3.♗b5+ ♗d7 4.♗xd7+ ♕xd7 5.c4 ♘f6 6.♘c3 g6 7.d4 cxd4 8.♘xd4 ♗g7 9.0-0 ♘c6 10.♘de2 ♕e6 11.♘d5

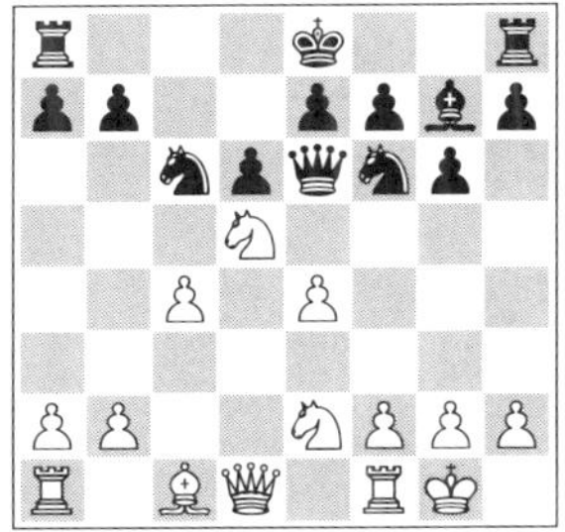

11...♕xe4!

Ignoriert erneut die Drohung! Dieses Konzept wurde bei der Partie Kasparow gegen *Die Welt* 1999 geboren. Das einzige Mal, dass hier 11...♖c8 gespielt wurde, war in einer Simultanpartie eben gegen... Kasparow!

12.♘c7+ ♔d7 13.♘xa8 ♕xc4!

Das ist es: Schwarz hat Zeit, sich einen zweiten Bauern zu schnappen. Wie ist diese Stellung einzuschätzen? Anand lässt uns hier ziemlich im Regen stehen: „(...) Ich hatte mir das kurz angeschaut und mir schien (und scheint) es, dass ich lieber die zwei Bauern als die Qualität habe.“ (*New In Chess* 2013/2). Natürlich hat Schwarz die Möglichkeit, ein schönes Bauernzentrum zu errichten, doch steht sein König in der Mitte unsicher.

14.♘c3

14.♘b6+ war Kasparows Wahl und wurde später auch einige Male von Rublewski gespielt, doch Anand war weder von diesem Zug noch von der weißen Stellung ganz allgemein beeindruckt. In besagter Partie machte Schwarz von der halboffenen a-Linie ebenso guten Gebrauch wie von dem verdoppelten b-Bauern: 14...axb6 15.♘c3 b5 16.♗e3 ♖a8 17.♖c1 ♔e8.

14...♖xa8 15.♗g5 e6 16.♖e1

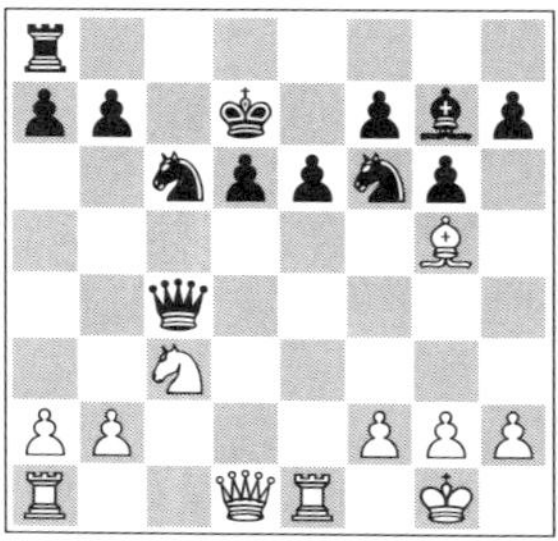

Nun spielte Anand einen Zug, den die meisten von uns wohl nur schwer gefunden hätten:

16...♘d5

Um die Damen zu tauschen und seinen König zu schützen ist der Nachziehende bereit, seine Bauernstruktur zu ruinieren. Und tatsächlich, die weißen Türme werden schwer zu aktivieren sein, während der Läufer nur sinnlos in der Landschaft herumsteht. Schwarz hat hingegen einen starken Läufer auf g7, einen im Zentrum gut postierten König sowie einen marschbereiten Freibauern. Anand brachte diese Vorzüge schließlich zur Geltung.

Erneut wird das Bauernzentrum zerstört

Baris Esen
Evgeny Postny
Legnica 2013

1.d4 d5 2.c4 dxc4 3.♘f3 ♘f6 4.e3 e6 5.♗xc4 a6 6.0-0 b5 7.♗d3 ♗b7 8.♕e2 ♘bd7 9.a4 b4 10.e4 ♗e7 11.♘bd2 0-0 12.e5 ♘d5 13.♘e4 ♖e8 14.a5 g6 15.h4 c5 16.♗g5

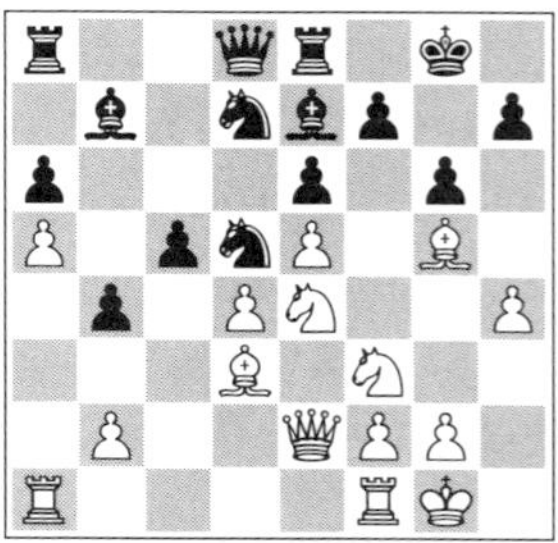

Weiß droht, mit 17.♘d6 Material zu gewinnen. Der beste Weg, mit dieser Drohung umzugehen, ist... sein eigenes Ding zu machen:

16...cxd4!

Schwarz möche nicht 16...♗xg5 17.♘fxg5 spielen, da bald eine Riesenkrake auf d6 auftaucht, während 16...♖f8 17.♘d6 ♕c7 18.♗xe7 ♘xe7 19.♗e4 (oder 19.♖fc1) dem Weißen gleichfalls Oberwasser lassen würde.

17.♘d6 ♘xe5!

Dies war die Pointe hinter dem vorigen Zug. Daneben war bemerkenswerterweise auch folgende komplizierte Fortsetzung möglich: 17...♘c3!? 18.bxc3 ♗xf3 19.gxf3 (19.♕xf3 ♘xe5 20.♕e4 ♕xd6 21.♗xe7 ♕xe7 22.♕xe5 dxc3 mit drei Bauern für die Figur) 19...♗xg5 20.♘xe8 dxc3, und das könnte trotz Minusturm für Schwarz in Ordnung sein!

18.♘xe8

18.♘xb7 ♘xf3+ 19.gxf3 (19.♕xf3 ♕c7) 19...♕c7, und nun scheitert 20.♗xa6 an 20...♗xg5 21.hxg5 ♕f4.

18...♘xf3+ 19.♕xf3 ♕xe8

Nun haben wir es hingegen nur mit einem handelsüblichen Qualitätsopfer zu tun. Einmal mehr hat Schwarz zwei zusätzliche Zentrumsbauern, wobei aber der weit vorgerückte d-Bauer etwas anfällig ist und auch ein paar Felderschwächen hinterlässt.

20.♖fe1

20.♕e4 kann z.B. mit 20...♗f8 21.♕xd4 ♗g7 22.♕g4 ♗xb2 pariert werden.

20...♕d8 21.♕g3 ♗d6 22.♕g4 ♘f6 23.♗xf6?

Eine merkwürdige Entscheidung. 23.♕e2 und 23.♕h3 wären normale Züge gewesen, mit denen die Spannung aufrechterhalten wird. Später verpasste Weiß einige weitere kritischen Punkte und verlor rasch.

Jozsef Horvath
Markus Ragger
Wien 2012

1.d4 d5 2.c4 e6 3.♘f3 ♘f6 4.e3 ♘bd7 5.♘c3 c6 6.♗d3 dxc4 7.♗xc4 b5 8.♗d3 a6 9.e4 c5 10.e5 cxd4 11.♘xb5 axb5 12.exf6 ♕b6 13.fxg7 ♗xg7 14.0-0 0-0 15.♖e1 e5 16.♗f5 ♕d6 17.♗d2 ♘b6 18.♗e4 ♖b8

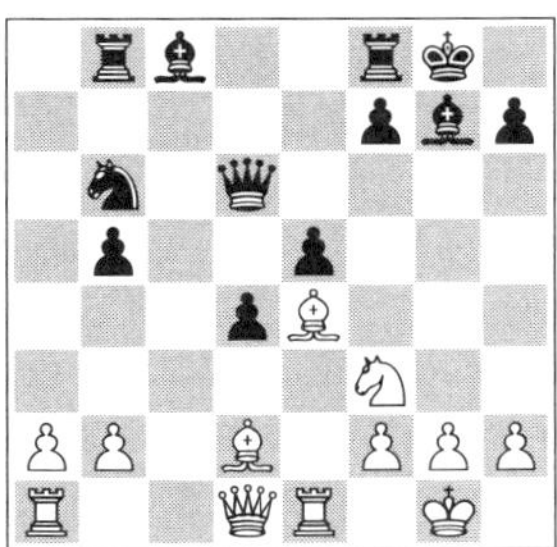

19.a3

Droht 20.♗b4.

19...f5!?

Könnte genausogut ein Anfängerfehler sein, doch der Nachziehende lässt sich nicht von seinem Plan abbringen, nämlich seine Zentrumsbauern vorzustoßen (siehe auch das Kapitel 27 zu Lawinen im Zentrum).

20.♗b4 ♕f6 21.♗xf8 ♔xf8

Diese massive Bauernwalze im Zentrum ist für dieses Abspiel der Meraner Variante charakteristisch. Ich hatte gegen Ivan Sokolov einmal eine ganz ähnliche Stellung. Ich hatte durchaus meine Chancen, verpasste sie aber und verlor. Jene Partie sah übrigens Qualitätsopfer von beiden Seiten, wenn auch von unterschiedlichem Typ und Zweck.

22.♗d3! e4 23.♗xb5 ♘d5

23...exf3 wird mit 24.♖e8+ ♔f7 25.♕xf3! pariert. Weiß fährt einfach mit ♖ae1 fort, während die schwarzen Figuren gebunden sind.

24.a4 ♗b7 25.♘d2 ♘f4

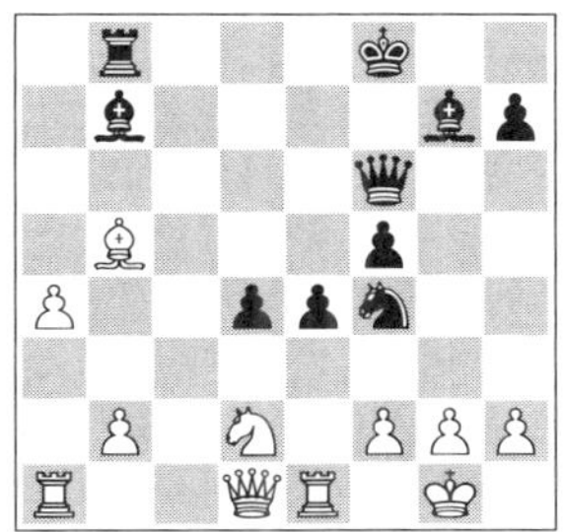

Diese Stellung ist natürlich unglaublich schwer einzuschätzen. Schwarz hat ein formidables Zentrum und ein ebensolches Figurenspiel. Andererseits hat er eine Qualität und noch dazu einen Bauern geopfert. Wenn sich seine Aktivität nicht demnächst auszahlt, wird er einfach verloren sein.

26.♗f1 ♕h6 27.♘c4 ♗a6

27...♗d5!?.

28.♖a3?

Erlaubt einen überraschenden Abtausch.

28...♗xc4! 29.♗xc4 d3

Urplötzlich sind der ♖a3 und der Läufer von der Verteidigung des Königs abgeschnitten.

30.g3? ♘h3+ 31.♔g2 ♘xf2,

... und Schwarz gewann rasch.

Rasche Entwicklung

Elshan Moradiabadi
Enrico Sevillano
Los Angeles 2012

1.d4 ♘f6 2.♘f3 c5 3.d5 e6 4.c4 exd5 5.cxd5 d6 6.♘c3 g6 7.♗f4

♗g7 8.♕a4+ ♗d7 9.♕b3 ♕c7 10.e4 0-0 11.♗e2 b5 12.♗xb5 ♘xe4 13.♘xe4 ♕a5+ 14.♘c3 ♗xb5 15.0-0-0 ♗d7 16.♗xd6

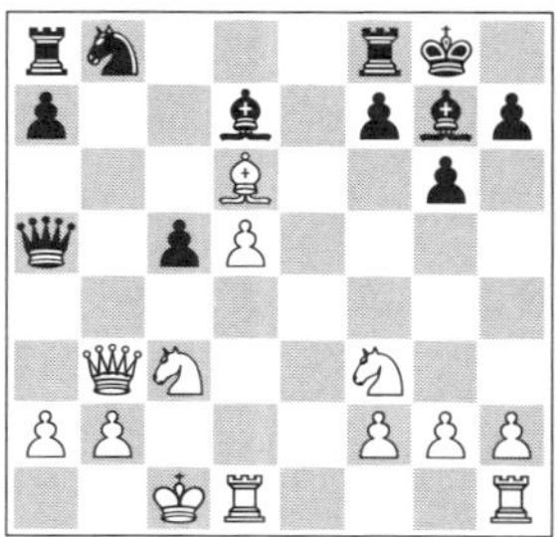

Weiß hatte in der Eröffnung einen neuen Plan versucht, und nun ist eine Stellung mit entgegengesetzten Rochaden entstanden. Das Wichtigste in solchen Situationen ist, als Erster zum Angriff zu kommen. Diese Faustregel mag den Nachziehenden dazu veranlasst haben, sich nicht um seinen angegriffenen Turm zu sorgen und sich stattdessen schnellstmöglich zu entwickeln.

16...♘a6 17.♗xf8 ♖xf8

Auch hier hat Schwarz neben der Qualität auch einen Bauern geopfert. Doch in der Partie waren das unerwartete(?) Opfer sowie die schwarze Initiative bald zuviel für den Anziehenden. Tatsächlich ist bereits sein nächster Zug ein Fehler.

18.♖he1

Dieser routinemäßige Entwicklungszug ist der Situation sicherlich nicht angemessen. 18.♘d2 baut eine hartnäckigere Verteidigung auf, auch wenn Schwarz nach 18...♗f5 (18...♘b4 19.♘c4 ♕a6 20.♘e3 ♘d3+ 21.♖xd3 ♕xd3 22.♕c4 wäre weniger klar) 19.♘c4 ♗h6+ 20.♘e3 ♘b4 im Besitz einer mächtigen Initiative bleibt.

18...♖b8 19.♕c4 ♖b4

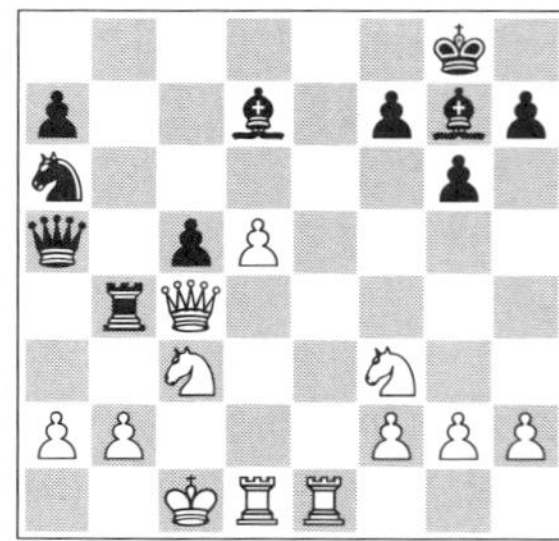

Nun steckt Weiß in großen Problemen. Alle Figuren von Schwarz sind auf seinen König gerichtet.

20.♕d3 c4 21.♕e3

21.♕c2 ♖xb2 22.♔xb2 ♘b4 (22...♕b4+).

21...♖xb2 22.♖d2 ♗xc3 23.♖xb2 ♕a3 **0-1**

Im nächsten Kapitel treiben wir das Konzept noch einen Schritt weiter und sehen uns Qualitätsopfer an, bei denen sich der Turm willentlich zum Opfer feilbietet, ohne selbst dabei etwas zu schlagen. Was beim Gegner natürlich einen gewissen Schock auslösen kann.

Zusammenfassung

Beschränken Sie sich nicht darauf, gegnerische Drohungen automatisch zu parieren, sondern halten Sie stets Ausschau nach dynamischen Lösungen. Sie könnten andernorts die Initiative ergreifen, so führten z.B. einige der gesehenen Qualitätsopfer zur Schaffung eines starken Bauernzentrums. Darüber hinaus wird ein solcher Umschwung der Ereignisse nicht ohne Auswirkung auf die Psyche des Gegners bleiben.

Kapitel 15

Stille Opfer

Zwingende und krachende Opfereinschläge können natürlich große Freude bereiten. Doch nichts geht über die ohrenbetäubende Stille, die sich über das Brett legt, wenn man einen Turm ganz sachte um ein Feld auf ein vom Gegner beherrschtes Feld nach vorne schiebt.

Königsangriff auf den dunklen Feldern

Borislav Ivkov
Bent Larsen
Beverwijk 1964

1.e4 c5 2.♘f3 ♘c6 3.d4 cxd4 4.♘xd4 g6 5.♘c3 ♗g7 6.♗e3 ♘f6 7.♗c4 d6 8.f3 ♘d7 9.♗b3 ♘b6 10.♕d2 ♘a5 11.♕d3 0-0 12.0-0-0 ♘xb3+ 13.axb3 a5 14.♘a4 ♘xa4 15.bxa4 ♗d7 16.♘b5 ♖c8 17.h4 ♗xb5 18.♕xb5 ♖c6 19.c4 ♕c7 20.b3

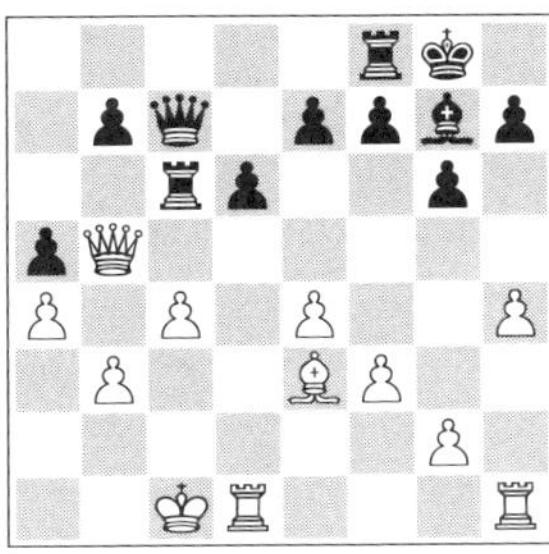

An dieser Stelle sollten Sie vielleicht das Buch beiseitelegen und Ihr Schachbrett auspacken. Bauen Sie die Diagrammstellung auf und setzen Sie sich auf die Seite von Schwarz. Führen Sie dann den Zug aus: Schieben Sie den Turm, ohne in anzuheben, ganz sachte um ein Feld nach vorne auf c5. Ein wahres Vergnügen! Sie können das gerne auch ein paarmal wiederholen.

20...♖c5!

Ein äußerst kraftvoller Zug. Die Stille wird dadurch nur ein wenig gestört, dass die weiße Dame angegriffen und die Annahme des Opfers dadurch erzwungen wird. Das verblüffende 20...♗h6 21.♗xh6 ♖c5 22.♕xc5 ♕xc5 23.♗xf8 ♔xf8 24.♔c2 ist längst nicht so stark.

21.♗xc5 dxc5

Der schwarze Läufer beherrscht nun der Brett, und der weiße König ist in großen Nöten. Zunächst droht 22....♕e5.

22.♖d5 e6

Ein messerscharfer Zug, der von Larsen mit einem Ausrufezeichen versehen wurde. Von 22...b6 nahm Larsen wegen 23.e5 ♗xe5 24.♕d7 Abstand, wonach Schwarz keinen Angriff in Gang bringen kann. 22...♕g3, was den ♖d5 zwar unbehelligt in der Mitte lässt, aber dennoch stark ist, wurde von ihm leider nicht erwähnt.

23.♕xc5

Auf 23.♖xc5 folgt erneut 23...♕g3.

23...♕g3 24.♖g5 ♕f4+ 25.♔c2 f5! 26.exf5 exf5

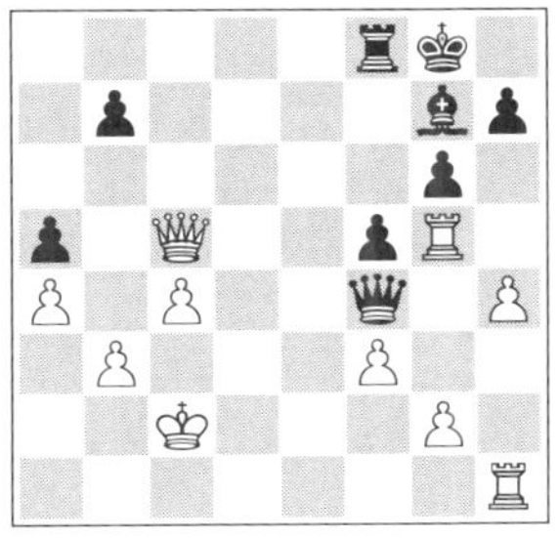

Schwarz hat nun eine Qualität und einen Bauern geopfert, doch der ♖g5 ist jetzt von der Verteidigung ausgeschlossen. Es ist augenscheinlich, dass dem weißen König schwere Zeiten bevorstehen. Objektiv freilich müsste der Nachziehende erst noch etwas beweisen, doch in der Partie ging der zeitnotgeplagte Ivkov rasch unter.

Den starken Läufer bewahren

Vincent Blom
Christov Kleijn
Venlo 2009

1.d4 ♘f6 2.c4 g6 3.♘c3 ♗g7 4.e4 d6 5.f3 0-0 6.♗e3 a6 7.♕d2 c6 8.♘ge2 b5 9.♘g3 ♘bd7 10.0-0-0 ♕a5 11.♔b1 b4 12.♘ce2 c5 13.d5 ♘b6 14.♘c1 ♘a4 15.♘b3 ♕c7 16.♗h6

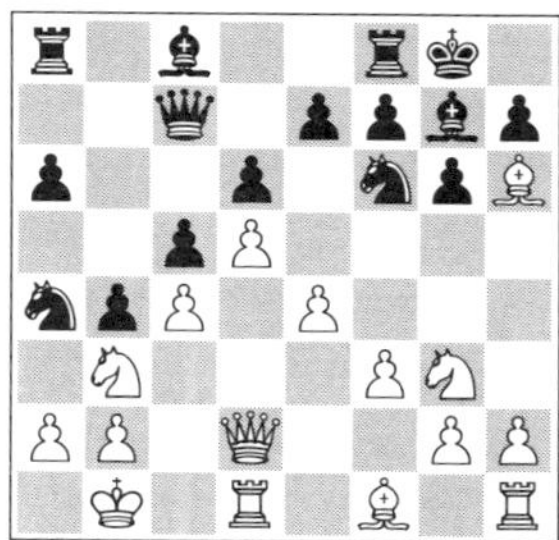

16...♗h8!?

Behält lieber den Läufer als den Turm – vom Standpunkt der Verteidigung durchaus verständlich, da ohne den Läufer die dunklen Felder äußerst verwundbar wären. Doch auch im Angriff kann der Läufer eine weitaus aktivere Rolle als der ♖f8 spielen – man blicke auf die lange Diagonale. Es ist gut möglich, dass die Entscheidung des jungen holländischen Spielers von einer klassischen Partie Simagins beeinflusst war, in der Schwarz mit demselben kleinen Läuferrückzug den Turm einstehen ließ.

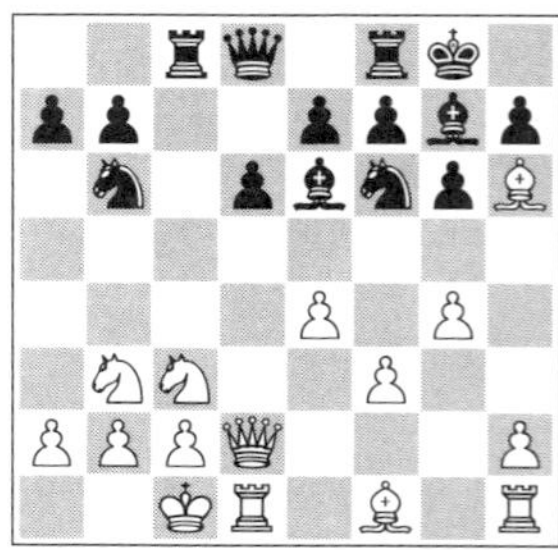

Panow-Simagin 1943: **12...♗h8**

Auf Chesscafe.com veröffentlichte Dworetski einen sehr interessanten Artikel über Simagins Qualitätsopfer, wobei er sogar eine noch ältere Simagin-Partie (von 1939!) ausgegraben hatte, die sich durch genau dieselbe Idee auszeichnete.

Zurück zu unserer Partie, wo neben dem Textzug auch der unverzügliche Schlag mit 16...♘xb2 in Betracht kam. Nach 17.♗xg7 ♘xd1 18.♗xf6 exf6 19.♕xd1 a5 scheint der schwarze Angriff schneller zu sein. Doch warum sollte man solch einen herrlichen Fianchettoläufer hergeben?

17.♗xf8 ♔xf8 18.e5! ♘e8!

Natürlich fällt Schwarz nicht plötzlich dem Materialismus anheim – er hält die Spannung aufrecht.

19.♘c1

Interessant war 19.♖e1. Nach 19...♗xe5 setzt Weiß mit 20.♖xe5!? dxe5 21.h4 fort, was die Qualität zurückgibt, den Läufer eliminiert und eine Gegeninitiative einläutet.

19...♗xe5 20.♘d3 ♗g7 21.h4

Jetzt, mit dem Läufer auf g7, bringt dieser Versuch eines Gegenangriffs gar nichts. Tatsächlich blieb der Bauer h4 bis zum Ende der Partie hier Feld stehen.

21...♖b8

Das sofortige 21...♘c3+ scheint gleichfalls möglich: 22.bxc3 bxc3 23.♕c2 ♗d7 24.♘c1 ♖b8+ 25.♘b3 a5, und Schwarz wird Material zurückgewinnen (er hat einen ganzen Turm geopfert und wird auch weiter angreifen). Doch an einer Spur von Materialismus ist auch nichts verkehrt. Der Textzug ist einfach und stark.

22.♕c2 ♕a5 23.♘e4

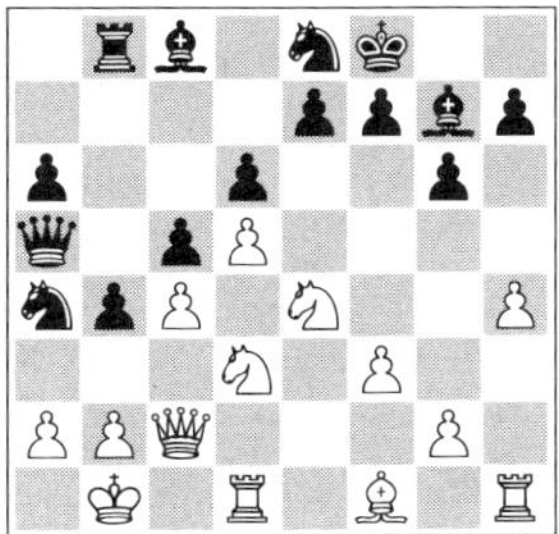

23...♘c3+

Die schwarze Angriffsmacht am Damenflügel erzwang rasch die Entscheidung. 23...♗xb2 war eine reichlich brutale Alternative – 24.♘xb2 ♘c3+ 25.♔c1 ♘xa2+ 26.♔b1 ♘c3+ 27.♔c1 ♗f5, und auch hier hätte Schwarz einen ganzen Turm investiert. Doch der Nachziehende blieb konsequent und behielt seinen Läufer!

Den Fianchettoläufer beseitigen

Miso Cebalo
Ewgeni Wasjukow
Arvier 2006

1.d4 f5 2.g3 ♘f6 3.♘f3 g6 4.♗g2 ♗g7 5.c4 0-0 6.♘c3 d6 7.0-0 ♕e8 8.d5 a5 9.♘d4 ♘a6 10.e4 fxe4 11.♘xe4 ♘xe4 12.♗xe4 ♗d7 13.♗e3 c6 14.♕d2 ♘c7 15.dxc6 bxc6 16.♖ac1

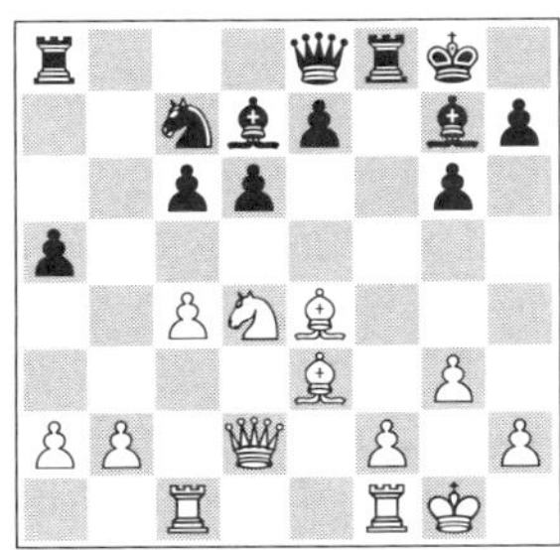

16...c5!

Natürlich war auch 16...♖b8 möglich. Doch der Textzug räumt Weiß die Möglichkeit zu einem Qualitätsgewinn ein und ist damit viel besser geeignet, den Gegner aus dem Gleichgewicht zu bringen.

17.♘b5?!

Lässt sich darauf ein.

17...♘xb5 18.cxb5 ♗xb5! 19.♗xa8 ♕xa8

Nachdem der Fianchettoläufer von g2 vom Brett verschwunden ist, sind, wie bald augenscheinlich wird, die hellen Felder um den weißen König spürbar geschwächt:

20.♖fe1 ♖f7 21.f4 ♗c6 22.b3 ♕c8 23.♖c4 ♗b7

Ein netter kleiner Zug, der 24...♕c6 droht.

24.h4 ♕h3 25.♕h2 ♕g4 26.♕f2 ♗d5 27.♖c2 h6

Schwarz erhöhte allmählich den Druck auf den geschwächten weißen Königsflügel und gewann schließlich.

Es gehört zwar nicht ganz zum Thema, doch Cebalo konnte acht Jahre später süße Revanche an Wasjukow nehmen: 1.d4 f5 2.♗g5 g6 3.e3 ♘h6 4.h4 ♘f7 5.♗f4 d6 6.♘f3 ♘d7 7.♗c4 ♗g7 8.♗xf7+ ♔xf7 9.♘g5+ ♔f6 10.♘c3 c6 11.♕f3 e5 12.♕d5!! (ist das nicht süß!) 12...♕e7 13.♘xh7+ 1-0.

Die Drohung, zu verdoppeln

Jordi Fluvia Poyatos
Josep Lopez Martinez
Barcelona 2013

1.e4 c5 2.♘f3 e6 3.d4 cxd4 4.♘xd4 a6 5.♘c3 ♕c7 6.f4 b5 7.♗d3 ♗b7 8.♕e2 b4 9.♘a4 ♘f6 10.♗d2 ♘c6 11.♘f3 ♗e7 12.c4 d6 13.♖c1 ♘d7 14.♗e3 0-0 15.0-0 ♖ab8 16.b3 e5 17.f5 ♘c5 18.♘xc5 dxc5 19.♕f2 ♖bd8 20.♖cd1 ♘d4 21.♕g3 ♘xf3+ 22.♕xf3 ♗f6

23.♕f2 ♖c8 24.h4 ♕e7 25.g3 ♖fd8 26.♗c2

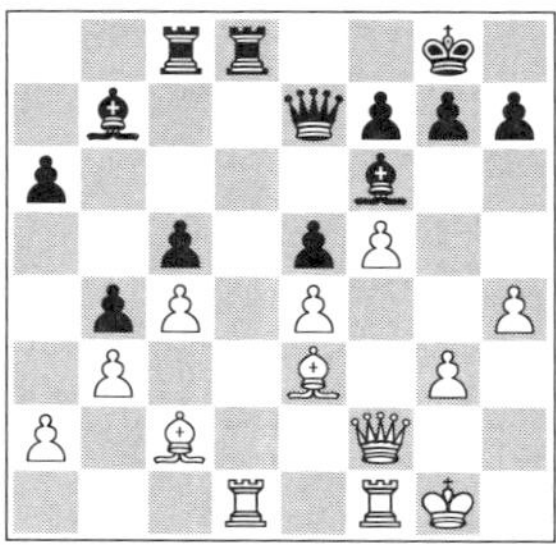

26...♖d4!

Hier haben wir einen wahrhaft stillen Zug: Ein Turmzug, der nichts angreift und ihn „nur" hängen lässt.

Ein klassisches und oft zitiertes Beispiel ist das folgende:

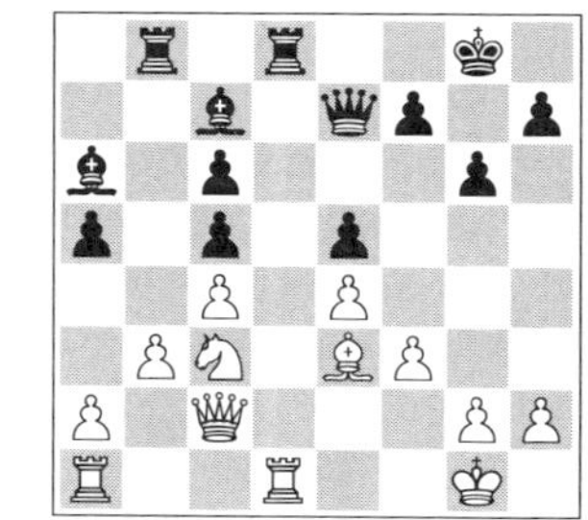

25...♖d4! Lublinski-Botwinnik 1943

Und unser Partiezug kommt genau zur rechten Zeit, nämlich bevor Weiß selbst 27.♖d5! versuchen könnte, ähnlich wie in Anand-Kasparow, PCA-Weltmeisterschaft 1995:

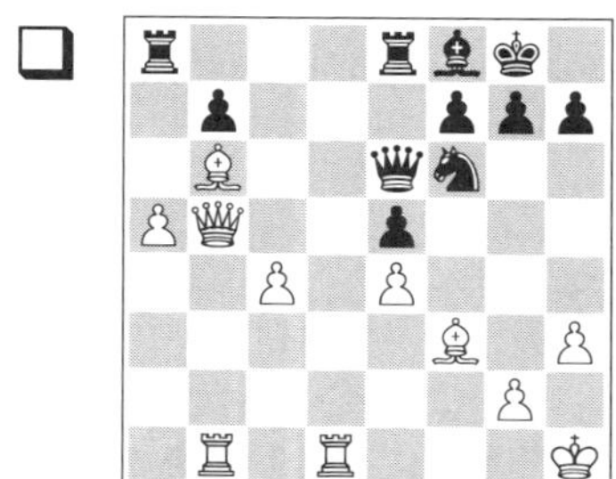

27.♖d5! ♘xd5? 28.exd5

27.♗xd4

Nimmt den Fehdehandschuh auf. Der Nachziehende bekommt jetzt flüssiges Spiel: Ein gedeckter Freibauer, Druck gegen den Bauern e4 und eine tolle Drehscheibe auf e5, von wo aus sich ein Spiel auf den dunklen Feldern organisieren lässt. Die Frage bleibt, wie gefährlich eine schwarze Turmverdoppelung auf der d-Linie gewesen wäre, hätte Weiß das Opfer verschmäht. Es gab keine Einbruchsfelder auf der d-Linie, und auch das Schlagen auf e4 war keine Drohung, beispielsweise nach 27.♔h2 wegen 27...♗xe4 28.♗xd4 ♗xc2 29.♗xc5!. Aus materialistischer Sicht ist der Partiefortgang indes völlig logisch, und es gibt auch sonst keinen anderen Plan für Schwarz, von dem eine unmittelbare Gefahr für den Anziehenden hätte ausgehen können. Die Stellung ist eben ungefähr ausgeglichen.

27...exd4 28.♗d3 ♗e5 29.♔g2 ♖e8 30.♔h3 ♕d6 31.a3

Logischerweise versucht Weiß, die ein oder andere Linie für seine Türme zu öffnen.

31...bxa3 32.♖a1 ♖b8 33.♖xa3 ♗c8 34.♕f3 f6 35.g4 ♖b6

Schwarz steht gut. Er hat einen großartigen Läufer auf e5, während die weißen Türme nicht wirklich aktiv sind und der ♗d3 wie ein Großbauer wirkt. In der Partie war Weiß dem Nachziehenden bei dessen Absichten behilflich, indem er überehrgeizig und unnötigerweise seine Königsflügelbauern vorrückte.

Emanuel Berg
Anton Korobow

Rogaska Slatina 2011

1.e4 e6 2.d4 d5 3.♘c3 ♗b4 4.e5 c5 5.a3 ♗xc3+ 6.bxc3 ♘c6 7.♘f3 ♘ge7 8.a4 ♕c7 9.♗d3 cxd4 10.0-0 dxc3 11.♕e1 ♘g6 12.♗xg6 fxg6 13.♗a3 ♕a5 14.♗d6 ♔f7 15.♖a3

♖e8 16.♕e3 ♔g8 17.♖b1 b6 18.♕f4 ♗d7 19.♘g5

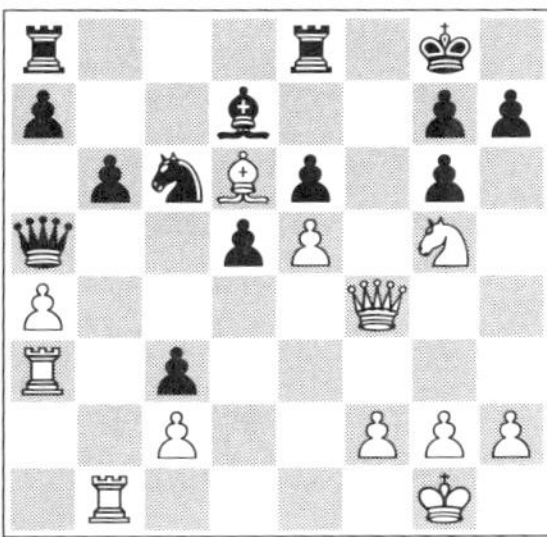

Mit seinen letzten paar Zügen hat Weiß seine Figuren auf den Königsflügel gerichtet, in der Hoffnung, einen starken Angriff einzuleiten und von der Abseitsstellung der schwarzen Dame zu profitieren.

19...♖f8!

Natürlich hätte der Nachziehende auch versuchen können, mit dem passiven 19...♘d8 alles zusammenzuhalten, doch er hatte einen viel aktiveren und vielleicht auch stärkeren Zug gefunden. Bestimmt haben Sie zur Kenntnis genommen, dass Schwarz zwei Bauern mehr hat. Dies gibt ihm die Freiheit, an einem gewissen Punkt Material zurückzugeben. Indem er seinen Turm nach f8 stellt, verlockt er seinen Gegner, sich von seiner stärksten Figur, dem ♗d6, zu trennen.

Ein ganz ähnliches Opfer, das im Unterschied zu unserer Partie am Ende aber nicht von Erfolg gekrönt war, war in der Partie Topalow-Jussupow, Dortmund 1997, zu sehen:

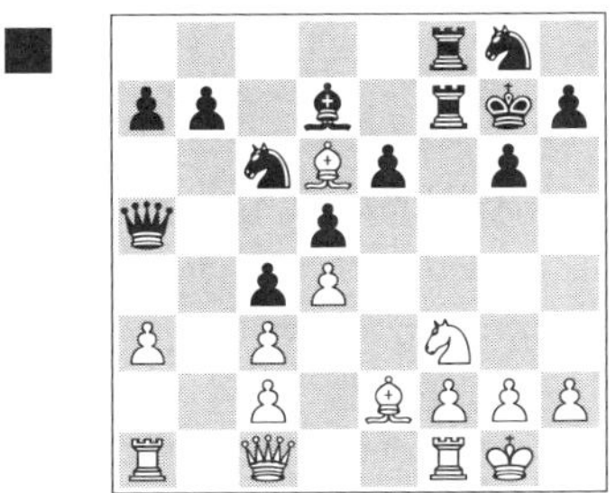

19...♕xc3 – ignoriert die Drohung!

20.♗xf8

Ungeachtet des Umstandes, dass der Verzicht auf das Schlagen dem Schwarzen Materialvorteil belässt, während Weiß keinen Angriff hat, wäre ich geneigt, den bestialischen Läufer auf d6 zu behalten, zumindest noch ein paar Züge lang. Er hält die schwarzen Türme in Schach, deckt zudem den Bauern e5 und nimmt der schwarzen Dame die Felder b4 und c5.

20...♖xf8 21.♕h4?!

Besser war sofort 21.♕g3.

21...h6 22.♘f3 g5

Nun steht Schwarz praktisch auf Gewinn. Die weißen Türme haben wenig Raum für Aktivitäten.

23.♕h5 ♕c5 24.♖aa1 ♕c4 25.h3 ♗e8 26.♕g4 ♕xg4 27.hxg4 ♗g6

Schwarz hat die Stellung seines schlechten Läufers verbessert, und der Anziehende hat zu große Probleme bei der Verteidigung seiner schwachen Bauern. Schwarz siegte überzeugend.

Es im Voraus erkennen

Alvar Alonso Rosell
Rainer Buhmann
Plowdiw 2012

1.♘f3 d5 2.c4 c6 3.g3 ♘f6 4.♗g2 dxc4 5.0-0 ♘bd7 6.♕c2 ♘b6 7.♘a3 ♕d5 8.b3 cxb3 9.axb3 ♗e6 10.♖b1 g6 11.d3 ♗g7 12.♘c4 ♕d8 13.♘a5 ♗c8 14.e4 0-0 15.♗d2 ♘e8 16.♖fd1 ♘d6 17.♗b4 ♖b8 18.h3 ♘b5

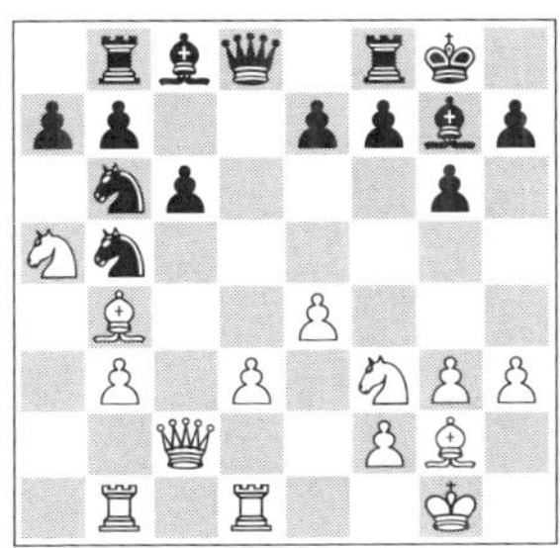

Weiß hat mit einem bekannten Bauernopfer im Réti-System ganz typische Kompensation erlangt (einschließlich des mächtigen Springers auf a5, siehe Kapitel 4, „Vom Rande aus herrschen"). Er entschloss sich nun, seine zentrale Bauernmehrheit vorzurücken.

19.d4

Ich frage mich, ob er die schwarze Antwort für möglich gehalten hat.

19...♘xd4!

Schwarz schnappt sich einen zweiten Bauern und nimmt die Chance wahr, seine Stellung zu befreien.

20.♘xd4 ♗xd4 21.♗c5 e5!

Soweit erzwungen, musste jedoch im Vorhinein berechnet werden. Es ist oft schwer, mit einer Idee aufzuwarten, die den Zug eines scheinbar gefesselten Steines beinhaltet, oder auch den Zug auf ein scheinbar vom Gegner beherrschtes Feld – dies umso mehr, je weiter dies bei Ihren Berechnungen in der Zukunft liegt. Es sieht alles so viel leichter aus, als es hier vermutlich war!

Es sei erwähnt, dass Schwarz einen weiteren verblüffenden – wenngleich letztlich unbefriedigenden – Versuch hatte: 21...♘d7 22.♖xd4 ♕xa5 23.♗xe7 ♖e8 24.♗d6 ♖a8 25.f4 mit einem bestialischen Läufer, und Schwarz wäre furchtbar gebunden.

22.♗xf8 ♕xf8 23.b4 ♗e6

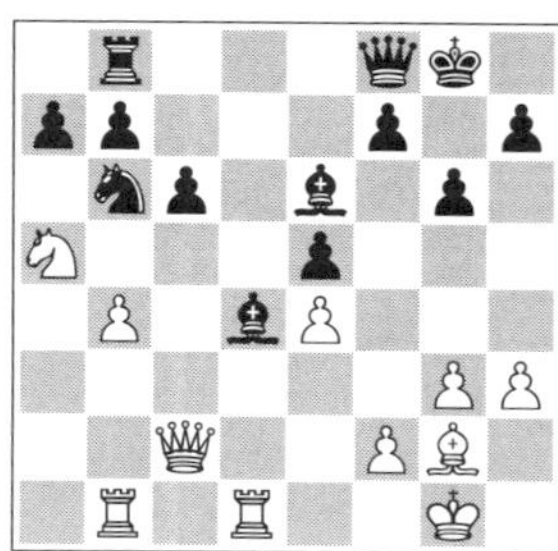

Dem Nachziehenden ist es gelungen, seine Entwicklung zu vervollständigen. Für die Qualität hat er neben den zwei Mehrbauern einen tollen Läufer auf d4 erhalten. Auch hier strahlen die weißen Türme wenig Aktivität aus.

24.♘b3 ♗xb3 25.♖xb3 ♘c8 26.♗f1 ♘d6 27.♔g2 ♖c8 28.♗d3 c5

Schwarz hätte auch passiv bleiben können, zumal er mit diesem Zug riskiert, dass die weißen Türme aktiviert werden. Doch auch so gelang es ihm, sicher in den Remishafen einzulaufen.

Ein Standardzug?

Jordan Iwanow
Manuel Leon Hoyos
Balaguer 2010

1.d4 ♘f6 2.♘f3 g6 3.c4 ♗g7 4.♘c3 0-0 5.e4 d6 6.h3 e5 7.d5 a5 8.g4 ♘a6 9.♗e3 ♘d7 10.h4 ♘f6 11.♘h2 ♘c5 12.f3 h5 13.g5 ♘h7 14.♕d2 f6 15.0-0-0 fxg5 16.hxg5 ♗d7 17.♗e2 a4 18.♔c2 b6 19.♘f1 ♕e7 20.♘g3

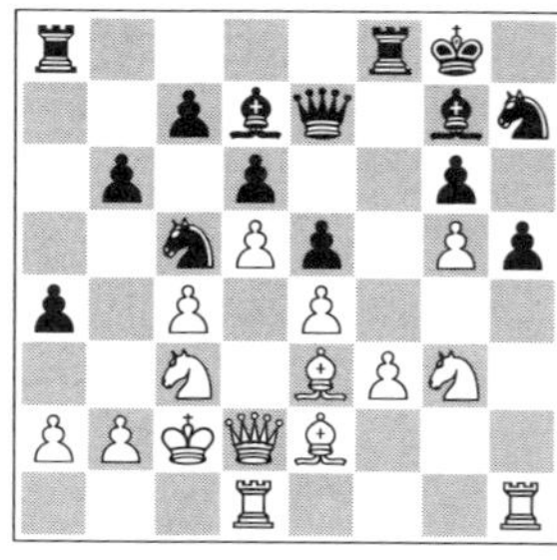

Nun würde Schwarz gern seinen ♘h7 aktivieren – aber wie?

20...♖f4!

Irgendwie habe ich den Eindruck, es ist allgemein bekannt, dass man dies trotz der Kontrolle des Feldes f4 durch den weißen Läufer spielen kann – vielleicht als Folge der weithin bekannten Partie Tal-Petrosjan, UdSSR-Meisterschaft, Riga 1958.

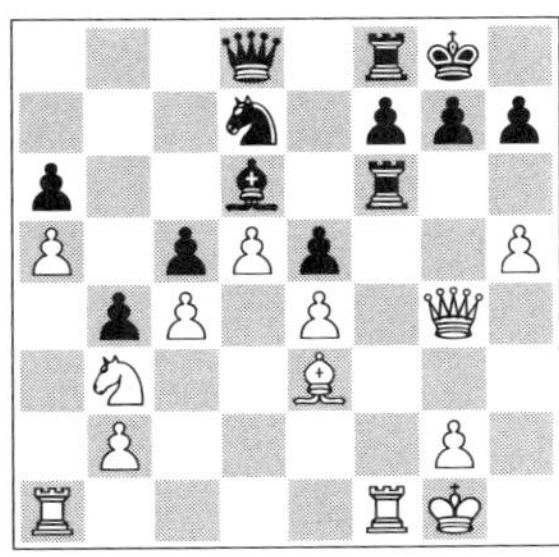

31...♖f4 – derselbe Zug, anderer Zusammenhang

Genau wie in Fluvia Poyatos-Lopez Martinez würde die Annahme des Opfers die Diagonale für den Königsläufer öffnen und dem Nachziehenden ein starkes Feld auf e5 geben. Eine typische Eigenschaft stiller Opfer ist, dass der Gegner oft nicht verpflichtet ist, diese auch anzunehmen (im Unterschied zu „Der Königsturm greift sich den Springer“ oder „Den Läufer wegschnippen“, was beides im nächsten Teil über Typische Opfer behandelt wird). Zum Beispiel gab es in einer Partie des jungen Kasparow gegen Said (Leningrad 1977) ein ganz ähnliches Opfer, das vornehm abgelehnt wurde.

21.♗xf4

Hier dürfte das Schlagen richtig sein, da der Bauer g5 angegriffen war. Doch auch so waren andere Züge wie etwa 21.♖dg1 möglich.

21...exf4 22.♕xf4 a3

Öffnet die lange Diagonale, und hat dabei...

23.b3

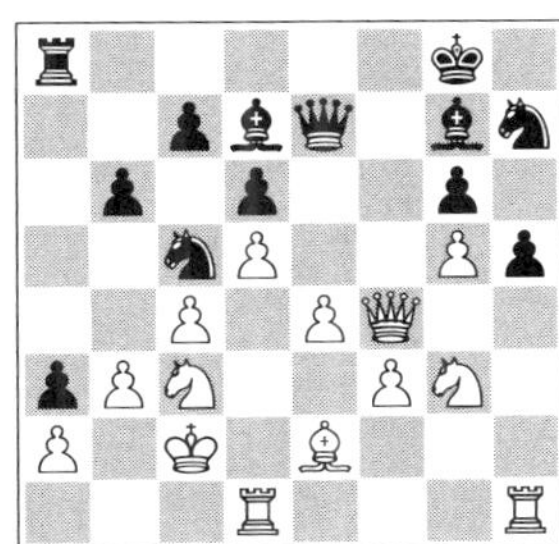

23...♗xc3!

... im Auge. Konkret gespielt! Ein alles andere als offensichtlicher Zug, der den tollen Läufer hergibt, steht am Beginn der schwarzen Berechnungen.

24.♔xc3 ♖f8

Weiß ist in großen Schwierigkeiten.

25.♕h4 ♕e5+ 26.♖d4

26.♔b4 ♕b2 führt zu einem Matt durch ...♘a6!, und nach 26.♔d2 ♘xg5 27.♖hf1 ♖f4 28.♕h2 ♖xf3 fällt die weiße Stellung auseinander.

26...♖f4 27.♕h2 h4

27...♘xg5.

28.♘f1 ♘xg5,

Und Schwarz gewann.

Machen Sie sich mit all diesen Beispielen vertraut und werfen Sie Ihre materialistische Einstellung über Bord!

Zusammenfassung

Ich hoffe, die gesehenen Qualitätsopfer werden Ihnen dabei helfen, Ihre psychologische Barriere zu überwinden (so Sie denn eine haben), wenn es darum geht, Figuren absichtlich hängen zu lassen. Sie müssen nur die Möglichkeit erkennen und die resultierende Kompensation abschätzen. Ihre Figuren könnten an Aktivität gewinnen, der gegnerische König mag zum Angriffsziel werden, usw. Merken Sie sich lediglich die Muster, in diesem Fall etwa die typischen Turmzüge!

Kapitel 16

Zurück in den Käfig

Den Läufer außerhalb der Bauernkette zu entwickeln, ist die natürlichste Sache der Welt. Und zumeist auch richtig. Doch mitunter muss man auch Schritte zurück tun.

Smyslows Lehrstunde

Neulich begegnete mir diese Partie im *Lehrbuch der Schachstrategie* von Alexander Koblenz (Tals Trainer), und ich war ziemlich beeindruckt. Unmittelbar zuvor hatte Smyslow seinen ♘e5 gegen den Läufer auf d7 abgetauscht. Ein Partieausschnitt, der auch hervorragend in das frühere Kapitel „Über den Tellerrand in die Zukunft schauen" gepasst hätte.

Wassili Smyslow
Klaus Darga
Amsterdam 1964

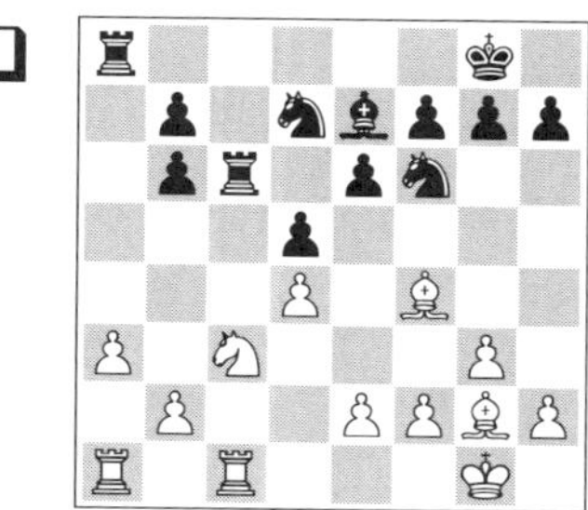

16.♗d2!

Nicht gerade ein offensichtlicher Zug, diese Deaktivierung des eigenen Läufers! Der Versuch, die Stellung mit 16.e4 dxe4 17.♘xe4 für das Läuferpaar zu öffnen, kann mit 17...♘d5 pariert werden. Mithin entschied sich Smyslow, den Königsläufer nach e2-e3 über das Feld f1 zu entwickeln. Das sofortige 16.e3 würde jedoch nach 16...h6 (or 16...♘h5) den ♗f4 exponiert lassen.

16...♖d8 17.e3 ♘e8?!

Beabsichtigt, 18.♗f1 mit ...♘d6 zu beantworten. Doch nun, da der Springer die Kontrolle über das Feld d5 aufgegeben hat, wechselt Smyslow umgehend die Gangart.

18.e4!

Vermutlich eingelullt von dem bescheidenen Zug dieses Bauern zuvor, vergaß Darga, dass dieser noch einen weiteren Schritt nach vorn machen könnte.

18...dxe4

Koblenz gibt 18...♘df6 19.e5 ♘d7 20.♗f1 (droht ♗b5 nebst ♘a4) und auf 20...♘c7 dann 21.♘b5 an.

19.♗xe4

Weiß steht klar besser und siegte rasch. Später gewann Smyslow das Turnier, gemeinsam mit Larsen und Spasski, mit 17 aus 23(!) und ungeschlagen.

Dem großen Vorbild folgen

Ryszard Grossmann
Pawel Jaracz
Breslau 2012

Um Sie zu ermutigen und um zu zeigen, dass tiefsinniges Positionsspiel keineswegs ein Privileg höchster Kreise ist, zeige ich Ihnen die folgende Schnellpartie:

1.d4 ♘f6 2.c4 e6 3.♘f3 b6 4.g3 ♗b4+ 5.♗d2 ♗e7 6.♗g2 c6 7.♘c3 d5 8.cxd5 cxd5 9.♖c1 a6 10.0-0 0-0 11.♗f4 ♗b7 12.♕d3 ♘c6 13.♘e5 ♘xe5 14.♗xe5 b5 15.a3 ♖c8 16.♖c2 ♘d7 17.♗f4 ♘b6 18.♖fc1 ♕d7 19.♘b1 ♖xc2 20.♖xc2 ♗c6

21.♘d2 ♘c4 22.♘b3 ♖d8

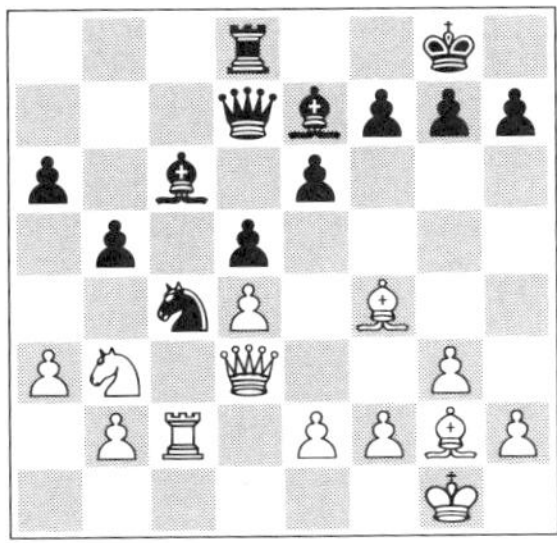

23.♗d2!

Der mit einer recht bescheidenen Elozahl ausgestattete Grossmann wartet hier mit einer ganz ähnlichen Idee auf. Er war zu der Schlussfolgerung gelangt, dass der Läufer auf f4 nur in die Luft guckt.

23...♕c7

23...♘xd2!? 24.♕xd2 ♖c8 wäre ein weiteres Beispiel für die Hergabe eines starken Springers – und hier durchaus plausibel. Auf diese Weise hätte Schwarz die Kontrolle über die dunklen Felder am Damenflügel bewahrt.

24.♗b4

Das war die Idee: Nach dem Abtausch der schwarzfeldrigen Läufer hat Weiß auf der offenen c-Linie einen starken Stützpunkt auf c5.

24...♗f6 25.♕c3 ♕b6 26.e3 ♖e8

Der Auftakt zu einem zweifelhaften Plan, doch der Großmeister mit Schwarz suchte nach Wegen, auf Gewinn zu spielen.

27.♘a5 e5?! 28.♘xc6 ♕xc6 29.b3

Oder 29.dxe5 ♗xe5 30.♕d3 ♗xb2 (30...♘xb2 31.♕xh7+) 31.♗xd5.

29...exd4 30.exd4 a5

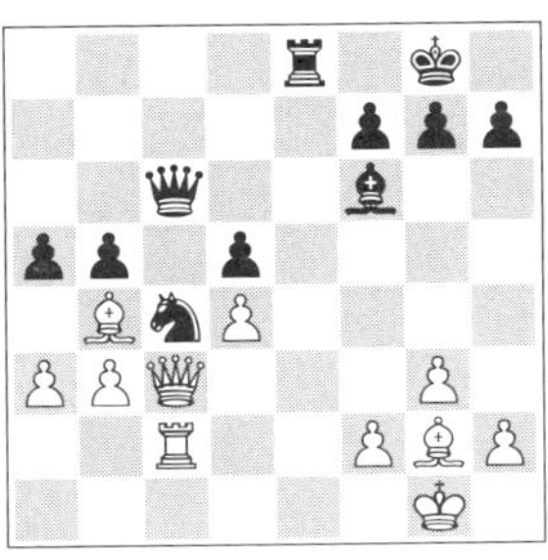

31.bxc4?

Das einfache 31.♗xa5! hätte nach 31...♘xa5 32.♕xc6 ♘xc6 33.♖xc6 ♗xd4 34.♗xd5 zu einem sicheren Plus geführt. Der Textzug wirft jeden Vorteil weg und erlaubte dem Nachziehenden sogar, nach...

31...axb4 32.♕xb4 bxc4 33.♕a5

... seinen Gegner noch niederzukämpfen.

Ein berühmter Vorgänger

Dawid Janowski
José Raul Capablanca
New York 1916

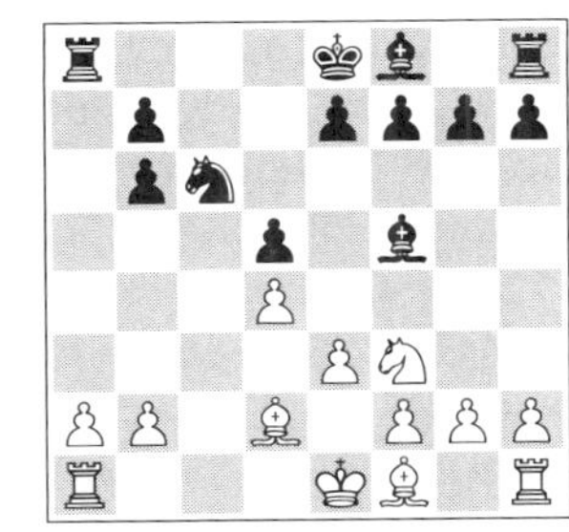

Diese Stellung findet sich in zahlreichen Lehrbüchern. Den Läufer nach ...e7-e6 vor der Bauernkette zu belassen, würde den Damenflügel unterbesetzt lassen (auch wenn keine direkte Widerlegung ersichtlich ist). Capa erachtete es mithin als notwendig, ein Tempo zu verlieren, um den Läufer umzusiedeln.

10...♗d7!

Capablanca selbst beschrieb hier den grundlegenden Plan: Den b-Bauern nach b5 vorzurücken und den Springer nach c4 zu überführen. Jedenfalls gelang es ihm, die Probleme zu vermeiden, vor denen Darga im ersten Partiebeispiel stand.

11.♗e2 e6 12.0-0 ♗d6 13.♖fc1 ♔e7 14.♗c3 ♖hc8 15.a3?

Damit gewinnt der folgende schwarze Zug noch an Kraft, da gleich eine Gabel auf b3 droht. Panow gab 15.♘e5 als besser an.

15...♘a5 16.♘d2 f5 17.g3 b5 18.f3 ♘c4 19.♗xc4 bxc4 20.e4 ♔f7

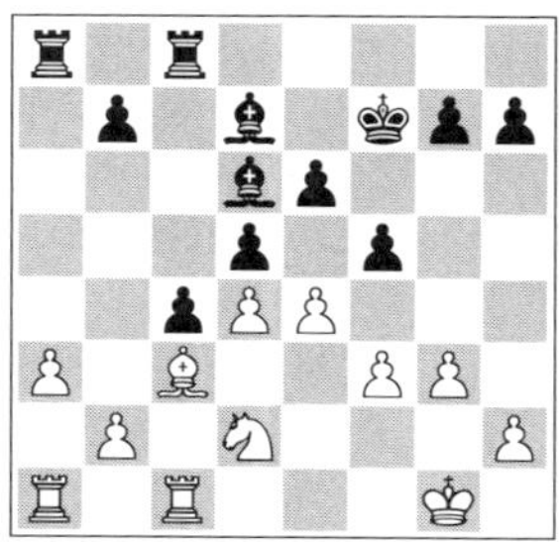

21.e5?

Notwendig war 21.exd5 exd5 22.f4 nebst ♘f3-e5, wie von Panow ausgeführt wurde; Capablanca schweigt hierzu jedoch. Zu dieser Stellung sowie zu weiteren Gesichtspunkten dieser Partie lohnt es sich, in Yermolinskys unterhaltsamem Buch *Der Weg zur Verbesserung im Schach* nachzuschlagen. Yermo gibt eine klare Einschätzung der Lage, und zu Janowski bemerkt er: „Im weiteren Verlauf sehen wir einen gebrochenen Mann, der versucht, einen Tsunami mit bloßen Händen aufzuhalten."

21...♗e7 22.f4 b5 23.♔f2 ♖a4 24.♔e3 ♖ca8 25.♖ab1 h6 26.♘f3 g5 27.♘e1 ♖g8 28.♔f3 gxf4 29.gxf4 ♖aa8 30.♘g2 ♖g4 31.♖g1 ♖ag8 32.♗e1 b4 33.axb4 ♗a4 34.♖a1 ♗c2 35.♗g3 ♗e4+ 36.♔f2 h5 37.♖a7 ♗xg2 38.♖xg2 h4,

... und Schwarz gewann.

Zurück und dann nach vorne

Mir selbst gelang einmal ein erfolgreicher Läuferrückzug, mit Einsperrung in die Bauernkette und späterer Reaktivierung. In der Diagrammstellung wird der schwarze Damenläufer durch den Bauern g6 in seiner Beweglichkeit behindert, genau wie – mit vertauschten Farben – in den ersten beiden Beispielen.

Zhaoqin Peng
Arthur van de Oudeweetering
Niederlande 2008/09

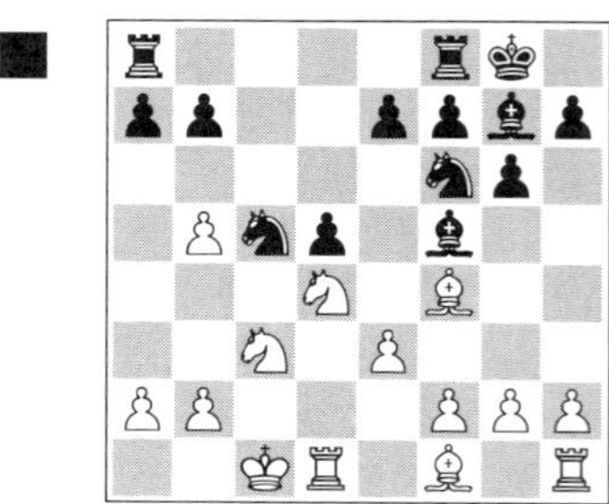

13...♗d7!?

Natürlich half mir hier der Umstand, dass der Läufer vom ♘d4 geschlagen werden könnte, dennoch waren auch andere Züge möglich: 13...♘fe4 oder 13...♖ac8, während meine Engine gar auf 13...♗g4 14.f3 ♘fe4 verfällt. Die schwarze Stellung gibt jedoch keinen Anlass, sich auf solche Verwicklungen einzulassen.

14.f3 ♖ac8 15.♘c2 ♖fd8 16.g4 e6

Sperrt den ♗d7 ein, errichtet aber ein solides Bauernzentrum.

17.♗e2 ♗e8

Macht für den ♘f6 Platz, der nun via d7 und b6 nach a4 vorpreschen kann, mit beträchtlichem Druck gegen den weißen Damenflügel.

18.♔b1 ♘fd7 19.♗g5

Mit Weiß fällt einem nur schwer ein vernünftiger Plan ein. Die Diagonale a1-h8 wird nun vorübergehend geschlossen, dafür aber wird der ♗e8 bald ins Spiel zurückkehren.

19...f6 20.♗h4 g5 21.♗e1 ♗g6

Und der Stern des Läufers leuchtet vom Königsflügel aus wieder hell.

22.♖d2 ♘b6

Mit jedem Zug steigert sich der Druck, und in Zeitnot ging Peng rasch unter:

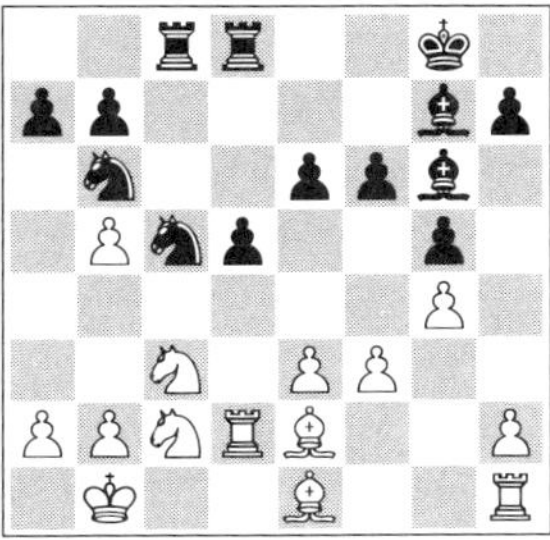

23.♗f2 f5 24.gxf5 ♗xf5 25.e4 ♗g6 26.♗xc5? ♖xc5 27.♘d4? dxe4

Gewinnt Haus und Hof.

Weiß gab auf.

In der Eröffnung

Ivan Morovic Fernandez
Alexei Dreew
Moskau 2010

1.d4 d5 2.c4 c6 3.cxd5 cxd5 4.♘f3 ♘f6 5.♘c3 ♘c6 6.♗f4

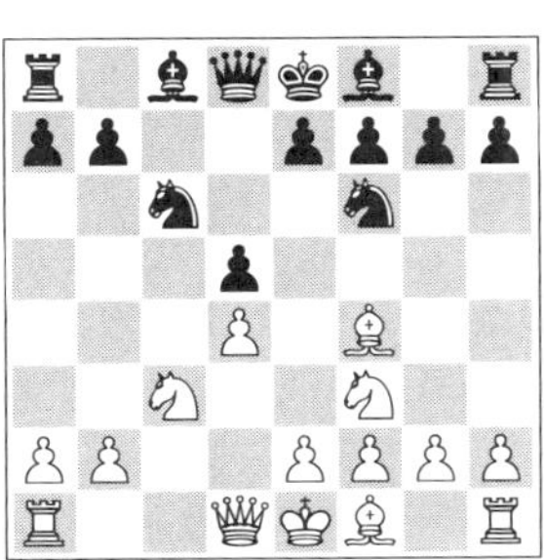

Ich schätze, mein Läuferrückzug in der Partie zuvor wurde auch von einer Spielweise in der Slawischen Abtauschvariante inspiriert, die durch einige Partien von Botwinnik bekannt wurde – insbesondere dessen Trainingspartie gegen Petrosjan 1952. Viele Jahre später machte der Schwarzspieler in der vorliegenden Partie diese Idee noch populärer.

6...e6!?

Das ist es. Während 6...♗f5 der normale Entwicklungszug ist, lässt Schwarz den Läufer hier freiwillig innerhalb seiner Bauernkette. Kein Läuferrückzug hier! Ähnliche Aspekte finden sich im Kapitel 9, „Der trügerische Läufer auf c8". Witzigerweise wird 6...♘h5 in der überwiegenden Anzahl der Fälle mit einem Rückzug des weißen Läufers hinter die eigene Bauernkette beantwortet. Auf diese Weise bewahrt sich Weiß das Läuferpaar; ein Thema, das auch in der Partie auftaucht.

7.e3 ♘h5

Nun ist dem Läufer der Rückzug verbaut, und er wird irgendwann vom Springer geschlagen.

8.♗g5 ♕b6 9.a3

Die wichtigsten Alternativen sind 9.♗b5 und 9.♖b1.

9...h6 10.♗h4 g5 11.♗g3 ♘xg3 12.hxg3 ♗g7

Wenngleich unter Schwächung seiner Bauernstruktur, hat Schwarz sein Ziel erreicht und das Läuferpaar erhalten. Der auf c8 ist freilich unentwickelt.

13.♗d3 ♕d8 14.♖c1 ♗d7 15.♘d2

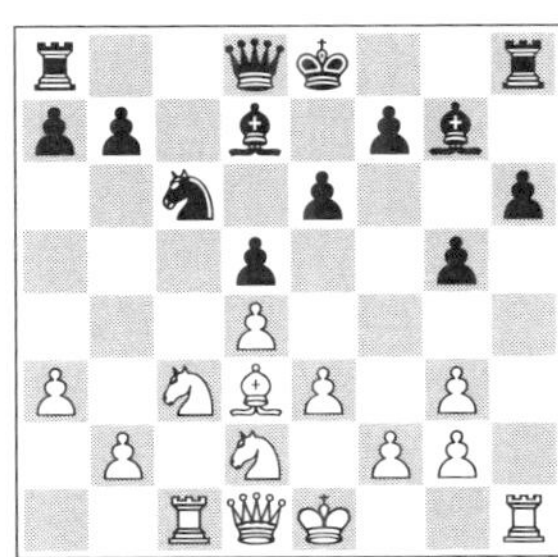

15...e5!?

Genau wie in der zuvor erwähnten Botwinnik-Partie aktiviert Schwarz seinen Läufer schließlich, indem er einen Isolani in Kauf nimmt. Die Figurenaktivität kompensiert dabei die Bauernstruktur. Dreew gewann letztlich eine spektakuläre Partie.

16.dxe5 ♘xe5 17.♗e2 ♗e6 18.♘f3 ♘c6 19.♗b5 0-0 20.♗xc6 bxc6 21.♘d4 c5 22.♘c6 ♕d6 23.♘xd5 ♔h8 24.♘de7 ♕xd1+

25.♔xd1 c4 26.♔c2 ♖fb8 27.♘xb8 ♖xb8 28.♔d2 ♖xb2+ 29.♔e1 ♖a2 30.♘c6 ♗f5 31.♘d4 ♗d3 32.g4 ♗f8 33.♘b5 ♖e2+ 34.♔d1 ♖xf2 35.♘xa7 ♗xa3 36.♖c3 ♗b4 37.♘b5 0-1

Läufertausch? Nein, danke!

Ein weiteres Beispiel im Zusammenhang mit der Bewahrung des Läuferpaars.

K. Abhishek
Baskaran Adhiban
Chennai 2012

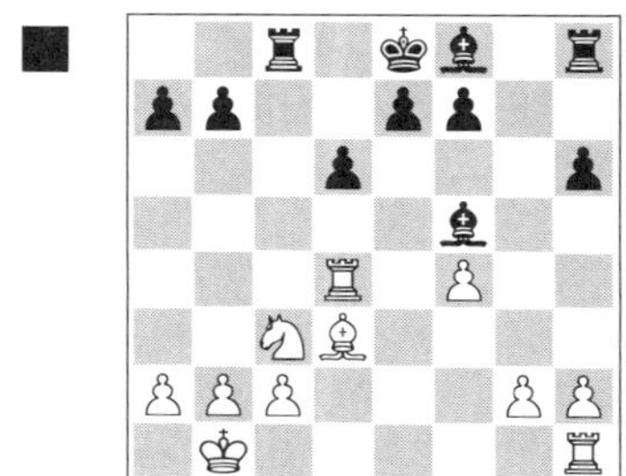

16...♗d7!?

Der Nachziehende möchte sein Läuferpaar behalten und ist dafür bereit, seinen weißfeldrigen Läufer vorerst innerhalb der eigenen Bauernkette zu verstecken.

Nach 16...♗xd3 17.♖xd3 könnte Weiß versuchen, mit dem Springerausfall nach d5 Druck auf der e-Linie auszuüben, doch nach beispielsweise 17...♗g7 18.♘e4 ♔d7 wäre die schwarze Stellung völlig in Ordnung.

17.♖e1

Der Abtausch der weißfeldrigen Läufer ist in diesem Sizilianisch-Abspiel ein wichtige Teilziel für Weiß, man sehe z.B. die Partie Grischuk-Malachow, Kandidatenmatch 2007. Dort endete das Duell zwischen Springer und Läufer zugunsten von Weiß, wenngleich die Anwesenheit der Damen in jener Partie einen wichtigen Unterschied machte – dadurch wurde die schwarze Königsstellung viel verwundbarer.

Mithin würde das hartnäckige 17.♗b5 hier grundsätzlich Sinn machen, es trifft aber auf 17...♗g7 18.♗xd7+ (18.♖b4 ♗xc3 19.bxc3 ♗xb5 20.♖xb5 b6) 18...♔xd7 19.♖a4 ♗xc3 20.bxc3 a6.

17...♔d8 18.♖b4

Hier kam 18.♗b5 in Betracht, doch erneut stünde Schwarz nach etwa 18...♗g7 19.♗xd7 ♔xd7 20.♖de4 e6 21.♘e2 ♖c5 recht gut.

18...♗c6 19.♗e4

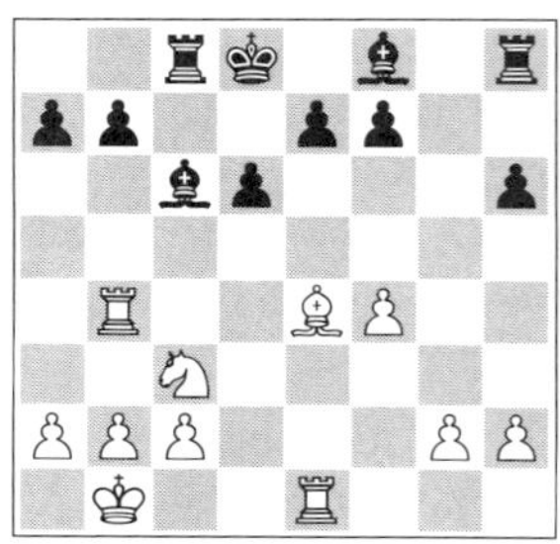

19...d5!

Auch weiterhin will der Nachziehende seinen Läufer hinter der Bauernkette behalten, um in seinem Schutz ein starkes Bauernzentrum aufzubauen.

20.♗f3

20.♗xd5 scheitert an 20...e6.

20...e6 21.♖d4 ♗d7 22.♗h5 ♗g7 23.♖d3 ♖f8 24.f5 ♖c5 25.♖f1 ♔e7 26.♘e2

26.♖df3 ♗xc3 27.bxc3 (27.fxe6 ♗b5 28.♖xf7+ ♖xf7 29.♖xf7+ ♔xe6 30.bxc3 d4) 27...e5.

26...e5

Und Schwarz hatte klares Oberwasser.

Ein komplizierter Fall

Davorin Kuljasevic
Sergiu-Henric Grünberg
Krk Malinska 2013

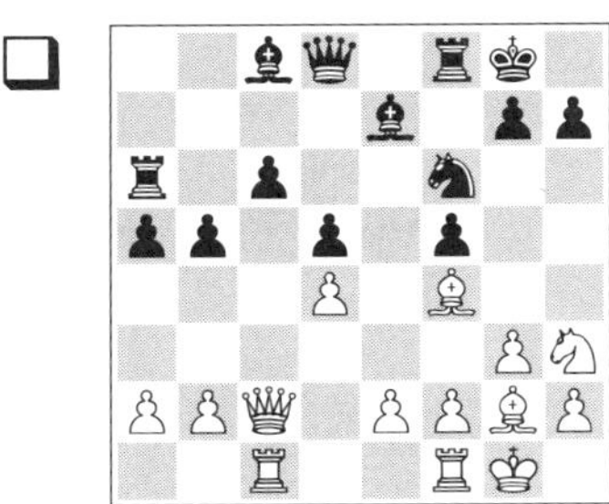

Hier ist klar, dass Weiß zuerst die Stellung seiner am schlechtesten postierten Figur verbessern will, nämlich des ♘h3. Dieser würde gerne nach f4 gehen, doch dazu muss zunächst der scheinbar so gut postierte Läufer diesen Platz räumen.

15.♗d2!?

Nach den vorangegangenen Beispielen mag das wohl nicht mehr überraschen, doch ist es sicherlich nicht der einzige Zug. Nach 15.♗e5 müsste Weiß mit 15...♘g4 rechnen, doch obgleich die Sache ein wenig unübersichtlich wird, scheint Weiß nach 16.♘f4 ♘xe5 17.dxe5 g5 18.♘d3 Vorteil zu behaupten.

Ein anderer Plan für Weiß wäre, den Springer via g5 und f3 nach e5 zu bringen. Mithin 15.♘g5, wonach 15...♘h5 16.♘f3 ♘xf4 17.gxf4 zu einer ruhigen Stellung führt, in der ich doch lieber mit Weiß spielen würde. Der Nachziehende hat hier wenig Möglichkeiten, aktiv zu werden. Doch der Textzug vergrößert den weißen Einfluss am Damenflügel.

15...♕b6 16.e3 ♘e4 17.♘f4 a4

Oder 17...♘xd2 18.♕xd2, und der weiße Springer wird das Idealfeld d3 erreichen, von wo aus er c5 wie auch e5 kontrolliert. Weiß hätte einen komfortablen Vorteil.

18.a3 b4?

18...♘xd2 19.♕xd2 b4? scheitert an 20.♖xc6, doch mit dem Textzug rechtfertigt der Nachziehende perfekt den weißen Aufbau.

19.♗xb4 ♗xb4 20.axb4 ♕xb4 21.♘d3

Durch den Abtausch seines schwarzfeldrigen Läufers sind die dunklen Felder im Lager des Nachziehenden nur noch verwundbarer geworden. Dazu hat sich seine Bauernstruktur am Damenflügel verschlechtert. Seine Stellung brach bald zusammen.

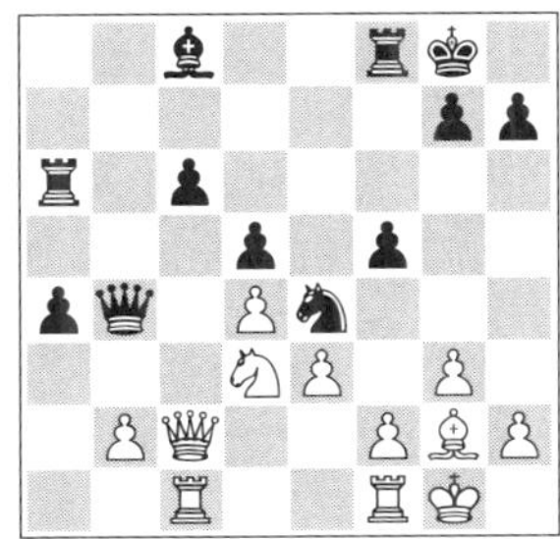

21...♕b6 22.♖a1 ♖f6 23.♖fc1 ♕b3 24.♖a3 ♕xc2 25.♖xc2 g5 26.♘b4 ♖b6 27.♖xa4 ♗b7 28.♘d3 1-0

Zusammenfassung

Derartige Rückzüge sind sicherlich nicht das Erste, was einem in den Sinn kommt; und den Läufer hinter die eigene Bauernkette zurückzuziehen, verstößt gegen die klassischen Regeln. Die Beispiele sollten Sie jedoch lehren, dass ein solcher Rückzug ein nützliches Vefahren sein kann, wenn es darum geht, das Läuferpaar zu behalten, den Läufer vor Problemen zu bewahren, oder aber ihn auf dem anderen Flügel einzusetzen.

Kapitel 17

Aktiv spielen und den f-Bauern verdoppeln!

Doppelbauern sind eine Schwäche – das ist eines der ersten Dinge, die wir lernen. Dennoch gibt es immer wieder Spieler, die ihre Bauern aus verschiedenen guten Gründen freiwillig verdoppeln. Hier werden wir uns ganz speziell ansehen, welche Vorteile ein verdoppelter f-Bauer mit sich bringen kann.

Angriff – die offene g-Linie

Beginnen wir mit einem geradlinigen Angriff auf der halboffenen g-Linie – der erste und offensichtlichste Nutzen von gxf3.

Ivan Sokolov
Tom Wiley
Maastricht 2012

1.d4 d5 2.c4 dxc4 3.e3 e5 4.♗xc4 exd4 5.exd4 ♘f6 6.♘f3 ♗d6

6...♗e7 7.0-0 0-0 8.h3 ♘bd7 9.♘c3 ♘b6 10.♗b3 c6 11.♘e5 war der Auftakt zu einer anderen hübschen Partie von Sokolov (gegen Hübner, Wijk aan Zee 1996).

7.0-0 0-0 8.♗g5 h6 9.♗h4 ♘c6 10.♕d3

Üblicher sind 10.h3 und 10.♘c3.

10...♘b4! 11.♕b3 ♘c6 12.♕d3 ♘b4 13.♕d2

Nicht gerade das natürlichste Feld für die Dame in so einer Isolani-Stellung, doch Sokolov wollte sich nicht mit Remis begnügen.

13...c6 14.♘c3 ♗g4 15.♔h1!

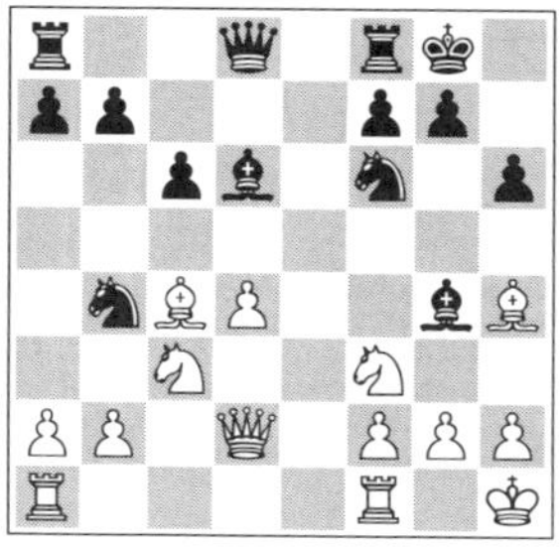

Weiß lässt an seinen Absichten nach einem Schlagen auf f3 keine Zweifel.

15...♗xf3

Nicht erzwungen, aber die logische Konsequenz des vorigen Zuges.

16.gxf3 ♗e7?

Wirkt natürlich, ist aber bereits zu langsam. Besser war der trickreiche Versuch, mit 16...♕d7 der Fesselung zu entkommen. In diesem Fall kann 17.♗xf6 mit 17...♕h3! beantwortet werden.

17.♖g1 ♔h8 18.a3!!

Mir gefällt dieser kleine Angriffszug ausgesprochen gut. Weiß bereitet das entscheidende Opfer vor, indem er das Feld d3 für seinen Läufer zugänglich macht.

18...♘bd5

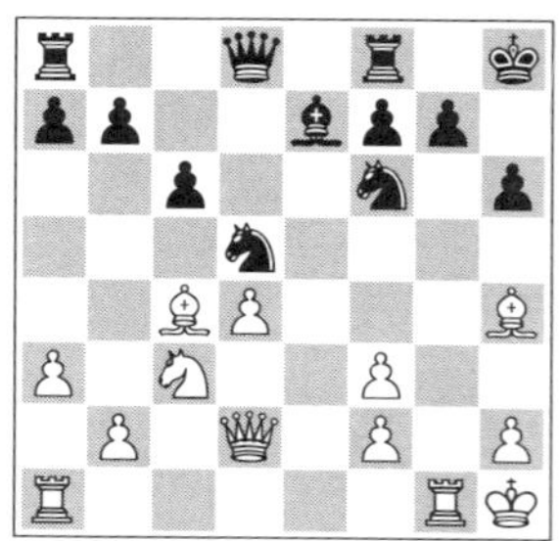

19.♖xg7 ♔xg7 20.♖g1+ ♘g4

Man beachte, dass 20...♔h7 nun mit 21.♗d3+ beantwortet wird.

21.♖xg4+ ♔h7 22.♘xd5 ♗xh4

Hartnäckiger, letztlich jedoch ebenso unzureichend, wäre 22...cxd5 23.♗d3+

f5 24.♕f4 ♗xh4 25.♗xf5+ ♖xf5 26.♕xf5+ ♔h8 27.♕h5 ♗g5 28.h4 gewesen.

23.♕f4 ♗g5 24.♕f5+ ♔g7 25.♘f4

Alle Figuren von Weiß nehmen am Angriff teil: Das Spiel ist aus.

25...♕e7 26.h4 **1-0**

Zeitgewinn und Läuferpaar als Kompensation

Arthur van de Oudeweetering
Anastasia Sorokina

Sankt Petersburg 2005

Ich habe sehr angenehme Erinnerungen an diese Partie, in der es mir gelang, einen winzigen Entwicklungsvorsprung auszunützen.

1.e4 c5 2.c3 d5 3.exd5 ♕xd5 4.d4 ♘c6 5.♘f3 ♗g4 6.♗e2 cxd4 7.cxd4 e6 8.h3 ♗h5 9.0-0 ♘f6 10.♘c3 ♕a5 11.♕b3 ♕b4 12.♖d1 ♗e7 13.d5 ♕xb3 14.axb3 exd5 15.♘xd5 ♘xd5 16.♖xd5 ♗g6 17.♗b5!?

Damals ein neuer Zug, der mit voller Absicht die Verdoppelung des f-Bauern provoziert.

17...♗e4 18.♖e5 ♗xf3 19.gxf3

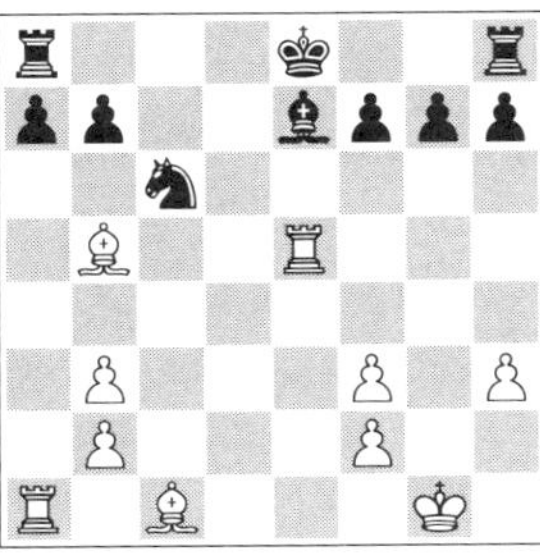

Die Bauernstruktur von Weiß sieht natürlich schrecklich aus, doch seine Läufer haben große Bewegungsfreiheit, und – am wichtigsten – Schwarz hat Schwierigkeiten, ein Versteck für ihren König zu finden.

19...f6 20.♖e4 ♔f7 21.♗c4+ ♔f8 22.♗e3 g5 23.♗d5 f5 24.♖c4

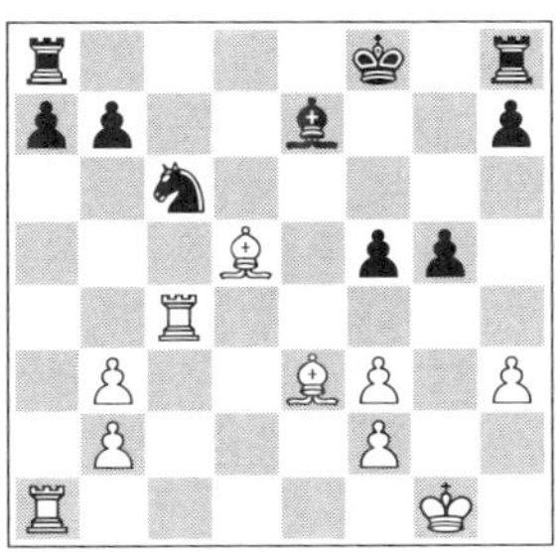

24...f4

Schwarz hätte mit 24...♔g7 ihre Türme verbinden können, doch nach 25.♗xc6 bxc6 26.♖xc6 tauchen zahlreiche Drohungen wie z.B. ♖c7 und ♗d4 auf, zudem ist der Bauer a7 todgeweiht. Doch der Versuch in der Partie wird die Schwarzspielerin gleichfalls nicht retten.

25.♗d2 ♘e5 26.♖c2 ♖d8 27.♗xb7 ♖d3?!

27...♖d7.

28.♗c3 ♗f6 29.♗e4 ♖d7 30.♖a5

Die Bauernstruktur von Weiß ist nach wie vor unterirdisch, doch seine Figuren sind äußerst aktiv geworden. Schwarz ist völlig verloren, und im 36. Zug war es vorbei.

Der rasche Vorstoß f3-f4 (...f6-f5)

David Arutinjan
Davit Lomsadse

Tiflis 2012

Eine andere Möglichkeit, den f-Bauern zu verdoppeln, ist das Schlagen mit exf3 oder ...exf6 (was zudem gegen die Regel verstößt, stets in Richtung Zentrum zu schlagen). Dies öffnet die e-Linie und ermöglicht oft eine rasche Entwicklung, wie z.B. im Caro-Kann nach ...♘f6 5.♘xf6+ exf6. Doch die Absicht kann auch in einem raschen f3-f4 (oder ...f6-f5) bestehen, wie in dieser Partie.

Das erstaunlichste Beispiel zu dieser Strategie ist der Rauser-Drachen-Zwitter: 1.e4 c5 2.♘f3 ♘c6 3.d4 cxd4 4.♘xd4 ♘f6 5.♘c3 d6 6.♗g5 g6!?, was von Oleg Tschernikow propagiert wurde und die Aufmerksamkeit einiger äußerst starker Spieler – bis hin zu Magnus Carlsen – auf sich gezogen hat.

1.d4 ♘f6 2.♘f3 g6 3.c4 ♗g7 4.g3 0-0 5.♗g2 d6 6.0-0 ♘c6 7.♘c3 a6 8.♗f4 ♖b8 9.♖c1 ♘d7 10.b3 h6 11.d5 ♘ce5 12.♕d2 g5 13.♗e3 ♘xf3+

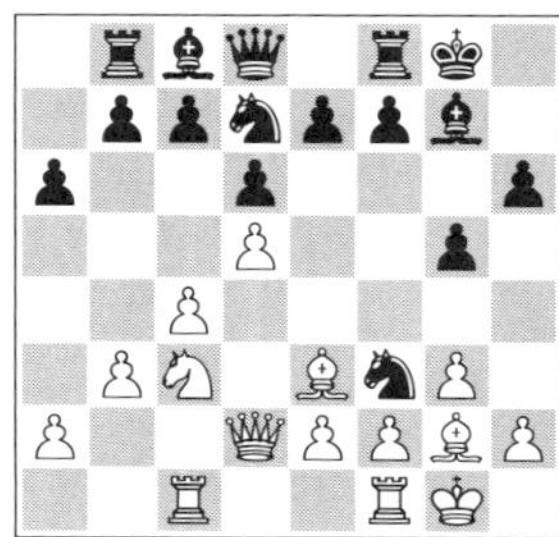

14.exf3!

Plant einen Angriff einzuleiten, indem die schwarze Struktur am Königsflügel mit f3-f4 weiter geschwächt wird.

14...e5

Die Stellung von Schwarz ist bereits sehr schwierig. Mit diesem Zug versucht er, die Dame in die Verteidigung einzubeziehen, doch wird sich nun die Stellung zu einem Zeitpunkt öffnen, an dem Schwarz noch stark mit der Entwicklung hinterherhinkt.

15.dxe6 fxe6 16.f4 gxf4 17.♗xf4 ♕f6 18.♖fe1 ♔h8 19.♘e4

Am kräftigsten war nun das reizvolle 19.c5!: 19...♘xc5 (19...dxc5 20.♗xc7) 20.b4 ♘d7 21.♘e4 ♕g6 22.♖xc7.

19...♕g6

Auch nach der Partiefortsetzung steht Weiß weiterhin klar besser, ...

20.♘xd6 cxd6 21.♗xd6 ♖e8 22.♗xb8 ♘xb8

... doch später verlor er den Faden sowie die Partie.

Den Automatismus abstellen!

Juri Balaschow
Alexei Dreew
Samara 1998

1.c4 c6 2.e4 d5 3.exd5 ♘f6 4.♘c3 cxd5 5.cxd5 ♘xd5 6.♘f3 ♘xc3 7.bxc3 g6 8.d4 ♗g7 9.♗d3 ♘c6 10.0-0 0-0 11.♗e4 ♗d7 12.♖e1 ♖c8 13.♗g5 ♖e8

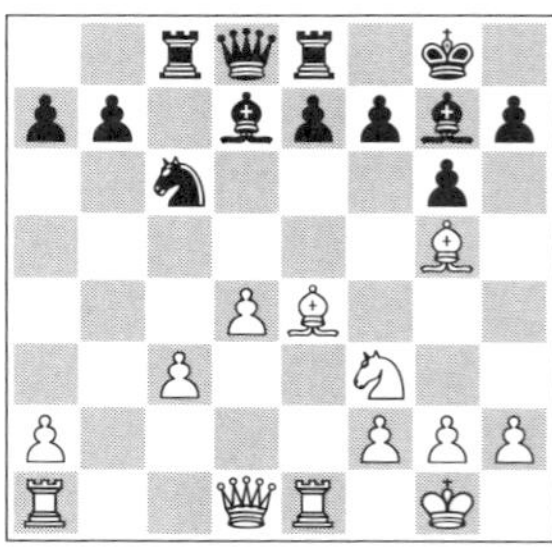

14.♖c1

Hier kommentiert Lukacs für *ChessBase* wie folgt: „14.d5 ruiniert nach 14...♘a5 15.d6 f6 16.dxe7 ♖xe7 17.♗d5+ ♔h8 18.♖xe7 ♕xe7 19.♗e3 b6 nur die eigene Position." Allerdings analysierte Dreew selbst die Partie für *New In Chess* 1998/7 und schrieb: „14.d5 ♘a5 15.d6 sieht am logischsten aus. Ich hatte die Absicht, dies mit 15...♗f6 16.♗xf6 (16.dxe7 ♗xe7) 16...exf6 zu beantworten, wonach mir die schwarze Stellung gleichfalls vorzuziehen scheint."

Es ist tatsächlich unklar, welcher der beiden 15. Züge von Schwarz besser ist. Doch ich denke, den Zug ...♗f6 – was dem Gegner einen Freibauern gibt und die eigene Bauernstruktur verstümmelt – überhaupt in Betracht zu ziehen, verdient schon höchstes Lob. Schwarz gewann eine sehr gute Partie. Zwei jüngere Beispiele sind Gundavaa-Sasikiran, Zaozhuang 2012: 1.d4 ♘f6 2.c4 e6 3.♘c3 ♗b4 4.♕c2 d5 5.a3 ♗xc3+ 6.♕xc3 0-0 7.♘f3 dxc4 8.♕xc4 b6 9.♗g5 ♗a6 10.♕a4 h6

11.♗h4 ♕d7 12.♕xd7 ♘bxd7 13.♗xf6 gxf6! (anstelle des natürlichen 13...♘xf6), und auch Anand-Gelfand, Moskau 2012: 1.d4 ♘f6 2.c4 g6 3.f3 c5 4.d5 d6 5.e4 ♗g7 6.♘e2 0-0 7.♘ec3 ♘h5 8.♗g5 ♗f6 9.♗xf6 exf6!?, auch wenn die letztere Partie – wie Sie vielleicht wissen – schnell und dramatisch für Gelfand endete.

Zentrumskontrolle im Endspiel

Artur Jussupow
Georg Siegel
Schweiz 2000

1.d4 d5 2.c4 c6 3.♘c3 ♘f6 4.e3 e6 5.b3 ♘bd7 6.♗b2 ♗d6 7.♘f3 0-0 8.♗d3 e5 9.cxd5 cxd5 10.dxe5 ♘xe5 11.♗e2 ♘xf3+ 12.♗xf3 ♗e5 13.0-0 ♗e6 14.♘a4 ♗xb2 15.♘xb2 ♖c8 16.♕d4 ♕a5 17.♘d3 ♗f5 18.♘b4 ♗e4

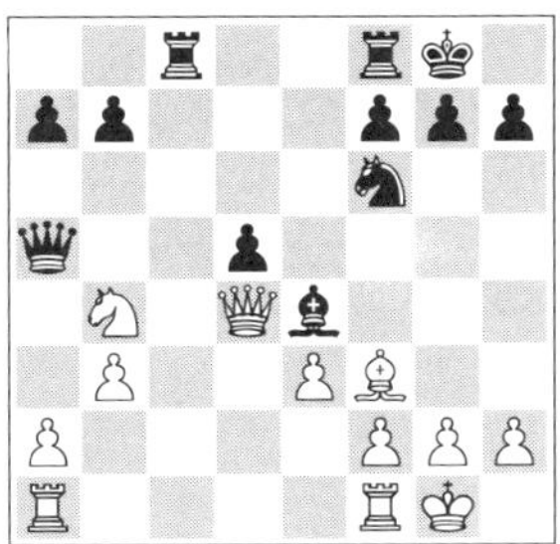

19.♖fd1! ♗xf3 20.gxf3

Auch hier besteht für den weißen König keine unmittelbare Gefahr. Die schwarze Dame versteckt sich zum Beispiel auf der anderen Brettseite. Der Bauer f3 vereitelt alle Hoffnungen von Schwarz, den Springer auf e4 in Stellung zu bringen. Genau wie in der Sokolov-Partie ist Weiß im Begriff, die g-Linie auszunützen.

20...♖c5 21.♔h1 ♖fc8 22.♖g1 ♕b6 23.♘d3 ♖c2?!

Jussupow gibt 23...♖5c6 24.♕xb6 ♖xb6 als eine bessere Verteidigung an.

24.♕xb6 axb6 25.♖gd1

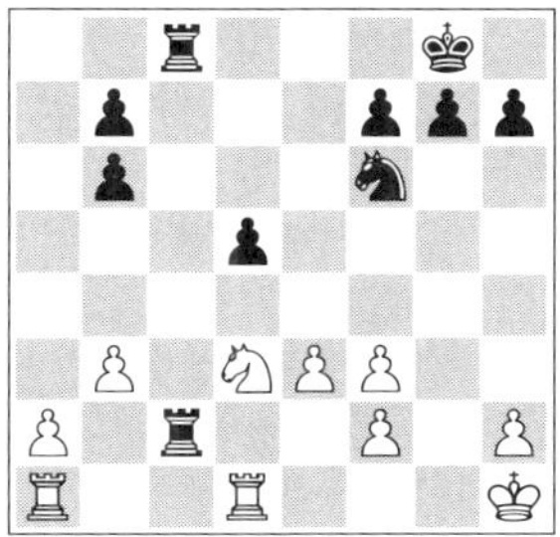

Nun, da die Damen abgetauscht sind, richtet Weiß seine Aufmerksamkeit weg von der g-Linie und hin zu den schwachen Bauern von Schwarz. Man beachte, wie der Bauer f3 nach wie vor den Radius des schwarzen Springers einengt.

25...♔f8

Jussupow schlägt 25...♖a8 vor, um Weiß zum Vorrücken des a-Bauern zu zwingen. Doch auch dann sollte Weiß nach 26.a4 etwas besser stehen.

Es sieht aber so aus, als hätte der Nachziehende eine bessere Möglichkeit verpasst: 25...d4!. Nach 26.exd4 ♘d5 kompensieren die aktiven Türme und der starke Springer den Bauern mehr als reichlich.

26.♔g1! ♖a8 27.♘b4!

Nun, da der Bauer f2 gedeckt ist, hat Weiß eine bessere Alternative.

27...♖b2 28.♖ac1 ♖e8 29.♔f1 h6 30.♖c7 ♖e7 31.♖c8+ ♖e8 32.♖c7 ♖e7 33.♖c8+ ♖e8 34.♖cc1 ♖e7 35.♔e1 ♖d7 36.♖d2 ♖xd2 37.♔xd2

Das Geschehen hat sich nicht wunschgemäß für Schwarz entwickelt. Sein aktiver Turm wurde getauscht, und Weiß kontrolliert jetzt sogar die c-Linie.

37...g5 38.h3 ♔e7 39.♔d3 ♔e6 40.♖c8 ♔e5 41.♘c2 h5 42.♘d4 g4 43.fxg4 hxg4 44.h4 ♘e4 45.♔e2 ♖d6 46.♖e8+ ♔f6 47.♖g8 ♔e5 48.♖xg4 ♘c3+ 49.♔d2 ♘xa2 50.♘f3+

Gewinnt mit ♖a4 den Springer. Schwarz gab auf.

Eröffnungsgeschichte

Sie sollten nun nicht etwa glauben, dass ein freiwilliges Verdoppeln der f-Bauern erst im modernen Schach aufgetaucht ist. Eine Reihe beliebter Eröffnungen werden durch den f-Doppelbauern charakterisiert, z.B. die Wiener Variante des Damengambits, ebenso wie der Sweschnikow- und der Rauser-Sizilianer.

Auch ganz alte Systeme wären zu nennen, z.B. die Tschigorin-Verteidigung mit ihren epischen Duellen zwischen dem Läuferpaar (und dem verdoppelten f-Bauern) und dem Springerpaar, wie z.B. in Lasker-Tschigorin, gleichfalls aus Hastings 1895.

Georg Marco
Amos Burn
Hastings 1895

Die Diagrammstellung entstand nach:

1.e4 e6 2.d4 d5 3.♘c3 ♘f6 4.♗g5 dxe4

Jawohl, die Burn-Variante!

5.♘xe4 ♗e7 6.♗xf6

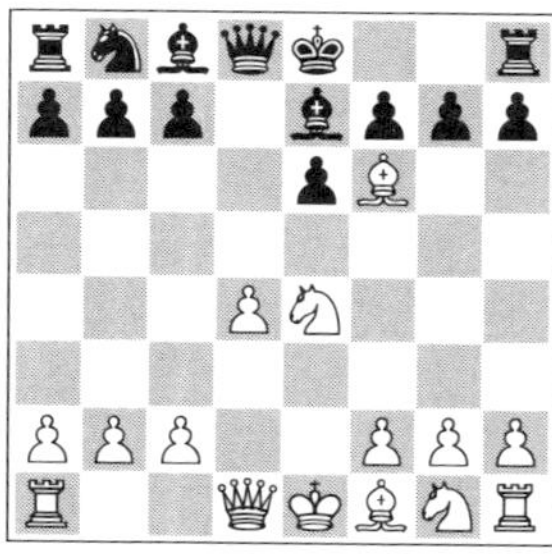

6...gxf6!

Bewahrt das Läuferpaar und übt Kontrolle über das Zentrum aus.

7.c3 f5

Treibt den Springer nach g3 ins Abseits, gibt aber die Kontrolle über das Feld e5 auf.

8.♘g3 c5 9.♘f3 ♘c6 10.♗b5 ♕b6 11.♗xc6+ bxc6

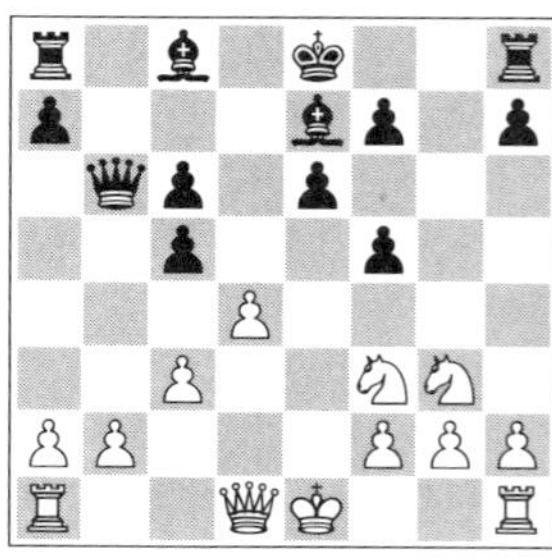

Erneut mit Bauernverdoppelung, und erneut äußerst dynamisch. Der Damenläufer gewinnt unmittelbar Raum, während der verdoppelte c-Bauer später mit ...cxd4 und ...c6-c5 das Zentrum angreifen kann.

12.0-0 h5 13.♕d2 h4 14.♘e2

Schwarz darf sich äußerst wohl fühlen. Später konnte er einen entscheidenden Angriff vom Stapel lassen.

14...♗a6 15.♖fe1 0-0-0 16.a3 ♖h7 17.b4 c4?! 18.a4 ♖g7 19.♖eb1

19.♘f4.

19...♖dg8 20.♘e1 ♗b7 21.f3 ♕d8 22.b5 c5 23.♕e3 ♕c7 24.a5 ♗g5 25.f4 ♗e7 26.g3 ♕d7 27.dxc5 hxg3 28.hxg3 ♕d5 29.c6 ♗c5 30.cxb7+ ♔xb7 31.♘d4 ♖xg3+

0-1

John Nunn
Lawrence Cooper
Walsall 1992

1.e4 e5 2.♘f3 ♘c6 3.♘c3 ♘f6 4.♗b5 ♘d4 5.♗a4 ♘xf3+

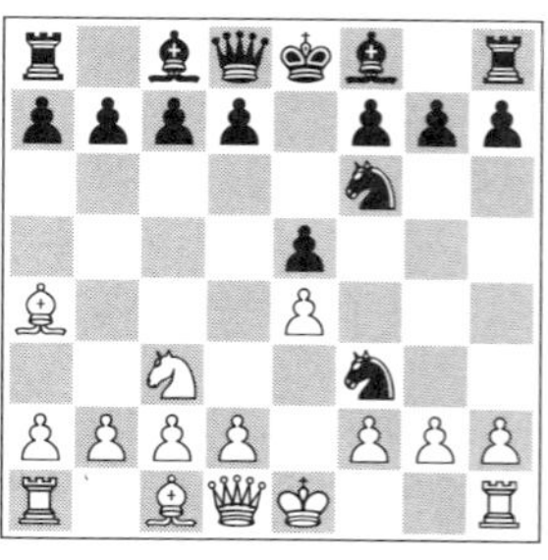

Das ist natürlich eine bekannte Stellung aus dem Vierspringerspiel, in der 6.♕xf3 der übliche Zug ist. Doch auch das frühzeitig kompromittierende...

6.gxf3

... wurde hin und wieder versucht. Dies ruft Tals unglaubliches Zurückschlagen mit 1.e4 c6 2.♘c3 d5 3.♘f3 ♗g4 4.h3 ♗xf3 5.gxf3 gegen Botwinnik in der 3. Weltmeisterschaftspartie 1960 in Erinnerung. Damals war das eine absolute Neuheit!

6...c6

6...g6 war in Nikolenko-Soloschenkin, Podolsk 1992, zu sehen: 7.d4 exd4 8.♕xd4 ♗g7 9.♗g5 h6 10.♗h4 g5 11.♗g3 ♘h5, und hier entkorkte Weiß das hübsche 12.♕c5! ♘xg3 13.♘b5!, was ihm nach 13...c6 14.♘d6+ ♔f8 15.♘xc8+ d6 16.♘xd6 ♗xb2 17.♖d1 ♕b6 18.♕c4 ♕a5+ 19.♖d2 ♖h7 20.hxg3 ♗c3 21.♖xh6 b5 22.♕xc6 ♖xh6 23.♕xa8+ ♔g7 24.♘f5+ einen schönen Sieg eintrug.

7.d4 exd4 8.♕xd4

Weiß kann sich zügig entwickeln, während der Nachziehende im Falle der kurzen Rochade der bereits halboffenen g-Linie ins Auge sehen müsste.

8...d6 9.♗b3 b5

Normale Entwicklungszüge scheinen unzureichend: 9...♗e7 10.♖g1 oder 9...g6 10.♗f4.

10.a4 c5 11.♕d1 b4 12.♘d5 ♗e6 13.♖g1 ♘xd5 14.♗xd5 ♖c8 15.f4

Macht den Weg für die Dame frei und verstärkt die Kontrolle über das Zentrum.

15...g6?!

Das kommt eindeutig Weiß entgegen.

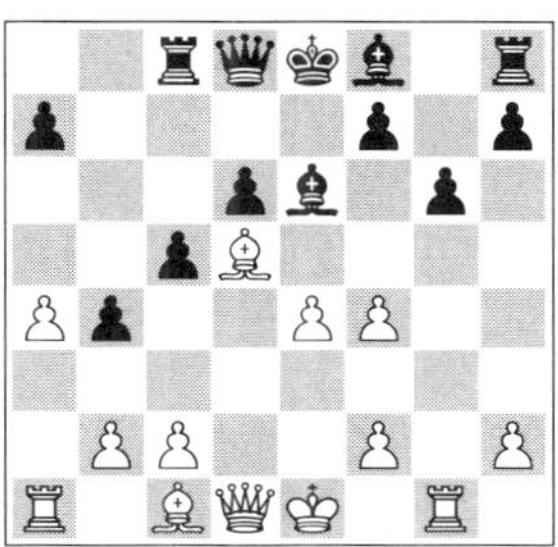

16.f5! ♗xd5

Nach 16...gxf5 17.exf5 ♗xf5 18.♕e2+ ♕e7 19.♗e3 sind die schwarzen Kräfte gebunden.

17.♕xd5 ♗g7 18.♗g5 ♗f6 19.h4 ♕e7 20.0-0-0 ♖d8 21.e5 ♗xg5+ 22.hxg5 dxe5 23.♕c6+ ♔f8 24.f6

1-0

Zusammenfassung

Mögen diese Beispiele Sie dazu inspirieren, Ihre Partien aktiv und dynamisch zu gestalten! Ihr f-Doppelbauer mag zu einer statischen Schwäche werden, doch ganz gewiss wird er dynamische Vorteile mit sich bringen, wie z.B. die halboffene g-Linie. Doppelbauern können auch bei der Kontrolle über das Zentrum behilflich sein, und gelegentlich kann der vordere der beiden als Mauerbrecher dienen und die gegnerische Bauernstruktur unterminieren (wie z.B. bei Arutinjan-Lomsadse oder im letzten Beispiel).

Kapitel 18

In Richtung Rand

Oft genug gibt es gute Gründe, mit einem Bauern nicht zur Mitte, sondern zum Rand hin zu schlagen. Und das ist beileibe nicht die große Ausnahme, sondern übliche Praxis. Nichtsdestotrotz – die Regel, nach der im Zweifel grundsätzlich in Richtung Mitte geschlagen wird, ist nach wie vor in Kraft.

Die f-Linie öffnen

In diesem Kapitel werden wir uns hauptsächlich auf den f-Bauern konzentrieren, auch wenn bei anderen Bauern ebenfalls das Schlagen zum Rand infrage kommt. Ganz normal ist ein solches Schlagen beispielsweise in der Spanischen Eröffnung, wo in verschiedenen Varianten ...d7xc6 geschieht. In diesem Fall ist dem Schwarzen seine Bauernstruktur und seine Figurenentwicklung wichtiger als der Besitz eines zusätzlichen Zentrumsbauern.

David Navara
Tomas Polak
Tschechien 2011/12

1.d4 ♘f6 2.c4 e6 3.♘f3 ♗b4+ 4.♗d2 a5 5.♘c3 b6 6.♗g5 ♗b7 7.e3 h6 8.♗h4 d6 9.♗d3 ♘bd7 10.0-0 ♗xc3 11.bxc3 g5 12.♗g3 ♘e4 13.♕c2 ♘xg3

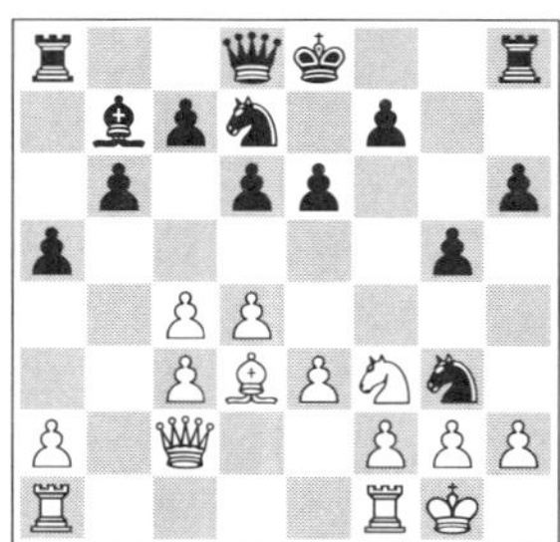

14.fxg3!

Schafft dem ♖f1 umgehend mehr Raum. Wie wir bereits gesehen haben, ist es ein wichtiger Pluspunkt eines Doppelbauern, dass er häufig eine neue offene Linie schafft. Hier ist das Schlagen zum Rand erst recht attraktiv, weil Schwarz mit ...g7-g5 den Königsflügel geschwächt hat. Ein klassisches Beispiel, wie Schwarz eine offene Linie ausnützt, ist Aljechin-Rubinstein, Wilna 1912.

14...♕e7 15.♖f2 0-0?!

15...0-0-0 hätte dem schwarzen König eine Zuflucht geboten, auch wenn Weiß nach 16.♖af1 h5 17.♗e4 über einen komfortablen Raumvorteil verfügt.

16.g4!

Nun sind der f-Bauer und der h-Bauer von Schwarz lahmgelegt.

16...♘f6 17.h3 ♘e8

Ein seltsames Manöver in Richtung g7. Mehr auf den Punkt wäre 17...e5, auch wenn Weiß nach 18.♘d2 Vorteil behauptet.

18.♖af1

Ziemlich geradlinig, nicht wahr?

18...♘g7 19.♗h7+ ♔h8 20.♗e4 ♗xe4 21.♕xe4 ♖ae8?

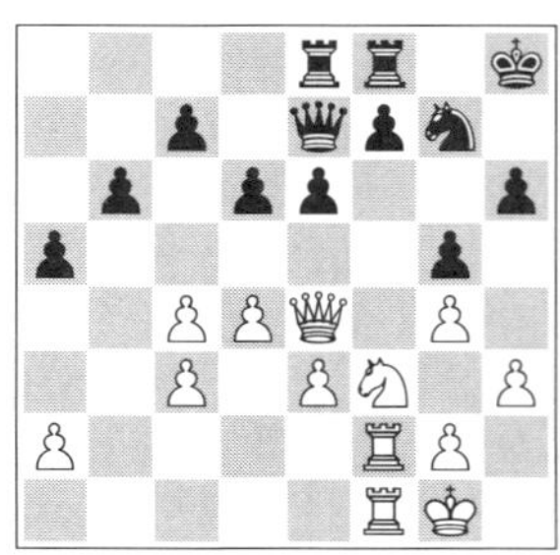

Nun beendet Weiß die Partie mit einer hübschen Kombination.

22.♘e5! ♘f5

22...dxe5 23.♖f6 ♘f5 24.♕xe5.

23.gxf5 exf5

23...dxe5 24.fxe6!.

24.♕c6 **1-0**

Die h-Linie blockieren

Diego Flores
Alexander Shabalov
Mar del Plata 2012

1.c4 c5 2.g3 g6 3.♗g2 ♗g7 4.♘c3 e5 5.♘f3 ♘e7 6.0-0 d6 7.♘e1 h5 8.♘c2 ♘bc6 9.a3 h4 10.b4 hxg3

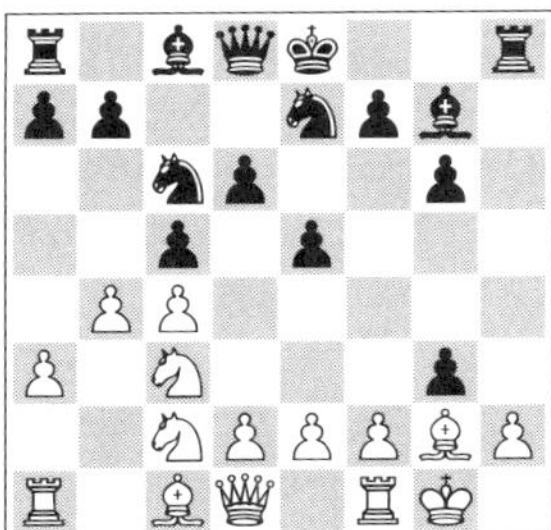

11.fxg3!

Hier entsteht dadurch zwar kein Doppelbauer, aber die Zahl der Bauerninseln erhöht sich durch dieses Zurückschlagen. Doch dieser Zug öffnet nicht nur die f-Linie, sondern mindert auch den Stellenwert der h-Linie für Schwarz.

So könnte der Nachziehende etwa die weißfeldrigen Läufer abtauschen und seine Dame in Richtung h-Linie dirigieren. Mit dem Bauern auf h2, der leicht von f2 aus gedeckt werden kann, ist dieser Plan weniger aussichtsreich als wenn der Bauer auf f2 stünde. Im Drachen ist das längst Allgemeinwissen. Für ein ganz ähnliches Beispiel in der Englischen Eröffnung siehe Radschabow-Jobawa, Peking 2012. Eines im Grünfeld-Inder wäre Jones-Anand, London 2012:

■

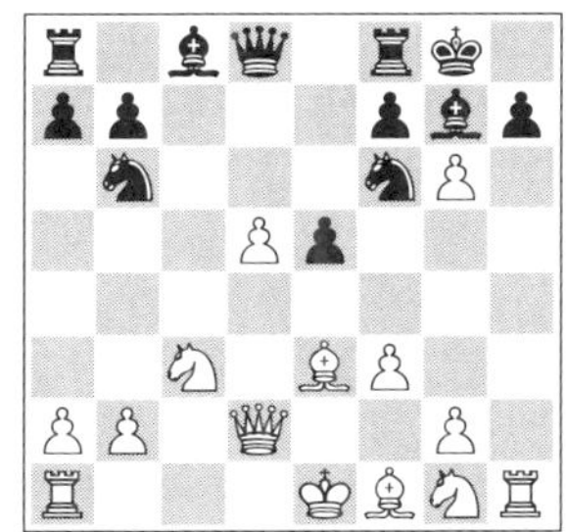

12...fxg6

11...♘f5 12.d3 ♘cd4

Dieses Herumhüpfen mit den Springern, unter Vernachlässigung der Entwicklung, wirkt verdächtig.

13.♖b1 cxb4 14.♖xb4!?

14.♘xb4 sieht ebenfalls gut aus und lässt Schwarz auf einem überzähligen Springer sitzen.

14...0-0

14...♖b8 15.♘xd4 exd4 (15...♘xd4 16.♕a4+ ♗d7 17.♕xa7 ♘c6 18.♕f2) 16.♘d5 mit ungeheuer aktivem Figurenspiel.

15.♗xb7 ♗xb7 16.♖xb7 ♘e6 17.♘d5

Schwarz hatte nicht genug für den Bauern.

♘g5 verhindern

Hendrik Hoffmann
Eduardas Rozentalis
Bad Wiessee 2012

1.e4 ♘f6 2.e5 ♘d5 3.♘c3 ♘xc3 4.bxc3 d6 5.f4 dxe5 6.fxe5 c5 7.♗c4 e6 8.♘f3 ♗e7 9.0-0 0-0 10.♕e1 ♗d7 11.d4 ♗c6 12.♕g3 ♗e4 13.♗d3 ♗g6 14.♗xg6

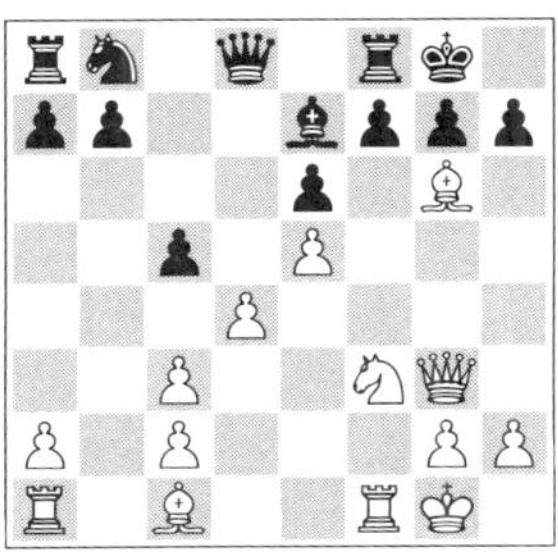

14...fxg6!

Auf 14...hxg6 folgt natürlich 15.♗g5 nebst ♕h4. Mit dem Bauern auf h7 kann der Nachziehende dies zu rechter Zeit mit ...h7-h6 parieren. Dieses Konzept ist auch im klassischen Slawisch oder im Winawer-Franzosen zu sehen. Es ist indes keinesfalls eine jüngere Entdeckung – man sehe zum Beispiel Boleslawski-Smyslow, natürlich aus Zürich 1953.

15.♗g5 ♘c6 16.♗xe7 ♕xe7 17.♖ad1 ♖ad8 18.♕g4 ♖f5 19.♕e4 g5 20.g3 ♖df8 21.♘d2 cxd4 22.cxd4 ♕b4

Der Nachziehende übt starken Druck auf die weißen Bauern aus.

23.♖xf5 ♖xf5 24.c4 ♕c3 25.♘b3 ♕xc4

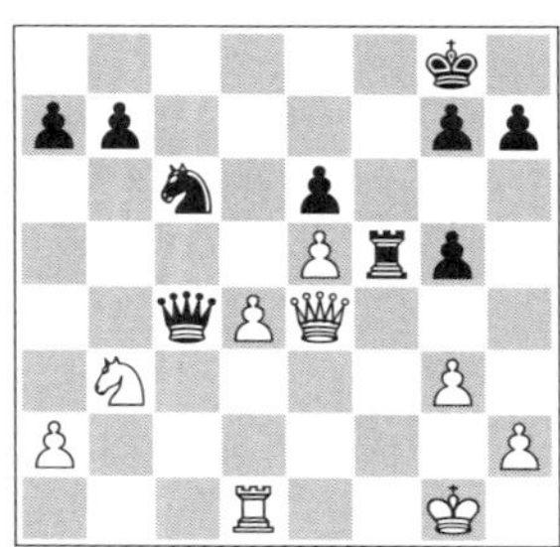

Schwarz steht viel besser, und zwar gar nicht so sehr wegen seines Mehrbauern, sondern wegen seiner aktiven Figuren und der schwachen Bauern von Weiß. Nun bringt sich der Anziehende zügig selbst um.

26.♘c5 ♘xd4 27.♔g2 ♕xa2+ 28.♔h3 h5 29.♖h1 g4+ 0-1

Konkrete Stellungsbeurteilung

Ewgeni Najer
Filip Goldstern
Eilat 2012

1.e4 d5 2.exd5 ♕xd5 3.♘c3 ♕a5 4.d4 c6 5.♘f3 ♘f6 6.♗c4 ♗f5 7.♗d2 e6 8.♘d5 ♕d8 9.♘xf6+ gxf6 10.0-0 ♘d7 11.♗f4 ♘b6 12.♗b3 ♗d6 13.♗g3 ♗xg3

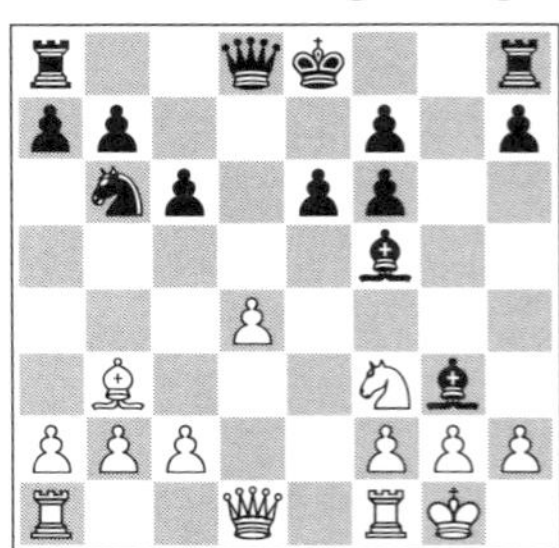

14.fxg3

Eine Neuerung. 14.hxg3 wäre der natürliche Zug, mögen Sie denken. Doch Najer findet eine geschickte Aufstellung für seine Figuren, und er nützt die f-Linie, um Druck auf den Doppelbauern auszuüben.

14...a5 15.a4 ♗g6 16.♕d2 ♘d5 17.♕f2!

Macht für das kommende Springermanöver Platz und nützt die Vorzüge von fxg3 voll aus, indem er das freigewordene Feld besetzt!

17...♕b6 18.♘d2 0-0-0 19.♘c4 ♕b4 20.♗a2 b6

Nach 20...♕xa4 kehrt der Läufer zurück: 21.♗b3 ♕b4 22.♘xa5, und Weiß steht fast schon auf Gewinn.

21.c3 ♕e7 22.♘e3

Der Anziehende will natürlich den aktiven Zentrumsspringer abtauschen.

22...♘xe3 23.♕xe3 ♔b7 24.♖f2 ♖he8 25.♖af1

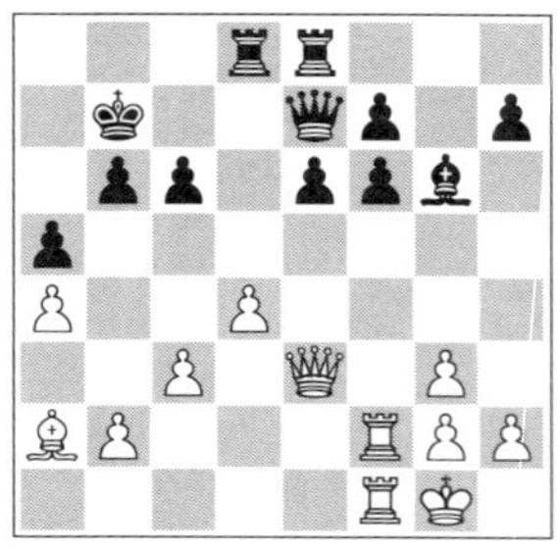

Das übliche Verdoppeln, ganz im Einklang mit der im 14. Zug getroffenen Entscheidung.

25...f5 26.♖e1 c5 27.d5 e5 28.♗c4 f6 29.♗b5 ♖xd5

Der Nachziehende ringt sich zu einem Qualitätsopfer durch – vermutlich, weil er es nicht mehr ertragen konnte, länger dazusitzen und abzuwarten: 29...♖g8 30.♗c6+ ♔a7 31.♖f4, und bald folgt b2-b4.

30.♗xe8 ♕xe8 31.♖d2 ♖xd2 32.♕xd2 ♕xa4

Schwarz hat für die Qualität einen zweiten Bauern erobert, doch sein König steht einfach zu unsicher. Weiß gewann im 45. Zug.

Schutz vor der Bauernlawine

Victor Vehi Bach
Dan Zoler
Andorra la Vella 2012

1.e4 c5 2.♘f3 d6 3.d4 cxd4 4.♘xd4 ♘f6 5.♘c3 a6 6.h3 e6 7.g4 ♗e7 8.♗g2 ♘fd7 9.♗e3 ♘c6 10.♕e2 0-0 11.0-0-0 ♖b8 12.f4 ♘xd4 13.♖xd4 b5 14.a3 ♗b7 15.h4 ♖c8 16.g5 ♖xc3 17.bxc3 ♕a5 18.♖d3 ♕xa3+ 19.♔d2 ♖c8 20.♕f1 ♕a5 21.e5 ♗xg2 22.♕xg2 d5 23.h5 ♗c5 24.g6 ♗xe3+ 25.♖xe3

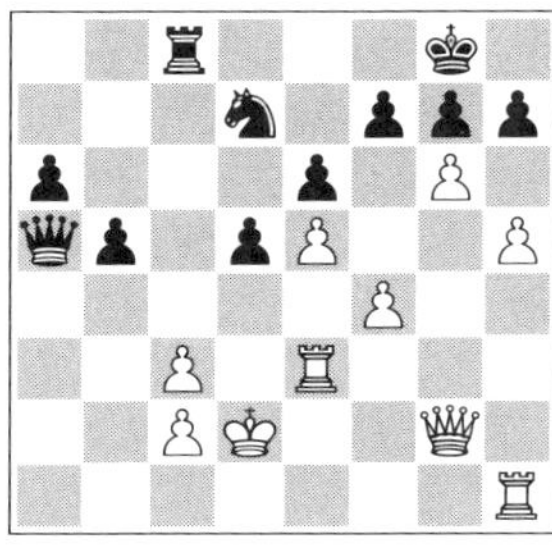

Weiß scheint am Königsflügel rasch voranzukommen, doch der Nachziehende verfügt über ein Manöver, das für viele Sizilianisch- (oder Französisch-)Stellungen mit entgegengesetzten Rochaden charakteristisch ist:

25...fxg6! 26.hxg6 h6!

Schließt die h-Linie und bringt damit den weißen Angriff praktisch zum Erliegen.

27.♕g4 ♘c5

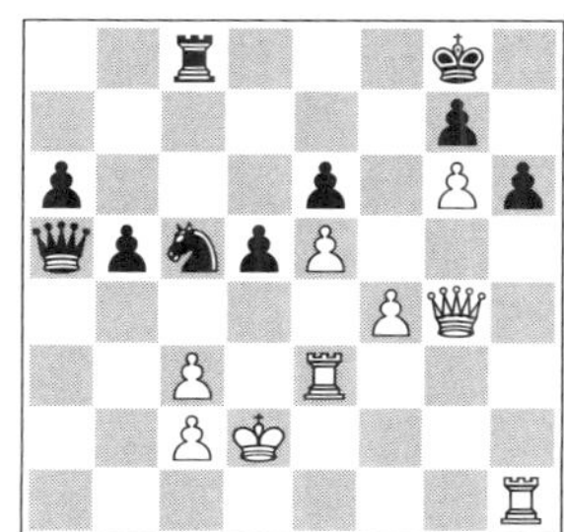

Mit herrlichem Spiel für die Qualität.

28.♖hh3 ♖f8 29.♖hf3 ♕a4 30.♖d3 ♔h8

Bereitet einen Springerzug vor, weil Weiß jetzt nicht mehr mit Schach auf e6 schlagen kann. Doch 30...b4, was unmittelbar den gegnerischen König entblößt, scheint sogar noch stärker.

31.♕h4 ♘e4+

Schwarz hat verschiedenste Möglichkeiten, und wegen der unsicheren Königsstellung ist die Stellung von Weiß immer schwer zu verteidigen. 31...♖c8!?.

32.♔e3 ♕xc2 33.♕e7 ♕c1+

Am einfachsten war das stille 33...♖c8, beruhend auf dem Trick 34.♕xe6? ♕xd3+! 35.♔xd3 ♘c5+.

34.♔e2 ♖g8 35.♕xe6 ♕c2+ 36.♔e1 ♘c5 37.♕xd5 ♘xd3+ 38.♕xd3

Nun ist die Stellung angesichts des starken e-Freibauern und des passiven Turms von Schwarz plötzlich nicht mehr so klar. Die Partie endete schließlich unentschieden.

Verteidigung gegen den Minoritätsangriff

Lela Jawachischwili
Oleg Korneew
Linares 2005

1.d4 d5 2.♘f3 ♘f6 3.c4 e6 4.♘c3 c6 5.cxd5 exd5 6.♗g5 ♗e7 7.♕c2 g6 8.e3 ♗f5 9.♗d3 ♗xd3 10.♕xd3 0-0 11.♗xf6 ♗xf6 12.0-0 ♗e7 13.♖ab1 ♘d7 14.b4 a6 15.a4 ♘b6 16.♘d2 ♖e8 17.♖fc1 ♗d6 18.b5

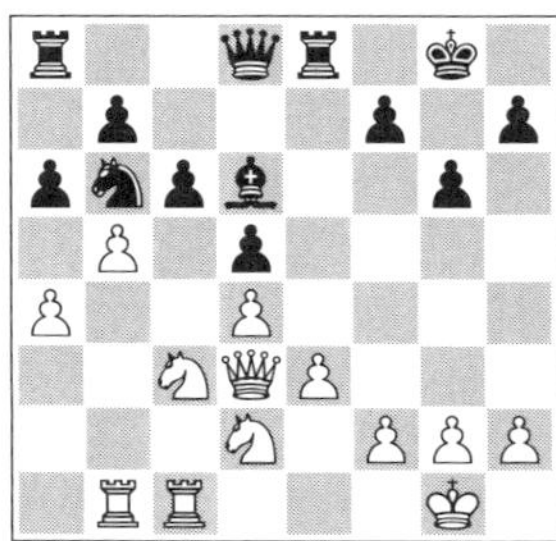

Schließlich ein Beispiel mit einem anderen Bauern – dem c-Bauern –, das aber sehr an das vorangegangene erinnert.
Sie werden auch Stellungen begegnen, in denen Weiß c2xb3 spielt, zum Beispiel im Sizilianer mit entgegengesetzten Rochaden (Weiß rochiert lang). Die Idee ist dieselbe wie bei ...fxg6, das heißt, die a-Linie soll für den Gegner geschlossen bleiben, und bisweilen wird die c-Linie von den Türmen genützt.

18...cxb5! 19.axb5 a5

Das ist die Idee. Schwarz hat das Entstehen eines rückständigen Bauern verhindert und stattdessen einen Freibauern auf der a-Linie geschaffen.

20.♘b3 ♕e7 21.♘c5

Die Weißspielerin will sich mit ein paar Abtäuschen aus der Affäre ziehen.

21...♗xc5

21...a4!? war ebenfalls einen Versuch wert.

22.dxc5 ♕xc5 23.♘a4 ♕d6 24.♘xb6 ♕xb6 25.♕xd5

Dank seines 18. Zuges besitzt Schwarz einen entfernten Freibauern, doch Weiß kann versuchen, ein Spiel gegen den schwarzen König aufzuziehen. Letzteres ist übrigens eine sehr wichtige Kampfmethode in Schwerfigurenendspielen.

25...♖ed8

Das sofortige 25...a4 war auch nicht schlecht. Auf e5 steht die weiße Dame für Angriffszwecke recht gut.

26.♕e5 a4 27.h4 a3 28.h5

Viel besser war 28.♖a1!, um den Freibauern im Auge zu behalten.

28...♕e6 29.♕xe6 fxe6 30.hxg6 a2! 31.gxh7+ ♔xh7 32.♖a1 ♖d2

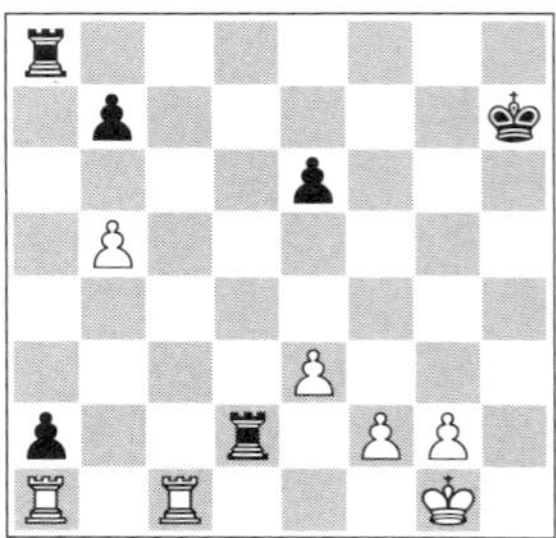

Um den Preis von nur einem Bauern hat Schwarz zwei aktive Türme und einen weit vorgerückten Freibauern erhalten. Das muss für ihn gewonnen sein!

33.b6 ♔g6 34.g4 ♖a6 35.♔g2 ♖xb6 36.♔g3 ♖db2 37.♖c8 ♖a6 38.♖cc1 b5 39.f4 ♖b4 40.f5+ exf5 41.gxf5+ ♔f6 42.♖c5 ♖b1 0-1

Im Endspiel

Yasser Seirawan
Michail Tal
Montpellier 1985

1.d4 d5 2.c4 e6 3.♘f3 ♘f6 4.♘c3 c6 5.e3 ♘bd7 6.♗d3 ♗b4 7.0-0 0-0 8.♗d2 ♕e7 9.♕b3 dxc4 10.♕xc4 ♗d6 11.♘e4 ♘xe4

12.♗xe4 e5 13.♕c2 g6 14.♗c3 ♖e8 15.♖fe1 f5 16.dxe5 ♘xe5 17.♘xe5 fxe4 18.♘c4 ♗c7 19.♘d2 ♗f5 20.♘f1 ♖ad8 21.♘g3 ♖d5 22.♖ad1 ♖ed8 23.♖xd5 ♖xd5 24.♖d1 ♗xg3

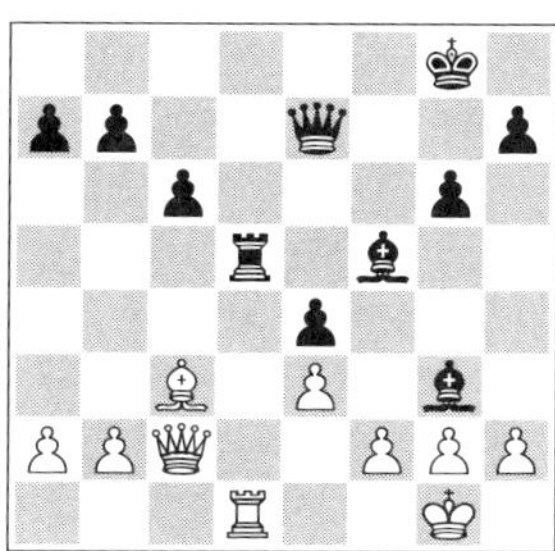

Auch im Endspiel sollten Sie den Autopilot abgeschaltet lassen. Ich spielte damals in Montpellier im parallel zum Kandidatenturnier stattfindenden Open. Ich entsinne mich, wie ich damals ziemlich verblüfft über den nächsten Zug von Weiß war. Erst viel später wurde mir die Idee klar.

25.fxg3! ♖xd1+ 26.♕xd1 ♕d7 27.♕e1!

Natürlich wird Weiß nicht die Damen tauschen. Er plant, seine Figuren auf der langen Diagonale a1-h8 zu platzieren und einen Angriff auf den schwarzen König einzuleiten. Der schwarze Läufer hingegen verbreitet auf den hellen Feldern nicht gerade Angst und Schrecken, vielmehr starrt er lediglich den eigenen Bauern auf e4 an. Derweil wird sich der weiße König nach h2-h3 auf h2 vor einem Dauerschach verstecken – dies war die Idee beim Schlagen in Richtung Rand!

27...♗e6 28.b3 c5 29.h3 b5 30.♕f1 b4 31.♗e5 ♕d8

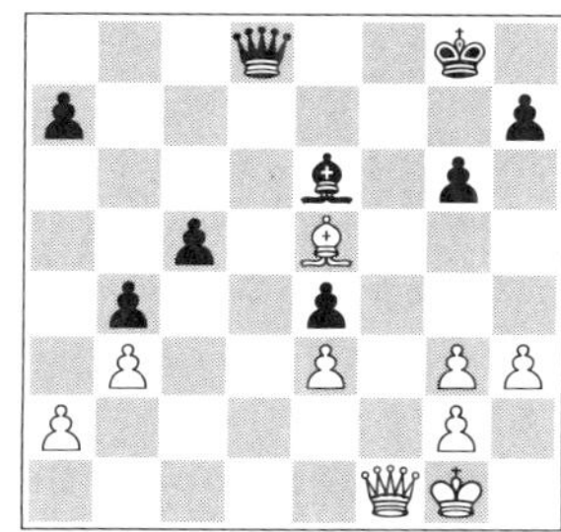

Einstweilen gelingt es Schwarz, die weiße Dame vom Eindringen auf der langen Diagonale abzuhalten.

32.♕b5!

Doch nun beginnen die geschwächten Bauern am Damenflügel zu fallen.

32...♕c8 33.♔h2 ♗d5 34.♗d6 a6 35.♕a5 ♔f7 36.♗xc5 ♕c6 37.♕xb4 ♗e6 38.♗d4 h5 39.♕b8 ♔e7 40.♕e5 ♕d5 41.♕f6+

Tal gab auf, da er auch noch den g-Bauern einbüßt.

Zusammenfassung

Berücksichtigen Sie bei Ihren Entscheidungen stets nicht nur die Bauernstruktur, sondern auch die Figurenaktivität! Meist ist es der Turm, der beim Schlagen zum Rand hin von der halboffenen Linie profitiert. Mitunter ist die entstehende Struktur auch besser für Verteidigungszwecke geeignet. Prägen Sie sich die typischen Beispiele gut ein!

Kapitel 19

Verdoppelte Randbauern – gar nicht so ohne?

Wir haben bereits über die möglichen Vorteile verdoppelter f-Bauern diskutiert. Kann man in Bezug auf Turmbauern dieselben Rückschlüsse ziehen?

Eine halboffene Linie

Ein gewichtiger Unterschied ist, dass ein verdoppelter Randbauer offenkundig nichts zur Erhöhung der Kontrolle über das Zentrum beiträgt. Er bringt allerdings eine halboffene Linie hervor. In unserem ersten Beispiel schafft die halboffene g-Linie (ja, genau dieselbe Linie, die durch Verdoppelung der f-Bauern geöffnet werden kann!) die Voraussetzungen für einen Angriff auf den König.

Alexander Iwanow
Igor Glek
Bordschomi 1984

1.e4 e5 2.♘f3 ♘c6 3.♗c4 ♗c5 4.c3 ♘f6 5.d3 d6 6.0-0 0-0 7.♘bd2 a6 8.♗b3 ♗a7 9.♖e1 ♘g4 10.♖e2 ♔h8 11.h3 ♘h6 12.♘f1 f5 13.♗xh6 gxh6

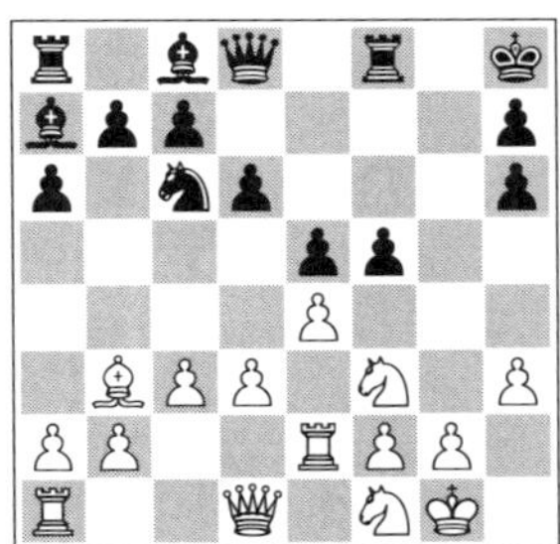

Dies war die Partie, mit der das schwarze Manöver ...♘g4-h6, was mit voller Absicht ♗xh6 erlaubt, eingeführt wurde. Viele Spieler haben diesem Vorbild erfolgreich nachgeeifert. Schwarz kann darauf vertrauen, dass er starken Druck am Königsflügel ausüben wird, zumal neben der halboffenen g-Linie auch beide Läufer auf die weißen Königsflügelbauern zielen.

14.exf5 ♗xf5 15.♗d5 ♕d7

Die Alternative 15...♕f6 ist gleichfalls gut, z.B. 16.♕d2 ♘e7 17.♗xb7 ♖ab8 18.♗e4 ♗xh3 19.gxh3 ♖g8+ 20.♔h1 d5, Vocaturo-Haslinger, Hoogeveen 2010, derweil das direkte 15...♘e7 inzwischen zur populärsten Fortsetzung avancierte.

16.♔h2 ♘e7

Auf dem Weg zum herrlichen Feld f4.

17.♗xb7 ♖ab8 18.♗e4 ♘g6 19.♖d2 ♘f4 20.♗xf5 ♖xf5 21.♘g3 ♖g8

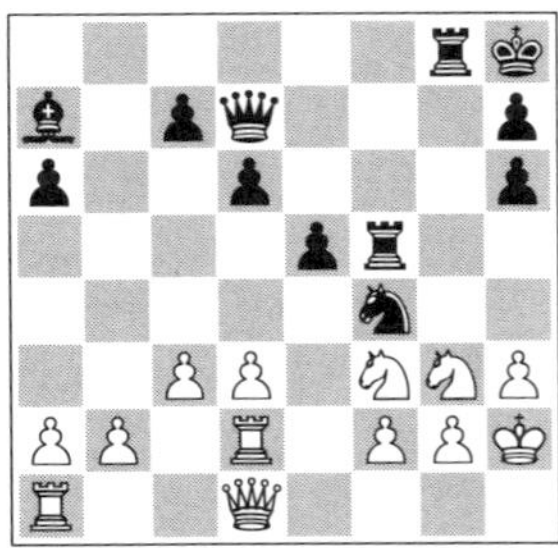

Dem Druck aller schwarzer Figuren ausgesetzt, hat der Anziehende eine schwere Zeit vor sich. Es ging allmählich mit ihm abwärts.

22.♘g1 ♖fg5 23.d4 e4 24.♘1e2 ♕f7 25.♘xf4 ♕xf4 26.♖e2 d5 27.♕c1 ♕d6 28.♕e3 c5

Reaktiviert den Läufer. Schwarz steht klar besser.

Robert Fischer
Arthur Bisguier
Poughkeepsie 1963

1.e4 e5 2.♘f3 ♘c6 3.♗c4 ♘f6 4.♘g5 d5 5.exd5 ♘a5 6.♗b5+ c6 7.dxc6 bxc6 8.♗e2 h6

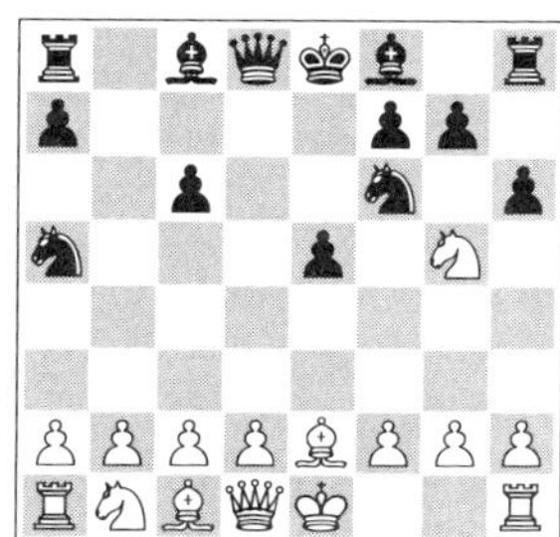

9.♘h3

Erneut erlaubt Weiß (der wohlgemerkt einen Bauern mehr hat!) absichtlich die Verdopplung seines h-Bauern. Damit vermeidet er, dass sein Springer nach 9.♘f3 e4 herumgescheucht wird. Eine Verschlechterung der Bauernstruktur ist meist weniger bedeutend, wenn sie freiwillig erfolgt, als wenn sie vom Gegner herbeigeführt wird (z.B. mittels ...h7-h5-h4-h3 und der weißen Reaktion gxh3). Keine zwei verdoppelten Randbauern sind gleich!

Im vorliegenden Fall hatte Fischers Zug zudem das Überraschungsmoment auf seiner Seite, da er eine uralte Idee von Steinitz nach langer Zeit wieder ausgegraben hatte. (Steinitz behandelte auch das Evans-Gambit experimentierfreudig: 1.e4 e5 2.♘f3 ♘c6 3.♗c4 ♗c5 4.b4 ♗xb4 5.c3 ♗e7 6.d4 exd4 7.0-0 ♘h6 – was aber bislang keine Nachahmer fand). Ich denke, viele von uns stehen in Gefahr, ihre Gelassenheit und Objektivität zu verlieren, wenn der Gegner einen verdoppelten Randbauern erlaubt.

9...♗c5

Bemerkenswerterweise wurde 9...♗xh3 nie zur Hauptvariante. Die Schwarzspieler bevorzugten es, den gestrandeten Springer eine Zeitlang auf h3 stehenzulassen.

10.0-0 0-0 11.d3 ♗xh3 12.gxh3 ♕d7 13.♗f3 ♕xh3

„So hat Schwarz seinen Bauern zurückgewonnen, aber ich vertraue auf mein Läuferpaar" – Fischer in seinem höchst empfehlenswerten Buch *Meine 60 denkwürdigen Partien*.

14.♘d2 ♖ad8 15.♗g2 ♕f5 16.♕e1 ♖fe8 17.♘e4 ♗b6 18.♘xf6+ ♕xf6 19.♔h1 c5?

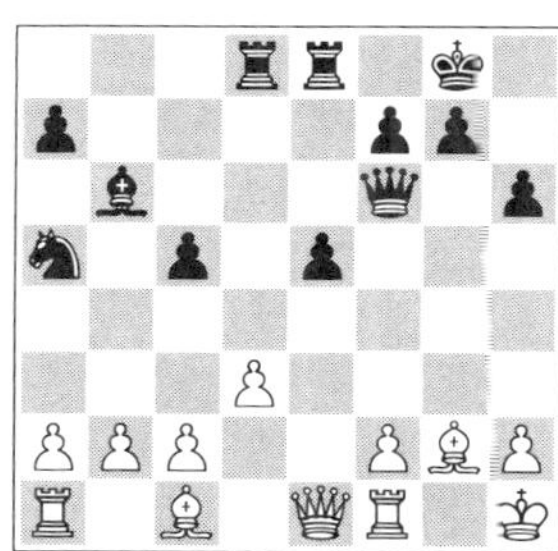

20.♕c3!

Verhindert ...c5-c4, während f2-f4 unweigerlich folgt.

20...♘c6 21.f4 ♘d4 22.♕c4 ♕g6 23.c3 ♘f5 24.fxe5 ♖xe5 25.♗f4 ♖e2 26.♗e4 ♖xb2?

26...♖e8.

27.♗e5 ♖e8 28.♖xf5 ♖xe5 29.♖xe5 1-0

Alexander Raetski
Alexander Tscherniaew
Biel 2004

Im Katalaner gibt es öfters Stellungen, die vom verdoppelten a-Bauern bei Weiß gekennzeichnet sind.

1.d4 ♘f6

1...e6 2.♘f3 ♘f6 3.g3 c5 4.♗g2 ♘c6 5.0-0 d5 6.c4 dxc4 7.♕a4 ♗d7 8.dxc5 ♕a5 9.♕xc4 ♕xc5 10.♘a3 ♖c8 11.♗g5

♘e5 12.♕xc5 ♖xc5 13.♗e3 ♘xf3+ 14.♗xf3 ♖c7 15.♖fc1 ♖xc1+ 16.♖xc1 ♗xa3 17.bxa3± 0-0?! 18.♗xb7 ♗b5 19.♗xa7 ♗xe2 20.a4 ♘d5 21.a5 h6 22.a3 f5 23.a6 1-0 (Freitag-Broekman, Oberwart 2001) ist ein eindrückliches Beispiel dafür, welch verheerenden Schaden verdoppelte Randbauern anrichten können.

2.c4 e6 3.g3 d5 4.♘f3 dxc4 5.♗g2 ♗b4+ 6.♗d2 c5 7.0-0

Vor nicht allzu langer Zeit führte Giri hier 7.dxc5 ♗xc5 8.♘a3!? ein, was ihm einen hübschen Sieg in einem damenlosen Mittelspiel einbrachte. Der verdoppelte a-Bauer trug dabei nicht unerheblich zum Druck am Damenflügel bei.

7...♘c6 8.dxc5 ♗xc5 9.♘a3 ♗xa3 10.bxa3

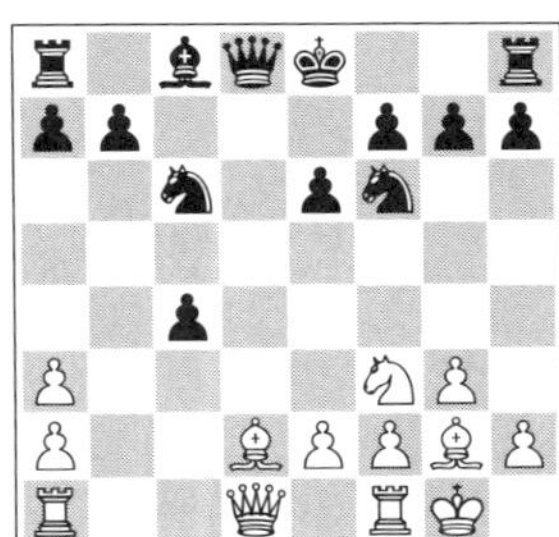

10...♘e4

Oder 10...♘d5 11.♕c2 c3 12.♗e1 0-0 13.e4 ♘b6 14.♗xc3 ♕e7 15.e5 h6 16.♘d4 ♘xd4 17.♗xd4, Jianu-Andonovski, Skopje 2011.

11.♕c2 ♘xd2 12.♘xd2 0-0 13.♘xc4 ♕e7 14.♖fd1 e5 15.♕b2

Weiß steht etwas besser. Vielleicht hätte er 15.♗xc6 bxc6 16.♘a5 ♕xa3 17.♘xc6 versuchen sollen.

15...f6 16.♖ac1 ♗e6 17.♘d6

Nun versandete die Partie zum Remis.

17...♖ab8 18.♘e4 ♖fd8 19.♖xd8+ ♖xd8 20.♘c5 ♗c8 21.♘xb7 ♕xb7 22.♕xb7 ♗xb7 23.♗xc6 ♖c8 24.♗d5+ ♔f8 25.♖xc8+ ½-½

Hier sehen wir zwei nutzlose a-Bauern. Glücklicherweise hatten sie zuvor dem Weißen geholfen, einen Bauern zu gewinnen, mithin wurde Remis vereinbart.

In der folgenden Partie sehen wir, wie der junge Nigel Short gegen einen renommierten Gegner mit fast 50 Jahren mehr an Erfahrung gegen den „Doppel-a“ ankämpft.

Laszlo Szabo
Nigel Short
Hastings 1981/82

1.♘f3 d5 2.g3 ♘f6 3.♗g2 c6 4.c4 dxc4 5.♘a3 ♕d5

5...b5 ist gebräuchlicher.

6.0-0 e5

Legt es mit seinem jugendlichen Eifer darauf an.

7.♘g5 e4

7...♕d4!? 8.♕c2 ♗xa3 9.♘f3 ♕d5 10.bxa3 e4.

8.d3! ♗xa3 9.bxa3

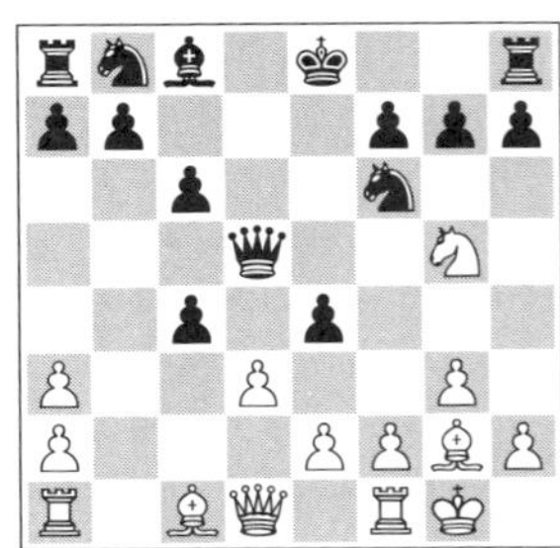

9...cxd3?

Zu leichtsinnig. Der Nachziehende hält an seinem Mehrbauern fest und lässt die Öffnung der e-Linie zu, während er sich vielmehr Sorgen um seine Entwicklung machen müsste. Weiß hingegen entwickelt sich flüssig.

Man beachte, dass hierzu auch das Schlagen auf a3 beigetragen hat: Es ermöglicht Weiß, den Läufer rasch nach b2 zu entwickeln und mit ♖b1 Druck auf der b-Linie auszuüben.

10.exd3 ♕xd3

Konsequent, doch die daraus resultierende Stellung ist schwierig für Schwarz.

11.♘xe4 ♕xd1 12.♘xf6+ gxf6 13.♖xd1

Weiß hat im Austausch für den verdoppelten Randbauern (und den geopferten Bauern!) alle möglichen Vorteile angehäuft: Druck am Damenflügel, Entwicklungsvorsprung, Läuferpaar.

13...♗e6 14.♖b1 b6 15.♗b2 ♔e7

Da wir uns schon im Endspiel befinden, scheint es die richtige Entscheidung zu sein, den König in der Mitte zu belassen. Doch bald wird er dort in Schwierigkeiten geraten.

16.♖bc1 ♖c8 17.a4!

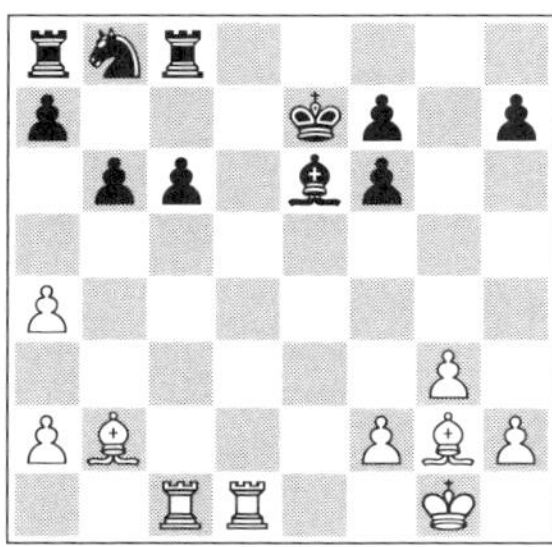

Schafft die Möglichkeit a4-a5 – durch einen Vorstoß lässt sich ein Doppelbauer oft in günstiger Weise loswerden. Zugleich wird das Feld a3 für den Läufer geräumt.

17...♗xa2 18.♗a3+ ♔e8 19.♖e1+ ♗e6 20.f4

Schwarz hat zwei Bauern mehr, doch er kann seine Entwicklung nicht abschließen, und sein König ist in Schwierigkeiten.

20...♔d8 21.♗d6 a6 22.g4 ♗xg4 23.♖e7 ♗e6 24.f5 ♗b3 25.♖ce1

25.♖c3.

25...a5 26.♖1e3 ♗c4 27.♖g3 1-0

Angriff! Und erneut rasche Entwicklung

Hier eine meiner eigenen Lieblingspartien.

Arthur van de Oudeweetering
Liafbern Riemersma

Niederlande 1998

1.e4 c5 2.c3 d5 3.exd5 ♕xd5 4.d4 ♘f6 5.♘f3 ♗g4 6.♗e2 e6 7.h3 ♗h5 8.0-0 ♘c6 9.♗e3 cxd4 10.♘xd4 ♗xe2 11.♕xe2 ♗c5 12.♖d1 0-0-0

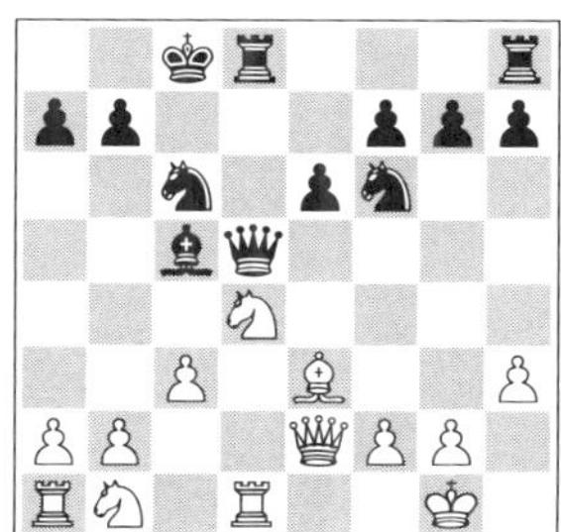

13.♘a3!

Zu jener Zeit eine Neuerung, mit der Weiß umgehend den letzten Zug von Schwarz bestrafen will. Eine solidere Alternative war 13.♘d2, z.B. 13...♗xd4 (13...♘xd4 14.cxd4!?) 14.♘b3 ♕h5 15.♕xh5 ♘xh5 16.♘xd4 ♘xd4 17.♗xd4 b6, vielleicht mit einem kleinen Vorteil für Weiß dank der Damenflügelmehrheit.

13...♗xa3

Vielleicht war es ratsamer, die Herausforderung nicht anzunehmen. Doch wer hätte angesichts der klassischen Werte, mit denen wir damals aufgewachsen waren, widerstehen können?

14.bxa3

Erneut völlig geradlinig. 14.♘b5 ♕e5 (14...♕e4) 15.♘xa3 war nicht im Geist der Sache, auch wenn Weiß selbst hier etwas Vorteil hätte.

14...a6 15.♖ab1 ♘a5? 16.♘b5 ♕e5?!

Der einzige Versuch war 16...♕f5. Nach 17.g4 ♖xd1+ 18.♕xd1 ♕d5 steht Schwarz schlechter, ist aber noch am Leben, z.B. 19.♘d6+ ♔b8 20.c4 ♕xd1+ 21.♖xd1 ♘c6.

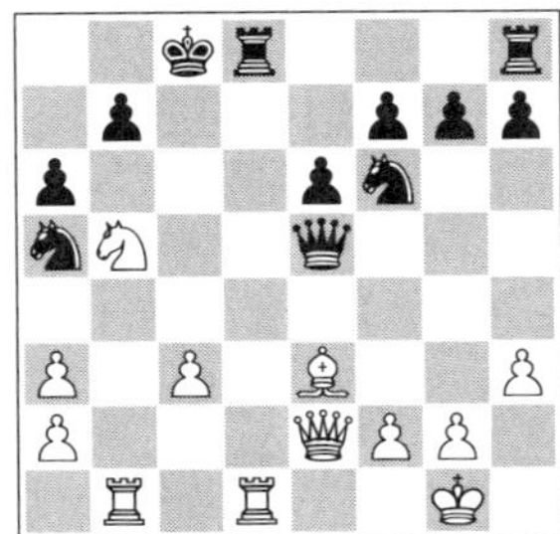

17.Sa7+! Kb8

17...Kc7 18.Lb6+ mit Damengewinn.

18.Txb7+!

Das hatte Schwarz natürlich übersehen.

18...Kxb7 19.Tb1+ Sb3

Versucht einen letzten Trick. Auf 19...Ka8 gewinnt 20.Dxa6.

20.Txb3+ Ka8 21.Sc6

Nun scheitert 21.Dxa6?? natürlich an 21...Td1+, doch nach dem Textzug gab Schwarz auf. Und ich verbrachte einen angenehmen Nachmittag, über die Wunder des „Doppel-a" sinnierend.

Boris Sawtschenko
Alexander Galkin
Konya 2012

1.e4

Es ist kein Zufall, dass etliche Eröffnungssysteme durch die Möglichkeit der Verdoppelung des Turmbauern gekennzeichnet sind. Wie Sie bereits wissen, sind die dynamischen Faktoren in den entstehenden Mittelspielen bedeutend(er), während im Endspiel der verdoppelte Randbauer eine Hypothek darstellt und oft zu einer statischen Schwäche wird.
Doch ich gebe Ihnen gleich eine weitere Ausnahme: 1.d4 Sf6 2.c4 g6 3.Sc3 d5 4.Lf4 Lg7 5.e3 0-0 6.cxd5 Sxd5 7.Sxd5 Dxd5 8.Lxc7 Sa6 9.Lxa6 Dxg2 10.Df3 Dxf3 11.Sxf3 bxa6 12.Tc1 f6 13.Tg1 Lb7, und in dem entstandenen Endspiel garantiert das Läuferpaar Schwarz vollen Ausgleich.

1...c6 2.d4 d5 3.e5 Lf5 4.Sf3 e6 5.Le2 Sd7 6.0-0 Lg6 7.c3

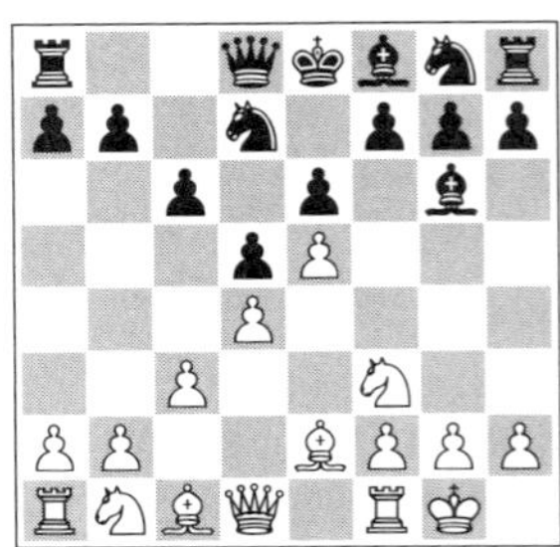

7...Sh6

Genau wie im Franzosen streiten sich der Springer und der Königsläufer um das Feld e7. Der Textzug stellt eine natürliche Lösung für dieses Problem dar. In der Französischen Vorstoßvariante spielt Schwarz, anstatt herumzuzaudern, oft ohne Umschweife 1.e4 e6 2.d4 d5 3.e5 c5 4.c3 Sc6 5.Sf3 Sh6!?. Ich habe freilich den Verdacht, dass Klubspieler so etwas grundsätzlich lieber vermeiden wollen, während Meister sich auf ihre konkrete Stellungseinschätzung verlassen können.

8.Lxh6 gxh6 9.Sbd2 Le7 10.Sb3 0-0

Er rochiert einfach herein. Es besteht keine Gefahr.

11.Sc1

Gebräuchlicher ist 11.Dd2.

11...c5 12.Dd2 cxd4 13.cxd4 Db6 14.Sd3 Kg7

Den Bauern h6 musste Schwarz ohnehin schützen. 14...h5 hätte die Kontrolle über die Felder g5 und h6 geschwächt.

15.Tac1 Tfc8 16.Sf4 Db4!

Schwarz macht am Damenflügel Druck. Dabei unterstützen ihn vom Königsflügel aus beide Läufer.

17.Tc3 Da5 18.Sxg6 hxg6

Schwarz steht angenehmer. Es gelang ihm, ein langwieriges Endspiel zu gewinnen.

Ruslan Ponomarjow
Holger Grund
Rimavska Sobota 1996

1.e4 c6 2.d4 d5 3.♘c3 dxe4 4.♘xe4 ♗f5 5.♘g3 ♗g6 6.h4 h6 7.♘f3 ♘d7 8.h5 ♗h7 9.♗d3 ♗xd3 10.♕xd3 ♕c7 11.♖h4 e6 12.♗f4 ♗d6 13.♗xd6 ♕xd6 14.♘e4 ♕e7

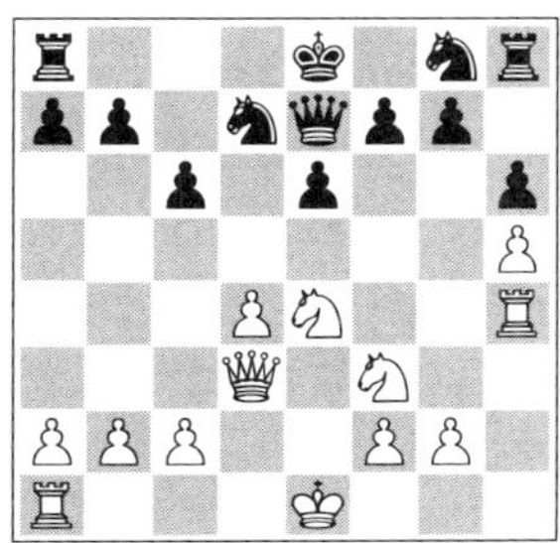

15.♕a3!?

Ein weiterer Weg, das „Ziel" zu erreichen.

15...♕xa3 16.bxa3

Die halboffene b-Linie ist eine uns schon vertraute Errungenschaft, doch fehlt hier das Läuferpaar als weiterer Teil der Kompensation. Weiß hat jedoch einige Initiative, und das Feld d6 wartet schon auf den Springer.

16...♘gf6!?

Ein logischer Versuch und grundsätzlich auch eine wichtige Verteidigungsmethode. Der Nachziehende geht davon aus, dass er nach Abschluss der Entwicklung keine Probleme mehr haben sollte. Dabei den Bauern b7 zu verlieren, scheint nebensächlich, da der verdoppelte a-Bauer von Weiß praktisch nur wie einer zählt. Das ist auch deswegen so, weil der vordere Doppelbauer jetzt nicht mehr gegen den b-Bauern abgetauscht werden kann. Die Hauptvariante ist 16...♔e7, wonach Weiß 17.♖b1 b6 oder 17.♘c5 ♘xc5 18.dxc5 a5 versuchen kann. Gegen beide Fortsetzungen hat sich einst Arturo Pomar, der langjährige Vorkämpfer des spanischen Schachs, erfolgreich zur Wehr gesetzt.

17.♘d6+ ♔e7 18.♘xb7 ♖ab8 19.♘a5 ♖hc8 20.♘e5 ♘xe5 21.dxe5 ♘d7

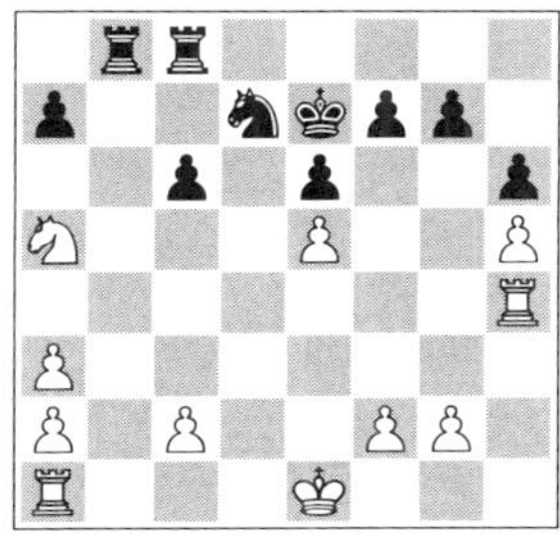

22.♖b4

Eine Ressource, die man sich merken sollte. Weiß versucht seine missliche Bauernstruktur beim Kampf um die Eroberung der b-Linie auszunutzen. Wenn Schwarz schlägt, wird der Bauer a3 natürlich zum Leben erwachen. Auch wenn Weiß hier keinen Mehrbauern haben wird, da e5 hängt.

22...♖xb4 23.axb4 ♘xe5

Die Stellung von Schwarz scheint in Ordnung zu sein, doch es gelang ihm nicht, aktiv zu werden, und so wurde er von Pono allmählich niedergerungen

Zusammenfassung

Verdoppelte a-Bauern (oder h-Bauern) können reichlich Aktivitäten auf der b-Linie (bzw. der g-Linie) ermöglichen, gestatten jedoch ebenso auch ein rasches Fianchetto. Von Natur aus handelt es sich zugleich um isolierte Doppelbauern, weshalb sie eine echte Schwäche darstellen. Doch häufig kann man sie frühestens im Endspiel aufs Korn nehmen.

Kapitel 20

Lang lebe die Königin!

Eine zentralisierte Dame im Mittelspiel wird oft von den gegnerischen Leichtfiguren gepiesakt. Daraus leitete sich die allgemeine Regel ab, von frühen Damenausflügen möglichst abzusehen. Doch wenn es Ihnen gelingt, die Königin von Angriffen abzuschirmen, wird sie mit eiserner Hand regieren.

Raumvorteil

Lassen Sie uns mit einem recht deutlichen Beispiel beginnen, bei dem Weiß aus seinem Raumvorteil Nutzen zog.

Ding Liren
Alexander Moiseenko
Biel 2013

1.d4 ♘f6 2.c4 e6 3.♘f3 d5 4.♘c3 ♗e7 5.♗f4 0-0 6.e3 ♘bd7 7.c5 ♘e4 8.♖c1 f5 9.h3 c6 10.♗e2 ♗f6 11.0-0 ♕e8 12.♗h2 b6 13.♘xe4 fxe4 14.♘e5

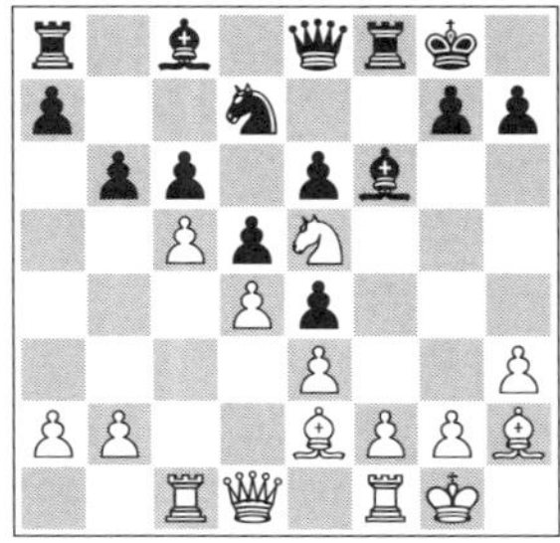

14...♗xe5

14...♘xe5 15.♗xe5 ♗d7 war Ding Lirens Empfehlung nach der Partie. Man vergleiche dies mit der Partiefortsetzung und man wird feststellen, dass die weiße Dame sich hier nicht so ohne weiteres auf dem Zentrumsposten auf d4 festsetzen kann. Derweil droht Schwarz, auf e5 zu nehmen, worauf nun ...♕b8 folgen kann (nebst ...♖f5).

15.♗xe5 ♘xe5 16.dxe5 ♗d7 17.♕d4!

Nun ergibt sich dieser Zug ganz natürlich. Es ist leicht zu sehen, dass die Dame hier nicht vertrieben werden kann – beide Springer wie auch der schwarzfeldrige Läufer sind abgetauscht.

17...b5

Nach 17...♕b8 hätte Weiß Zeit, seinen f-Bauern vorzurücken oder ♗g4 zu spielen. Mithin entscheidet sich Schwarz, den Damenflügel abzuschließen. Damit will er verhindern, dass Weiß seinen Raumvorteil für ein Spiel auf zwei Flügeln nutzt.

18.f4 exf3 19.gxf3

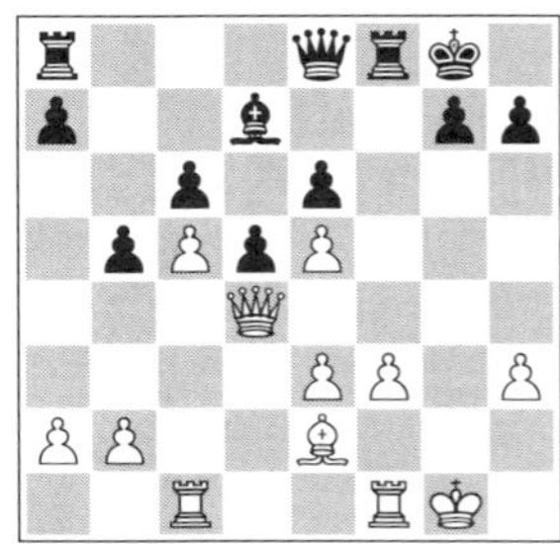

19...♕h5?!

Dieser Damenzug erweist sich, im Gegensatz zu 17.♕d4, als nur scheinbar aktiv. Nach der Partie schlug Ding Liren 19...♕e7 vor, um die Dame zentralisiert zu lassen und zunächst den schlechten Läufer nach g6 zu überführen. Ganz im

Einklang mit dem Prinzip, zuerst die Stellung der schlechtesten Figur zu verbessern.

20.♔h2 ♗e8 21.♖g1 ♗g6 22.♖g3 ♗f5 23.♖cg1 ♖f7 24.♖1g2 ♕h6 25.♔g1 a5 26.h4,

Und Weiß errang einen schönen strategischen Sieg, nachdem es ihm gelungen war, seinen Gegner noch weiter zurückzudrängen.

Vor einem rückständigen Bauern

Predrag Nikolic
J. Martinez
Oviedo 1993 (Schnellschach)

1.d4 d5 2.c4 e6 3.♘c3 c6 4.e3 f5 5.♗d3 ♘f6 6.♘ge2 ♗e7 7.0-0 0-0 8.f3 ♔h8 9.♔h1 b6 10.♗d2 a5 11.♗e1 ♘a6 12.a3 ♗d6 13.♖c1 ♗d7 14.♗h4 ♕e8 15.♕e1 ♕h5 16.♗g3 ♗xg3 17.♕xg3 ♕h6

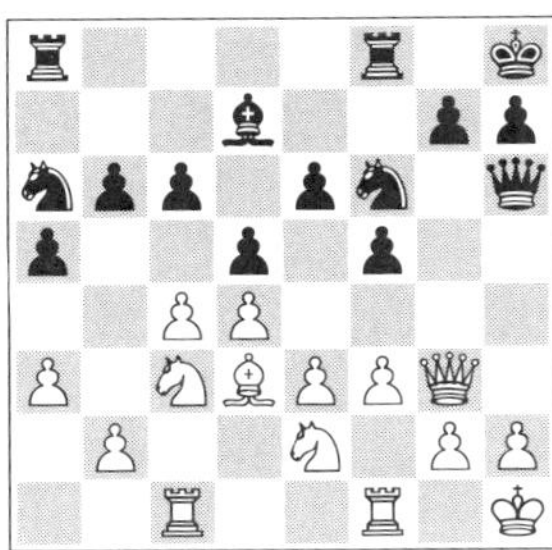

Hier haben wir eine Stonewall-Stellung mit mehr Leichtfiguren auf dem Brett. Man würde erwarten, dass ein Springer nach e5 geht, doch im Moment – mit dem angegriffenen Bauern auf e3 – ist das gar nicht so leicht zu bewerkstelligen.

18.♕e5!

Gänzlich vorurteilsfrei zieht Nikolic seine Dame in die Brettmitte. Er hatte korrekt berechnet, dass sie auf e5 kein leichtes Angriffsziel sein würde. Von dort aus deckt die Dame nicht nur den Bauern e3, sondern nimmt auch den rückständigen Bauern e6 von Schwarz ins Visier. Häufiger kommt es freilich vor, dass eine Dame sich – zumeist nach einem Abtausch – auf einer halboffenen Linie vor einem rückständigen Bauern breitmacht. Siehe z.B. Guliew-Botta, Lugano 2008.

18...♘e8?

Ein passiver und schlechter Zug, auch wenn die Lage von Schwarz ohnehin wenig beneidenswert war. Der Springer auf a6 wie auch die Dame auf der entgegengesetzten Brettseite sind einsame Reiter. Nach der weißen Antwort steht Schwarz bereits auf Verlust.

19.♘a4!

Der Springer zieht an den Brettrand. Er droht natürlich schlicht, auf b6 zu nehmen.

19...dxc4 20.♗xc4 b5 21.♘b6 ♖a7 22.♘xd7 ♖xd7 23.♗xe6,

und Nikolic errang einen leichten Sieg.

Den Angriff unterstützen

Gary Lane
Arthur van de Oudeweetering
Wijk aan Zee 1995

1.e4 e5 2.♘f3 ♘c6 3.♗b5 a6 4.♗a4 ♘f6 5.0-0 b5 6.♗b3 ♗b7 7.d3 ♗e7 8.c3 0-0 9.♖e1 h6 10.♘bd2 ♖e8 11.d4 ♗f8 12.♗c2

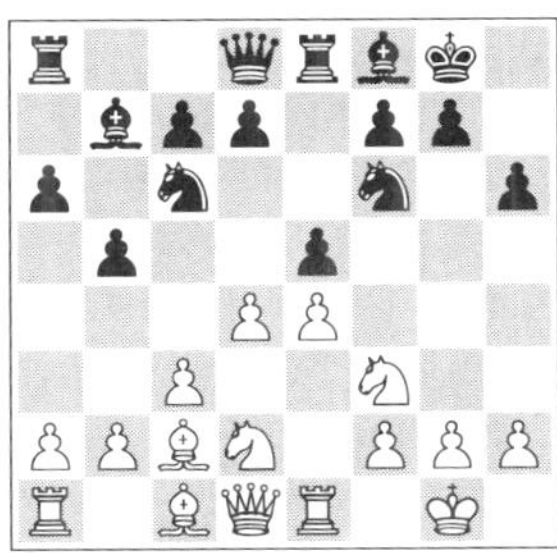

Hier entkorkte ich mit größter Freude...

12...d5!

... mit der offensichtlichen Idee,

13.exd5

... mit...

13...♕xd5!

... zu beantworten. Zusammen mit dem ♗b7 formt die Dame eine auf g2 gerichtete Batterie. Als Folge ist auch der weiße Zentrumsbauer auf d4 unter Beschuss.

14.♘e4

Lane setzte seine Hoffnungen auf diesen Zug, doch nach dem unerwarteten...

14...exd4! 15.♘xf6+ gxf6

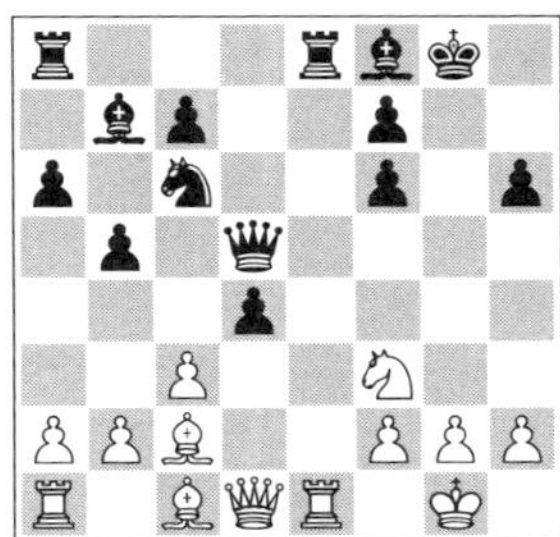

... musste er sich eingestehen, dass die Schwächung der schwarzen Bauernstruktur kaum hinreichende Kompensation für den Bauern verspricht. Die Dame verharrte stolz auf d5 und hielt den Druck auf die weiße Stellung aufrecht.

In der jüngeren Turnierpraxis (2013) waren zwei Partien von Kramnik zu sehen, in denen er ebenfalls seine Dame zentralisierte und eine hässliche Bauernstruktur in Kauf nahm. Im Aljechin-Gedenkturnier gegen Adams behielt er einen isolierten Doppelbauern auf der c-Linie übrig, während er im Londoner Kandidatenturnier gegen Aronjan (in einer Situation, in der er unbedingt auf Gewinn spielen musste) einen rückständigen Bauern auf e6 zuließ, was dem Gegner zugleich ein starkes Feld auf e5 einräumte. In beiden Partien setzte sich seine Strategie durch!

16.♕d3 f5

Zuerst hätte 16...♖xe1+ geschehen sollen, was dem Anziehenden nicht die große Chance aus der Partie gegeben hätte.

17.♗f4 ♗g7

17...♖ad8.

18.♗xc7?

Wir hatten beide 18.♘h4! übersehen, z.B. 18...♖e4 (18...♘e7 19.♕g3 ♔f8 20.♖xe7 ♖xe7 21.♘xf5) 19.♕g3 d3 20.♗b3!, und plötzlich sind die weißen Figuren zum Leben erwacht und arbeiten beim Angriff auf den König zusammen.

18...♖e4 19.♕d2

Die letzte Chance, die Dame zu vertreiben und die Batterie zu demontieren, bestand in 19.♗b3.

19...♖g4 20.♗g3 ♘e5

Hier verpasste Weiß die Möglichkeit, mit einem Qualitätsopfer auf e5 die Flamme am Köcheln zu halten, und erlag bald dem Druck.

Enamul Hossain
Baadur Jobawa
Abu Dhabi 2007

1.e4 c5 2.♘f3 d6 3.d4 cxd4 4.♘xd4 ♘f6 5.♘c3 ♘c6 6.♗g5 e6 7.♕d2 ♗e7 8.0-0-0 0-0 9.f4 ♘xd4 10.♕xd4 ♕a5 11.e5 dxe5 12.♕xe5

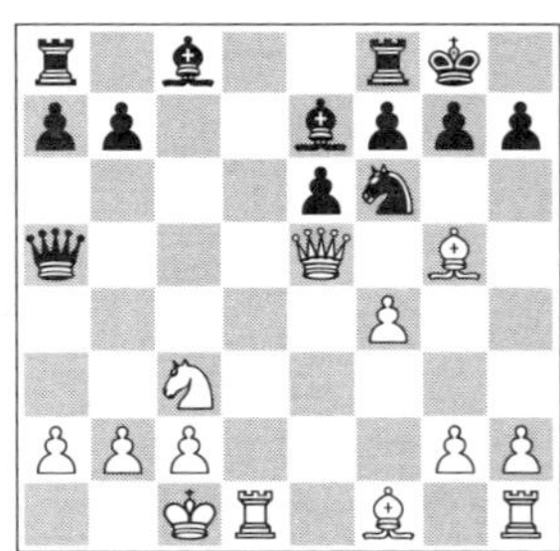

Schon wieder eine Dame im Zentrum, doch diesmal gibt es weder eine Batterie noch einen rückständigen Bauern beim Gegner. In dieser theoretisch bekannten Stellung verschwinden die Damen meist nach einem Abtausch auf e5 vom Brett. Doch Jobawa entscheidet sich dafür, die gegnerische Dame im Zentrum stehenzulassen. Von dort aus unterstützt sie allerdings Verteidigung wie Angriff von Weiß. Bemerkenswerterweise blieb die Dame bis zum Partieende auf e5.

12...b5 13.♗xb5 ♗b7

13...h6?! ist schon in der Praxis vorgekommen, doch nach 14.♗c6 ♕b6 15.♗xa8 hxg5 16.fxg5 ♘g4 ist 17.♕f4 ausreichend, um den Mehrbesitz zu wahren. Mit dem Textzug entwickelt sich Schwarz einfach.

14.♗e2 ♕b6 15.♘a4 ♕c6 16.♗b5 ♕c8 17.♖d3 ♖b8 18.♘c3 h6 19.♗h4 ♗c6

Vorzuziehen war 19...♘g4, um die Dame zu vertreiben.

20.♖g3 ♔h8 21.♗d3 ♖b4 22.a3 ♖b6 23.♖e1 ♕b8

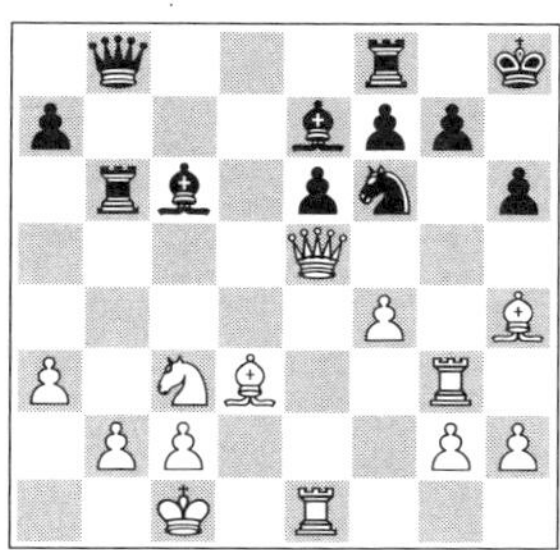

Endlich ringt sich Schwarz dazu durch, der weißen Dame ihren Zentrumsposten streitig zu machen, wobei er zugleich den Bauern b2 angreift. Doch der Anziehende wartet mit einer starken Antwort auf:

24.♘e4!

Verteidigt den Bauern b2 und übt Druck auf f6 aus.

24...♗xe4 25.♖xe4!

25.♗xe4 würde das überraschende 25...♖xb2 26.♕xb2 ♕xf4+ 27.♔b1 ♕xh4 erlauben, wonach Schwarz wahrscheinlich sogar besser stünde.

25...♕b7

25...♕xe5 26.♖xe5 ♗d6 27.♗xf6 gxf6 28.♖e4 f5 war wohl das kleinste Übel. Doch auch hier behauptet Weiß seinen Mehrbauern.

26.♖c4 ♕b8

26...♗d6 27.♕xf6.

27.♖h3 ♕d8

Ermöglicht einen sofortigen Gewinn.

28.♖d4 ♖d6

28...♕b8 29.♗xf6 ♗xf6 30.♖xh6+ gxh6 31.♕xf6+ (31.♕e4? ♕xf4+! 32.♕xf4 ♗g5) 31...♔g8 32.♕xh6 f5 33.♖d7.

29.♗xf6 ♗xf6 30.♖xh6+ ♔g8 31.♖h8+ 1-0

Probleme dynamisch lösen

Laszlo Szabo
Istvan Csom
Ungarn 1973

1.c4 e6 2.d4 ♘f6 3.♘c3 ♗b4 4.f3 c5 5.d5 ♗xc3+ 6.bxc3 ♘h5 7.g3 f5 8.e4 f4 9.♗xf4 ♘xf4 10.gxf4 ♕h4+ 11.♔e2 ♕xf4 12.♘h3 ♕f6 13.♖g1 d6 14.♖g3 ♘d7 15.♔d2 ♘f8 16.f4 exd5

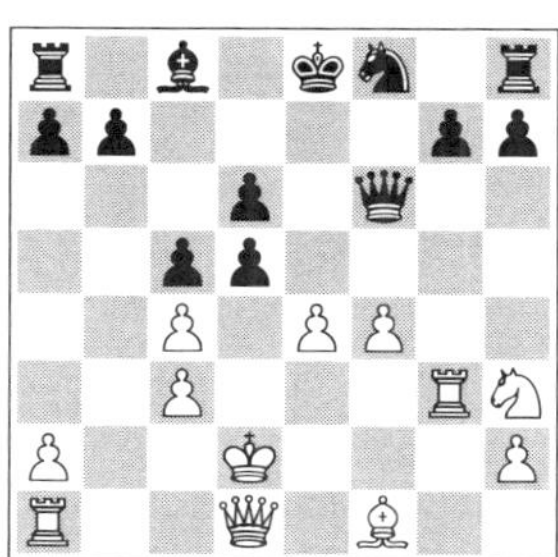

17.♕h5+

Hier sieht 17.cxd5 plausibel aus, zumal nach 17...♗xh3 18.♗xh3 ♕xf4+ 19.♔d3 b5 (das sofortige 19...♘g6 würde natürlich an 20.♕a4+ ♔f7 21.♖f1 scheitern) 20.♕e2! alles bestens bei Weiß wäre. Doch gleich 17...♘g6 würde ein wenig den Spaß verderben, auch wenn die Stellung unklar bliebe. Szabo verzichtete jedoch darauf, seine Bauernstruktur wieder in Ordnung zu bringen, und entschied sich für eine dynamische

Lösung des Stellungsproblems, indem er seine Dame aktivierte.

17...g6

Nicht 17...♘g6 18.f5 ♕h4 19.♗e2!.

18.♕xd5 ♘d7?

Bestimmt nicht der beste Zug. Doch 18...♗xh3 19.♗xh3 ♕xf4+ 20.♔c2 würde dem Weißen eine viel zu aktive Stellung geben, z.B. 20...♕f7 21.♖f1 ♕xd5 22.exd5 ♘d7 23.♗xd7+ ♔xd7 24.♖f7+ ♔c8 25.♖e3 mit Beherrschung der siebten Reihe im Doppelturmendspiel. Nach 18...♘e6 sollte Weiß die Spannung mit 19.♖e1 (vermeidet den taktischen Trick 19.♕xd6 ♘g5!) aufrechterhalten.

Die beste Chance war aber 18...♕e7 19.♖d3 und erst jetzt 19...♘d7. Nach 20.♕xd6 ♘b6 21.♕xe7+ ♔xe7 gewinnt Schwarz seinen Bauern zurück, und die zentralisierte weiße Dame wurde abgetauscht.

19.e5! dxe5 20.♖e1!

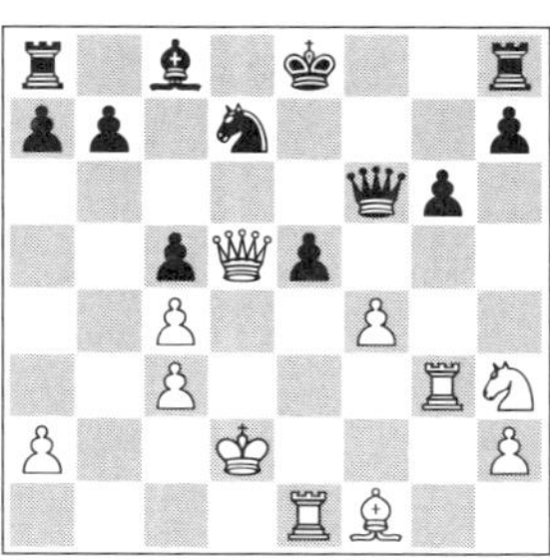

Nun hat Schwarz Probleme mit seiner Entwicklung. Sein König ist in der Mitte hängengeblieben und dort stark gefährdet.

20...♖f8 21.♖ge3 a5 22.♘g5

Bringt alle Figuren in Aktion. Weiß steht auf Gewinn.

22...♖a6

22...♕xf4 23.♘e6 ♕xh2+ 24.♗e2.

23.♖xe5+

23.♘xh7 ♕xf4 24.♘xf8 ♕xf8 25.♖xe5+ wäre noch stärker.

23...♔d8 24.♔c2 ♕xf4 25.♘e6+ ♖xe6 26.♖xe6 ♕xh2+ 27.♖1e2 ♖f2 28.♗g2

Noch immer steht Weiß klar überlegen, und er gewann nach der Zeitkontrolle.

Ein schlechter Blockadestein?

Boris Gratschew
Nikolaj Tschadaew
Loo 2013

1.d4 ♘f6 2.c4 e6 3.♘f3 d5 4.♘c3 c5 5.e3 ♘c6 6.cxd5 exd5 7.♗b5 ♗d6 8.dxc5 ♗xc5 9.0-0 0-0 10.b3 ♗g4 11.♗b2 ♖c8 12.♖c1 ♗d6 13.h3 ♗h5 14.♗e2 a6 15.♘h4 ♗xe2 16.♘xe2 ♗e5 17.♗xe5 ♘xe5

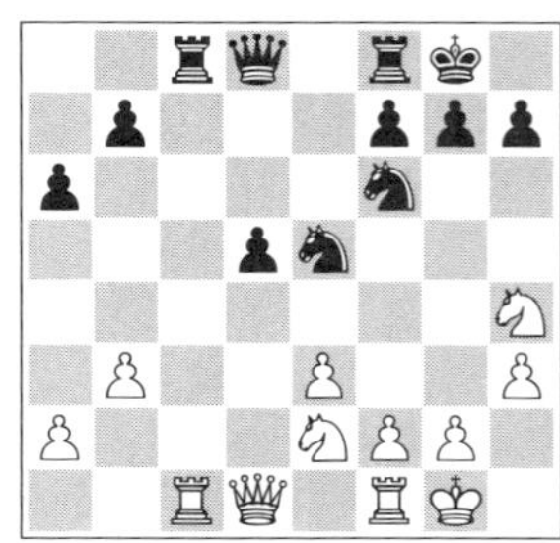

18.♕d4!?

Weiß entscheidet sich, seine Dame zu zentralisieren – wohl wissend, dass sie kaum dort stehenbleiben können wird. Außerdem haben wir ja alle gelernt, dass der Springer in solchen Isolanistellungen die beste Blockadefigur ist. Doch sobald das Vorrücken jenes Bauern zuverlässig unterbunden ist, ist es das Beste, ihn weiter anzugreifen. Im Übrigen bringt das natürliche 18.♘d4 dem Weißen nach 18...♖xc1 19.♕xc1 ♘e4 20.♘hf3 (20.♘hf5 ♘g6) 20...♘xf3+ 21.♘xf3 ♕a5 keinen Vorteil ein.

18.♖xc8 ♕xc8 19.♘d4 wäre eine Alternative, doch Weiß zieht es vor, umgehend seine Türme zu verbinden und das Feld d1 für einen von ihn zu räumen. Ein ganz ähnlicher Damenausfall in einer Isolanistellung ist in der Partie Aleksandrow-Krjakwin, Russische Mannschaftsmeisterschaft Loo 2013, zu sehen.

18...♖e8

Dies gibt dem Weißen Zeit, seinen ♘h4 zurück ins Spiel zu bringen. Sicherer war es, die Dame umgehend mit 18...♘c6 zu vertreiben. Nach 19.♕b2 behält Weiß ein kleines Plus.

19.♘f5 ♖xc1

Jetzt kann 19...♘c6 schon mit 20.♕f4 beantwortet werden, wonach der Killerspringer und die Dame hervorragend zusammenwirken.

20.♖xc1 ♕d7

20...g6 nebst ...♕d6 und ...♘c6 macht einen ganz soliden Eindruck, doch Schwarz möchte das schwächende ...g7-g6 vermeiden.

21.♘fg3 h6 22.♖d1 ♘c6

Letztlich wurde die Dame doch von ihrem Zentrumsposten vertrieben. Man fühlt sich an den Alapin-Sizilianer erinnert (1.e4 c5 2.c3), wo nach 2...d5 3.exd5 ♕xd5 das Feld c3 nicht für den Springer zugänglich ist, was der Hauptgrund dafür ist, dass 2...d5 eine sinnvolle Variante darstellt. Oder übrigens auch 1.c4 e5 2.♘c3 c6 3.d4.

23.♕b2

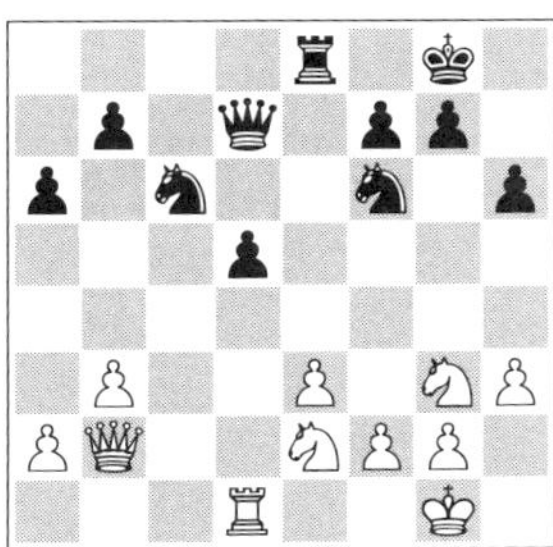

Weiß hat Vorteil, machte weiterhin Druck und gewann schließlich.

Die Dame fangen

Lassen Sie uns mit einem Beispiel schließen, in welchem die zentralisierte Dame in Probleme geriet – nur für den Fall, dass die zuvor gesehenen erfolgreichen Damenausflüge uns vergessen ließen, wie gefährlich ein solches Unterfangen sein kann.

Wadim Malachatko
German Pankow
Sankt Petersburg 2009

1.c4 c5 2.♘f3 ♘c6 3.♘c3 g6 4.e3 ♘f6 5.d4 cxd4 6.exd4 d5 7.♗g5 ♘e4 8.cxd5 ♘xc3 9.bxc3 ♕xd5 10.c4

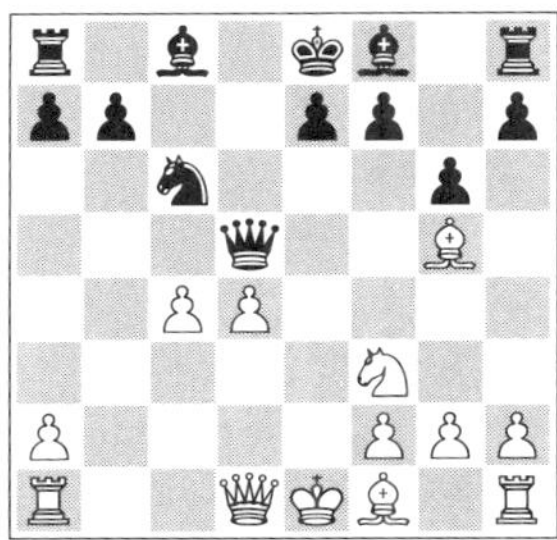

10...♕e4+

Los geht's. 10...♕a5+ und 10...♕d6 wurden hier auch schon gespielt, doch ohne großen Erfolg. Ich schätze, die Idee hinter dem Textzug ist, mit ...♗g7 und ...♗g4 frühzeitig Druck auf das weiße Zentrum aufzubauen.

11.♗e3

Deckt den Bauern d4, während der andere Läufer nach d3 gehen und die Dame ins Schwitzen bringen soll.

11...♗f5?!

Ein Verteidigungszug, der ♗d3 von Weiß verhindern soll, der aber gefährlich ist, weil er der Dame ein weiteres Rückzugsfeld abschneidet. 11...♗g7 wurde öfters gespielt. Nach beispielsweise 12.♗d3 ♕g4 13.0-0 0-0 14.♗e2 hat Weiß nur einen kleinen Vorteil.

12.♗e2 ♗g7

Nach 12...♕c2 13.♕xc2 ♗xc2 14.d5 würden sich die schwarzen Figuren in großen Schwierigkeiten befinden, da 14...♗g7 an 15.dxc6! scheitert, z.B. 15...♗c3+ (15...♗xa1 16.cxb7 ♖b8 17.♔d2) 16.♘d2 ♗xa1 17.cxb7 ♖b8 18.0-0 ♗g7 19.♗f3.

13.0-0 ♖d8

13...0-0 14.♖c1 mit der Drohung ♘g5, doch Schwarz könnte das noch aushalten.

14.d5 ♘e5 15.♖c1 ♘g4

Schwarz ist bereits in großen Schwierigkeiten, z.B. 15...♘xf3+ 16.♗xf3 ♕h4 17.♕d2.

16.♗xa7 ♖a8 17.♗d4 ♗xd4 18.♘xd4 h5 19.♕d2

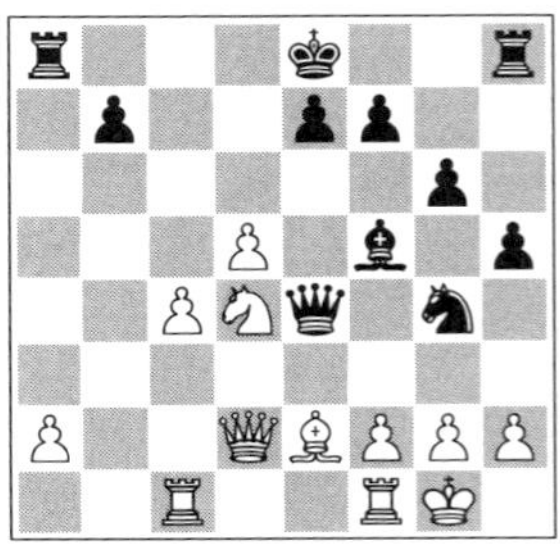

Nimmt der Dame noch mehr Felder und liefert sie ihrem unabänderlichen Schicksal aus.

19...h4 20.h3 ♘f6 21.♖fe1 0-0 22.♗f1 ♖xa2 23.♕xa2 ♕xd4 24.♖xe7 ♘e4 25.♖e1 b6 26.♕e2

1-0

Zusammenfassung

Stehen Sie der Angelegenheit mit den zentralisierten Damen unvoreingenommen gegenüber. Manchmal, wenn auch bestimmt nicht immer, ist die von einer zentralisierten Dame ausgestrahlte Aktivität bedeutsamer als ihre eigene Verwundbarkeit. Vermeiden Sie es, sich von Dogmen leiten zu lassen, wie etwa „die Dame ist eine schlechte Blockadefigur“. Die betrachteten Beispiele sollten dabei helfen!

Aufgaben

Aufgabe 12

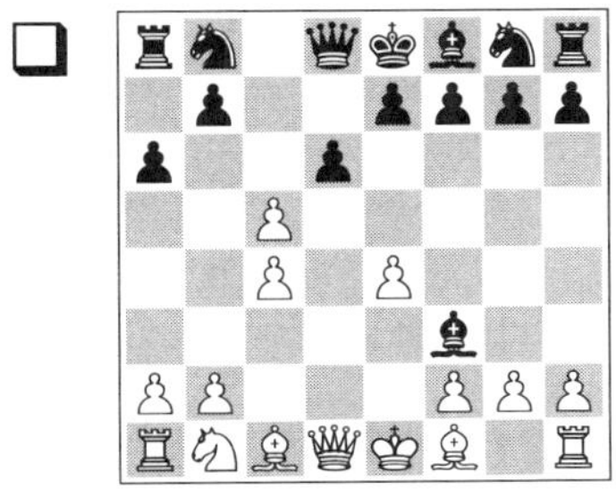

(*Auflösung auf S. 281*)

Aufgabe 13

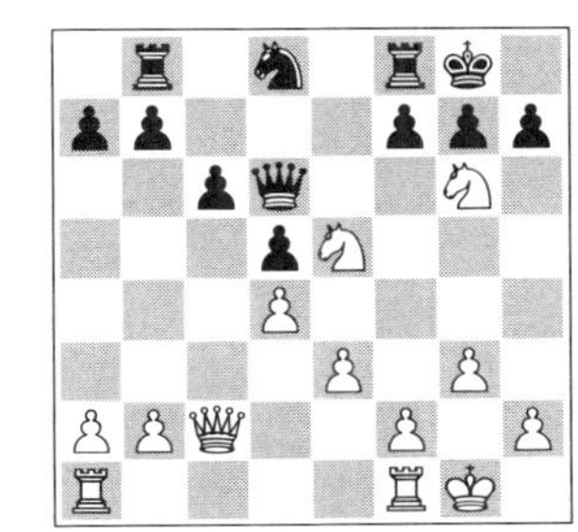

(*Auflösung auf S. 281*)

Aufgabe 14

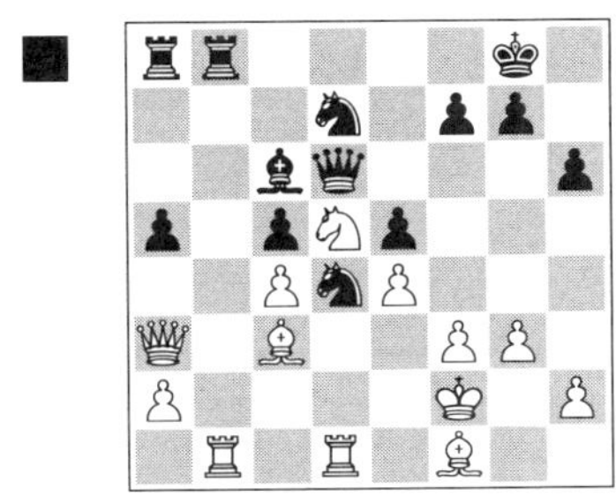

(*Auflösung auf S. 281*)

Aufgabe 15

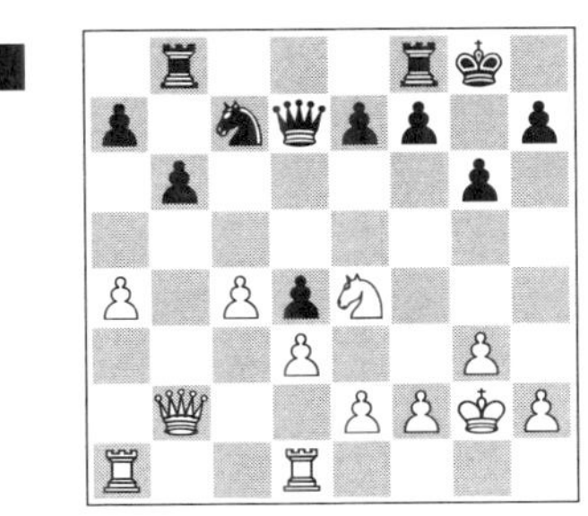

(*Auflösung auf S. 282*)

Aufgabe 16

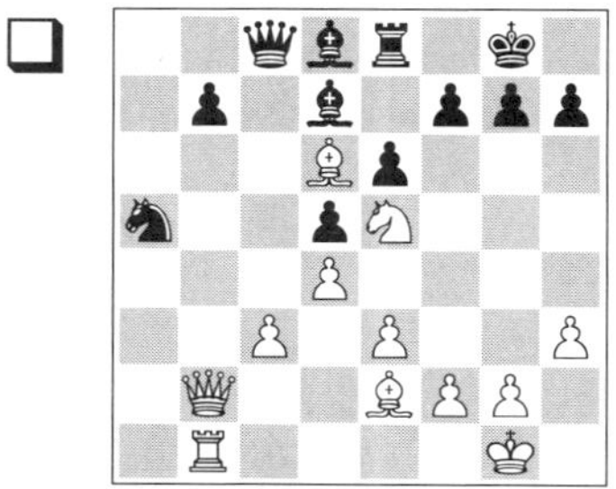

(*Auflösung auf S. 282*)

Aufgabe 17

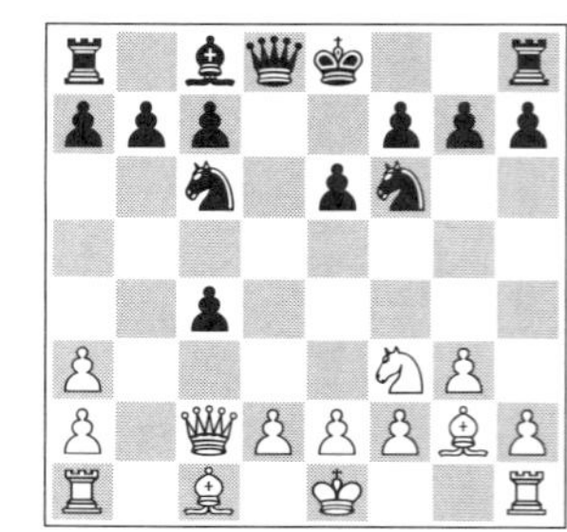

(*Auflösung auf S. 283*)

Aufgabe 18

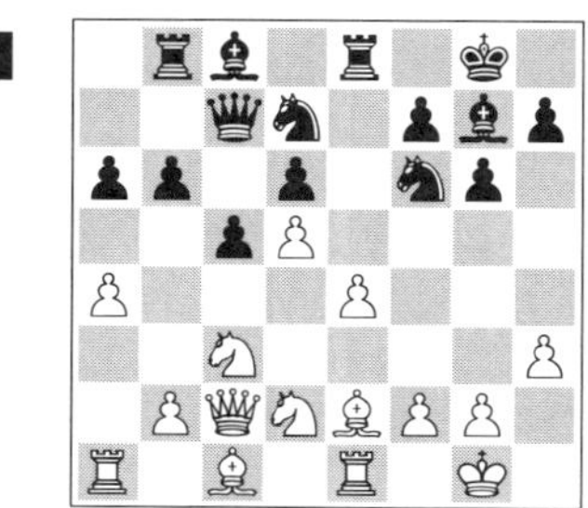

(*Auflösung auf S. 283*)

Aufgabe 19

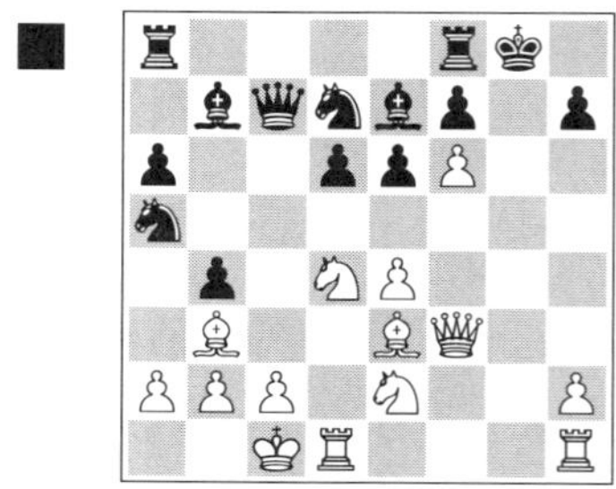

(*Auflösung auf S. 284*)

Aufgabe 20

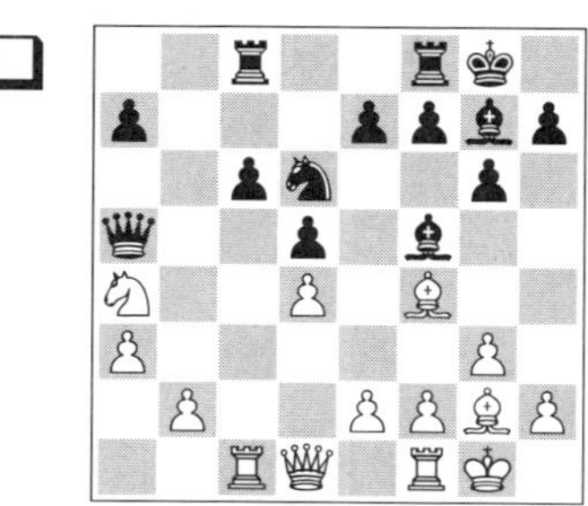

Wie ist 15.♗d2 einzuschätzen, was den Läufer wieder hinter die eigene Bauernkette spielt?

(*Auflösung auf S. 284*)

Teil III

Strategische Verfahren: Typische Opfer

21. Lieber Vorbeiziehen als Zurückschlagen

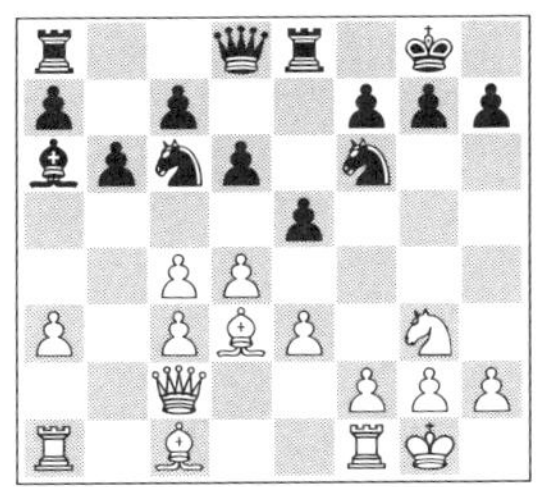

12.f4! exd4 13.e4

22. Das scheinbar Unmögliche spielen

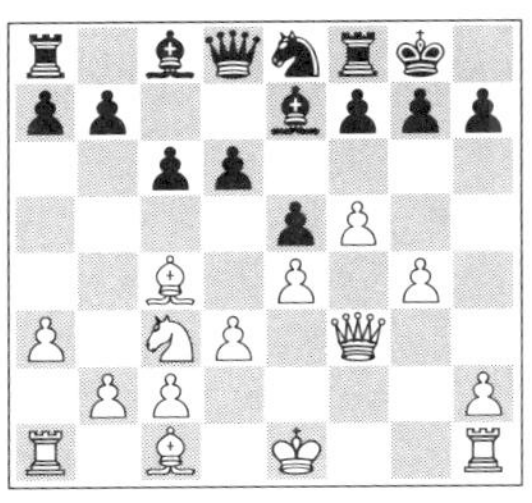

11.h4!?

23. Ein dynamisches Bauernopfer

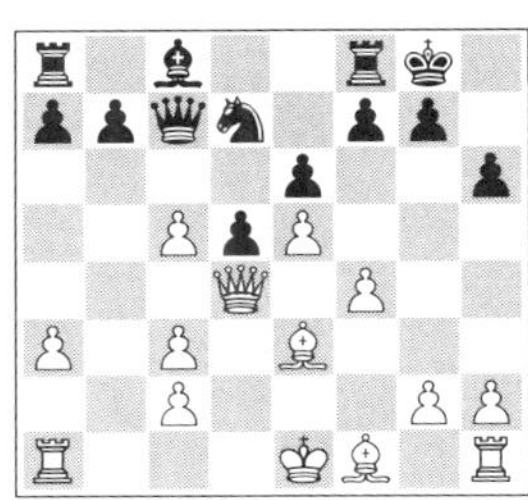

13...b6!

24. Die Mitte entzweischneiden

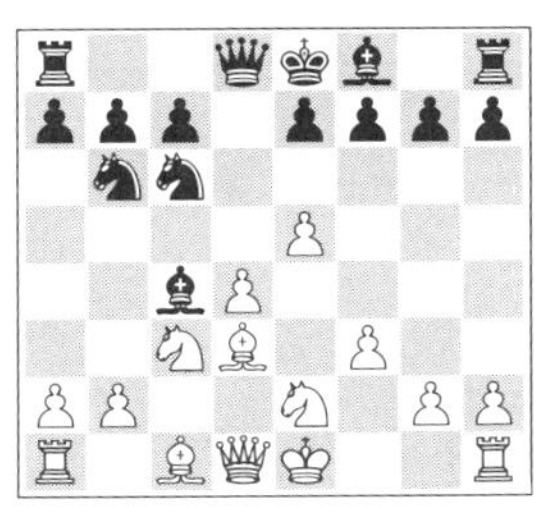

10.♗xc4 ♘xc4 11.e6

25. Den Läufer wegschnippen

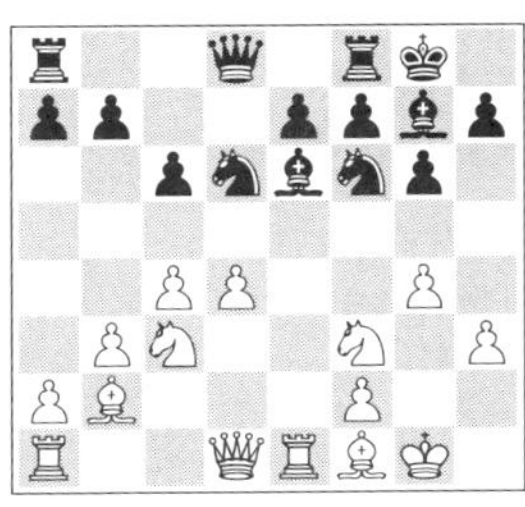

17.♖xe6

26. Königsturm schlägt Springer

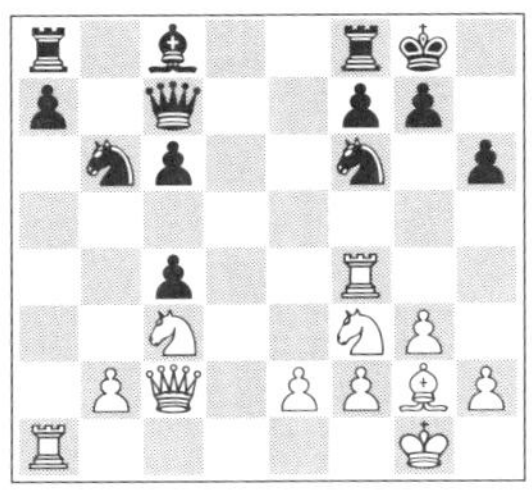

18.♖xf6!

27. Lawinen im Zentrum

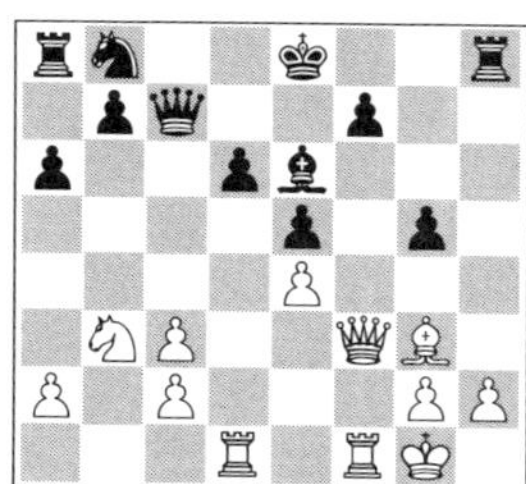

18.♘d4!

28. Nach dem Haken angeln

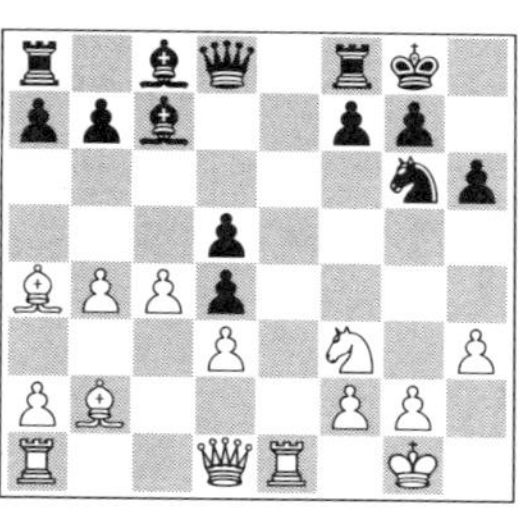

15...♗xh3 16.gxh3 ♕c8

29. Der gigantische Springer

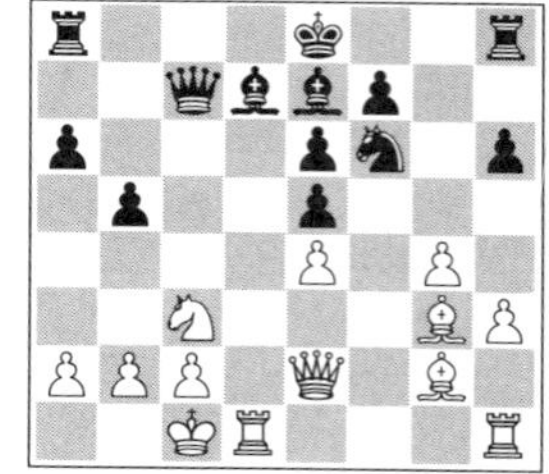

17.♘d5!

30. Ein praxisnahes Figurenopfer

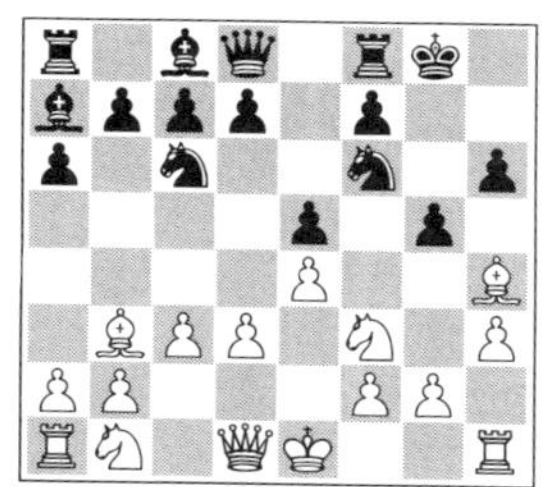

10.♘xg5 hxg5 11.♗xg5

Kapitel 21

Lieber Vorbeiziehen als Zurückschlagen

Nicht immer sollten Sie einen Zentrumsbauern automatisch zurückschlagen. Es gibt mitunter gute Gründe, diese Gelegenheit verstreichen zu lassen! Selbstredend ist (Zurück-)Schlagen der Normalfall. Betrachten wir ein paar Beispiele, um Ihre Augen für das Erkennen der Ausnahmefälle zu öffnen.

Ein verblüffender Vorbeizug

Das erste Beispiel zeigt einen typischen Durchbruch, der umgehend Früchte trägt.

Oleg Romanischin
Lucas Brunner
Altensteig 1992

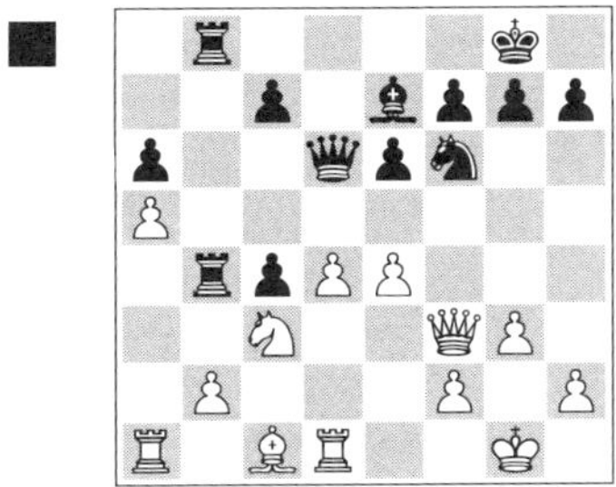

17...♕c6

Die Alternative ist 17...♕d7. In der Partie Ulibin-Batsiaschwili, Jermuk 2011, folgte derselbe Durchbruch später: 18.♕e2 ♗f8 19.♖a2 h6 20.♗f4 ♕c6 21.d5 exd5 22.e5 ♘d7 23.♘xd5 ♖4b5 mit etwa gleichem Spiel.

18.d5! exd5? 19.e5!

Hoppla! Diese Möglichkeit kann man leicht übersehen, da man normalerweise das Zurückschlagen mit 19.exd5 spielt oder erwartet. Wenn Sie freilich ohne Wissen über den letzten Zug die Stellung nach dem 18. Zug von Schwarz aufbauen, fällt es leichter, die Dinge unvoreingenommen zu betrachten – und genau das ist es, was die Computerprogramme tun! Lesen Sie also dieses Kapitel, machen Sie sich mit den Inhalten vertraut – und setzen Sie sich dann während der Partie auf Ihre Hände!

19...♘e8

Schwarz ist bereits völlig verloren. Nach 19...♘d7 geschieht am einfachsten 20.♕xd5 ♕xd5 21.♘xd5, was reichlich Material gewinnt.

20.♘xd5

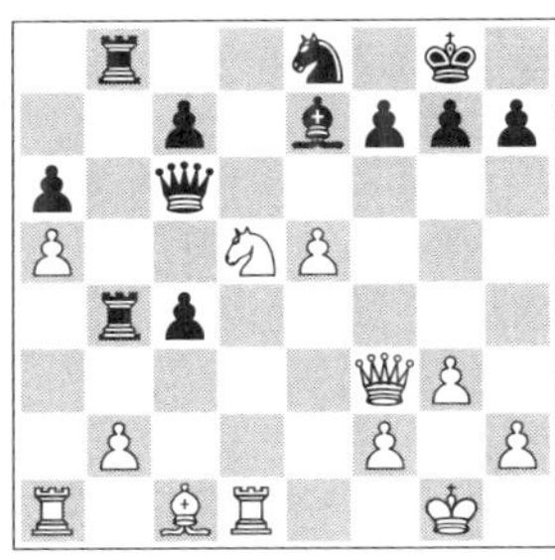

20...♔f8

Schwarz musste auch auf den Abzugsangriff 21.♘f6+ mit Damengewinn achten.

21.♕h5 ♖4b5 22.♕xh7 f6 23.♕g8+

Ein hübscher Abschluss. Schwarz gab auf.

Fester Zugriff auf das Zentrum

Evgeny Postny
Arkady Naiditsch
Belfort 2012

1.d4 ♘f6 2.c4 e6 3.♘f3 d5 4.g3 dxc4 5.♗g2 ♗d7 6.♘bd2 ♗b4 7.0-0

c3 8.bxc3 ♗xc3 9.♖b1 ♗xd2 10.♘xd2 ♗c6 11.♗xc6+ ♘xc6 12.♖xb7 0-0 13.♗a3 ♕c8 14.♖b3 ♖d8 15.e3 e5 16.♕c2 ♕a6 17.♖c1 ♘a5 18.♕d3 ♕e6 19.♖b5

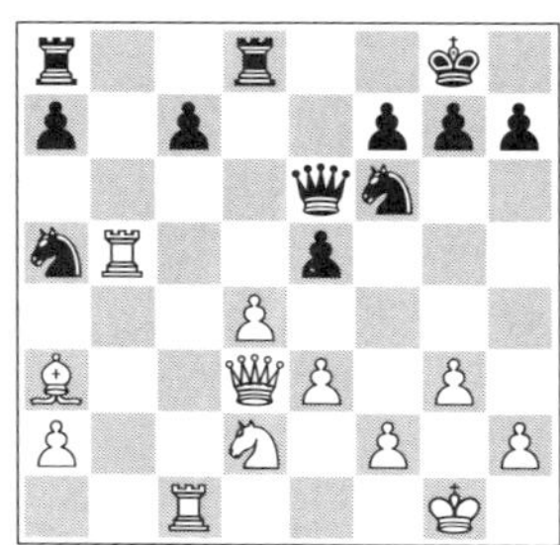

19...exd4 20.e4!?

Erhöht die Kontrolle über das Zentrum (das Feld d5 – man vergleiche hierzu Botwinnik-Keres, Den Haag 1948) und hält die Bauernkette zusammen. ♖d8 und ♘f6 sind nun weniger aktiv, als sie es nach dem normalen 20.exd4 wären, und Weiß zählt darauf, langfristig einen der schwachen Bauern von Schwarz zurückzugewinnen.

20.exd4 ♘c6 21.♘f3 ließe Weiß ebenfalls einen kleinen Vorteil, da das natürliche 21...♘d5? in 22.♘g5 ♕h6 23.♕f5 hereinläuft (oder 23.♘xf7 ♔xf7 24.♖xd5 ♖xd5 25.♕f3+).

20...♘c6 21.♕c4 ♕xc4?!

Danach behält Weiß Recht. Der Nachziehende hätte das sofortige 21...a6 wählen sollen, auch wenn Weiß nach 22.♕xe6 fxe6 23.♖b7 immer noch besser stünde.

22.♖xc4 a6 23.♖g5!

Dieser taktische Schlag ist dem Nachziehenden wahrscheinlich entgangen.

Natürlich nicht 23.♖b7? ♘a5.

23...h6 24.♖f5 ♘a7 25.♗e7 ♖d7 26.♗xf6 gxf6 27.♖xf6

Weiß hat seinen Bauern bei zerrütteter Bauernstruktur von Schwarz zurückgewonnen. Darüber hinaus geht gleich ein weiterer Bauer verloren, da a6 und h6 hängen. Weiß verwandelte schließlich seinen Materialvorteil.

Ein echtes Opfer zwecks Angriff!

Rustam Kasimdschanow
Henrik Teske
Bundesliga 2011/12

❑

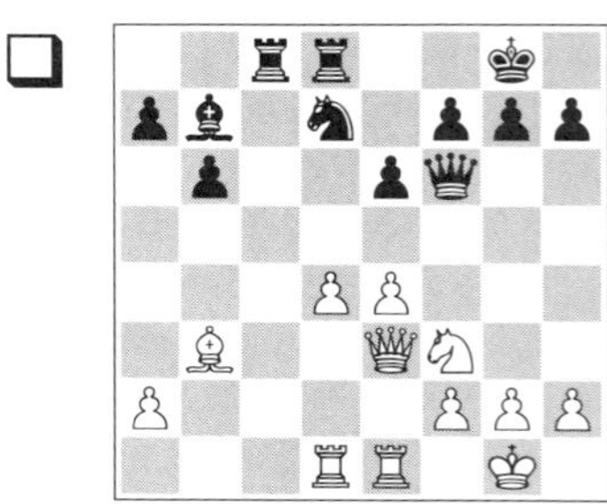

17.d5!?

Ein in diesem Stellungstyp geläufiger Durchbruch, auch wenn es in diesem speziellen Fall eine Neuerung war (zuvor wurde 17.h3 gespielt).

17...exd5 18.e5!?

Erneut wäre 18.exd5 der normale Zug, der einen – wenn auch einen zuverlässig blockierten – Freibauern schafft. Der Textzug legt die Grundlagen für einen Angriff, indem er die schwarzen Figuren vom Königsflügel abschneidet. Ein berühmtes Beispiel, das in anderen Quellen ausgiebig analysiert wurde, ist Polugajewski-Tal, UdSSR-Meisterschaft Moskau 1969.

18...♕h6?!

Zieht aus Angst, seine Dame könne am Königsflügel unter Beschuss geraten, den Schwanz ein. Nach 18...♕g6 19.♘d4 ♘c5 20.♗c2 ♕h5 kann Weiß mit dem Vormarsch seines f-Bauern beginnen, doch der Nachziehende könnte mit ...♘e4 dagegenhalten.

19.♕xh6 gxh6 20.♘d4!

Aber nicht 20.♗xd5 ♗xd5 21.♖xd5 ♘c5, und Schwarz hat keine Probleme.

Noch ein Beispiel also, das zeigt, dass es Besseres geben kann als zu schlagen.

20...♖c3

Das stärkere 20...♘c5 hätte Weiß nach 21.♘f5 gleichfalls Vorteil gelassen.

21.♘b5 ♖c5 22.♘d6 ♗c6 23.f4 a5 24.♖d3

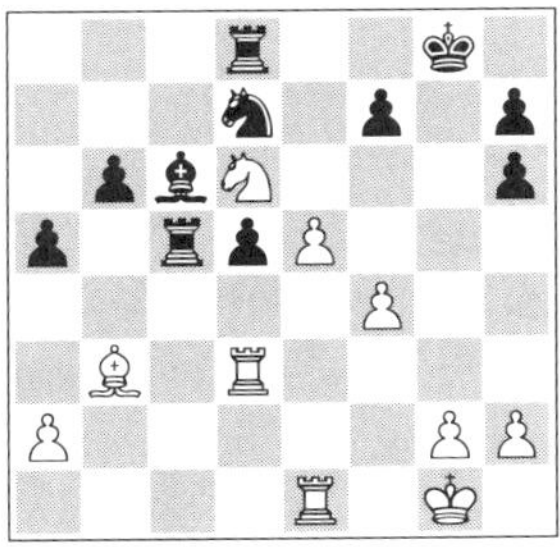

Die weißen Figuren arbeiten ganz im Gegensatz zu denen von Schwarz ganz hervorragend zusammen.

24...b5 25.♘f5 a4 26.♗d1 ♖c4 27.♘d4

Eine starke Alternative war 27.♖g3+ ♔f8 28.♘xh6. 28...♖xf4 kann danach mit 29.e6 fxe6 30.♖xe6 beantwortet werden.

27...♘b8 28.f5 ♗e8 29.e6 fxe6 30.♘xe6 ♖dc8 31.♖xd5 ♖c1 32.♔f2 ♘a6 33.♘d8 ♔f8 34.♘e6+ ♔g8 35.♘d8 ♔f8 36.f6 ♘c7 37.♖d2 ♖b8? 38.f7 ♗c6 39.♖d6 ♗d5 40.♖xd5 1-0

Das Schlagen provozieren

Wladimir Georgiew
Ewgeni Romanow
Anzere 2011

❑ 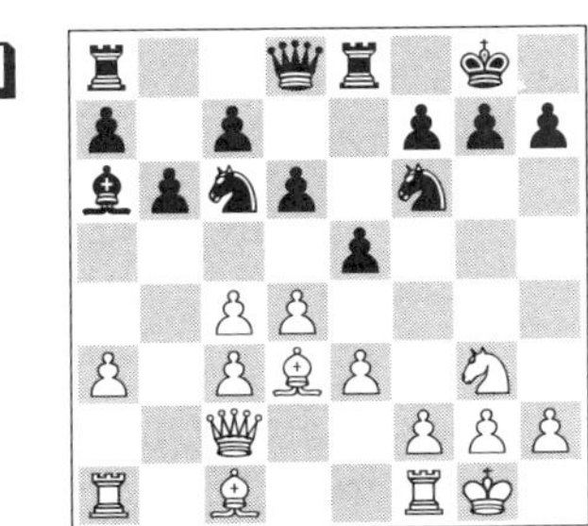

12.f4!?

Nicht gerade eine theoretische Stellung, doch einmal wurde hier schon 12.♘e4 gespielt. Mit dem Textzug erhöht Weiß die Spannung im Zentrum und versucht, die f-Linie zu öffnen. Ganz ähnliche Manöver finden Sie in Gelfand-Mamedscharow, Astrachan 2010, oder Kasparow-Smyslow, 11. Matchpartie Vilnius 1984.

12...exd4

Verständlicherweise gibt Schwarz der Versuchung nach, die Spannung aufzulösen und zu schlagen. Originellerweise könnte Weiß auch nach der anderen Schlagmöglichkeit vom unmittelbaren Zurückschlagen absehen: 12...exf4 13.♘e4!? (natürlich könnte Weiß auch mit dem geradlinigen 13.♖xf4 sein strategisches Ziel, nämlich die f-Linie zu öffnen, erreichen).

13.e4

Was hätten Sie sonst erwartet?

13...♘d7 14.♗b2 ♘c5

Schwarz weigert sich beharrlich, das Opfer anzunehmen und damit dem Anziehenden den Aufbau einer Batterie auf der langen Diagonalen zu ermöglichen.

15.cxd4 ♘xd3 16.♕xd3 d5

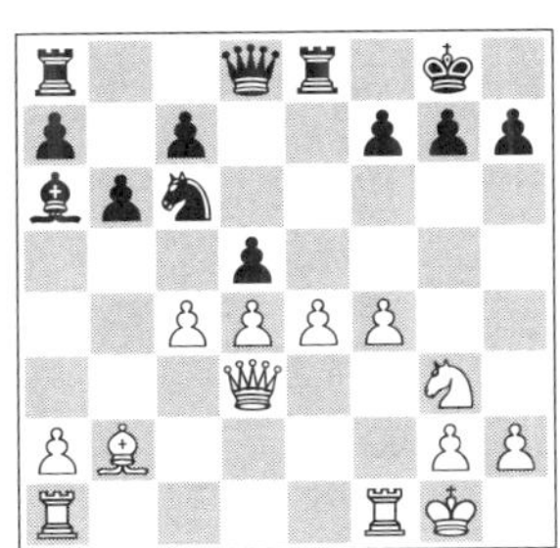

17.♕c3!?

17.exd5 ♘a5 18.♖fc1 (18.♖ac1 ♕xd5) 18...♘xc4 19.♖xc4 ♕xd5 20.♖ac1 wäre etwa ausgeglichen.

17...♗xc4 18.♖f2 f5!?

Möchte nicht warten, bis Weiß selbst e4-e5 und f4-f5 spielt.

19.♘xf5 ♖xe4 20.♘g3 ♖e8 21.f5

Weiß hat nach wie vor einen Bauern weniger, doch in der Partie erwies sich seine Initiative am Königsflügel letztlich als bedeutsamer – wobei Schwarz allerdings auch seine Chancen gehabt hatte.

Ein Angriffsziel auf e4

Sergei Karjakin
Daniel Fridman
Istanbul 2012

1.e4 e5 2.♗c4 ♘f6 3.d3 c6 4.♘f3 d5 5.♗b3 ♗b4+ 6.♗d2 ♗xd2+ 7.♕xd2 0-0

7...♕d6 8.♕g5 0-0 (8...♘bd7) 9.♕xe5 ♕xe5 10.♘xe5 dxe4, und auch hier 11.d4!, was vermeidet, dass das Bauernzentrum komplett verschwindet und den Bauern e4 zu einem Angriffsziel stempelt: 11...c5?! 12.dxc5 ♘bd7 13.♘xd7 ♘xd7 14.♘c3 ♘xc5 15.♗d5 ♗e6 16.♗xe6 ♘xe6 17.♘xe4 – Weiß hatte einen glatten Bauern mehr und führte seine Stellung Schritt für Schritt zum Sieg, Leko-Gelfand, Eriwan (Schnellschach) 2008.

8.♘xe5 ♕e7 9.f4

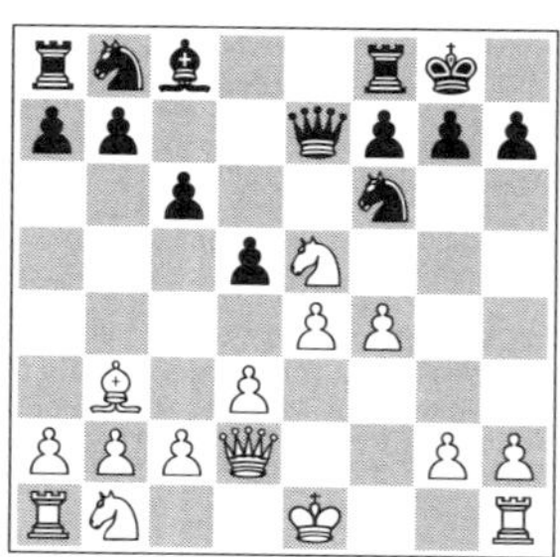

9...dxe4 10.d4!

Vermeidet die Remistendenzen einer Stellung mit bauernlosem Zentrum, was in dieser Schlussrundenbegegnung der Olympiade äußerst wichtig war. Der Nachziehende bleibt auf einem auf sich allein gestellten Vorposten auf e4 sitzen, und es ist nun an Weiß, dessen Verwundbarkeit nachzuweisen. Er wird ♘c3, 0-0 und ♖ae1 folgen lassen, oder vielleicht ♕e2, ♘d2 und 0-0.

10...♘d5

Ein ehrgeiziger Zug, mit dem Schwarz den starken ♘e5 loswerden und seinen Bauern e4 später gegebenenfalls unterstützen möchte.

11.0-0 f6 12.♘c4 ♔h8 13.♘c3 ♘xc3 14.♕xc3 f5

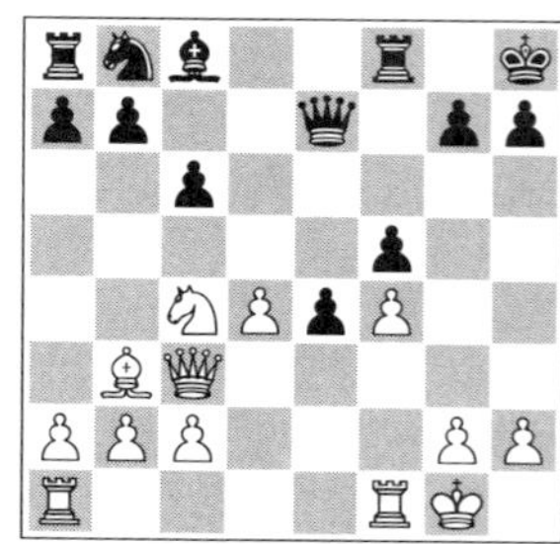

15.♘e5

Aktiv gespielt! Weiß nützt umgehend die Möglichkeit, nach e5 zurückzukehren, und entscheidet sich gegen ein schablonenhaftes Blockadespiel mit 15.♘e3.

15...♗e6

Man vergesse nicht, dass 16.♘g6+ gedroht hatte.

16.♕h3 ♔g8 17.g4 fxg4

Den Schutz des Bauern e4 weiter aufrechtzuerhalten war nicht möglich: 17...g6 18.gxf5 gxf5 19.♗xe6+ ♕xe6 20.♔h1 ♔h8 21.♖g1 ♖f6 22.♕g3.

18.♕xg4 ♗xb3 19.axb3 ♘a6 20.♖ae1 ♘c7 21.♖xe4

Weiß hat einen Bauern mehr. Manchmal kann Schach so einfach sein. Karjakin gewann schließlich diese wichtige Partie.

Die Türme blockieren

Alexander Beljawski
Michail Muchin
Riga 1975

1.e4 c5 2.♘f3 d6 3.d4 cxd4 4.♘xd4 ♘f6 5.♘c3 a6 6.♗g5 e6

7.f4 ♕b6 8.♕d2 ♕xb2 9.♘b3 ♕a3 10.♗xf6 gxf6 11.♗e2 ♘c6 12.0-0 ♗d7 13.♗h5 ♗g7 14.f5 0-0 15.♖f3 ♘e7 16.♖d1 ♖ad8 17.♖d3 ♗c8

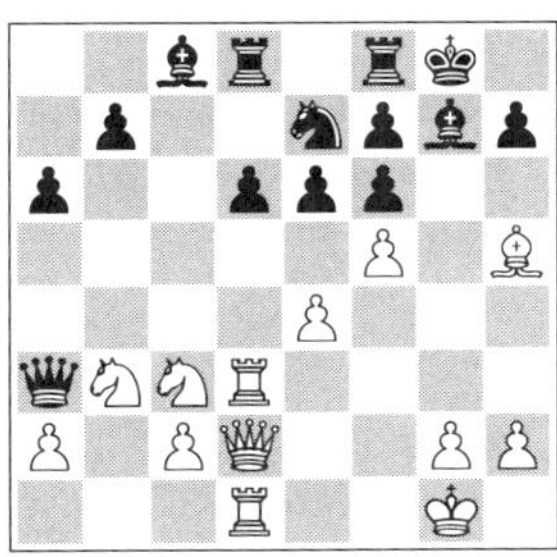

18.♖d4

Im Falle von 18.♖xd6 ♕xd6 (sogar das sofortige 18...♗h6 scheint möglich: 19.♕xh6 ♖xd6 20.♕xf6 ♖xd1+ 21.♘xd1 exf5) 19.♕xd6 ♖xd6 20.♖xd6 ♗h6 (mit der Idee ♗f4-e5) 21.g3 ♗e3+ 22.♔g2 ♗a7 stünde Schwarz mit seinem Läuferpaar sehr gut. Der Textzug droht natürlich Damengewinn mit 19.♖a4.

18...d5!

18...b5, die offensichtliche Entgegnung, war gleichfalls gut und vernünftig, doch der Textzug ist noch viel stärker.

19.exd5

Da Weiß im Begriff ist, den Bauern f5 zu verlieren, würde einiges für 19.fxe6 fxe6 20.exd5 sprechen, doch Schwarz stünde auch dann nach 20...e5 sehr gut.

19...e5!

Dieser kleine Bauernzug stellt alle weißen Schwerfiguren kalt.

20.♖c4 ♕d6

Ein solider Zug, der die weiße Antwort provoziert. 20...♘xf5 war plausibel und gut.

21.g4?! b5 22.♖c5 ♗b7

Die weißen Figuren sind schlecht koordiniert, und der Läufer auf h5 macht einen erbärmlichen Eindruck.

Mit seinem nächsten Zug will der Anziehende das ändern, doch seine Königsstellung wird dadurch erst recht verwundbar. Der talentierte, viel zu jung verstorbene Schwarzspieler schließt die Partie gefällig ab.

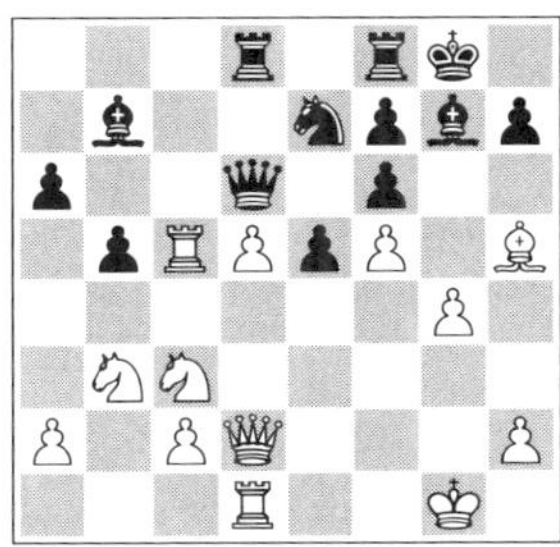

23.g5 fxg5 24.♕xg5 f6 25.♕g4 ♕b6 26.♔f1 ♔h8 27.♕h3 ♘g8 28.♗f3 ♖f7! 29.a4 ♗f8 30.a5 ♕a7 31.d6 ♖xd6 32.♘d5 ♖fd7 33.♖d3 ♖g7 34.♔e2 ♖dd7 35.♖cc3 ♕g1 36.♖d1 ♕g5 37.♘c5 ♗xc5 38.♖xc5 0-1

Weiß hat nicht nur einen Bauern weniger, sondern darüber hinaus wäre sein König nach 38...♘e7 in argen Nöten, z.B. 39.♘xe7 ♖xd1 40.♔xd1 ♕e3.

Das Läuferpaar blockieren

Lajos Portisch
Boris Spasski
Amsterdam 1964

❑

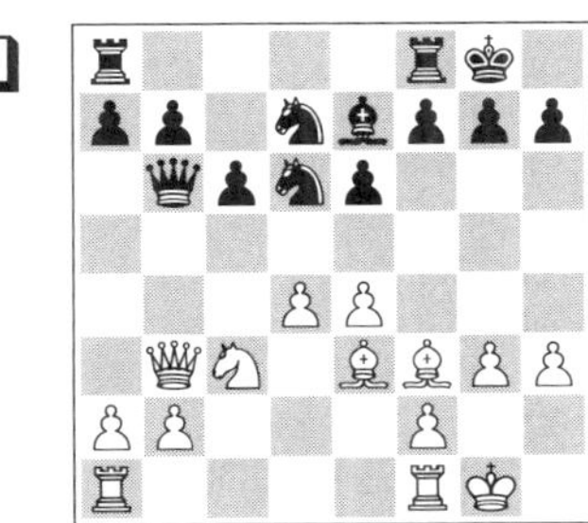

17.d5

Eine Standardmethode, um Linien für die Läufer zu öffnen.

17...♕xb3 18.axb3 cxd5 19.exd5 e5!

Spasski scheut sich nicht, einen Bauern zu geben, um Portischs weißfeldrigen Läufer zu blockieren und sein eigenes Bauernzentrum zu errichten.

20.♖xa7 ♖xa7 21.♗xa7 f5

Nicht schlecht sah 21...b6 22.♗e2 ♖a8 23.♖a1 f5 aus (23...♘c8 könnte mit 24.♗g4! beantwortet werden).

22.♗e2 ♖c8 23.♗e3 ♔f7 24.♘b5 ♘f6 25.♘xd6+ ♗xd6 26.♖a1

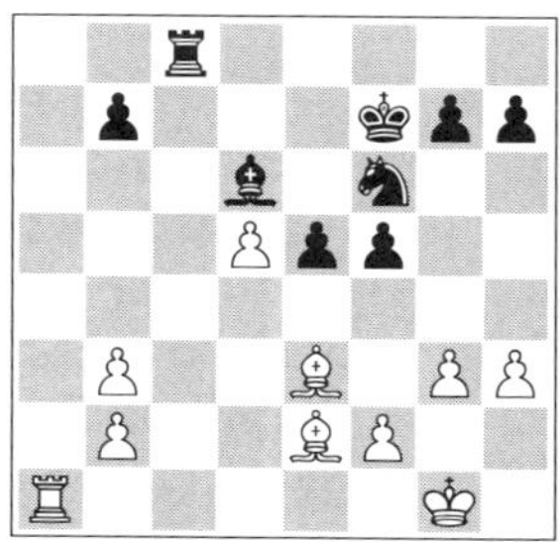

Weiß scheint nach wie vor etwas besser zu stehen, da sein Turm auf der a-Linie eindringt und der schwarze b-Bauer ein wenig in Problemen ist.

26...♔g6

26...♘xd5 war natürlich wegen 27.♗c4 ♔e6 28.♖a5 nicht möglich; aber 26...♖c2 27.♗d1 ♖c7! mit der Drohung, auf d5 zu nehmen, wäre eine ernsthafte Alternative gewesen. Vielleicht hätten Sie erwartet, dass 26...♔e7 der richtige Zug mit dem König wäre, wonach dieser in der Mitte bleibt und den d-Freibauern im Auge behält, doch Spasski gelingt es, seinen König auf wundersame Weise am Königsflügel zu aktivieren.

27.♗c4 h5 28.♖a7 ♖b8 29.♖a5 h4 30.♖b5 hxg3 31.fxg3 ♘d7 32.♖a5

32.♗a7 ♖a8 33.♖xb7? ♖xa7 34.♖xa7 ♗c5+; 32.♔f2 b6.

32...♔f6 33.h4 f4 34.gxf4 exf4 35.♗f2 g5 36.hxg5+ ♔xg5 37.♔g2?! ♘e5

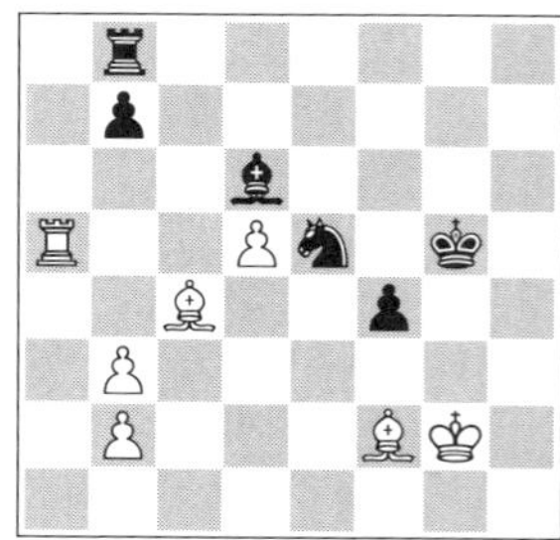

38.♗c5?

Womöglich durch die plötzliche Aktivität von Schwarz verwirrt, tauscht Portisch die falschen Figuren und bleibt auf dem schlechten Läufer sitzen. Am Ende verliert er sogar.

38...f3+ 39.♔f2 ♗xc5+ 40.♖xc5 ♔f4 41.♖c7 ♖a8 42.♖xb7 ♖a2 43.♔e1 ♔e3 44.♔d1 ♘xc4 45.bxc4 ♖a1+ 46.♔c2 f2,

und Spasski gewann:

47.♖f7 f1♕ 48.♖xf1 ♖xf1 49.♔c3 ♔e4 50.♔b4 ♔e5 51.♔c5 ♖f8 0-1

Zusammenfassung

Auf typische Bauerndurchbrüche folgt mitunter, anstelle eines (Zurück-)Schlagens, der Vorstoß des Nachbarbauern. Damit können verschiedene Ziele erreicht werden, wie etwa die Öffnung einer Linie. Oder man lässt einen gegnerischen Bauern, der nur die eigenen Figuren behindert, auf dem Brett stehen. Das Vorbeiziehen ist zwar nicht der Regelfall, aber ein Muster, dass man sich dennoch einprägen sollte!

Kapitel 22

Das scheinbar Unmögliche spielen

Stellen Sie sich die Situation vor, dass Sie gerne Ihren Angriff mit dem logischen h2-h4 fortsetzen würden, der Gegner aber dieses Feld kontrolliert. Was sollten Sie nun tun? Richtig – ungerührt genau so fortfahren!

Floris van Assendelft
Roeland Pruijssers
Amsterdam 2012

1.e4 e5 2.♘f3 ♘c6 3.♗b5 f5 4.d3 fxe4 5.dxe4 ♘f6 6.0-0 d6 7.♘c3 ♗e7 8.♗c4 ♘a5 9.♗e2 ♗e6 10.♘g5 ♗g8 11.f4 c6 12.♗d3 ♘c4 13.♕e2 ♘xb2 14.♖b1 ♘xd3 15.cxd3 ♕c7 16.♗e3 h6 17.♘f3 ♗f7 18.♘h4 0-0 19.♘f5 ♗e6 20.g4 ♘h7 21.♔h1 ♗f6 22.♘xh6+ gxh6 23.f5 ♗f7 24.♗xh6 ♔h8

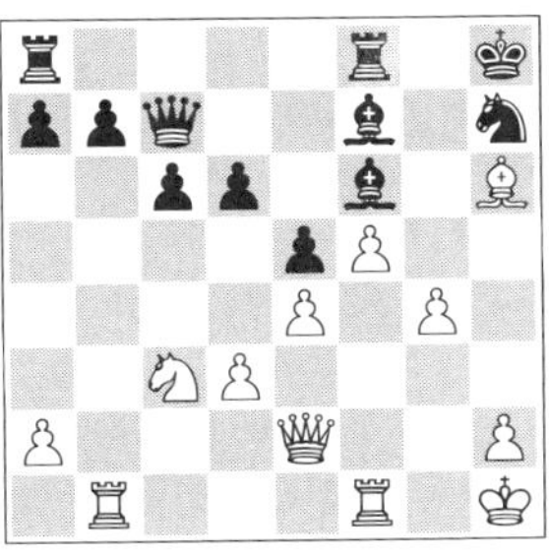

In dieser zweischneidigen Stellung – in der Weiß nur einen Bauern für die geopferte Figur hat, allerdings eine Bauernwalze am Königsflügel – spielte der Anziehende das findige...

25.h4!?

Wahrscheinlich fürchtete er, dass Schwarz nach dem normalen 25.♗xf8 dank der Herrschaft über die dunklen Felder seine Stellung konsolidieren könnte. Stattdessen versucht Weiß, durch die Öffnung der h-Linie seinen Angriff fortzusetzen, auch auf Kosten eines Bauern.

25...♗xh4 26.♕h2 ♕e7

Den Läufer zurückzuziehen, war nicht gut: 26...♗e7 kann mit 27.f6 ♗xf6 28.♗xf8 ♖xf8 29.♖xf6 beantwortet werden, während 26...♗f6 in 27.g5 ♗g7 28.♗xg7+ ♔xg7 29.♕h6+ ♔h8 30.♖f3 hereinläuft.

27.♖f3 ♖g8 28.♖g1 ♗g5 29.♖h3 ♗e8

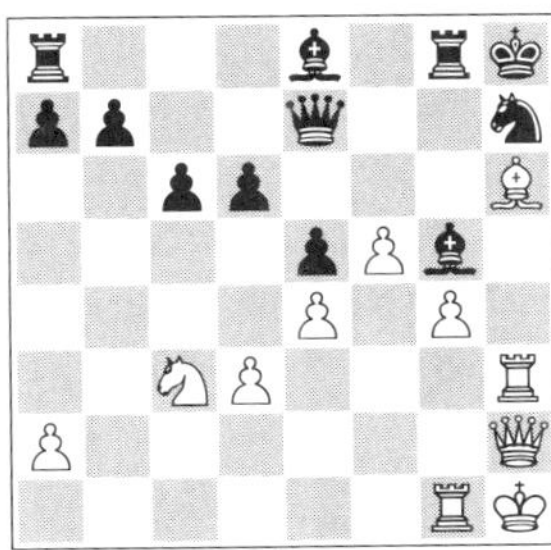

Der weiße Angriff ist an einem toten Punkt angelangt – so scheint es zumindest. Es gibt jedoch noch eine Figur, die zur Verstärkung herangezogen werden könnte.

30.♘b1!

Merken Sie sich dieses Manöver und vergleichen Sie es mit der folgenden Partie! Weiß erstrebt die Kontrolle über den Punkt g5, um so seine Bauernkette wieder in Bewegung setzen zu können.

30...d5?

Damit erreicht Schwarz wenig. Er sollte seine Figuren für die Verteidigung koordinieren. Ein cleveres Manöver war 30...♖d8 31.♘d2 ♖d7 32.♘f3 ♕d8, und die schwarzen Kräfte wirken gut organisiert. Trotzdem hat Weiß dank seiner Königsflügelbauern und des merkwürdigen Läufers auf e8 nach wie vor Kompensation.

31.♘d2

Die planmäßige Fortsetzung, nach der Schwarz in Schwierigkeiten ist.

31...♖d8

Nach 31...♗xd2 32.♗xd2 dxe4 verweist der Computer auf 33.♗b4. Doch das normale 33.dxe4 oder 33.g5 wäre ebensogut für Weiß.

32.♗xg5 ♖xg5 33.♘f3 ♖g8 34.g5

Mission erfüllt, Partie vorbei.

34...♖d7 35.g6 ♖g7 36.♘g5 ♔g8 37.♘xh7 1-0

Mustererkennung

Arthur van de Oudeweetering
Ron Hofman
Groningen 1994

1.e4 e5 2.♘c3 d6 3.♗c4 ♘f6 4.d3 ♗e7 5.f4 ♘c6 6.♘f3 0-0 7.a3 ♘d4 8.f5 ♘xf3+ 9.♕xf3 c6 10.g4 ♘e8

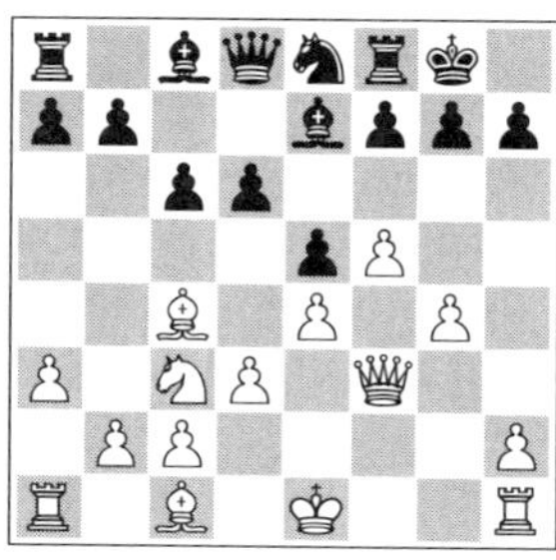

Hier liegen die Dinge bestimmt anders, da der Bauer mit Schach geschlagen wird?

11.h4!

Nein!

11...♗xh4+ 12.♔e2

Weiß hat überwältigenden Raumvorteil sowie die gefahrbringende h-Linie, was genug Kompensation für den Bauern verspricht.

12...♗g5

12...h6 13.g5 hxg5 14.♗xg5 ♕xg5 (14...♗xg5 15.♕h5 ♗h6 16.♖ag1 ♕f6 17.♖g6) 15.♖ag1 ♕h6 16.♖g4.

13.♖h5 ♗xc1 14.♖xc1 g6 15.♖h6 ♕g5 16.♖ch1 ♘f6 17.♖1h4

Bei der Triplierung der Schwerfiguren steht die Dame am besten hinter den Türmen (der sogenannte Blackburne-Rammbock).

17...♔g7 18.♕h3 ♖h8 19.♘b1

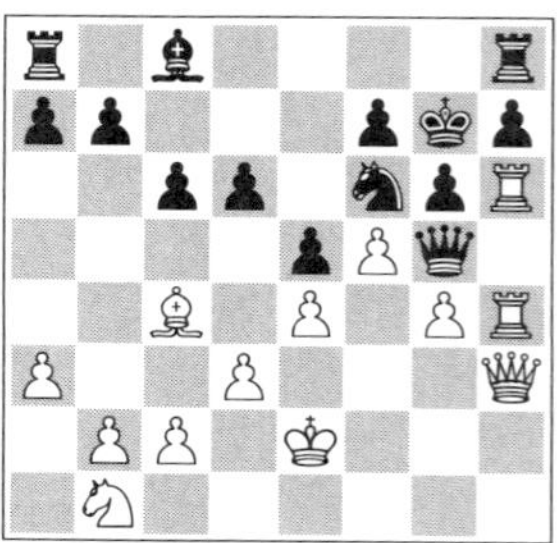

Erinnern Sie sich an das erste Beispiel? Erneut kämpft Weiß um die Kontrolle über g5.

19...b5?

Ich hatte die Begegnung als geradlinige Angriffspartie im Gedächtnis, doch in der Nachbetrachtung sind die Dinge, gelinde gesagt, überhaupt nicht klar. Hier wäre der Vorstoß 19...d5 die richtige Antwort, was ein Gegenspiel gegen den weißen König einleitet: 20.♗b3 (20.♘d2 dxc4 21.♘f3 ♕c1 22.g5 ♘h5 23.♖4xh5 ♕xc2+ 24.♘d2 cxd3+ 25.♕xd3 ♕xd3+ 26.♔xd3 ♖d8+ 27.♔e3 gxh5 28.♘c4 überzeugt nicht) 20...dxe4 21.dxe4 b6.

20.♗b3 a5 21.♘d2 a4 22.♗a2 ♗d7?!

Ein unglücklicher Zug, der nur dem Weißen hilft. Doch auch nach 22...d5

23.♘f3 ♕c1 24.g5 ♕xc2+ 25.♘d2 ♘h5 26.♖4xh5 wäre Weiß obenauf.

23.♘f3 ♕c1 24.g5

Wenn nun der Springer wegzieht, gewinnt f5-f6+ den Läufer.

24...♕xb2 25.gxf6+ ♔xf6 26.♖xh7 ♕xc2+ 27.♘d2 ♖xh7 28.♖xh7 ♗e8

28...♕xa2 scheitert an 29.♕h4+ g5 30.♕h6+ ♔e7 31.♕xg5+ ♔f8 32.♖h8#.

29.♕h4+,

Und Weiß gewann.

Der geschwächte Königsflügel

Jon Arnason
Allan Savage
Reykjavik 1982

1.e4 e6 2.d4 d5 3.♘c3 ♘f6 4.e5 ♘fd7 5.f4 c5 6.♘f3 ♘c6 7.♗e3 ♕b6 8.♘a4 ♕a5+ 9.c3 cxd4 10.b4 ♕d8 11.♘xd4 ♘xd4 12.♗xd4 ♗e7 13.♗d3 0-0 14.♕c2 g6

Soeben hat Schwarz mit ...g7-g6 seinen Königsflügel geschwächt (eher angebracht war 14...h6), wobei er vermutlich nicht mit h2-h4 gerechnet hatte, da dieser Bauer mit Schach geschlagen werden kann.

15.h4!?

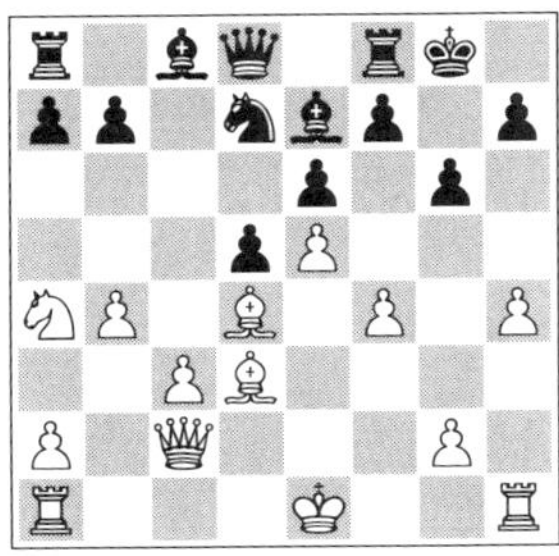

15...♗xh4+ 16.♔e2

Auch hier verfolgt Weiß den einfachen Plan der Turmverdopplung auf der h-Linie.

16...♗g3?!

Schwarz wirkt bereits verzweifelt und ist bereit, seinen Läufer herzugeben. Eine bessere Verteidigung war 16...♖e8 17.♖h3 ♗e7 18.♖ah1 ♘f8, wo der Springer typischerweise gute Defensivaufgaben erfüllt, indem er die Bauern auf h7 und g6 deckt.

17.♖af1 ♗xf4?

Es gab keinen Grund, dies gleich zu spielen.

18.♖xf4 ♕g5 19.♖fh4 h5

19...♕xg2+ 20.♔d1 ♕xc2+ 21.♔xc2 wäre ähnlich der Partie.

20.♕d2 ♕xg2+ 21.♔d1 ♕xd2+ 22.♔xd2

Wegen des großen Raumvorteils von Weiß sowie dessen Entwicklungsvorsprung stellen die drei Bauern keine hinreichende Kompensation dar. Weiß gewann im weiteren Verlauf.

Ebenso auch gegen ...h7-h6!

Ding Liren
Sophie Milliet
Villandry 2009

1.d4 ♘f6 2.c4 c5 3.d5 b5 4.♘f3 e6 5.♗g5 exd5 6.cxd5 d6 7.e3 a6 8.a4 b4 9.♘bd2 ♗e7 10.♘c4 ♗b7 11.♗xf6 ♗xf6 12.a5 ♕e7 13.g4 h6 14.♗g2 ♘d7 15.♕d3 ♘e5 16.♘fxe5 ♗xe5 17.0-0-0 ♗f6 18.♘b6 ♖d8 19.f4 0-0

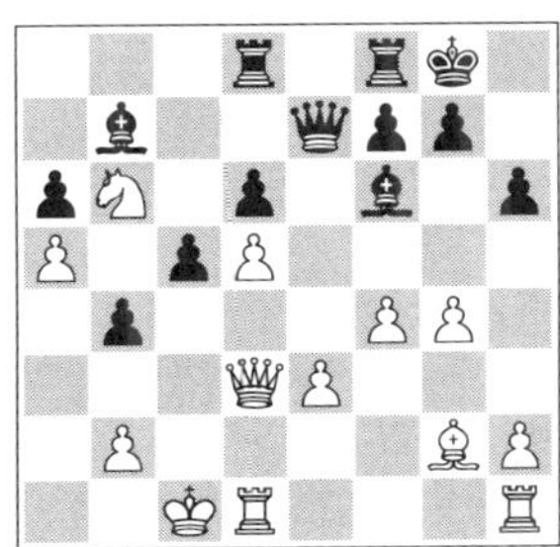

20.h4!?

Im Gegensatz zur Situation mit der geschwächten schwarzen Königsstellung in der vorigen Partie ist hier etwas weniger deutlich, welchen Nutzen die Türme aus der h-Linie ziehen sollen. Doch nach dem nachfolgenden g4-g5 wird die Durchschlagskraft des weißen Angriffs bald klar. Wie Sie wissen, ist bei Stellungen mit entgegengesetzten Rochaden Schnelligkeit Trumpf!

20...♗xh4

In Anbetracht des drohenden Vorstoßes g4-g5 zwar logisch, aber nicht erzwungen. Die Alternative lautete 20...g6 21.g5 ♗g7, und nach dem folgerichtigen 22.gxh6 ♗xh6 23.h5 hält 23...g5!? die h-Linie geschlossen, und der König kann auf h8 einen sicheren Hafen finden.

21.♖h3

Die Verdopplung ist hier ausnahmsweise nicht der beste Plan, da Schwarz ggf. mit ...g7-g5 antworten kann, was die h-Linie verschließt. 21.g5 war einfach und stark: 21...♗xg5 (21...hxg5 22.fxg5 ♕xg5 23.♕e4) 22.fxg5 ♕xg5 23.♖dg1, und auch hier steht Schwarz zu passiv, als dass drei Bauern genug für die Figur wären.

21...c4!?

Sucht aktives Gegenspiel am anderen Flügel.

22.♘xc4 ♖c8

22...♗c8!?, was g4-g5 verhindert, war eine interessante Alternative.

23.b3 ♖c5

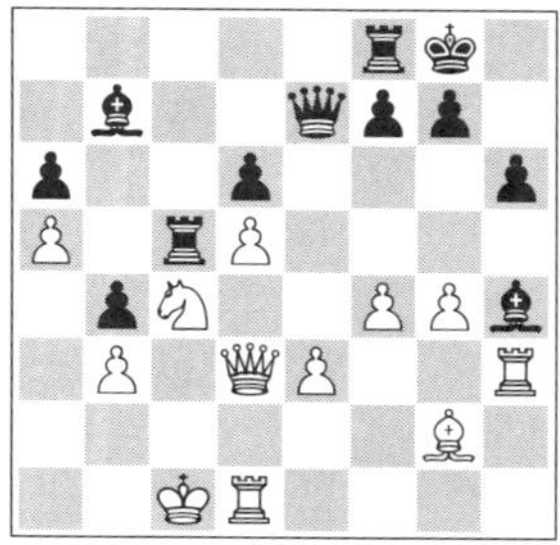

24.g5

Endlich!

24...♗xg5 25.fxg5 ♕xg5 26.♗f3 ♗c8 27.♖h5 ♕f6 28.e4

Das unerschrockene 28.♖f1 war gleichfalls möglich: 28...♕a1+ 29.♔d2 ♕a2+ 30.♕c2.

28...♕f4+ 29.♔b2 f5 30.♖hh1 fxe4 31.♗xe4

Schwarz hat nicht genug für die Figur und verlor in der Folge.

Von der Rochade abhalten

David Howell
Frank Erwich
Leiden 2012

1.e4 e5 2.♘f3 ♘c6 3.♗b5 ♘ge7 4.♘c3 ♘g6 5.d4 exd4 6.♘xd4 ♘xd4 7.♕xd4 c6 8.♗e2 ♕b6 9.♕d3 ♗e7

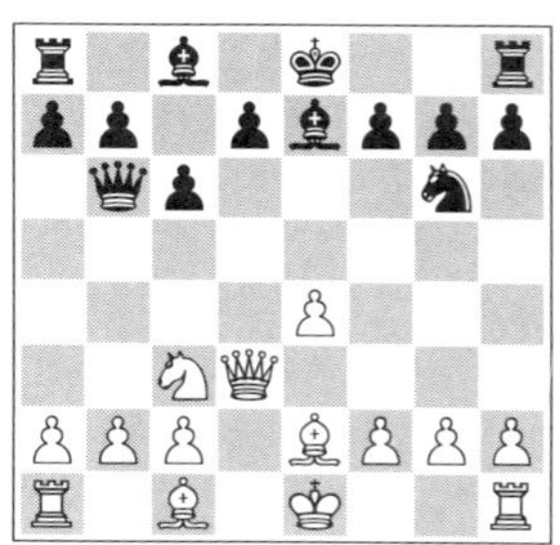

10.h4!?

Das mag Ihnen bemerkenswert erscheinen, da Schwarz noch nicht rochiert hat. Doch nach Schlagen des Bauern h4 ist dem Nachziehenden in Anbetracht der h-Linie bestimmt die Lust auf die kurze Rochade vergangen. Die schwarzen Probleme garantieren Weiß jedenfalls langanhaltende Kompensation.

10...♗xh4

Auf 10...♘xh4 sieht 11.♕g3 ♘g6 12.f4 stark aus, doch Schwarz könnte das Kompliment mit 12...h5! zurückgeben. Nun scheitert 13.♗xh5 an 13...♗h4 14.♖xh4

♕g1+. Weiß sollte so etwas wie 13.a4 spielen (13.f5 könnte nun mit 13...h4 14.♕g4 d6 beantwortet werden).

11.g3 ♗e7 12.f4 d6

Von hier an weigert sich Schwarz standhaft, kurz zu rochieren. Da es ihm in der Partie auch nicht gelang, zur anderen Seite zu rochieren, war das wahrscheinlich die falsche Entscheidung. Er könnte hier durchaus 12...0-0 spielen, eventuell gefolgt von ...d7-d5, was den Bauern zurückgibt, aber rasch (man erinnere sich: Geschwindigkeit!) das Spiel öffnet.

13.a3 ♗d7 14.♗e3 ♕c7

Natürlich nicht 14...♕xb2 15.♖a2!.

15.0-0-0 b6

Nach 15...0-0-0 16.♗xa7 wäre der Läufer nicht verloren: 16...b6 17.♕a6+ ♕b7 18.♗xb6.

16.♕c4

Visiert den Bauern f7 an und verhindert damit ...0-0-0.

16...♕b7 17.♗h5 ♖f8

Lässt den König in der Mitte. 17...0-0 war jedoch alles andere als verlockend: 18.♗xg6 hxg6 19.♕e2 f6 20.g4!, und nach weiterem f4-f5 steht der schwarze König fast ohne Verteidiger da.

18.♗d4 b5 19.♕d3

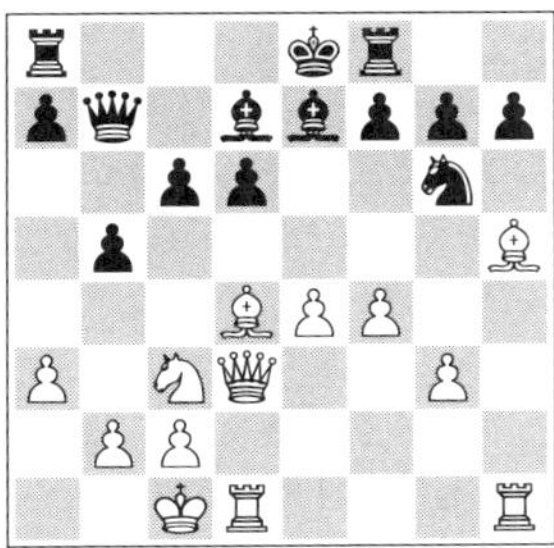

19...b4?!

Schwarz weigert sich, länger passiv zu bleiben, doch stehen seine Figuren für ein derartiges Gegenspiel nicht aktiv genug. Nach...

20.axb4 ♕xb4 21.♗xg7

... hatte der Anziehende seinen Bauern zurückgewonnen. Er verwertete seine überlegene Stellung rasch zum Gewinn.

Zeit gewinnen

Wir schließen mit zwei Beispielen, in denen kein Turm mehr (oder besser gesagt: noch keiner!) auf der h-Linie steht, Weiß aber dennoch bedenkenlos den Randbauern opfern kann.

Asyl Abdyjapar
Li Ruofan
Istanbul 2012

1.c4 e6 2.♘c3 d5 3.d4 ♘f6 4.♘f3 ♗e7 5.♗f4 0-0 6.e3 b6 7.cxd5 ♘xd5 8.♘xd5 exd5 9.♗d3 c5 10.dxc5 bxc5 11.0-0 ♘d7 12.e4 d4 13.♖c1 ♗b7 14.♖e1 a5 15.♘d2 a4 16.e5 ♗d5 17.a3 ♘b6 18.♕h5 g6 19.♕h6 ♖c8

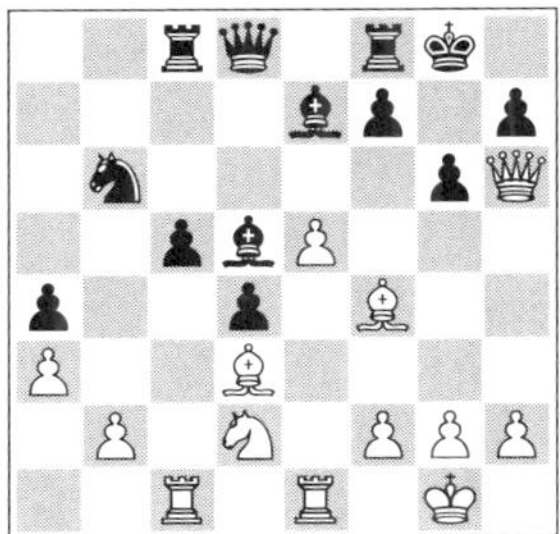

20.h4!?

Nach dem logischen 20.♗e4 ♖e8 21.♘f3 ♗f8 22.♕h3 ♗g7 23.♘g5 h6 wäre die schwarze Stellung völlig in Ordnung. Weiß entscheidet sich, einen Bauern zu geben, um etwas Zeit für seinen Angriff zu gewinnen. Objektiv ist das Opfer nicht korrekt.

20...♗xh4

Nimmt die Herausforderung an. Plausibel war aber auch 20...♖e8.

21.♗e4 ♗e7

Verpasst das starke 21...f5!, wonach Weiß die Zeit für seinen Plan (♘d2-f3-g5) fehlt. Der Läufer würde gern auf e4 bleiben, doch nach 22.exf6 ♗xf6 hätte Weiß keine Kompensation für den Bauern.

22.♘f3 ♗xe4

Jetzt wäre 22...f5 schon weniger klar: 23.exf6 (23.♘g5 ♗xg5 24.♗xg5 ♕d7) 23...♗xf6 24.♗xg6 hxg6 25.♕xg6+ ♗g7 (25...♔h8 26.♖e5!) 26.♗e5, doch das war immer noch besser als der Partieverlauf.

23.♘g5 ♗xg5 24.♗xg5 f6 25.♗xf6

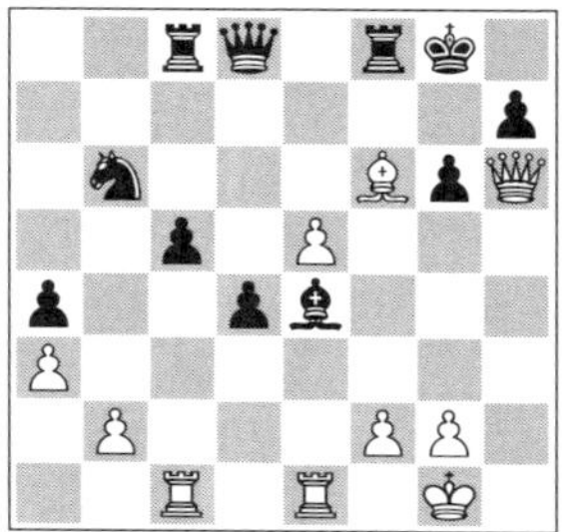

In der Erwartung, dass Weiß ohnehin mit ♖xe4 fortsetzt, spielte Schwarz sorglos...

25...♕c7??

25...♕d7 war gefragt, und nun führt zum Beispiel 26.♖xe4 ♕f7 27.♕h3 ♖fe8 28.f4 zu einem interessanten Kampf.

26.♖xc5

Hoppla!

26...♕f7 27.♖xc8 ♘xc8 28.♖xe4 ♘e7 29.♗xe7! ♕xe7 30.♕d2

Weiß gewann ohne Probleme zunächst den Bauern d4 und dann das Endspiel.

Ein Turmschwenk in der Eröffnungstheorie

Igor Khenkin
Amin Nasri
Baku 2012

1.d4 ♘f6 2.c4 e6 3.♘f3 c5 4.e3 cxd4 5.exd4 d5 6.♘c3 ♗e7 7.cxd5 ♘xd5 8.♗c4 ♘xc3 9.bxc3 0-0 10.0-0 ♘c6 11.♖e1 b6 12.♗d3 ♗b7

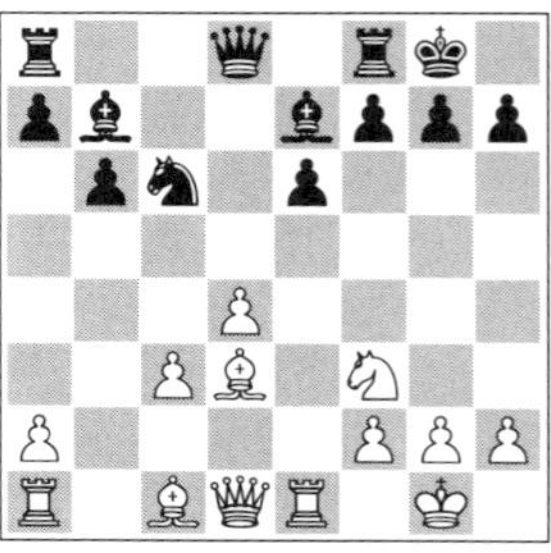

13.h4!

Auch hier hat Weiß bereits rochiert, so dass sich im Moment kein Turm auf der h-Linie befindet. Es handelt sich hier um eine bekannte Theoriestellung. Ich glaube, der hochdekorierte russische Trainer Juri Rasuwajew (der im März 2012 gestorben ist) war der Erfinder dieser Idee.

13...♗xh4

Wahrscheinlich nicht die beste Fortsetzung.

14.♘xh4 ♕xh4 15.♖e3!

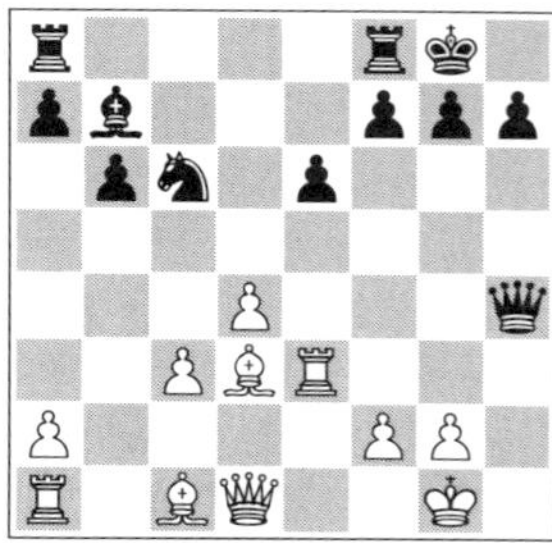

Der Turm droht umgehend auf die h-Linie zurückzukehren. Schwarz muss nun sehr auf den Punkt h7 aufpassen. Zudem wirken seine Leichtfiguren bei der Verteidigung nicht mit.

15...g6

15...h6 16.♖h3 ♕f6 17.♕g4, und 17...♔h8? läuft in 18.♗g5 herein.

16.♖h3

16.♖g3 ist die beliebtere Wahl.

16...♕e7 17.♕d2 f5 18.♕h6 ♖fe8 19.♗f4 ♕g7 20.♕h4

Sogar 20.♕xg7+!? ♔xg7 21.♗b5 gibt Kompensation, da der Bauer e6 ein dankbares Angriffsziel für die weißen Türme ist. Da der schwarze König verwundbar und die schwarze Dame nicht sehr mobil ist, ist es freilich normal, die Damen auf dem Brett zu belassen.

20...♘a5 21.♖e1 ♖ac8 22.♗b5 ♗c6 23.♗e5 ♕e7 24.♗f6 ♕f7 25.♗f1 ♘b7

Gruppiert den Springer um, dem aber nach dem natürlichen 25...♗d5 das Feld c4 zugänglich gewesen wäre.

26.♗a6!?

26.♗e5; 26.c4.

26...♖c7 27.♗e5 ♖d7 28.♗xb7 ♖xb7 29.♖ee3

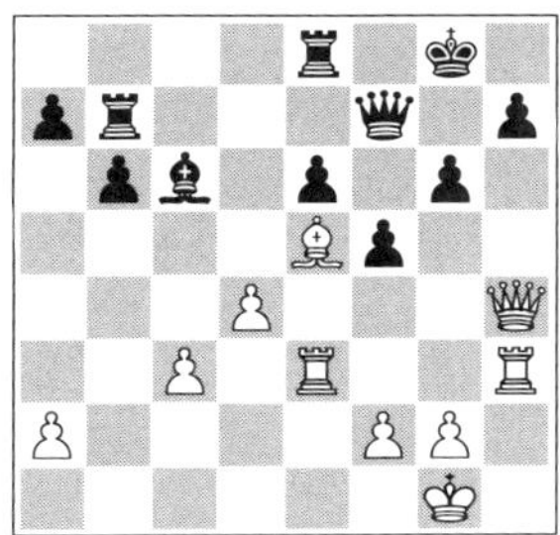

Weiß hat nach wie vor einen Bauern weniger, doch solche Stellungen mit Schwerfiguren und ungleichen Läufern begünstigen den Angreifenden. Bei Schwarz stehen weder Dame noch Türme aktiv.

29...♖c8 30.♖eg3 ♔f8 31.♕f4 ♔e8 32.♖h6 ♕g8 33.♖gh3 ♗d5

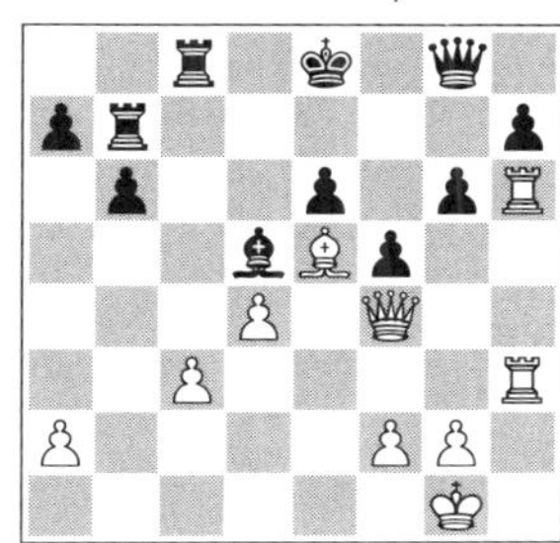

34.♕h2!

Eine hübsche Verdreifachung (erneut Blackburnes Rammbock!) auf der h-Linie mit diesem (schwer vorauszusehendem?) Damenrückzug.

34...♖f7 35.♖xh7 ♖xh7 36.♖xh7 ♖xc3 37.♕h4

Vermeidet 37.♖h8?? ♖c1#. Schwarz gab auf.

Zusammenfassung

Wenn der Turm hinter dem h-Bauern steht, ist das Bauernopfer durch Vorpreschen ein leicht nachvollziehbares Muster, selbst wenn der Bauer mit Schach geschlagen wird. Auf der h-Linie werden wahrscheinlich so oder so Gefahren für den Gegner aufziehen. Merken Sie sich jedoch, dass es sich auch in anderen Fällen – entweder, wenn Weiß bereits rochiert hat, oder aber der Gegner noch nicht – um ein kraftvolles Opfer handeln kann.

Kapitel 23

Ein dynamisches Bauernopfer

Dauert es Ihnen zu lange, Ihren vorübergehend auf c5 geopferten Bauern zurückzugewinnen? Stört Sie der lästige weiße Bauer auf c5? Denken Sie stets daran, dass auch ...b7-b6!? möglich ist, was aus dem vorübergenden Opfer ein echtes macht.

Entgegengesetzte Rochaden

Jan Nepomnjaschtschi
Dmitri Andreikin
Moskau 2012

1.e4 e6 2.d4 d5 3.♘c3 dxe4 4.♘xe4 ♘d7 5.♘f3 ♘gf6 6.♗d3 c5 7.♘xf6+ ♘xf6 8.♗e3 ♕c7 9.♕e2 ♗e7 10.0-0-0 0-0 11.dxc5

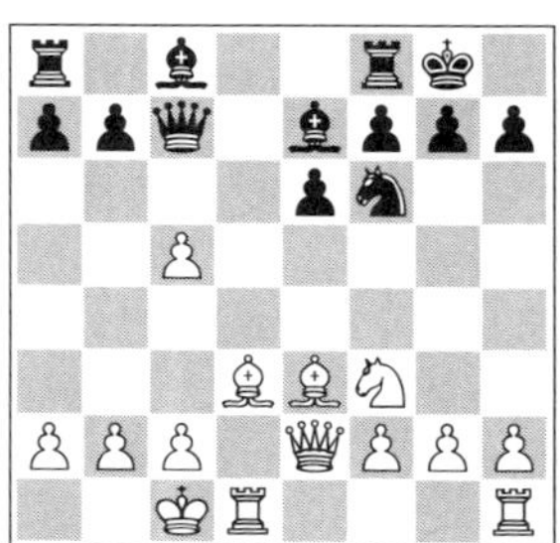

Weiß hat soeben auf c5 geschlagen. Den Berichten zufolge überlegte Andreikin eine halbe Stunde an seiner Antwort.

11...b6!?

Aktiv gespielt. Schwarz versucht, rasch Linien gegen den weißen König zu öffnen. Tatsächlich handelte es sich um eine bereits bekannte Position, und der Textzug wurde bereits von Van Wely gespielt (wenngleich in einer Schnellpartie).

11...♗xc5 ist die naheliegende Antwort, doch nach 12.♗g5 hat Weiß das Zentrum unter fester Kontrolle und entwickelt mit ♘e5 ein schönes Figurenspiel (das geradlinige 12.♗xc5 ♕xc5 13.♘e5 nebst g2-g4-g5 verspricht ebenfalls ein nettes Plus).

Eine interessante, doch natürlich weitaus zeitfressendere Idee von Roiz ist 11...♘d5 12.♗d4 ♘f4 13.♕e4 ♘xd3+ 14.♖xd3 f6. 11...♗d7 sieht wirklich zu langsam aus, z.B. 12.♗d4! ♗xc5 13.♗e5!, und Schwarz ist in Schwierigkeiten.

12.cxb6

Van Welys würdiger Gegner Anand zog hier 12.♗d4 vor.

12...axb6

Nun ist es Schwarz, der als erster eine konkrete Drohung aufstellt (gegen den Bauern a2). Seine nächsten paar Züge sind ebenfalls auf dieses Ziel gerichtet.

13.♗c4

Bringt einen Verteidiger herbei, doch das kühne 13.♔b1 war vermutlich besser, z.B. 13...♗b7 14.♗d4. Jetzt entfaltet sich die schwarze Initiative am Damenflügel rasch.

13...♗b7 14.♗d4 b5 15.♗b3 ♗d5

Übt noch mehr Druck auf a2 bzw. die a-Linie aus.

16.c3 ♖fc8 17.♗xd5?! ♘xd5 18.♕e5

Weiß versucht, den Angriff durch Rückgabe des Bauern und Überleitung ins Endspiel abzuwehren.

18...♕xe5 19.♗xe5

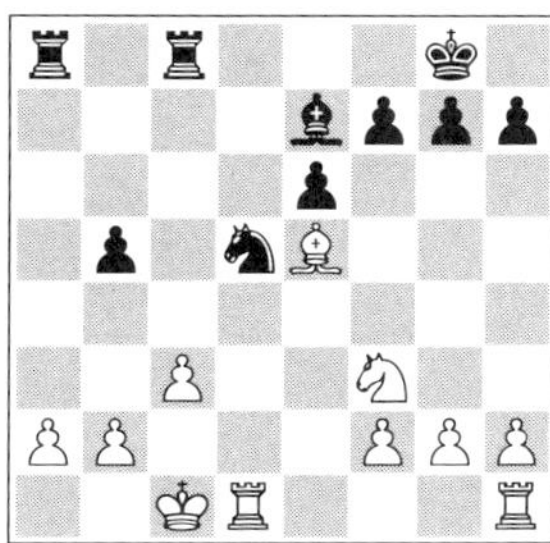

19...♖xa2

Die schwarze Initiative hält im Endspiel an. Das sofortige 19...b4 kam ebenso in Betracht.

20.♔c2 f6 21.♔b3 ♖a4 22.♗d4 ♔f7 23.♖he1 ♖d8 24.g3 h5 25.♖a1 e5

Hier forcierte Nepomnjaschtschi das Geschehen mit...

26.♗xe5,

... verlor aber in der Folge die einzige entschiedene Partie des gesamten Matches.

Javier Avila Jimenez
Lazaro Lorenzo de la Riva
Sabadell 2012

1.d4 ♘f6 2.♗g5 ♘e4 3.♗f4 d5 4.f3 ♘f6 5.♘c3 e6 6.e4 ♗b4 7.♕d3 0-0 8.e5 ♘fd7 9.♘h3 ♗e7 10.0-0-0 c5 11.dxc5 ♘c6 12.♖e1

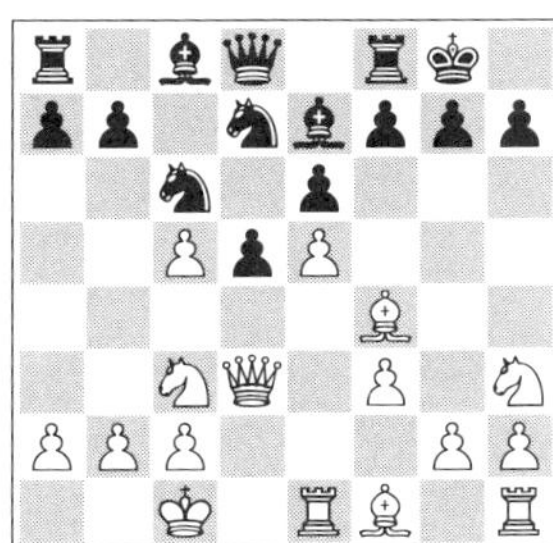

12...b6!?

Die Idee ist ähnlich: In einer Stellung mit entgegengesetzten Rochaden soll der eigene Angriff beschleunigt werden. Hier genießt Schwarz allerdings den Luxus, dass ihm verschiedene Züge zur Auswahl stehen, die ihm allesamt eine bequeme Stellung geben. Zugleich kommt aber genau deswegen der ehrgeizige schwarze Spielansatz so überraschend.

13.cxb6 ♘c5 14.♕d2 ♕xb6

Im Unterschied zur ersten Partie kann Schwarz die b-Linie öffnen, was natürlich ein wichtiger Trumpf beim Angriff auf den weißen König ist.

15.♗g5 ♖b8 16.♘d1

16.b3 ♗xg5 17.♘xg5 h6 18.♘h3 ♕a5 mit der Drohung ...d5-d4, wobei 19.♔b1 an 19...♘a4 scheitert.

16...♘a4

Am besten war das prosaische 16...♗xg5 17.♘xg5 h6 18.♘h3 ♕c7, was auf den Bauern e5 zielt und Schwarz am Drücker gelassen hätte.

17.♗xe7

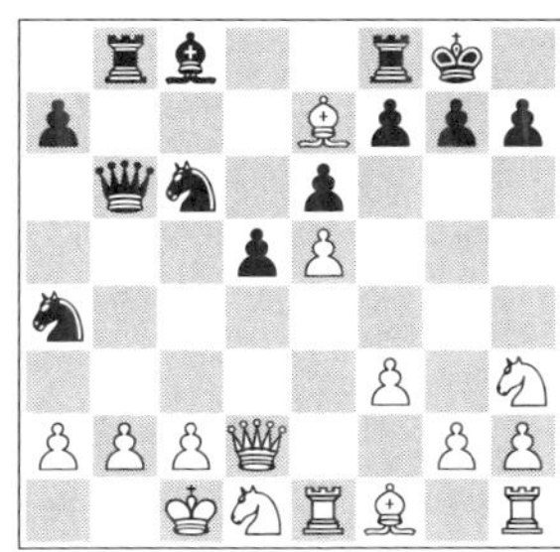

17...♘xe7

17...♘xb2 war in Betracht zu ziehen, doch nach 18.♕f2 ♘d4 (oder 18...d4 19.♗xf8 ♔xf8 20.f4) 19.♘c3 scheint sich Weiß zu halten (nicht 19.♗xf8 ♘c4 20.♗xc4 ♕b1+ 21.♔d2 ♕xc2+ 22.♔e3 ♘f5+ 23.♔f4 ♕xc4+).

18.♕e3 ♘c5

Die Dinge sind jetzt nicht mehr so klar, doch Schwarz hat noch immer hinreichende Kompensation – man betrachte nur die tapsigen weißen Springer. In der

Partie verpasste Weiß bald den richtigen Weg, seinen König zu verteidigen.

Rückständige Bauern

Daniel Forcen Esteban
Quinten Ducarmon
Utebo 2012

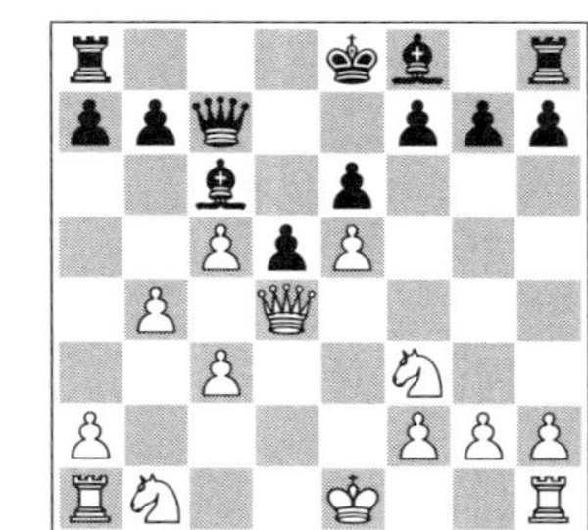

12...b6

Eine weitere Version dieses Bauernopfers. Weiß hat gerade b2-b4 gespielt, um sicherzustellen, dass Schwarz den Bauern auf c5 nicht zurückgewinnen kann. Der letzte Zug von Weiß gibt dem Nachziehenden aber die Möglichkeit, die eindrucksvolle Formation am Damenflügel aufzubrechen. Man vergleiche dies mit Varianten wie 1.d4 d5 2.c4 c6 3.g3 ♘f6 4.♗g2 dxc4 5.♘f3 b5 6.0-0 e6 7.a4 ♗b7 8.b3 cxb3 9.♕xb3, wo Weiß gleichfalls ein echtes Opfer bringt, nachdem Schwarz seine Struktur mit ...b7-b5 geschwächt hat.

13.cxb6 axb6 14.0-0 ♗e7

Eine interessante Stellung, in der die äußerst häßliche weiße Bauernstruktur am Damenflügel (zwei rückständige Bauern) zur schwarzen Kompensation beiträgt.

15.♕e3

In der Praxis wurden hier auch ein paar andere Züge gesehen, u.a. das originelle 15.a3, um den ♖a1 via a2 zu entwickeln.

15...0-0 16.♘d4 ♗d7 17.f4 ♖fc8 18.a3

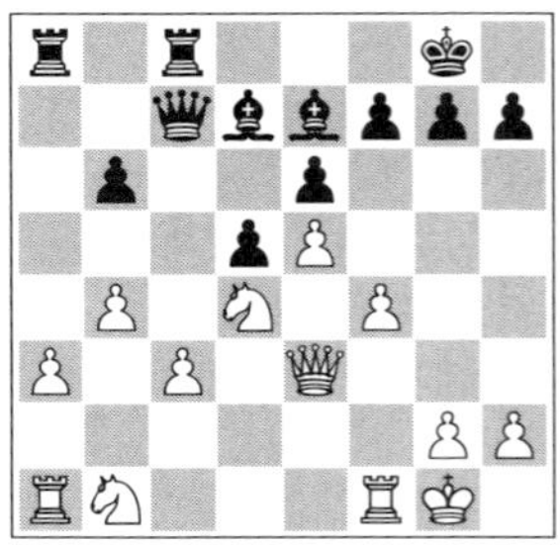

Dies ist fast schon der einzige Weg für Weiß, um seine Entwicklung fortzusetzen.

18...♕c4!?

Verhindert ♖a2.

19.♖f3 ♖a4 20.♘d2 ♕a6 21.♘b1 ♕c4

Die Stellung dürfte im dynamischen Gleichgewicht sein. Doch Weiß war nicht mit einem Remis gegen seinen wertungsschwächeren Gegner zufrieden und vermied die Zugwiederholung. Später wurde er überrascht und verlor.

Rückständige Doppelbauern

Daniel Rensch
Davorin Kuljasevic
Lubbock 2010

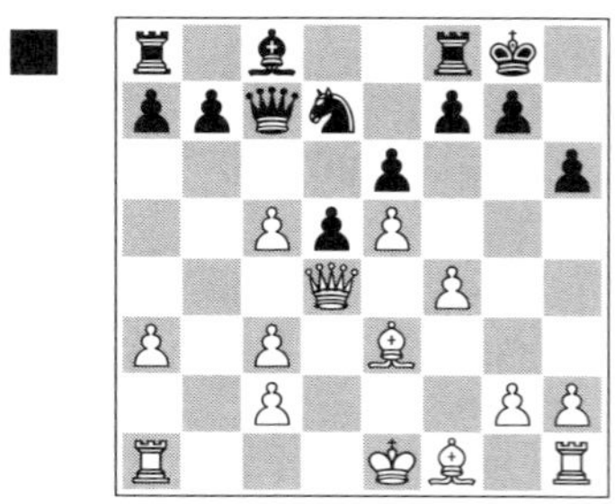

Hier hat Weiß gerade ♕d1-d4 gespielt, um an seinem Bauern c5 festzuhalten. Hätte er die schwarze Antwort ernsthaft in Betracht gezogen, so hätte er sich gewiss für 13.c4 entschieden, um den Doppelbauern aufzulösen und seinem Läuferpaar mehr Spielraum zu geben.

13...b6! 14.cxb6 axb6

Ein keinesfalls ungewöhnliches Geschehen in Stellungen aus dem Winawer-Franzosen. Angesichts des Doppelbauern auf der c-Linie ist der weiße Mehrbauer praktisch wertlos. Weiß versucht jetzt, den Doppelbauern irgendwie loszuwerden.

15.c4 ♖a4 16.♕b2 dxc4 17.♕b5?! ♖a5 18.♕xc4 ♘c5

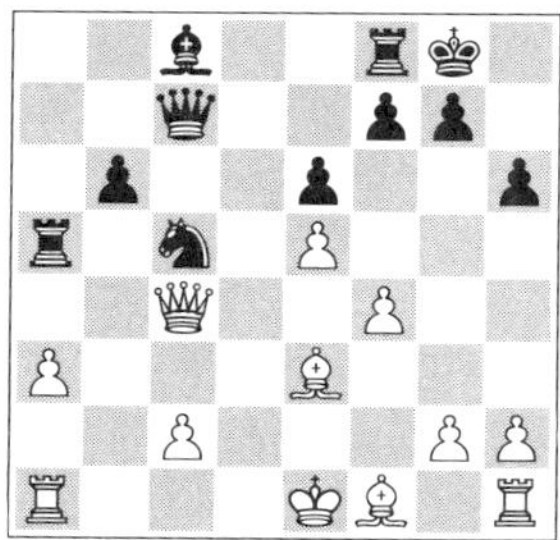

Weiß hat sich um das Problem mit dem Doppelbauern gekümmert und seinen Mehrbauern behalten, doch dies geschah auf Kosten der Entwicklung. Schwarz hat reichliche Kompensation, und der Anziehende steht vor einer schweren Aufgabe.

19.♕c3 ♖d8 20.♖d1 ♖xd1+ 21.♔xd1 ♕a7 22.♗c1 ♕a8

22...♗a6, wonach Weiß nur seinen schlechten Läufer behält, war gleichfalls recht gut.

23.♗e2 ♗b7 24.♗f3 ♖a4

Eine andere starke Fortsetzung war 24...♘a4 25.♕b3 ♗xf3+ 26.♕xf3 ♘c3+! 27.♔e1 (27.♕xc3 ♕xg2 28.♖e1 ♖c5!) 27...♘e4. Weiß hat das Rochaderecht bereits eingebüßt, und sein c-Bauer wird in Kürze fallen.

Erneut gab es hier mit 24...♘e4 eine starke Alternative. Der Nachziehende hat keine Angst vor ungleichfarbigen Läufern, die die Kraft seines Angriffs nur befeuern würden: 25.♗xe4 (25.♕e3 ♖d5+ 26.♔e2 ♖c5) 25...♗xe4, und ...♖c5 folgt. Der verwundbare König von Weiß sichert Schwarz einen großen Vorteil.

25.♖e1 ♗xf3+ 26.gxf3 ♕d5+ 27.♔e2 ♖c4 28.♕d2 ♖d4 29.♕c3 ♖c4 30.♕d2 ♕c6 31.c3 ♘a4,

Und Schwarz gewann.

Der König in der Mitte

Ewgeni Sweschnikow
Wittali Zeschkowski
Frunse 1981

■

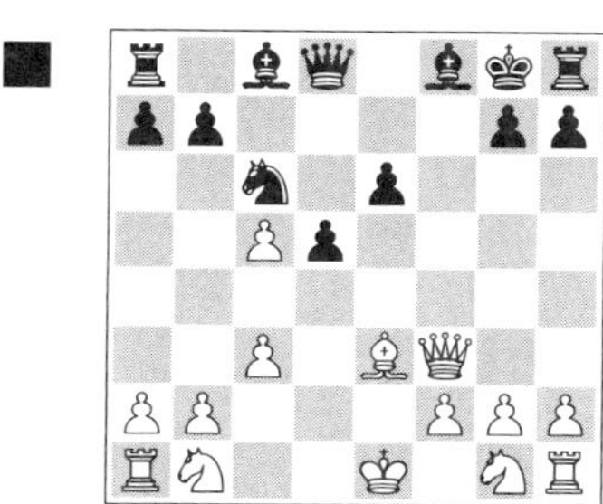

10...b6!

Wir haben eine ungewöhnliche Stellung vor uns. Der damalige Spitzengroßmeister Zeschkowski wählt einen äußerst energischen Ansatz. Durch das Bauernopfer aktiviert er beide Läufer und beschleunigt damit seine Entwicklung, um einen Angriff gegen den noch in der Mitte befindlichen weißen König einzuleiten. Ein Zug wie 10...e5 wäre weit weniger kraftvoll.

11.cxb6 axb6 12.♕d1

Weiß muss noch mehr Zeit verlieren, da das natürliche 12.♘e2 in 12...♘e5 laufen würde; und falls 12.♕g3, so 12...♗d6 13.f4 ♗a6.

12...♗c5 13.♘e2?

Viel besser ist 13.♗xc5 bxc5 14.♘e2, doch auch hier hätte Schwarz dank des Bauernzentrums und seiner aktiven Figuren hinlänglich Kompensation, z.B. 14...h5 (oder 14...♔f7).

13...♗xe3 14.fxe3 ♕h4+ 15.♘g3

15.g3 ♕e4 16.0-0 ♗a6 ist gleichfalls wenig einladend.

15...♗a6

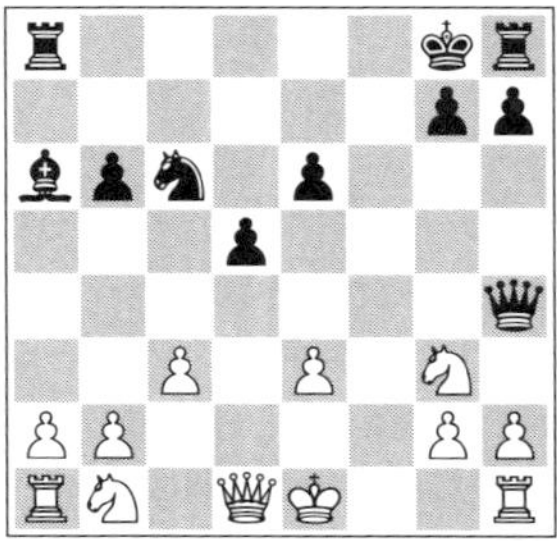

Der Anziehende befindet sich in Schwierigkeiten. Früher oder später wird Schwarz durch ...♘e5 mit einer vernichtenden Riesenkrake drohen. Zeschkowski schließt die Partie im großen Stil ab.

16.♘a3 h5

Er beeilt sich nicht mit 16...♘e5, was mit 17.♕d4 beantwortet werden könnte. Natürlich stünde Schwarz auch dann besser.

17.♕b3 ♕g4 18.♕xb6 ♘e5 19.♕d4 h4

Logisch war hier 19...♘d3+ 20.♔d2 ♕g6 mit zahlreichen Drohungen.

20.♕xe5

20.♕xg4 ♘xg4 21.♘e2 hätte mehr Widerstand geleistet.

20...hxg3 21.c4 dxc4 22.h3?! c3! 23.♘b5 cxb2 24.♕xb2 ♕g5 25.a4 ♗xb5 0-1

Weitere Bauernschwächen

Garri Kasparow
Viktor Kortschnoi
London 1983

❑

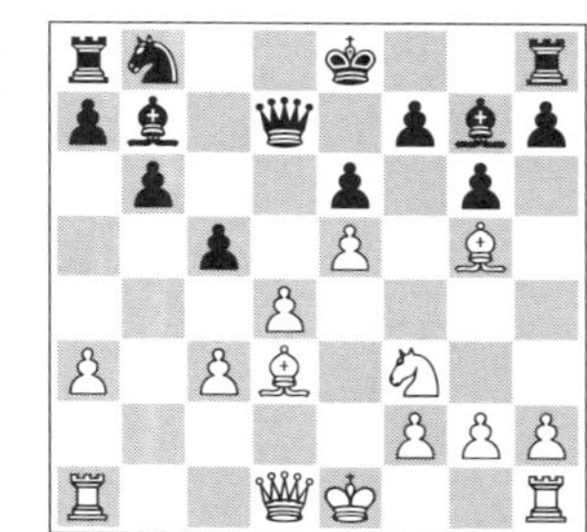

Ein drolliges Beispiel auf höchster Ebene, das eine Zugvertauschung bei dem Bauernopfer zeigt: Der schwarze Bauer befindet sich schon auf b6, bevor Weiß überhaupt auf c5 geschlagen hat. Das ist vermutlich einer der Gründe, warum Kasparow überhaupt nicht an das Bauernopfer gedacht hatte: „... Ich unterschätzte die dynamischen Faktoren dieser Stellung."

14.dxc5 0-0

Da haben wir es. Das Zurückschlagen ist keineswegs obligatorisch und hätte Weiß das klare Plus gegeben, das er angestrebt hatte: 14...bxc5 15.♗b5 ♗c6 16.a4.

15.cxb6 axb6 16.0-0 ♕c7

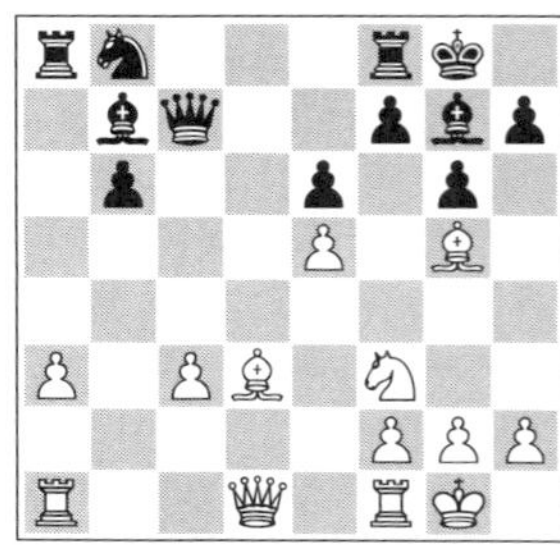

Einmal mehr hat der Nachziehende angesichts der weißen Bauernschwächen reichliche Kompensation. Wie Kortschnoi bemerkte, sollte Weiß nicht versuchen, an seinem Mehrbauern festzuhalten, sondern sich darum kümmern, Schwarz von einer harmonischen Entwicklung abzuhalten.

17.♗b5

17.♖e1 ♘d7! 18.♗e7 ♗xf3 19.gxf3 ♗xe5 20.♗xf8 ♗xh2+ 21.♔g2 ♖xf8 wurde von Kasparow als äußerst unangenehm für Weiß angegeben. Der Textzug verhindert 17...♘d7, erlaubt aber den folgenden Zug.

17...♗xe5

Schwarz hat seinen Bauern zurückerobert und die bessere Bauernstruktur erlangt.

18.♗h6 ♗g7

18...♖d8 19.♕e2 (19.♘xe5 ♖xd1 20.♖fxd1 ♗c6) 19...♗g7 war eine durchaus logische Alternative.

19.♗xg7 ♔xg7 20.♕d4+ ♔g8 21.♘g5

Besser war das zentralisierende 21.♘e5.

21...h6 22.♘e4 ♗xe4 23.♕xe4 ♘a6 24.♕e3 ♕c5 25.♕xc5 ♘xc5

Und Kortschnoi gewann das Endspiel.

Alexander Grischuk
Jan Nepomnjaschtschi
Moskau 2011

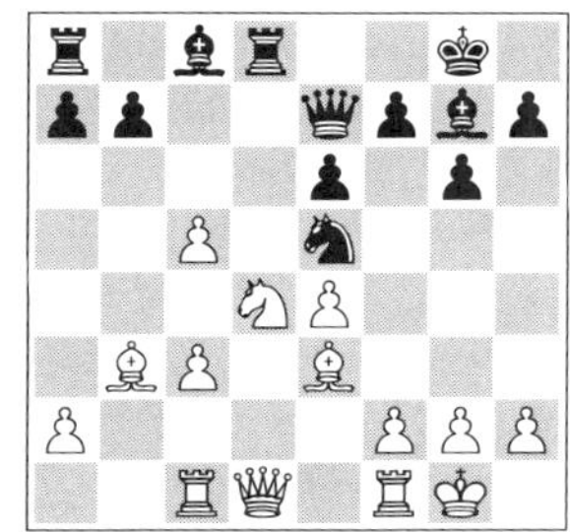

Wir schließen mit einem älteren Beispiel des Unterlegenen aus der ersten Partie. Diesmal ist es jedoch Nepomnjaschtschi selbst, der zu dem typischen Opfer greift!

17...b6!

Hier erweisen sich Versuche, den Bauern c5 zurückzugewinnen, als zu langsam: 17...♘d7 wird mit 18.♘f3! beantwortet, während 17...♗d7 18.f4 einfach schlecht ist.

18.cxb6 ♗a6

Erinnert an die Zeschkowski-Partie – Schwarz kontrolliert das Feld d3. Nicht aber sofort 18...axb6, worauf 19.f4 nebst ♘c6 folgen würde.

19.c4

19.f4 ♗xf1 20.fxe5 ♗a6 verliert einfach eine Qualität.

19...♕b7 20.♕e2

Das geizige 20.bxa7 scheitert an 20...♘c6. In taktischer Hinsicht passt alles zusammen für Schwarz.

20...axb6

20...♕xe4 ist eine legitime Alternative und wurde tatsächlich zuvor schon gespielt: 21.♘b5 axb6 22.♘c7 ♖d3! (22...♖a7 23.♘xa6 ♖xa6 24.c5, Tallaksen-Elsness, Moss 2006) 23.♘xa8 ♗b7 24.f3 ♖xe3.

21.♘b5 ♘c6 22.f3

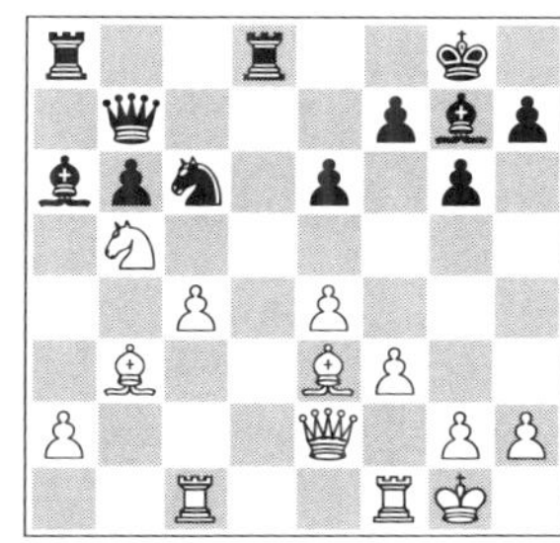

22...♗xb5

Löst die Spannung auf und leitet in ein Enspiel über, in dem der weiße Mehrbauer bedeutungslos ist.

23.cxb5 ♘d4 24.♕f2 ♘xb3 25.axb3 ♖d3 26.♗xb6 ♕d7 27.♔h1 ♕xb5 28.♕e2 ♖xb3 29.♕xb5 ♖xb5

Und die Partie endete mit einem Remis. Zweifelsohne hätte Jan den Zug 11...b6 in der ersten Partie kommen sehen müssen!

Zusammenfassung

Wenn Sie einen Bauern auf c5 sehen, sollten Sie an dieses typische Bauernopfer denken. Es beschleunigt Ihre Entwicklung sowie Ihr Spiel überhaupt. Auch wenn Ihr Gegner vorerst einen Bauern mehr hat, kann er am Ende leicht auf einer entwerteten Bauernstruktur sitzenbleiben.

Kapitel 24

Die Mitte entzweischneiden: e5-e6!

Hier ein positionelles Bauernopfer, das in vielen Eröffnungen an der Tagesordnung ist. Auf Kosten eines Bauern gewinnt Weiß beträchtlich Zeit und hängt dem Gegner eine Schwäche im Zentrum an.

Den weißfeldrigen Läufer einsperren

Nicolas Pert
Andrew Mack
England 2011/12

1.♘f3 ♘f6 2.g3 g6 3.♗g2 ♗g7 4.0-0 0-0 5.d4 d6 6.♘c3 c6 7.e4 ♘bd7 8.e5 dxe5 9.dxe5 ♘d5

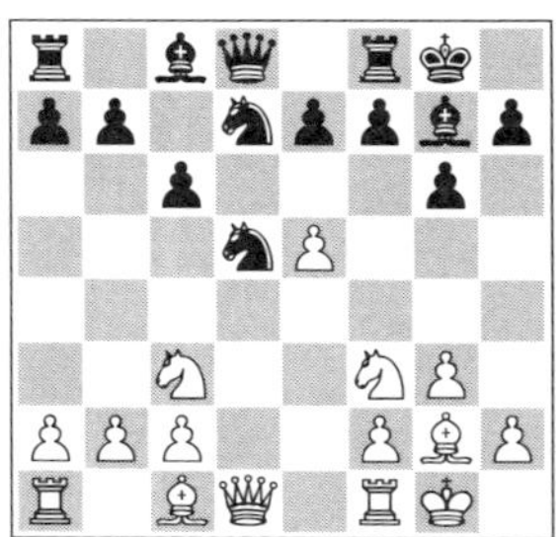

10.e6

Bevor Schwarz die Gelegenheit erhält, den Springer von d7 wegzuziehen, kesselt Weiß zumindest für eine Weile den ♗c8 ein. Dieses Opfer ist meist in Stellungen zu sehen, in denen Schwarz (wie auch hier) seinen Königsläufer fianchettiert und somit einen Zug des e-Bauern unterlassen hat. Ein Opfer, zu dem man sich leicht durchringen kann, da von einem Materialnachteil hier eigentlich keine Rede sein kann. Der schwarze e-Doppelbauer zählt eigentlich nur als ein Bauer – insbesondere, wenn er isoliert ist. Darüber hinaus erhält Weiß ein starkes Feld auf e5 (mitunter auch e4) und hat öfters die Gelegenheit, einen Angriff am Königsflügel zu inszenieren, da die gegnerische Bauernstruktur kompromittiert ist.

10...fxe6

10...♘xc3 11.exf7+ ♖xf7 12.bxc3 ♕a5 könnte eine bessere Alternative sein (nach 12...♗xc3 13.♖b1 verliert Schwarz viel Zeit, die Drohung ♘g5 ist gleichfalls ärgerlich), z.B. 13.♘g5 ♖f5 14.♗h3 ♘e5!?.

11.♘e4 ♘7f6

11...e5, was die Diagonale des ♗g7 verstellt, ist bestimmt nicht sehr einladend, doch der andere Läufer bräuchte dringend Luft zum Atmen.

12.♕e2 ♘xe4 13.♕xe4 ♕d6 14.c4 ♘f6 15.♕e2

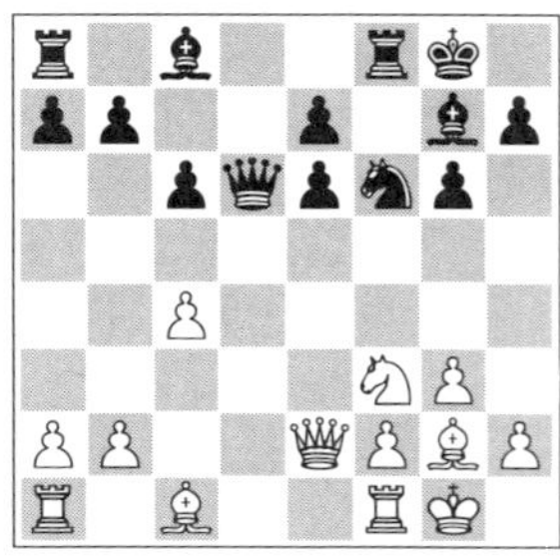

15...♘h5

Verhindert ♗f4, doch wäre auch die Rückgabe des Bauern mit 15...e5 zu erwägen.

16.♗g5 e5 17.♖ad1 ♕c7 18.♖fe1

Nun gewinnt Weiß den Bauern ohnehin zurück, während der Nachziehende wertvolle Zeit für seine Entwicklung verloren hat.

18...♗e6

18...♗g4 hilft nicht: 19.h3 ♗xf3 20.♗xf3 ♗f6 21.♗d2 ♘g7 22.♗c3, und wie in der Partie bleibt Schwarz auf einem isolierten rückständigen e-Bauern sitzen.

19.♘xe5 ♕xe5

Dies verliert chancenlos. Doch die schwarze Stellung war ohnehin wenig beneidenswert.

20.♕xe5 ♗xe5 21.♖xe5 ♗xc4 22.b3

Das Läuferpaar und die aktiven weißen Türme von Weiß sind in diesem Endspiel einfach zu viel für Schwarz.

22...♗a6 23.♗xe7 ♖ae8 24.♗h3 ♖f7 25.♖de1 ♔g7 26.♗g4 ♖a8 27.♗xh5 gxh5 28.♖g5+ ♔h8 29.♖e6 1-0

Bei abgetauschten weißfeldrigen Läufern

Alexander Morosewitsch
Artjom Timofeew
Moskau 2011

1.d4 d5 2.c4 dxc4 3.e4 ♘f6 4.e5 ♘d5 5.♗xc4 ♘b6 6.♗d3 ♘c6 7.♘e2 ♗g4 8.f3 ♗e6 9.♘bc3 ♗c4

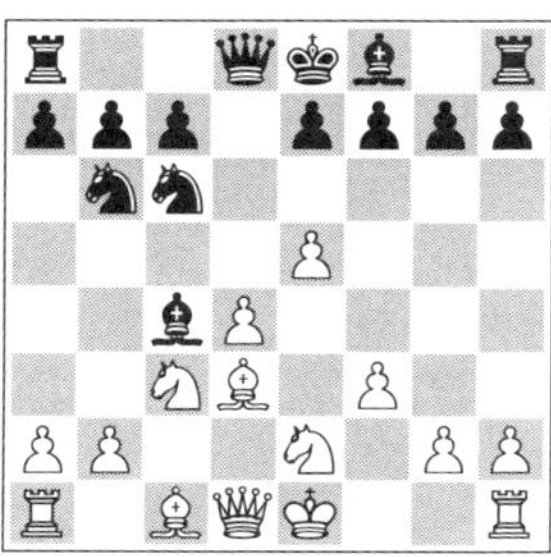

10.♗xc4 ♘xc4 11.e6

Hier sucht Weiß seine Chance unmittelbar nach dem Abtausch der weißfeldrigen Läufer. Dadurch wird auch der Bauer e6 verwundbarer als im ersten Beispiel sein. Den verbliebenen Läufer muss Schwarz nun per Fianchetto entwickeln.

11...fxe6 12.0-0 ♘b6

Das sofortige 12...g6 wirkt logischer, auch wenn Schwarz nach 13.♕b3 ♘b6 14.♖d1! eine schwere Zeit bevorsteht.

13.♘e4 g6 14.♘c5 ♕d6

Nach 14...♕d5 15.♗e3 folgt als nächstes ♘f4, doch nach dem Textzug bleibt Schwarz auf einer furchtbaren Bauernstruktur sitzen.

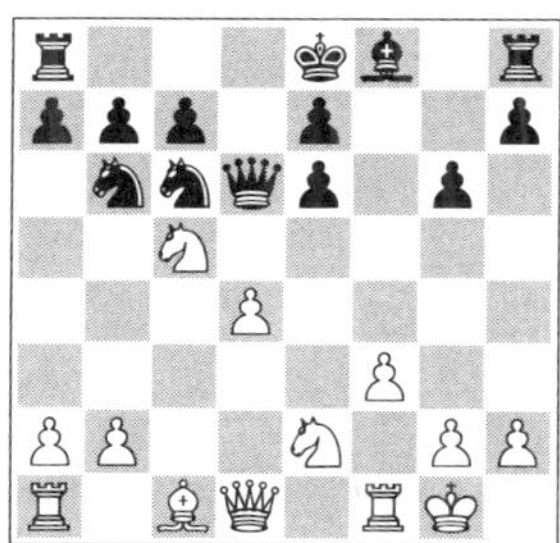

15.♘xb7 ♕d5 16.♗e3 ♗g7 17.♘f4 ♕f5 18.♖c1 ♘xd4 19.♗xd4 ♗xd4+ 20.♕xd4 e5 21.♕b4 ♕xf4

Nach der Alternative 21...exf4 22.♖xc7 0-0 23.♕xe7 verbleibt Weiß letztlich ebenso mit einem Mehrbauern.

22.♕b5+ c6 23.♕xc6+ ♔f7 24.♘c5 ♕d4+ 25.♔h1 ♕d5 26.♕xd5+ ♘xd5

Dem Nachziehenden ist es geglückt, die Damen abzutauschen und damit alle unmittelbaren Gefahren aus der Welt zu schaffen. Doch wenn wir, wie oben erklärt, den schwarzen Doppelbauern als einen Bauern zählen, hat Weiß einfach einen Bauern mehr. Er holte auch tatsächlich den vollen Punkt.

Die gegnerische Entwicklung verzögern

Niclas Huschenbeth
Gao Rui
Athen 2012

1.e4 c5 2.♘f3 d6 3.♗b5+ ♘c6 4.0-0 ♗d7 5.♖e1 ♘f6 6.c3 a6 7.♗f1 ♗g4 8.h3 ♗h5 9.g4 ♗g6 10.d4 cxd4 11.cxd4 d5 12.e5 ♘e4

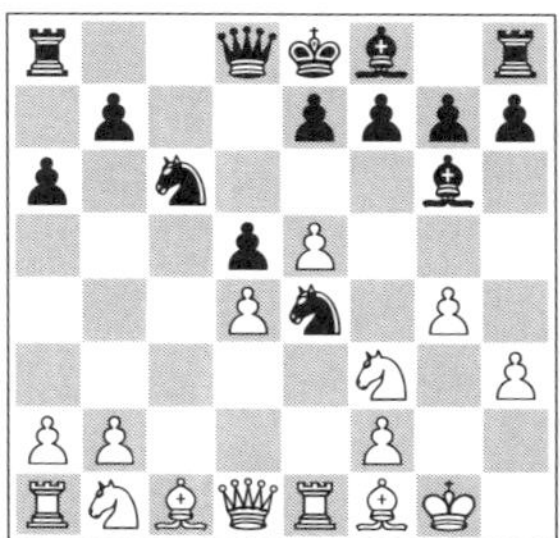

Wenn Schwarz noch zu ...e7-e6 käme, hätte er eine völlig einwandfreie Stellung. Jedoch ist Weiß am Zug, und gerade rechtzeitig kann er...

13.e6 fxe6

... einflechten. Der Nachziehende hat nun ernsthafte Probleme mit der Entwicklung seines Königsflügels. Hier ist sein weißfeldrige Läufer noch auf dem Brett, doch auf g6 verhindert er das Fianchetto seines Kollegen.

14.♘c3 e5

Ein typischer Zug, den man stets auf der Rechnung haben sollte, insbesondere wenn der schwarze Läufer auf c8 steht.

15.♘xe4 ♗xe4 16.♘g5 exd4?!

Ein plötzlicher Anflug von Optimismus. Die Fortsetzung der Entwicklung war der einzig richtige Weg: 16...e6 17.♘xe6 ♕d7 18.♘xf8 ♖xf8, und Schwarz ist noch im Spiel.

17.♖xe4! dxe4 18.♕b3 ♘e5?

Nachdem er hiermit erneut die Entwicklung vernachlässigt, ist Schwarz verloren. Er hätte das einfallsreiche 18...♕d6 finden müssen, mit der Absicht, 19.♘f7 mit 19...♕b4 zu beantworten, auch wenn Weiß in Vorteil bleibt. Daneben sieht auch 19.♗f4! (gleichfalls entwickelnd!) stark aus.

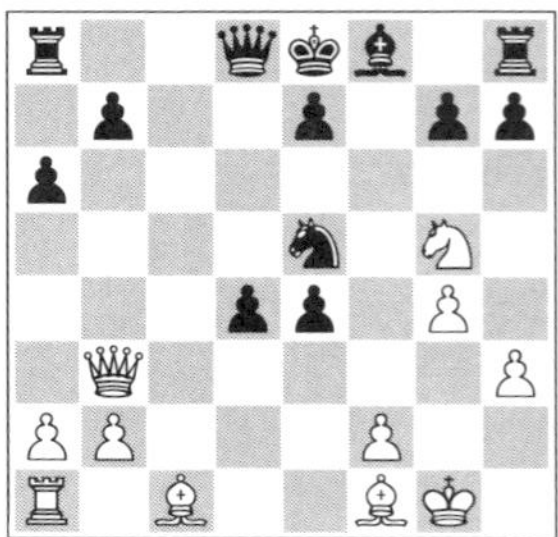

19.♗f4 h6 20.♘e6 ♕d6 21.♖c1 ♖b8 22.♖c5

Fürchterlich. Schwarz gab auf.

Alexander Schimanow
Robert Hovhannisjan
Sankt Petersburg 2012

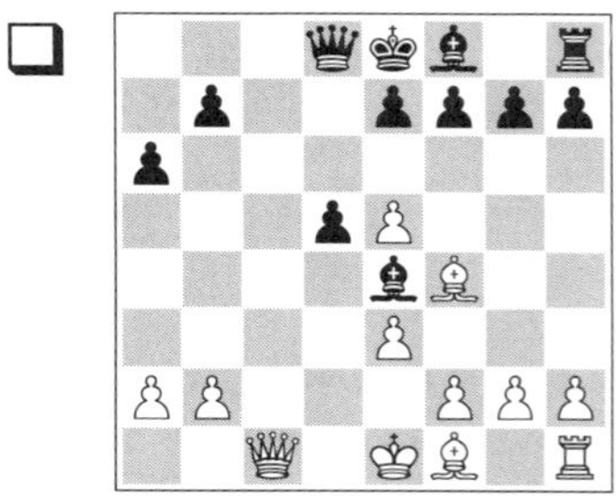

Hier eine ganz ähnliche Stellung; eine aktuelle Theorievariante in der Slawischen Abtauschvariante. Erneut stünde Schwarz gut, wenn er zu ...e7-e6 käme. Doch...

13.e6

... Weiß kann das natürlich nicht erlauben. Stattdessen aktiviert er den ♗f4 und hemmt die Entfaltung des Gegenspielers auf f8.

13...♕a5+ 14.♔e2 fxe6 15.f3 ♗f5

15...♕b5+ 16.♔f2 ♗d3 hilft Weiß nur bei seiner Entwicklung: 17.♗xd3 ♕xd3 18.♖d1 ♕c4 19.♗e5, und Schwarz wandelt auf einem schmalen Grat.

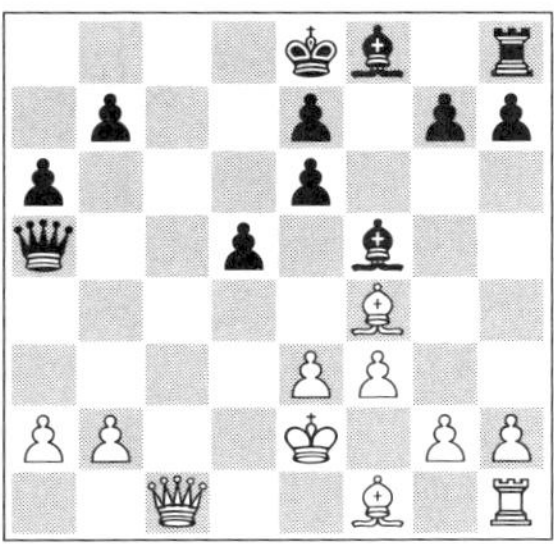

16.♗e5

16.g4 ♗g6 würde nur dem Nachziehenden helfen, der dann mit ...h7-h5 fortsetzen könnte, was seinen Turm aktiviert und um die Felder auf der Diagonale b1-h7 kämpft.

16.♔f2 würde schon Sinn machen, erlaubt aber 16...g5, wonach der schwarze Königsflügel zum Leben erwachen würde.

16...h5

Nach 16...♖g8 käme 17.g4 schon viel eher in Betracht.

17.h4 ♔f7 18.♔f2 ♕xa2 19.♗e2 ♖h7 20.g4 ♗g6 21.♕c7 ♕b3 22.♖c1

Weiß führt so langsam alle Figuren ins Gefecht, während der schwarze Läufer auf f8 noch immer leiden muss. Letztlich war Schwarz hilflos, da er praktisch mit einer Figur weniger spielt.

Im Endspiel

Sipke Ernst
Milos Perunovic
Novi Sad 2009

❑

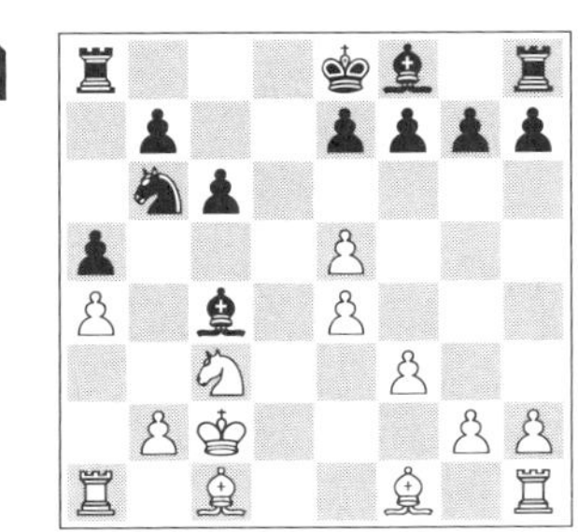

Hier ein weiteres ganz ähnliches Beispiel, doch diesmal sind die Damen bereits getauscht. Nichtsdestotrotz gelten weiterhin die üblichen Regeln bezüglich der Entwicklung.

14.♗e3! ♗xf1 15.♖hxf1 ♘d7 16.e6

Uns bereits bestens vertraut. Es kommt nicht in Frage, dem Nachziehenden ...e7-e6 zu erlauben, wonach er seine Entwicklung nachholen und die Kontrolle über das wichtige Feld b4 übernehmen könnte (vgl. den Partieverlauf).

16...fxe6 17.♖ab1

Weiß muss rasch handeln und versucht, mit b2-b4 Linien am Damenflügel zu öffnen.

17...e5

17...c5 würde natürlich noch mehr Schwächen hinterlassen, hätte aber den Vorzug, das Spielgeschehen zu verlangsamen.

18.b4 e6 19.bxa5 ♗c5

Nach 19...0-0-0 20.♖b3 hat Weiß eine gefährliche Initiative, z.B. 20...♘c5 21.♗xc5 ♗xc5 22.♖fb1 ♖d7 23.a6 b6 24.a5 b5 25.♘a4 ♗d4 26.♘b6+.

20.♘d1

In einer späteren Partie bevorzugte Giri hier 20.♗d2 0-0-0 21.♘d1 ♗d4 22.♘e3 ♘c5 23.♘c4 und stand gegen Sebenik, Rijeka 2010, gleichfalls etwas besser.

20...0-0-0 21.♗g5 ♖de8 22.♘b2

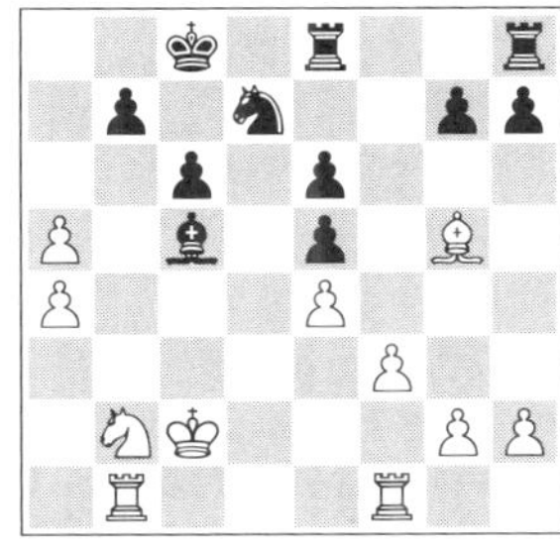

Der Nachziehende hat seine Entwicklung abgeschlossen, doch Weiß steht dank seines Raumvorteils und der Schwäche des Bauern e6 etwas besser. Er gewann das Endspiel später auf attraktive Weise.

Geschwächter Königsflügel

Magnus Carlsen
Viswanathan Anand
Sao Paulo/Bilbao 2012

1.e4 c5 2.♘f3 d6 3.♗b5+ ♗d7 4.♗xd7+ ♕xd7 5.c4 ♘f6 6.♘c3 g6 7.d4 cxd4 8.♘xd4 ♗g7 9.f3 ♕c7 10.b3 ♕a5 11.♗b2 ♘c6 12.0-0 0-0 13.♘ce2 ♖fd8 14.♗c3 ♕b6 15.♔h1 d5 16.♘xc6 bxc6 17.♕e1 ♖dc8

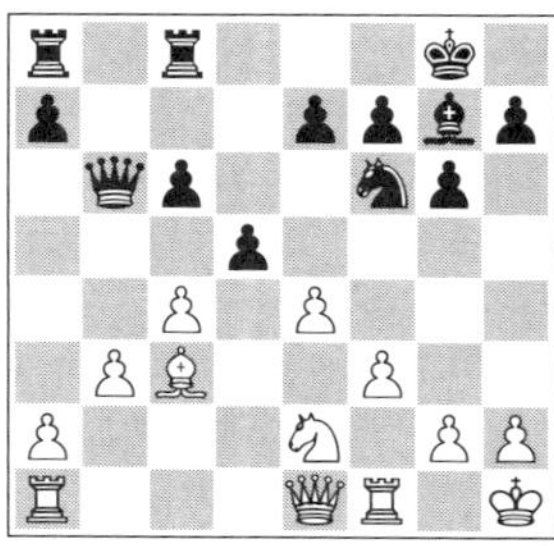

Anand hatte schon drei Züge zuvor ...d6-d5 gespielt, doch dieser Schuss ging wegen unseres Zentrumsvorstoßes nach hinten los:

18.e5 ♘e8 19.e6!

Hier werden auch die schwarzfeldrigen Läufer abgetauscht, was dem schwarzen König wenige Verteidiger belässt. Anands Schwerfiguren lungern am Damenflügel herum, während Carlsen sein Spiel auf den anderen Flügel richtet.

19...fxe6

Vielleicht war es besser, auf das Schlagen zu verzichten und den f-Bauern stattdessen vorzurücken, um so die Schwächung des Königsflügels zu vermeiden.

20.♘f4 ♗xc3 21.♕xc3 d4 22.♕d2

Natürlich war auch 22.♕e1 möglich, doch Carlsen lässt den Bauern e6, der Schwarz mehr Kummer als Freude bereitet, auf dem Brett (vgl. bei der Morosewitsch-Partie den Zug 14.♖d1 in der Variante im zwölften Zug).

22...c5 23.♖ae1 ♘g7

Hier bleibt der Springer stecken. Doch auch nach 23...♖c6 hat Weiß zahlreiche Angriffsziele (c5, e6 sowie den Königsflügel) und ein herrliches Spiel.

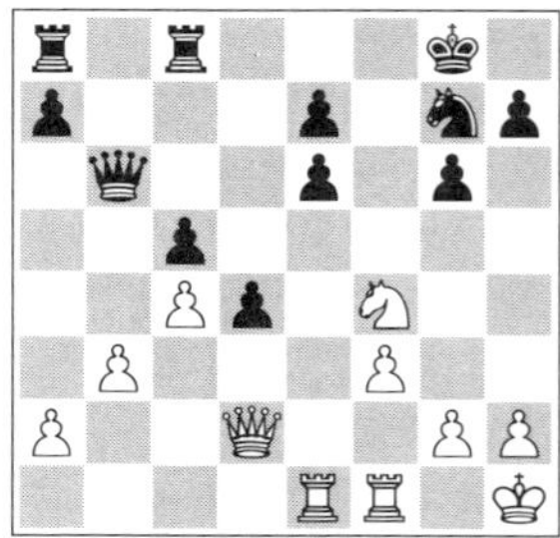

24.g4! ♖c6 25.♘h3 ♘e8 26.♕h6 ♘f6 27.♘g5 d3 28.♖e5

Droht 29.♘xh7.

28...♔h8 29.♖d1 ♕a6 30.a4

Schwarz ist nicht in der Lage, den d-Bauern zu verteidigen, und danach verliert er auch den Bauern e6. Anand wollte nicht auf das Unabänderliche warten und gab auf.

Langfristige Kompensation

Jordi Magem Badals
Karen Movsziszian
Katalonien 2012

1.e4 g6 2.d4 ♗g7 3.♘c3 d6 4.♗e3 a6 5.♘f3 b5 6.♗d3 ♗b7 7.e5

Dieser Typ des Vorstoßes e5-e6 ist für diverse Abspiele der Pirc- oder Modernen Verteidigung charakteristisch (man entsinne sich an den fianchettierten Königsläufer), kommt aber auch in zahlreichen anderen Eröffnungen vor, z.B. in einigen Varianten des c3-Sizilianers, der Aljechin-Verteidigung, der Königsindischen Verteidigung usw.

7...♘d7

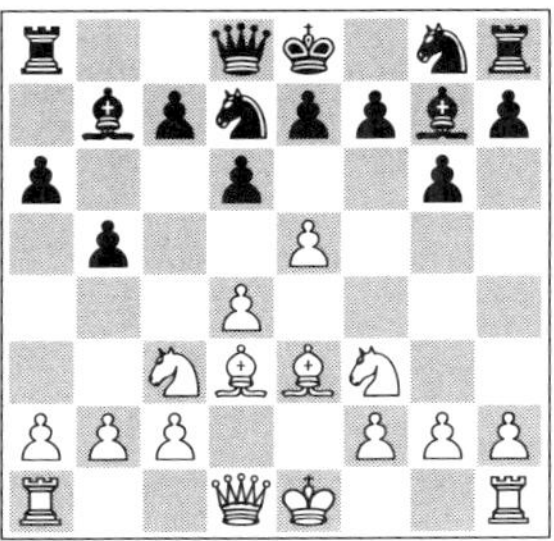

8.e6 fxe6 9.♘g5 ♘f8

Es gibt keine andere Möglichkeit, den Bauern zu decken, oder – viel wichtiger – den Weißen am Einpflanzen einer Riesenkrake auf e6 zu hindern. Doch in der Folge hat Schwarz mit dem Raummangel seiner Figuren zu kämpfen.

10.0-0 ♘f6 11.♖e1 ♕d7 12.♗d2 h6 13.♘f3 g5 14.h3 ♖g8

Schwarz versucht, etwas Raum am Königsflügel zu gewinnen, doch das führt zu nichts. Doch es wäre, angesichts seines in der Mitte steckengebliebenen Königs, auch gefährlich für ihn, am Damenflügel etwas zu unternehmen.

15.a4 b4 16.♘e4 ♘xe4 17.♗xe4 ♗xe4 18.♖xe4 ♕c6 19.♕e2 a5

Inkonsequent. Mir scheint, die Idee hinter dem letzten Zug von Schwarz sollte 19...♕xc2 20.♖c1 ♕xa4 sein, auch wenn es trotz zweier Mehrbauern keine Freude ist, die Stellung nach 21.♖xc7 zu spielen (21.♘xg5 hxg5 22.♕h5+ ♔d7 23.♕f7 ♗xd4!? 24.♕xg8 ♗xb2 25.♖xb4 ♕a2 wäre äußerst unklar).

20.c3 bxc3 21.bxc3

Nun hat Weiß ohne weitere Investition den Damenflügel öffnen können.

21...♗f6 22.c4 h5

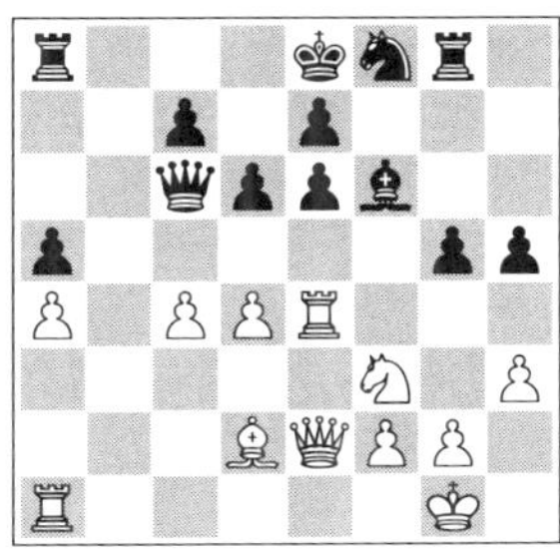

23.d5 exd5 24.cxd5 ♕xd5 25.♗c3 ♗xc3 26.♖xe7+ ♔d8 27.♖e8+ ♔d7 28.♕e7+ ♔c6 29.♖xa8

29.♖c1! ♘d7 30.♖xc3+ ♘c5 31.♕e2 ♔d7 32.♖e7+ ♔c8 33.♖c1!, und Schwarz steckt in Schwierigkeiten.

29...♗xa1

29...♘g6 war ein besserer Versuch: 30.♕e2 (30.♖a6+ ♔b7 31.♖a7+ ♔xa7 32.♕xc7+ ♔a8 33.♕xc3 g4) 30...♖xa8 31.♖c1 ♔d7 32.♖xc3 g4 33.hxg4 hxg4, und Schwarz scheint sich halten zu können.

30.♕e8+ ♔b6? 31.♖b8+ ♔a7 32.♖b5 ♘g6 33.♕e1 ♕c6 34.♕xa5+ 1-0

Zusammenfassung

Ein schwarzer e-Bauer, der noch auf e7 steht, sowie ein bereits abgetauschter (oder das Feld e6 nicht kontrollierender) weißfeldriger Läufer können Weiß zu einem Bauernopfer mit e5-e6 einladen. Die Kompensation kann verschiedener Art sein, doch in den meisten Fällen hat Schwarz mit großen Schwierigkeiten beim Zusammenspiel seiner Figuren zu kämpfen.

Kapitel 25

Den Läufer wegschnippen

Mitunter wird ein schwarzer Läufer auf e6 ganz überraschend durch den weißen Turm vom Brett geschnippt. Wir werden nur die langfristigen positionellen Opfer betrachten, und nicht kurzzügige taktische Operationen. Das Muster – Turm schlägt ♗e6 – ist hierbei stets dasselbe, und genau dadurch hilft Ihnen das Kapitel, diese Möglichkeit auch bei Ihren eigenen Partien zu erkennen. Das Qualitätsopfer auf e6 ist tatsächlich recht gebräuchlich. Betrachten wir einige typische Merkmale, um zu sehen, worin die Kompensation liegt.

Vorposten auf e5 in Verbund mit der Diagonale b1-h7

Kubra Öztürk
Catarina Leite
Istanbul 2012

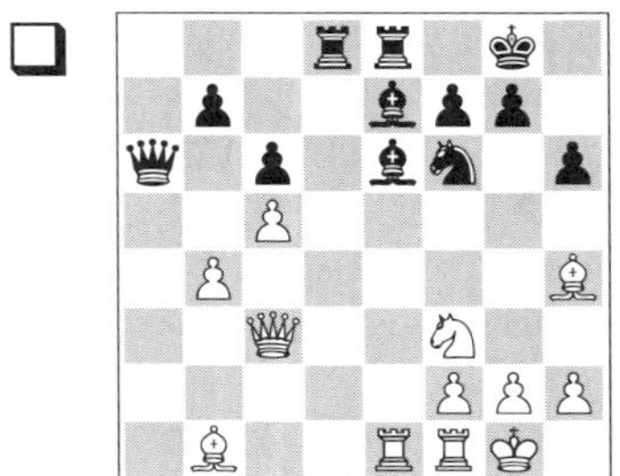

Wie soll Weiß hier fortsetzen? Schwarz beabsichtigt 23...♕c4, wonach sie gut stünde.

23.♖xe6! fxe6

Was hat Weiß erreicht? Eine Menge: Die schwarze Dame bleibt noch etwas länger außer Spiel, und der weiße Springer kann auf den zentralen Vorposten e5 hüpfen, ohne befürchten zu müssen, vom f-Bauern vertrieben zu werden. Weiß kann eine nette Batterie auf der Diagonalen b1-h7 errichten, auf der die hellen Felder durch den Zug ...h7-h6 merklich geschwächt sind. Dies gesagt, schauen wir uns nun an, wie es weiterging:

24.♕c2 ♕a3?

Am vernünftigsten scheint 24...♖d5 zu sein, was Weiß daran hindert, den Springer nach e5 zu bringen und damit dem Angriff eine weitere Figur zuzuführen. Dennoch stünde Weiß nach 25.♖e1 ♕a3 26.♗xf6 ♗xf6 27.♕h7+ ♔f8 28.♗g6 etwas besser.

25.♘e5 ♕a1

25...♕xb4 würde nun in 26.♕g6! laufen, was Schwarz hilflos lässt.

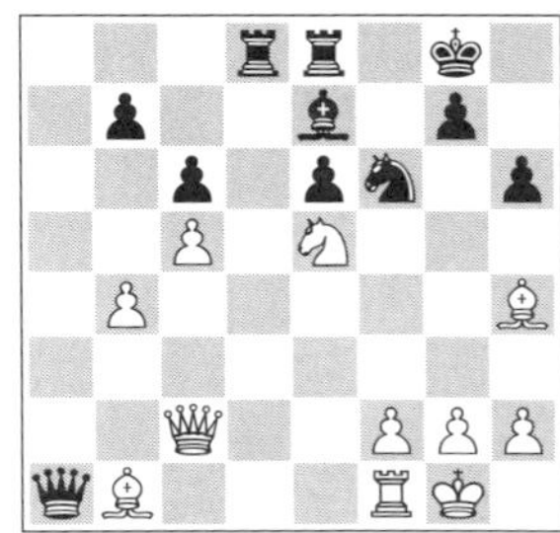

26.♖e1?

Es gab einen viel besseren Weg, die Türme zu aktivieren und zugleich den Springer zu decken: 26.f4!. Danach könnte die Schwarzspielerin ihre Dame mit Tempo aktivieren: 26...♕d4+ 27.♔h1, doch gegen den drohenden stillen Zug 28.♕g6 bliebe sie hilflos.

26...♕d4 27.♘f3?

27.♗a2 ♘d5 28.♗b1 wäre ausgeglichen.

27...♕xb4 28.♕g6

28.h3 ♕xc5 29.♕g6 ist wegen 29...♕h5 keine Verbesserung.

28...♕g4 29.♕c2 ♕b4 30.♕g6 ♕xc5

Nun steht schon Schwarz besser, da 31.♘e5 einfach an 31...♕xe5 scheitert. Wundersamerweise entkam die Anziehende zum Remis, es hätte zwischendrin sogar noch mehr sein können:

31.g4 ♕b4 32.h3 ♕c3 33.♔g2 ♗c5?? 34.♘e5

34.♖c1!.

34...♕xe1 35.♕f7+ ♔h8 36.♘g6+ ♔h7 37.♘f8+

Mit Remis.

Mit Raumvorteil das Brett in zwei Hälften teilen

Kevin Spraggett
Ralf Appel
Matosinhos 2012

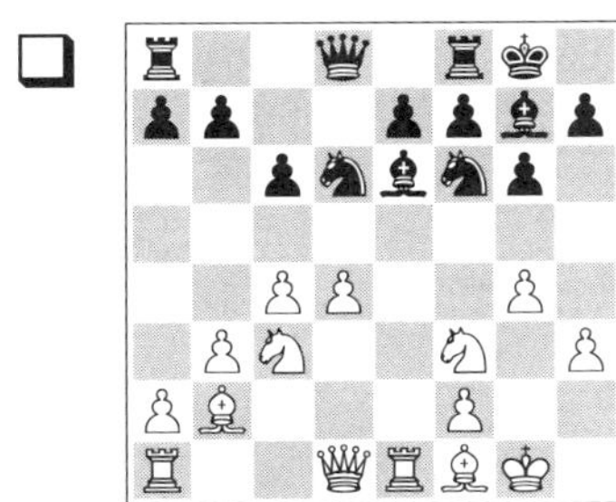

Es sind noch alle Figuren an Bord, wodurch der weiße Raumvorteil mehr ins Gewicht fällt. Nichtsdestotrotz könnte sich Schwarz nach einem Normalzug wie 17.♕c2 mit ...♕c7 nebst ...♖ad8 weiterentwickeln.

17.♖xe6 fxe6

Auch hier hat Weiß den starken Springer-Vorposten auf e5. Diesmal ist der schwarze König jedoch gut geschützt (keine weißfeldrigen Schwächen). Im vorliegenden Fall schneidet der isolierte e-Doppelbauer jedoch das schwarze Lager in zwei Hälften, und bedingt durch den weißen Raumvorteil werden die schwarzen Türme sehr passiv bleiben. Vergleichen Sie hierzu bitte die durch das Bauernopfern e5-e6 entstehenden Stellungen (siehe Kapitel 24: „Die Mitte entzweischneiden“).

18.♘g5 ♕d7 19.♕e2 ♗h8 20.♘xe6

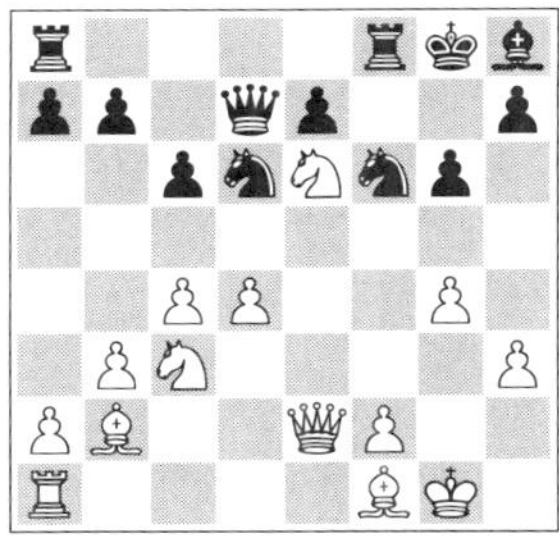

Gewinnt den ersten Bauern für die Qualität zurück. Zur beherrschenden Rolle der Riesenkrake siehe Kapitel 1.

20...♖fe8 21.♗g2 ♘f7 22.d5

Weiß steht praktisch auf Gewinn, da die schwarzen Türme es nicht mit der Riesenkrake aufnehmen können. Tatsächlich gewann Spraggett auch ohne größere Probleme.

Langfristige positionelle Kompensation

Natürlich kann man dieses Opfer auch als Nachziehender spielen, obgleich es da seltener vorzukommen scheint.

Deysi Estella Cori
Jiri Stocek
Benasque 2012

1.d4 ♘f6 2.♘f3 g6 3.c4 ♗g7 4.g3 c5 5.d5 d6 6.♗g2 0-0 7.0-0 e6

8.♘c3 exd5 9.cxd5 ♖e8 10.♗f4 ♘a6 11.♘d2 ♘h5 12.♗e3 ♘c7 13.a4 b6 14.♖e1

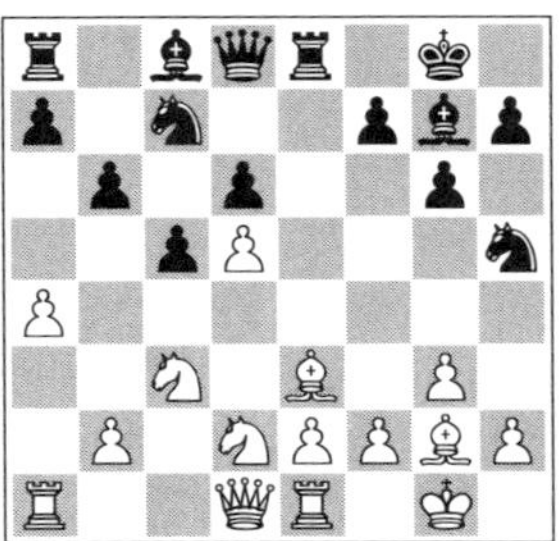

14...♖xe3

Die Figuren der Weißspielerin finden nur schwer bessere Felder, und auch ihre Bauernstruktur lässt kaum einen vernünftigen Plan finden. Vielleicht ist der Bauer d5 sogar eine Last: Ohne ihn hätte Weiß viel schöneres Figurenspiel.

15.fxe3 ♘f6

Strebt umgehend auf das herrliche Feld e5.

16.♘c4 ♗a6 17.♕b3 ♗xc4 18.♕xc4 a5!

Ein feines Konzept, das Weiß die Möglichkeit nimmt, mit a4-a5 Raum für ihre Türme zu schaffen – ganz ähnlich wie in der 5. Matchpartie Spasski-Fischer 1972. Siehe Kapitel 13, „Löcher sind halb so wild“.

19.♕f4 ♕e7 20.♖a3?!

20.♖ad1.

20...h5 21.♖b3 ♖b8 22.h3 ♘d7 23.♖d1 ♗e5 24.♕f3

Der Weißen ist es nicht gelungen, ihre Position zu verbessern. Im Gegenteil, h2-h3 sowie das Turmmanöver nach b3 haben ihre Stellung nur weiter verschlechtert.

24...♖e8 25.♔h1 ♗g7 26.♘e4

Und das kostet einfach Material.

26...c4 27.♖c3 b5

Schwarz hätte stattdessen 27...f5 28.♘d2 ♗xc3 29.bxc3 ♘c5 mit äußerst angenehmer Stellung spielen sollen. Doch auch in der Partie kam Weiß nicht mit den aktiven Figuren des Gegners zurecht und verlor den rechten Weg.

Mit dem isolierten d-Bauern

Auch in diesem Stellungstyp ist das Qualitätsopfer nicht außergewöhnlich. Man sehe zum Beispiel Topalow-Anand, Wijk aan Zee 2003. In jener Partie hatte Topalow einige langfristige Kompensation (verlor jedoch am Ende). Im vorliegenden Beispiel kann man das Opfer hingegen fast als vielzügige Gewinnkombination betrachten.

Michal Krasenkow
Eduardas Rozentalis
Krynica 1997

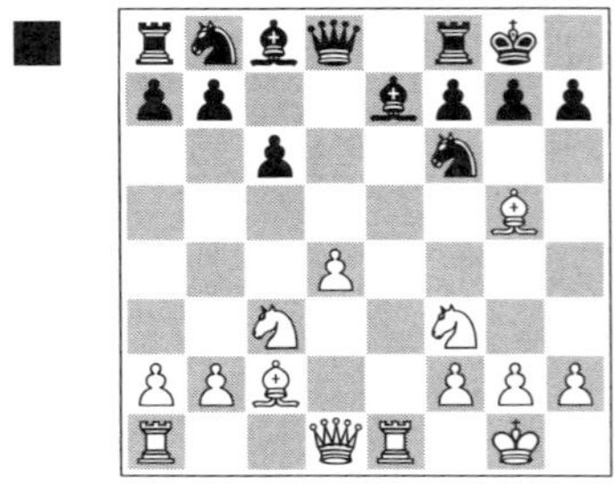

12...♗e6

Ein äußerst logischer Entwicklungszug, doch wie Sie bereits wissen, steht hier der Läuferschnipper schon bereit.

13.♕d3!

Provoziert zuerst eine Schwächung am Königsflügel.

13...g6

Das naheliegende 13...♘bd7 trifft auf 14.♗xf6 ♘xf6 15.♘g5, was einfach einen Bauern mit großem Vorteil gewinnt.

14.♗h6 ♖e8 15.♖xe6

Einfach zulangen!

15...fxe6 16.♘g5

Sehr direktes Spiel, Weiß droht auf... h7 zu nehmen! Nach dem Normalzug 16.♘e5, der den üblichen Vorposten besetzt und mit dem Einschlag auf g6 droht, stünde Weiß ebenfalls klar besser.

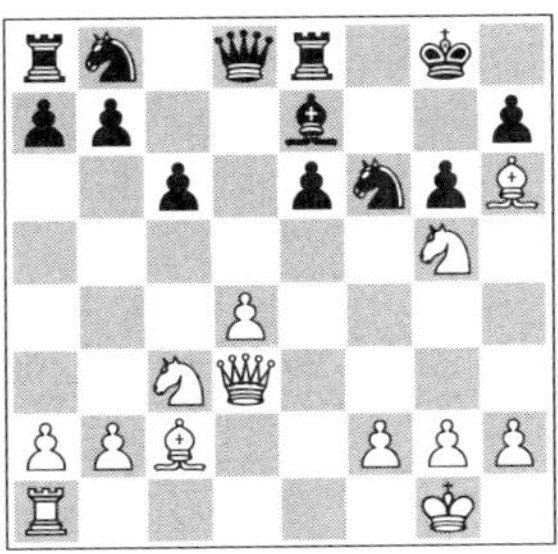

16...♕a5 17.b4!

Ganz cool. Nach sofortigem 17.♘xh7 könnte Schwarz immer noch 17...♕h5 spielen.

17...♕f5

17...♗xb4 18.♘xh7, denn nun hängt gleich der ♘f6.

18.♕e3 **1-0**

Das vorbereitende e5-e6

Betty Arosemena
Emilia Horn
Istanbul 2012

Hier eine weitere Partie von jener Frauen-Olympiade. Die nominell schwache Weißspielerin baut zunächst gekonnt den Angriff auf.

1.e4 e5 2.♘f3 ♘c6 3.d4 exd4 4.♗c4 ♘f6 5.0-0 d6 6.♘xd4 ♗e7 7.♘xc6 bxc6 8.♘c3 0-0 9.♖e1 ♘d7 10.♗f4 ♘b6 11.♗d3 ♖e8 12.e5 d5

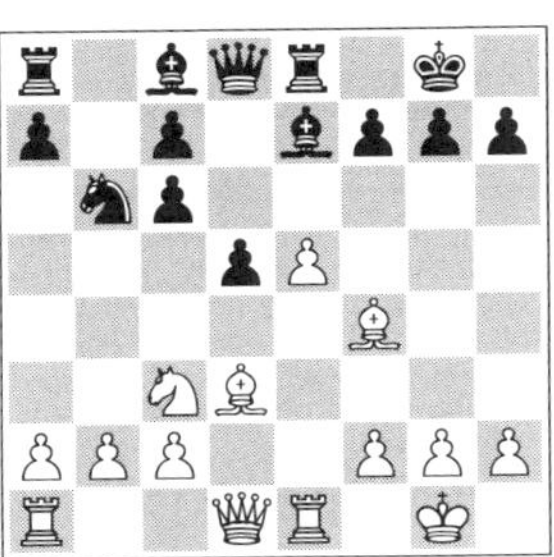

13.e6!

Als Ergebnis dieses Opfers werden die hellen Felder am Königsflügel verwundbarer, und Weiß kann das starke ♕h5 folgen lassen. Topalow-Kamsky, Sofia 2006, ist ein hochkarätiges Beispiel mit dem Vorbereitungszug e5-e6. Auch dort war Kamskys König anschließend äußerst verwundbar, und Topalow war – im Unterschied zu unsrer Partie – am Ende auch erfolgreich.

13...♗xe6 14.♖xe6 fxe6 15.♕h5

Der König hat fast keine Verteidiger.

15...♗f6

15...g6 16.♗xg6 verliert auf der Stelle, doch 15...h6 16.♗xh6 ♗f6 war ein besserer Versuch. Doch auch hier steht Weiß nach 17.♗f4 e5 18.♗g6 exf4 19.♕h7+ ♔f8 20.♕h8+ ♔e7 21.♖e1+ besser.

16.♗xh7+ ♔f8 17.♗g6! e5 18.♖e1 ♘d7 19.♗g3 ♔e7?!

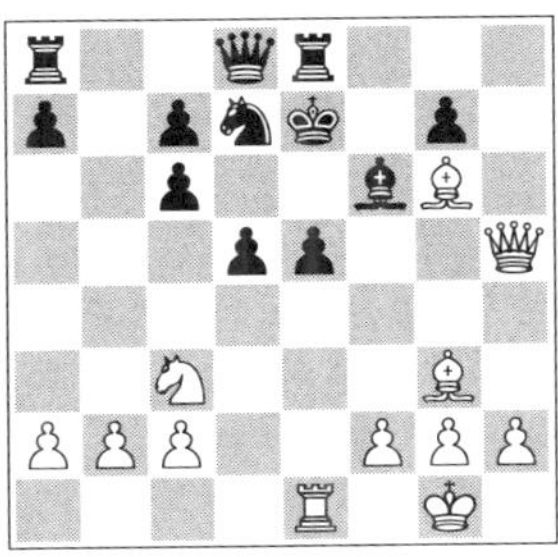

20.♗xe5

Viel stärker war 20.f4, was den Bauernschutz unterminiert, zumal auf 20...e4 einfach 21.♘xe4 folgt.

20...♘xe5 21.f4 ♔d6?

21...♖h8.

22.♗xe8 ♕xe8 23.♕xe8?

Ein prinzipieller Fehler. Mit dem offenen schwarzen König in der Mitte sollte Weiß die Damen natürlich auf dem Brett behalten: 23.fxe5+ ♗xe5 24.♕d1!, und Weiß steht noch immer besser.

23...♖xe8 24.fxe5+ ♗xe5 25.♘a4?? ♗xh2+ 26.♔xh2? ♖xe1 **0-1**

Eröffnungstheorie

Balazs Bakos
Julia Horvath
Budapest 2011/12

Je nach den sich ergebenden Strukturen kommt das Läuferschnippen in manchen Eröffnungen häufiger vor als in anderen. Hier ein rein theoretisches Beispiel:

1.d4 ♘f6 2.c4 g6 3.♘c3 d5 4.cxd5 ♘xd5 5.e4 ♘xc3 6.bxc3 ♗g7 7.♘f3 c5 8.♖b1 0-0 9.♗e2 cxd4 10.cxd4 ♕a5+ 11.♗d2 ♕xa2 12.0-0 b6 13.♕c1 ♕e6 14.♗c4 ♕xe4 15.♖e1 ♕b7 16.♗b4

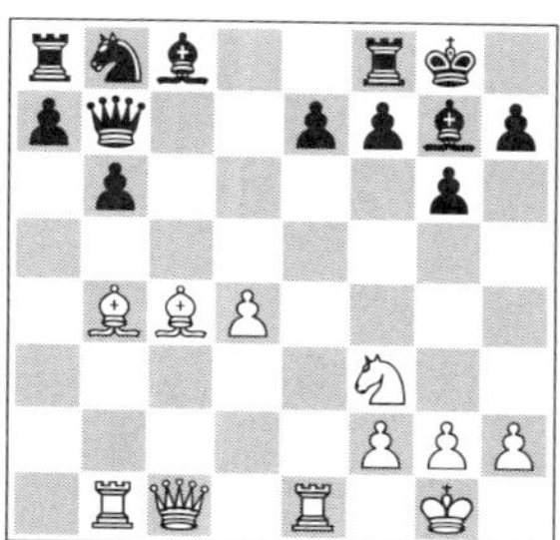

16...♗e6

Wenn Sie diese Stellung zum ersten Mal sehen, mag Ihnen dieser Zug etwas merkwürdig vorkommen. Es ist jedoch die beliebteste Fortsetzung mit dem Zweck, den Druck von e7 zu nehmen.

17.♖xe6!?

17.♗xe6 fxe6 18.♖xe6 ♕d5 19.♖xe7 ♘c6 20.♖xg7+ ♔xg7 21.♗xf8+ ♖xf8 ist ein anderer Gegenstand der eröffnungstheoretischen Debatte.

17...fxe6 18.♘g5

Nun muss Schwarz mit ♘xe6 wie auch mit ♗xe6 rechnen. Er steht vor einer schweren Entscheidung, da es viele vernünftig aussehende Züge gibt. Zu einem gegebenen Zeitpunkt könnte er die Qualität unter günstigen Umständen zurückgeben, während umgekehrt der Weiße versucht, nach einem Qualitätsrückgewinn zugleich die Initiative zu behalten.

18...♖f6 19.♘xe6 ♔h8

Eine schwierige Stellung. Weiß hat sehr aktive Figuren – das Läuferpaar sowie eine Riesenkrake. Außerdem könnte der schwarze König unter Beschuss geraten. Weiß muss nun konkrete Drohungen schaffen, da sonst der Nachziehende seine Entwicklung vervollständigen könnte.

20.♕e3

Das sofortige 20.d5 wäre gleichfalls plausibel.

20...♘c6 21.♗c3 ♕d7 22.♘xg7 ♔xg7 23.d5 ♘a5

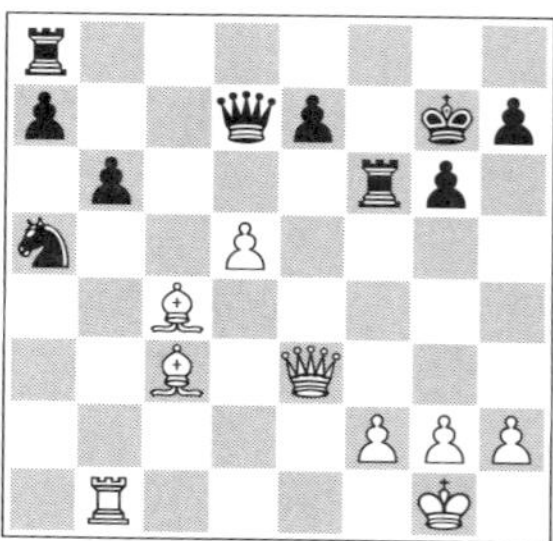

Weiß wird nun also die Qualität zurückgewinnen, doch er hat weiterhin einen Bauern weniger und sollte darum die Initiative auch anschließend festhalten.

24.♗b5! ♕d6 25.♖e1 ♔f8 26.♗e5! ♕c5

26...♕xd5? 27.♗xf6 exf6 28.♕h6+ ♔g8 29.♖e7 ♕d1+ 30.♗f1 gewinnt für Weiß.

26...♕d8 27.♗xf6 exf6 28.♕a3+ ♔f7 29.d6 wäre gleichfalls furchtbar für Schwarz.

27.♕xc5 bxc5 28.♗xf6 exf6 29.d6

Weiß steht viel besser. Der weit vorgerückte d-Bauer, der die schwarzen Kräfte bindet, ist bedeutender als der schwarze Mehrbauer.

29...♖d8 30.d7 ♔f7 31.♖e8 ♘b7 32.♗c6 h5 33.♔f1,

und Weiß gewann.

Weitere schwache Bauern und starke Felder

Wadim Swjaginzew
Iwan Rosum
Sankt Petersburg 2012

1.e4 c5 2.♘f3 ♘c6 3.♗b5 e6 4.0-0 ♘ge7 5.♖e1 a6 6.♗f1 d5 7.d3 h6 8.a4 g6 9.♘bd2 ♗g7 10.♘b3 b6 11.a5 0-0 12.axb6 ♕xb6 13.exd5 exd5 14.♗e3 d4 15.♗f4 ♖d8 16.♘fd2 ♗e6

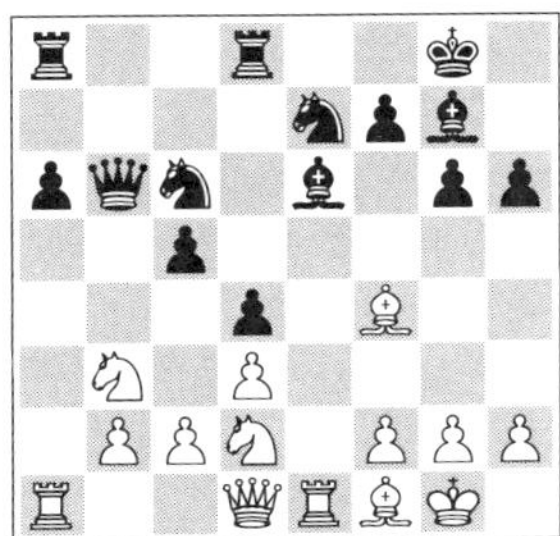

17.♖xe6!

„Natürlich", werden Sie jetzt sagen.

17...fxe6

Die weiße Kompensation ist augenscheinlich: Fast alle Bauern von Schwarz sind schwach oder zumindest verwundbar. Weiß hat starke Felder auf der e-Linie sowie auch c4.

18.♘c4 ♕a7 19.♗d6 ♘d5 20.♕g4

Die weißen Figuren gelangen mit solcher Leichtigkeit auf herrliche Felder. Wie in der Stocek-Partie werden die schwarzen Figuren hingegen vom Bauern d4 gehemmt.

20...♕f7 21.♘xc5

Man konnte dieses Schlagen auch aufschieben und stattdessen mit 21.g3 den Königsläufer ins Spiel bringen.

21...♗f8 22.♘e4 ♘f6 23.♘xf6+ ♕xf6 24.♗c7 ♖d7 25.♗g3 ♖aa7 26.♕e4 ♖d5 27.♗e2

Schließlich aktiviert er doch seine letzte Figur. Dem Schwarzen bleibt nur übrig, seine Schwächen zu verarzten.

27...h5 28.♗f3 ♖c5 29.h4 e5

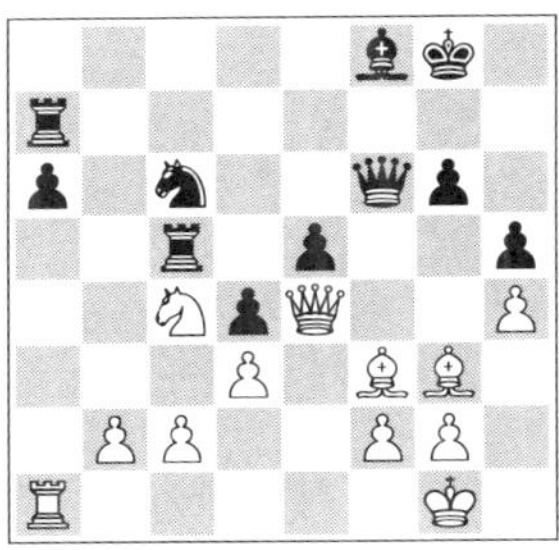

30.♕e2

30.b4! war sogar noch stärker: 30...♘xb4 31.♗xe5 ♕f7 32.♗xd4 mit glatter Gewinnstellung, doch auch nach dem Textzug setzte sich Weiß schließlich durch.

Zusammenfassung

Von nun ist ist dieses Opfer Bestandteil Ihrer Schachausbildung, ebenso wie das bekanntere Qualitätsopfer auf c3 – der „Springerhäcksler". Es taucht in allen möglichen Stellungen auf. Der Gegner bleibt auf einem rückständigen Bauern sitzen, der manchmal auch verdoppelt oder gar isoliert ist. Das Opfer schafft mitunter auch Zugang zum Königsflügel und ebnet so den Weg für einen Königsangriff.

Kapitel 26

Der Königsturm greift sich den Springer

♖x♘f6 ist ein geläufiges positionelles Qualitätsopfer, bei dem oft auch der gegnerische König aufs Korn genommen wird. Denken wir zunächst kurz an die spiegelbildliche Version, das typische sizilianische Qualitätsopfer auf c3. Natürlich hätte man diesem gleichfalls ein Kapitel widmen können. Doch ganz gleich wie nützlich ein solches Kapitel wäre – dieses Opfer gehört schon eher zum Allgemeinwissen. Doch selbst auf höchster Ebene gibt es Ausnahmen: So meinte Kasparow nach seiner Partie gegen Mowsesjan, Sarajewo 2000, dass dieser die Stellung nicht gut verstanden haben konnte, als er ...♖x♘c3 zuließ.

Auf Angriff spielen

Beginnen wir mit einem neuerlichen hochkarätigen Partiebeispiel, bei dem die Dinge freilich nicht so klar liegen.

Wladimir Kramnik
Wassili Iwantschuk
London 2013

1.d4 ♘f6 2.c4 e6 3.♘f3 d5 4.g3 ♗b4+ 5.♗d2 ♗d6 6.♗g2 ♘bd7 7.0-0 0-0 8.♕c2 c6 9.♘c3 dxc4 10.♖fd1 ♕c7 11.♘g5 ♗e7 12.a4 e5 13.a5 exd4 14.♗f4 ♗d6 15.♖xd4 ♗xf4 16.♖xf4 h6 17.♘f3 b5 18.axb6 ♘xb6

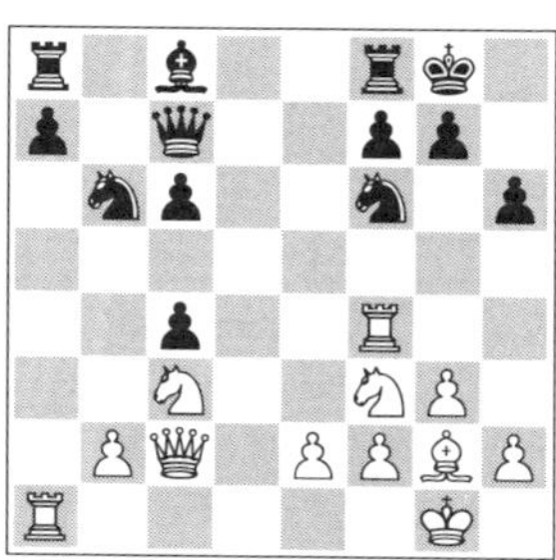

Hier spielte Kramnik selbstsicher

19.♖xf6!? gxf6

Weiß hat nicht einmal einen Bauern für die Qualität (genau genommen hat er sogar einen Bauern weniger), doch ist die gegnerische Bauernstruktur total zerstört. Man vergleiche Andersson-Zwirs, was das verwandte ♖x♘c6 illustriert:

❑

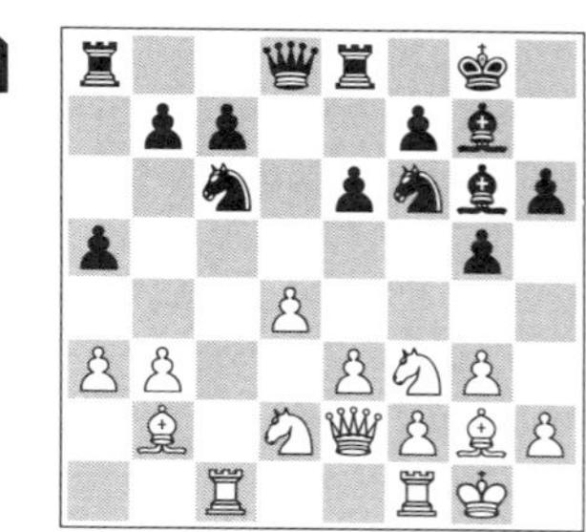

17.♖xc6 bxc6 18.♘e5 ♘d5 19.♘xg6

Auch stehen die schwarzen Türme weiterhin passiv, was stets ein guter Anreiz für ein Qualitätsopfer ist.

20.♘d4 ♗d7 21.♕d2

Kramnik dachte hier über 21.♖a5 nach (ein Turmschwenk des Damenturms via a5!), doch nahm er wegen 21...♕d6 (21...♘d5 22.♘xd5 cxd5 23.♖xd5 gibt Weiß schönes Spiel für die Qualität; 21...♖ae8!?) davon Abstand. Gleichwohl hätte Weiß nach 22.e3 ordentliche positionelle Kompensation.

Zu erwägen war auch 21.♘e4, was gleichfalls vernünftig aussieht.

21...♔g7

Schwarz hätte mit 21...♕e5 22.♕xh6 ♕g5 23.♕xg5+ fxg5 24.♖a5 die Damen tauschen können, doch Kramnik meinte, dass auch hier Weiß derjenige ist, der auf Gewinn spielt. Auf den ersten Blick scheint das schwer fassbar – die Angriffschancen sind verschwunden, wo also soll die Kompensation liegen? Doch Weiß wird einen Bauern gewinnen und hat aktive Figuren. Auf schwarzer Seite hingegen wird der Damenflügel schwach bleiben, und seine Figuren müssen erst noch ins Spiel finden. Alles in allem dürfte es ein ausgeglichener Kampf zwischen materiellen und positionellen Faktoren sein.

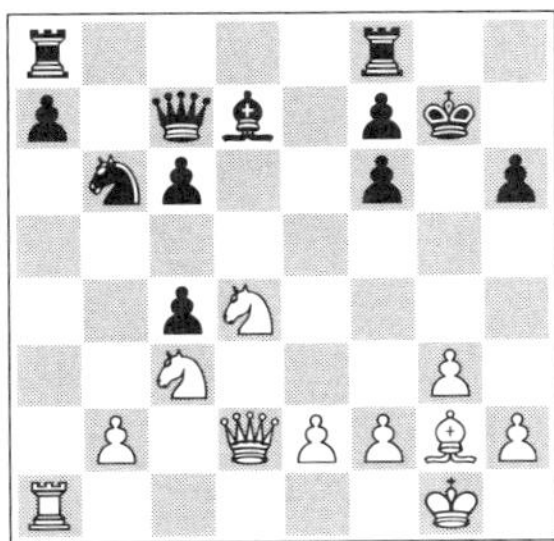

22.♗xc6!?

Sehr einfallsreich: Auf Kosten eines ganzen Turms verschafft Weiß seinem Springer Zutritt nach f5. 22.♖a5 wäre ein soliderer und nachhaltigerer Weg gewesen, um die Stellung auszubauen. In der Partie konnte Kramnik nicht mehr als Ausgleich nachweisen.

22...♗xc6 23.♘f5+ ♔g6 24.♖a5 ♖h8 25.♕d4 ♖ag8 26.♖c5 ♕d7 27.♕f4 h5 28.♘h4+ ♔g7 29.♘f5+ ♔g6 30.♘h4+ ♔g7 31.♘f5+ ½-½

Stützpunkt auf f5

Im folgenden Beispiel erringt Weiß viel leichter feste Kontrolle über das Feld vor dem Doppelbauern, und es gelingt ihm, einen Springer nach f5 zu stellen.

Ewgeni Najer
Petr Zvara
Tschechien 2011/12

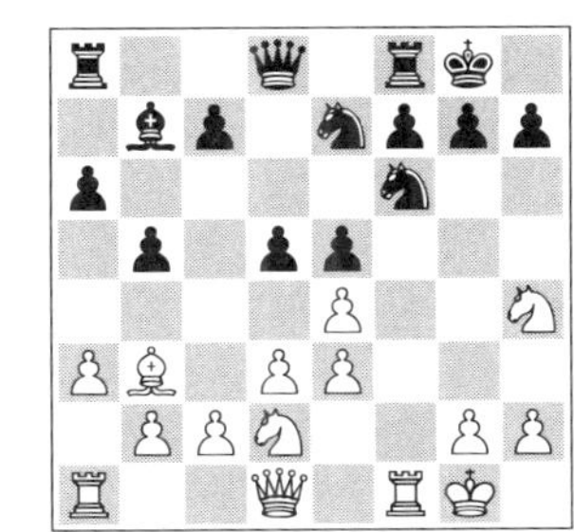

13.♖xf6 gxf6 14.exd5 ♗xd5 15.♗xd5 ♘xd5

Natürlicher wäre es gewesen, den Springer auf e7 zu halten, um das so wichtige Feld f5 zu schützen. Bei 15...♕xd5 mag einen der Umstand erschrecken, dass Weiß eines Tages ♘e4 spielen wird, wogegen sich Schwarz aber verteidigen kann. Doch letztlich kommt das nach 16.♘e4 ♕c6 (16...♔h8) 17.♕h5 ♔h8 18.♖f1 fast auf dasselbe hinaus, da Schwarz dann ohnehin 18...♘d5 spielen müsste.

16.♕f3 ♖b8 17.♘e4 ♖b6 18.♘f5

Weiß hat herrliche Felder für seine Springer, während die schwarzen Türme ohne offene Linien (passiv) verteidigen müssen. Was hat hier eine Mehrqualität also zu bedeuten?

18...♔h8 19.♖f1 ♖c6 20.♖f2 ♕d7 21.♕h5 ♖g8 22.c3 ♕e6 23.♕f3 ♖g6 24.h4 ♖g8 25.h5 ♕d7 26.♘h6 ♖g7 27.♘f5 ♖g8 28.♘h6 ♖g7 29.♔h2 ♕e6 30.♘f5 ♖g8 31.♘h6 ♖g7 32.b3 f5 33.♘xf5 ♖g8 34.c4 bxc4 35.bxc4 ♘f6?

Nach zäher Verteidigung bricht Schwarz nun doch zusammen. 35...♘f4! hätte hingegen die Position des ♘f5 unterminiert.

36.♘h6

36.♘xf6 ♕xf6 37.♘e7!. Nach dem Textzug rettete sich Schwarz mit **36...♘g4+**

37.♘xg4 ♕xg4 38.♕xg4 ♖xg4 in ein Turmendspiel, verlor aber dennoch.

Ein weiteres Beispiel, bei dem Schwarz umgehend seinen Springer vor dem Doppelbauern plaziert, ist Burg-Sammalvuo, 28. Mannschafts-Europapokal, Eilat 2012.

Stützpunkt auf d5

Dawid Gotschelaschwili
Swetlana Fomitschenko
Nowomichailowski 2011

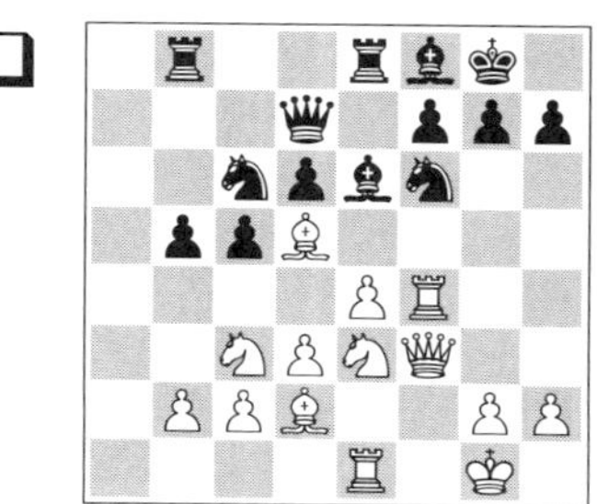

Schwarz hatte soeben seinen Springer von b4 zurückgezogen, und der Anziehende ergreift prompt seine Chance:

19.♗xc6! ♕xc6 20.♖xf6! gxf6 21.♘cd5

In nur drei Zügen – einschließlich des Qualitätsopfers – hat Weiß einen gigantischen Springer auf d5 installiert: Ein perfekter Posten, um von dort aus den geschwächten schwarzen Königsflügel ins Visier zu nehmen. Weiß hat reichliche Kompensation und steht klar besser, fast schon auf Gewinn.

21...♗xd5

Räumt das Feld e6 für den Turm. Andere Züge wären aussichtslos: 21...♗g7 22.♘xf6+ ♗xf6 23.♕xf6, und 23...d5 scheitert nun an 24.♘f5.

22.♘xd5 ♗g7 23.♗c3 ♖e6 24.♘xf6+ ♗xf6 25.♗xf6 ♔f8 26.♖f1 ♔e8 27.♕g4 ♔d7 28.♕g7 ♔c7 29.♕xh7

Weiß hat das materielle Gleichgewicht mit einfachen Zügen wiederhergestellt. Der ♗f6 ist den schwarzen Türmen in keinster Weise unterlegen und wird bald den Vormarsch des h-Freibauern unterstützen. Weiß gewann rasch.

Das ideale Springerfeld?

Luis Marcos Bronstein
Artur Jussupow
Luzern 1982

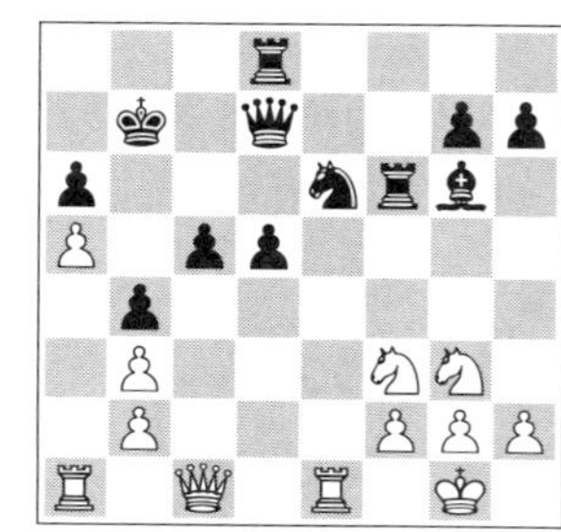

Weiß hat soeben seinen Springer von h4 zurückgezogen, was den Nachziehenden zu einem Qualitätsopfer verleitet. Der schwarze Springer scheint bereits ideal zu stehen: Auf e6 hat er die Wahl zwischen f4 und d4. Doch sollte man im Hinterkopf behalten, dass die Stellung einigermaßen offen ist, was dem Turmpaar entgegenkommt und einige Gefahren für den schwarzen König bereithält.

23...♖xf3

Besser wäre eben doch das zentralisierende 23...♕d6 gewesen.

24.gxf3 ♖c8

Deckt den Bauern auf c5, so dass der Springer ziehen darf.

25.♕e3 ♘d4 26.♖ad1 ♖e8 27.♕f4 ♕f7!

Weiß hat seine Türme in die Mitte gebracht. Zum Glück für Schwarz bietet der Zentrumsspringer auch im Endspiel noch genug Kompensation.

28.♕xf7+ ♗xf7 29.♖xe8 ♗xe8

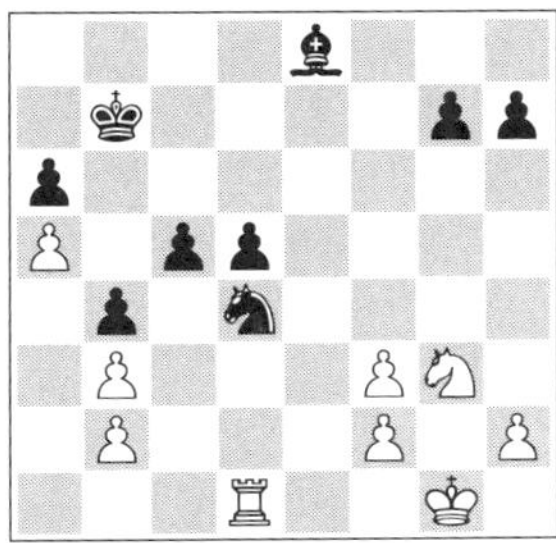

30.♖xd4

Weiß entscheidet sich, Material zurückzugeben, um die Stellung zu vereinfachen. Zugegeben, nach 30.♔g2 ♗b5 könnte Weiß seinen Turm mit 31.♖e1 aktivieren, doch wirken die schwarzen Damenflügelbauern nach 31...♘xb3 32.♖e7+ ♔c6 33.♖xg7 ♘xa5 34.♖xh7 ♘c4 bedrohlich. In der Partie verpatzte Weiß freilich das Endspiel und verlor.

30...cxd4 31.♘f5 d3 32.♔f1 ♗h5 33.♘d4 g5 34.♔e1 h6 35.♔d2 ♗g6 36.f4 gxf4 37.♘e6 f3 38.♘d4 ♗e4 39.♔e3 ♔c7 40.♘xf3 ♗xf3 41.♔xf3 0-1

Ein typischer Schlag im Nimzo-Inder

Sipke Ernst
Migchiel de Jong
Hoogeveen 2012

❑ 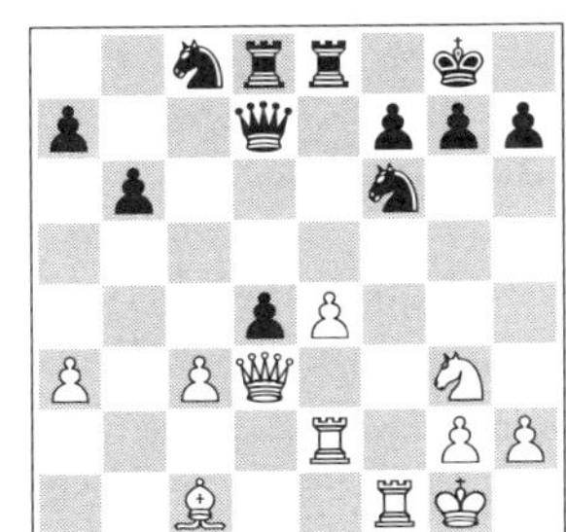

Schwarz hat soeben auf d4 genommen, in der Hoffnung, so den weißen Nimzo-Indisch-Aufbau auseinandernehmen zu können, wurde aber konfrontiert mit...

20.♖xf6!?

Ein für diese Eröffnung typisches Opfer. Man vergleiche zum Beispiel Donner-Kupper, Clare Benedict 1967, und das ganz ähnliche Aleksandrow-Stupak, Weißrussische Meisterschaft, Minsk 2010.

20...gxf6 21.♘h5

Natürlich ist dieses Springerfeld am Brettrand beim Angriff auf einen geschwächten Königsflügel auch nicht schlecht (siehe Kapitel 6: Ein gar nicht so harmloser Zaungast!). Und die anderen weißen Figuren sind bereit, sich einzuschalten. Nach dem scheinbar logischen 21.♘f5 könnte der starke Springer mit 21...♔h8 22.cxd4 ♘d6! befragt werden.

21...♕d6

Die Verwicklungen nach der Alternative 21...♖e6 22.♕g3+ ♔f8 23.♗h6+ ♔e7 24.♘g7 sehen gut für Weiß aus, doch der Textzug bringt keine Erleichterung.

22.♗f4 ♕c6

22...♕c5 23.♘xf6+ ♔h8 (23...♔f8 24.♗h6+ ♔e7 25.♘d5+) 24.♕h3, und Weiß gewinnt.

23.♕g3+ ♔f8 24.♕g7+ ♔e7

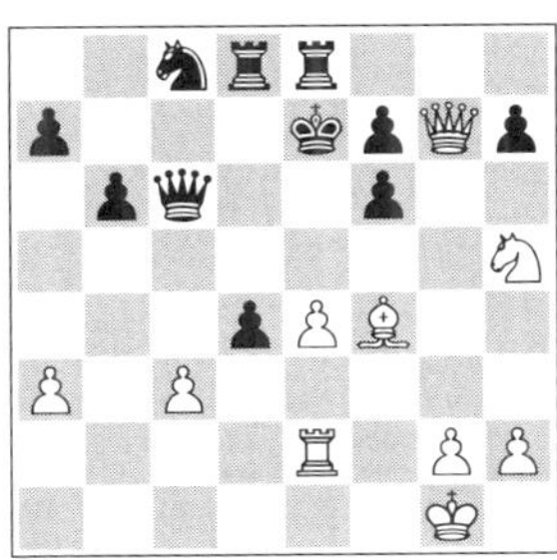

25.e5!

Natürlich war auch 25.♘xf6 ♕xf6 26.♗g5 möglich. Ernst hält jedoch die Initiative fest und macht weiter Jagd auf den König.

25...♔e6 26.exf6+ ♔d5 27.c4+ ♕xc4 28.♕xf7+ ♔c5 29.♕c7+

♔d5 30.♕f7+ ♔c5 31.♕c7+ ♔d5 32.♖e5+ ♖xe5 33.♕xe5+ ♔c6 34.♕c7+ ♔b5 35.♕xd8 d3 36.♕d7+ ♔a6 37.f7 ♕c5+ 38.♔f1 1-0

Im Endspiel

Nasar Jaremko
Nasar Firman
Lwiw 2006

■ 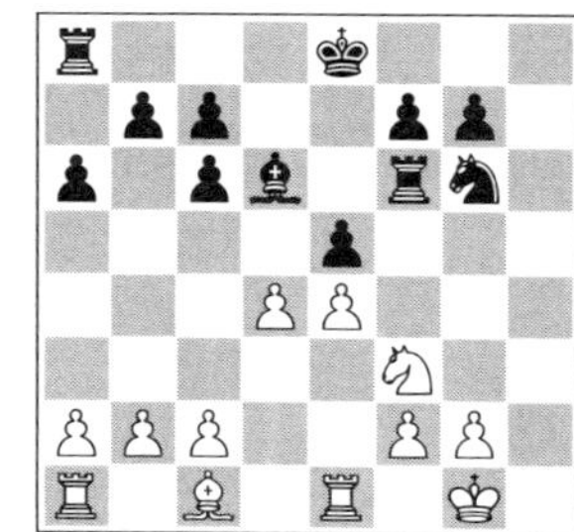

In Kramnik-Iwantschuk und in L. Bronstein-Jussupow haben wir bereits gesehen, wie eine positionelle Kompensation auch im Endspiel fortbestehen kann. Im vorliegenden Beispiel sind die Damen bereits vom Brett, als Schwarz sich mit dem Turm den ♘f3 greift.

16...♖xf3!?

Als ich diesen Zug in dieser Theoriestellung zum ersten Mal sah, hat es mich fast vom Sockel gehauen. Schwarz opfert bei hellstem Tageslicht eine ganze Qualität.

17.gxf3 ♘h4

Wie in der vorigen Partie greift der Springer auch hier vom Rand aus an. Man erinnere sich an Kapitel 4, Vom Rande aus herrschen. Die Vielzahl an Möglichkeiten für den Springer kann natürlich für den Verteidiger sehr nervig sein.

18.♖e3 exd4 19.♖d3 c5

Schwarz hat forciert einen Bauern gewonnen und der Anziehende muss erst Vorkehrungen treffen, bevor er sich weiterentwickelt, da er sich zum Beispiel vor einem möglichen ...c5-c4 samt Springergabel auf f3 hüten muss.

20.♔f1

Besser sieht 20.f4 aus, was Platz für den Turm auf der dritten Reihe schafft und eine Blockade auf den dunklen Feldern (e5 und f4) vermeidet.

20...♘g6

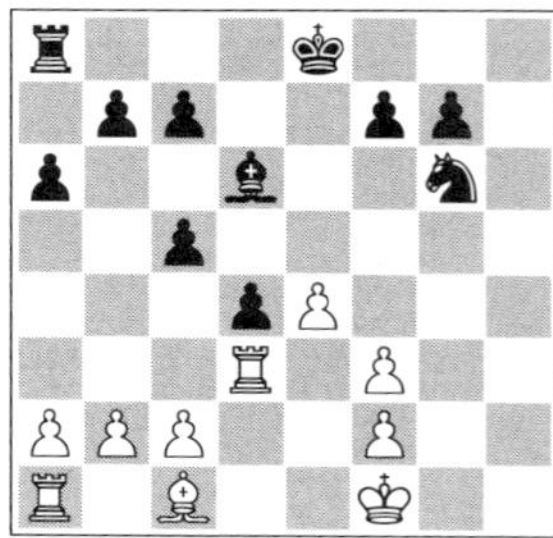

21.f4?

Weiß gerät in Panik und wirft, um seine Entwicklung zu vervollständigen, noch einen Bauern über Bord. Er hätte mit 21.c3! ♘e5 22.♖d1 ♘xf3 23.♔e2 ♘e5 24.cxd4 cxd4 25.♖xd4 die Stellung für seine Türme öffnen müssen, wonach die schwarze Kompensation unzureichend wäre.

21...♗xf4 22.♗xf4 ♘xf4

Nun hat Schwarz, mit zwei Bauern und dem Killerspringer auf f4, bereits das bessere Ende für sich. Er gewann kurz vor der Zeitkontrolle.

Theoretische Opfer

Bogdan Grabarczyk
Liviu-Dieter Nisipeanu
Bundesliga 2012/13

Beim Eröffnungsstudium kann man nützliche Erkenntnisse über diesen Opfertyp erlangen. Das vorige Beispiel begann mit der Spanischen Abtauschvariante, und wir haben auch schon einen Nimzo-Inder erwähnt. In Stellungen aus dem Winawer-Franzosen läuft einem dieses Opfer öfters über den Weg (man nehme Petkewitsch-

Witolinsch, UdSSR 1976), freilich auch im Tarrasch-Franzosen (mit frühen Beispielen von Tal gegen Rowner, Riga 1955, und Bronstein gegen Keres im Aljechin-Gedenkturnier 1956) oder im Grünfeld-Inder mit ♕b3 (man sehe z.B. Kuljasevic-Jankovic, Kroatische Meisterschaft 2013). Hier eines aus einer Theorievariante der Italienischen Eröffnung.

1.e4 e5 2.♘f3 ♘c6 3.♗c4 ♘f6 4.d3 ♗e7 5.0-0 0-0 6.♖e1 d6 7.a4 ♔h8 8.a5 a6 9.c3 ♘g8 10.d4 f5 11.dxe5 fxe4 12.♖xe4

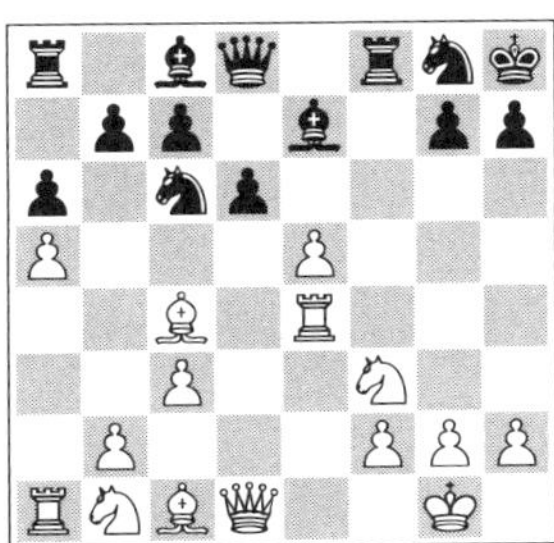

12...♖xf3

Zunächst überraschend, da der Springer hier noch von der Dame gedeckt ist.

13.gxf3

Doch 13.♕xf3 scheitert an 13...d5.

13...♘xe5 14.♗f1

Etwas passiv. In einer früheren Partie geschah 14.♗f4 ♘xc4 15.♖xc4 ♘f6, während Fedortschuk-Giri, Bundesliga 2011/12 (ohne a4-a5 und ...a7-a6), das vereinfachende 14.♖xe5 dxe5 15.♕xd8 sah.

14...♘g6

Schwarz bringt seinen Springer in Aktion, wobei es auch um die Kontrolle über das Feld vor dem Doppelbauern geht.

15.♖e1 ♗g5 16.♘d2 ♗f4

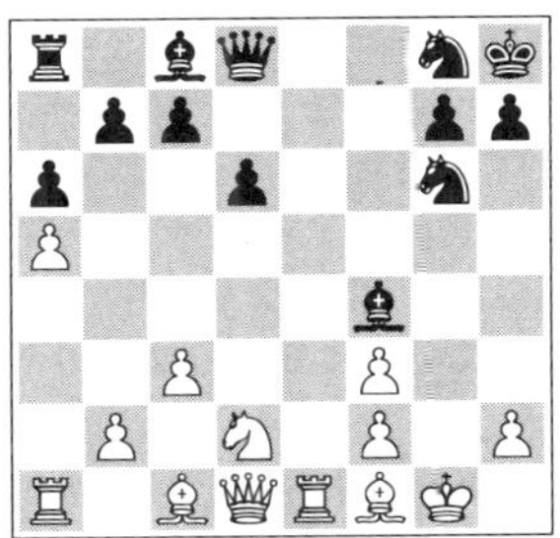

In Windeseile hat Schwarz feste Kontrolle über die dunklen Felder am Königsflügel erlangt.

17.♘e4 ♕h4 18.♘g3 ♗d7 19.♖e4

Dies führt zu nichts. Besser war 19.♗xf4 ♘xf4 (19...♕xf4 20.♕d4) 20.♘e2, was um f4 kämpft.

19...♗c6 20.♖b4 ♖f8 21.♗g2

Verhält sich weiter passiv.

21...♕g5 22.♕f1 ♘8e7 23.♘e2 ♘d5 24.♖e4 ♕h5 25.♘g3 ♕g5 26.♘e2 ♗xc1 27.♖g4 ♕f6 28.♖xc1 ♘df4 29.♘xf4 ♘xf4

Es ist offensichtlich, das Schwarz besser manövriert hat als sein Gegner Alle seine Figuren stehen bereit.

30.♖g3 h5 31.♖e1 ♗b5 32.c4 ♗d7 33.♗h3 ♗xh3 34.♖xh3 h4!

Und Weiß gab auf.

Zusammenfassung

Nachdem Sie diese Beispiele gesehen haben, sollten Sie auch in Ihren eigenen Partien in der Lage sein, materielle Erwägungen zurückzustellen und die Gelegenheiten für derartige Opfer zu erkennen. Die positionelle Kompensation ist durch die zerstörte gegnerische Bauernstruktur gegeben. Wichtige Felder (aus weißer Perspektive nach ♖xf6) sind d5 (starkes Figurenfeld oder gegnerische Bauernschwäche) und f5 (das Feld vor dem Doppelbauern).

Kapitel 27

Lawinen im Zentrum

Es gibt verschiedene Möglichkeiten, eine Figur zu opfern, um sich ein starkes Bauernzentrum zu verschaffen, dass später langsam alles niederwalzen wird. Wir werden einige typische Opfer mit ...♘xe4 betrachten, doch auch das bemerkenswerte stille Opfer ♘d4.

Das Schicksal herausfordern

Josef Mudrak
Wladimir Malanjuk
Nachod 2012

1.e4 d6 2.d4 ♘f6 3.♘c3 e5 4.♘f3 ♘bd7 5.♗e2 ♗e7 6.h3 0-0 7.♗e3 a6 8.a3 b5 9.d5 ♗b7 10.g4 c6

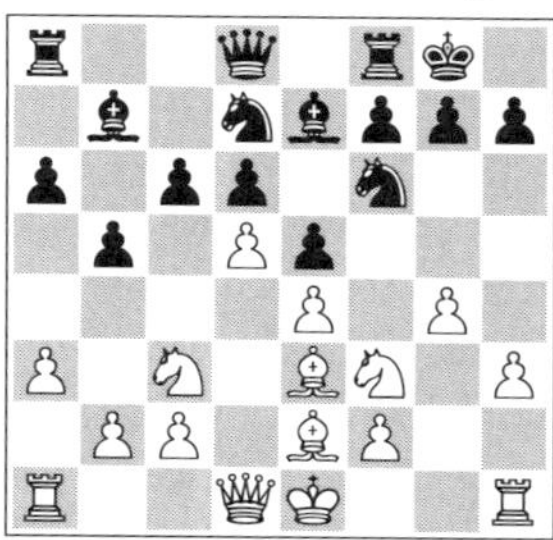

11.g5

Fordert das Offensichtliche heraus, obgleich der eigentliche Fehler von Weiß in seinem faden Eröffnungsspiel in Verbindung mit dem überehrgeizigen g2-g4 bestand. Nach 11.dxc6 ♗xc6 müsste Weiß zunächst seinen Bauern e4 verteidigen, wonach Schwarz ...h7-h6 spielen und die weitere Öffnung des Zentrums vorbereiten könnte.

11...♘xe4 12.♘xe4 cxd5 13.♘g3 d4 14.♗c1

Die Alternative wäre 14.♗d2, doch danach stünden sich die weißen Figuren noch mehr im Weg – was übrigens ein typisches Problem beim Spiel gegen ein eindrucksvolles Bauernzentrum ist. Sethuraman-Klein, Wijk aan Zee 2011, folgte einem ganz ähnlichen Szenario, in unserer Partie gelang Schwarz freilich dasselbe mit nur zwei (statt wie dort drei) Bauern für die Figur.

14...f5!

Setzt die Bauern in Bewegung und verstärkt schrittweise die Stellung.

15.gxf6 ♖xf6 16.♖g1 ♘c5 17.♗g5

Versucht, durch Abtausch einer Figur etwas Raum zu gewinnen. Vielleicht sollte er lieber Komplikationen anstreben und die Figur zu ziehen, die ihm am meisten Sorgen macht (zugleich wäre das auch nach dem vorigen Zug konsequent): 17.♘g5 h6 18.b4!? mit Kampf um das Zentrum!

17...♖f7 18.♗xe7 ♕xe7

Die weißen Figuren sind weiterhin gebunden: Die Dame darf nicht ziehen, derweil der ♘f3 kein vernünftiges Feld mehr hat.

19.b4?!

Macht es dem Nachziehenden leicht. 19.♘h2 könnte z.B. mit 19...♕h4 beantwortet werden. Vielleicht war das Rückopfer 19.♘xd4 exd4 20.♕xd4 am besten, wenn auch mit einer wenig beneidenswerten Lage nach 20...♗f3.

19...♘a4

Gut genug, doch 19...♘e6, was nach f4 strebt, war noch stärker. Auch nach...

20.♘h2

... hatte Schwarz mehrere Möglichkeiten, das Spiel für sich zu entscheiden, was ihm nach weiteren sieben Zügen gelang.

Schon eher eine Überraschung

Joseph Gallagher
Zhao Xue
Gibraltar 2013

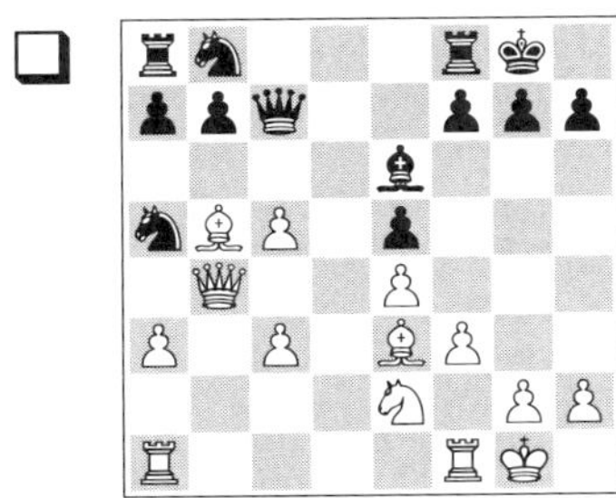

Hier mag das weiße Figurenopfer für Sie aus dem heiteren Himmel kommen:

20.♘d4!

Für diejenigen, die entweder mit dieser Nimzoindisch-Variante oder mit der bekannten Grünfeld-Partie Sakajew-Below vertraut sind, wird dieser Zug freilich nicht überraschend kommen. Sehen Sie sich auch Miedema-Swinkels mit der umgekehrten Version an: Dort wollte Schwarz mit ...e6-e5 den Springer von d4 vertreiben, was natürlich ignoriert wurde (f4-f5!).

Doch das ist längst nicht alles. Nachdem er mutig einer Zugwiederholung ausgewichen war, hat Schwarz exakt dieselbe Stellung wie in der berühmten Partie Anand-Wang Hao, Wijk aan Zee 2011, erreicht (auch wenn mich merkwürdigerweise die Suchfunktion von ChessBase hier im Stich lässt!?).

Die vorliegende Partie erneuerte das Interesse an diesem Springeropfer, über das Timman in einem interessanten Artikel in *New in Chess* 2011/2 sagte: „In der Regel ist ein derartiges Springeropfer nur erfolgversprechend, wenn die schwarze Stellung irgendwelche Mängel aufweist." Das ist natürlich eine recht pauschale Einschätzung, was in etwa an das erinnert, was Willy Hendriks in seinem Buch *Erst ziehen, dann denken* als billige Ratschläge verhöhnt. Natürlich ist es schwer, allgemeine Formeln darüber zu formulieren, wann dieses Opfer angebracht ist. Prägen Sie sich also einfach dieses Muster ein und versuchen Sie die Chancen abzuschätzen, wenn sich die Möglichkeit dafür ergibt!

20...exd4

Anand betrachtet auch 20...♗c8 21.♘f5 ♘bc6 22.♕a4 ♗xf5 23.exf5 ♘e7, wonach Weiß zwischen 24.♖ad1 und 24.f6 wählen kann.

21.cxd4

Hierzu macht Anand in derselben Ausgabe des *New In Chess*-Magazins schon konkretere Aussagen:

„Weiß hat sehr starke Zentrumsbauern, doch zusätzlich ist der Bauer c5 ein mächtiger Keil, der den schwarzen Damenflügel einengt. Zusätzlich hat Weiß das Läuferpaar, während der schwarze Springer auf a5 nicht mitspielt. All dies sollte Weiß mehr als genug Kompensation geben."

21...♘bc6 22.♕c3 ♘e7 23.♗f2

Tatsächlich der erste neue Zug. Anand hatte 23.♖fd1 gespielt.

Auch nach dem Textzug bewahrte Gallagher die bessere Stellung, bis er schließlich unmittelbar vor dem 40. Zug den Faden verlor und Zhao Xue doch noch für seinen Mut belohnt wurde.

Noch eine unerwartete Wende

Im selben Jahr wurde ich Zeuge, wie Merijn van Delft, mein Teamkamerad bei Accres Apeldoorn in der holländischen Liga, demselben Springeropfer zum Opfer fiel, wenn auch in einer ganz anderen Eröffnung. Dies mag wie eine Entschuldigung klingen, doch da Merijn selbst im ChessVibes Magazin den Terminus „Bauernwalze" einführte, hätte er vielleicht vorsichtiger sein sollen ...

David van Kerkhof
Merijn van Delft
Niederlande 2011/12

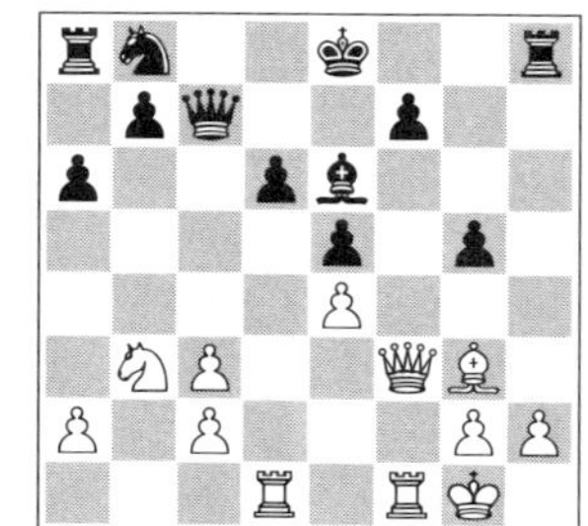

18.♘d4! exd4 19.cxd4

Das weiße Bauernzentrum mag nicht allzu eindrucksvoll erscheinen, doch ist der Nachziehende unmittelbar mit Entwicklungsproblemen konfrontiert, da seine zwei (nicht mehr!) Leichtfiguren kaum Felder haben. Als Ergebnis davon wird der schwarze König nicht mehr lange sicher sein. Merijn ging bald unter, auch wenn Davids 23. Zug beinahe die sonst so gute Partie ruiniert hätte.

19...♗c4?! 20.♕f6! ♖g8 21.♗xd6 ♕d8 22.♕e5+ ♔d7 23.♖f6? ♘c6 24.♕f5+ ♔e8 25.d5 ♘e7 26.♕e5 ♖g6 27.♖xg6 fxg6 28.♗c5 b6 29.♗e3 ♕d7 30.♕h8+ ♔f7 31.♕xa8 ♕g4 32.♖e1 ♕xe4 33.♗f2 ♕xd5 34.♕a7 ♕d6 35.♗xb6 ♗e2 36.♗c5 1-0

Völlig vom Sockel gehauen

Juri Awerbach
Boris Spasski
Leningrad 1956

1.c4 ♘f6 2.♘c3 g6 3.e4 d6 4.d4 ♗g7 5.♗e2 0-0 6.♗g5 c5 7.d5 ♕a5 8.♗d2 a6 9.a4 e5 10.g4 ♘e8 11.h4 f5 12.h5 f4 13.g5 ♕d8 14.♗g4 ♘c7 15.♗xc8 ♕xc8 16.♘f3

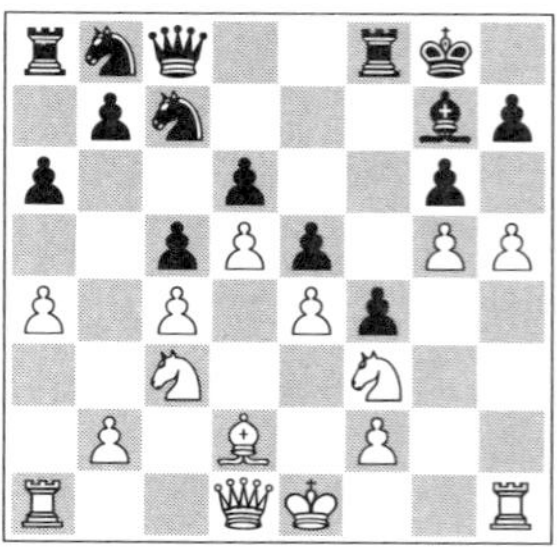

Hier spielte der neunzehnjährige Spasski:

16...♘c6!?

Taimanow, der dritte Spieler in diesem Stichkampf um den Titel, sagte hierzu: „Zu diesem Zeitpunkt befand ich mich auf der Bühne. Als ich diesen Zug auf dem Demonstrationsbrett gesehen hatte, traute ich meinen Augen kaum. Ich eilte rasch zum Spieltisch und überzeugte mich davon, dass Spasski nicht nur seinen Springer en prise gestellt hatte, sondern auch völlig ungerührt dreinschaute. Ich muss einräumen, dass niemals zuvor oder danach ein Zug einen derartigen Eindruck auf mich machte. Der Springer opfert sich für einen Bauern sowie die Möglichkeit des Manövers ♘c7-e6-d4.“ Spasskis Sekundant Tolusch räumte ein: „Sich selbst eingestehend, dass seine Stellung strategisch verloren war, entschied sich Spasski in der Hoffnung, so Gegenspiel zu erlangen, für das Figurenopfer.“

Rein objektiv ist das Springeropfer unzureichend, doch ich konnte der Versuchung nicht widerstehen, es hier einzufügen, bevor wir wieder zu alltäglicheren Beispielen zurückkehren. In der Partie hatte es den erwünschten Effekt – es war reines (psychologisches) Schach! Lassen Sie mich hinzufügen, dass Tim Krabbé, der berühmte Sammler von Schach-Kuriositäten, diesen Zug bei seinen „110 fantastischsten Zügen, die jemals gespielt wurden“ an die erste Stelle setzte.

17.dxc6 bxc6 18.♘h4 ♕e8 19.hxg6 hxg6 20.♕g4 ♖b8 21.♘d1 ♘e6 22.♖a3 ♘d4 23.♖ah3 ♕f7

24.Lc3 Tfe8 25.T3h2 Dxc4 26.Sxg6 Te6 27.Lxd4 Txg6 28.Df5 De6 29.Dxe6+ Txe6 30.Lc3 d5 31.f3 Tb3 32.Th3 c4 33.Kd2 Tg6 34.Tg1 d4 35.La5 Lf8 36.Tg4 Td6 37.Kc2 Td7 38.g6 Tdb7 39.Le1 c5 40.Tgh4 Lg7 41.La5 c3 42.bxc3 Ta3 43.cxd4 exd4 44.Txf4 Ta2+ 45.Kd3 Tb1 46.Th1 Txa4 47.Kc2 Tb5 48.e5 d3+ 49.Kxd3 Txf4

Und obgleich nun Schwarz sogar eine Qualität mehr hatte, endete die Partie remis.

Das feindliche Zentrum vernichten

Efim Geller
Wjatscheslaw Eingorn
Riga 1985

1.e4 e5 2.Sf3 Sc6 3.Lb5 a6 4.La4 Sf6 5.0-0 Le7 6.Te1 b5 7.Lb3 d6 8.c3 0-0 9.h3 Lb7 10.d4 Te8 11.Sbd2 Lf8 12.Lc2 g6 13.d5 Se7 14.Sf1 Lg7 15.b3

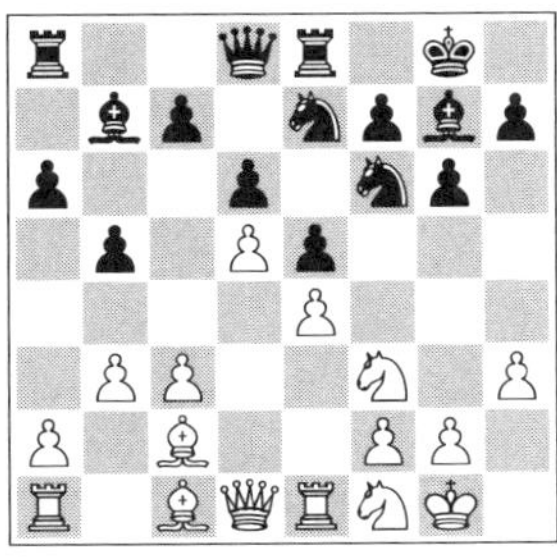

Hier ein klassisches Beispiel zu diesem Opfertyp im Spanier. Spasski wandte dieses Opfer in etwas reiferem Alter auch an, wenngleich ohne Erfolg – in der ersten Partie des 1992er Matches gegen Fischer in Sveti Stefan. Ein weiteres Beispiel auf höchsten Niveau ist Polgar-Sokolov, Hoogeveen 2003, wobei es dort besser für Schwarz hätte ausgehen sollen.

15...Sxe4!? 16.Lxe4 f5 17.Lc2 e4

Seltsamerweise wurde trotz dieser eindrucksvollen Partie 13...Se7 niemals so populär wie 13...Sb8. Später wurde diese Stellung neben einer weiteren Partie nur noch von Navara erreicht. Er versuchte 17...Sxd5 und verlor nach dem merkwürdig aussehenden 18.b4 – doch wem wäre es gegen Magnus besser ergangen? Vielleicht hätte er nach 18...c5 doch seine Chancen gehabt. Nun, da dem Springer das Feld d4 genommen ist, plant Schwarz ...e5-e4.

18.Sd4 Sxd5 19.Se2?

Gibt einen weiteren Bauern. Neben anderen hat auch Tukmakow erklärt, dass Geller zwar ein phantastischer Angriffsspieler war, aber die Verteidigung nicht so mochte. Außerdem hatte er als gründlicher Forscher Probleme, mit Neuerungen am Brett zurechtzukommen. Eingorn gibt 19.Ld2 an und analysiert drei Antwortzüge, jeweils ohne klare Schlussfolgerungen:

Nach 19...b4 (oder 19...c5; oder 19...Df6) könnte z.B. 20.c4 Lxd4 21.cxd5 Dh4 (nach 21...Lxa1 22.Dxa1 Lxd5 23.Lxb4 steht Weiß zumindest nicht schlechter, Tukmakow) 22.Le3 Lxa1 23.Dxa1 folgen, mit unklarem Spiel (Eingorn).

19...Sxc3 20.Sxc3 Lxc3 21.Tb1 c5!

Seht wie sie rollen! Schwarz gewann natürlich.

Gegenopfer

Alexander Morosewitsch
Oleg Korneew
Pamplona 2006

■

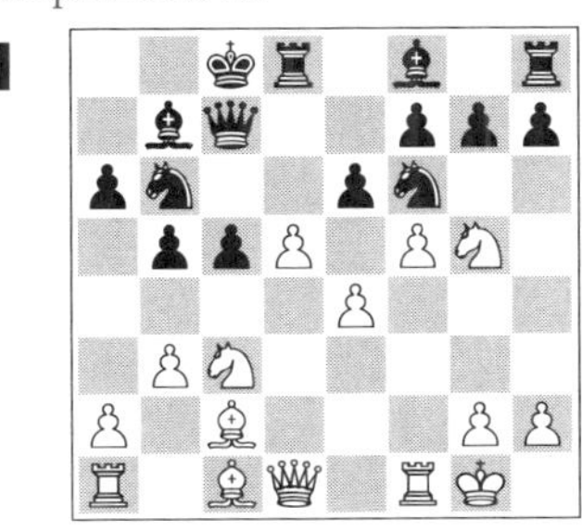

16...h6

Wie Weiß im ersten Beispiel legt Schwarz es hier geradezu darauf an. Dennoch ist die Angelegenheit, auch wenn die Bauern schon weit vorgerückt sind, längst nicht klar. Ein weiterer Vormarsch wird den Bauern schwerfallen, die schwarzen Figuren haben ein paar ganz gute Felder, und es besteht die Möglichkeit eines Rückopfers auf d5.

Im Allgemeinen ist ein Rückopfer oft ein wirksames Gegenmittel nach einem Opfer. Diesbezüglich erwähnt Eingorn als Beispiel seine Partie gegen Hodgson. Indes kämen hier auch andere Züge wie 16...exd5 17.♗f4 in Betracht, und nun zum Beispiel 17...♕d7 (wobei 17...♗d6 18.♗xd6 ♖xd6 19.e5 ♖dd8 20.exf6 gxf6 21.♘f3 d4 mehr im Einklang mit unserem Thema stünde) 18.e5 d4.

17.♘xf7 ♕xf7 18.fxe6 ♕c7 19.♗f4 ♗d6 20.♗xd6 ♕xd6 21.♖f5 ♕c7

Hier konnte Schwarz den Konter 21...♘fxd5 22.exd5 ♘xd5 erwägen, wonach sich – vielleicht etwas überraschend – kein Zug findet, der Weiß eindeutigen Vorteil sichert.

22.a4 b4 23.a5 bxc3 24.axb6 ♕xb6 25.♔h1 ♖he8 26.♕f1 ♔b8 27.♖d1 ♔a7 28.h3 ♕b4 29.♖a1

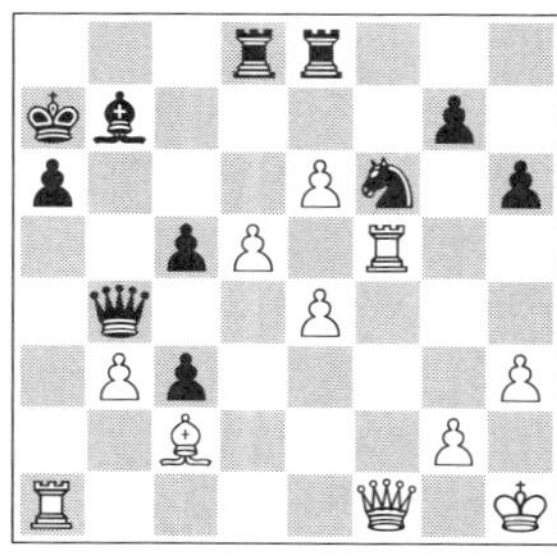

29...♘xe4

Dies läuft auf ein Rückopfer hinaus, auch wenn die Entscheidung hierfür vielleicht auf einem Versehen beruhte. Sicherer war 29...♕d4, was nach 30.♖a4 ♕d2 31.♖f2 ♕e3 32.♖f3 zu einer Zugwiederholung führen konnte.

30.♗xe4 ♕xe4 31.♖f7 ♕xd5??

Notwendig war 31...♖xe6 32.dxe6 ♕xe6, womit Schwarz sich vorerst hält: 33.♕f3 ♕xb3 34.♖xg7 ♖g8.

32.♖xa6+ ♔b8 33.♕f4+ ♖d6 34.♖xb7+ ♔xb7 35.♖xd6 ♕xb3 36.♕f7+ 1-0

Aus der Eröffnung

Ricardo Leyva
Alejandro Moreno
Las Tunas 1996

1.e4 e5 2.♘f3 ♘c6 3.♗b5 a6 4.♗a4 ♘f6 5.0-0 b5 6.♗b3 ♗b7 7.♖e1 h6 8.d4 d6 9.c3 g6 10.a4 ♗g7 11.axb5 axb5 12.♖xa8 ♕xa8 13.♘a3 b4 14.♘c4 0-0 15.d5 ♘a5 16.cxb4 ♘xb3 17.♕xb3 ♖b8 18.♘fd2

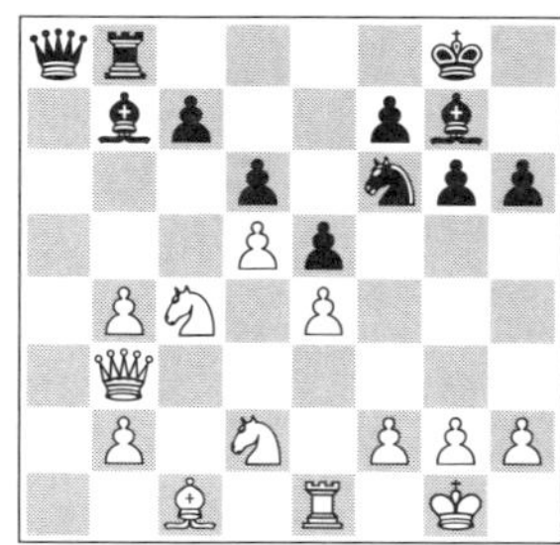

Die strategische Grundidee findet sich in vielen Eröffnungen. Die Variante 1.d4 d5 2.♘f3 ♘f6 3.c4 dxc4 4.♘c3 c5 5.d5 e6 6.e4 ♘xe4 7.♘xe4 exd5 war eine kurze Zeit lang populär. Einige Eröffnungen mit 1.e4 e5 zeichnen sich durch dieselbe Idee aus: Ein paar Varianten im Königsgambit, Cochranes 4.♘xf7 in der Russischen Verteidigung, oder 4.♘xe5 im Vierspringerspiel (fragen Sie mich nicht, wie das genannt wird) bzw. das spiegelbildliche 4.g3 ♘xe4 in der Glek-Variante. In den beiden letzteren Fällen ist ein Rückopfer die einfachste Lösung, wenn man sich nicht mit einem starken gegnerischen Bauernzentrum herumschlagen möchte. In meiner geliebten Archangelsk-Variante ist häufig etwas später ein starkes Bauernzentrum zu sehen, z.B. bei Mortensen-Schirow. Hier noch ein Beispiel, wobei die Stellung in groben Umrissen auch in anderen Spanisch-Varianten erreicht werden könnte.

18...♘xe4! 19.♖xe4

Nach 19.♘xe4 ♗xd5 verliert Weiß den Bauern g2, da Schwarz auch Schlagen auf c4 nebst ...d6-d5 droht.

19...♗xd5 20.♖g4 ♗e6 21.♖g3 d5 22.♘a5 c5 23.♕c2 cxb4 24.♘db3

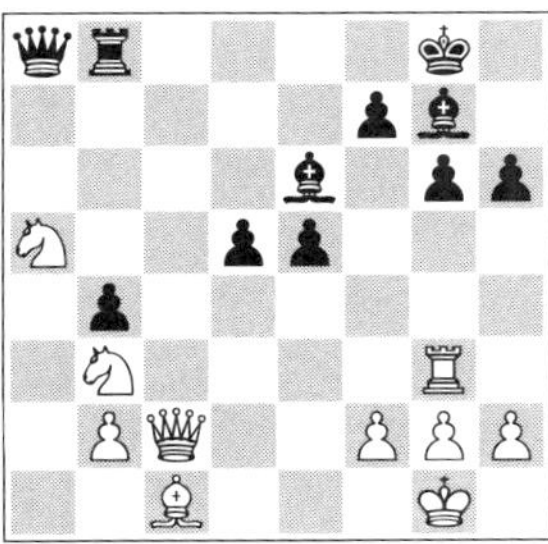

Weiß versucht verzweifelt, sich zu entwickeln, aber seine Figuren sind einfach zu ungünstig postiert.

24...♖c8 25.♕d1 ♕b8 26.h4 h5 27.♗d2 d4 28.♕e1 ♖c2 29.♗xb4 ♖xb2 30.♗a3 ♖a2 31.♕c1 ♕b5 32.♗e7

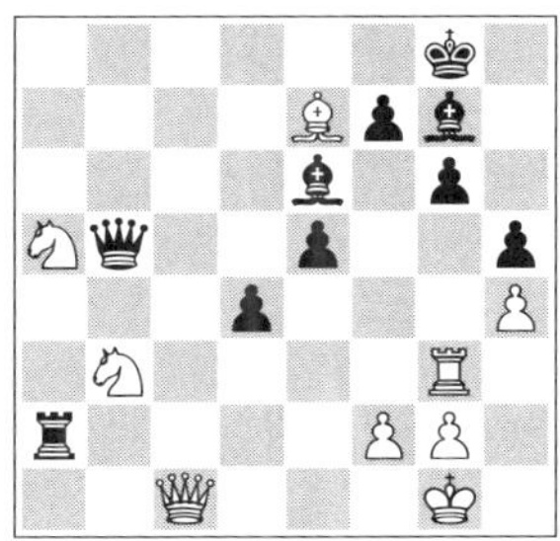

Man könnte zwar zu jedem Zug so manches sagen, doch ist zu diesem Zeitpunkt klar, dass Schwarz seinen Gegner ausgespielt hat.

32...♖xa5

Gewinnt zwar Material zurück, doch war es besser, die sich gegenseitig im Weg stehenden Springer verhungern zu lassen. 32...d3 oder 32...e4 waren zugleich thematisch wie ungeheuer stark. Kurze Zeit später verlor Schwarz sogar. Er hätte sie lieber rollen lassen sollen!

33.♘xa5 ♕xa5 34.♖a3 ♕d5 35.♕c7 ♔h7 36.♕b8 ♕e4 37.♖a8 f5 38.♗f6 ♗xf6 39.♖a7+ ♗g7 40.♕f8 1-0

Zusammenfassung

Merken Sie sich die typischen Muster wie ... ♘xe4 oder das stille Opfer ♘d4. Es entstehen oft komplizierte Stellungen, doch die Bauernlawine verspricht in der Praxis eine starke Initiative. Wie stets nach Opfern müssen Rückopfer immer in Betracht gezogen werden.

Kapitel 28

Nach dem Haken angeln

Wenn Sie eine durch den Zug h2-h3 (...h7-h6) gekennzeichnete Bauernstruktur am Königsflügel haben, sollten Sie sich vor einer raschen Linienöffnung hüten – zum Beispiel bei entgegengesetzten Rochaden durch den Vorstoß des gegnerischen g-Bauern oder durch bestimmte taktische Motive. Blicken wir nun aber auf ein anderes Muster: Das langfristiges Opfer auf h3/h6!

Maxime Vachier-Lagrave
Richard Rapport
Biel 2013

■ 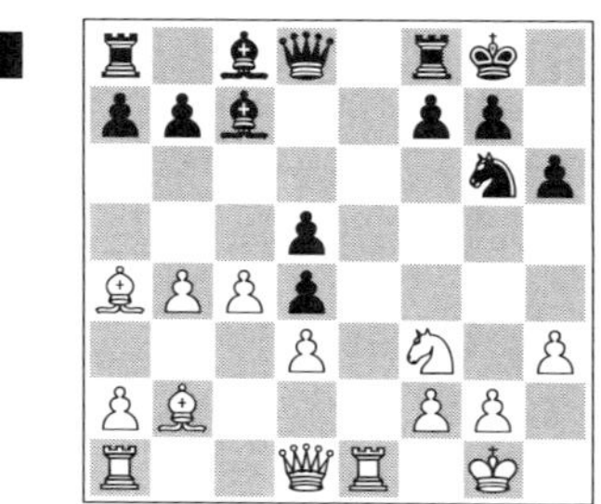

Hier wurde Vachier-Lagrave überrumpelt:

15...♗xh3 16.gxh3 ♕c8!

Man könnte meinen, dass auf solch ein Opfer stets ein Turmschach auf der g-Linie oder wenigstens ein Damenausflug nach h4 folgen müsste. Beides ist hier nicht möglich, doch nach diesem stillen Damenzug ist Weiß außerstande, h3 zu verteidigen, da 17.♔g2 auf 17...♘f4+ trifft, während 17.♔h2 illegal ist.

17.♘xd4

Weiß möchte die Dame in die Verteidigung einbeziehen. Andere Möglichkeiten wären nicht besser: 17.♔f1 läuft in 17...♕xh3+ 18.♔e2 ♗f4!, wonach 19.♗xd4 ♖ae8+ 20.♗xe8 ♖xe8+ 21.♗e3 ♖xe3+ 22.fxe3 ♕g2+ zum Matt führt. Nach 17.♗xd4 ist 17...♕xh3 stark genug: Die Drohung 18...♘f4 zwingt Weiß, mit 18.♗e5 (18.♗e3 d4 19.♗d2 ♘h4; 18.♘e5 ♗xe5 19.♗xe5 ♘h4) 18...♕g4+ 19.♔h1 ♕h3+ Remis zu gestatten, da 20.♗h2 erneut an 20...♘h4 scheitert.

17.♘h2 ♕xh3 18.f4 ♗xf4 gewinnt für Schwarz.

17...♕xh3 18.♕f3,

Und nach einigen Läuferschachs wurde Remis vereinbart.

Nach der Partie erklärte Vachier-Lagrave, dass er die Idee 15...♗xh3 gesehen hatte, doch einfach nicht glaubte, dass dies korrekt sein könne, zumal Weiß so viele Möglichkeiten hat. Er unterschätzte also die gegnerischen Chancen, war aber gewiss mit diesem Opfertyp vertraut?!

Das klassische Vorbild

Als ich die vorige Partie zum ersten Mal gesehen hatte, war mir nicht gleich klar, dass Rapports Opfer einen berühmten Vorläufer in Gestalt des spektakulären Sieges von Bronstein über Keres hatte.

David Bronstein
Paul Keres
Göteburg 1955

1.d4 ♘f6 2.c4 e6 3.♘c3 ♗b4 4.e3 c5 5.♗d3 b6 6.♘e2 ♗b7 7.0-0 cxd4 8.exd4 0-0 9.d5 h6 10.♗c2

♘a6 11.♘b5 exd5 12.a3 ♗e7 13.♘g3 dxc4

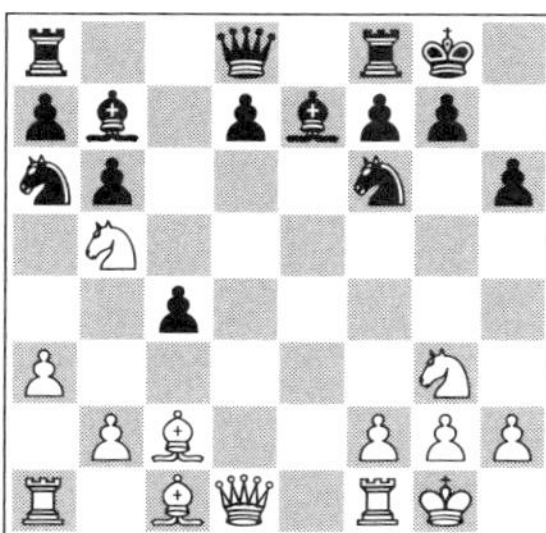

Diese Partie findet sich in den vielen Büchern, doch der Einleitungstext variiert erheblich. Romanowski redet darüber, wie schwierig, unklar und riskant das Opfer war; Kasparow bezeichnet es als außerordentlich wagemutig und hübsch. Valeri Beim hingegen schreibt zum Textzug: „Eindrucksvoll, und obgleich die Opferidee fast schon Routine ist, ist ihre Korrektheit hier auf den ersten, zweiten und dritten Blick fraglich."

Wo liegt nun die Wahrheit? Die Idee war damals schon nicht neu – sie stammt aus Anderssen-Morphy 1858! Das Opfer anno 1955 jedoch als Routine zu bezeichnen, würde sicherlich etwas weit führen. Und das sagte Bronstein selbst dazu: „Das unerwartete Läuferopfer verspricht sehr starken Angriff. Nach 15.♕d2 spielt sich der weiße Angriff von selbst." (*Der Zauberlehrling*)

14.♗xh6 gxh6 15.♕d2 ♘h7

Hier kann die Dame nicht so rasch in die Verteidigung eingreifen. Der Zug 15...♘c5 wurde über die Jahre hinweg angeregt diskutiert. In Bezug auf die Korrektheit der entstehenden Varianten bringt es Kasparows geistreicher Kommentar am besten auf den Punkt: „Ich kann nicht ausschließen, dass das weiße Spiel irgendwo verbessert werden kann, doch wahrscheinlich verfügt Schwarz über hinreichende Verteidigungsressourcen. Auf einem anderen Blatt steht, ob irgendjemand diese Möglichkeiten auch tatsächlich am Brett aufzuspüren vermocht hätte." (*Meine großen Vorkämpfer, Band* 3).

16.♕xh6 f5 17.♘xf5 ♖xf5

Über diese Möglichkeit verfügte Vachier-Lagrave nicht (stattdessen aber natürlich über einen sicheren Weg zum Remis).

18.♗xf5 ♘f8 19.♖ad1 ♗g5 20.♕h5 ♕f6 21.♘d6 ♗c6 22.♕g4 ♔h8

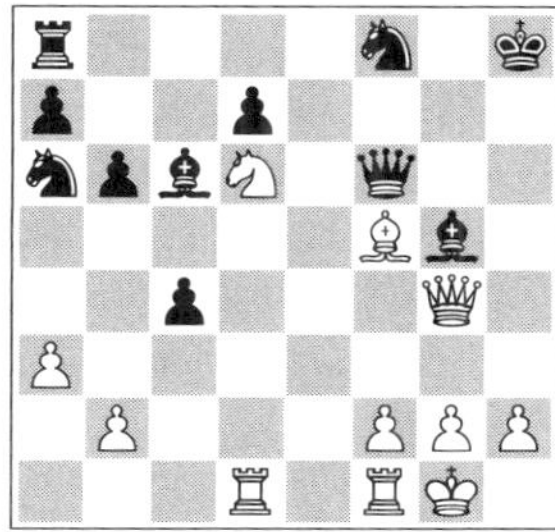

23.♗e4!,

und Bronstein gewann eine tolle Partie. Bronstein wie auch Kasparow vermuteten, dass Keres den Läufer auf c1 ganz vergaß und nur auf 14.♘f5 konzentriert war. Das ist sehr gut möglich, obgleich Keres selbst schon die Gelegenheit hatte, dieses Opfer zu spielen, und zwar gegen Gilfer auf der Olympiade 1936 – was ihm auch einen leichten Sieg eintrug (zugegebenermaßen in einer weit weniger komplizierteren Situation)!

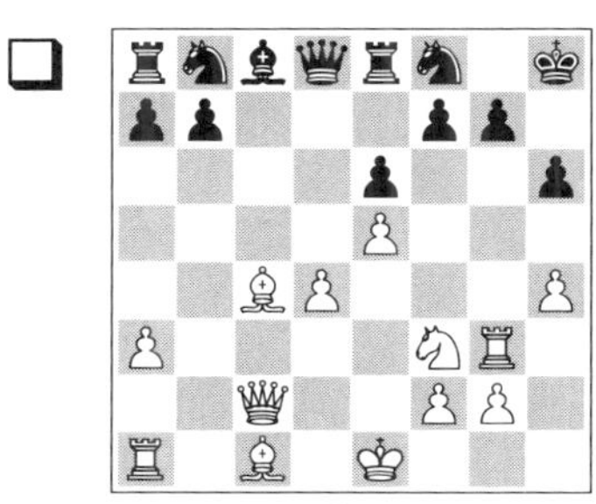

15.♗xh6!

Ein moderner Klassiker

Sergei Karjakin
Schachriar Mamedscharow
Zug 2013

1.e4 c6 2.d4 d5 3.♘c3 dxe4 4.♘xe4 ♗f5 5.♘g3 ♗g6 6.h4 h6 7.♘f3 ♘d7 8.h5 ♗h7 9.♗d3 ♗xd3 10.♕xd3 e6 11.♗d2 ♘gf6 12.0-0-0 ♗e7 13.♔b1 ♕b6 14.♖he1 0-0 15.♘f5 ♗b4

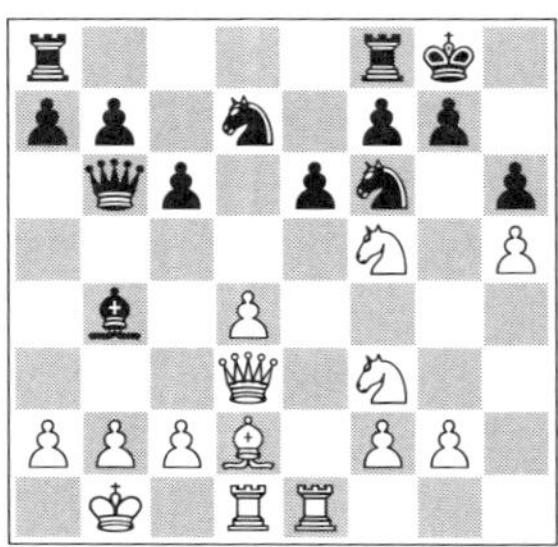

Wir sollten nicht zu dogmatisch sein und dieses Beispiel zum Vergleich heranziehen: Ein langfristiges Springeropfer auf demselben Feld.

16.♘xh6+!

Eine Neuerung, zuvor wurden hier 16.♗xb4 und 16.♘e3 gespielt. Karjakins Kommentare in *New In Chess* 2013/4 sind sehr aufschlussreich: „Natürlich ist es nicht so schwer, diesen Zug in der Vorbereitung zu finden. Aktuelle Schachprogramme sind so stark, dass sie dass, was früher als intuitives Opfer eingeschätzt wurde, ausanalysieren können. Vielleicht nicht bis zum Partieergebnis, aber zumindest bis zu einer klaren Stellungseinschätzung. Am Brett allerdings (...)“. Und tatsächlich schrieb Beim in *The Enigma of Chess Intuition* über die Partie Bronstein-Keres: „In derartigen Stellungen regiert die Intuition!“. Der Umstand, dass Karjakin vorab Computerunterstützung hatte, schmälert die von diesem Konzept ausgehende Faszination nicht im geringsten, und auch wenn das alles schwer fassbar ist, kann Ihr Verständnis für die Dynamik des Spiels davon nur profitieren.

16...gxh6 17.c3 ♗a3 18.♗c1 ♖fe8 19.g4

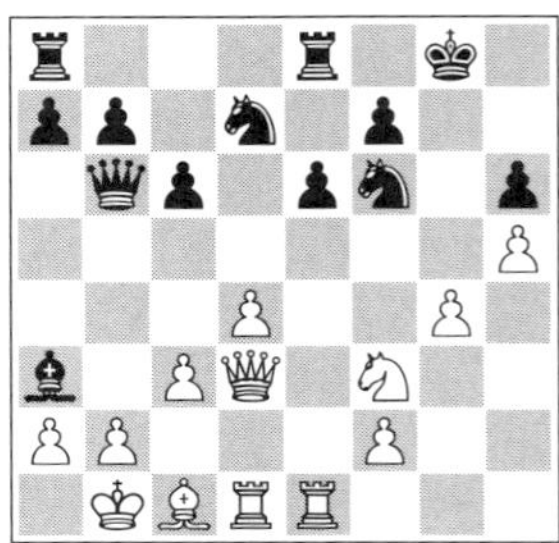

Und Karjakin gewann. Ich empfehle Ihnen, die Partie und ihr zugrundeliegendes Konzept ausgiebig zu analysieren. Das heißt, zunächst einmal ohne Computer!

19...♘h7 20.c4 ♗f8 21.g5 hxg5 22.♘xg5 ♘xg5 23.♗xg5 ♔h8 24.♖g1 ♕c7 25.♕f3 f6 26.♗f4 ♗d6 27.♕g3 ♘c5 28.♗xd6 ♕h7+ 29.♔a1 ♘e4 30.♕h4 ♖g8 31.f3 ♘g5 32.♕f4 ♕f5 33.♕xf5 exf5 34.♗e7 ♘xf3 35.♖gf1 ♖g3 36.d5 cxd5 37.cxd5 ♔g7 38.♖d3 ♔f7 39.♗d6 ♘h2 40.♗xg3 1-0

Zurück zu den Grundlagen

Eduardas Rozentalis
Philipp Schlosser
Bundesliga 1999/00

❑ 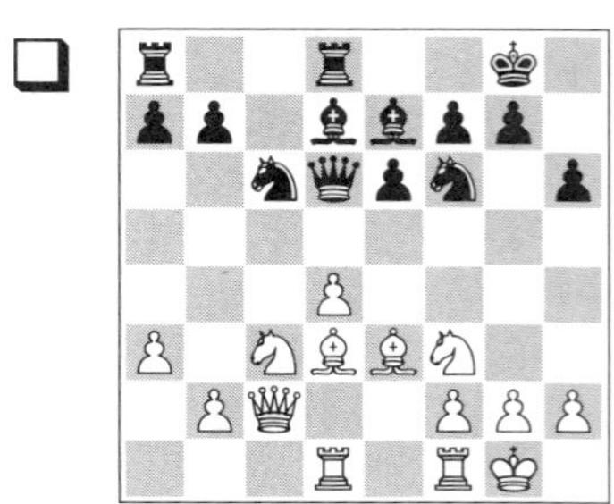

Werfen wir nun einen Blick auf dieselbe Idee in weniger spektakulärer Ausführung.

14.♕c1

Hier peilt Weiß mit der Dame zuerst h6 an, bevor er den Läufer opfert. Es droht aber auch 15.♗f4.

14...♘d5

14...♗f8 15.♗f4 ♕e7 16.♖fe1 ist angesichts des in der Luft liegenden d4-d5 auch kein Vergnügen.

15.♘b5

Treibt zunächst die schwarze Dame noch weiter vom Ort des Geschehens weg. Doch leider ist das in diesem Fall nicht der richtige Ansatz. Man vergleiche die letzten beiden Beispiele aus Kapitel 10, Der bestialische Läufer, in denen eine abseits stehende Dame gleichfalls den Anlass für ein Opfer am entgegengesetzten Flügel bot. Hier wäre es aber wichtiger gewesen, dass der Springer auf c3 aktiv bleibt. Das sofortige 15.♗xh6 gxh6 (besser wäre noch ein Zug wie 15...♖ac8) 16.♕xh6 f5 (16...♘f6 17.♘g5) 17.♗c4 hätte Weiß einen starken Angriff gebracht.

15...♕b8 16.♗xh6 gxh6 17.♕xh6 f5

17...♘f6 18.♘g5 ♗e8 19.♖fe1 gewinnt für Weiß.

18.♕g6+ ♔h8 19.♗c4

Nun ist es schon umständlicher, Druck gegen den Zentrumsspringer aufzubauen. Natürlich hätte Weiß hier Dauerschach geben können.

19...♕f4 20.♗xd5 exd5 21.♖d3 ♕g4

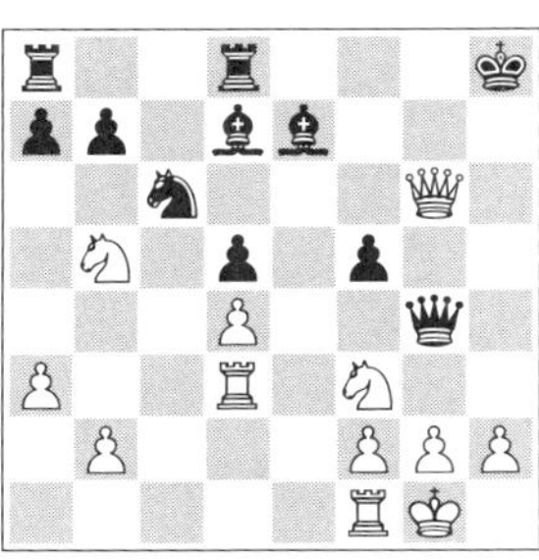

22.♘g5

22.♕h6+ ♔g8 23.♘c7.

22...♗xg5 23.♖h3+

23.♘d6 ♗e8.

23...♕xh3 24.gxh3 ♖g8

Hier konnte Schwarz sehr zufrieden sein, auch wenn er später den Zusammenhalt seiner Figuren und damit die Partie verlor.

Eine theoretische Diskussion

Dennis de Vreugt
John Markus
Hoogeveen 2004

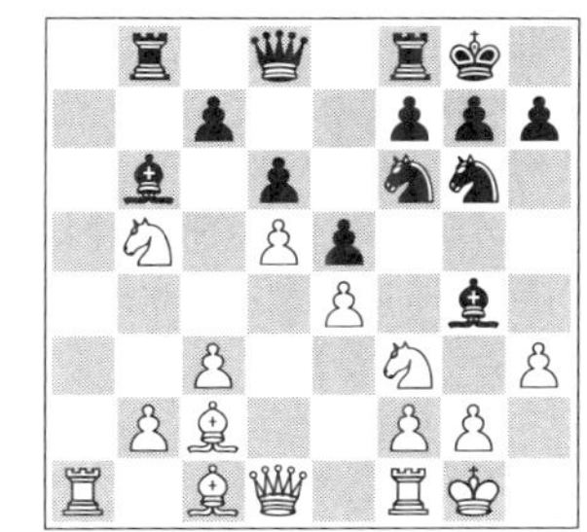

Ich spielte im selben Turnier und sah, wie Markus mit dem Läuferopfer auf h3 seinen weit höher bewerteten Gegner besiegte. Ich erinnere mich, dass De Vreugt vom nächsten schwarzen Zug überrascht war, doch meine Datenbank zeigt mir, dass Markus all dies schon ein Jahr zuvor gespielt hatte.

15...♗xh3 16.gxh3 ♕d7

Ein kleiner Unterschied: Hier könnte der König den Bauern h3 zwar verteidigen, doch es hängt auch der ♘b5.

17.c4

Nun kann der Turm via a3 den Königsflügel von der Seite verteidigen.

17...♕xh3 18.♘g5 ♕g3+ 19.♔h1 ♕h4+ 20.♔g2

Das ist eine Schlüsselstellung (oder eine „Tabiya", wie die Russen sagen).

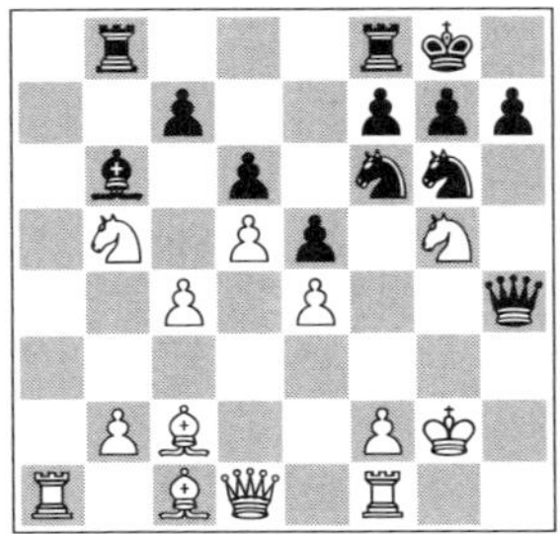

20...h6

Häufiger wird 20...♘f4+ 21.♗xf4 exf4 gespielt. Nach 22.♘f3 (oder 22.♘h3 g5) gibt 22...♕g4+ 23.♔h1 ♖fe8 dem Schwarzen annehmbares Spiel.

21.♘h3 ♘xe4 22.♖a3

Ein logischer Zug, im Einklang mit der Idee des 17. Zugs. 22.♕e2 f5 23.♖a3 ♖f6 24.♖h1 wurde von Chalifman/Solowjew angegeben und in einer Schnellpartie Karjakin-Radschabow erprobt, die Stellung bleibt aber nach 24...♗c5 unklar. Man kann seiner Intuition folgen wie einst Bronstein oder aber alles ausanalysieren wie Karjakin.

22...f5 23.♕e2 ♖f6 24.♗xe4?

24.♖h1 führt zu der bei Zug 22 angegebenen Variante.

24...fxe4 25.♖g3 ♖f3!,

und Schwarz stand bereits besser, da 26.♖xf3 an 26...♕g4+ scheitert.

Eine weitere Dame im Abseits

Grzegorz Gajewski
Sergei Fedortschuk
Hagenau 2013

1.d4 ♘f6 2.c4 e6 3.♘c3 ♗b4 4.♕c2 d6 5.e3 ♘bd7 6.♗d3 ♗xc3+ 7.♕xc3 b6 8.♘e2 ♗b7 9.f3 c5 10.e4 0-0 11.0-0 h6 12.b3 ♖e8 13.d5 exd5 14.exd5 b5 15.♘g3 ♕b6

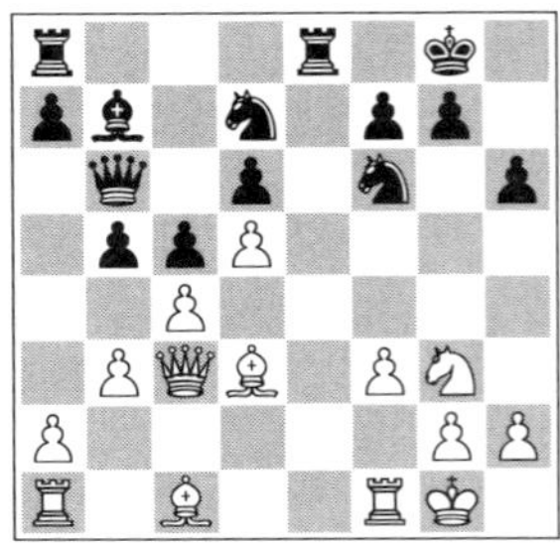

Die schwarze Dame ist soeben nach b6 gegangen, um etwas frische Luft zu schnuppern und am Damenflügel nach Gegenspiel Ausschau zu halten. Weiß schlägt nun natürlich auf der anderen Seite zu.

16.♗xh6 gxh6 17.♕d2

Im Vergleich zu unserer ersten Partie steht Schwarz hier viel schlechter da (nebenbei, es war ein Mannschaftsturnier, bei dem Vachier-Lagrave ebenfalls teilnahm. Vielleicht hatte er etwas von dieser Partie mitbekommen). Seine Dame kann nicht zu Hilfe kommen, und der ♘f6 hat keine sinnvollen Felder.

17...♖e5

Der Fluchtversuch 17...♔f8 scheitert an 18.♕xh6+ ♔e7 19.♕h4 ♔d8 20.♘e4; 17...♗xd5 18.♕xh6 ♗e6 19.♗h7+ ♔h8 20.♗f5+ ♔g8 21.♖ae1 gewinnt gleichfalls für Weiß.

18.♕xh6 bxc4

18...♗xd5 wird mit 19.f4 beantwortet, und wenn der Turm entlang der e-Linie wegzieht, gewinnt 20.♘f5.

19.bxc4 ♕b2

19...♗xd5 scheitert erneut, diesmal an 20.♖ab1. Im Ergebnis bleibt der schwarze Damenläufer vom Spiel ausgeschlossen.

20.♔h1 ♗a6 21.f4 ♖xd5 22.♖ad1 ♕c3 23.♘e4

Die einfachste Lösung war 23.cxd5 ♗xd3 24.♖f3. Unter anderem droht Weiß ♘f5.

23...♕d4 24.♘xf6+

Erneut sah 24.cxd5 stark aus: 24...♘xe4 (24...♗xd3 25.♘xd6) 25.♗xe4 ♕xe4 26.♖f3.

24...♘xf6 25.♖f3 ♘e4 26.♖df1?

Verpasst wieder die Gelegenheit zu 26.cxd5 ♗xd3 27.f5, wonach Weiß immer noch klar besser steht. Der Textzug erlaubt Schwarz, Material zurückzugeben, wonach Gajewski Dauerschach geben muss.

26...♕xd3 27.♖xd3 ♖xd3 28.f5 f6 29.♕g6+ ♔f8 30.♕h6+ ♔g8 31.♕g6+ ½-½

Wir schließen mit einem früheren Läuferopfer von Vachier-Lagrave selbst, das vielleicht seine Erwägungen während der ersten Partie beeinflusst hat.

Maxime Vachier-Lagrave
Martyn Krawtsiw
Legnica 2013

1.c4 e6 2.♘c3 d5 3.d4 ♗b4 4.♘f3 ♘f6 5.♗g5 ♘bd7 6.e3 c5 7.♗e2 dxc4 8.♗xc4 0-0 9.0-0 cxd4 10.♕xd4 ♘b6 11.♕h4 ♗xc3 12.♖fd1 ♕e7

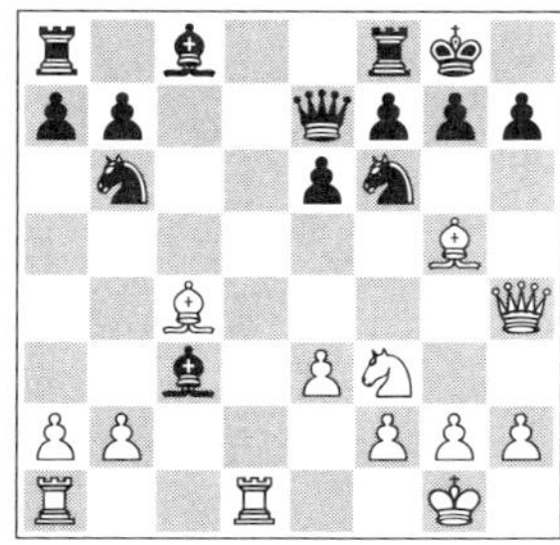

13.♗d3

Nimmt von dem offensichtlichen 13.bxc3 ♘xc4 14.♕xc4 Abstand und beschwört das folgende Opfer mitsamt seiner Komplikationen herauf.

13...h6 14.♗xh6 gxh6 15.♕xh6

Hier braucht kein ruhiger Zug eingeschaltet zu werden, da die Dame schon auf h4 steht und zum zweiten Mal auf h6 nehmen kann. Das macht es leichter, das Opfer schon im Voraus zu erwägen.

15...♘e4!?

Nach 15...♗xb2 könnte Weiß natürlich zu einem Dauerschach Zuflucht nehmen. Er könnte auch versuchen, mit 16.♕g5+ ♔h8 17.♖ab1 den Kampf fortzusetzen, wenngleich das nicht mehr als Ausgleich verspricht.

16.bxc3 f5 17.♗xe4 fxe4 18.♘g5 ♕g7 19.♕xg7+

Der Damentausch bringt Weiß nicht viel ein. Möglich war auch 19.♕h5 ♗d7 20.♖xd7, doch glaubte Weiß anscheinend, ohne die Damen sei die Verlustgefahr geringer. Alles in allem verspricht das Opfer hier nicht viel, und diese Schlussfolgerung mag dazu beigetragen haben, dass Vachier-Lagrave das Opfer von Rapport in unserer ersten Partie unterschätzt hatte. Wer weiß? Aber mit Sicherheit war er mit den zugrunde liegenden Ideen vertraut.

19...♔xg7 20.♘xe4 e5 21.♘d6 ♗e6 22.♘xb7 ♖ac8

Schwarz steht sehr aktiv, und die Partie endete mit einem Remis.

Zusammenfassung

Der Haken auf h6 sollte bei Ihnen Gedanken an ein langfristiges Figurenopfer erwecken. Der offensichtlichste Indikator hierfür ist eine Läufer-Dame-Batterie auf der Diagonalen c1-h6. Die Dame kann sich allerdings auch erst später einschalten, und ein Springeropfer wie in der Karjakin-Partie ist mitunter ebenfalls möglich. Bei der Einschätzung der entstehenden Lage sollten Sie das verbleibende Angriffsmaterial in Betracht ziehen, mitunter auch eine abseits stehende gegnerische Dame.

Kapitel 29

Der gigantische Springer

Mitunter wird ein Springer gänzlich unverblümt in der Brettmitte auf dem gedeckten Feld d5 eingepflanzt – ein Angebot, das Schwarz nicht ablehnen kann. In verschiedenen Eröffnungen ist dies ein vertrauter Anblick, insbesondere im Sizilianer. Lassen Sie uns untersuchen, wie das funktioniert. Wohlgemerkt garantiert das Opfer trotz seines pompösen Eindrucks nicht immer unmittelbaren Erfolg.

Offene e-Linie: Bedrohter König

Beginnen wir mit einem schnellen Sieg eines meiner Teamkameraden in holländischen Wettbewerben, GM Roeland Pruijssers.

Roeland Pruijssers
Hugo ten Hertog
Amsterdam 2012

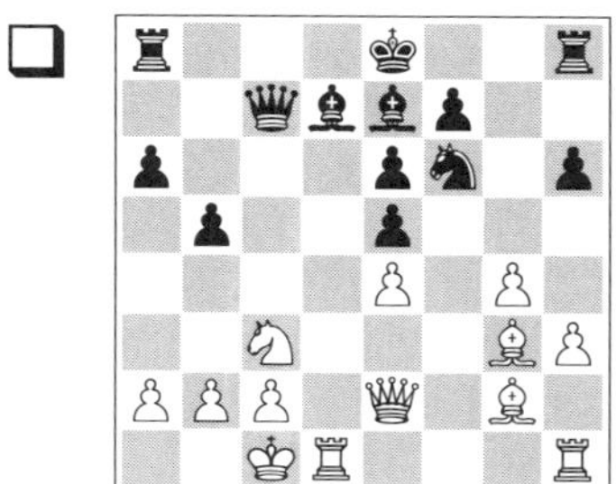

17.♘d5!

Öfters ist der Satz des Springers nach d5 nur ein Scheinopfer, z.B. mit unmittelbarem Rückgewinn eines Springers oder Läufers auf c6. Hier dient es zur Öffnung der e-Linie, wonach der schwarze König keine sichere Zuflucht mehr finden wird. Dennoch mag das Opfer überraschend kommen, da Schwarz die e-Linie im Augenblick mit einem Doppelbauern abgesichert hat. Der schwarze König wird jedoch, wie Sie sehen werden, bald in Problemen stecken, und viele Figuren von Schwarz werden hängen. Mein absolutes Lieblingsbeispiel zur Öffnung der e-Linie mit langfristiger Kompensation ist Stein-Furman, Moskau 1969. Ein anderer Teamkamerad von mir fiel einmal in ganz ähnlicher Weise derselben Idee zum Opfer (Thesing-Zwirs, Vlissingen 2012).

17...exd5 18.exd5 ♗d6

Die Rochade ist auch keine Lösung: 18...0-0 19.d6 ♗xd6 20.♖hf1 gewinnt bereits Material zurück, z.B. 20...♔g7 (verhältnismäßig am besten ist 20...♖ae8 21.♖xf6 ♖e6) 21.♗xa8 ♖xa8 22.♕f3.

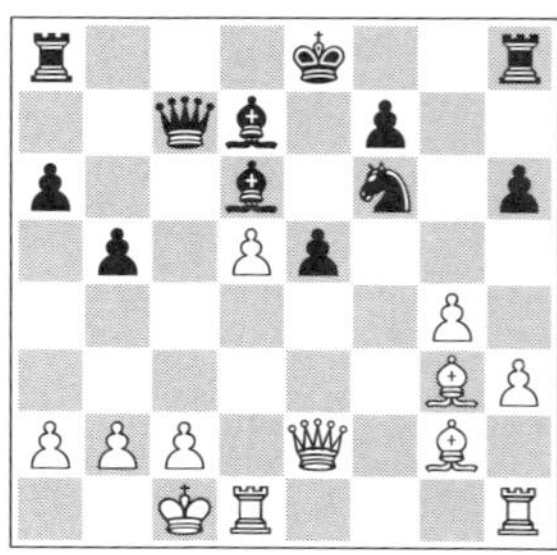

19.♗xe5!

Nun folgt eine hübsche Kombination, die Roeland vorausgesehen haben musste.

19...♗xe5 20.d6 ♕c5 21.♖d5!

Mit Gewinn. Weiß holt sich all seine Investitionen zurück.

21...♘xd5 22.♕xe5+ ♔d8 23.♕xh8+ ♗e8 24.♖e1 ♔d7

25.♗xd5 ♕xd5 26.♖e7+ ♔c6 27.♕c3+ ♔xd6 28.♕c7#

Ein rochierter König – die Diagonale b1-h7

Dmitri Krjakwin
Suri Vaibhav
New Delhi 2010

Andere Eröffnung, andere Königsstellung, anderes Motiv – und derselbe riesige Zug:

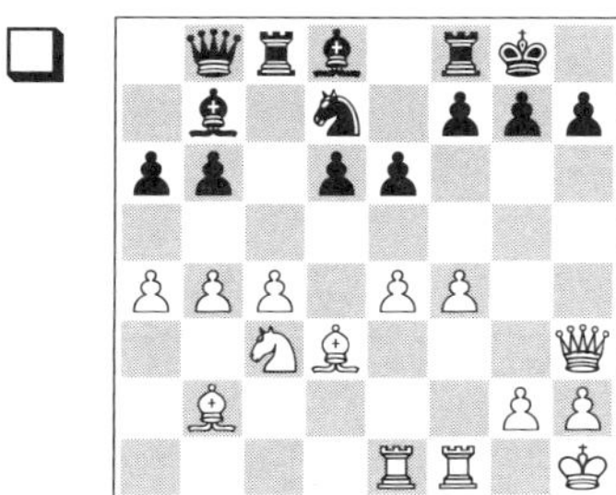

21.♘d5!

Der Springer greift nichts an, doch nun stehen alle Figuren von Weiß zum Angriff bereit.

21...exd5

21...♖e8 22.e5 ♘f8 23.♘f6+.

22.exd5

Mit einer offensichtlichen Drohung. Selbstverständlich nicht 22.♕xd7 dxc4.

22...f5

Der einzige Zug, um sowohl 23.♕xd7 wie auch 23.♕xh7# zu verhindern.

23.♗xf5 ♖xf5

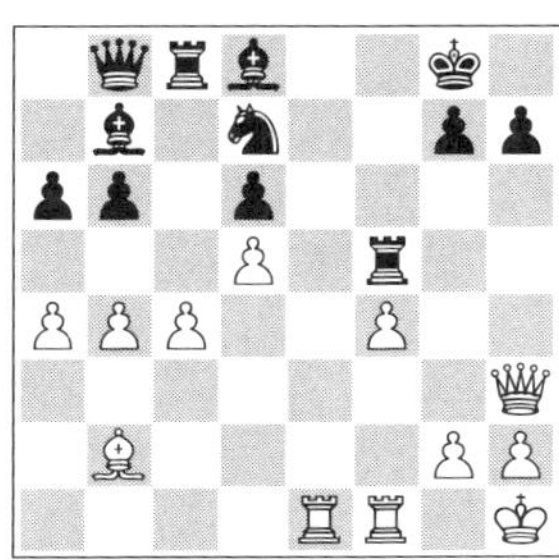

24.♖e8+! ♘f8

A) 24...♔f7 25.♕xf5+ ♔xe8 26.♖e1+ ♗e7 27.♕e6;

B) 24...♖f8 25.♕e6+ ♔h8 26.♗xg7+! ♔xg7 27.♕xd7+ ♔g8 28.♖f3.

25.♕xf5 ♗f6 26.♕e6+ ♔h8 27.♖xc8

27.♖e1!.

27...♕xc8 28.♕xc8 ♗xc8 29.♗xf6 gxf6 30.♖e1

Weiß steht auf Gewinn. Sein Turm kann in die gegnerische Stellung eindringen und einen Freibauern am Damenflügel schaffen.

Die c-Linie öffnen

Arkadij Naiditsch
Georg Meier
Dortmund 2012

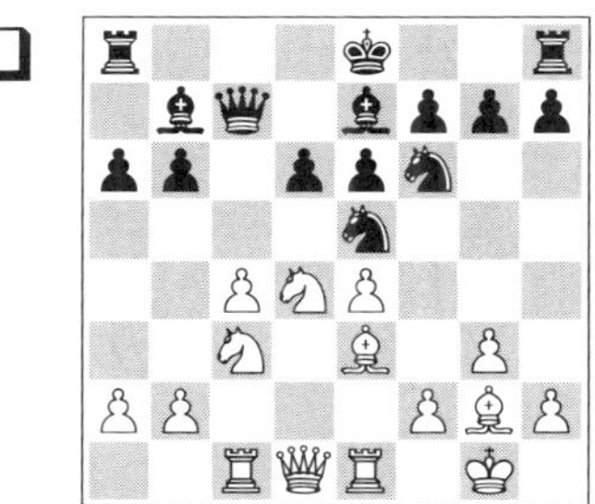

13.♘d5!?

Hier hat das Opfer die Öffnung der c-Linie zur Folge. Nicht so ungewöhnlich in Igelstellungen, ebensowenig wie das vis-à-vis von ♖c1 und ♕c7. Der Textzug war dennoch eine Neuerung, die ein Opfer auf lange Sicht beinhaltet, während man sagen könnte, dass die beiden vorigen Beispiele eher kombinatorischer Natur waren.

13...exd5 14.cxd5 ♕d7 15.♘f5 0-0

15...g6 16.♘xe7 ♕xe7 17.f4 ♘eg4 (17...♘ed7 18.e5) 18.e5.

16.f4

Im Moment hat Weiß für die Figur nur einen Bauern. Die schwarze Stellung ist jedoch recht verkrampft – viele seiner Figuren haben nur eine limitierte Bewegungsfreiheit.

16...♘g6 17.h4!?

Die Alternative war 17.♗xb6, was einen zweiten Bauern gewinnt und den Raumvorteil behauptet.

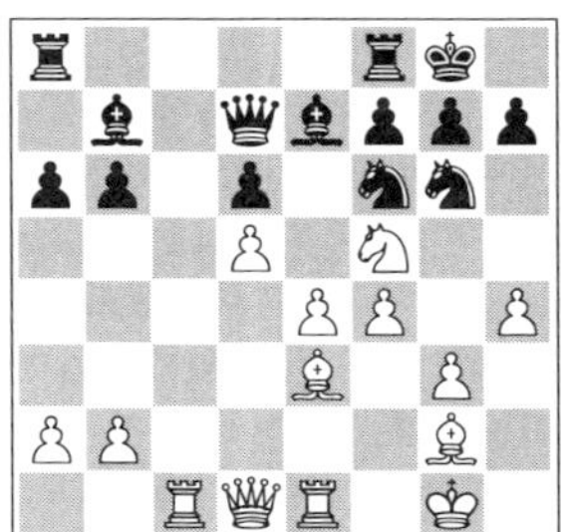

17...♘xd5

Gibt faktisch die Figur zurück.

18.♗d4 ♘f6 19.h5

Gewinnt die Figur zurück, doch Schwarz hatte in der Folge keine Probleme, und die Partie endete unentschieden.

Positionelle Kompensation

Zaven Andriasjan
David Arutinjan
Dubai 2012

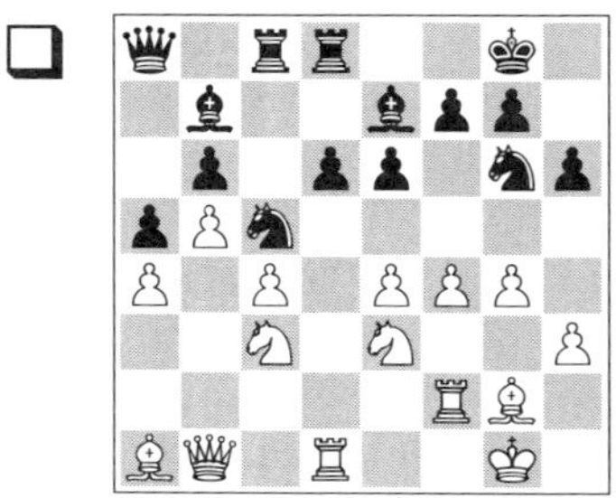

33.♘cd5!?

Hier leuchtet die positionelle Kompensation leichter ein als im vorigen Beispiel. Wo die Dame einen Moment zuvor noch aktiv am Druck gegen e4 beteiligt war, steht sie jetzt hoffnungslos deplaziert, weit entfernt von jeglicher echten Aktivität. In Verbindung mit einem Springer auf f5 scheint Weiß wuchtiges Spiel auf der langen Diagonale a1-h8 zu erlangen. Dennoch lässt sich die schwarze Stellung nicht so ohne weiteres zusammenfalten, und die Korrektheit des Opfers bleibt zweifelhaft. Anderenfalls aber könnte Schwarz ohne weiteres seine Stellung mit Zügen wie ...♘h4 oder ...♗f6 verstärken.

33...exd5 34.cxd5 ♘xa4

Weniger der Bauer, sondern vielmehr die Blockade der langen Diagonale mit dem lästigen ...♘c3 ist hier von Belang. Unter diesem Aspekt sollte man 34.exd5 nochmals prüfen.

35.♘f5 ♘c3 36.♘xe7+

Mit der Hergabe des Killerspringers gesteht Weiß ein, dass die Dinge nicht ganz nach Wunsch verlaufen.

36...♘xe7 37.♕b2 f6 38.♖d3 ♘a4 39.♕a3

Folgerichtiger erscheint 39.♕d4 ♖c1+ 40.♔h2 ♘c5 41.♖g3, doch Schwarz könnte mit 41...♖xa1! die Gefahr auf der langen Diagonale beseitigen.

39...♖c4 40.g5 f5

Und hier war 40...♘c5 41.gxf6 ♖a4! eine sehr starke Erwiderung.

41.gxh6 fxe4 42.♖g3 ♘f5 43.♗xg7

43.♖xg7+ ♘xg7 44.♕g3 ♖d7 45.♗xg7 scheint auszugleichen: 45...♕e8 (es drohte 46.♕g6) 46.♕g5 ♔h7 47.♕f5+ ♔g8 48.♕g5.

43...♔h7 44.♖g5 ♕c8

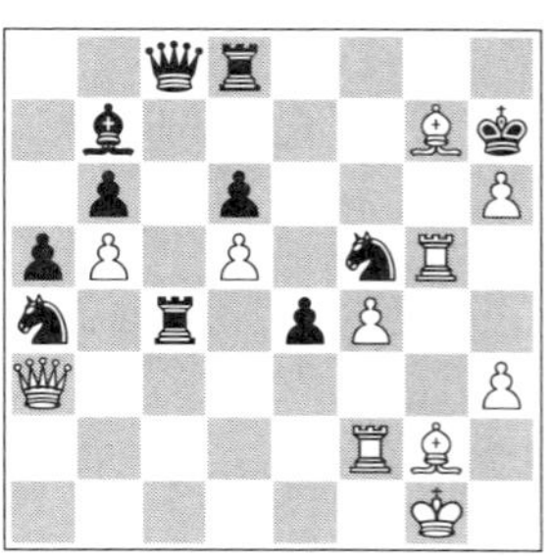

Der weiße Angriff ist an einem toten Punkt angelangt, doch in der Partie machte Schwarz den letzten Fehler.

45.♗f1 ♖b4? 46.♕a1 ♖f8 47.♗xf8 ♕xf8 48.♖xf5 ♕xh6 49.♖f7+ ♔g8 50.♖xb7 ♔f8 51.♖g2 ♘c5 52.♖bg7 1-0

Erneut langfristige Kompensation

Wassili Iwantschuk
Maxime Vachier-Lagrave
Istanbul 2012

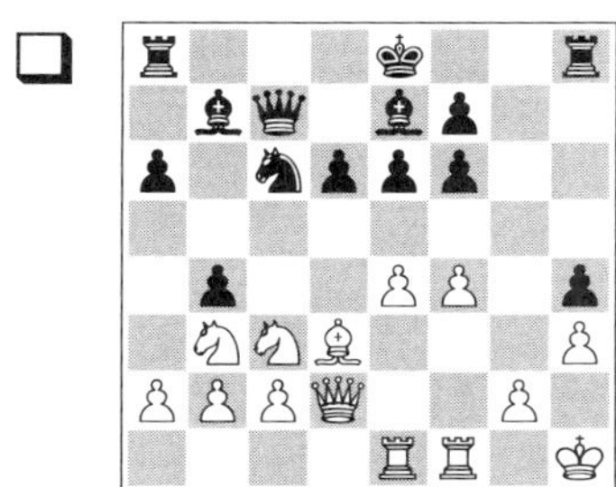

16.♘d5!? exd5 17.exd5

Auch hier ist die Situation nicht klar. Schwarz hat die Wahl zwischen mehreren Springerzügen.

17...♘a7

Nach 17...♘b8 18.♖e3 ♗xd5 19.♖fe1 ♘c6 20.♘d4 gewinnt Weiß Material zurück: 20...♘xd4 (nach 20...♘e5 braucht sich Weiß mit dem Schlagen nicht zu beeilen und kann 21.♘f5 spielen) 21.♖xe7+ ♕xe7 22.♖xe7+ ♔xe7 23.♗f1.

17...♘a5 18.♘d4 ♗xd5 19.♘f5 ♘c6 würde zur Partie überleiten.

18.♘d4 ♗xd5 19.♘f5 ♘c6 20.♗e4

Logisch sieht 20.♖e3 aus. Nach 20...♔f8 21.♖fe1 ♖g8 22.♗e4 ♗xe4 23.♖xe4 ♖e8 24.♕e2 wäre die Stellung ganz ähnlich wie in der Partie: Schwarz befindet sich in Schwierigkeiten. Eine andere Möglichkeit, die weißfeldrigen Läufer zu tauschen, wäre 20.♗b5 axb5 21.♕xd5. Auch hier hat Weiß angemessene Chancen. Die Verdoppelung der Türme liegt weiterhin in der Luft, und Schwarz hat es schwer, einen sicheren Fleck für seinen König zu finden sowie das Zusammenspiel seiner Figuren zu organisieren.

20...♗xe4 21.♖xe4 ♔f8 22.♖fe1 ♖e8 23.♕e2 ♖h7

23...d5 24.♕g4 ♖h7 (24...♖g8 25.♕xh4) 25.♖4e2 leitet über.

24.♕g4 d5 25.♖4e2 ♕b6

Schwarz hat nach wie vor eine Figur mehr, doch er kann sich kaum rühren. Eine bessere Möglichkeit war 25...♕d7, um sich nach 26.g3 mittels 26...♘d4 27.♘xd4 ♕xg4 28.hxg4 hxg3+ 29.♔g2 ♖h2+ 30.♔xg3 ♖xe2 31.♖xe2 freizukaufen, mit nur minimalem Vorteil für Weiß; 25...♖d8 26.♘xe7 (26.g3!) 26...♘xe7 27.♖xe7 ♕xc2, was 28...♖g7 beabsichtigt, wäre gleichfalls nicht klar.

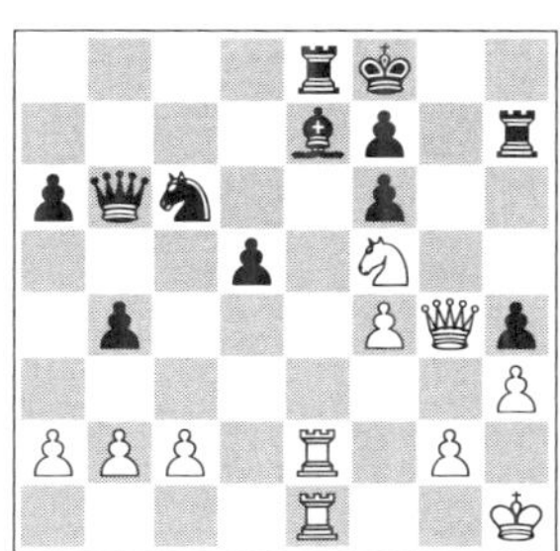

26.g3!

Die g-Linie wird geöffnet. Plötzlich steht Schwarz hoffnungslos auf Matt.

26...♘d4 27.♘xe7 ♘xe2 28.♕g8+ ♔xe7 29.♖xe2+ ♔d6 30.♖xe8 hxg3 31.♕f8+ ♔c6 32.♖c8+ ♔d7 33.♕e8+ ♔d6 34.♖d8+ ♔c5 35.♕e3+ ♔c6 36.♖d6+ 1-0

Sizilianische Spezialitäten

Lewan Aroschidse
Joan Fluvia Poyatos
Barcelona 2012

1.e4 c5 2.♘f3 d6 3.d4 cxd4 4.♘xd4 ♘f6 5.♘c3 a6 6.h3 b5 7.g4 ♗b7 8.♗g2 e6 9.0-0 b4

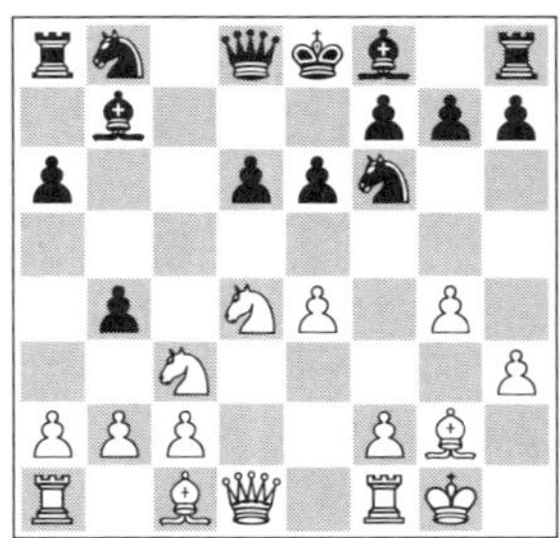

10.♘d5!

Sie werden sagen, dass die Stellung natürlich nach diesem im Offenen Sizilianer so häufig vorkommenden Opfer schreit. Nichtsdestotrotz ist dieser Zug bemerkenswerterweise erst 2008 ins Blickfeld getreten. Zuvor hatte man das schwarze 9....b4 mit Zügen wie 8.a3 oder 8.g5 umgangen.

10...exd5 11.exd5 ♗e7 12.♘c6

Nicht der beliebteste Zug. Häufiger wird 12.g5 gespielt, z.B. 12...♘fd7 13.♘c6 ♕c7 14.♘xe7 ♔xe7 15.♕d4 ♔f8 16.♗f4 a5 17.♖fe1 ♘b6 18.♖e8+!, Nakamura-Ninow, Französische Mannschaftsmeisterschaft 2008, und Weiß stand besser. In beiden Fällen spielt natürlich die offene e-Linie, aber auch die Schwächung des Feldes c6 eine wichtige Rolle. Tatsächlich erinnert die Stellung stark an die oben erwähnte Partie Stein-Furman.

12...♗xc6 13.dxc6 d5?!

Der falsche Weg, den Bauern c6 zu erobern. Besser war 13...♕c7. Nach 14.g5 könnte Schwarz die Figur mit 14...0-0 zurückgeben.

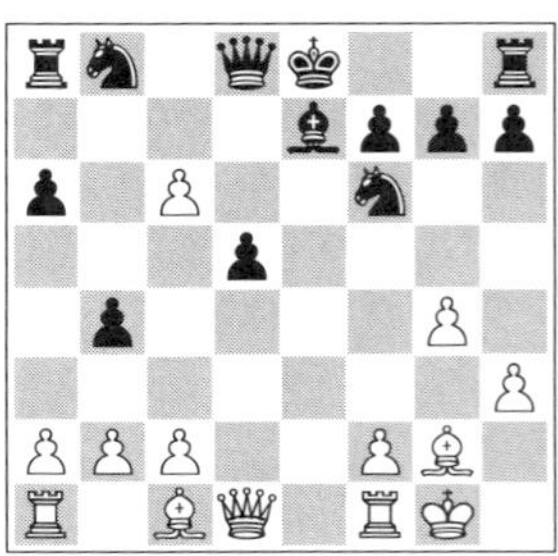

14.g5 ♘e4?

Konsequent, aber verkehrt.

15.c7!

Die Widerlegung.

15...♕d7 16.♕xd5 ♕xd5 17.c8♕+ ♗d8 18.♖e1 ♘d7 19.♗xe4 ♖xc8 20.♗xd5+ ♔f8 21.♗f4 ♗e7 22.♖e2

Weiß steht glatt auf Gewinn, und er gewann am Ende auch.

Ein schwarzer Gigant

Rafael Leitao
Darcy Lima
Porto Alegre 2008

1.d4 ♘f6 2.c4 e6 3.♘f3 d5 4.♘c3 ♗e7 5.♗f4 0-0 6.e3 c5 7.dxc5 ♗xc5 8.a3 ♘c6 9.♕c2 ♕a5 10.♖d1 ♖e8 11.♘d2 e5 12.♗g5

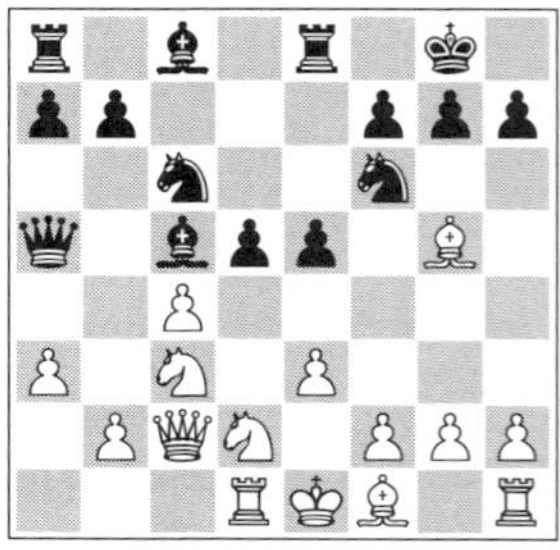

12...♘d4!

Zur Abwechslung sehen wir hier den Nachziehenden einen gigantischen Springer im Zentrum einpflanzen. Dies geschieht weitaus seltener. Und merkwürdigerweise in einer ganz anderen Struktur als im Igel oder Sizilianer. Die Grundlagen sind jedoch dieselben: Die e-Linie wird geöffnet, während sich der weiße König noch in der Mitte befindet. Es war Karpow, der in dem berühmten Baguio-Match gegen Kortschnoi dieses Konzept (beginnend mit 10...♖e8) einführte.

13.exd4

Anscheinend war Leitao nicht mit seinen Klassikern vertraut. In einer späteren Partie gegen Mecking entschied sich Leitao (genau wie Karpow) für die Ablehnung des Opfers mit 13.♕b1.

13...exd4+ 14.♗e2

Eine hübsche Variante zur Illustration ist 14.♘e2 ♘g4 15.♗h4 d3 16.♕xd3 ♘e5 17.♕xd5 (17.♕c2 dxc4) 17...♗f5.

14...dxc3 15.♘b3 ♕a4 16.♗xf6 dxc4 17.♕xc3

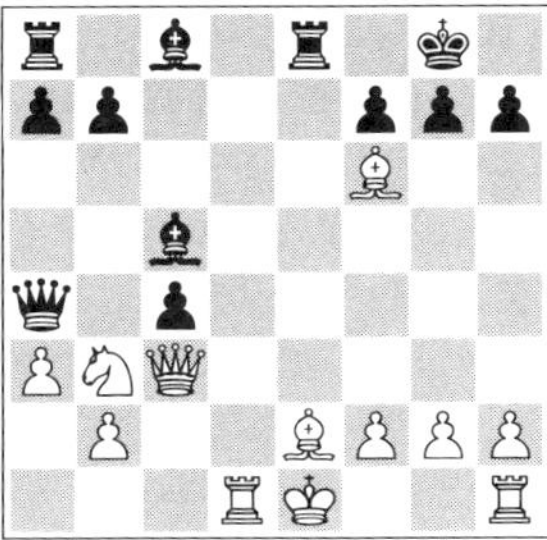

17...cxb3

Eine sichere Alternative war 17...♕xb3 18.♕xb3 cxb3, und Schwarz behält einfach seinen zusätzlichen b-Bauern.

18.♕xc5 gxf6 19.♖d4 ♕a6 20.♕h5

Nun gibt die geschwächte schwarze Königsstellung dem Weißen Gegenchancen.

20...f5 21.♖d8 ♕a5+ 22.♖d2 ♕e5 23.0-0

Endlich.

23...♗e6 24.♕g5+ ♔h8 25.♖fd1 ♖g8

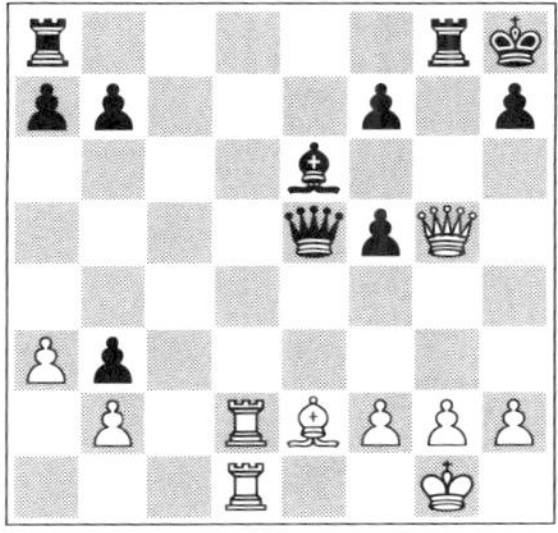

26.♕e3?!

Eine fragwürdige Entscheidung. Aus dem zuvor so verwundbaren schwarzen König wird nun eine starke Figur, und Lima gelang es schließlich, seinen Mehrbauern zu verwerten:

26...♕xe3 27.fxe3 ♖ac8 28.♔f2 ♔g7 29.♗d3 ♔f6 usw.

Zusammenfassung

Mitunter ist ♘d5 (oder ...♘d4) ein kraftvoller Schlag, der rasch entscheidenden Vorteil einbringt. Häufig aber entsteht ein komplizierter Kampf, in dem der Raumvorteil sowie die Verwundbarkeit des gegnerischen Königs entscheidende Bestandteile der Kompensation darstellen. Werfen Sie ein Auge auf sich öffnende Linien und Diagonalen, typisch sind auch die starken Springerfelder c6 und f5 für Weiß.

Kapitel 30

Ein praxisnahes Figurenopfer

g2-g4 ♘f6xg4 h3xg4 ♗xg4. Dieses Opfer sieht so natürlich aus: Man erhält für eine Figur zwei Bauern direkt vor dem gegnerischen König, samt starker Initiative oder einer Fesselung. Dennoch ist, wie Sie sich denken können, der Ausgang in vielen Fällen nicht klar. Sehen wir uns an, in welche Richtungen sich das Spiel entwickeln kann.

Ein abweichender Auftakt

Meistens ergibt sich dieses Muster, wenn Weiß die Fesselung des ♘f3 durch den Vorstoß des g-Bauern aufheben will. Manchmal ergibt es sich aber aus anderen Zugfolgen, wie in dieser Partie.

Tanguy Ringoir
Dimitri Reinderman
Amsterdam 2013

1.d4 ♘f6 2.c4 g6 3.♘c3 ♗g7 4.e4 0-0 5.h3 d6 6.♗g5 ♘a6 7.♘f3 e5 8.d5 ♕e8 9.♗e2 ♘h5 10.g3 f5 11.exf5 gxf5 12.♘h4 ♘f6 13.♕c2 c6 14.g4 cxd5 15.cxd5 f4 16.♗xa6 bxa6 17.0-0 f3 18.♘e4

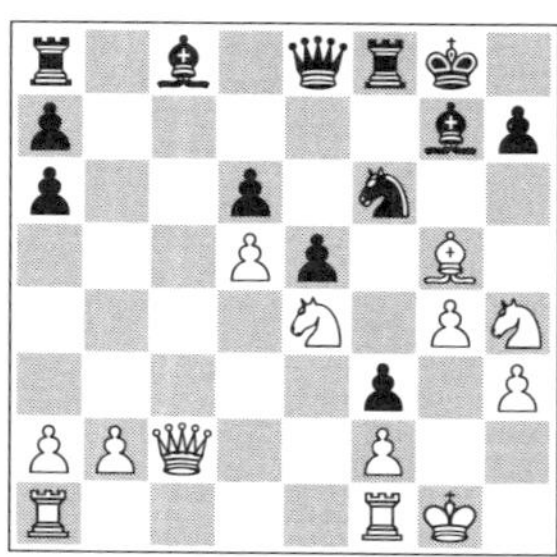

Hier entschloss sich Schwarz, den Anziehenden für g2-g4 zu bestrafen, oder vielleicht war er auch einfach unzufrieden mit der Situation nach normalen Zügen. Wie auch immer, nach ...

18...♘xg4 19.hxg4 ♗xg4

... glaubten laut der Turnier-Webseite beide Spieler, dass sie sehr gutes Spiel hätten. Dies ist ein klares Indiz dafür, dass die Stellung tatsächlich sehr schwer zu beurteilen ist. Der Wert der langfristigen Kompensation muss abgeschätzt werden. Es ist kaum möglich, dies auf Grundlage konkreter Berechnung zu tun. Schwarz hat einen ekligen Bauern auf f3, was den ♘h4 zu einer schwächlichen Figur stempelt. Nichtsdestotrotz hat Weiß viele Figuren um seinen König versammelt, wodurch es für Schwarz schwer wird, am Königsflügel voranzukommen.

20.♘g3

Ein logischer Zug, der Schwarz daran hindert, seine Dame nach h5 zu stellen. Andererseits sind die Chancen, in absehbarer Zeit den Springer von h4 nach f5 zu ziehen, nicht sehr realistisch. Mithin hätte Weiß seinen Springer auch auf seinem Zentrumsposten halten können.

20.♕c7 ist ein aggressiver (Computer?-) Zug, mit dem Weiß hofft, mit Gewalt die Initiative an sich zu reißen. Nun führt 20...♕h5 21.♗e7 ♖f7 22.♕xd6 ♗f8! 23.♘f6+ (23.♗xf8? ♖axf8) zum Remis: 23...♖xf6 24.♕xf6 ♗xe7 25.♕xe7 ♖e8 26.♕f6 ♖f8 27.♕e7. 20.♔h1 ist ein interessanter Vorschlag aus der Turnier-Webseite: 20...♕h5 21.♖g1 h6 (21...♔h8 22.♕c7; 21...♖ac8 22.♕a4) wird mit 22.♗f6 ♗xf6 23.♖xg4+ beantwortet.

20...♗f6 21.♕e4

Nach 21.♗xf6 ♖xf6 würde Schwarz ...♖f4 folgen lassen, und der ♘h4 stellt weiterhin ein großes Problem für Weiß dar.

21...♕d7 22.♕e3 ♔h8

22...♕e7 23.♘e4 ♗xg5 24.♕xg5+ ♕xg5 25.♘xg5 ♖f4.

23.♗xf6+?

23.♖fc1!.

23...♖xf6

Schwarz droht erneut ...♖f4, wonach der Springer auf h4 in großen Nöten wäre.

24.♕g5

Eilt zur Rettung des Springers herbei, ist aber nur eine vorübergehende Lösung für das Problem.

24...♖f4 25.♖fe1 ♖g8 26.♕h6 ♕d8

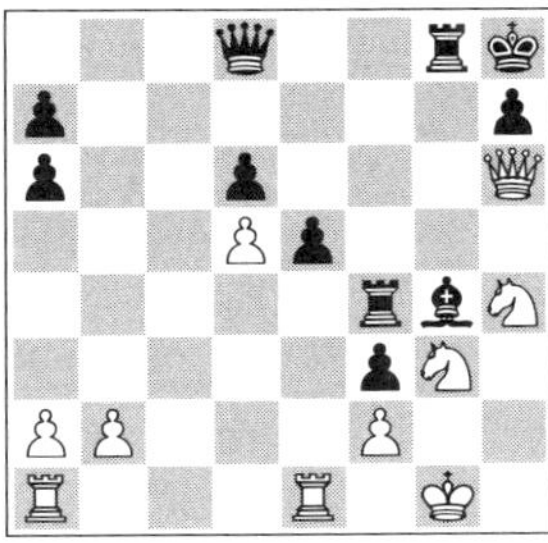

Der Springer schwebt weiterhin in großer Gefahr. Schwarz gewann nach ...

27.♖e4 ♖xe4 28.♘xe4 ♗h5+ 29.♔f1 ♕xh4 usw.

Ein typisches Szenario mit 1.e4 e5

Petr Velicka
Mads Andersen
Krakau 2012

Auch wenn das Opfer an sich universell ist, so ist der gebräuchlichste Typus wohl der aus spanisch-artigen Stellungen nach 1.e4 e5. Hier ein Beispiel, das sich aus einer Italienischen Eröffnung ergab.

1.e4 e5 2.♘f3 ♘c6 3.♗c4 ♗c5 4.c3 ♘f6 5.d3 a6 6.♗b3 ♗a7 7.h3 0-0 8.♗g5 h6 9.♗h4 g5

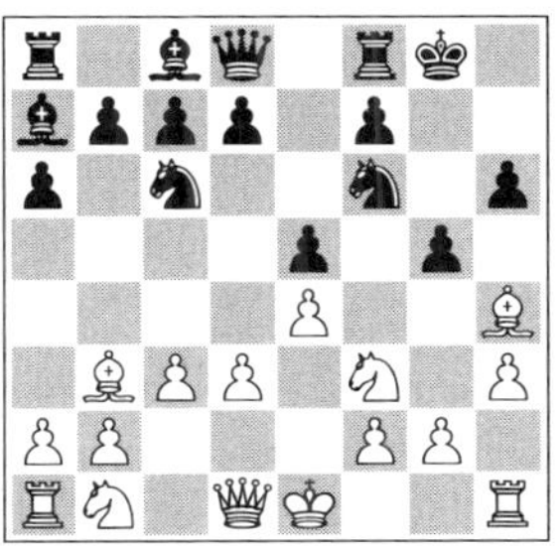

10.♘xg5

Völlig natürlich, mögen Sie sagen. Doch wenn Sie am Brett sitzen, müssen Sie erstmal die entstehenden Stellungen einschätzen. Ist das Opfer wirklich so selbstverständlich? Zum einen entschied sich Howell in seiner Partie gegen Pruijssers, Wijk aan Zee C 2009, für 10.♗g3. Denken Sie also einmal etwas länger nach und bilden sich dann Ihre Meinung!

10...hxg5 11.♗xg5 ♔g7 12.♕f3

Baut die charakteristische Fesselung auf, die Schwarz nur unter großen Mühen wieder abschütteln kann. Derweil braucht auch Weiß Zeit, um seine übrigen Figuren in Stellung zu bringen. Die Kompensation ist also erneut langfristiger Natur.

12...d6 13.♘d2 ♖h8 14.♘f1

Vielleicht ist 14.h4 mit der Idee h4-h5-h6 besser. Danach ist 14...♖h6 die Standardmethode, um die Fesselung unter Rückgabe von etwas Material zu brechen, doch häufig kostet dies auch noch einen Bauern auf f7. Kurioserweise wartet der Computer nach 14...♔g6 mit dem spiegelbildlichen 15.♖h3! auf.

14...♗e6 15.♘e3 ♘b8

Ein vernünftiges Manöver. Schwarz hockt auf seinem Mehrbesitz und versucht, den ♘f6 zu schützen, ohne Material herzugeben.

16.♘f5+ ♗xf5 17.♕xf5 ♘bd7 18.h4 ♕e7

Die Fesselung lässt sich nicht aufheben, da 18...♕g8 natürlich an 19.♗xf6+ ♘xf6 20.♕g5+ scheitert.

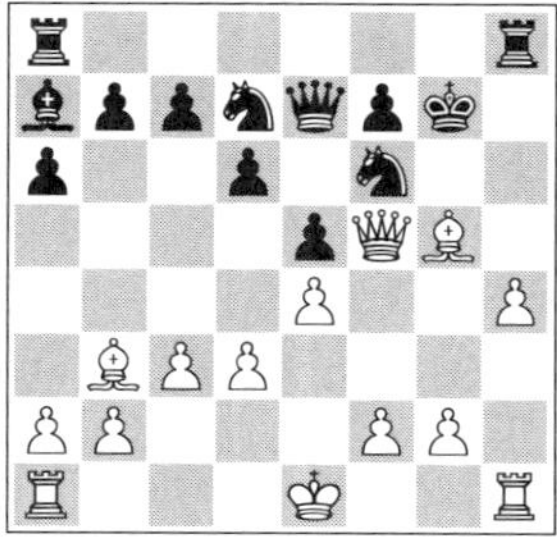

19.♖h3

Ein Schwenk des Königsturms.

19...♖ag8 20.♖f3

Gerade rechtzeitig, um 20...♔f8 zu verhindern. Trotzdem:

20...♖h6 21.♗xh6+ ♔xh6 22.g3 c6 23.0-0-0 d5 24.exd5 cxd5 25.g4 ♘xg4 26.♗xd5 ♘df6 27.♗b3

Weiß steht nun klar besser. Materiell ist er wohlauf, während Schwarz nach wie vor an seiner unsicheren Königsstellung leidet. Am Ende entkam Schwarz auf wundersame Weise in einem verlorenen Endspiel.

Hier noch ein weiteres Beispiel. Der Unterschied ist, dass diesmal Weiß schon rochiert hat. Das hindert die Spieler freilich nicht daran, ihre Türme in ganz ähnlicher Weise feilzubieten.

Andres Rodriguez Vila
German Della Morte
Santos 2012

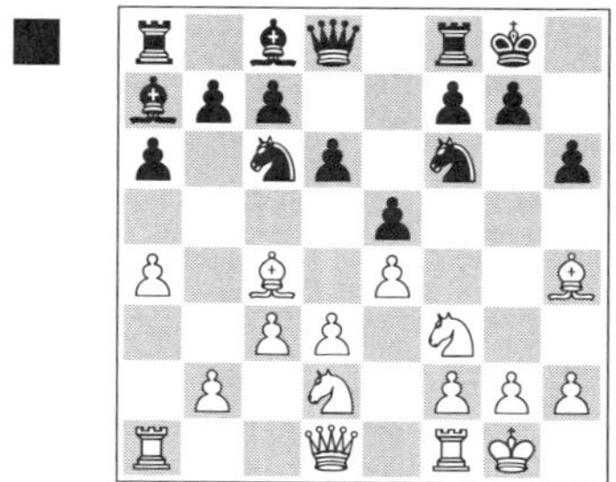

11...g5

Gegen Juri Wowk, Ukrainische Meisterschaft 2012, gab Eljanow hier 11...♔h7 den Vorzug.

12.♘xg5 hxg5 13.♗xg5 ♔g7 14.♕f3 ♖h8

14...♘b8 würde 15.d4 exd4 (15...♘bd7 16.♕g3) 16.e5 dxe5 17.♘e4 ♘bd7 18.♖fe1 erlauben.

15.♖ae1 ♕e7

15...♔g6!?.

16.♖e3!

Weiß bringt seinen Turm nach f3, wobei er sich natürlich wegen 16...♗xe3 17.fxe3 keine Sorgen macht.

16...♖h6

16...♗e6!? 17.♕g3 ♕d7.

17.♗xh6+ ♔xh6 18.d4 ♗g4 19.♕g3 ♖g8 20.♕h4+ ♘h5 21.♕xe7 ♘xe7 22.♗xf7

Erneut steht Weiß materiell gut da und gewann auch später, wenngleich Schwarz hier über eine harmonische Stellung verfügt.

Theoretische Entwicklungen

Robert Hübner
Alexander Beljawski
München 1990

1.e4 e5 2.♘f3 ♘c6 3.♗b5 a6 4.♗a4 ♘f6 5.0-0 b5 6.♗b3 ♗b7 7.♖e1 ♗c5 8.c3 0-0 9.d4 ♗b6 10.♗g5 d6

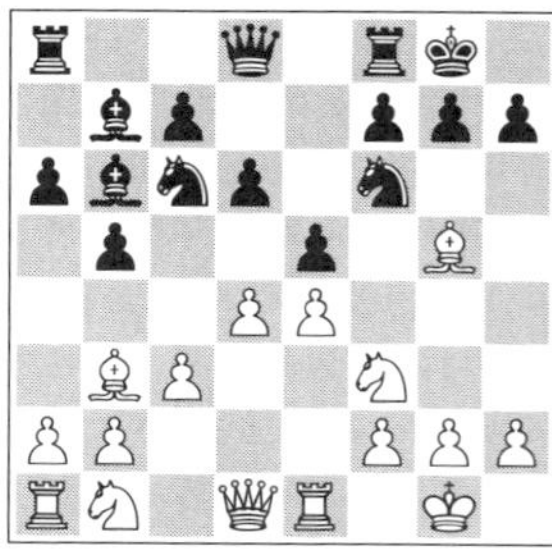

In der Archangelsk-Variante spielt der Vorstoß ...g7-g5 eine wichtige Rolle, wobei Beljawski der bedeutendste Vorreiter war. Anstelle von 8...0-0 hat er die Zugfolge 8...d6 9.d4 ♗b6 10.♗g5 h6

(10...d6 würde zur Diagrammstellung führen) 11.♗h4 g5 12.♗g3 und erst jetzt 12...0-0!? populär gemacht. Auf diese Weise vermeidet Schwarz das Springeropfer auf g5 mit rochiertem König.

11.♕d3

Nach 11.a4 h6 12.♗h4 hat Beljawski 12...g5 versucht, ohne Furcht vor 13.♘xg5 hxg5 14.♗xg5 exd4.

11...h6 12.♗h4 ♘a5 13.♗c2 c5 14.d5 c4 15.♕e2 g5 16.♘xg5

Damals eine Neuerung. Zuvor hatte Weiß nicht gewagt, eine Figur für anhaltende Initiative zu opfern.

16...hxg5 17.♗xg5 ♔g7 18.♕f3 ♖h8 19.♘d2 ♗c8 20.♘f1

Der ♘a5 stellt ein gewisses Problem für Schwarz dar, und mit 20.b4 cxb3 21.axb3 ♘b7 22.b4 hätte Weiß sich hierauf konzentrieren können.

Ein weiterer Zug war 20.♗d1, um die schwarze Alternative im nächsten Zug zu verhindern.

20...♘b7

Der Nachziehende hätte hier per Materialrückgabe die Fesselung abschütteln können: 20...♖h5 21.♕xh5 (21.♗xf6+ ♕xf6 22.♕xh5 ♕xf2+ 23.♔h1 ♕g1#) 21...♘xh5 22.♗xd8 ♗xd8, und Schwarz ist im Spiel.

21.a4 ♖b8 22.axb5 axb5 23.♘g3?

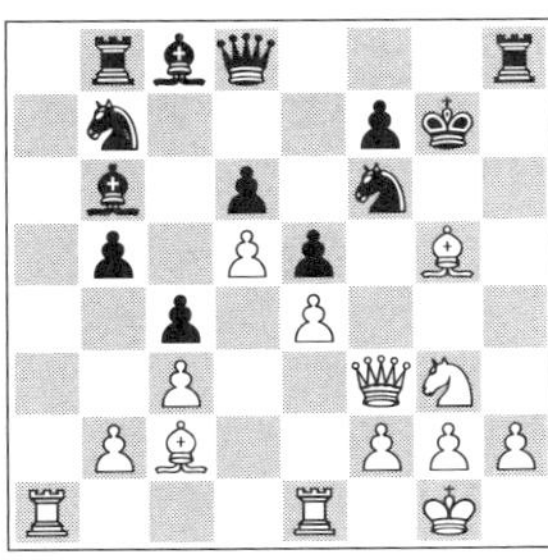

Der richtige Springerzug war 23.♘e3, wonach Weiß seine Stellung allmählich verstärken könnte. Der Textzug trifft auf eine überraschend schroffe Erwiderung.

23...♔g6!

Damit verschwindet die Fesselung, und mit ihr die weiße Initiative.

24.♘f5

Die Pointe ist, dass 24.h4 mit 24...♗g4 25.♗xf6 ♕d7 beantwortet wird – eine taktische Ressource, an die ich mich liebend gern erinnere (Hebden-Van de Oudeweetering, Hoogeveen 2003).

24...♔xg5 25.♕g3+ ♘g4 26.h4+ ♔f6 27.♕xg4 ♕g8

Weiß hat keine Kompensation mehr und gab einige Züge später auf.

Mit h4-h5 gegen das Fianchetto

Peter Schreiner
Thomas Hebesberger
St. Veit 2012

1.♘f3 g6 2.c4 ♗g7 3.g3 c5 4.♗g2 ♘c6 5.♘c3 e6 6.d3 ♘ge7 7.h4 h6 8.h5 g5

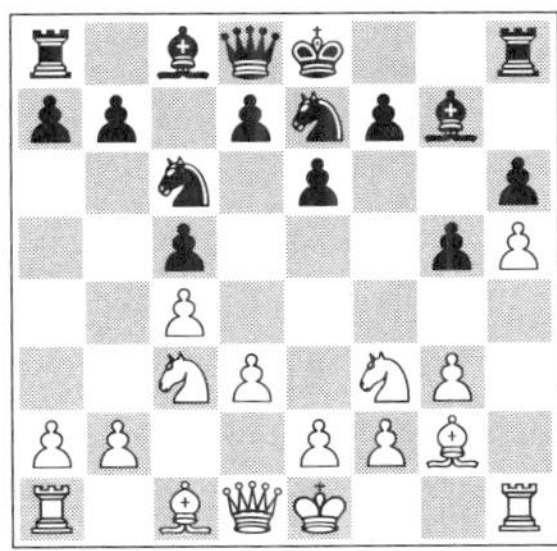

9.♘xg5 hxg5 10.♗xg5

Hier sehen wir dasselbe Opfer mit langfristiger Kompensation, allerdings in einer völlig anderen Situation. Es wird Sie nicht überraschen, dass es der unkonventionelle Denker Romanischin war, der als Erster mit dieser Idee aufwartete, wenngleich ohne Erfolg gegen Ribli, Amsterdam 1978. Als neueres Beispiel sei Mamedscharow-Carlsen, Finale der Blitz-WM 2012, genannt.

10...f6 11.♗f4

Romanischin spielte 11.♗e3.

11...♘f5 12.♗e4

Weiß hat sicherlich Kompensation. Neben den zwei Bauern ist die unsichere schwarze Königsstellung ein gewichtiger Faktor. Es wird lange dauern, bis sich der König am Damenflügel verstecken kann, der auch erst einmal entwickelt werden muss.

12...♘ce7 13.g4 e5?!

Schwarz hatte sich wahrscheinlich vor Zügen wie ♘b5 gefürchtet, doch nun erhält der Anziehende das Feld d5 gratis. 13...♘h6 14.♘b5 e5 15.♘d6+ ♔f8 16.♗e3 ♕b6.

14.♗d2 ♘h6 15.g5 fxg5 16.♗xg5 ♕a5 17.♗xe7

17.♖g1! ♘c6 18.♗d2 ♔f8 19.♘d5 ♕d8 20.e3.

17...♔xe7 18.♕d2 ♔f8 19.0-0-0

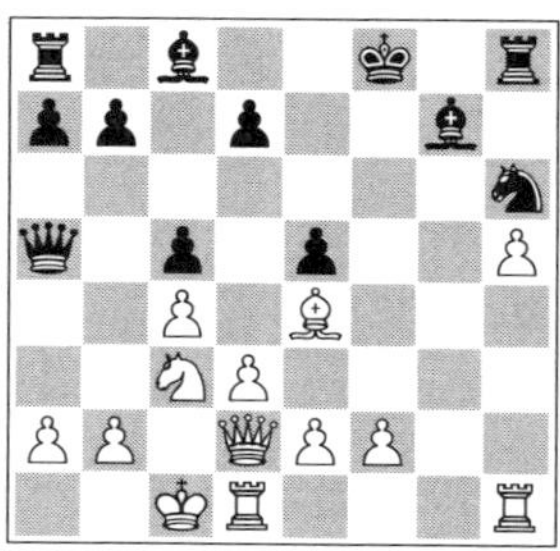

Damit hat Weiß seine Entwicklung vollendet – etwas, wozu Schwarz noch einige Arbeit bevorsteht. Darüber hinaus mangelt es den schwarzen Figuren an jeglicher Koordination.

19...d6 20.♖dg1 ♗e6?

Verliert auf der Stelle. Schwarz hätte so etwas wie 20...♕d8 versuchen sollen, um seine Figuren zusammenzubringen, auch wenn es dazu wahrscheinlich schon zu spät gewesen wäre.

21.♖xg7 ♔xg7 22.♕g5+ ♔f8 23.♕f6+ ♘f7 24.♕xe6

Weiß hat reichliche Kompensation für die Qualität und gewann leicht.

Druck entlang der f-Linie

Emanuel Schiendorfer
Tamas Fodor jr.
Plowdiw 2012

❑

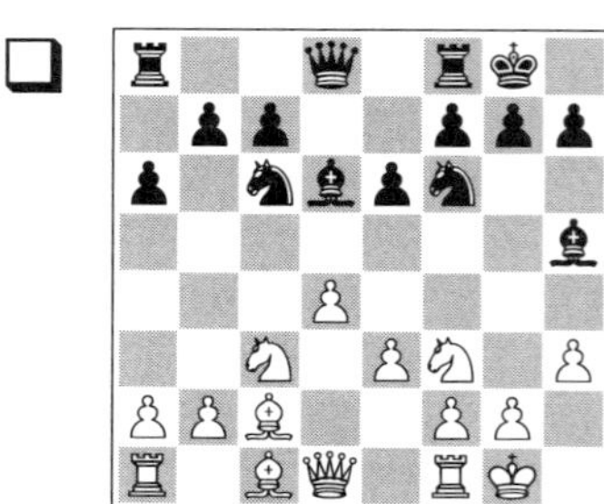

11.g4 ♘xg4 12.hxg4 ♗xg4

Zwar ein anderer Stellungstyp, aber dasselbe Opfer. Hier erinnert das Springeropfer ein wenig an die unterhaltsame 11. Partie de Labourdonnais-McDonnell in ihrem dritten Londoner Match 1834.

13.♔g2 f5!

Schwarz wird nun versuchen, die f-Linie zu öffnen. Diesmal wird der Bauer nicht durch eine Fesselung auf der Diagonale a2-g8 gehindert.

14.♖h1 ♕f6 15.♗d3 h6 16.♗e2 f4

Los geht's!

17.♘h4?!

Das wirkt ein wenig leichtsinnig und erlaubt einen hübschen Streich. Der Versuch, mit 17.e4 die f-Linie geschlossen zu halten, trifft auf 17...♗xf3+ 18.♗xf3 ♘xd4, und Schwarz hat bei anhaltender Initiative einen weiteren Bauern gewonnen. Am besten ist wohl das überraschende 17.d5 ♘e7 (17...fxe3 führt zu großen Verwicklungen, z.B. 18.dxc6 ♕g6 19.♔f1 ♖xf3 20.♗xf3 ♕f5) und erst jetzt 18.e4 mit angespanntem Spiel.

17...f3+

Aktiviert den Turm auf f8!

18.♘xf3 ♖f7

Weiß kann nichts tun, um den Nachziehenden von der Turmverdoppelung auf der f-Linie abzuhalten, und er findet weiterhin keine Zeit, seinen Damenflügel zu entwickeln.

19.♘e4 ♕g6

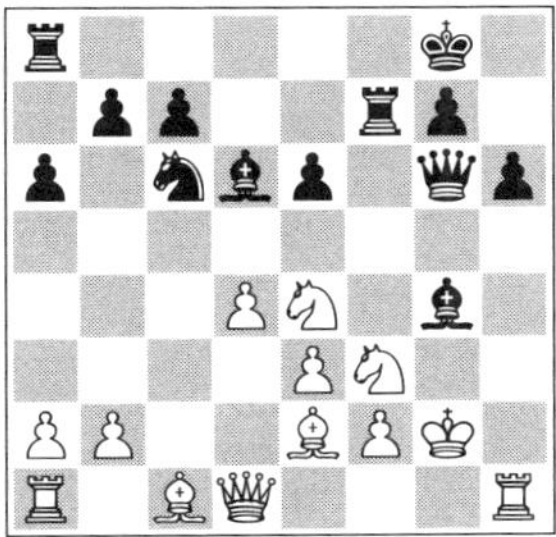

20.♘g3?

Die letzte Chance von Weiß war 20.♘fg5! mit Rückgabe der Figur unter Schadensbegrenzung. Nun verlor er nach...

20...♖af8 21.♘h4 ♖xf2+ 22.♔g1 ♕g5 23.♗xg4 ♗xg3 24.e4 ♕f6 25.♘f3 ♕g6 26.♘g5 ♖f1+ 27.♕xf1 ♖xf1+ 28.♔xf1 hxg5 usw.

Totale Vernichtung

Alexander Onischuk
Andres Rodriguez Vila

Campinas 2013

Natürlich finden sich auch Beispiele, in denen das Springeropfer nicht etwa zu einem angespannten Kampf führt, sondern einfach gewinnt. Hier geht der Sieger aus unserem dritten Beispiel nach einer Neuerung von Onischuk glatt unter.

1.d4 ♘f6 2.c4 e6 3.g3 c5 4.d5 exd5 5.cxd5 ♗d6 6.♗g2 0-0 7.♘c3 ♗c7 8.d6 ♗a5 9.♘h3 ♘c6 10.0-0 b6 11.♗g5 ♗xc3 12.bxc3 h6 13.♗h4

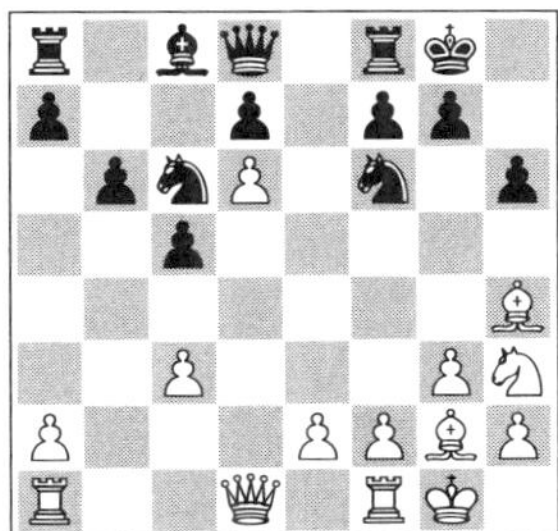

Weiß hat mit der Fesselung des ♘f6 eine neue Idee im Snake-Benoni präsentiert. Nach dem vorbereitenden ...h7-h6 nimmt Schwarz den Fehdehandschuh auf.

13...g5?

Das ist in dieser Stellung einfach zuviel. Die schwarzen Figuren können sich nicht an der Verteidigung beteiligen, da der Bauer d6 das Brett in zwei Hälften teilt.

14.♘xg5 hxg5 15.♗xg5

Weiß beabsichtigt e2-e4-e5 sowie ♕a4-h4.

15...♔g7 16.e4 ♕e8 17.♗xf6+!

Wahrscheinlich gewinnen auch andere Züge, aber mir gefällt dieser einfache Abtausch.

17...♔xf6 18.f4

Nun wird der schwarze König unter einer Bauernlawine begraben.

18...♖g8 19.♕h5 ♔g7 20.e5 ♔f8 21.♖ae1 ♗a6 22.f5 ♕c8 23.e6 1-0

Zusammenfassung

Das Opfer an sich ist ein unkompliziertes Muster, auch wenn es in verschiedenen Erscheinungsformen auftritt. Die Folgen sind oft weitaus schwieriger einzuschätzen, beinhalten aber einige charakteristische Motive, die man sich merken sollte. Man nehme zum Beispiel das Turmmanöver in den spanisch-artigen Stellungen, oder das vorausgehende h2-h4-h5 im fünften Beispiel.

Aufgaben

Aufgabe 21

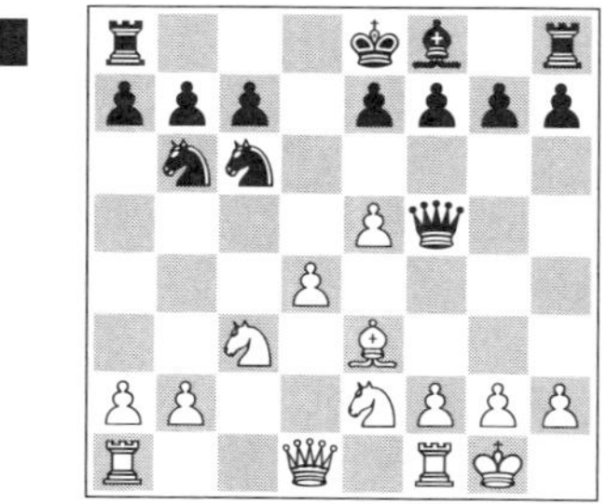

Kann sich Schwarz den Rückzug 11...♕d7 erlauben?

(*Auflösung auf S. 285*)

Aufgabe 22

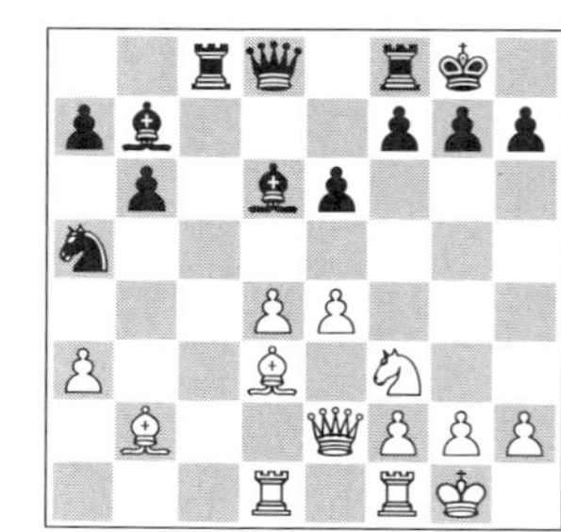

(*Auflösung auf S. 285*)

Aufgabe 23

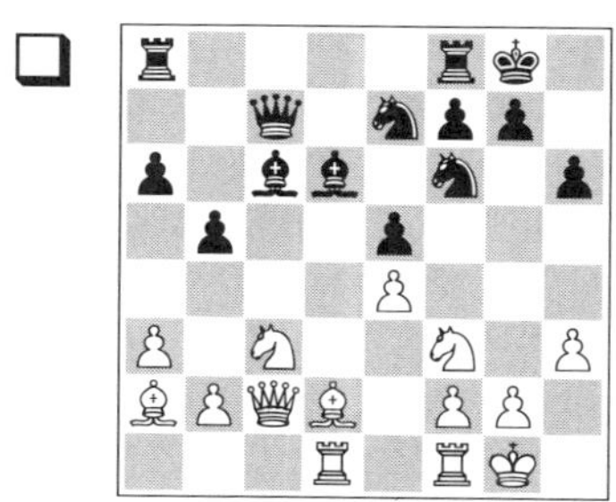

(*Auflösung auf S. 285*)

Aufgabe 24

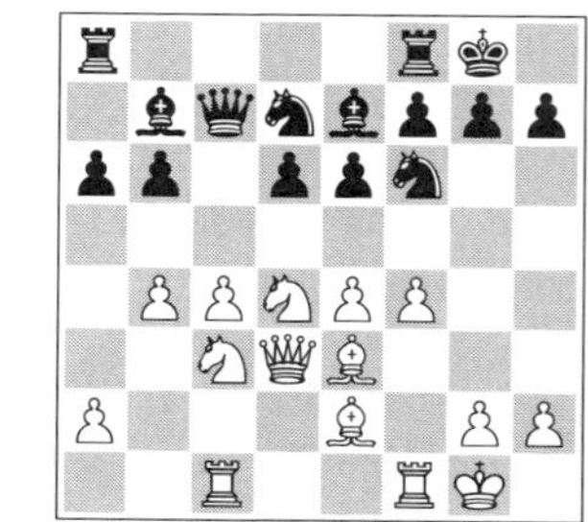

Welchen Turmzug sollte Schwarz wählen?

(*Auflösung auf S. 286*)

Aufgabe 25

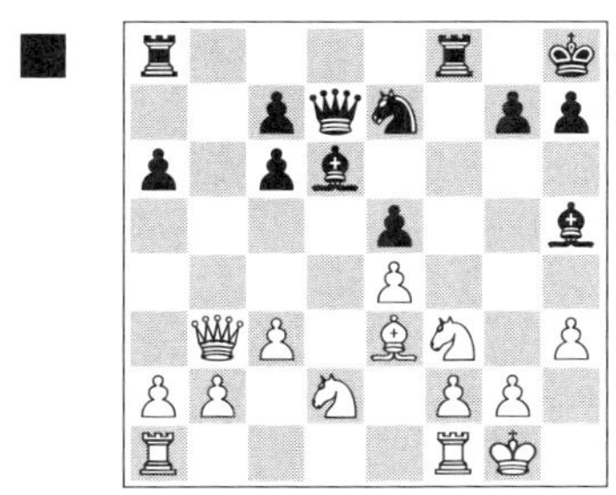

(*Auflösung auf S. 286*)

Aufgabe 26

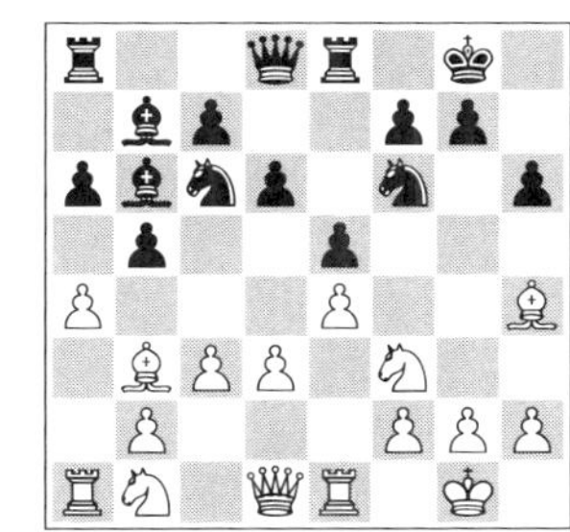

Würden Sie sich zu 13.♗d5 entschließen?

(*Auflösung auf S. 287*)

Aufgabe 27

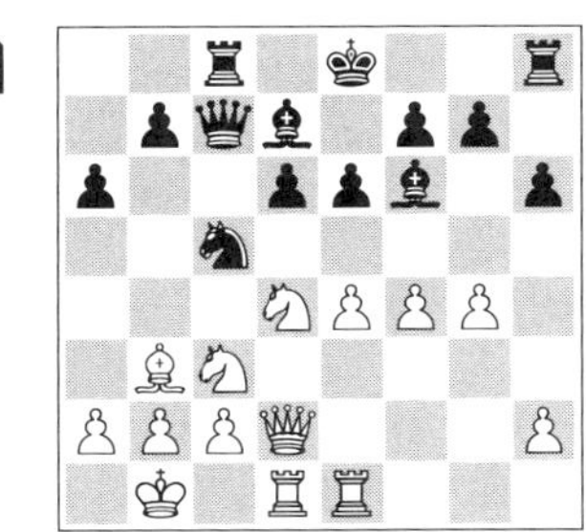

(*Auflösung auf S. 287*)

Aufgabe 28

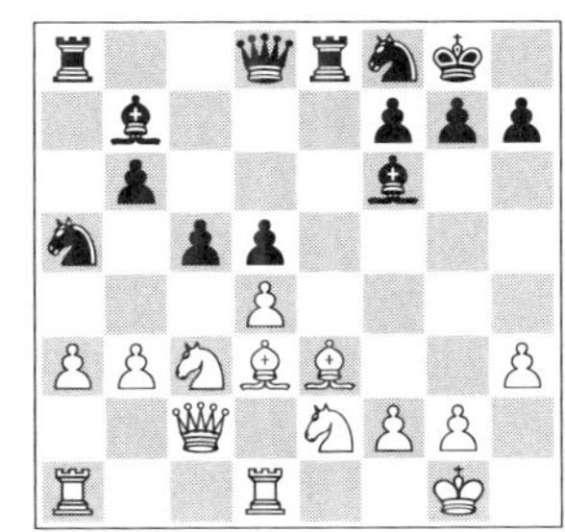

(*Auflösung auf S. 288*)

Aufgabe 29

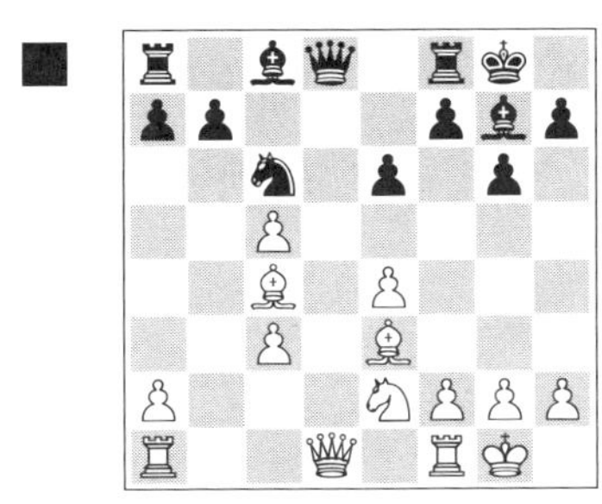

(*Auflösung auf S. 288*)

Aufgabe 30

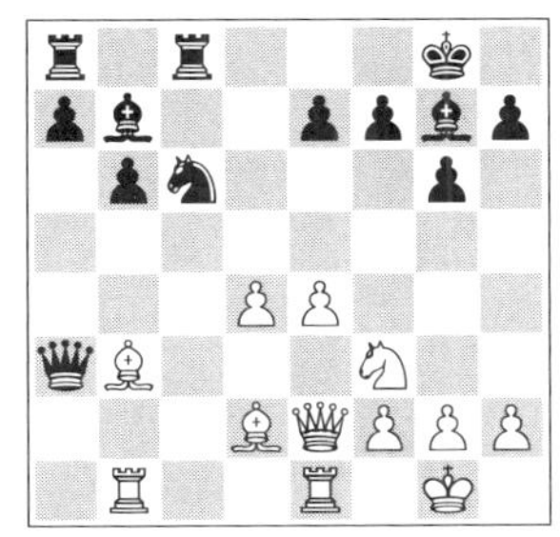

(*Auflösung auf S. 288*)

Teil IV

Strategische Verfahren: Typische Mini-Pläne

31. Das Nievergelt-Manöver

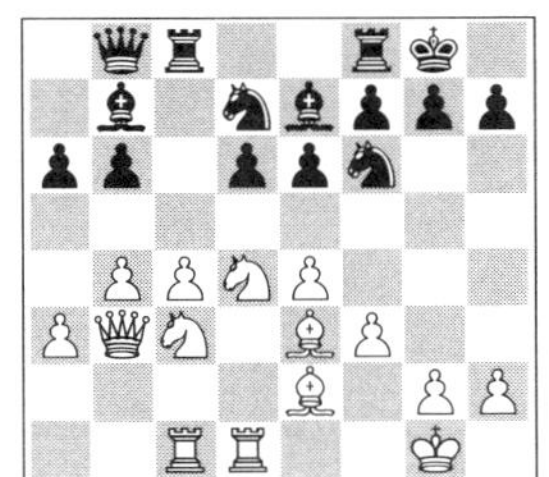

16...♔h8!?, 17...♖g8, 18...g5

32. Majestätische Manöver

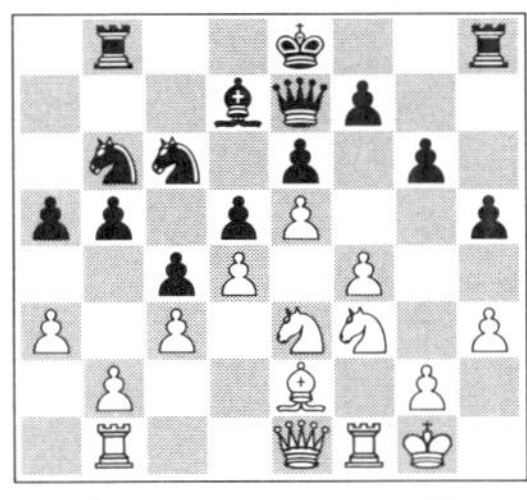

23...♔d8! und 24...♔c7

33. Schleichende Damen

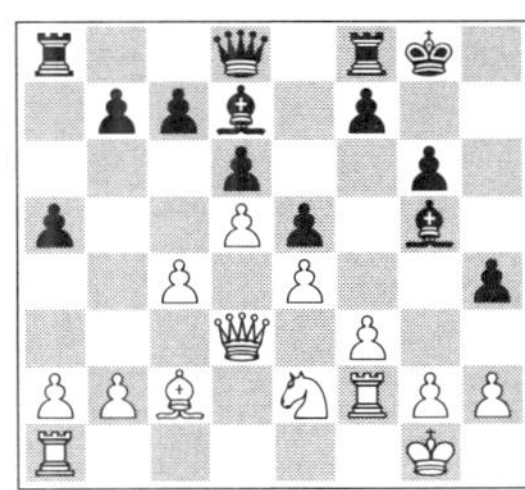

19...♕b8! und 20...♕a7

34. Die Reserveoption

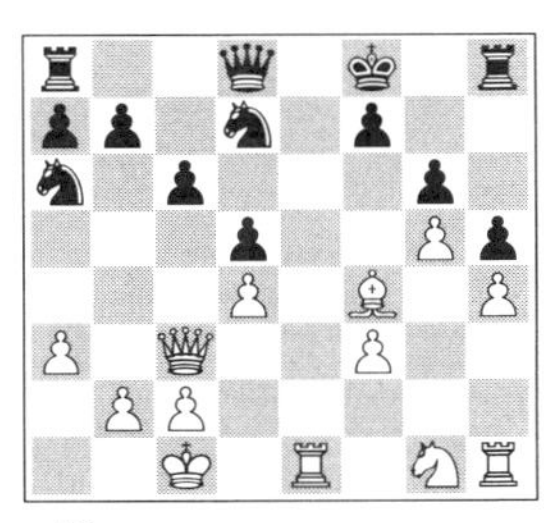

18.♖h2!

35. Springertänzchen

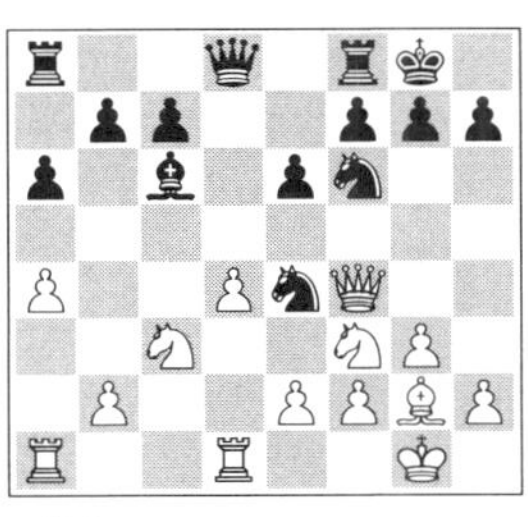

15.♘b1!?

36. Ein ganz seriöser Läuferzug

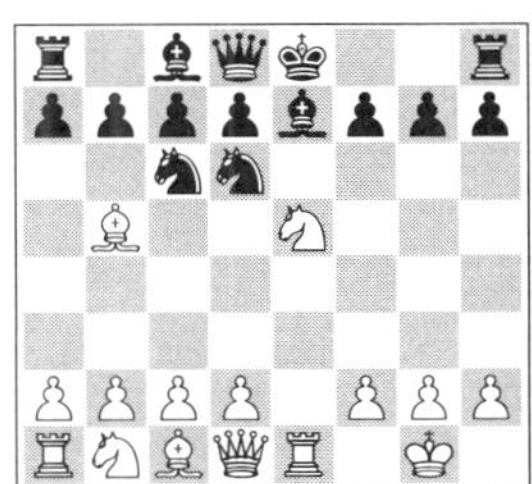

7.♗d3!?

37. Figuren im Abseits

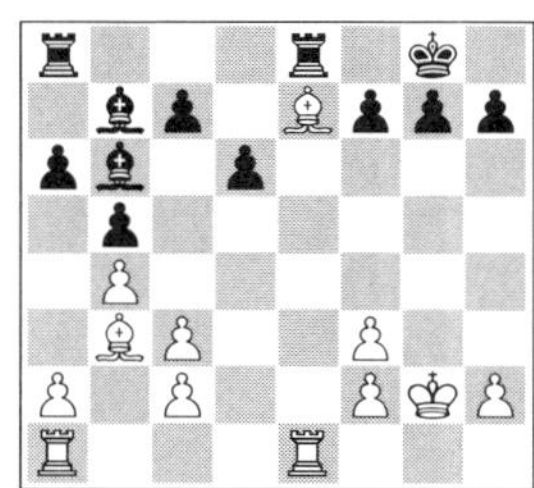

19...d5! 20...c6

38. Ein zweischneidiger Abtausch

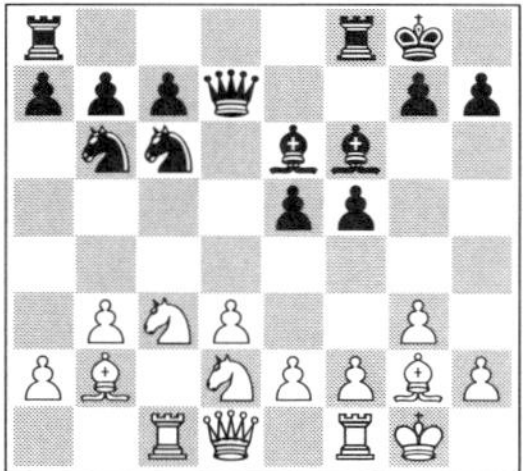

13.♗xc6 bxc6

39. Eine schwere Entscheidung

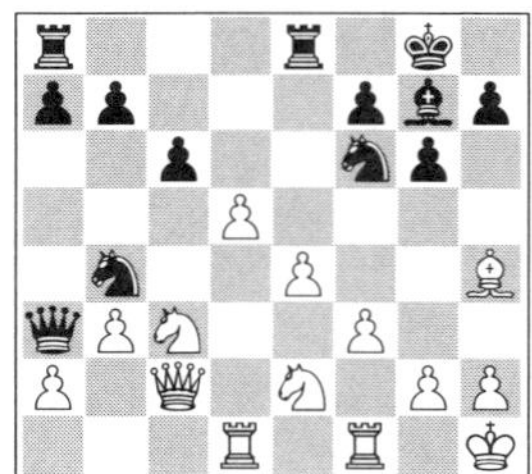

18.♕c1! (über den Damentausch)

40. Der Sprinter und die Dampfwalze

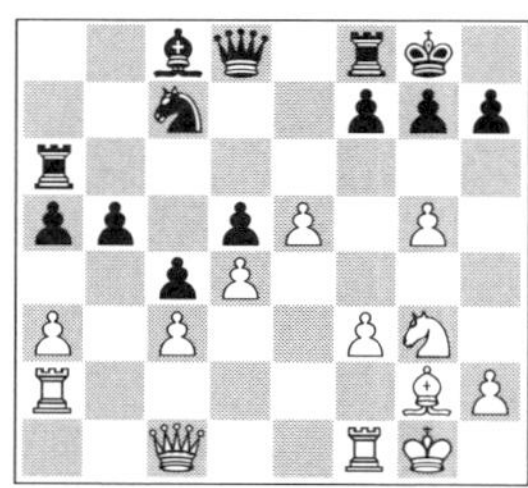

19.f4 b4

Kapitel 31

Das Nievergelt-Manöver

Kein Geringerer als Bobby Fischer brachte es gänzlich unerwartet an. Woher stammt dieses Manöver, und wie soll man es anwenden? Vielleicht kennen Sie dieses Manöver ja schon (wenn auch bestimmt nicht unter diesem Namen!). Versuchen Sie die untenstehenden Fragen zu beantworten, und bald darauf wird klar, worum es sich hier handelt.

Julio Garcia Soruco
Robert Fischer
Havanna 1966

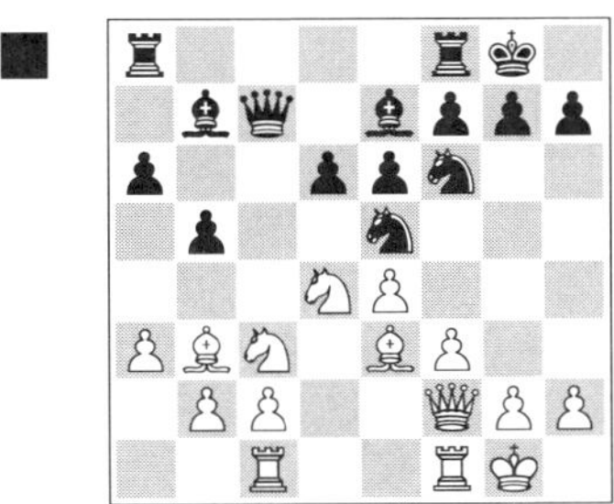

Was für einen Zug würden Sie hier spielen? Das natürliche und naheliegende 14...♘c4 ? Unter welchen Kandidatenzügen haben Sie Ihre Auswahl getroffen? Bestimmt haben Sie auch einige Turmzüge in Betracht gezogen. Fischer entschied sich allerdings für...

14...♔h8!?

Das ist in der Tat kaum der erste Zug, der einem in den Sinn kommen würde. Vielleicht Prophylaxe gegen ein Springeropfer auf e6?

15.♘ce2 ♖g8

Aha, dieser Zug sollte also folgen!

16.♔h1 g5

Und damit wird das ganze Konzept klar. Die Idee ist äußerst bemerkenswert, zumal das Zentrum noch nicht festgelegt ist und Weiß daselbst zu einem Gegenschlag ausholen könnte, und auch weil das Manöver verhältnismäßig langsam ist. Es benötigt drei Züge, und ein direktes Angriffsziel ist noch nicht in Sicht.

In diesem speziellen Fall ist Weiß nicht in der Lage, im Zentrum etwas zu unternehmen. Tatsächlich hätte Schwarz hier oder im vorigen Zug auch gut ...d6-d5 spielen können. Jetzt, nach Abschluss des Manövers, will Schwarz ...g5-g4 folgen lassen, was das weiße Bauernzentrum unterminiert, die g-Linie öffnet und die Reichweite des ♗b7 erhöht.

Wie kam Fischer überhaupt auf diese Idee? Wir können nur spekulieren, es ist aber sehr gut möglich, dass er sie woanders aufgeschnappt hat – nicht in genau derselben Stellung, doch vielleicht in einer etwas anderen Situation aus einer völlig anderen Eröffnung. Es war schließlich bekannt, dass Fischer alle irgendwo veröffentlichten Partien ausgiebig studierte.

17.h3 ♖g6 18.♘g3 ♖ag8 19.♘xe6?

Damit ist diese Partie kein echter Test der Idee ...♔h8, ...♖g8 und ...g7-g5. Weiß übersieht einen einfachen Gegenschlag und gab drei Züge später auf.

19...fxe6 20.♗xe6 ♘xe4! 21.♘xe4 ♖xe6

Weiß beschloss, Feierabend zu machen.

Zur allgemeinen Verwendung

Robert Fischer
Ulf Andersson
Siegen (Schaukampf) 1970

Das Manöver ist nicht auf eine bestimmte Eröffnung beschränkt, und auch nicht auf den Gebrauch durch Schwarz. Fischer selbst zeigte dies, indem er in einem Schaukampf dasselbe Konzept mit Weiß anwandte (obgleich Sie einwenden mögen, dass es sich hier um einen farbvertauschten Sizilianer handelt):

1.b3

Eine der ersten Partien, in denen ich dieses Konzept zu sehen bekam, sah wiederum eine ganz andere Eröffnung: 1.♘f3 ♘f6 2.g3 d5 3.♗g2 ♗f5 4.0-0 e6 5.d3 h6 6.♘bd2 c6 7.e3 ♗e7 8.♕e2 a5 9.e4 ♗h7

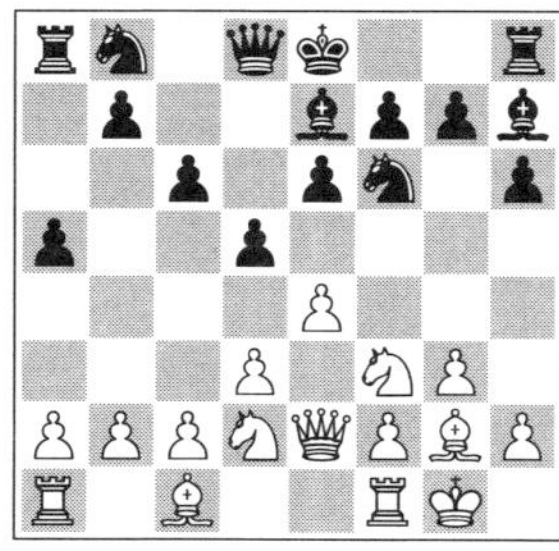

10.♔h1!? 0-0 11.♖g1 ♔h8 12.♗h3 a4 13.a3 c5 14.e5 ♘fd7 15.g4 ♘c6 16.g5 hxg5 17.♘f1 ♘d4?! 18.♘xd4 cxd4 19.♘d2 f5?! 20.exf6 gxf6 21.♗xe6 ♘e5 22.f4! ♕d6 23.f5 ♔g7? 24.♘f3 ♘xf3 25.♕xf3 ♖h8 26.♗f4 ♕d8 27.♕h5 ♗g8 28.♖xg5+ 1-0, M.Hofmann-Utasi, Groningen 1982/83. Die Situation ist ein klein wenig anders: Der ♗g2 muss erst wegziehen, und hier ist es der Bauer auf h6 (und nicht auf f6), der Weiß hilft, die g-Linie zu öffnen. Der Weißspieler verdient also Lob für seine Originalität!

1...e5 2.♗b2 ♘c6 3.c4 ♘f6 4.e3 ♗e7 5.a3 0-0 6.♕c2 ♖e8 7.d3 ♗f8 8.♘f3 a5 9.♗e2 d5 10.cxd5 ♘xd5 11.♘bd2 f6 12.0-0 ♗e6

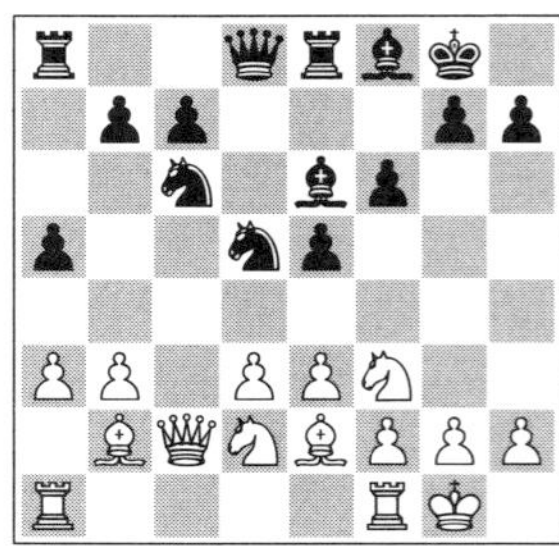

Auch hier ist es sehr hilfreich, wenn man mit der Idee vertraut ist, anderenfalls würde man sich wohl für einen Standard-Entwicklungszug wie 13.♘e4 entscheiden.

13.♔h1!? ♕d7 14.♖g1 ♖ad8 15.♘e4 ♕f7 16.g4 g6

Der Vorstoß g4-g5 droht im Moment nicht so sehr, da Schwarz mit ...f6-f5 den Königsflügel geschlossen halten kann. Nichtsdestotrotz hat Weiß mit seiner Umgruppierung am Königsflügel den Druck erhöht und etwas Raum gewonnen.

17.♖g3

17.g5 f5 18.♘ed2 ♗g7.

17...♗g7 18.♖ag1 ♘b6 19.♘c5 ♗c8 20.♘h4 ♘d7

Eine fragwürdige Umgruppierung. Freilich stand Andersson zum Zeitpunkt dieser Partie erst am Beginn seiner Karriere.

21.♘e4 ♘f8 22.♘f5!

Ein weiteres bekanntes Konzept, das häufig in bestimmten Abspielen der Spanischen Hauptvariante anzutreffen ist. Der Springer besetzt das Feld f5, und das Schlagen würde zu einer verhängnisvollen Öffnung der g-Linie führen.

22...♗e6 23.♘c5 ♘e7? 24.♘xg7! ♔xg7 25.g5!

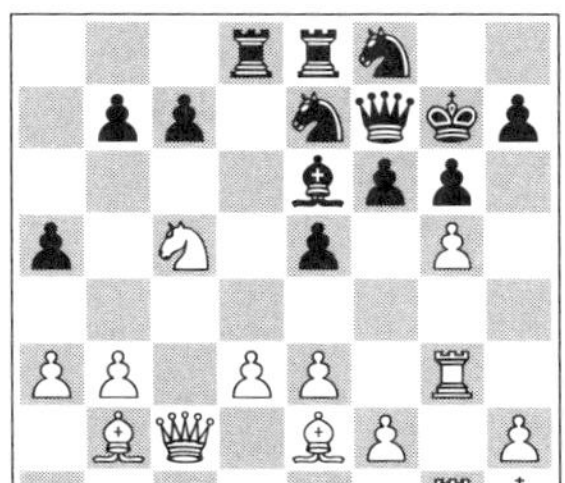

Verlängert drastisch die Reichweite des Läufers auf der langen Diagonale. Weiß steht jetzt auf Gewinn.

25...♘f5 26.♖f3 b6 27.gxf6+ ♔h8 28.♘xe6 ♖xe6 29.d4 exd4 30.♗c4 d3 31.♗xd3 ♖xd3 32.♕xd3 ♖d6 33.♕c4 ♘e6 34.♗e5 ♖d8 35.h4 ♘d6 36.♕g4 ♘f8 37.h5 ♘e8 38.e4 ♖d2 39.♖h3 ♔g8 40.hxg6 ♘xg6 41.f4 ♔f8 42.♕g5 ♘d6 43.♗xd6+,

... und die Schau war vorbei.

Beliebtheit im Igel

Ich denke, genau jene Partie legte den Grundstein zur Beliebtheit des Motivs. In Igel-Stellungen ist diese Umgruppierung sicherlich eine weithin bekannte Methode, um Raum am Königsflügel zu gewinnen, doch inzwischen wurden gefährliche Gegenmittel für Weiß gefunden. Siehe unsere übernächste Partie für zwei jüngere Beispiele.

Mark Taimanow
Artur Jussupow
UdSSR 1982

1.d4 ♘f6 2.c4 c5 3.♘f3 cxd4 4.♘xd4 b6 5.♘c3 ♗b7 6.f3 e6 7.e4 d6 8.♗e2 a6 9.♗e3 ♘bd7 10.0-0 ♗e7 11.♕d2 0-0 12.♖fd1 ♖c8 13.♖ac1 ♕c7 14.♗f1 ♖fe8 15.♔h1 ♕b8 16.♕f2 ♗d8 17.♘b3

Nimmt vorerst vom Vorstoß b2-b4 Abstand. Dies ist reichlich harmlos, Schwarz hat jetzt Zeit für...

17...♗c7 18.♕g1

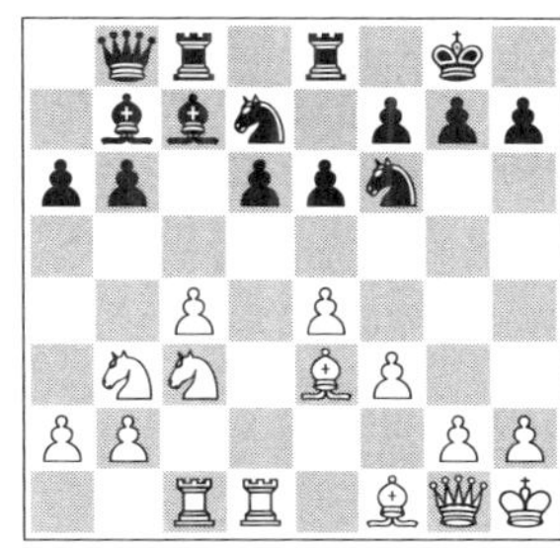

18...♔h8!?

Und es geht wieder los!

19.♖c2 ♖g8 20.♖cd2 g5 21.♗d4 ♖g6

21...g4 schien auch sofort möglich, 22.f4 wird mit 22...g3 beantwortet.

22.♘c1 ♖cg8 23.♘d3 ♕f8 24.♖e1

Hier war eine gute Gelegenheit, die g-Linie mit 24.g4 zu blockieren.

24...g4 25.fxg4

25.f4 g3 26.h3 e5 27.♗e3 ♘xe4.

25...e5 26.♗e3 ♘xg4 27.♘d5 ♗d8

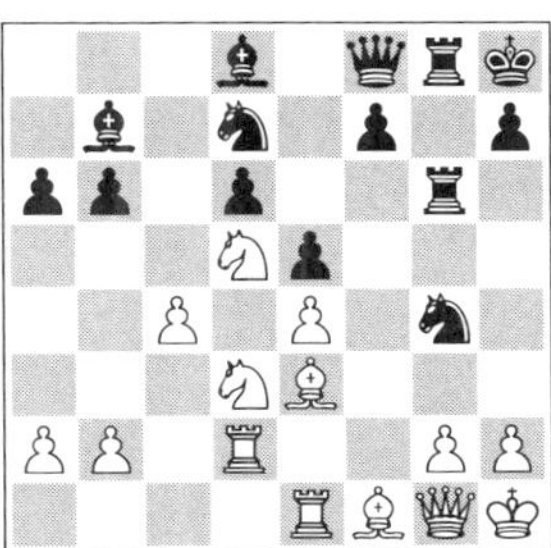

Nun steht Schwarz klar besser, seine Figuren arbeiten wunderbar zusammen.

28.♘f2 ♗h4 29.♖ee2 ♘xe3 30.♘xe3 ♗xf2 31.♕xf2 ♗xe4

Das war's im Prinzip. Schwarz gewann nach einigen beiderseitigen, vermutlich zeitnotbedingten Ungenauigkeiten:

32.♘f5 ♘c5 33.♘g3 ♗a8

33...♗d3!.

34.Td1 Se6

34...f5!.

35.Dxb6 Sf4 36.Tf2 Dh6 37.Kg1 Dh4 38.Db3

38.Txd6 Txg3 39.hxg3 Sh3+ 40.gxh3 Dxg3+ 41.Tg2 Lxg2 42.Df2.

38...Th6 39.Txf4 exf4 40.Dc3+ f6 41.Sf5 Txg2+ 42.Lxg2 Dxh2+

0-1

Ein paar neuere Igelpartien

Twan Burg
Emilio Cordova
Barcelona 2011

1.e4 c5 2.Sf3 a6 3.c4 e6 4.d4 cxd4 5.Sxd4 Sf6 6.Sc3 Lb4 7.Ld2 Dc7 8.a3 Le7 9.Le3 d6 10.Le2 b6 11.Tc1 0-0 12.0-0 Lb7 13.f3 Sbd7 14.b4 Tac8 15.Db3

15.Dd2 Db8 16.Tc2 (16.Tfd1 Ld8 17.Kh1 Lc7 18.Lg1 Kh8 19.De1 Tg8 20.Sa4 g5 21.c5, Grischuk-Sawtschenko, Moskau 2010) 16...Ld8 17.Kh1 Lc7 18.Lg1 Kh8 19.Tb1 Tg8 20.Sa4 g5 21.c5, Hungaski-Padurariu, Amsterdam 2012, wären zwei Beispiele, in denen Weiß eine rechtzeitige Gegenaktion am Damenflügel anbringt.

15...Db8 16.Tfd1

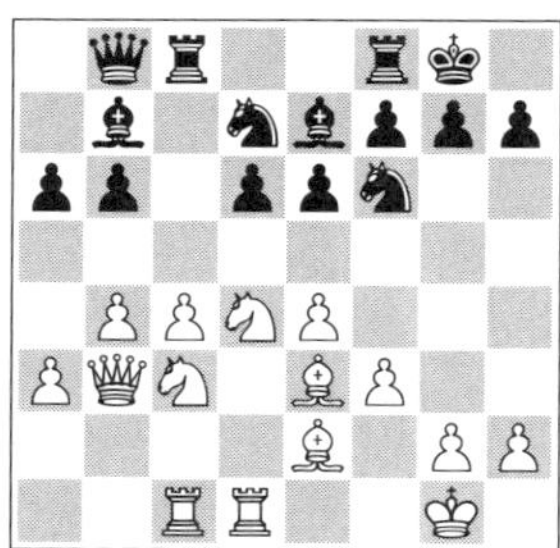

16...Kh8!?

Normal ist hier 16...Ld8 oder 16...Tfe8.

17.Lf1 Tg8 18.Da2 g5 19.h3 h5

Ein ehrgeiziger und unüblicher Folgezug.

20.Dd2 g4 21.hxg4 hxg4 22.Lg5 gxf3 23.Sxf3 Tg6 24.Df4 Tcg8

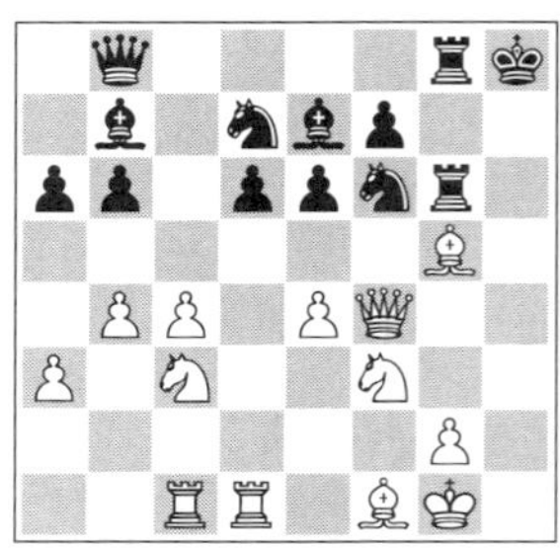

25.Dh4+

Ein fragwürdiges Manöver, das letztlich Schwarz die h-Linie in die Hand spielt.

25...Kg7 26.Ld3 Th8 27.Df4 Sh5 28.De3 Lxg5 29.Sxg5 Se5

29...Dd8 30.Sf3 Sg3 hätte dem Nachziehenden bereits entscheidende Initiative gegeben.

30.Le2 Dd8 31.Sh3 Sg3

Schwarz hat schrecklichen Angriff, der ihm den Gewinn garantieren sollte. Seit 16...Kh8 war Weiß nur in der Defensive und nicht in der Lage, ein eigenes Spiel aufzuziehen.

Raumgewinn

Liu Qingnan
Nigel Short
Bangkok 2012

Hier eine relativ aktuelle Partie von einem Spitzengroßmeister, bei der Schwarz diese Umgruppierung am Königsflügel sogar vornimmt, ohne Aussichten auf eine rasche Öffnung der g-Linie zu haben.

1.e4 c5 2.Sf3 Sc6 3.d4 cxd4 4.Sxd4 Db6 5.Sb3 Sf6 6.Ld3 e6 7.0-0 Le7 8.Le3 Dc7 9.f4 d6 10.c4 Sb4 11.Sc3 Sxd3 12.Dxd3 0-0 13.Tac1 b6 14.Ld4 Lb7 15.f5 Tad8 16.Dg3

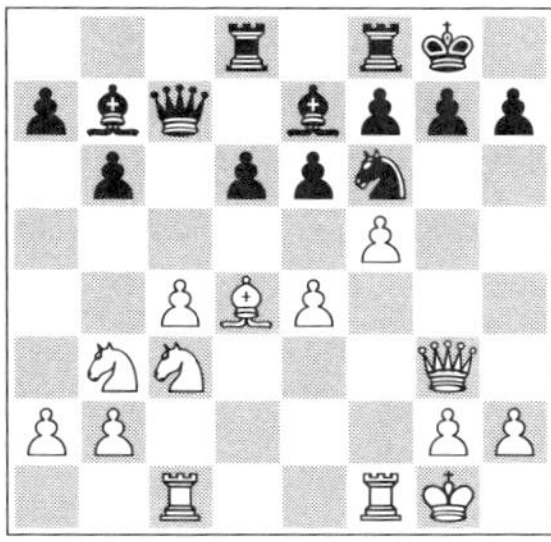

16...♔h8 17.♘d2

Nach 17.fxe6 fxe6 18.c5 bxc5 19.♘xc5 ♕c8 20.♘xb7 ♕xb7 wäre Schwarz ok.

17...♕d7 18.♖cd1 ♖g8 19.♕h3 e5 20.♗e3 g5

Hier ist dieses Manöver aus defensiven Notwendigkeiten geboren. Schwarz verhindert den weißen Plan g2-g4-g5 oder ♘d2-f3-g5.

21.g4 ♕e8 22.a4 ♖c8 23.b3 ♖g7 24.♘b5!? a6 25.♘c3 h5

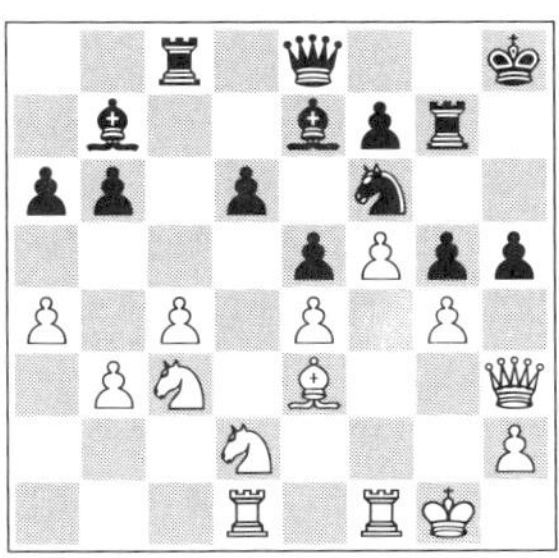

Nun entbrennt ein scharfer und komplizierter Kampf.

26.♗xb6 ♖h7 27.♘d5 ♗xd5 28.exd5 hxg4 29.♕g2 ♗d8

Besser sieht das sofortige 29...♖h3 aus, und erst nach 30.c5 - 30...♗d8. Der Textzug treibt den weißen Läufer auf einen aktiveren Posten, während Schwarz durch den Einschub von ...♗d8 nichts gewinnt.

30.♗e3 ♕g8 31.c5 ♖h3 32.♘c4 dxc5 33.♖fe1

33.d6 sieht gleichfalls stark aus und stünde im Einklang mit Fischers Diktum, wonach Freibauern vorgestoßen werden müssen.

33...e4 34.♘e5 ♖b8 35.♕b2

Verlockend, doch das sofortige 35.♘xg4, was zugleich den Turm angreift, war stärker. Nun übernimmt Schwarz die Führung.

35...g3 36.♖e2 ♕h7 37.♘c6 gxh2+ 38.♔h1 ♕h5! 39.♖de1 ♖xb3 40.♕xb3 ♕f3+ 41.♖g2 ♘h5 42.♗d4+ cxd4 43.♕xf3 exf3 44.♘xd8 fxg2+ 45.♔xg2 h1♕+

Alles läuft für herrlich zusammen für Schwarz Er gewann nach...

46.♖xh1 ♘f4+ 47.♔f2 ♖xh1,

... da Weiß den Turm nicht zurückschlagen konnte.

Die Quelle von Fischers Inspiration?

Erwin Nievergelt
Paul Keres
Zürich 1959

Und nun wiederum ein älteres Beispiel aus einer völlig anderen Eröffnung. Natürlich ist es sehr sinnvoll, mit den typischen Mittelspielkonturen einer konkreten Eröffnung vertraut zu sein, doch wie Sie sehen ist es genauso wichtig, Ideen aus einer Aufstellung auf eine andere zu übertragen.

1.e4 e5 2.♘f3 ♘c6 3.♗b5 a6 4.♗a4 ♘f6 5.0-0 ♗e7 6.♗xc6 dxc6 7.d3 ♘d7 8.♘bd2 0-0 9.♘c4 f6

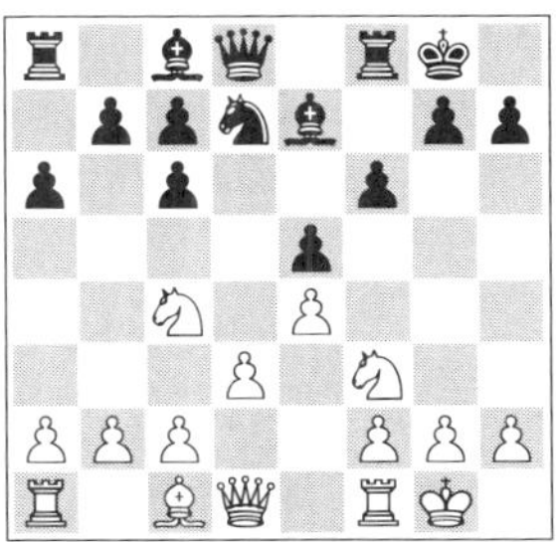

10.♔h1

Hier ist 10.♘h4 der bei weitem beliebteste Zug.

10...♘c5 11.♘e3

Und nach 10.♔h1 lässt Weiß meist 11.♘g1 folgen, mit der Absicht f2-f4. Ein weiterer kleiner Plan, den man sich merken sollte, und der auch von Schwarz in Stellungen aus der Italienischen Eröffnung verfolgt wird.

11...♕e8 12.♖g1 ♘e6 13.g3

Zunächst ein vorsichtiger Beginn!

13...♗c5 14.♘h4 g6 15.♕f1 ♘g7 16.♗d2 ♗e6 17.a3 ♖f7 18.♖e1 ♕d7 19.♕e2 ♖e8

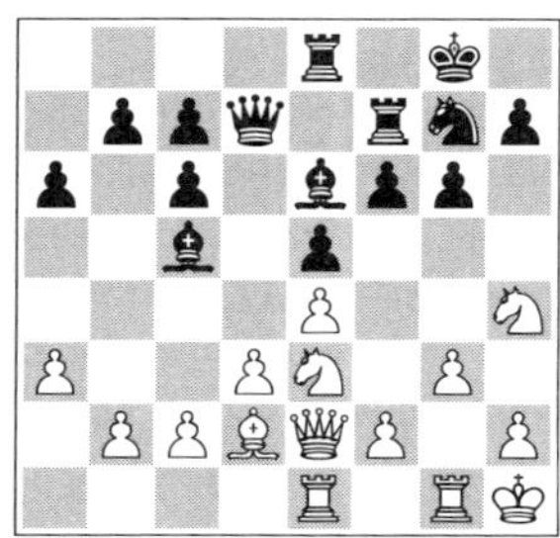

20.g4!

Erst jetzt! Schwarz wird einige Zeit brauchen, um seinen Springer nach f4 zu bringen.

20...♕d8 21.♖g3 ♗c8 22.♖eg1 ♗f8

22...♘e6 23.♘ef5 und nun 23...♗f8 würde zur Partie führen.

23.♘ef5

Erinnern Sie sich an Fischer-Andersson? Wie es aussieht, musste Fischer diesmal nicht irgendwelche obskuren Turnierbulletins durchblättern, um sich mit dieser Idee vertraut zu machen. Er nahm nämlich als damals 16-jähriger an diesem Turnier teil und teilte mit Keres den 3.-4. Platz hinter dem Sieger Tal sowie Gligoric.

23...♘e6

23...gxf5 24.gxf5, und nach ♕h5 wird Schwarz kaum dem Druck standhalten können.

24.g5 ♘f4 25.♕f3 ♗g7 26.♘h6+ ♗xh6 27.gxh6

Schwarz ist in Schwierigkeiten.

27...g5 28.♗xf4 exf4 29.♕xf4

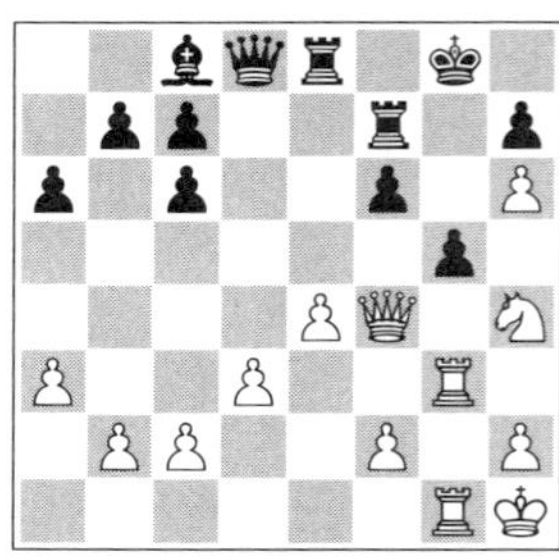

29...♕d6

29...♔f8 30.♘f5 ♖e5 wurde im Turnierbulletin als Verbesserung angegeben (das waren noch Zeiten...), doch nach 31.♖xg5 fxg5 32.♕xe5 ♗xf5 33.exf5 ♕f6 34.♕xf6 ♖xf6 35.♖xg5 ♖xh6 36.♔g2 ♔f7 37.♔g3 ♔f6 38.h4 gewinnt Weiß.

30.♕xd6 cxd6 31.f4 d5 32.fxg5 dxe4 33.gxf6+ ♔h8 34.dxe4 ♖xf6 35.♖g7 ♖xh6 36.♘f3 ♖f6 37.♘e5 ♗e6 38.♖xb7 ♗g8 39.♘g4 ♖g6 40.♘f2 ♖f6

Natürlich sollte Weiß auf Gewinn stehen, doch in der Partie gelang es Keres, eine Sensationsniederlage zu vermeiden und zum Remis zu entkommen.

Alexander Morosewitsch
Luke McShane

Moskau 2012

Die Zutaten zum Nievergelt-Manöver sind inzwischen Usus, z.B. in Stonewall-Stellungen. Im vorliegenden Fall attackiert ...g7-g5 jedoch unmittelbar den Doppelbauern auf f4 und droht, die g-Linie zu öffnen. Während man mit dem ursprünglichen Nievergelt-Manöver lediglich irgendwann auf eine halboffene g-Linie hoffen kann. Um Ihr Gedächtnis aufzufrischen – Wiederholung ist ein wichtiger Stützpfeiler des Lernerfolgs – schließen wir mit einer relativ aktuellen Spitzenpartie, in der Schwarz die Basiszugfolge erfolgreich anwandte.

1.d4 d5 2.c4 c6 3.♘f3 ♘f6 4.♘c3 a6 5.e3 b5 6.b3 ♗g4 7.h3 ♗xf3 8.gxf3 ♘bd7 9.♗g2 e6 10.♗d2 ♗e7 11.f4 0-0 12.0-0 bxc4 13.bxc4 ♘b6 14.c5 ♘c4 15.♗e1

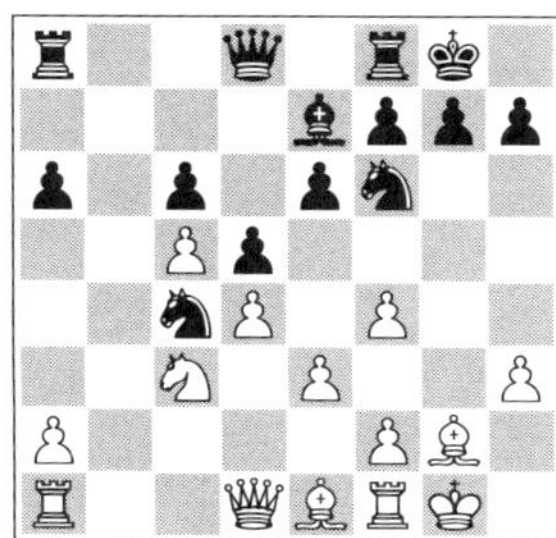

15...♔h8

Ich hoffe, es sollte Ihnen keine Schwierigkeiten mehr bereiten, diesen Zug zumindest in Erwägung zu ziehen.

16.♘e2 ♖g8 17.♘g3 g5

Hier sehen Sie den Unterschied. Es wird unmittelbar Spannung aufgebaut: Schwarz droht, auf f4 zu nehmen.

18.♕f3

Weiß erlaubt die Öffnung der g-Linie ohne Entdopplung seines f-Bauern.

18...g4 19.hxg4 ♘xg4 20.♖c1

Bereitet ein mögliches Qualitätsopfer auf c4 vor.

Das Hauptproblem von Weiß ist indes der schlecht platzierte ♗e1.

20...♕f8 21.♗h3 ♘f6 22.♔h2 ♖b8 23.e4

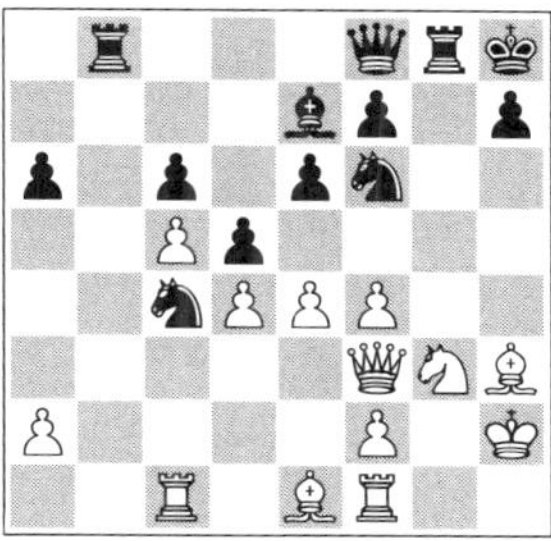

Wenn Weiß zu e4-e5 und f4-f5 käme, wäre er in hervorragender Verfassung. Doch nun ist es Schwarz, der die Gelegenheit zu einem Qualitätsopfer wahrnimmt.

23...♖xg3! 24.fxg3 dxe4 25.♕c3 ♘b2

25...♕h6.

26.♖b1 ♘d5 27.♕d2 ♘c4 28.♖xb8 ♕xb8 29.♕e2 ♘ce3 30.♖h1 ♗f6

Die Stellung von Schwarz ist leichter zu spielen. Morosewitsch begeht gleich im 32. Zug einen Fehler, der die Partie praktisch beendet.

31.♗g2 ♗xd4 32.♗xe4? ♘xf4 33.gxf4 ♕xf4+ 34.♗g3 ♕xe4 35.♖e1 ♕f5 36.♗d6 ♘g4+ 37.♔g2 ♘e3+ 38.♔h2 e5 39.♖g1 ♕f4+ 40.♔h3 ♕h6+ 0-1

Zusammenfassung

Das Nievergelt-Manöver ist ein originelles Mittel zum Raumgewinn in Stellungen, die etwas Zeit erlauben. Es ist typisch für Sizilianisch- oder Igel-Stellungen, doch längst nicht auf diese Eröffnungen beschränkt. Der g-Bauer unterstützt mitunter einen Killerspringer (auf f5/f4) und kann mit seinem weiteren Vorrücken die g-Linie oder die lange Diagonale freilegen. Fischer hatte sich mit Sicherheit an Nievergelts Vorbild erinnert.

Kapitel 32

Majestätische Manöver

In der Hitze des Gefechts einen Spaziergang mit dem König einzulegen – mitunter die logischste Sache der Welt, kommt dies in anderen Fällen recht überraschend.

Althergebrachte Logik

Wir beginnen mit einem Klassiker mit der französischen Eröffnung, der seitdem viele Nachahmer gefunden hat.

Emanuel Lasker
Andor Lilienthal
Moskau 1936

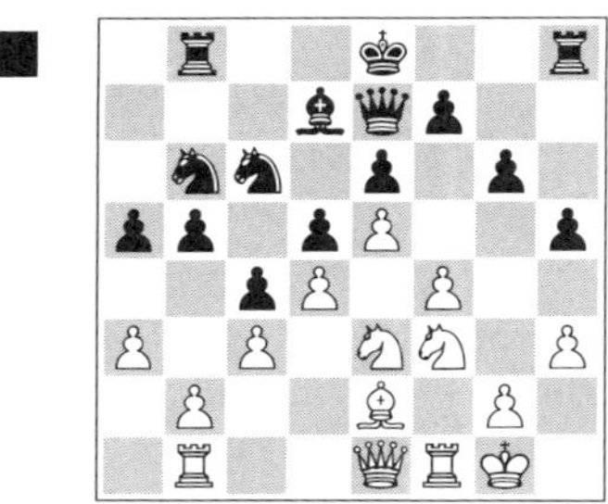

23...♔d8!

Lassen Sie uns hören, was Lilienthal zu dieser Entscheidung zu sagen hat: „Schwarz muss seinen Turm von h8 ins Spiel bringen. Doch zu rochieren wäre gefährlich: Weiß wäre für einen Angriff am Königsflügel bestens vorbereitet. Mithin entschied ich mich, meinen König in die entgegengesetzte Richtung zu schicken."

Hört sich vernünftig an, nicht wahr? Sie sehen ja, dass die Stellung geschlossen ist und der König somit auf c7 sicher sein wird. Und wenn Schwarz zur Öffnung der b-Linie mit ...b5-b4 ansetzt, kann der König dies sogar unterstützen, indem er wichtige Einbruchsfelder deckt.

24.♗d1

Antizipiert ...b5-b4.

24...♔c7

Lasker beabsichtigte, 24...b4 mit 25.axb4 axb4 26.♖a1 ♖a8 27.♖xa8+ ♘xa8 28.♗a4 zu beantworten. Danach könnte Schwarz mit 28...♘xd4 oder 28...♘xe5 einen Bauern gewinnen, doch in beiden Fällen erhält Weiß als Kompensation einen starken Zentrumsspringer.

25.♕d2 ♖b7

Lilienthal hielt dies später für zu vorsichtig und schlug 25...b4 26.axb4 axb4 vor, wobei er anmerkte, dass Schwarz nach 27.♗c2 nebst ♘f3-g5 mit b2-b3 rechnen müsste – eine logische Gegenmaßnahme gegen einen solchen frühzeitigen Königsausflug. In der Tat wäre das sofortige 27.b3 ernsthaft zu erwägen.

26.♘g5 ♔b8 27.♗e2 ♗c8 28.b3

Lasker hält die Zeit für gekommen, den „gegnerischen Flügel" zu öffnen.

28...♕xa3

„Nach seinem unentschlossenen 25. Zug wird Schwarz auf einmal äußerst wagemutig" (Lilienthal zu seiner eigenen Zugwahl!). Im weiteren Verlauf gewann Lilienthal gegen den vormaligen Weltmeister eine komplizierte Partie, doch hier hielt er 28...♗d7, was ...♔a7 und ...♖hb8 plant, für die bessere Fortsetzung.

Eine Schlacht auf zwei Flügeln

Joseph Sanchez
Sabino Brunello
Mailand 2012

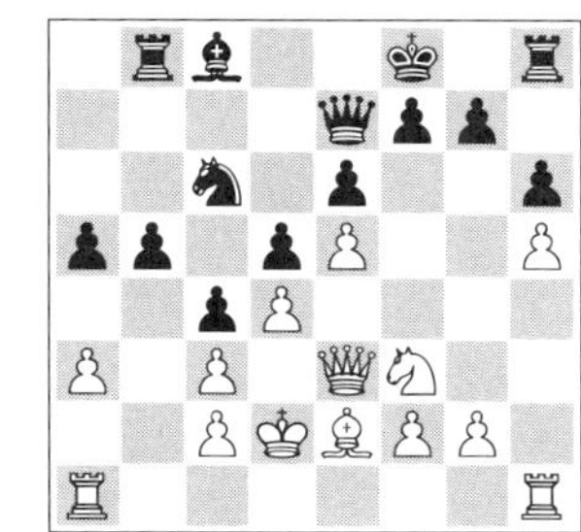

Hier ein modernes Beispiel. Dieselbe Bauernstruktur wie im ersten Beispiel, doch diesmal mit dem weißen König auf d2. Vielleicht ist es dadurch leichter für Weiß, seine Bauern am Königsflügel vorzurücken, doch andererseits ist sein König verwundbarer, wenn es Schwarz gelingt, am Damenflügel durchzubrechen.

17...♔e8!

Tritt in Lilienthals Fußstapfen! Der König bewegt sich zu einem sichereren Aufenthaltsort, zugleich soll vor Aktionen am Damenflügel die Verbindung der Türme vorbereitet werden.

18.g4 ♗d7 19.♖hg1 b4 20.axb4 axb4 21.♖gb1

21.g5 hxg5 22.♖xg5 bxc3+ 23.♕xc3 ♔f8 24.♖ag1 ♖a8!, und Schwarz ergreift die Initiative.

21...♔d8 22.cxb4 ♖xb4 23.♕c3 ♖xb1 24.♖xb1 ♔c7

Mission erfüllt. Schwarz steht bereit, seinen Königsturm ins Spiel zu bringen, während der König auf c7 sicher steht.

25.♖b5?! ♖a8 26.♖c5

Ein recht unglückliches Manöver. Der Turm kann auf sich allein gestellt nicht viel ausrichten und wirkt hier eher deplaziert.

26...♕d8 27.♕b2 ♕b8 28.♕xb8+

Oder 28.♖b5 ♕a7 mit der Drohung 29...♘xe5 30.dxe5 ♗xb5 31.♕xb5 ♖b8.

28...♖xb8

Nachdem die Damen vom Brett sind, hat der schwarze Turm freie Hand, während sein Gegenspieler weiterhin auf c5 eingesperrt ist. Schwarz gewann leicht.

Schlacht auf nur einem Flügel

Darwin Yang
Gata Kamsky
Philadelphia 2011

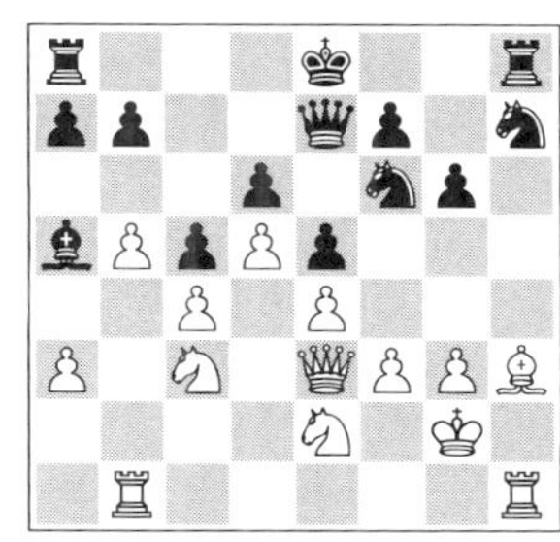

Es ist sehr wahrscheinlich, dass die Schlacht hier nur auf dem Königsflügel ausgetragen wird. Kamsky ergreift mithin angemessene Vorbereitungen.

26...♔d8 27.♘a2 ♔c7 28.♘ac1 ♖af8

Damit hat Schwarz seine künstliche Rochade abgeschlossen. Derweil versucht Weiß, Spiel am Damenflügel zu erlangen.

29.♘b3 ♗b6 30.a4 ♔b8

Genau rechtzeitig.

31.a5 ♗d8!

Dies ermöglicht dem Nachziehenden, den Damenflügel geschlossen zu halten, ganz gleich ob Weiß seinen a- oder b-Bauern vorrückt. Dies erinnert sehr an Petrosjans 18...a6! aus der 7. WM-Partie 1966 gegen Spasski. Schwarz hat nach wie vor am Königsflügel einen weiten Weg vor sich, doch zumindest ist sein eigener König – ganz im Gegensatz zum weißen – endgültig aus der Schusslinie,

und es gelang ihm später, seinen Kontrahenten zu überlisten.
Ein weiteres schönes Beispiel, in welchem sich der König aus dem Schlachtfeld entfernt, ist Schubarew-Shyam, Chennai Open 2010.

Vorbereitungen für das Endspiel

Daniel Fridman
Viswanathan Anand
Baden-Baden 2013

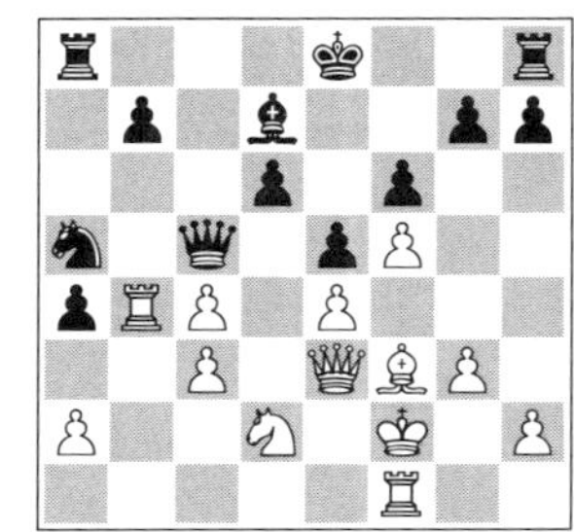

Die Vorbereitung auf ein Endspiel kann gleichfalls ein stichhaltiger Grund für einen kleinen Spaziergang mit dem König sein. In der Diagrammstellung werden die Damen höchstwahrscheinlich vom Brett verschwinden, und mithin hätte Schwarz seinen König lieber in der Mitte, z.B. auf e7. Doch damit war Anand anscheinend nicht zufrieden, und so schickte er seinen König nach c7, wo er auch den Bauern auf b7 verteidigt.

22...♔d8 23.♗d1

Eine Alternative war 23.♖fb1, was das Feld f1 für den Springer räumt.

23...♔c7 24.♗xa4

Angesichts des verdoppelten c-Bauern kann man nicht so recht von einem weißen Mehrbauern sprechen. Obwohl Weiß seinen schlechten Läufer los wird, ist es Schwarz, der mit den aktiveren Figuren verbleibt.

24...♘c6 25.♗xc6 ♗xc6 26.♕xc5

26.♖b2 ♖a3 27.♘b1 ♖a4 28.♘d2 ♖ha8, und Schwarz ist obenauf.

26...dxc5 27.♖b2 ♖a3 28.♘b1 ♖a4 29.♘d2 ♖d8

Auch nach 29...♖ha8 30.g4 ♖xa2 31.♖xa2 ♖xa2 32.♔e3 stünde Schwarz besser, doch der Weiße hätte zumindest eine gewisse Kräftekoordination erreicht.

30.♖e1 ♖d6 31.g4 ♗e8

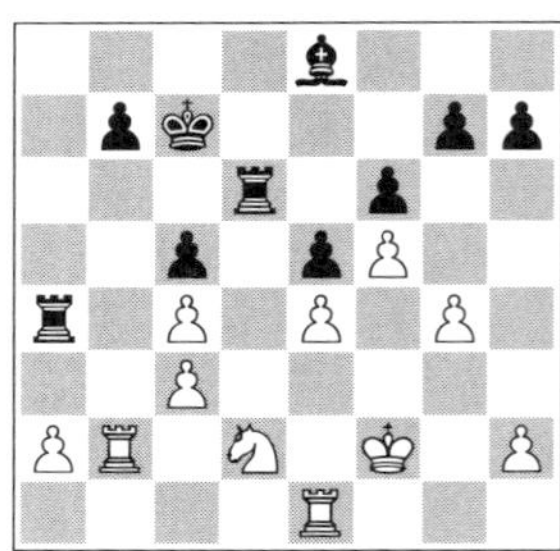

Nun wird offensichtlich, warum es vorteilhaft ist, den König bereits auf c7 zu haben. Somit hat der Königsmarsch dem Nachziehenden eine leicht verbesserte Version des anstehenden Endspiels eingebracht. Später hatte Anand echte Gewinnchancen, bevor die Partie schließlich doch remis endete.

Ein sinnloses Schachgebot?

Luc Winants
Stefan Beukema
Niederlande 2012/13

1.d4 f5 2.♘c3 ♘f6 3.♗g5 d5 4.♗xf6 exf6 5.e3 ♗e6 6.♘h3 g5 7.♗e2 ♕d7 8.♗h5+

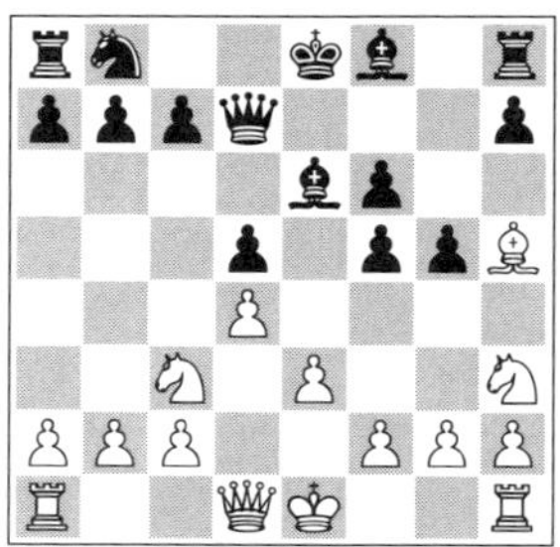

Schwarz hat sich auf eine ambitionierte Aufstellung (...g7-g5) eingelassen, und der folgende Königszug ist konsequent. Die eigentliche Frage ist aber, ob das Schachgebot sinnvoll ist oder nur scheinbar stark. In der einzig anderen Partie, in der diese Stellung erreicht wurde, folgte 8.f4 (anstelle von ♗e2-h5+). Ähnliche Beispiele, in denen ein Läufer auf h5 feststeckte, sind Nasri-Reinderman, Dschakarta 2011, und, weniger relevant, Schwierskott-Schirow, Mainz (Schnellschach) 2010.

8...♔d8

Nach 8...♗f7 würde Schwarz eine wichtige Verteidigungsfigur verlieren, z.B. 9.♗xf7+ ♕xf7 10.♕f3 ♗b4 11.0-0 ♗xc3 12.♕xf5.

9.♘g1

Der Springer erfüllt auf h3 keinerlei Aufgabe, also beginnt Winants, seine Figuren umzugruppieren. Schwarz nützt die Zeit, für seinen König einen guten Flecken auf der anderen Brettseite zu finden.

9...♘c6 10.♘ge2 ♘e7 11.f3 c6 12.♕d3 ♔c7 13.0-0-0 ♘c8

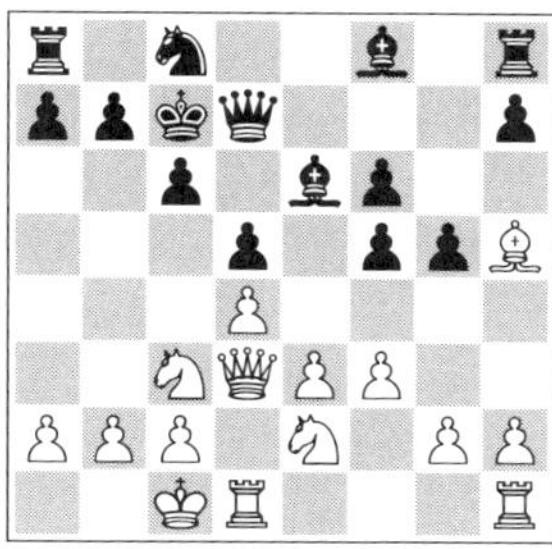

14.g4

Hier wirkt 14.e4 logisch, was versucht, die Stellung zu öffnen und von dem verwundbaren König auf c7 zu profitieren. Doch Schwarz stünde auch dann solide genug, und es sieht nicht so aus, als würde Weiß mit dem Zentrumsvorstoß viel erreichen (auch wenn der ♗h5 bei einer Stellungsöffnung wieder zum Leben erwachen könnte). In der Partie entkam Weiß mit Glück zum Remis.

Mit Schwerfiguren

Tania Sachdev
Robert Hübner
Prag 2011

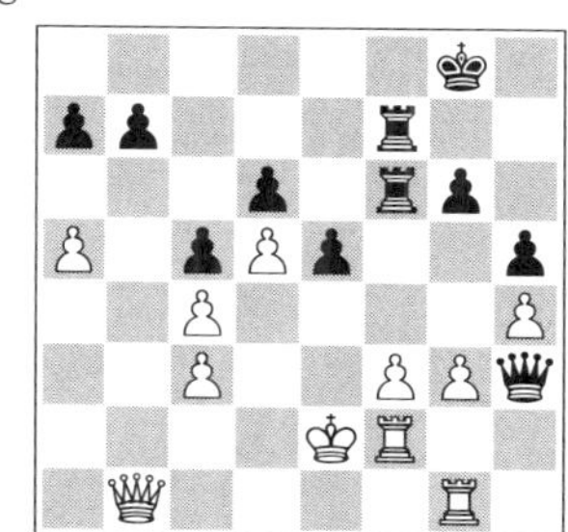

Wie Sie vielleicht wissen, ist die Königsstellung in Schwerfigurenendspielen von entscheidender Bedeutung. Die Initiative gegen einen verwundbaren König ist in derartigen Positionen ein großer Vorteil. Somit verwundert es nicht, dass wir in Schwerfigurenendspielen mitunter Königsmärsche sehen. Hier hat Schwarz die Oberhand, doch er muss erst noch am Königsflügel durchbrechen. Hierfür bringt er zunächst seinen eigenen König in Sicherheit. Das erinnert stark an Petrosjan-Unzicker, Hamburg 1960, wo der zukünftige Weltmeister in überlegener Stellung zunächst seinen König von g1 nach b1 brachte, bevor er seine Offensive am Königsflügel startete.

34...♔f8! 35.♔e3 ♖g7 36.♕e4 ♔e8 37.♔d2 ♔d8 38.♕e3

Vielleicht war das aktivere 38.f4 einen Versuch wert. Es könnte sich auch lohnen, 38.a6 einzuschieben, um ein paar Einbruchsfelder (zumindest c6) für die Dame zu erhalten.

38...♖gf7 39.♕g5 ♔c7 40.♖gf1?! ♕d7!

Droht über den Damenflügel einzubrechen und den weißen König bloßzustellen.

41.♖a1 ♕e8 42.♕e3 ♖f5 43.♔c2 ♕d8 44.♖af1 ♔b8 45.♖a1 a6 46.♔d2 ♔a7 47.♔e2

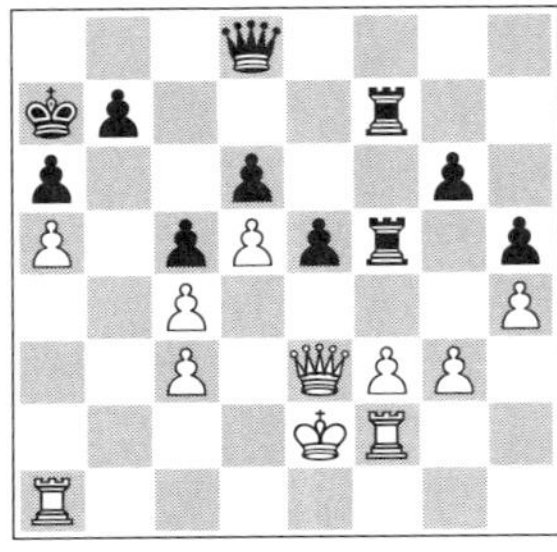

47...g5

Endlich, und zugleich auch entscheidend!

48.hxg5 ♖xg5 49.♖g2 ♖gf5 50.♖h2 ♕g8 51.♖f2 ♕xg3 und **0-1**

Dableiben oder gehen?

Viswanathan Anand
Magnus Carlsen
Monaco 2011 (Schnellschach)

❑

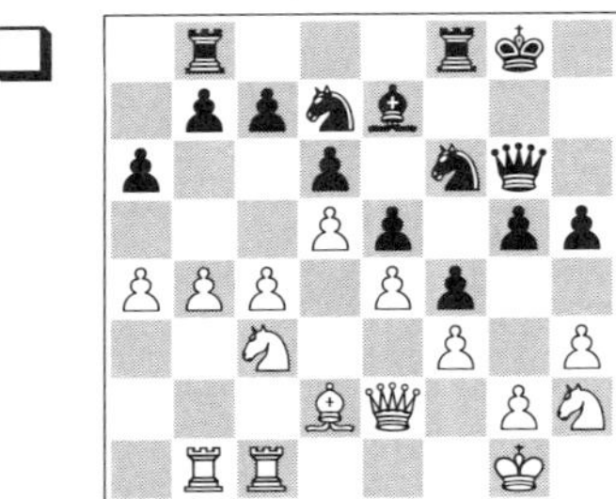

Ein typischer königsindischer Kampf auf zwei Flügeln, hier allerdings aus einem Spanier entstanden. Angesichts der sechs vorigen Partieausschnitte wirkt Anands Zug völlig natürlich (man beachte, dass es sich um eine Schnellpartie handelt):

23.♔f1

Dennoch hält Carlsen dies für den falschen Plan. Er sagte zwar, für 23.♘d1 sei es wegen 23...g4 24.hxg4 hxg4 25.♘xg4 ♘xg4 26.fxg4 ♗h4 nebst ...♘f6 zu spät gewesen. Doch 23.♔h1 musste gespielt werden: Nach 23...g4 24.♖g1 steht Weiß zwar solide, doch es wird nicht leicht für ihn sein, die Initiative am Damenflügel zu behaupten.

23...♔f7 24.♔e1

Zu langsam. Der Knackpunkt ist, dass Schwarz rasch die g-Linie öffnen und ins weiße Lager eindringen kann.

24...g4 25.♔d1 gxh3 26.gxh3 ♖g8 27.♔c2 ♕g2

Schwarz droht bereits, eine Figur zu gewinnen (...♕xe2 nebst ...♖g2), derweil die weißen Königsflügelbauern leichte Angriffsziele sind. Und die weiße Damenflügelinitiative ist als Folge des Königsmarsches gänzlich zum Stillstand gekommen.

28.♖h1 ♕xe2 29.♘xe2 ♖g2 30.♔d3 ♘b6 31.♖bg1 ♖bg8 32.♖xg2 ♖xg2 33.a5 ♘xc4 34.♗c1 b5,

und Carlsen verwertete seinen Materialvorteil. Die Überführung des Königs hat hier also nicht geklappt; sie dauerte einfach zu lange und erlaubte Schwarz, seine Initiative auszubauen. Natürlich gibt es etliche weitere Beispiele, in denen der Königsmarsch nicht den erwünschten Effekt hatte (prüfen Sie zum Beispiel Lupuluscu-Bologan, Griechenland 2010, wo es Weiß gelang, den Weg zum gegnerischen König freizulegen). Nichtsdestotrotz bleibt dies eine strategische Methode, die man nicht leichtfertig verwerfen sollte!

Zusammenfassung

Schreiben Sie sich hinter die Ohren, dass auch der König im Mittelspiel eine mobile Figur sein kann! In (halb-)geschlossenen Stellungen kann er vor Beginn der Kampfhandlungen am anderen Flügel in Sicherheit gebracht werden. Auch wenn Sie bereits rochiert haben, sollte Sie das nicht davon abhalten, Seine Majestät bei Bedarf in Bewegung zu setzen – auch wenn es wie immer keine Garantie für den Erfolg gibt.

Kapitel 33

Schleichende Damen

Speziell in geschlossenen Stellungen kommt es mitunter vor, dass die Dame keinen ordentliche Position in der Brettmitte findet. In diesen Fällen muss sie sich auf einen aktiven Posten schleichen.

Umgehender Erfolg

Michael Tscharotschkin
Vladislav Nevednichy
Albena 2013

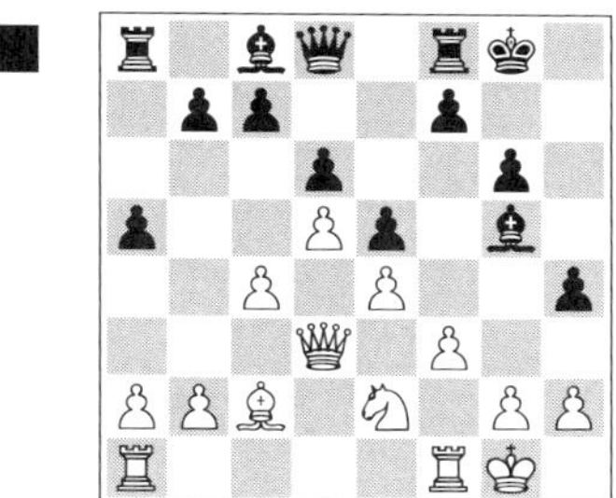

18...♗d7

Wozu dieser Zug? Steht der Läufer nicht auf c8 ebensogut? Tatsächlich hat ihn Schwarz erst drei Züge zuvor nach c8 zurückgezogen, um seinen Abtausch zu vermeiden. Siehe auch Kapitel 9: Der trügerische Läufer auf c8.

19.♖f2?

Ein tolpatschiger Zug. Weiß hat die Antwort völlig übersehen, und das schwarze Konzept geht unmittelbar auf. 19.♔h1 oder 19.♘c3 waren bessere Alternativen.

19...♕b8!

Die Dame strebt auf die Diagonale a7-g1, auf der sie weitreichende Kräfte entfaltet. Ganz wie es einem Turm helfen kann, wenn die dritte Reihe offensteht, kann der Dame solch eine offene Diagonale gut tun. Dieses Manöver ist im Königsinder recht gebräuchlich.

20.♘c3

Dank des 19. Zuges von Weiß kann der Nachziehende die Entwicklung seiner Dame gleich mit einer konkreten Drohung verbinden: ...♕a7 nebst ...♗e3. Andere Züge von Weiß stellen auch keine Probleme: 20.♖ff1 lässt Schwarz die Wahl zwischen 20...b5 oder dennoch 20...♕a7+; 20.♖af1 ♕a7 21.f4 exf4 22.♔h1 ♕e3 23.♘xf4 ♕xd3 24.♗xd3 ♖ae8, und Schwarz steht mehr als gut; 20.♔h1 ♕a7 21.♖ff1 (21.♖af1 ♗e3) lässt Schwarz nach beispielsweise 21...♕e3 sehr bequemes Spiel.

20...♕a7 21.♖e1

Verhindert 21...♗e3, verliert aber wegen...

21...♗f4

Es droht sowohl ...♗g3 wie auch ...♗xh2. Weiß warf umgehend das Handtuch.

Vielfalt in der Pirc-Verteidigung

Wladislaw Tkatschiew
Boris Gratschew
Legnica 2013

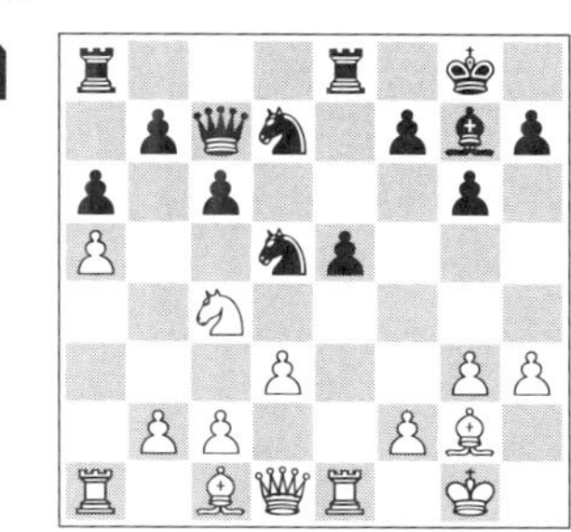

16.♗d2

Mit dem vorigen Beispiel im Hinterkopf sollte die Absicht hinter diesem kleinen Zug nun klar sein. Natürlich hätte Weiß seine Dame auch auf andere Weise entwickeln können – 16.♕e2 –, doch auch wenn dies nicht mit unmittelbaren Nachteilen verbunden wäre, stünde die Dame in der Mitte immer ein wenig exponiert.

16...♖e7 17.♕b1

Dieses Manöver ist typisch für Pirc-Stellungen in der Art wie in Brynell-McShane, Malmö 2003. In jenem Fall war der (fast erzwungene) Damentransfer weg von der d-Linie freilich weniger erfolgreich.

17...♖ae8 18.♕a2 ♘7f6 19.♕b3

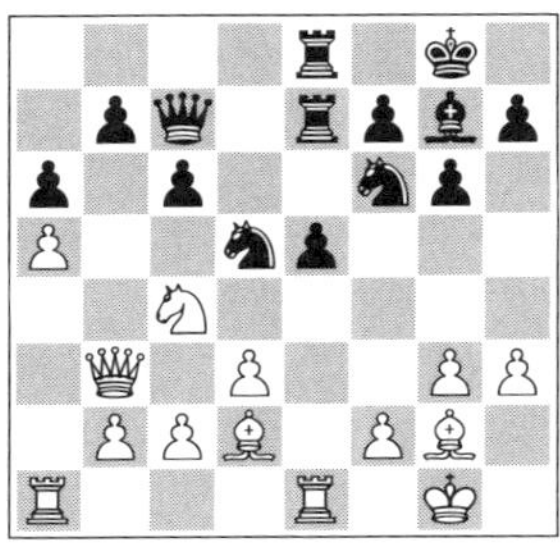

Hier ging es dem Weißen nicht so sehr um die Diagonale a2-g8, sondern darum, ganz allgemein einen aktiveren Einsatzort für die Dame zu finden.

19...h6

Meine Wahl wäre eher 19...♘d7, um die Dame an ihrem neuen Platz zu beunruhigen und den Springern, die sich gegenseitig im Wege stehen, effektiv mehr Raum zu geben. Doch auch dann wäre die weiße Stellung nach 20.♖e2 ♘c5 21.♕a3 ♘e6 22.c3 vorzuziehen.

20.♖e2 e4 21.♖ae1 exd3 22.♕xd3 ♖xe2 23.♖xe2 ♖xe2 24.♕xe2

Die Liquidierung der Zentrumsbauern wie auch der Türme hat zu einer recht symmetrischen Struktur geführt, doch mit dem Läuferpaar hat sich Weiß etwas Druck bewahrt. Es gelang ihm, seinen Vorteil in einen vollen Punkt umzumünzen.

Anatoli Matschulski
David Bronstein

Tiflis 1974

Die Französische Verteidigung kennt ein ganz ähnliches Manöver, das dort von einem sehr gefälligen Königszug eingeleitet wird. Bekannt wurde es durch die erste Partie des Kandidatenmatches 1986 zwischen Andrei Sokolow and Artur Jussupow. Somit wurde die Idee allgemein Jussupow zugeschrieben, doch tatsächlich tauchte sie bereits in einer Weißpartie seines Trainingspartners Sergei Dolmatow gegen Gerald Hertneck auf, die zuvor im selben Jahr in Lugano gespielt wurde.

Doch anscheinend gab es im Franzosen auch hierzu schon Vorläufer, wenngleich in etwas anderen Stellungen. Hier ein unterhaltsamer Beitrag zum Thema durch den stets originellen David Bronstein. (Jussupow selbst sagte übrigens, dass er von Janowski-Rubinstein, Karlsbad 1907, und Bondarewski-Botwinnik, UdSSR-Meisterschaft 1941, inspiriert wurde).

1.e4 e6 2.d4 d5 3.♘c3 ♗b4 4.e5 b6 5.a3 ♗f8 6.f4 c5 7.♘f3 ♘h6 8.♗e3 ♘f5 9.♗f2 ♘c6 10.♗b5 ♗d7 11.♗xc6 ♗xc6 12.♘e2 h5 13.g3 a5 14.♕d2 c4 15.h3 b5 16.♔f1 b4 17.axb4 ♗xb4 18.c3 ♗e7 19.♔g2

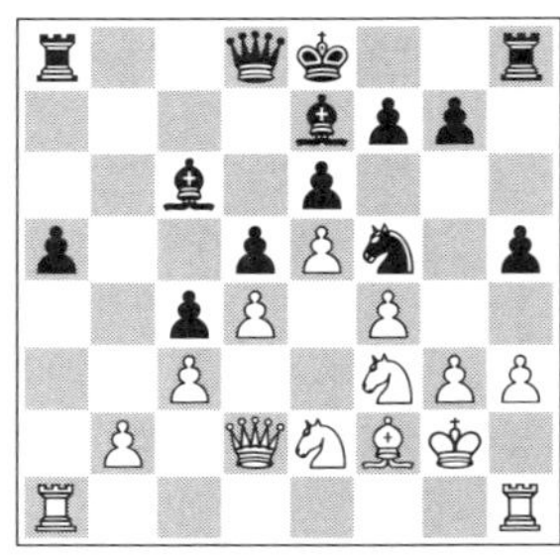

19...♔d7!

Dieser Zug, der der Dame den Weg nach h7 freimacht, wird meist durch das Schließen des Zentrums mit ...c5-c4 vorbereitet.

20.♔h2 a4 21.♘e1 ♖b8 22.♘g2 ♕g8 23.♘e3? ♕h7

Dies hätte nach dem vorigen Zug nicht mehr überraschend für Weiß kommen sollen. Er zieht nun, um die Aktivität der schwarzen Dame einzuschränken, seinen Springer zurück.

24.♘g2 ♖b7 25.♖a2 ♖hb8 26.♕c2?

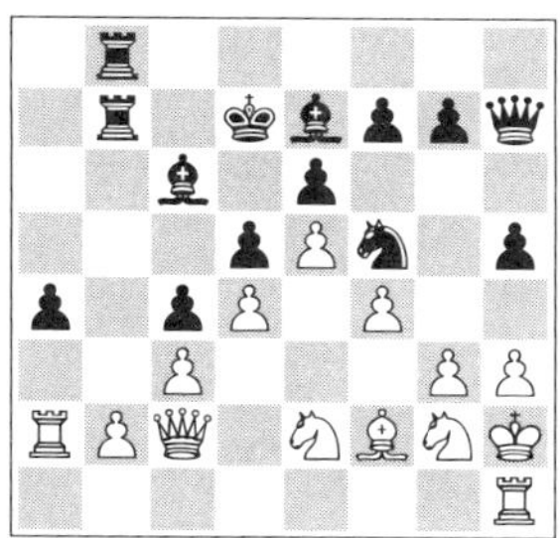

Erlaubt einen billigen Trick, mit dem Schwarz all seine positionellen Träume wahr macht.

26...♘h4 27.♖c1 ♘f3+ 28.♔h1 ♕xc2 29.♖xc2 a3 30.bxa3 ♗a4

Bronstein kontrollierte das Geschehen völlig und gewann die Partie.

Ein missratener Zwitter

Lawrence Trent
Marc Narciso Dublan
Andorra 2013

■

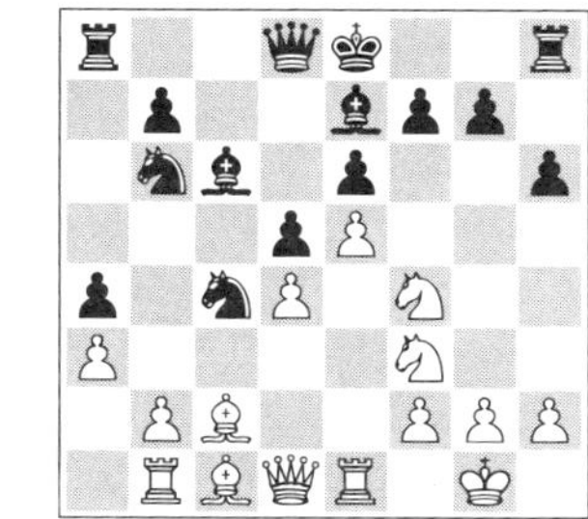

17...♔d7

Derselbe Einleitungszug wie in der Bronstein-Partie, doch offensichtlich nicht mit derselben Idee der Überführung der Dame nach h7. Tatsache ist, dass die Rochade wegen der Erwiderung ♕d1-d3 ohnehin keine Option darstellt. Doch Schwarz hätte beispielsweise mit zunächst 17...♗b5 sorgfältiger manövrieren können.

18.♘d3 ♕b8

Dasselbe Manöver wie im Königsinder, doch hier kann Schwarz damit allenfalls etwas Raum zurückerobern. Weiß kontrolliert das Zentrum besser, und der Nachziehende ist noch mit all seinen Leichtfiguren belastet. Im Unterschied zum ersten und dritten Beispiel ist weder der König noch ein Bauer auf der Diagonale a7-g1 vernünftig anzugreifen.

19.♘d2 ♕a7 20.♘c5+

Weiß hätte auch versuchen können, die schwarze Manövriererei auszunutzen, indem er mit 20.♕g4 sein Augenmerk auf den verwaisten Königsflügel richtet. Doch einstweilen will er seine Stellung am Damenflügel verbessern.

20...♔c7 21.♗d3 ♘xd2 22.♗xd2 ♘d7 23.♘xd7

23.b4! axb3 24.♘xb3, und Schwarz ist in argen Nöten.

23...♔xd7 24.♗c3 h5 25.f4 g6 26.♕f3 ♗d8 27.♖bd1 ♗b6

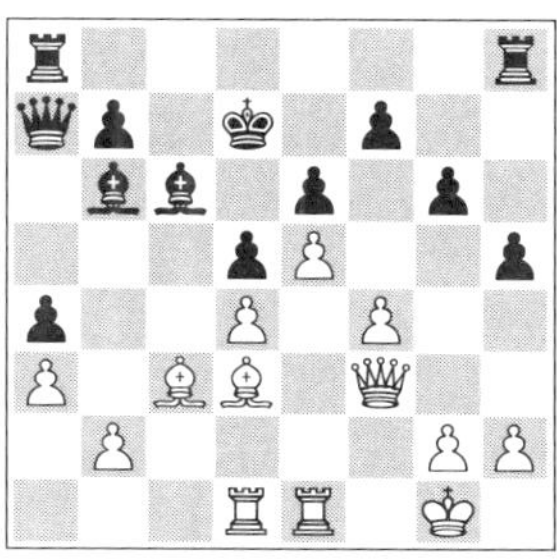

Es geht dem Nachziehenden den Umständen entsprechend gut: Zwei Leichtfiguren wurden abgetauscht, Weiß hat noch keinen Durchbruch am Königsflügel geschafft, und Schwarz entwickelt sogar ein wenig Druck gegen d4. Doch sein König und sein schlechter Läufer bereiten ihm nach wie vor einige Sorgen.

28.♗b1 ♖ac8 29.♕d3 ♕a6 30.♕f3 ♗b5

Zieht den schlechten Läufer vor die Bauernkette und ermöglicht dadurch:

31.f5! gxf5 32.♗xf5 ♖c7

32...exf5 33.♕xd5+ ♔e8 34.e6 verliert eindeutig. Nach dem Textzug konnte Schwarz schließlich noch ein Remis erhaschen.

Ein Vorläufer im Königsinder

Gyula Kluger
Laszlo Szabo
Budapest 1937

Werfen wir nun, nachdem wir die Ursprünge eines französischen Schleichmanövers beleuchtet haben, einen Blick auf ein altes Beispiel im Königsinder. Dies zugleich als heilsame Erinnerung, dass man auch aus (sehr) alten Partien noch viel lernen kann.

1.d4 ♘f6 2.♘f3 g6 3.c4 ♗g7 4.♘c3 d6 5.e4 0-0 6.h3 e5 7.d5 ♘bd7 8.♗d3 ♘c5 9.♗c2 a5 10.g4 ♗d7 11.♗e3 ♘e8 12.♖g1

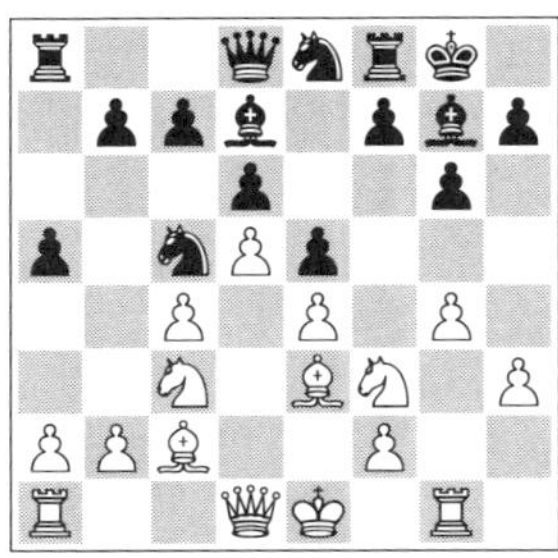

Hier leitete der 20-jährige Laszlo Szabo (der sich aber bereits in der Schachszene einen Namen gemacht hatte) dasselbe Manöver ein wie Nevednichy 75 Jahre später.

12...♕b8

Ein natürlicherer(?) Weg, die Dame zu aktivieren, war 12...c6, doch nach 13.♕d2 ♕b6 (13...cxd5 14.♘xd5) müsste Schwarz mit 14.♘a4 rechnen. Interessant war indes das Bauernopfer 12...a4!?. Nach beispielsweise 13.♗xc5 dxc5 14.♗xa4 ♗xa4 15.♘xa4 ♘d6! 16.♘xc5 b6 17.♘b3 ♘xe4 hätte sich die Stellung plötzlich ziemlich geöffnet, was belegt, dass eine solche frühzeitige Expansion am Damenflügel durchaus auch den weißen König im Zentrum beunruhigen kann.

13.a4

Stoppt natürlich den Vorstoß ...a5-a4, verhindert aber auch, dass die weißen Leichtfiguren (♗c2, ♘c3) das Feld a4 nützen können und schwächt die Bauernstruktur am Damenflügel. Ich hätte 13.♕e2 vorgezogen.

13...♕a7

Schleicht sich in eine aktive Stellung.

14.♕d2 c6 15.h4 ♕b6

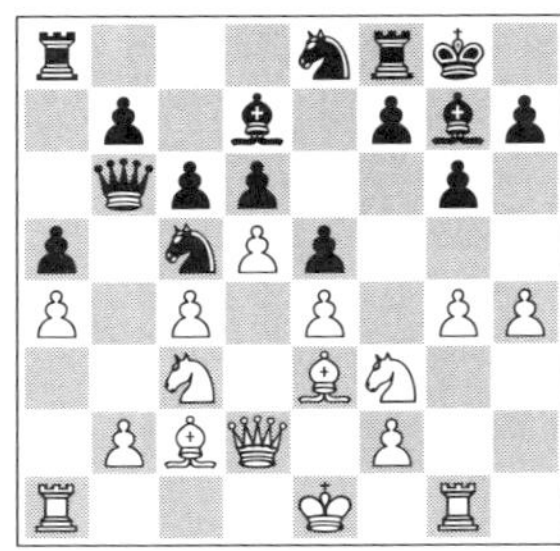

Schwarz hat sein Ziel erreicht: Er hat seine Dame risikolos aktiviert.

16.b3?!

Eine zu passive Strategie, die nur dazu führt, dass Schwarz problemlos aktives Spiel erhält.

16...♕b4 17.♖b1 ♘f6 18.♘h2 cxd5 19.exd5 ♖ae8

Schwarz steht komfortabel, und Szabo konnte sich seines Sieges sicher sein, als Weiß vergaß, seinen ♘h2 zu reaktivieren.

Die Diagonale a2-g8

Alexander Aljechin
Henry Grob
Bern 1932

Fahren wir mit einem weiteren Klassiker fort – einer Aljechin-Partie, die durch das Manöver ♕b1-a2 gekennzeichnet ist.

1.e4 e5 2.♘f3 ♘c6 3.♗b5 a6 4.♗a4 ♘f6 5.0-0 d6 6.c3 ♗g4 7.d4 b5 8.♗b3 ♗e7 9.♗e3 0-0 10.♘bd2 d5 11.exd5 exd4 12.cxd4 ♘xd5

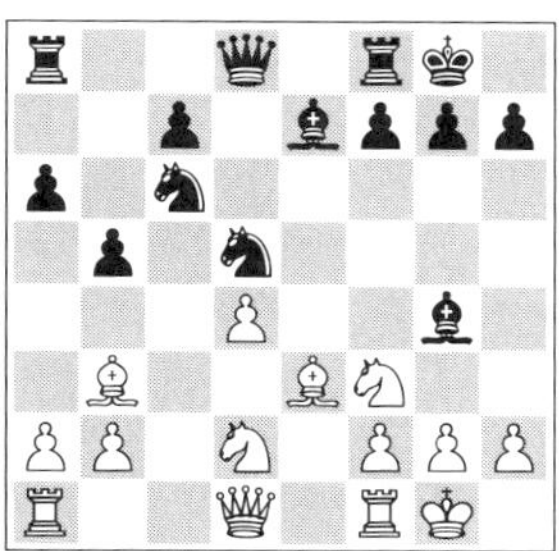

Aljechin schrieb: „Weiß muss zwei Probleme lösen: Den ♘f3 aus der unangenehmen Fesselung befreien und zugleich ein wirksames Gegengift zum drohenden Vormarsch des schwarzen f-Bauern finden."

13.♕b1! f5

Wie Aljechin bemerkte, verteidigt dies auch gegen ♕e4, was gedroht hatte.

14.a3

Räumt das Feld a2 – und dies nicht nur für den Läufer ...

14...♔h8 15.♕a2

Verglichen mir der Tkatschiew-Partie gewinnt die Diagonale a2-g8 durch die Anwesenheit des Läufers auf b3 ganz erheblich an Bedeutung – Weiß unterminiert den Blockadespringer auf d5. Und natürlich erinnert es an die Réti-Batterie, bei der die Dame zur Unterstützung des Fianchetto-Läufers auf b2 nach a1 manövriert wird.

15...♘db4

15...♘xe3 16.fxe3 ♗f6 hätte das Gleichgewicht bewahrt.

16.axb4 ♘xb4 17.♕b1 f4 18.♘e5 ♗f5 19.♕d1

Das verblüffende 19.♘e4! fxe3 20.fxe3 war sogar noch stärker, da 20...♘d5 an 21.♘c6 scheitert.

19...fxe3 20.fxe3 ♘d5?

Dies verliert auf der Stelle. Viel interessanter war 20...c5!? mit der Idee 21.♘f7+ ♖xf7 22.♗xf7 ♗d3.

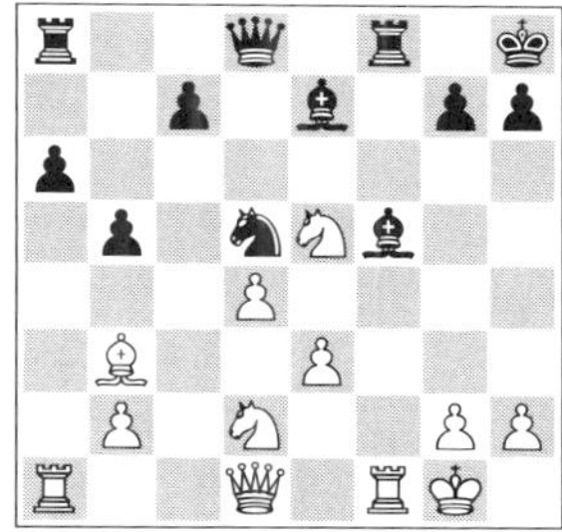

21.♘c6 ♘xe3 22.♘xd8?

22.♕e2 ♕e8 (22...♘xf1 23.♘xd8) 23.♕xe3 ♕xc6 24.♕xe7 hätte ganz einfach gewonnen. Aljechin/Kotow erwähnen diese Möglichkeit nicht. Nach dem Textzug musste Weiß die Partie noch einmal gewinnen – was ihm auch gelang.

Eduardas Rozentalis
Ralf Appel
Bundesliga 1993/94

Ich hatte erwogen, dieses Kapitel mit Morosewitsch-McShane, England 2000/01, abzuschließen, um aufzuzeigen, welche Nachteile eine an einem Brettwinkel versteckte Dame mit sich bringen kann. Doch ich denke, die Gefahren, die Schwarz in Trent-Narciso Dublan durchleben musste, sollten zu Ihrer Warnung ausreichen. Stattdessen möchte ich Ihnen ein verwandtes und wahrlich verblüffendes Beispiel nicht vorenthalten, das Jonathan Rowson in seinem Buch *Die sieben Todsünden des Schachspielers*verwendet hat.

❑

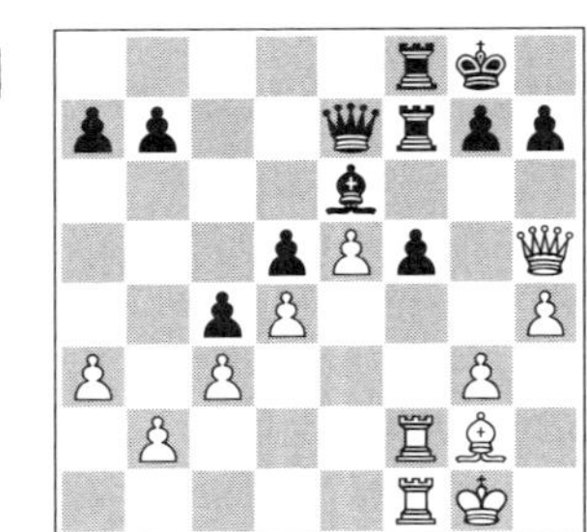

Sie werden wahrscheinlich einwenden: „Der weißen Dame mangelt es hier gewiss nicht an Raum?!“ Doch Rozentalis kam zu der Erkenntnis, dass er am Königsflügel nicht durchbrechen kann und dass er die Stellung irgendwie öffnen müsse. Es gelang ihm, mit einem wahrhaft phantastischen Konzept aufzuwarten.

25.a4 ♕d7 26.♕d1!

Die Dame sucht Aktivität am Damenflügel, um eine zweite Front zu schaffen!

26...♖c8 27.a5 ♖cf8 28.♕a1!

Eine vertraute Art zu schleichen.

28...♕e7 29.♕a3! ♕xa3 30.bxa3

Natürlich kann das Ziel eines Schleichmanövers mit der Dame auch ein Damentausch sein, um damit das Problem eines Raumnachteils zu lösen. Man sehe zum Beispiel Polgar-Kramnik, Hoogeveen 2011.

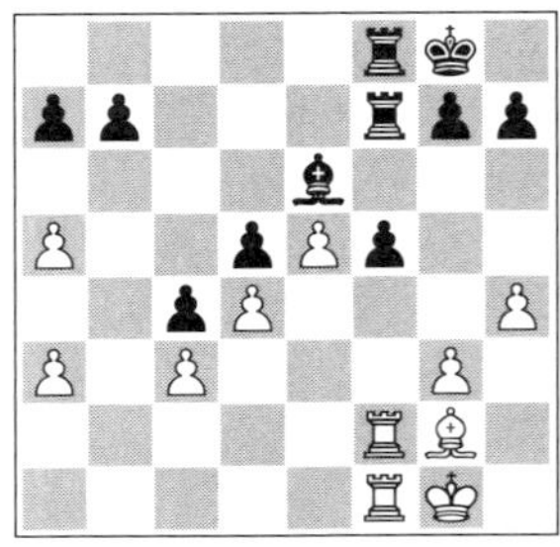

Doch hier ist es mehr als das. Die b-Linie wird nun für die weißen Türme geöffnet. Zu weiteren Beispielen, in denen ein verdoppelter Turmbauer Erfolg bringt, siehe Kapitel 19: „Verdoppelte Randbauern“.

Rozentalis hielt sogar den Abtausch auf a3 für den entscheidenden Fehler. Er gewann das Endspiel in ebenso großartiger Weise. Ich empfehle Ihnen, Rowsons ausgiebige Kommentare und Gedankengänge noch einmal durchzugehen. Hoffen wir nicht alle, eines Tages mit solch einem tiefgründigen Plan samt einwandfreier Durchführung groß herauszukommen? Das wäre doch etwas!

30...♖d8 31.♖b2 ♖c7 32.♖b5 ♖dd7 33.♔f2 g6 34.♔e3 ♔g7 35.♖fb1 ♔f7 36.♖c5 ♔e7 37.♖bb5 ♖xc5 38.dxc5 ♔d8 39.a6 ♔c8 40.♖b6 ♗g8 41.♖f6 ♖d8 42.♔d4 bxa6 43.♖d6

Schwarz gab auf.

Zusammenfassung

Wenn Ihre Dame in der überfüllten Brettmitte wirkungslos oder gar selbst gefährdet ist, dann sollten Sie schauen, ob es nicht vielleicht ein bescheiden anmutenden Plätzchen für sie am Rand gibt. Vergewissern Sie sich, dass die Dame von dort aus eine nützliche offene Diagonale kontrolliert. Und prägen Sie sich auch die hübschen Vorbereitungszüge mit dem König ein.

Kapitel 34

Die Reserveoption

Zu Beginn des Mittelspiels schalten sich die Türme oft nur langsam ins Spielgeschehen ein. Bauern oder Figuren können im Weg sein. Dies kann den Aufzug eines Randbauern begründen. Dann ergibt sich mitunter ein anderer Ausweg: Die zweite Reihe.

Vorausschauen

Alexander Riasanzew
Ernesto Inarkiew
Sotschi 2004 (Schnellschach)

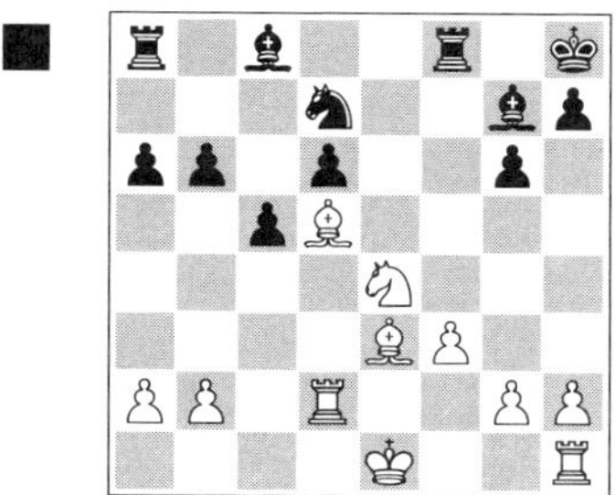

20...♖a7!

Wie viele von uns würden – zumal wie hier in einer Schnellpartie – automatisch mit dem „Standardzug" 20...♖b8 fortsetzen? Nach der Antwort von Weiß würden wir dann versuchen, ♘d7 und ♗c8 zu entwickeln, um die Türme zu verbinden, wie man so schön sagt. Bei unseren Erwägungen könnte uns behilflich sein, die offensichtliche Fortsetzung 21.♘xd6 zu betrachten, mit der Weiß die lästige Drohung 22.♘f7+ aufbaut. Schwarz kann dies natürlich mit 21...♘e5 (21...♘f6 22.♗b3) parieren, doch nach 22.0-0 stünde Weiß besser, da der ♘d6 die aktiven Möglichkeiten von Schwarz doch zu sehr einschränkt. Nur zu gerne wäre der ♖b8 auf einer offenen Linie. Man vergleiche all dies mit dem Textzug:

21.♘xd6 ♘f6

Braucht sich um ♘f7+ keine Sorgen zu machen, da der Turm auf a7 auch dieses Feld kontrolliert!

22.♗b3 ♖e7

Das ist die Pointe: Durch die Benutzung der siebten Reihe ist der Turm dem ♘d6 ausgewichen und hat einen aktiven Posten auf der e-Linie erreicht, wobei er sogar ein Tempo durch den Angriff auf den ♗e3 mitnimmt. Das Leben kann so (trügerisch) einfach sein. Nach...

23.♖e2 ♗d7 24.♗f2 ♖xe2+ 25.♔xe2

... hatte Schwarz ausgeglichen, und viele Züge später endete das Spiel remis.

Den Angriff beschleunigen

Boris Gulko
Sergey Kudrin
Modesto 1995

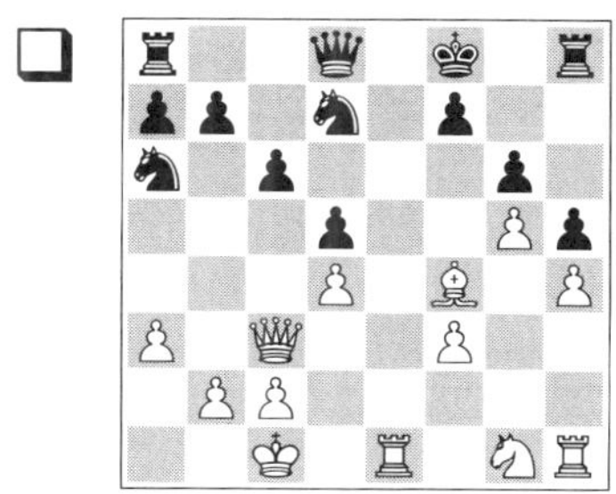

18.♖h2!

Weiß hat natürlich eine überwältigende Stellung, was jedoch dazu verleiten könnte, die schwarzen Gegenchancen zu unterschätzen. Eine geradlinige Entwicklung mit naheliegenden Zügen wie 18.♘h3 oder 18.♘e2 scheint sich anzubieten, was ganz nach Vorschrift die Türme verbindet. Dennoch würde gerade dies dem Schwarzen das eine Tempo geben, das er braucht, um sich mit 18...♔g7 nebst ...♖e8 auf der e-Linie entgegenzustellen. Genau aus diesem Grund wählte Gulko den viel genaueren Textzug – er nützt die zweite Reihe, um jegliches Gegenspiel im Keim zu ersticken.

18...♔g8

Mir ist nicht klar, warum Schwarz nicht das natürliche 18...♔g7 gewählt hat. Vielleicht war er bereits verzweifelt.

19.♖he2 ♘c7 20.♕d3

Damit Schwarz nicht mit seinem Springer die e-Linie verstellen kann, mithin 20...♘e6 21.♖xe6 fxe6 22. ♕xg6+ usw.

20...♔g7 21.♘h3 a5

21...♖e8 würde in 22.♗xc7 ♖xe2 23.♗xd8 ♖xe1+ 24.♔d2 hereinlaufen. Auch nach 21...♘e6 22.♖xe6 fxe6 23.♖xe6 hätte Weiß vielfältige Angriffsmöglichkeiten: 23...♘f8 24.♗e5+ ♔h7 (24...♔f7 25.♖xg6!) 25.♘f4. Nach dem Textzug wird es ungemütlich für Schwarz, und der K.o.-Schlag lässt nicht lange auf sich warten.

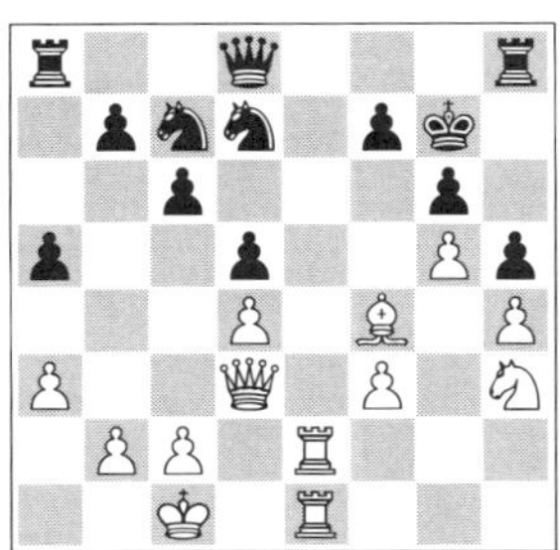

22.♖e7 a4 23.♗xc7 ♕xc7 24.♖1e6 ♔g8 25.♖xf7 1-0

Die Verteidigung unterstützen

Stuart Conquest
Jonathan Rowson
Hastings 2003/04

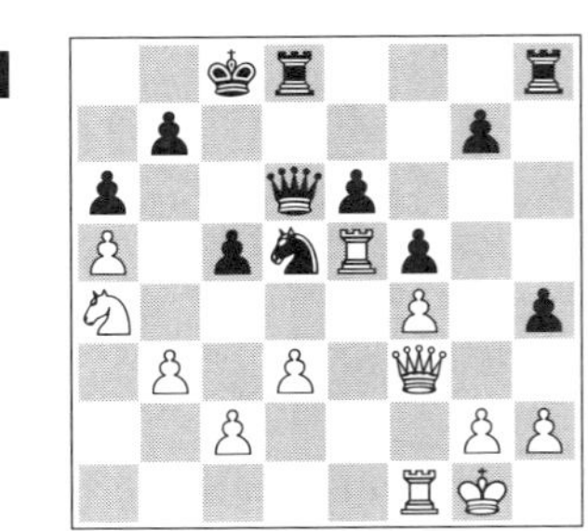

Aufgrund des rückständigen Bauern e6 sind die schwarzen Türme auf der Grundreihe voraussichtlich zur Passivität verurteilt. Auch der Bauer c5 ist eine Bürde, obgleich man sieht, dass c2-c4 stets ein paar schwache Felder und einen rückständigen d-Bauern hinterlassen würde. Doch Schwarz zauderte nicht und setzte mit aktiver Verteidigung fort:

23...g5 24.♖fe1 ♘xf4 25.♘xc5 ♖h7!

Nun wird offenbar, dass der Vorstoß des g-Bauern zugleich auch die siebte Reihe geräumt hat. Der Turm kann nun den b-Bauern aus der Ferne verteidigen. Hier sieht man einen der Gründe, warum Türme (genau wie Läufer und Damen) in offenen Stellungen an Stärke gewinnen. In philosophischer Hinsicht könnte man darüber hinaus sagen, dass Schwarz sich eines überzähligen Turmes entledigt hätte. Doch abgesehen davon hat Schwarz sein Problemkind von c5 gegen den weißen Bauern f4 abgetauscht.

26.♕f2

Die taktische Rechtfertigung ist 26.♘xe6? ♖e8: Weiß büßt angesichts der Fesselung seinen Springer ein.

26...♖e7 27.b4 ♖de8 28.h3 ♔b8

28...♘g6 war auch gleich möglich.

29.d4 ♘g6

Die schwarzen Türme stehen nach wie vor passiv, doch dank der über e5 erlangten Kontrolle wird der Vorstoß ...e6-e5 zu einer Option für die Zukunft. Schwarz hat sich auch Chancen am Königsflügel verschafft. Die Auseinandersetzung endete schließlich mit einem Remis.

Die offene Linie neutralisieren

Csaba Balogh
Jan Gustafsson
Österreich 2005/06

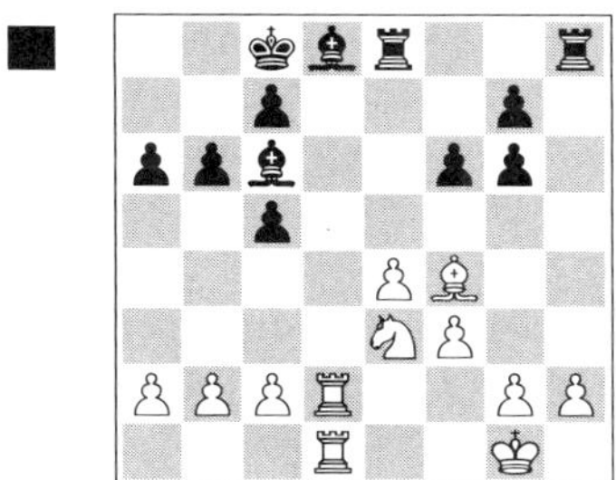

19...g5!?

Gewinnt Raum am Königsflügel... und bereitet die Überführung des ♖h8 nach d7 vor! Ja, und ob Sie es glauben oder nicht, entlang der siebten Reihe. Tatsächlich hatte der Nachziehende sogar weitere vielversprechende Möglichkeiten: 19...f5!? 20.exf5 gxf5 21.♘xf5 ♗f6, und die schwarzen Läufer sind zum Leben erwacht. Zusammen mit den aktiven Türmen sichert dies gute Kompensation in Gestalt einiger taktischer Möglichkeiten, z.B. nach 22.c3 (22.b3 ♖h5 23.♘g3 ♖h4) 22...♖hf8.

Doch das Vermeiden aller taktischen Komplikationen mittels des vorbereitenden 19...♖hf8 wäre vielleicht sogar noch stärker. Übrigens stehen diese beiden Möglichkeiten im Einklang mit dem Prinzip, die Stellung der am schlechtesten platzierten Figur zu verbessern. Im vorliegenden Fall ist dies offensichtlich der ♗d8, der nach f6 geht.

Sogar 19...♗xe4 scheint eine brauchbare Alternative zu sein, z.B. 20.♖xd8+ ♖xd8 21.fxe4 ♖xd1+ 22.♘xd1 ♖e8 23.♘c3 b5 – in der Spanischen Abtauschvariante gibt es keine langweiligen Momente!

20.♗g3 g6

Stellt die Kontrolle über das Feld f5 wieder her, und außerdem ist natürlich...

21.♗f2 ♖h7

... die siebte Reihe nun frei. Der Turm schickt sich an, die weiße Vorherrschaft über die d-Linie zu neutralisieren.

22.g4 ♖d7 23.♗g3

23.h4 ♖g7!? 24.hxg5 f5.

23...♖xd2 24.♖xd2 ♗d7 25.♔f2 ♗e6

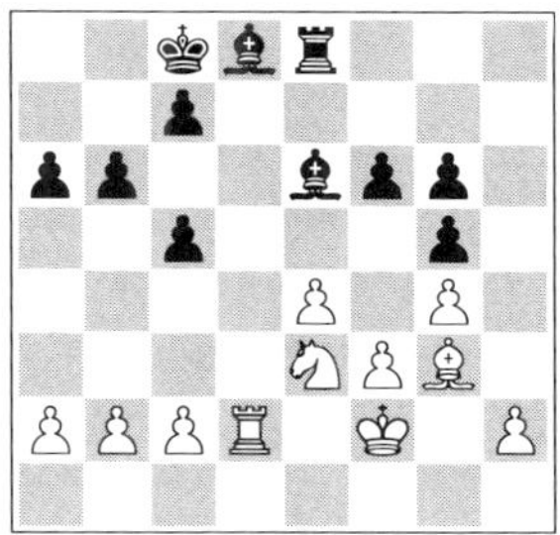

26.c4

Bei einer früheren Gelegenheit (Korsica 2004) spielte Balogh in einer Schnellpartie gegen Bacrot hier 26.a4. Doch dies brachte ihm nicht mehr als Ausgleich. Hier versuchte er es nach...

26...♖h8 27.b3 ♗e7 28.♘d5 ♗d8 29.♘e3 ♗e7

mit

30.f4,

... doch nach weiteren 27 Zügen blieb es bei einem Unentschieden.

Im Sweschnikow-System

Hier eine Stellung aus einer weiteren Eröffnung, die mehr als nur gelegentlich durch ein Manöver auf der zweiten Reihe geprägt ist.

Artjom Timofeew
Juri Jakowitsch
Moskau 2007

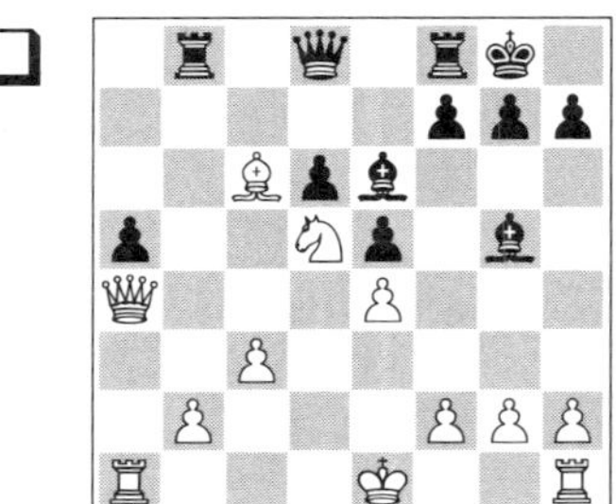

19.♖a2!?

Deckt den Bauern, doch inzwischen können Sie sich schon denken, dass der Turm noch weitere Aktivitäten auf der zweiten Reihe entfalten wird. Dieses Motiv ist im Sweschnikow-Sizilianer schon recht gebräuchlich. In manchen Abspielen wird der Turm auch von a4 zurückgezogen.

19.b4 wäre verfrüht: 19...♗xd5 20.♗xd5 axb4 21.cxb4 ♕b6, und 22.♖b1 träfe auf 22...♗d2+!.

19...f5

In Kamsky-Carlsen, Khanty-Mansiysk 2005, verschaffte sich Weiß nach 19...♕c8 20.0-0 ♗d8 21.b4 einen freien b-Bauern und aktivierte gleichfalls den Turm, der dort auf d2 landete.

20.h4 ♗f6 21.exf5 ♗xf5 22.♕c4 ♔h8 23.b4 axb4 24.cxb4

Schwarz hat hier eindeutig mehr Gegenspiel als in Kamsky-Carlsen.

24...e4 25.g3 ♗e6 26.0-0 e3 27.b5

27.fxe3 war gleichfalls möglich. Nach 27...♗e5 (27...♗xd5 28.♗xd5 (28.♕xd5 ♖xb4) 28...♕b6 29.♖f3 ♕xb4) 28.♖xf8+ ♕xf8 beteiligt sich der Turm von a2 auf der zweiten Reihe: 29.♖f2.

27...exf2+ 28.♖axf2

Der Turm auf der zweiten Reihe fügt sich nahtlos ins Spielgeschehen ein. Dank seines Raumvorteils sollte Weiß zumindest in praktischer Hinsicht Vorteil haben. Am Ende sprang ein Sieg heraus.

In Richtung Zentrum

Hicham Hamdouchi
Sergei Krivoschei
Tarragona 2006

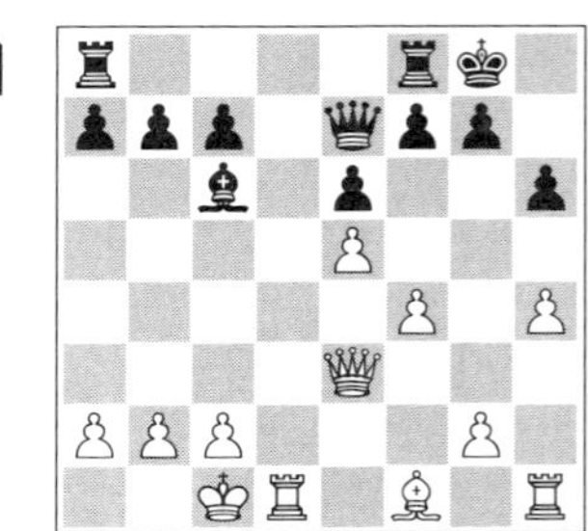

Hier sehen wir eine ganz ähnliche Idee: Weiß möchte seinen g-Bauern vorrücken. Doch wohin soll er zur Vorbereitung seinen Turm stellen?

16.♖h2!

Nach 16.♖g1 müsste Weiß mit 16...♕xh4 oder 16...♖ad8 17.♗d3 ♕xh4 rechnen, ganz gleich wie gefährlich das für den Nachziehenden aussehen mag. Mit dem Textzug hält Weiß den h-Bauern geschützt und bereitet eine Zentralstrategie vor; mit der Absicht, den Turm auf die offene d-Linie zu ziehen.

16...♖fd8 17.♗d3

Verstellt die d-Linie und gewinnt damit Zeit für die Turmverdopplung.

17...♕b4 18.g4 ♗b5 19.a3 ♕a4 20.♖hd2

Mission erfüllt.

20...♗xd3 21.♖xd3 ♖xd3 22.♖xd3

Der Anziehende hat die einzige offene Linie unter seine Kontrolle gebracht, was in Schwerfigurenendspielen eine ganz wichtige Errungenschaft ist. Weiß kann nun das Vorrücken seiner Königsflügelbauern mit Spiel auf der d-Linie verknüpfen.

22...♕c6 23.♕g3 ♖f8

Verdeutlicht wie passiv die schwarze Stellung ist, auch wenn es nicht leicht ist durchzubrechen.

24.b3?! a5 25.♔b2 a4 26.b4 ♕e4 27.h5 c5!

Schwarz versucht, den Damenflügel zu öffnen und die weiße Königsstellung freizulegen, wobei ihm der Anziehende mit b2-b3-b4 in gewisser Weise geholfen hat.

28.bxc5 ♖c8 29.g5 hxg5 30.fxg5 g6?!

Legt seine eigene Königsstellung frei. 30...♖xc5 scheitert an 31.♖d8+ ♔h7 32.g6+ fxg6 33.hxg6+ ♕xg6 34.♖h8+, doch 30...♕e2 oder sogar 30...♕c4 31.g6 ♕xc5 32.gxf7+ ♔f8 sieht annehmbar aus.

31.hxg6 fxg6?

Und dies verliert bereits.

32.♕h2 ♕c6 33.♕h6 ♕e8 34.♖d1?

34.c6! wäre ein schöner Gewinnzug gewesen. Weiß lässt ♖h3 folgen, wonach dem Schwarzen das Damenschach auf b5 nicht mehr zur Verfügung stünde. Letzten Endes gewann Weiß im 65. Zug.

Die Turmverbindung kappen!?

Kiril Georgiew
Sergei Smagin
Tivat 1995

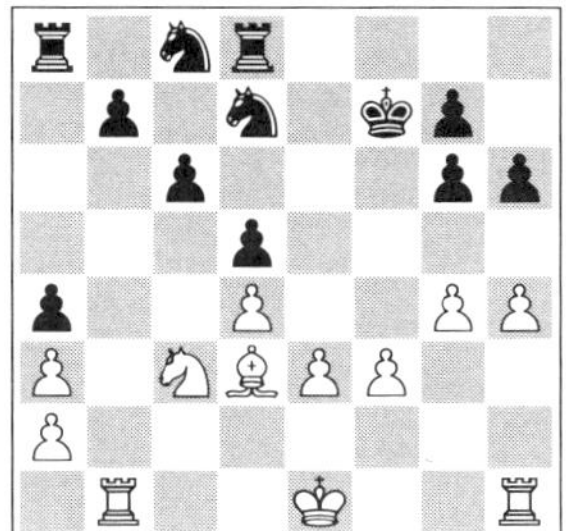

23...♖a7!?

Optiert ungeachtet dessen, dass der Bauer b7 und der ♘d7 noch im Weg stehen, einmal mehr für eine Entwicklung entlang der siebten Reihe.

Wenn wir Vergleiche mit dem gebräuchlicheren Turmschwenk auf der dritten Reihe ziehen, dann ist es vielleicht ein Unterschied, dass die Entwicklung über die zweite Reihe oftmals mit langsamen Positionsspiel hinter den Bauern einhergeht. Entlang der dritten Reihe entfaltet der Turm eher unverzügliche Aktivitäten vor der Bauernkette.

Im Allgemeinen scheinen Türme harmonischer zusammenzuarbeiten, wenn sie sich nicht auf derselben Reihe befinden. Wenn sie auf einer (offenen) *Linie* verdoppelt sind, können sie, wie Ihnen sicherlich bekannt ist, hervorragend zusammenarbeiten, z.B. beim Einbruch ins gegnerische Lager.

24.0-0 b5

Nicht so ungewöhnlich in der Abtauschvariante des Orthodoxen Damengambits: Solange ein Springer von Schwarz nach c4 gehen kann, muss der rückständige Bauer auf c6 kein Problem darstellen.

25.e4

Eine weitere typische Gegenmaßnahme im Zentrum, mit der die schwarze Bauernkette unter Druck gesetzt wird.

25...♘db6 26.♖bc1 ♘e7 27.g5 ♖ad7

In ganzen fünf Zügen gelang es Schwarz, all seine Figuren auf geeignete Felder umzugruppieren. Die Partie endete remis.

Zusammenfassung

Im frühen Mittelspiel ist die Entwicklung der Türme ein wesentliches Element. Vergessen Sie beim Nachdenken über die Optionen zur Mobilisierung Ihrer Türme nicht, die zweite Reihe in Ihre Erwägungen einzubeziehen. Mitunter mag ein Bauer oder eine Figur im Weg stehen, doch dies kann ein zeitweiliger Faktor sein und sollte Ihre findigen Pläne nicht durchkreuzen!

Kapitel 35

Springertänzchen

Springern, die sich gegenseitig decken, mangelt es an Beweglichkeit. Wie kann man dem Gegner unflexible Springer anhängen? Wie kann man vermeiden, selbst auf solchen sitzenzubleiben? Reiten wir los!

Der Rückkehrer

Peter Heine Nielsen
Mikkel Antonsen
Koge 2013

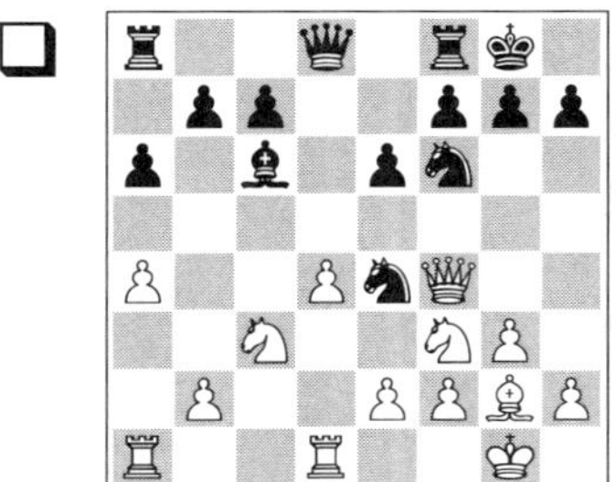

15.♘b1!?

Nimmt die Entwicklung des Springers zurück und zieht ihn auf sein Ausgangsfeld! Wenn Sie die entstandene Stellung betrachten, wird Ihnen rasch auffallen, dass sich der ♘e4 in einer prekären Lage befindet. Weiß droht, ♘e5 folgen zu lassen. Er wird zugleich versuchen, mit e2-e4 ein starkes Bauernzentrum aufzubauen, wonach die schwarzen Leichtfiguren erheblich in ihrer Bewegungsfreiheit eingeengt wären.

Neben diesen konkreten Erwägungen mag Nielsen Dworetskis Konzept der überzähligen Figuren in den Sinn gekommen sein. Schließlich zielen alle schwarzen Leichtfiguren auf dasselbe Feld (e4). Durch das Vermeiden von Abtäuschen brandmarkt Weiß mindestens eine dieser Figuren als überflüssig.

Es muss gesagt werden, dass das geradlinige 15.♘xe4 ♗xe4 16.♘e5 ♗xg2 17.♔xg2 oder das sofortige 15.♘e5 ♘xc3 16.bxc3 ♗xg2 17.♔xg2 dem Weißen auch einen kleinen Raumvorteil gebracht hätten.

15...♘d6 16.♘bd2 ♕e7

Nun trifft 16...♘fe4 auf 17.♘e5.

17.♖dc1 ♗d5 18.♗f1

Konsequente Strategie. Weiß beabsichtigt noch immer ♘e5 nebst f2-f3 und e2-e4, will aber weiterhin den Abtausch einer Leichtfigur vermeiden.

18...h6 19.♕e3

Sieht seltsam aus. Man hätte 19.♘e5 ♖ac8 20.f3 erwarten können, doch nach 20...♘f5 wäre die weiße Dame in Schwierigkeiten.

19...♖fd8 20.♘e5 ♘de4 21.f3

Der Versuch, mit 21.♘b1 denselben Trick noch mal zu versuchen, hätte dem Nachziehenden Zeit für eine Umgruppierung – etwa mit 21...♘d6 – gegeben.

21...♘xd2 22.♕xd2

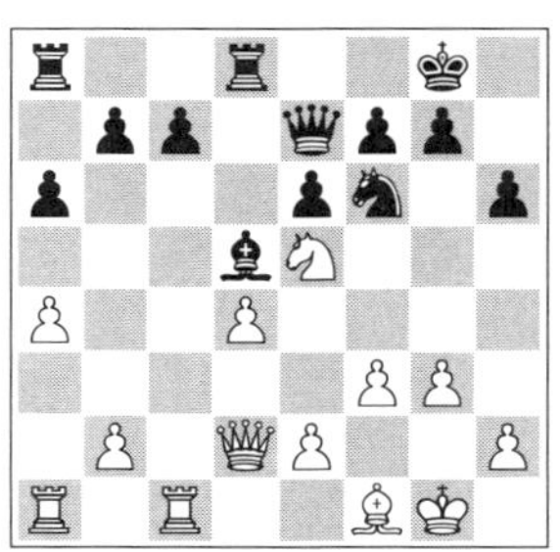

Es ist dem Nachziehenden zwar gelungen, ein Springerpaar abzutauschen, doch in der Zwischenzeit hat Weiß sich erfolgreich umgruppiert und f2-f3 gespielt, woraus sich die sofortige Drohung e2-e4 ergibt. Schwarz griff mit...

22...♘d7 23.♖xc7

... fehl, und Nielsen verwertete seinen Vorteil ohne Probleme.

Spasskis Konzept?

Jan Timman
Juri Balaschow
Sotschi 1973

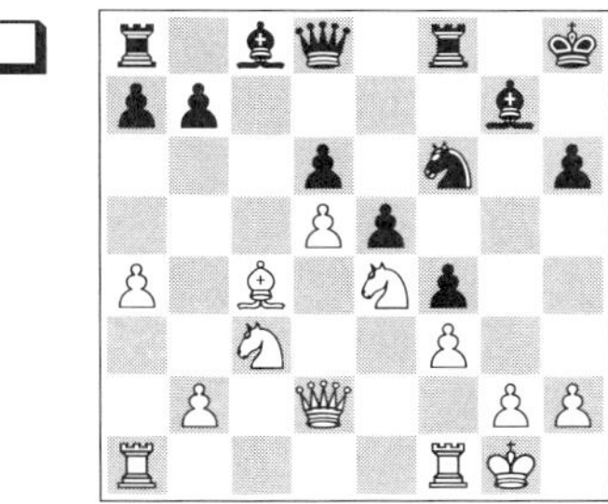

Seit Dworetski im Jahr 1981 zum Thema der überzähligen Figuren geschrieben hatte, beziehen sich arrivierte Autoren, die dieses Thema berühren, immer wieder auf seinen damaligen Artikel. In erster Linie wäre hier Suba zu nennen, aber auch Dworetski selbst auf chesscafe.com. Soweit ich weiß, ist Emms (in *More Simple Chess*) der einzige Schreiber, der auf eine Analyse von Timman aus 1975 verweist. Timman beschreibt, dass er einst zusammen mit Ulf Andersson nach einem Turnier eine Nacht bei Spasski zu Gast war, und bei Wodka und Kaviar spielten sie einige Partien durch. Und dann schreibt er: „Spasski äußerte die Ansicht, dass es ratsam für Weiß gewesen wäre, ein Springerpaar abzutauschen, da Schwarz nach dem Textzug...

20.♗d3

... mit 20...♘e8 fortsetzen könnte, was Weiß auf zwei sich gegenseitig deckenden Springern sitzen lässt."

Treffer! Auch wenn Timman nicht zögert, den Nachteil von 20.♘xf6 aufzuführen, nämlich dass dies den schwarzen Königsläufer aktiviert, ist es ein schönes Beispiel dafür, was Dworetski später als überzählige Figuren bezeichnete.

20...a6 21.g4 fxg3 22.hxg3 ♘xe4

Nun wäre es zu spät für 22...♘e8, da nach 23.g4 der schwarze Damenläufer nicht mehr das Feld f5 erreichen kann (Timman).

23.♘xe4,

Und Timman gewann diese Partie, die er später als seinen Beitrag zum Sammelband *Lernen von Großmeistern* auswählte.

Kein Vorposten

Wang Hao
Levon Aronjan
Stavanger 2013 (Blitzschach)

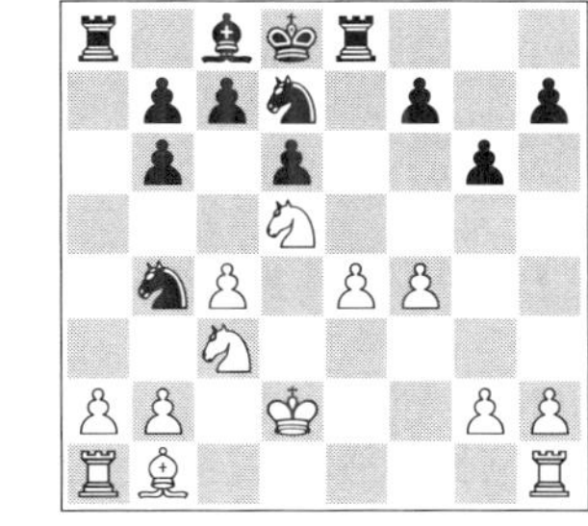

Genau wie im ersten Beispiel ist zwar der Zentrumsspringer stark, nicht aber das Zentrumsfeld, da der Springer mit ...c7-c6 vertrieben werden kann. Auch wenn es sich um eine Blitzpartie handelt, wo man ja zum geradlinigen Spiel neigt, könnte man nach dem Studium der ersten beiden Beispiele geneigt sein, anstelle von ...

18...♘xd5

... den Zug 18...♘a6!? zu erwägen, was den ♘c3 als überzählig stempelt. Schwarz kann

...c7-c6 und ...♔c7 folgen lassen, wobei der ♘a6 ebensogut nach c5 gehen kann. Danach könnte 19.♘b5!? ♖e6 (19...c6? 20.♘xd6 cxd5 21.♘xe8 ♔xe8 22.cxd5 begünstigt eindeutig Weiß) 20.♘d4 ♖e8 zu einem raschen Remis führen.

19.cxd5

19.exd5!? hätte Weiß Vorteil gegeben, da der ♖a8 nur schwer ins Spiel finden wird, während Weiß auch den zweiten Turm auf die e-Linie stellen und dem Nachziehenden damit alsbald Kopfschmerzen am Königsflügel bereiten könnte.

19...♘c5 20.♗c2 f5 21.exf5 ♗xf5, und Schwarz hielt remis.

Eine Frage des Raums

Alexander Subarew
Anton Sitnikow
Charkiw 2005

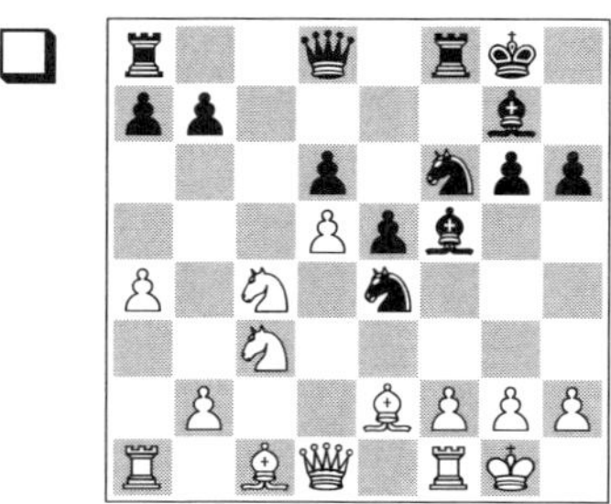

Erneut sehen wir zwei sich deckende Springer, was Weiß in Versuchung brachte, das ehrgeizige...

17.♘b1!?

... zu wagen. Damit behält er alle Leichtfiguren auf dem Brett. Wenn es ihm gelingt, die schwarzen Figuren von e4 zurückzuwerfen, wird sein Gegner mit einer passiven Figurenstellung zu kämpfen haben.

17...♖c8 18.♗e3 ♘g4!?

Möchte mit Gewalt seinen überzähligen Springer loswerden. Es ist freilich schwer, eine gute Alternative vorzuschlagen, z.B. 18...a6 19.f3 ♘c5 20.b4 ♘xa4 21.♖xa4 b5 22.♖xa6 bxc4 23.♘c3 mit klarer Initiative für Weiß am Damenflügel.

19.♗xg4 ♖xc4 20.♗e2

Konsequent wäre 20.♗xf5!? gxf5 21.♕b3 ♖c8 22.♗xa7, wonach es für Schwarz schwierig ist, Kompensation für den Bauern nachzuweisen. Der ♘b1 kehrt voraussichtlich bald ins Spiel zurück. Nach dem Textzug hat Schwarz seine Idee, nämlich einen Springer loszuwerden, mit Erfolg verwirklicht, auch wenn sein Damenturm dabei auf b4 landet.

20...♖b4 21.b3 ♕h4 22.♖a2 ♘c5 23.g3 ♕h3 24.♘d2

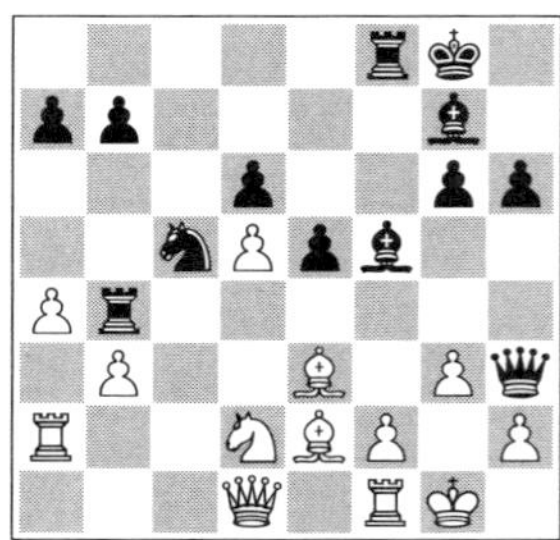

Der ungewöhnlich auf b4 platzierte Turm erschwert dem Nachziehenden die Koordination seiner Kräfte. Er geriet auf Abwege:

24...♖c8?! 25.♘c4! ♘e4? 26.♗d2 ♘xd2 27.♕xd2 ♖xb3 28.♘xd6

Nun stand Weiß definitiv besser, auch wenn Schwarz am Ende ein Remis ergatterte.

Umgruppierung

Hier ein weiteres Beispiel dafür, wie ein überzähliger Springer umzugruppieren ist, wenn seine Inaktivität deutlich wird. Natürlich gibt es auch Fälle, in denen Springer, die in solcher Weise aneinanderkleben, nützlich sind. Wenn der vordere Springer auf einem Vorposten abgetauscht wird, kann der zweite umgehend in seine Fußstapfen treten. Man nehme, zum Beispiel, Vaisser-Golod, Maccabiah Jerusalem 2012.

Kevin Spraggett
Emilio Cordova
Barcelona 2012

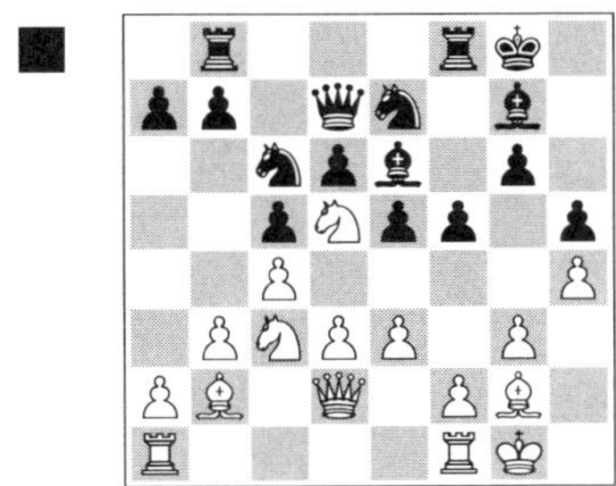

14...♔h7!
Räumt das Feld g8 für den Springer.

15.♖ae1 ♘g8
Weiß tut es ihm umgehend gleich, indem er seinen eigenen überzähligen Springer nach e2 zieht. Und wo wollen die Springer wohl hin?

16.♘e2!?
Eine logische Alternative wäre 16.a3, um die Zeit auszunützen, die Schwarz für die Überführung seines Springers braucht. Nach 16...♘h6 17.b4 ♘g4 18.♕c2 stünde Weiß immer noch ein wenig besser.

16...♘h6
Natürlich nicht auf das scheinbar aktivere Feld f6. Nach 16...♘f6 17.♘xf6+ ♗xf6 hätte nur Weiß seine Kontrolle über das Feld d5 verstärkt.

17.♔h1 ♘g4
Hierhin sollte die Reise gehen. Keine große Überraschung, vielmehr ein übliches Muster, wenn beide Seiten ihren Turmbauern zwei Felder vorgerückt haben. Weiß tut es ihm wiederum gleich.

18.♘g1 ♔h8 19.♘h3 b5 20.♗a1 ♗g8 21.♘g5
Dank seines starken Springers sowie dem Raumvorteil hat Weiß Vorteil behalten, obgleich die Partie unentschieden endete, nachdem es dem Nachziehenden später gelang, den starken ♘d5 loszuwerden.

Herumhüpfen

Tamir Nabaty
Vladislav Nevednichy
Albena 2013

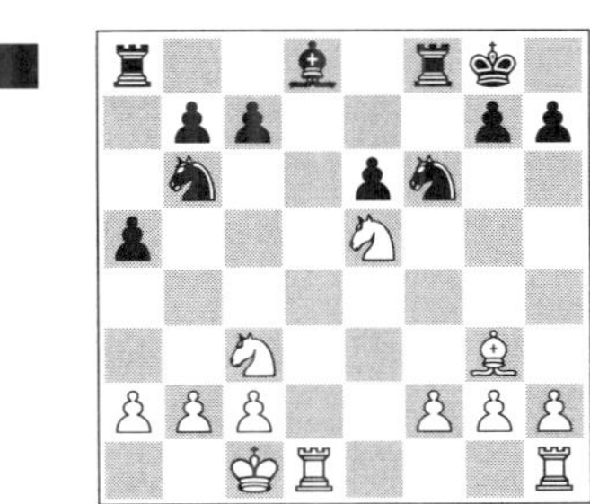

14...♘bd5
Schwarz verbindet freiwillig seine Springer, doch nicht ohne guten Grund. Der ♘b6 ist damit aktiviert und zentralisiert und fordert seinen bereits aktiven Gegenspieler auf c3 heraus.

15.♘b5
Selbstredend weigert sich Weiß, die Springer zu entflechten.Tisdalls beschwingter Kommentar zu dieser Thematik wurde schon oft zitiert: „Die Springer sind niemals glücklich, wenn sie sich decken. Sie treten sich gegenseitig auf die Hufe und schränken ihre eigene Reichweite ein." (aus *Improve Your Chess Now*)
Hier würde ich gern hinzufügen: „Sag niemals nie" gilt auch im Schach; wir erwähnten ja schon bei der Vorrede zur vorhergehenden Partie ein Gegenbeispiel. Tisdall schließt mit: „Die besten Dienste verrichten sie Seite an Seite, wo sie eine virtuelle Barriere über einen Brettabschnitt legen können." Dies mag alles richtig sein, doch wie mein Klubkamerad William van Zanten schon vor langem schrieb, können zwei Springer, die horizontal zwei Felder entfernt stehen, gleichfalls perfekte Kontrolle ausüben.

15...♘e4
Aktiviert den Springer wie auch den ♗d8.

16.♘f3 c6 17.♘bd4 ♘xg3 18.hxg3

Nun decken sich die weißen Springer gegenseitig, wenn auch nur vorübergehend!

18...♖e8 19.♖he1 ♗b6 20.♘e5

Besetzt das Feld vor dem isolierten Bauern, das oftmals so schwach ist wie der Bauer selbst, oder vielleicht sogar die eigentliche Schwäche darstellt!?

20...a4 21.a3 ♖e7 22.♖e2 ♗c5 23.♘df3 ♖c8 24.♖de1 ♗a7 25.♘d3

Weiß hat ein bequemes Plus, hüpfte weiter mit seinen Springern umher und nützte schließlich die Schwächen in der gegnerischen Stellung zum Sieg aus.

Theorievarianten

Krasimir Rusew
Stojan Stojanow
Plowdiw 2010

1.d4 d5 2.c4 e6 3.♘f3 ♗e7 4.♘c3 f5 5.♗f4 c6 6.e3 ♘f6 7.♕c2 0-0 8.♗d3 ♘e4 9.h3 ♘d7 10.g4 ♘df6 11.0-0-0 ♕a5

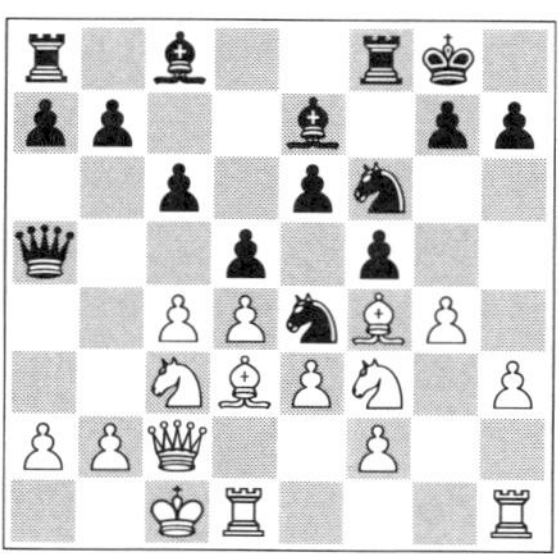

Wie Emms bemerkte, sind verschiedene Theorievarianten durch die Vermeidung des Abtauschs eines überzähligen Springers geprägt, wie etwa der Geschlossene Sizilianer oder die spanische Tschigorin-Variante.

Jussupow betonte darüber hinaus, dass dieses Phänomen in Stellungen aus bestimmten Eröffnungen häufig auftaucht. Er erwähnte den holländischen Stonewall. Hier ein Beispiel mit dieser Struktur, das ein paar uns bereits bekannte Elemente zeigt.

12.♘b1!?

Selbstredend wollte Schwarz auch hier seinen vorderen Springer abtauschen, um mit dem anderen dann e4 zu besetzen. Erneut leidet der Nachziehende mit allen Leichtfiguren an Bord unter gewissen Raumproblemen, und wie schon zuvor gesehen kann Weiß ♘e5 und f2-f3 folgen lassen. Nachteilig ist die zeitweilige Passivität des ♘b1 (was mitunter zu ernsthaften Problemen führt!), doch hier kann dieser sogar die Verteidigung verstärken.

Eine ganz ähnliche Partie mit dieser Variante, Kharnak-Novkovic, Cappelle 2000, sah einen Kurzschluss.

12...♕xa2 13.♘e5 ♘d7

Gruppiert den überzähligen Springer um.

14.♖hg1 ♘xe5 15.♗xe5 g6 16.f3 ♘d6 17.♗xd6! ♗xd6 18.c5 ♗c7

Nachdem er den schwarzen Zentrumsspringer eliminiert hat, hat Weiß großen Raumvorteil sowie Initiative am Königsflügel, was ihm genug Kompensation für den Bauern sicherte. Er gewann.

Zusammenfassung

Wenn zwei Springer dieselben Felder kontrollieren, dann ist einer davon oft entbehrlich. Wenn Sie gegen so ein Pärchen spielen, versuchen Sie, den Abtausch von einem der beiden zu vermeiden. Sorgen Sie dafür, dass sie sich weiter gegenseitig auf den Füßen herumtrampeln!

Kapitel 36

Ein ganz seriöser Läuferzug

Den Läufer vor einen auf dem Ausgangsfeld stehenden Mittelbauern zu ziehen, verstößt zwar gegen die allgemeinen Lehrsätze. Dennoch setzt sich solch ein pragmatisches Herangehen mehr und mehr durch. Selbstredend bezieht sich dieses Muster auf die Eröffnungsphase einer Partie. Erweitern wir also unseren Horizont bezüglich der Figurenentwickelung und sehen uns ein paar typische Eröffnungen samt der dahinterstehenden Ideen an.

Manuel Bosboom
Sofia Polgar
Münster 1993

1.e4 c5 2.♘f3 d6 3.♗b5+ ♘d7 4.0-0 a6

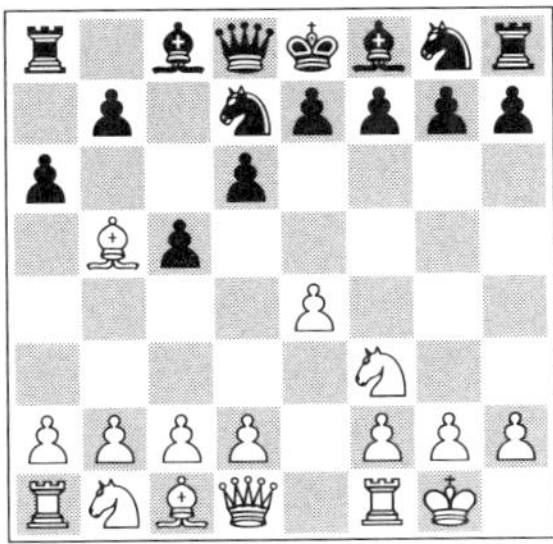

5.♗d3

Der Läufer zieht auf ein Feld zurück, auf dem er einen Zentrumsbauern blockiert und somit die weitere Entwicklung von Weiß behindert. Darüber hinaus wird die Läuferdiagonale vom Bauern e4 verstellt. Doch trotz solcher Nachteile sind derartige Züge heutzutage in der Praxis recht geläufig und kommen mithin nicht mehr so überraschend. In meiner Datenbank wird zwar 5.♗xd7+ siebenmal häufiger gespielt, dennoch hat sich die Sache in den letzten zwei Jahren so richtig atemberaubend entwickelt, indem Spieler wie Carlsen, Caruana, Nepomnjaschtschi, Swidler und Wang Yue diese Idee aufgriffen. Somit könnte Bosboom, der für sein angeblich so unkonventionelles Spiel bekannt ist, bereits vor zwanzig Jahren den Nagel auf den Kopf getroffen haben!

Die Grundidee ist, mit c2-c3 und d2-d4 ein starkes Zentrum aufzubauen. Beim Vergleich des Textzuges mit 5.♗e2 fällt auf, dass bei jenem Zug das natürliche 5...♘gf6 gleich den Bauern e4 angreift, wodurch die weiße Idee einstweilen vereitelt wird. Und natürlich bewahrt sich Weiß mit seinem Rückzug das Läuferpaar. Der Zeitverlust ist unproblematisch, da die Stellung vorerst geschlossen ist.

5...♘gf6 6.c3

6.♖e1 sieht nicht so logisch aus und ist weniger beliebt, könnte aber überleiten. Bemerkenswert erscheint mir die kürzlich gespielte Partie Degraeve-Sebag, Französische Meisterschaft Nancy 2013, wo nach 6...b5 7.c3 ♗b7 8.♗c2 e5 9.d4 ♗e7 10.♘bd2 0-0 11.♘f1 ♖e8 eine Stellung aus der spanischen Breyer-Variante entstand, allerdings ohne den Zug h2-h3.

6...b5 7.♗c2 ♗b7 8.♖e1 c4

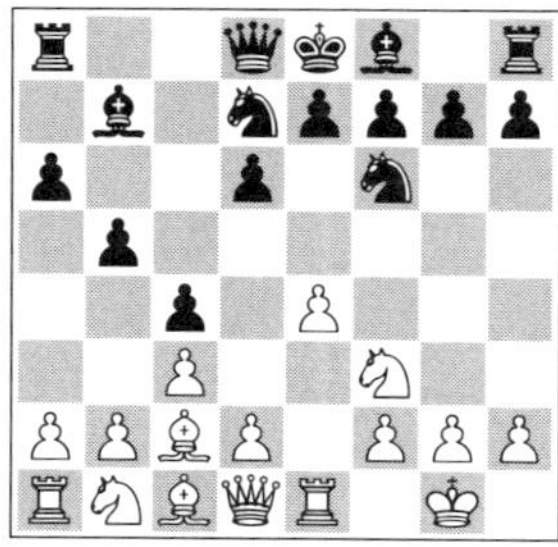

Der ambitionierte Weg, den Weißen am Aufbau seines Zentrums mit d2-d4 zu hindern. 8...e5 wie in der vorigen Anmerkung wäre eine solidere Lösung.

9.b3 ♖c8 10.a4 cxb3 11.♗xb3 ♘xe4 12.axb5 axb5? 13.♖a7 ♗c6

13...♕b6 trifft auf 14.♖xb7 ♕xb7 15.♖xe4, wonach 15...♕xe4 an 16.♗xf7+ ♔d8 17.♘g5 scheitert.

14.♘d4! ♘e5 15.♘xc6 ♘xc6 16.♕h5 d5

Besser, wenngleich ebenfalls klar vorteilhaft für Weiß, war 16...♘xa7 17.♕xf7+ ♔d7 18.♗e6+ ♔c7 19.♗xc8 ♕xc8 20.♖xe4.

17.♗xd5 ♘d6 18.♖a8!,

Und Bosboom gewann rasch.

e5 verteidigen

Tigran L. Petrosjan
Andrei Wolokitin
Budva 2009

Eine Reihe von 1.e4-e5-Eröffnungen ist durch derartige Läuferzüge gekennzeichnet. Man nehme zum Beispiel 7...♗d6 in der 7.d3-Variante der Alt-Archangelsker-Variante, wodurch Schwarz bereitsteht, nach der Rochade und ...♖e8, ...♗f8 den Vorstoß ...d7-d5 in einem Zug zu spielen. Eine Musterpartie für die schwarze Strategie ist Adams-Malanjuk. Ganz ähnlich, und vielleicht in theoretischer Hinsicht etwas erfolgversprechender (das Urteil darüber soll freilich den einschlägigen Eröffnungs-Publikationen vorbehalten sein) ist 4...♗d6 im Vierspringerspiel mit 4.♗b5. Ein noch neuerer Versuch ist Beinoras' ...♗d6 in der 4.d3-Variante im Spanischen Jänisch-Gambit, was ebenfalls die rasche Rochade anstrebt, ohne sich um die Verteidigung des Bauern e5 sorgen zu müssen.

Zuletzt feierte diese gänzlich seriöse Strategie auch im Evans-Gambit eine bescheidene Wiedergeburt:

1.e4 e5 2.♘f3 ♘c6 3.♗c4 ♗c5 4.b4 ♗xb4 5.c3

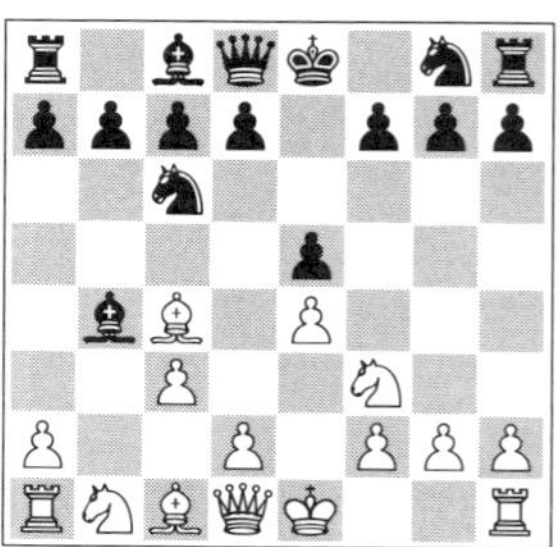

5...♗d6 6.d4 ♘f6

Jüngst hat Hess das noch provakativere 6...♕e7 gewählt. Da es gegen den Textzug jedoch keinerlei Einwände gibt, sollte er die natürliche Wahl sein.

7.0-0

7.♘g5 0-0 8.f4 war Anderssens Wahl, als Kieseritzky damals im Jahr 1851 den Zug 5...♗d6 gegen ihn riskierte. Pillsbury musste sich hingegen im berühmten Turnier von Hastings 1895 mit Birds Zug 8.♘xf7 auseinandersetzen. Es wäre interessant zu wissen, was man damals von 5...♗d6 gehalten hatte!

7...0-0 8.♖e1 h6 9.♘bd2

9.♘h4 wäre ein anderer Versuch, die momentan ungeschickte Stellung des ♗d6 auszunützen, doch 9...exd4 10.♘f5 ♗c5 11.cxd4 d5! weist dies als voreilig zurück.

9...♖e8 10.♕b3 ♖e7!?

Scheint das Schicksal angesichts der ungeschickten Figurenstellung geradezu herauszufordern. Doch Schwarz überlebt den weißen Ansturm.

11.♘h4

Vielleicht sollte der Anziehende geduldigere Wege wie etwa 11.♗d3 suchen, obgleich Harikrishna dagegen mit 11...b5!? zum Erfolg kam.

11...exd4 12.♘f5 dxc3 13.♘xe7+ ♕xe7

Schwarz hat mehr als genug Bauern für die Qualität.

Die Moderne Schachpartie

Iwan Popow
Markus Ragger
Tromsø 2013

1.e4 e5 2.♘f3 ♘c6 3.♗c4 ♘f6 4.♘g5 d5 5.exd5 ♘a5 6.♗b5+ c6 7.dxc6 bxc6

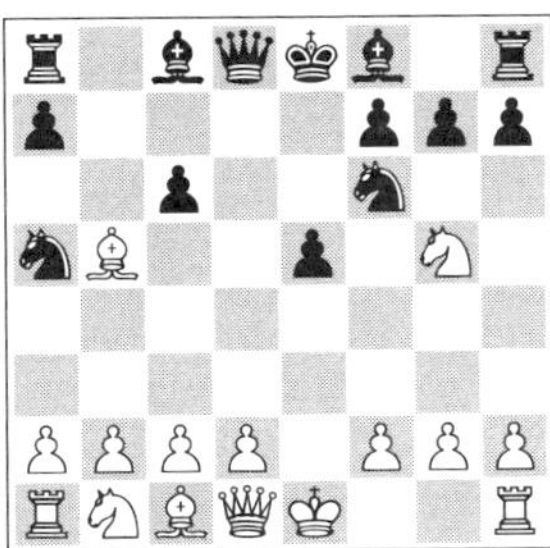

8.♗d3

Ebenfalls ein alter Zug, der jüngst zum letzten Schrei wurde – vermutlich dank ausgiebiger Unterstützung durch starke Analyseprogramme.

8...♘d5

Die Absicht ist, das im Normalfall zu erwartende 8...h6 mit 9.♘e4 zu beantworten.

9.♘f3 ♗d6 10.0-0 ♘f4 11.♖e1 ♘xd3 12.cxd3 0-0 13.♘c3 ♖e8 14.♘e4 c5

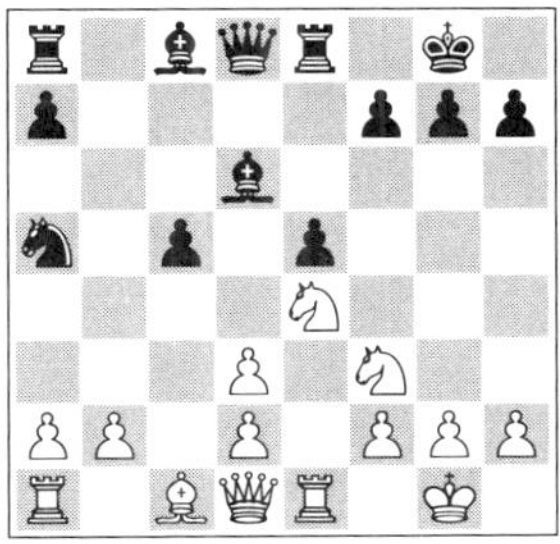

Es wird Ihnen sofort einleuchten, dass grundlegende traditionelle Prinzipien in dieser Theorievariante wenig hilfreich sind. Doch das ist für mich erst recht Anlass, Sie zu ermutigen, einen genaueren Blick auf die Angelegenheit zu werfen (und zwar ohne Computer!).

15.b3 ♗f8 16.♗a3 ♘c6 17.♗xc5 f5 18.♘eg5 ♗xc5 19.♕c2 ♕d5 20.♖ac1 ♗xf2+ 21.♔xf2 ♘b4 22.♖xe5 ♖xe5 23.♕xc8+ ♖e8 24.♕c4 ♘xd3+ 25.♔g3 f4+ 26.♔g4 ♖ad8 27.♕xd5+ ♖xd5,

Und nach vielen weiteren Abenteuern gewann Schwarz tatsächlich.

Noch eine Zwillingskanone

Petar Arnaudow
Pawel Eljanow
Struga 2013

1.d4 ♘f6 2.c4 e6 3.♘c3 ♗b4 4.e3 0-0 5.♗d3 c5 6.♘f3 b6 7.0-0 ♗b7 8.♘a4 cxd4 9.a3

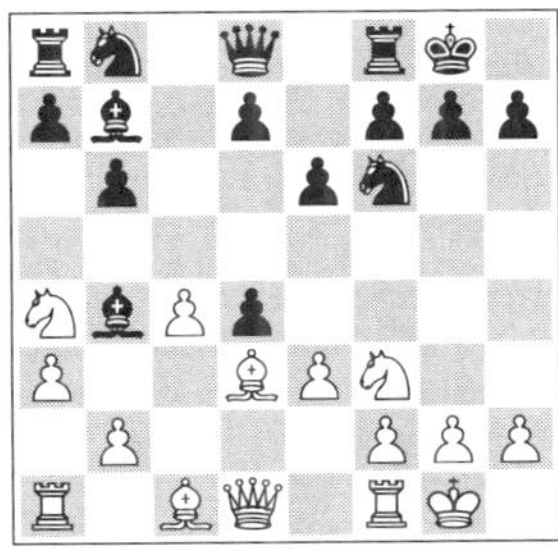

9...♗d6

Verstellt erneut den d-Bauern, auch wenn hier immerhin der Damenläufer bereits entwickelt ist. Beide Läufer sind nun direkt auf den weißen Königsflügel gerichtet. Nur noch für den ♘b8 muss ein harmonisches Feld gefunden werden.
Natürlicher und beliebter (doch mithin nicht unbedingt besser!) ist 9...♗e7. Der Textzug wurde in den vergangenen zwei Jahrzehnten nur gelegentlich versucht. Eine ähnliche Läuferformation findet sich in zahlreichen Eröffnungen. Als aktuelles Beispiel aus dem Nimzo-Inder sei Panelo-Vocaturo, Badalona 2013, genannt, wo es Schwarz nicht gelang, das Problem der Entwicklung seines Damenflügels erfolgreich zu lösen.

10.exd4 ♘c6!?

Zuvor wurde das schwarze Raumproblem durch den Abtausch einer Leichtfigur gelöst: 10...♗xf3 11.♕xf3, und nun sichert sich Schwarz mit 11...♘c6 12.♗e3 e5 seinen Anteil am Zentrum, wie (neben anderen) Adams in einer Partie gegen denselben Weißspieler versucht hat.

11.♘c3 h6 12.h3 ♖c8 13.♗e3 ♘e7

Gruppiert den Springer um und schafft so freie Sicht für den ♗b7.

14.♖c1 ♗b8

Schließlich zieht der Läufer weg, um dem d-Bauern den Vormarsch ins Zentrum zu ermöglichen.

15.b4

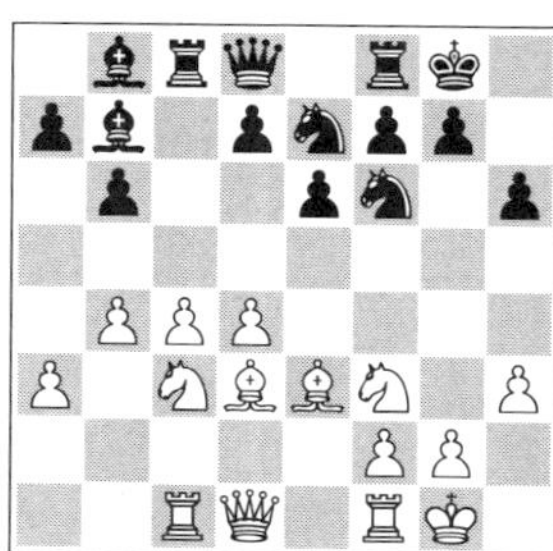

15...♘f5!

Sehr clever, da Weiß nach...

16.♗xf5

(am besten wäre so etwas wie 16.♕e2)

16...exf5

... Schwierigkeiten hat, seinen c-Bauern zu verteidigen.

17.c5

17.♘e2 kann zum Beispiel mit 17...♗xf3 18.gxf3 ♘h5 beantwortet werden.

17...♘d5 18.♘xd5 ♗xd5 19.♘e5 bxc5 20.bxc5 d6 21.cxd6 ♕xd6

Angesichts der Drohungen ...f7-f6 und ...♕xa3 hatte Schwarz klares Oberwasser und gewann schließlich die Partie.

Raschid Neschmetdinow
Juri Kotkow
Krasnodar 1967

1.e4 e5 2.♘f3 ♘c6 3.♗b5 ♘f6 4.0-0 ♘xe4 5.♖e1 ♘d6 6.♘xe5 ♗e7

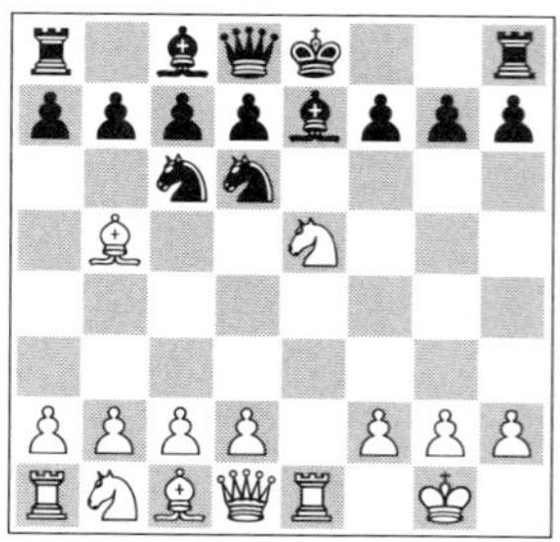

7.♗d3

Da wären wir wieder. Natürlich ist 7.♗f1 viel beliebter. Doch der Textzug hat in meiner Datenbank keine schlechte Bilanz. Der Zug sieht zwar 5.♗d3 in der Hauptlinie der Russischen Verteidigung (3.♘xe5) ähnlich, doch ist dort eine Umgruppierung mit c2-c3, ♗d3-c2 und d2-d4 wahrscheinlicher. Siehe hierzu z.B. eine der vielen Partien, in denen Tivjakow seinen Gegner erdrückt hat, gegen Howell, Leiden 2011.
Hier hingegen zielt der Läufer auf den schwarzen Königsflügel, an dem der Springer fehlt. Wieder einmal wird sich

der Läufer voraussichtlich mit seinem Kollegen auf b2 zusammentun.

7...0-0 8.♘c3 ♘xe5

Neschmetdinow empfiehlt 8...♘e8 aus Janowski-Lasker, Nürnberg 1896!

9.♖xe5 ♗f6 10.♖e3 g6 11.♕f3

Sofort 11.b3 ist beliebter und wurde auch schon bei Steinitz-Zukertort, 6. WM-Partie 1886 gespielt.

11...♗g7?

Neschmetdinow erwähnt 11...♗d4! oder 11...♖e8 als bessere Alternativen.

12.b3 ♘e8 13.♗a3 d6 14.♖ae1

Weiß hat spürbaren Entwicklungsvorteil erlangt und beabsichtigt, ♗c4 folgen zu lassen.

14...♘f6 15.h3 ♘d7 16.♘d5

Weiß steht klar besser. Bemerkenswerterweise ergab sich in der US-Meisterschaft 2013 dieselbe Stellung, die Partie verlief wie folgt: 16...♔h8 17.♖e7 c6 18.♗xd6 cxd5 19.♖xf7 ♖e8 20.♗e7 ♕a5 21.♖e6 ♕xa2 22.♗f6 ♘xf6 23.♕xf6 1-0, Sammour Hasbun-Ivanov, Saint Louis 2013.

16...f5

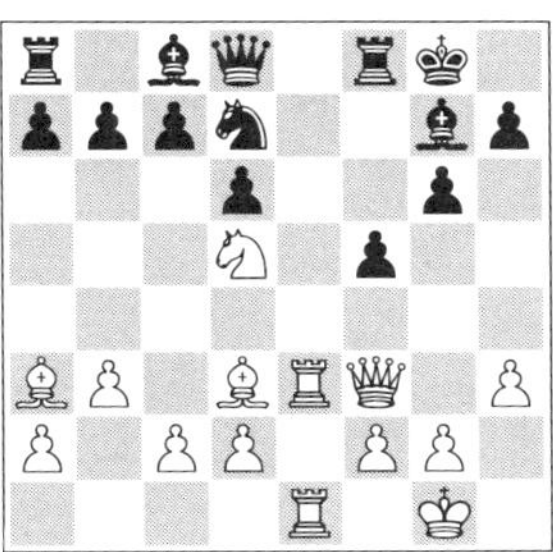

17.♘xc7!! ♕xc7 18.♕d5+ ♔h8 19.♖e8! ♘f6 20.♖xf8+ ♗xf8 21.♗b2

Weiß steht auf Gewinn.

21...♗g7

21...♕g7 22.♖e8 ♗e6 23.♗xf6 ♕xf6 24.♖xe6; 21...♔g7 22.♗c4.

22.♗c4 ♗d7 23.♗xf6

23.♕f7 ♖f8 24.♖e8.

23...♗xf6 24.♕f7 ♕d8 25.♖e8+

Erneut dieser Zug! Schwarz gab auf.

Peter Michalik
Joseph Gallagher
Meißen 2013

1.e4 c5 2.♘f3 ♘c6 3.♗b5 e5 4.0-0

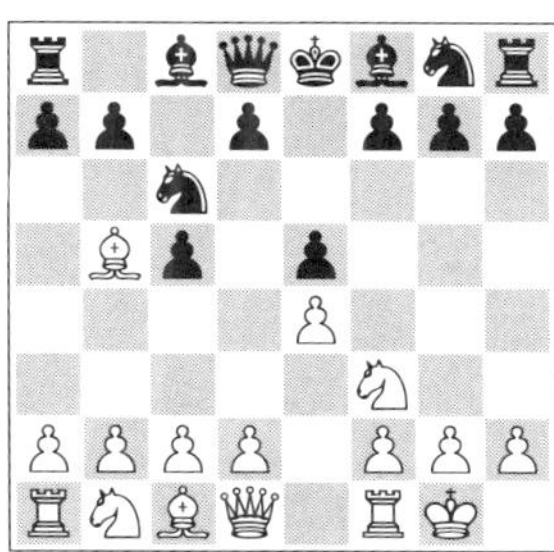

4...♗d6

Der klassische Zug wäre 4...♘ge7, doch einmal mehr sehen wir stattdessen diesen durchaus seriösen Läuferzug. Der in der Eröffnung recht experimentierfreudige Jobawa hat ihn gleichfalls schon öfters angewandt. Das „Snake-Benoni" wäre ein weiteres Beispiel, in dem Schwarz eine rasche Entwicklung anstrebt, dort ist das nachfolgende ...♗c7-a5 ein typisches und spezifisches Manöver. Vor nicht allzu langer Zeit hat sogar Aronjan in seinem Match gegen Tomaschewski im FIDE-Worldcup dem Snake-Benoni eine Chance gegeben.

5.c3

Eine stichhaltige Strategie: Weiß öffnet rasch die Stellung in der Hoffnung, die wacklige Stellung des ♗d6 auszunutzen.

5...♘ge7 6.d4 cxd4 7.cxd4 exd4 8.♘xd4 a6 9.♗e2 0-0 10.♘c3 ♗e5 11.♗e3 d5

Schwarz hat fast ausgeglichen, doch Weiß behauptet einen nervigen Entwicklungsvorsprung.

12.exd5 ♘xd5 13.♘xd5 ♘xd4 14.♗c4!

Eine Verbesserung zu Bartel-Jobawa, Europameisterschaft 2013, wo 14.♗xd4 ♕xd5 15.♗c3 ♕xd1 16.♖fxd1 ♗xc3

17.bxc3 ♗e6 folgte und die Partie zum Remis versandete.

14...♘f5 15.♗b6!

Um seinen Entwicklungsvorsprung zu behaupten, opfert Weiß einen Bauern.

15...♗xh2+ 16.♔xh2 ♕h4+ 17.♔g1 ♕xc4

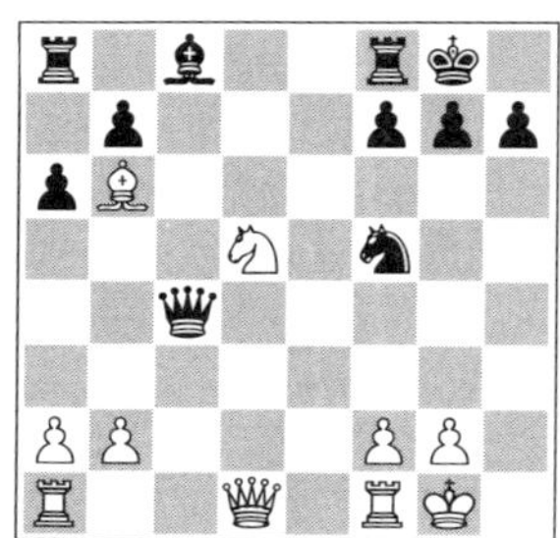

18.♖c1

Noch stärker wäre 18.♘c7 ♖b8 19.♖c1 ♕xa2 20.♗a7.

18...♕xa2 19.♘c7 ♗e6 20.♘xa8 ♖xa8

Weiß steht besser, doch dem Nachziehenden gelang es, die Damen zu tauschen und ein Remis zu erwirtschaften.

Oleg Romanischin
Tigran Petrosjan

Eriwan 1975

Sie werden weitere Beispiele für den ganz seriösen Läuferzug in anderen Eröffnungen finden können, doch inzwischen sollten Sie schon ein gutes Gespür für die grundlegende Idee der raschen Entwicklung erworben haben, und ebenso für die nachfolgenden Manöver.

Beenden wir dieses Kapitel mit einer großartigen Partie von Romanischin, der – noch lange vor Bosboom – nicht vor diesem Konzept zurückschreckte, was ihm viele schöne Siege eintrug.

1.c4 ♘f6 2.♘c3 e6 3.♘f3 b6 4.e4 ♗b7

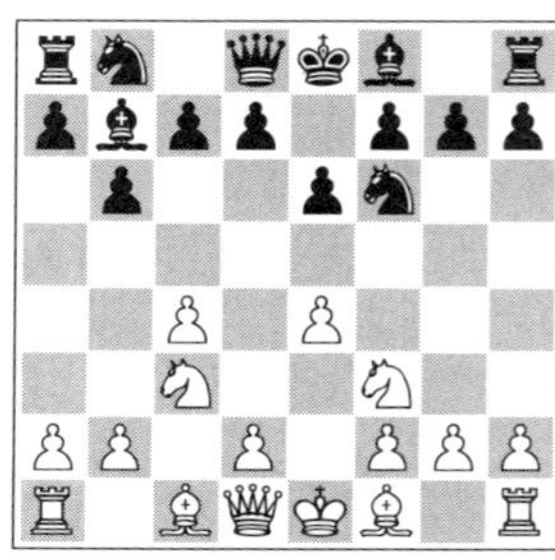

5.♗d3

Deckt den Bauern e4, richtet seine Aufmerksamkeit auf den Königsflügel und plant, d2-d4 mit Aufbau eines starken Bauernzentrums in einem Zug zu ziehen. All dies wird Ihnen inzwischen vertraut sein. Eine weitere herausragende Leistung von Romanischin wäre Adorjan-Romanischin, Interzonenturnier Riga 1979.

5...d6 6.♗c2 c5 7.d4 cxd4 8.♘xd4 ♗e7 9.0-0 0-0 10.b3 ♘c6

Auch nach 10...♘bd7 kann Weiß seinem Angriffsschema folgen: ♗b2, f2-f4 und falls notwendig ♕e2 nebst ♖ae1.

11.♗b2 a6 12.♔h1 ♕c7 13.f4 ♖ad8 14.♖c1 ♕b8 15.♖f3 g6?

Dies wird sich als Schwächung des Königsflügels erweisen. Der vormalige Weltmeister hätte besser zu 15...♖fe8 greifen sollen.

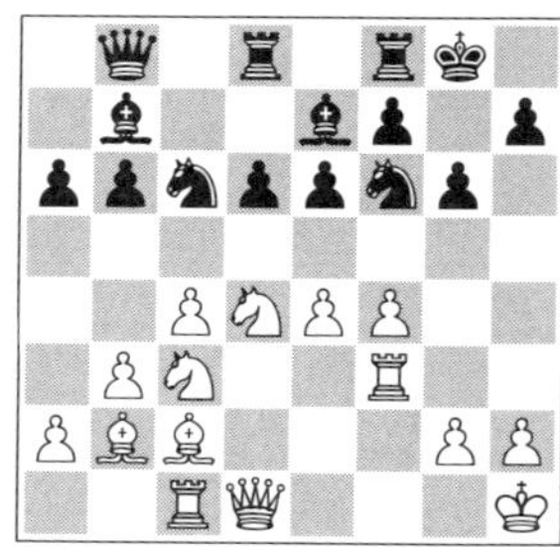

16.♘d5!

Der gigantische Springer. Natürlich erhöht die Abseitsstellung der schwarzen Dame die Erfolgsaussichten.

16...exd5 17.exd5

Laut Romanischin wäre 17.♘f5! noch stärker gewesen. Und tatsächlich sieht der weiße Angriff nach 17...gxf5 18.exd5 ♖fe8 19.♖g3+ nebst ♗xf5 unwiderstehlich aus.

17...♘xd4 18.♕xd4 ♖de8 19.f5

Öffnet die f-Linie, doch Petrosjan demonstriert seine sprichwörtlichen Defensivqualitäten.

19...♗d8 20.♕h4 ♖e5 21.♕h6

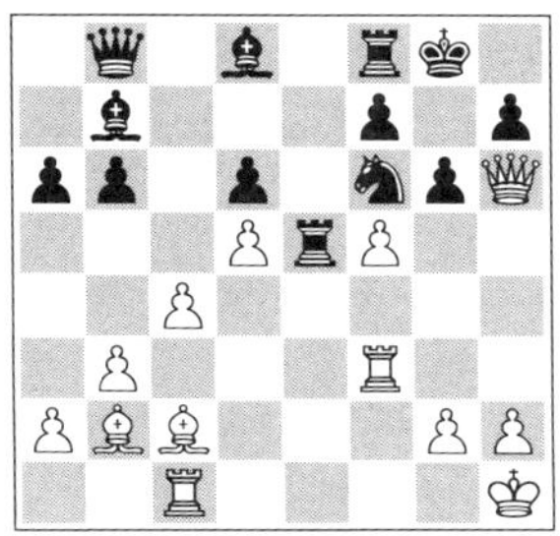

21...♕c7?

Doch nun strauchelt er. Er hätte das Remis mit 21...♘g4 22.♕f4 ♘f6 nehmen sollen.

22.♖g3 ♗c8 23.♗xe5 dxe5 24.fxg6 fxg6 25.♗xg6 ♘g4 26.♗h5 ♖f6 27.♕d2 ♖f4 28.d6 ♕g7 29.d7 ♗b7

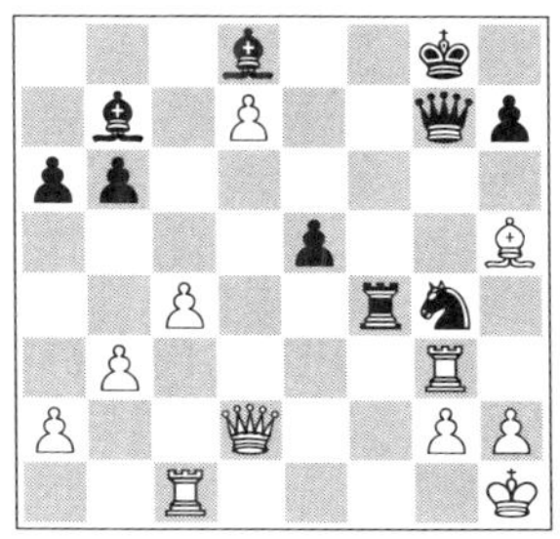

30.♕xf4

Schwarz gab auf.

Zusammenfassung

Der Trend, die Entwicklung zu beschleunigen und das Bauernzentrum dafür nur gemächlich aufzubauen, greift immer weiter um sich. Es handelt sich hierbei um ein höchst bemerkenswertes Phänomen, dem vermutlich von den modernen Computerprogrammen Vorschub geleistet wird. Natürlich brauchen diese Manöver ihre Zeit, doch solange die Stellung geschlossen ist, sollte dies kein Problem sein. Eine Weile, nachdem ich den Originalartikel verfasst hatte, überraschte mich mein Teamkamerad GM Roeland Pruijssers angenehm, indem er 1.e4 c5 2. ♘f3 a6 3. ♗d3!? spielte – wahrhaft jungfräuliches Terrain!

Kapitel 37

Figuren im Abseits

Springer kommen leicht einmal vom Kurs ab, und auch langschrittigere Figuren können unvermittelt einmal abseits des Geschehens landen. Wenn Sie daraus Nutzen ziehen wollen, lassen Sie diese Figuren besser in Ruhe und konzentrieren Sie sich auf den anderen Flügel, wo Sie eine Figur mehr haben.

Königsangriff am anderen Flügel

Zhao Xue
Harika Dronavalli
Khanty-Mansiysk 2012

1.d4 d6 2.♘f3 ♘f6 3.c4 g6 4.♘c3 ♗g7 5.e4 0-0 6.♗e2 e5 7.♗e3 exd4 8.♘xd4 ♖e8 9.f3 c6 10.♗f2 d5 11.exd5 cxd5 12.0-0 ♘c6 13.c5 ♗f8 14.♘b3 ♗h6 15.♖e1 a6

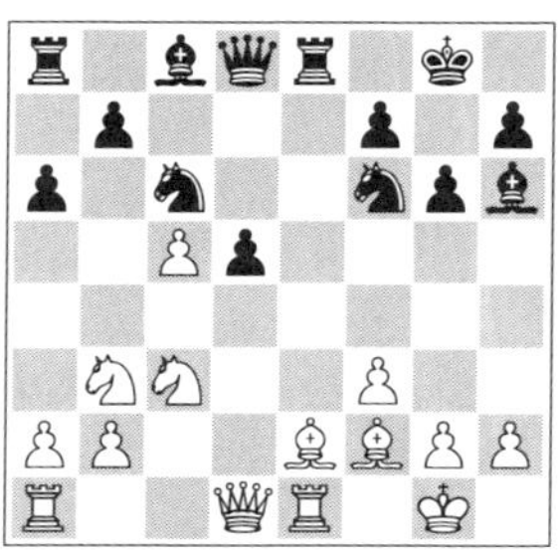

Das eröffnungstheoretische Duell ist damit abgeschlossen. Der letzte Zug von Schwarz, ...a7-a6, verlockt Zhao dazu, den Springer auf das starke Feld b6 zu überführen.

16.♘a4 ♗e6 17.♘b6 ♖b8 18.♗f1 ♘h5

Harika entscheidet sich, den Springer nach b6 zu lassen, und konzentriert sich auf den Königsflügel.

19.♘d4 ♘xd4 20.♕xd4 ♗g7 21.♕d2 ♕f6 22.♖ab1

Logisch sieht 22.♘xd5 aus, um den Springer zu zentralisieren, doch Zhao Xue wollte gewiss mehr herausholen als die Stellung nach 22...♕xb2 23.♕xb2 ♗xb2 24.♖ad1, wo Weiß zumindest nicht schlechter stünde.

22...d4

Vorwärts!

23.b4 ♖bd8

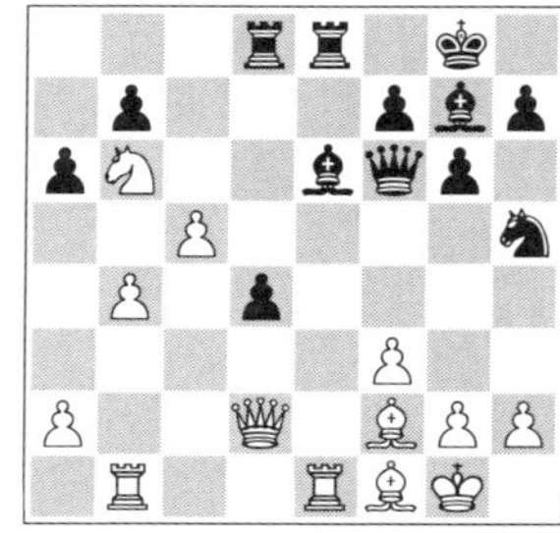

Nach diesem Zug steht der ♘b6 ein wenig im Abseits, da er keine Figur von Schwarz dominiert. Wenn es darum ginge, einen Freibauern auf der c-Linie zu unterstützen, sähe die Sache schon anders aus. Doch kommt Weiß in der Partie nicht einmal in die Nähe davon.

24.♖e4 g5 25.♖d1 d3 26.♕e3

26.♗xd3 ♘f4 27.♖e3 (27.♕c2 ♘xd3 28.♖xd3 ♗f5) 27...♕h6 wäre recht ungemütlich, doch 26.g3, um den Springer von dem bedrohlichen Posten auf f4 fernzuhalten, war möglich: 26...♕xf3 27.♖e3 nebst ♖xd3.

Der Versuch, den Springer umzugruppieren, lässt Schwarz ebenfalls obenauf: 26.♘c4 ♗xc4 27.♖xc4 ♘f4.

26...♘f4 27.a4

Besser scheint das sofortige 27.g3: 27...♘e2+ 28.♗xe2 dxe2 29.♕xe2 ♖xd1+ 30.♕xd1 ♖d8 31.♕e2.

27...♖f8

Bereitet auf g2-g3 die Antwort ...♘h3+ vor, doch waren 27...♕c3 oder 27...♕b2 starke Alternativen, mit der Absicht, 28.g3 mit 28...f5 zu beantworten.

28.g3 ♘h3+ 29.♗xh3 ♗xh3 30.g4

30.♖xd3 ♖xd3 31.♕xd3 ♗f5.

30...♕c3 31.♕xg5 d2

31...♕c2.

32.♗e3?

Viel besser war 32.♕e3, obgleich Schwarz nach 32...♕c2 eindeutig die Oberhand hat.

32...♕b3 33.♖xd2 ♖xd2 0-1

Wie Sie sehen, hat der ♘b6 nach wie vor keine Perspektiven. Somit hatte die Schwarzspielerin bei ihrem Schlussangriff effektiv eine Figur mehr.

Ein verlockender Vorposten

Jan Hein Donner
Robert Hartoch
Leeuwarden 1981

■

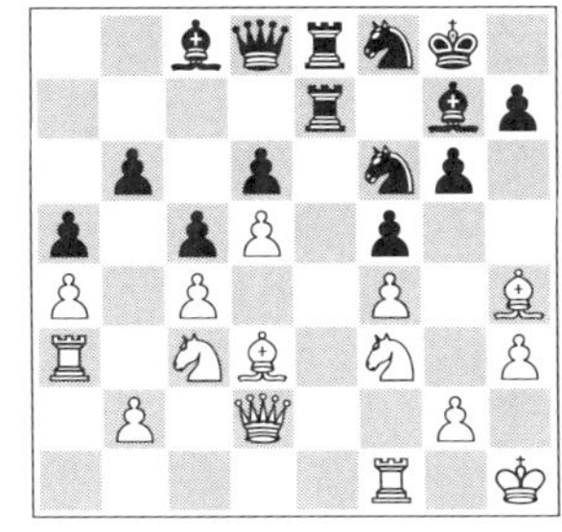

Als ich den auf b6 gestrandeten Springer bei Zhao Xue-Harika sah, fühlte ich mich gleich an diese Partie erinnert, vor allem wegen Donners markiger Worte im *Schaakbulletin* (dem holländische Vorgänger des *New In Chess*-Magazins) Nr. 160. Bei den nächsten paar Zügen benutze ich die übersetzten Kommentare von Donner. Viel Vergnügen!

22...♘8d7

„Nur ein Abwartezug, dachte ich."

23.♖g1 ♘b8

„Aha, darum geht's, er will ihn nach b4 stellen! Treffen wir Vorbereitungen, ihn gebührend zu empfangen."

24.♖aa1 ♘a6 25.♖af1 ♘b4 26.♗b1

„Schwarz hat sein Ziel erreicht, der Springer steht auf dem starken Feld b4. Natürlich hätte er ihn ebensogut nach h9 oder zurück ins Hotel befördern können, wo er keineswegs mehr im Abseits stehen würde. Mit einer Mehrfigur hat der Angriff am Königsflügel nun gute Erfolgsaussichten." (soweit die Worte von Donner)

26...♔h8 27.♘h2 ♖e3 28.♗f2 ♖3e7 29.g4 ♖f7 30.gxf5

Donner hielt dies für einen Fehler und schlug eine weitere Vorbereitung mit ♗h4 und ♘f3 vor.

30...♗xf5 31.♗xf5 gxf5 32.♘f3 h6 33.♗h4 ♕d7

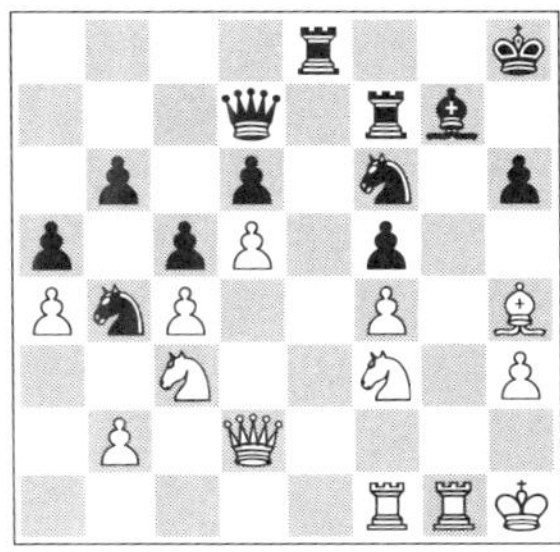

Remis vereinbart, da Donner glaubte, er hätte seinen Vorteil verspielt, doch wäre 34.♗xf6!? eine gute Fortsetzung gewesen. Jedenfalls hinterließ Donners dezidierte Meinung zu dem scheinbar starken Feld b4 einen starken Eindruck bei der holländischen Leserschaft, mich selbst eingeschlossen.

Angriff auf entgegengesetzten Flügeln

Laurens Snuverink
Friso Nijboer
Niederlande 2011/12

□

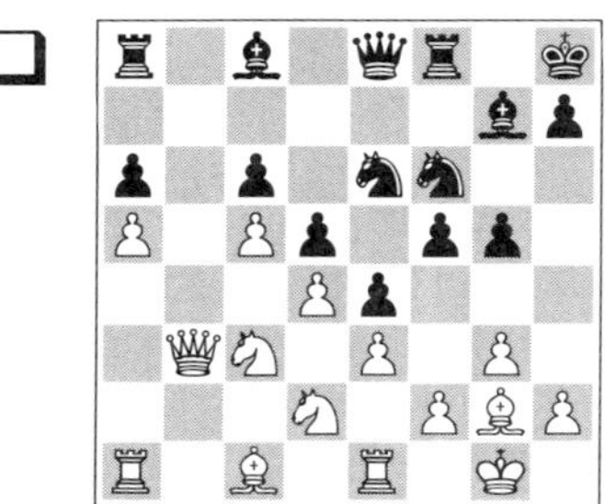

19.♘a4

Genau wie Zhao Xue hat Weiß es auf das Feld b6 abgesehen. Doch was wird auf der anderen Brettseite passieren? Fairerweise muss aber gesagt werden, dass 19.♘e2 den Vorstoß ...f5-f4 gleichfalls nicht vehindert hätte.

19...f4 20.♘b6 ♖b8 21.♕a4 ♘g4

In seinem Bericht über den Mannschaftskampf, aus dem diese Partie stammt, zitierte Richard Vedder gleichfalls Donner. Im Gegensatz zu den vorangegangenen Beispielen könnte der Springer zwar noch gegen den ♗c8 abgetauscht werden. Doch während dies im Königsinder oft eine wichtige Angriffsfigur beseitigt, ist der schwarze Angriff hier bereits zu weit fortgeschritten.

22.♘b3

22.♘xc8 ♕xc8 23.♘f1 fxe3 24.fxe3 ♘f2.

22...♕h5 23.h3 ♘xf2 24.♔xf2 fxg3+ 25.♔g1

25.♔xg3 ♘xd4 26.exd4 ♗xh3.

25...g4 26.♕xc6 gxh3 27.♕xd5 ♘g5 28.♗xe4 ♗e6 29.♕c6 ♗xb3 30.♗a3 ♘xe4 31.♕xe4 ♖xb6 32.cxb6 h2+ 0-1

Und erneut b4

Ivan Sokolov
Teimour Radschabow
Sarajewo 2003

1.d4 ♘f6 2.c4 g6 3.♘c3 ♗g7 4.e4 d6 5.♗d3 0-0 6.♘ge2 c5 7.d5 e6 8.0-0 exd5 9.exd5 ♘g4 10.f4 ♖e8 11.h3 ♘h6 12.♗d2 ♘f5 13.♕b3 ♘a6 14.♖ae1 ♖b8 15.a3 ♘c7 16.a4 ♗d7 17.♘e4

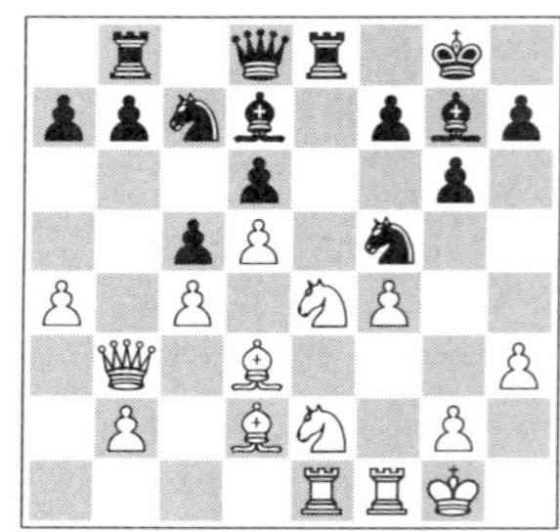

17...♘a6

Hier haben wir das Spiegelbild zur Donner-Partie. Schwarz hat zu kämpfen, um Raum für seine Figuren zu finden, und dirigiert seinen Springer auf das starke Feld b4. Es wird Sie jedoch nicht mehr überraschen, dass sich dies im späteren Verlauf der Partie als Abstellgleis herausstellt.

18.♔h2 ♘b4 19.♗b1

Nicht 19.♗xb4? ♕b6!.

19...♕h4 20.♗c3

Dies geht letztlich gut aus, da Schwarz später fehlgreift. Gute Alternativen waren 20.♕f3, was die Dame zum Königsflügel überführt (auf 20...♗xb2? folgt dann 21.♗c3), oder 20.♘2g3 ♘d4 21.♕d1, um auf d6 loszugehen.

20...♘e3 21.♗xg7 ♘xf1+ 22.♖xf1 ♖xe4

Schwarz ist gezwungen, die Qualität zurückzugeben, da nach 22...♔xg7 23.♕c3+ f6 24.♘2g3 alle Figuren von Weiß am Angriff teilnehmen würden, während der schwarze Springer auf b4 nur aus der Ferne zuschauen würde.

23.♗xe4 ♔xg7 24.♕c3+ ♕f6

Radschabow verpasst seine Chance. 24...♔g8! hätte f4-f5 abgewendet, während nach beispielsweise 25.♘g3 f5 die Beweglichkeit der weißen Figuren gleichfalls spürbar eingeschränkt wäre.

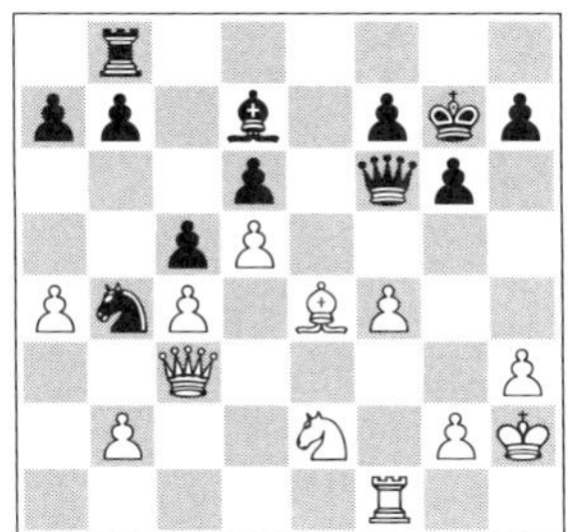

25.f5!

Nun wird der ♘b4 im Endspiel weiterhin dominiert, während Schwarz zugleich auch ein Auge auf seinen Bauern d6 werfen muss.

25...♕xc3

25...♗xa4 26.fxg6 ♕xc3 27.♖xf7+.

26.♘xc3 ♖e8 27.f6+ ♔f8 28.♗b1 b6 29.a5! bxa5 30.♘e4,

Und Sokolov verwertete seinen klaren Vorteil:

30...a4 31.♘xd6 ♖e2 32.♘e4 ♘a6 33.♖f2 ♖e1 34.♗c2 ♖e3 35.♖d2 a3 36.bxa3 ♖xa3 37.♖e2 ♖a2 38.♘d6 1-0

Das vernichtende 39.♖e7 ist nicht mehr zu verhindern.

Kein Stützpunkt

In den vorherigen Beispielen wurde der Springer jeweils auf einen formal starken Stützpunkt gelockt. Um ins Abseits zu geraten, ist dies natürlich keine notwendige Voraussetzung, wie ich einst gegen den Sieger aus dem dritten Partieausschnitt nachweisen konnte.

Friso Nijboer
Arthur van de Oudeweetering
Niederlande 2000

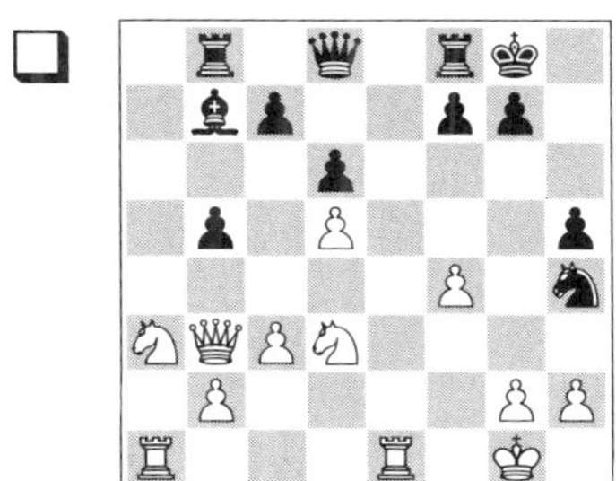

21.♕xb5

21.♘xb5, um den Springer zu aktivieren, trifft auf 21...♕d7, womit die schwarze Dame gleichfalls nach g4 schielt.

21...♕f6 22.♖e3

Weiß sollte die Gelegenheit ergeifen, seinen Springer mit 22.♘c2 umzugruppieren, wenngleich 22...♕g6 dem Nachziehenden hinlängliche Kompensation gibt.

22...♕f5 23.♘b4

Der nächste Springer verläuft sich zum Damenflügel. 23.c4 ♕g6 24.♖g3 ♕f6 gibt Schwarz genug Spiel für den Bauern.

23...♕xf4 24.♖ae1

Es war an der Zeit, mit 24.♕e2 die Verteidigungslinien zu stärken.

24...♕g5 25.♕e2 f5!

Aktiviert den Turm und entfesselt einen Angriff, den Nijboer unterschätzt haben muss. Er beachtete wohl nicht, wie hilflos seine Springer am anderen Flügel dabei zuschauen.

26.♖g3 ♕h6 27.♖h3 ♖be8 28.♕f2

28.♕xe8 ♖xe8 29.♖xe8+ ♔f7 30.♖e2 (30.♖he3 ♕g5 31.g3 f4) 30...♕c1+ 31.♔f2 ♕f4+ 32.♔g1 ♘xg2 33.♖xg2 ♕c1+ 34.♔f2 ♕xb2+ 35.♘bc2 ♗xd5.

28...♘g6 29.♖he3 ♘e5

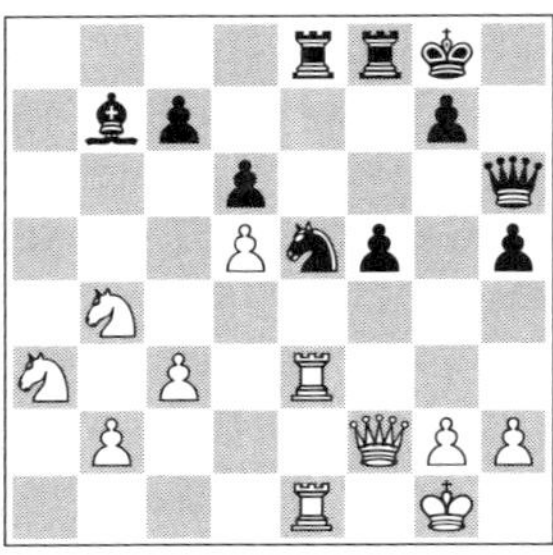

Mit seinen letzten Zügen hat der Anziehende nichts erreicht, während Schwarz die Stellung seiner Figuren verbessert hat. Er hat nun klares Oberwasser.

30.h3 f4 31.♖e4 f3 32.g3 ♕g6 33.♘b5 ♘d3 34.♘xd3 ♖xe4 35.♘xc7 ♖e2 36.♖xe2 fxe2 37.♕e3 ♕xd3 0-1

Weiß verlor auf Zeit wie auch auf Stellung.

Der Abseitsläufer

Nigel Short
Wladimir Kramnik
London 2011

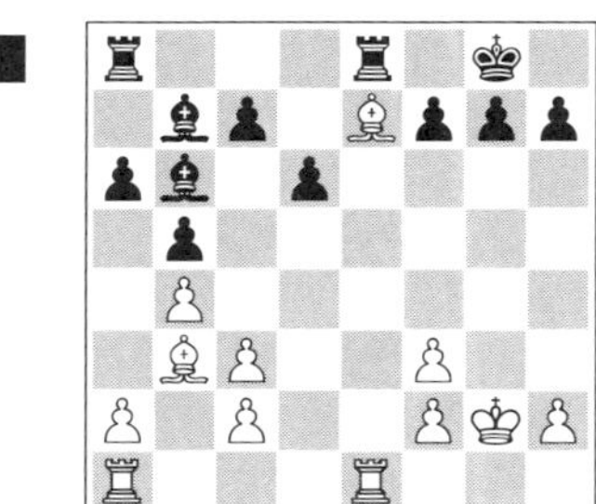

Wegen seiner Unfähigkeit, rasch zum Brennpunkt des Geschehens zurückzukehren, ist naturgemäß der Springer die prädestinierte Abseitsfigur. Doch Langschrittler können definitiv ebenso ins Abseits geraten! Hier könnten Sie an den Läufer auf e7 denken, doch nach Kramniks ebenso genialem wie einfachen...

19...d5! 20.♖e5 c6

... ist es der ♗b3, der Erinnerungen an das berühmte Endspiel Winter-Capabalanca wachruft. Es gibt weitere klassische Vorbilder für einen Abseitsläufer, z.B. Blackburne-Van Vliet, London 1890, oder Spielmann-Tarrasch, San Sebastian 1912. Ich habe das Vergnügen, Sie auf ein kompliziertes jüngeres Duell rund um dieses Thema hinweisen zu dürfen, nämlich Carlsen-Grischuk, Tal-Gedenkturnier Moskau 2012.

21.♖ae1 ♗c7 22.♖5e2 ♗c8 23.a4 ♗d7 24.♗h4 ♖xe2 25.♖xe2 ♖e8 26.♖xe8+ ♗xe8

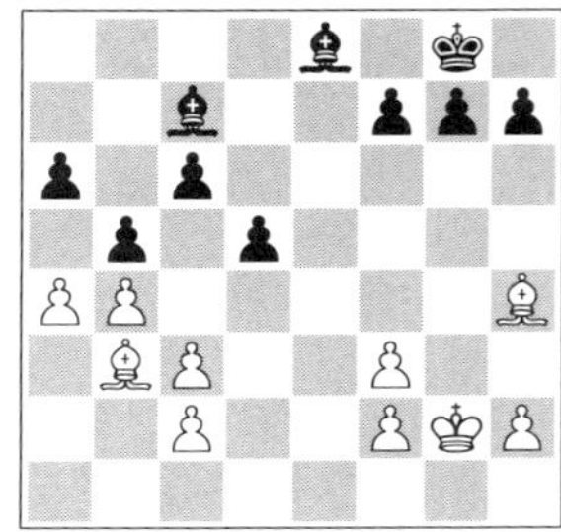

Mit den Türmen von Brett kann Schwarz mit leichter Hand eine Offensive am Königsflügel inszenieren, wo er praktisch eine Figur mehr hat.

27.♗g3 ♗d8!

Es besteht keine Veranlassung, die weiße Bauernstruktur zu verbessern, da der Anziehende in jedem Fall völlig hilflos ist. Schwarz gewann ohne Probleme.

Der Salow-Turm

Jan Timman
Waleri Salow
Saint John 1988

1.d4 ♘f6 2.c4 e6 3.♘f3 ♗b4+ 4.♘bd2 d5 5.♕a4+ ♘c6 6.a3 ♗xd2+ 7.♗xd2 ♘e4 8.♕c2 a5 9.e3 0-0 10.♗d3 f5 11.0-0 a4 12.♗b4 ♖f6

13.♘e5 ♗d7 14.f3 ♘g5 15.♖ac1 ♘f7 16.f4 ♗e8 17.♗e1

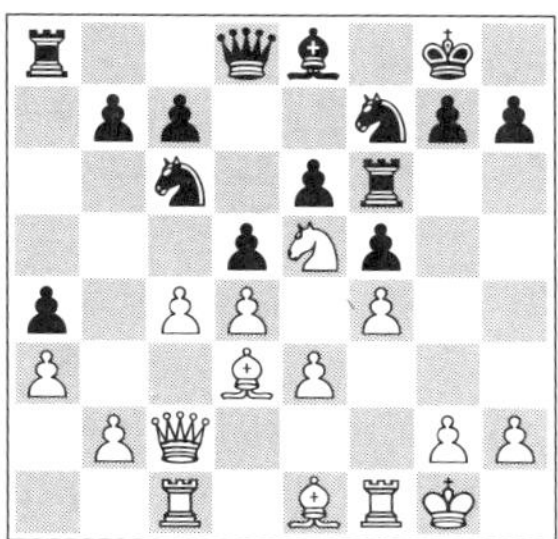

Ein Turm im Abseits ist ein selteneres Phänomen, das aber sehr wohl auch vorkommt, wie diese Partie beweist.

17...♖h6

Da kein Angriff abzusehen ist, ist nicht klar, was der Turm hier soll, aber es wird sogar noch schlimmer.

18.cxd5 ♕xd5 19.♗e2 ♘fxe5 20.dxe5

Der Turm ist ein trauriger Anblick – er hat nun keinen Weg mehr zurück.

20...♗h5

20...g5 21.♗c4 ♕d7 22.fxg5 ♖g6 23.♖xf5.

21.♖d1 ♕a2 22.♗xh5 ♖xh5 23.♖d7 ♖c8 24.♖f2 ♕b3 25.♕xb3 axb3

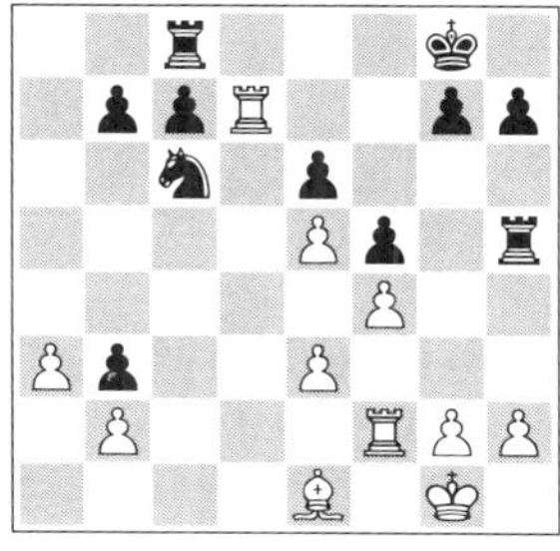

Je mehr Figuren vom Brett verschwinden, desto augenfälliger werden die verbleibenden schlechten Figuren. Man spürt ihre mangelnde Aktivität sogar noch mehr, da weniger Figuren gedeckt werden müssen.

26.♖fd2 ♔f8

Der Turm auf h5 steht tatsächlich völlig im Abseits und kann dem Spiel nicht mehr beiwohnen. Der einzige Versuch, dies zu ändern, wäre das zeitraubende ...g7-g5 nebst ...♖h6-g6, doch in der Zwischenzeit hätte Weiß schon längst die Ernte am Damenflügel eingefahren.

27.♖2d3 ♘e7 28.♗b4 c5 29.♖d8+ ♖xd8 30.♖xd8+ ♔f7 31.♗xc5 ♘d5 32.♖d7+ ♔e8 33.♖xb7 g5 34.g3 gxf4 35.exf4 ♔d8 36.♗f8! ♔e8 37.♗g7 1-0

Zusammenfassung

Figuren sollten zusammenarbeiten. Das ist natürlich leichter gesagt als getan. Es ist eine komplexe Angelegenheit, die sich nicht so leicht in Worte fassen lässt. Die gesehenen Beispielen mit ihren Abseitsfiguren sollten Sie vor einigen Fallgruben bewahren oder – auf der Sonnenseite – Ihnen zeigen, wie Sie von Abseitsfiguren des Gegners profitieren, indem Sie Ihr Augenmerk auf die andere Brettseite richten. Und vergessen Sie nicht: Vorposten sind nur wirklich stark, wenn ihre Besetzung auch Nutzen verspricht. Ebenso wie eine einzelne Figur bei einem Königsangriff kaum auf sich allein gestellt den Sieg davontragen wird.

Kapitel 38

Ein zweischneidiger Abtausch: ♗x♘c6

Solche radikalen Entscheidungen, bei denen es um die Abwägung zwischen Aktivität und strukturellen Schwächen geht, sind stets schwer zu treffen. Unter welchen Umständen werden die dynamischen Faktoren – hier das Läuferpaar – die statischen Schwächen mit dem isolierten c-Doppelbauern in den Schatten stellen? Oft steht ein komplizierter Kampf mit Möglichkeiten für beide Seiten bevor.

Einen Vorposten errichten

Michail Moscharow
Kamil Dragun
Krakow 2012

1.c4 ♘f6 2.♘c3 d5 3.cxd5 ♘xd5 4.g3 e5 5.♗g2 ♘b6 6.d3 ♗e7 7.♗e3 0-0 8.♖c1 ♖e8 9.♘f3 ♘c6 10.0-0 ♗g4 11.♘d2 ♕d7 12.♖e1 ♖ab8 13.a4 ♗b4

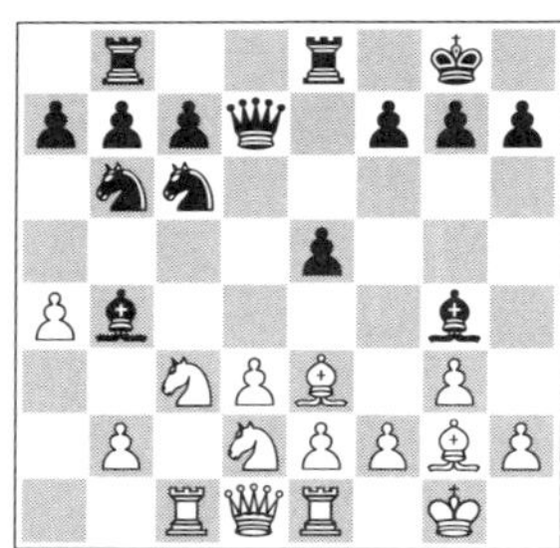

14.♗xc6 bxc6

14...♕xc6 15.♘a2 ♕d6 16.♗xb6 ♗xd2 17.♗xc7 ♕h6 18.♗xb8 ♖xb8 19.♖c7 ♗h3 20.♖f1 lässt Weiß in Vorteil.

15.♘ce4

Strebt logischerweise nach der Kontrolle des starken Feldes vor dem Doppelbauern.

15...a5

Blockiert die weißen Damenflügelbauern und bereitet auch ...♘d5 vor.

16.♘c5 ♕c8 17.f3 ♗h3 18.♗f2 h5

Schwarz muss dynamisches Gegenspiel suchen. Er kann es sich nicht leisten, passiv zu bleiben, da die statische Schwäche auf c6 langfristig wahrscheinlich zu einem Problem wird.

19.♕c2 h4 20.♖ed1 ♘d5

Fordert den nächsten Zug von Weiß heraus, doch das Verlangen von Schwarz, mehr Figuren zum Königsflügel zu bringen, ist nachvollziehbar.

21.e4 ♘f6

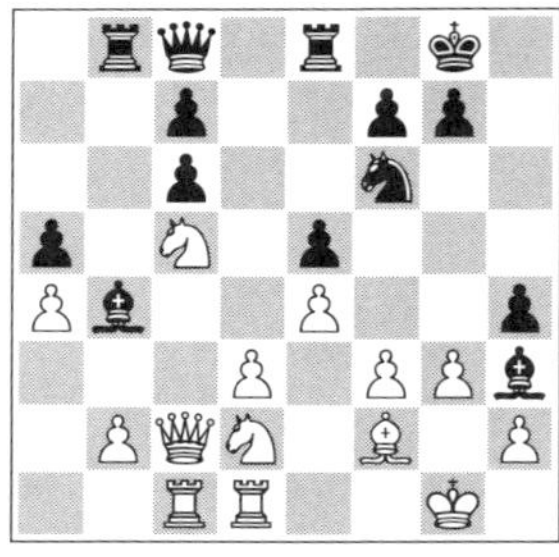

22.♘db3

Konsequent wäre das sofortige 22.d4 gewesen. Da keine Nachteile hiervon zu erkennen sind, war dies klar vorzuziehen.

22...♘h5 23.d4 ♕d8 24.♕e2 ♕g5 25.♗e3 ♘f4

Nun konnte Schwarz stattdessen rechtzeitig etwas Gegenspiel als Kompensation für seine beschädigte Bauernstruktur erlangen.

26.♕f2

26.♗xf4 exf4 27.g4 f5 scheint in Ordnung für Schwarz: 28.♕c4+ ♔h7 29.♘e6 ♖xe6 30.♕xe6 fxg4 31.♔h1 ♖e8.

26...hxg3 27.hxg3 ♗xc5

Eine konkrete Fortsetzung, bei der es Schwarz auf den Bauern b2 abgesehen hat, die aber zugleich dem Anziehenden die Sorge um seinen überzähligen Springer nimmt. 27...♗c8!? war eine solide Alternative.

28.♘xc5 ♖xb2 29.♖d2 ♖xd2 30.♗xd2 ♖d8 31.♘d3 ♘e2+?

Das prosaische 31...♖xd4 war möglich: 32.♘xf4 (32.♗xf4 exf4 33.♘xf4 c5) 32...exf4 33.♗xf4 ♕f6, und Schwarz geht es in beiden Fällen gut. Der Textzug ist eher zweifelhaft, doch letztlich gelang es Schwarz, die Partie zu retten.

Alfonso Romero Holmes
Adam Horvath
Melaka 2012

❑ 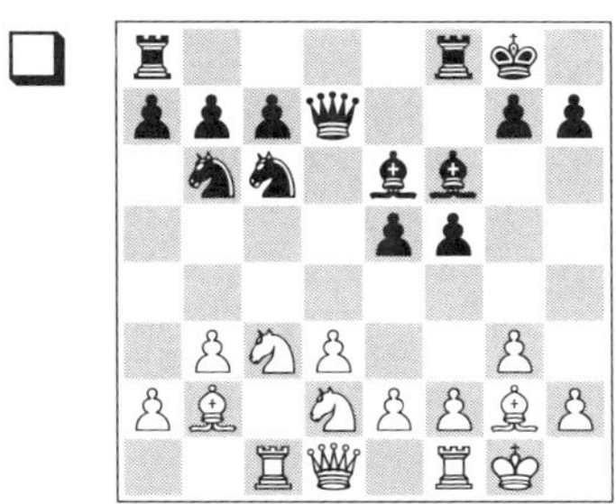

Hier haben wir eine ganz ähnliche Stellung vor uns. Erneut gibt Weiß den Fianchettoläufer her, um der schwarzen Bauernstruktur ernsthaften Schaden zuzufügen. Er kann jedoch nicht so einfach einen Springer nach c5 stellen, da das Feld e4 unzugänglich ist.

13.♗xc6 bxc6

13...♕xc6 14.♘ce4 ♕d7 15.♘c5 ♕c8 16.♘f3 wäre sehr unangenehm für Schwarz.

14.♕c2 ♕f7 15.♘a4!?

Es macht Weiß nichts aus, seine eigene Bauernstruktur zu beschädigen, wenn er dafür rasch Druck auf der c-Linie entfalten kann. Nichtsdestotrotz kam auch ein Rückzug wie 15.♘d1 in Betracht.

15...♘xa4 16.bxa4 ♗xa2

Schlägt nicht gerade den wichtigsten Bauern auf dem Brett. Eine Alternative wäre 16...♖ab8 17.♗a1 ♗d5 18.e4 fxe4 19.dxe4 ♗e6.

17.♕xc6

17.f4! unter Ausnützung eines taktischen Motivs: 17...exf4 18.♗xf6.

17...♖ab8 18.♗a1 ♕h5

Hier steht die schwarze Dame als Angreifer allein auf weiter Flur. Es wäre vernünftiger, so etwas wie 18...♗g5 zu spielen.

19.♖c2 ♗f7 20.f3

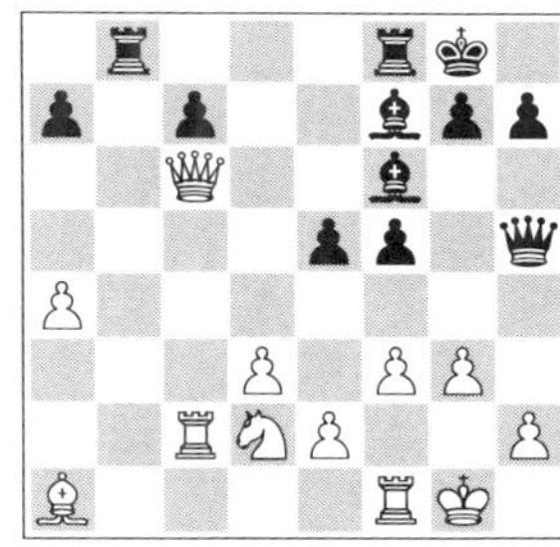

Nun übt Weiß echten Druck auf den Bauern c7 aus, während die schwarzen Läufer keine Wirkung entfalten.

20...♕h6

20...♖fe8 21.♘c4 ♖e7 22.♘e3.

21.♘c4 ♖bc8 22.e4 ♕g6 23.♕c5 fxe4 24.dxe4 ♕g5 25.♕e3

Nichts sprach gegen das normale 25.♘xe5. Nach dem Schlagen dieses Zentrumsbauern wäre Weiß klar obenauf.

25...♕g6

25...♕xe3+ 26.♘xe3 c5.

26.♕xa7 ♖a8 27.♕f2 ♖xa4 28.♘xe5

Nun hat Weiß einfach einen Bauern mehr.

28...♕h5 29.g4 ♕h3 30.♗b2 ♗xe5 31.♗xe5 h5 32.g5

32.gxh5! ♗xh5 33.♖xc7 ♖f7.

32...♗c4 33.♖fc1

33.♗xg7 ♕xf1+ (33...♔xg7 34.♕d4+ ♔h7 35.♖xc4) 34.♕xf1 ♗xf1 35.♗xf8 ♖a1 36.♔f2 ♔xf8 37.♖xc7 versprach immer noch Vorteil für Weiß.

33...♖xf3 34.♕g2 ♗d3

34...♗e6! 35.♕xh3 ♗xh3 36.♖xc7? ♖xe4.

35.♕xh3 ♖xh3 36.♖xc7 1-0

Diesmal keine offene c-Linie

Das folgende Beispiel unterstreicht, wie wichtig die halboffene c-Linie in den beiden vorangegangenen Beispielen war.

Baard Fjellengen
Tiger Hillarp Persson
Helsingör 2012

❑ 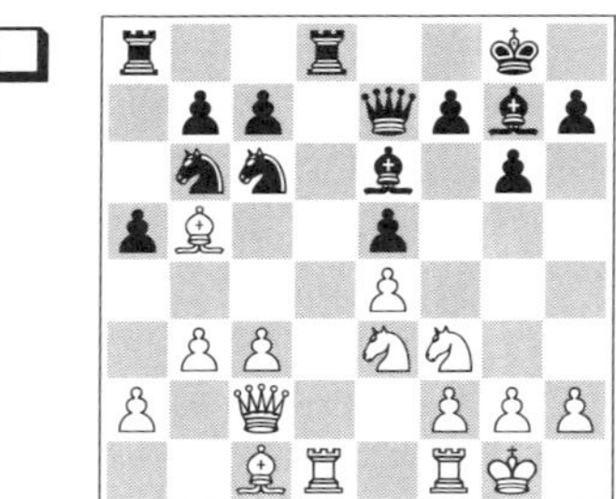

17.♗xc6?! bxc6

Wie Sie sehen können, spielt die c-Linie hier keine Rolle, wodurch die Doppelbauern eindeutig weniger verwundbar sind. Darüber hinaus kontrolliert der Bauer c6 sehr schön das Feld d5.

18.♖xd8+ ♖xd8 19.♖d1 ♖a8!

19...♖xd1+ 20.♘xd1 würde Weiß helfen, seinen Springer nach b2 zu bugsieren, während sich die weißen Figuren nach dem Textzug auf die Füße treten (und natürlich möchte Schwarz mit ...a5-a4 seinen Druck am Damenflügel erhöhen).

20.c4?!

Gibt die Kontrolle über das Feld d4 auf und dem Schwarzen damit einen klaren Plan für die nächsten Züge in die Hand. Es ist nicht einfach, für Weiß einen Plan zu finden, doch vielleicht war 20.a4 vorzuziehen.

20...f6 21.♘e1 ♘d7 22.♘d3 ♘f8 23.a3 ♗d7 24.b4 axb4 25.axb4 ♘e6

Der Springer hat seine Rundreise mit dem Zielpunkt d4 abgeschlossen.

26.f3 h5 27.♗b2 ♗e8 28.♖a1 ♖xa1+ 29.♗xa1 ♗h6

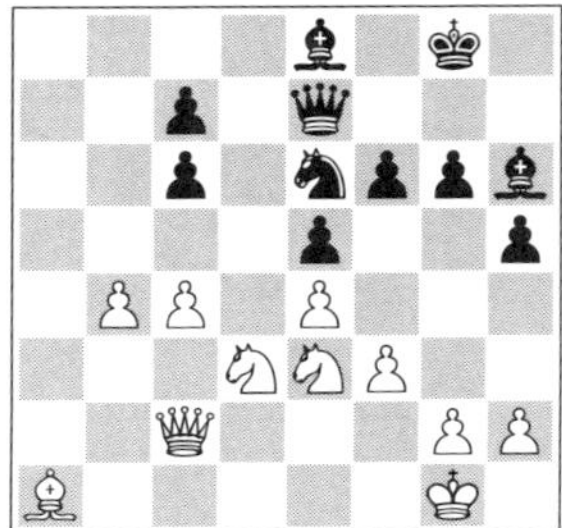

Schwarz steht etwas besser, und alsbald geriet der nominell viel schwächere Weißspieler auf Abwege.

30.♘f1 c5 31.bxc5? ♘xc5 32.♘b4? ♘xe4 33.♘d5 ♕c5+ 34.♔h1 ♘f2+ 35.♔g1 ♘h3+ 36.♔h1 ♕g1#

In Richtung Endspiel

Mit getauschten Damen verringert sich die Bedeutung der Inititative, die man im Austausch für die beschädigte Struktur erhält. Zudem kommt der Springer zur Belagerung der Doppelbauern gerade recht. Ein bekanntes Beispiel ist Smyslow-Tal, UdSSR-Meisterschaft 1969, oder werfen Sie einen Blick auf Petrosjan-Neschmetdinow, Halbfinale zur UdSSR-Meisterschaft Tiflis 1949 (beide Partien endeten mit einem Duell Springer gegen Läufer).

In unserem Beispiel gelingt es jedoch den Läufern, die Oberhand zu gewinnen, indem sie konstanten Druck auf die schwarze Stellung ausüben (freilich erweist sich hier auch der zusätzliche c-Bauer als wertvoll).

Nadeschda Kosintsewa
Lilit Mkrtschijan
Khanty-Mansiysk 2012

■

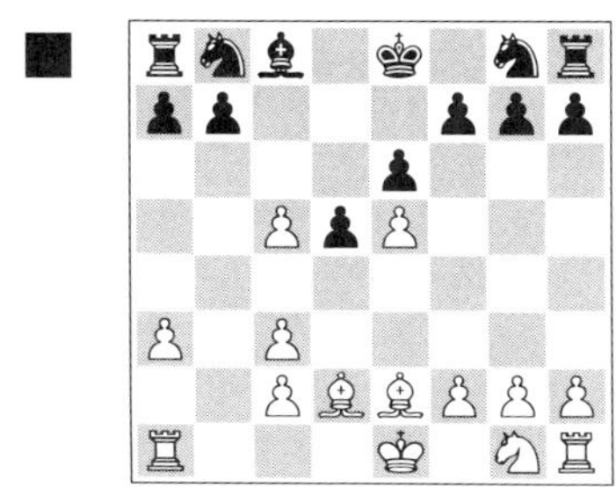

10...♘d7 11.♗b5 ♘e7
11...a6 12.♗a4 ♔d8 kann mit dem starken und thematischen 13.c4 beantwortet werden, z.B. 13...dxc4 14.♗a5+ ♔e7 15.♗c7.

12.f4 a6 13.♗a4 ♔d8 14.♗e3
Hier kam die Öffnung der Stellung mit 14.c4 gleichfalls in Betracht. Mit dem Textzug verfolgt Weiß eine andere Strategie: Nämlich den Gegner zu strangulieren.

14...♔c7 15.♘f3 h6 16.♖b1 ♘b8 17.c4 dxc4 18.♘d2 ♘d5 19.♘xc4?!
Weiß hätte nach 19.♗d4 ♘xf4? 20.g3 ♘d5 21.0-0 klaren Vorteil.

19...♘c3
19...♘xe3 20.♘xe3 ♗d7 wäre eine viel bessere Verteidigung.

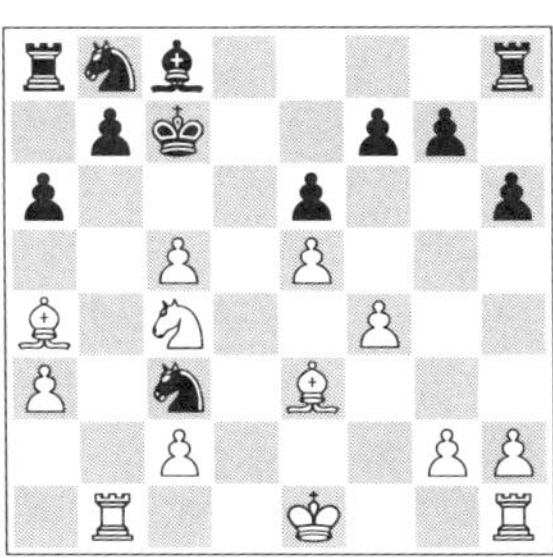

20.♘b6 ♖a7
20...♘xb1 21.♘xa8+ ♔d8 22.0-0 lässt Weiß klar im Vorteil.

21.♖b3 ♘xa4 22.♘xa4
22.c6+−.

22...♗d7
22...♘c6 23.0-0, und Schwarz ist völlig gebunden.

23.c6 ♘xc6 24.♗xa7 ♘xa7 25.♘c5 ♗c6 26.♔f2 ♖d8 27.♖d3,
Und Weiß gewann leicht.

Entgegengesetzte Rochaden

Es gibt im Sizilianer ein Abspiel (der Englische Angriff gegen die Taimanow-Variante), in dem Weiß zum Damenflügel rochiert, jedoch völlig überraschend die Verdopplung seines c-Bauern erlaubt.

Yuniesky Quesada Perez
Lewan Aroschidse
Barcelona 2012

1.e4 c5 2.♘f3 e6 3.d4 cxd4 4.♘xd4 ♘c6 5.♘c3 ♕c7 6.♗e3 a6 7.♕d2 ♘f6 8.0-0-0 ♗b4 9.f3 ♘e5 10.♘b3 b5

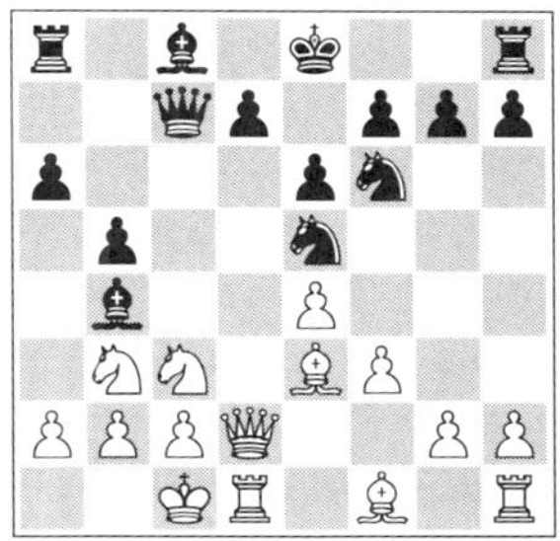

11.♕f2
Beliebter ist der Zug 11.♕e1.

11...♗xc3 12.bxc3
Hier verfügt Schwarz nicht nur über die halboffene c-Linie, sondern auch die Damen sind bei einer Stellung mit entge-

gengesetzten Rochaden noch auf dem Brett. Der König von Weiß muss nun hinter einer beschädigten Bauernstruktur Schutz suchen. Doch gibt ihm die Herrschaft über die dunklen Felder weitreichende Kompensation.

12...d6 13.♗b6 ♕b8

13...♕xc3 14.♖xd6 ♘ed7 15.♗a5 ♕e5 16.♕d2 brächte Weiß großen Vorteil.

14.♗a5 ♘c6 15.♕g3

Nun sehen wir einen weiteren wichtigen Punkt in dieser Sizilianisch-Struktur: Der Bauer d6 ist verwundbar.

15...♔e7 16.♗b4 ♘xb4 17.cxb4

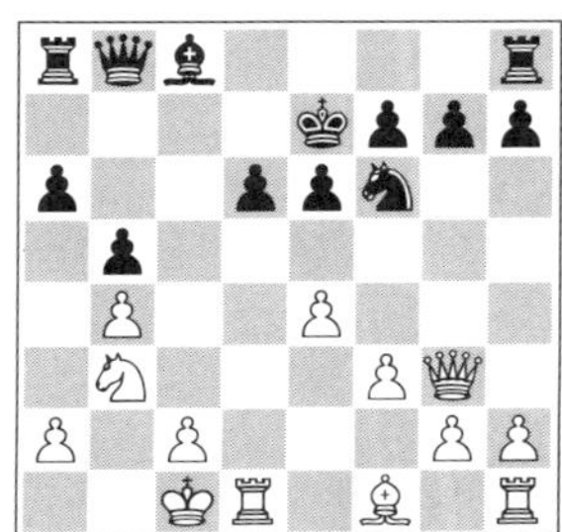

Weiß hat sein Läuferpaar aufgegeben, dafür aber seine Bauernstruktur verbessert. Er kann jetzt seinen Druck gegen d6 verstärken und c2-c4 vorbereiten.

17...♖g8

Im Magazin *ChessVibes Openings* empfehlen Van Delft & Ris das dynamischere 17...♗b7!.

18.♗e2 ♕c7 19.♖d3 ♖b8 20.♖hd1 ♖b6 21.♘a5 ♗d7 22.♔b2?

Schwarz hat passiv gespielt, doch nun erlaubt ihm der Anziehende, seinen König zu evakuieren. 22.♖1d2!.

22...♖c8 23.c3 ♔f8 24.♖c1

24.♖xd6 ♕xc3+.

24...e5 25.♗d1 ♗e6 26.♗b3 ♗xb3 27.axb3 ♖d8 28.♕f2 ♖bb8 29.♕d2 ♕b6 30.♖d1 ♘e8 31.h4,

... und Weiß rang seinen Kontrahenten schrittweise nieder.

Das Läuferpaar einsperren

Tigran Petrosjan
Juri Balaschow
Moskau 1978

1.c4 e5 2.b3 ♘c6 3.♗b2 ♘f6 4.e3 d5 5.cxd5 ♘xd5 6.a3 ♗d6 7.♕c2 0-0 8.♘f3 ♕e7 9.♗d3 ♔h8 10.♗e4 ♘b6

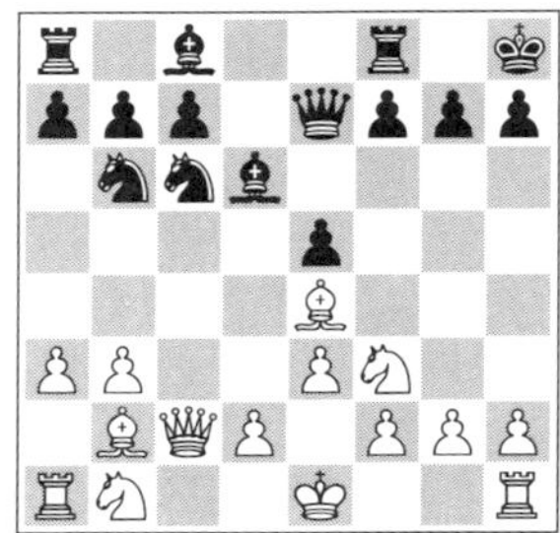

11.♗xc6

Hier eine weitere Partie von Petrosjan, der offensichtlich eine Vorliebe für diese Idee hatte. Im modernen Schach wurde sie gleichfalls adaptiert; man nehme zum Beispiel die Partie Gawain Jones-Alsina Leal, Hastings 2012/13, in der eine Anti-Grünfeld-Variante mit frühem ♗x♘c6 zu sehen war. In Jahr 1972 war Petrosjan der erste, der diese Idee in jener konkreten Variante testete, und zwar gegen Schmidt in der Olympiade von Skopje.

11...bxc6 12.d3

12.♕xc6 würde Schwarz erlauben, mit 12...e4 die Initiative zu ergreifen, z.B. 13.♘d4 ♗d7 14.♕c2 c5 15.♘e2 ♗b5.

12...♗d7

Nicht gerade ehrgeizig. Alternativen waren 12...a5 13.♕xc6 ♗a6 14.♕c2 f6 15.♘c3 (15.♘bd2 a4 16.b4 c5 17.bxc5 ♗xc5) 15...♘d7 oder 12...f6 13.♕xc6 a5.

13.♘bd2 f5? 14.e4!

Weiß fixiert die Bauernstruktur und brandmarkt damit den ♗d6 als ineffektiv.

14...fxe4 15.dxe4 ♖f4 16.♕c3 ♖e8 17.0-0 c5

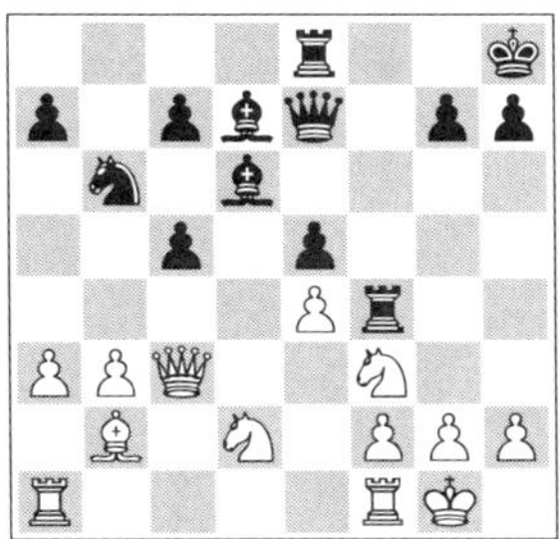

18.♔h1!?

Weiß will ♘g1 und f2-f3 spielen und damit e4 befestigen – ein ästhetisch äußerst ansprechendes Konzept!

18...♗c6

Schwarz hätte das aktive 18...c4 19.♘xc4 ♘xc4 20.bxc4 (20.♕xc4 ♕f6 21.♕c3 ♗g4) 20...♖xe4 versuchen können, auch wenn Weiß nach 21.♖fe1 ♗c6 22.♖xe4 ♗xe4 23.♖e1 etwas Vorteil behält.

19.♖ae1 ♘d7 20.♘g1 ♘f6 21.f3

Dies stellt auch den anderen schwarzen Läufer kalt. Weiß steht klar besser, und Balaschow begeht vielleicht schon aus Enttäuschung unmittelbar den entscheidenden Fehler.

21...♘h5?

Schwarz rechnete wahrscheinlich nur mit dem natürlichen ♘e2.

22.g4 **1-0**

Nach 22...♘f6 hat Weiß 23.♘h3.

In offener Stellung

Misa Pap
Oleg Romanischin
Di Roseto 2010

1.e4 e5 2.♘f3 ♘c6 3.♗c4

Wir schauen hier einem weiteren dynamischen Spieler zu, der in einer offenen Stellung mit einem bauernlosen Zentrum seine Chancen mit dem Läuferpaar sucht. Auch gegen das Vierspringerspiel hat Romanischin eine Lieblingsvariante, in der er den Kampf gegen einen Doppelbauern sucht: 3.♘c3 ♗c5 4.♘xe5 ♘xe5 5.d4 ♗d6 6.dxe5 ♗xe5 7.f4 ♗xc3+ 8.bxc3.

3...♘f6 4.d4 exd4 5.e5 ♘e4 6.0-0 ♗e7 7.♖e1 d5 8.exd6 ♘xd6 9.♗d5 0-0 10.♗xc6 bxc6

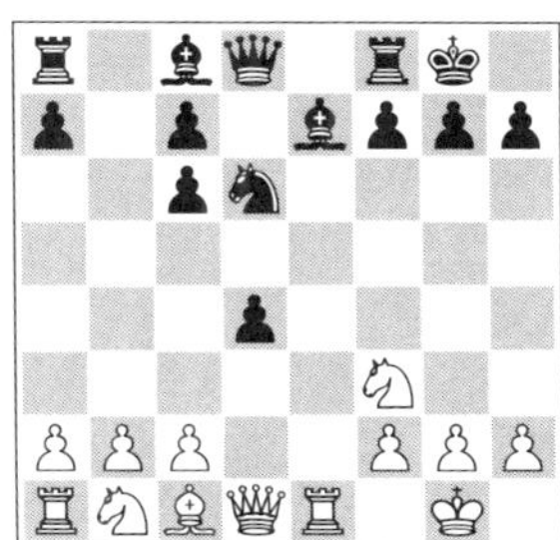

11.♘xd4 ♕d7!

Ein flexibler Zug – der ♗c8 kann noch eine andere Diagonale wählen.

12.♘c3 ♗f6 13.♗e3

13.♘b3 ♕f5.

13...♘c4 14.♘e4 ♗e5 15.c3 ♕d5 16.♕b3

In der einzigen Vorgängerpartie zu dieser Stellung, Moles-B. Jacobsen, Groningen 1967/68(!), geschah 16.♘d2 ♘xe3 17.♖xe3 ♗f4 18.♖e1 ♖b8, und Schwarz war in bester Verfassung.

16...♗d7 17.♘d2 ♘xe3 18.♖xe3 ♗f4 19.♖e2 ♕h5 20.♘f1 c5

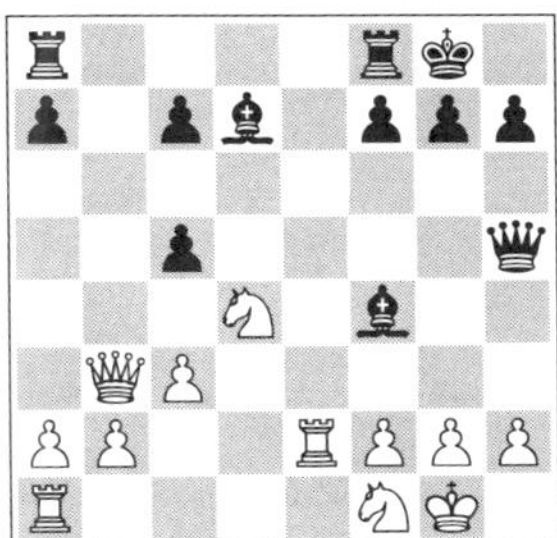

Schwarz hat eine angenehme Stellung. Seine Läufer genießen viel Raum und zielen auf den weißen Königsflügel.

21.♖e4

Besser war 21.♘f3.

21...♗d6 22.♘f3 ♖ab8 23.♕a3

Auch wenn Weiß mit 23.♕d1 einen Bauern hergibt (da die Dame auf a3 hoffnungslos deplatziert steht), bleibt Schwarz mit dem Turm auf der zweiten Reihe klar obenauf: 23...♖xb2.

23...♗c6 24.♖h4 ♕g6

Schwarz steht bereits auf Gewinn.

25.c4

Nach 25.♘g3 ♖fe8 lassen die weißen Figuren jegliche Koordination missen.

25...♕f6 26.♕d3 g6 27.♘1d2 ♖fd8 28.♕e3 ♖xb2 29.♖e1 ♖e8 30.♘e4

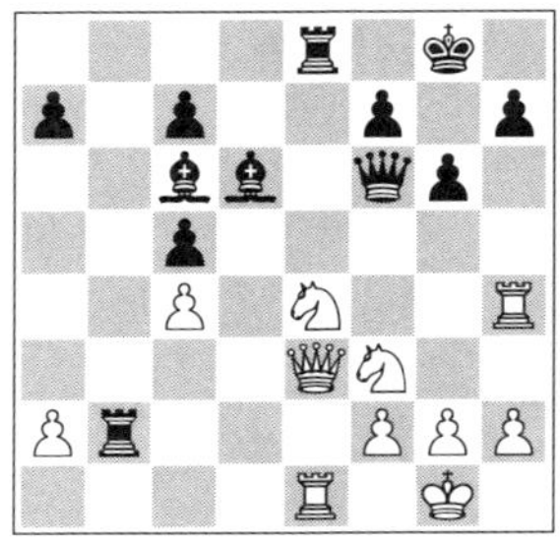

30...♕xh4!

Ein hübscher Abschluss.

31.♕c3

31.♘xh4 ♖xe4 32.♕c1 ♖c2 33.♕d1 ♖xe1+ 34.♕xe1 ♗f4.

31...♖xe4 32.♘xh4 ♖c2 33.♕a1 ♖xe1+ 34.♕xe1 ♗f4 0-1

Zusammenfassung

In einer typischen Schlacht mit einem Läuferpaar, dass die durch ♗x♘c6 verursachte Schwächung der Bauernstruktur wettmachen soll, ist die halboffene c-Linie ein gewichtiger Trumpf für die Gegenseite. Mit Damen auf dem Brett liegt ein Gegenangriff am Königsflügel im Bereich des Möglichen. Das Läuferpaar sollte so aktiv wie möglich geführt werden, auch ohne die Damen kann es fürchterliche Kräfte entfalten (siehe die Kosintsewa-Partie).

Kapitel 39

Eine schwere Entscheidung

Aus welchen Erwägungen sollten Sie sich für (oder auch gegen) einen Damentausch entscheiden? Betrachten wir anhand einiger Beispiele aus der jüngeren Turnierpraxis die verschiedenen Gründe. Sie werden sehen, dass es dieselben sind wie beim Abtausch jeder anderen Figur. Nichtsdestotrotz hat der Damentausch einen erheblichen Einfluß auf den weiteren Spielverlauf. Zum einen wird die Partie in Richtung Endspiel steuern.

Einen Materialvorteil verwerten

Davorin Kuljasevic
Zdenko Kozul
Plitvicka Jezera 2013

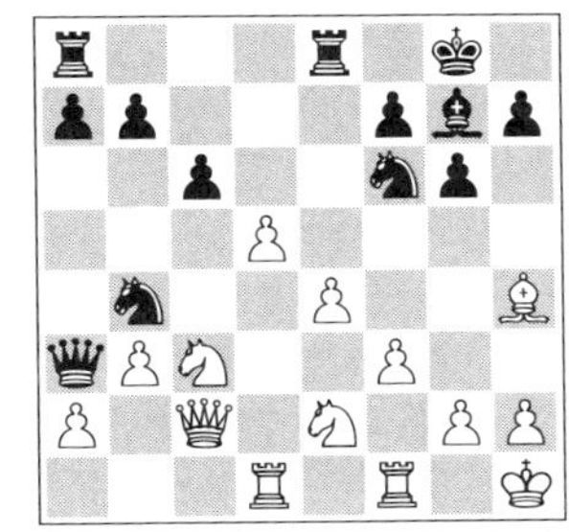

Schwarz hat einen Bauern geopfert und Initiative am Damenflügel erlangt. Wie sollten Sie reagieren?

18.♕c1!

Das einfachste! Im Endspiel ist der Mehrbauer wichtiger. Im Allgemeinen ist es nützlich, Figuren zu tauschen, wenn man Materialvorteil hat. Nicht unlogisch wäre es aber auch, die schwarze Dame mit dem zentralisierenden 18.♕d2 verhungern zu lassen. Doch in diesem Fall behält Schwarz nach 18...cxd5 19.♗xf6 ♗xf6 20.exd5 ♖ad8 etwas Aktivität, auch wenn diese zugegebenermaßen nach 21.d6 nicht ganz ausreichend wäre.

18...♕xc1 19.♖xc1 cxd5 20.a3!

Die taktische Rechtfertigung.

20...♘d3 21.♖cd1 dxe4?!

21...♘c5 22.♗xf6 ♗xf6 23.♘xd5 würde dem Weißen einfach einen Mehrbauern lassen, doch die technische Phase läge noch vor uns. Der Textzug verliert sofort.

22.♗xf6 ♗xf6 23.♘xe4

Nun hängen zwei Figuren, und die Partie ist gelaufen. Schwarz gab drei Züge später auf.

Den Angriff am Laufen halten

Tigran Kotanjian
Tigran L. Petrosjan
Eriwan 2013

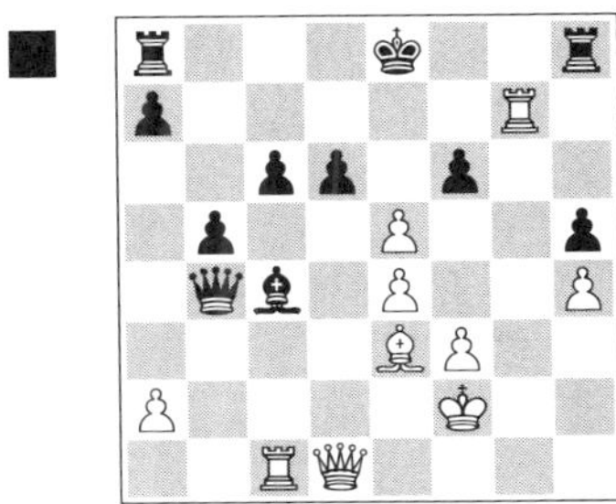

Die zweite logische Erwägung, die einem in den Sinn kommt, ist, die Dame für einen Angriff besser zu behalten. Wenn Ihr Plan einzig in der Jagd auf den gegnerischen König besteht, sollten Sie logischerweise den Abtausch der gefährlichsten Angriffsfigur vermeiden.

29...♕b2+

29...fxe5 30.♖c2 nebst ♕g1 würde Weiß gefährliches Spiel geben. 29...dxe5 30.♕d7+ ♔f8 31.♖xc4 ist natürlich völlig indiskutabel. Doch was würden Sie nach dem gewählten Zwischenschach spielen?

30.♕d2?

Eine merkwürdige Entscheidung, da Weiß nun ohne Damen auf dem Brett zwei Bauern weniger haben wird. Es ist allgemein bekannt, dass ungleichfarbige Läufer bei Schwerfiguren auf dem Brett den Angreifer begünstigen. Mithin hätte Weiß sich ganz furchtlos auf 30.♔g3 ♕xe5+ 31.♗f4 ♕e6 32.♔f2!? einlassen sollen, erneut gefolgt von ♕g1 (obgleich hier auch 32.♕xd6 ♕xd6 33.♗xd6 hinreichende Aktivität verspricht).

Eine weitere ernsthafte Alternative war 30.♖c2 ♕xe5 31.♕g1. Natürlich ist der ♖g7 in all diesen Varianten eine wichtige Angriffsfigur auf der siebten Reihe.

30...♕xd2+ 31.♗xd2 fxe5 32.♗g5

Weiß hat angesichts der passiven schwarzen Figuren noch immer Kompensation, doch er verliert im weiteren Verlauf den Faden.

32...♖g8 33.♖h7 a5 34.♖d1 ♖g6 35.♖d2 a4

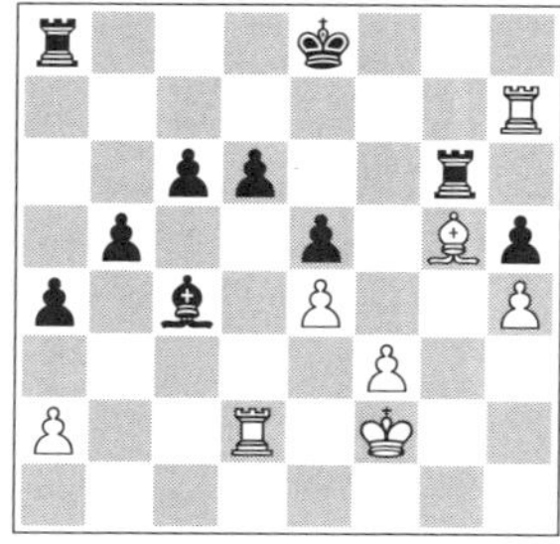

36.f4?!

36.♖h8+ ♖g8 (36...♗g8 37.♖xd6) 37.♖xh5.

36...exf4 37.♗xf4 ♖d8 38.♖c7? d5!

Damit wird Schwarz seine Schwäche los, wobei er zugleich seine Türme aktiviert und auch den Bauern h5 behält. Er gewann im 49. Zug.

Den Angriff stoppen

Alexander Schimanow
Pia Cramling
Stockholm 2012/13

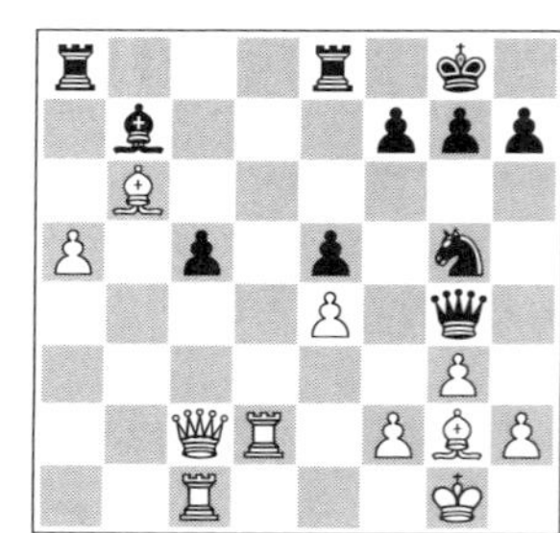

Logischerweise kann ein Damentausch auch ein Verteidigungsmittel sein, durch welches dem gegnerischen Angriff Einhalt geboten wird. In der Diagrammstellung hat Schwarz gewisses Spiel auf den hellen Feldern am Königsflügel, doch:

31.♕d1! ♕xd1+ 32.♖dxd1

Weiß hat einen sicheren Weg gefunden, seinen Vorteil zu vergrößern.

32...♗xe4 33.♗xe4 ♘xe4 34.♔g2!

Und nicht das überstürzte 34.f3 ♘g5 35.♔g2 ♘e6.

34...h6 35.f3

35.♖c4!.

35...♘f6 36.♖xc5 e4! 37.f4!?

Ehrgeizig – dieser Zug wird aber bald Früchte tragen.

37...e3 38.♖c2 ♘d5? 39.♖xd5 e2 40.♗f2 e1♕ 41.♗xe1 ♖xe1 42.♖a2

Und Weiß gewann.

Eintritt auf einer offenen Linie erlangen

Anish Giri
Viswanathan Anand
Wijk aan Zee 2013

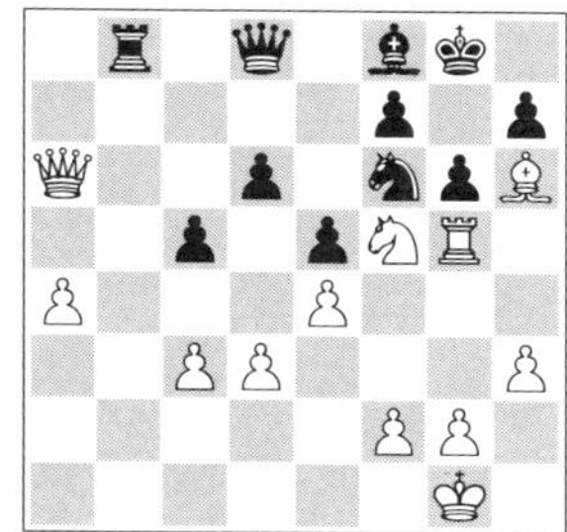

Weiß hat einen Bauern mehr. Sein Königsangriff ist aber mit der am anderen Brettende befindlichen Dame an einem toten Punkt angelangt.

32...♕b6!

Mit den Damen vom Brett werden die Bauern auf a4 und c3 leichte Angriffsziele für den schwarzen Turm, z.B. via b3. Man könnte dieses Beispiel ebensogut mit „Beseitigung einer Verteidigungsfigur" betiteln.

33.♕c4!

Lehnt verständlicherweise ab. Im Endspiel wäre der Mehrbauer unbedeutend.

33...♘e8

Deckt d6. Das sofortige 33...♕b3 34.♕xb3 ♖xb3 trifft auf 35.♗xf8 ♔xf8 36.♘xd6.

34.♖g3 ♕b3! 35.♕xb3 ♖xb3 36.♗d2 ♖a3 37.d4

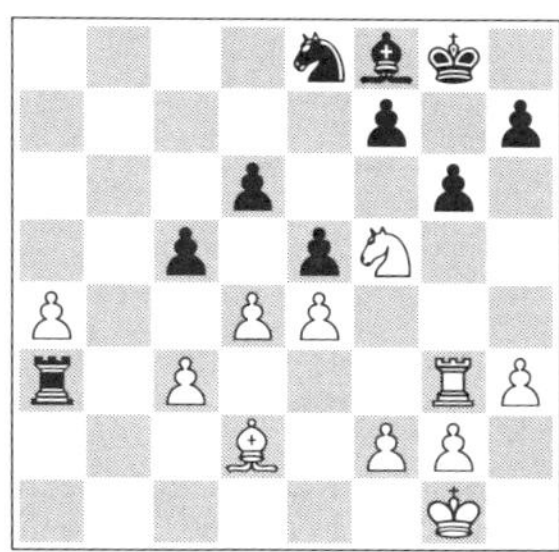

Weiß unternimmt äußerste Anstrengungen, um den Turm ins Spielgeschehen zurückzubringen.

37...♖xa4?!

Lässt ihn von der Angel. Nach 37...♘f6 oder 37...♖a2 wäre Weiß härter gefordert.

38.dxe5 dxe5 39.♘h6+ ♔g7 40.♖d3 ♘f6 41.♘g4!

Eine glückliche Fügung. Schwarz kann mit seinem Mehrbauern nichts anfangen.

41...♘xg4 42.hxg4 ♖xe4 43.g5 ♖a4 44.♔f1 ♖a6 45.c4 ♖d6 46.♔e2 ♖xd3 ½-½

Die Bauernstruktur verbessern

Ein Damentausch kann, ebenso wie andere Abtäusche, positionellen Zwecken dienen. Zum Beispiel, um versprengte Bauern wieder zusammenzuführen oder um beim Zurückschlagen einen Bauern zu entdoppeln. Das Kapitel „Verdoppelte Randbauern" sah mit der Partie Ponomarjow-Grund bereits ein Beispiel mit einem Turmtausch zu diesem Zweck.

Le Quang Liem
Ivan Salgado Lopez
Gibraltar 2013

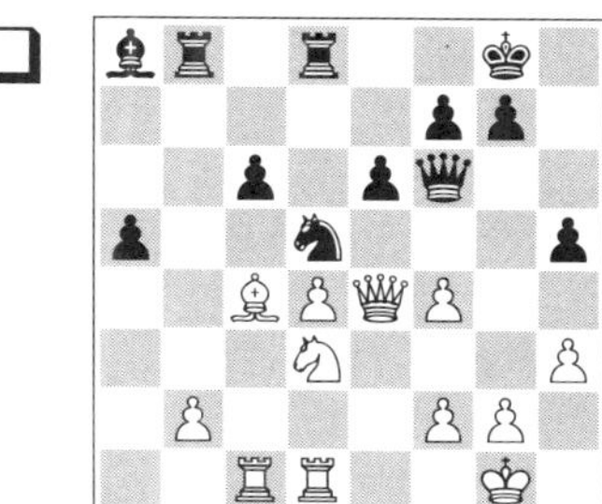

30.♕e5! ♕xe5

30...♕g6 31.♗xd5 cxd5 32.♕c7 oder 30...g6 31.b3 lässt Weiß ebenfalls obenauf.

31.fxe5!

Ein hübsches Konzept. Weiß gibt seinen rückständigen Bauern auf d4 her, um den ♗a8 einzuschließen.

31...♘c7

Nach 31...a4, was b2-b3 verhindert hätte, hätte Weiß Zeit, den Bauern b2 mit 32.♖d2 zu schützen.

32.b3 ♖xd4 33.♘c5 ♖xd1+ 34.♖xd1

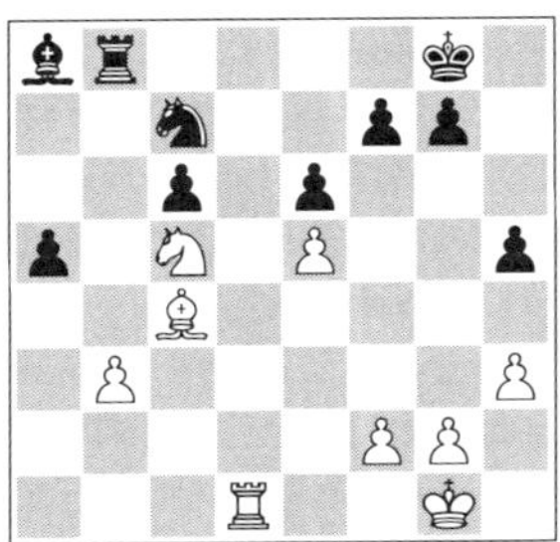

Das Bild ist nun klar. Schwarz kann den Anziehenden nicht einmal davon abhalten, den Bauern auf a5 zurückzugewinnen.

34...♘d5 35.♖a1 ♘e7 36.♖xa5 ♖d8 37.♗d3

Schwarz ist in einer fürchterlichen Lage: Er kann kaum etwas ziehen.

37...h4 38.♖a4 g6 39.♔f1 ♔g7 40.♖a7 ♔f8 41.♔e2 ♘d5 42.♔f3

Und da der weiße König nun in die Stellung eindringt, beschloss Schwarz, Feierabend zu machen.

Ein vorteilhaftes Endspiel

Micheil Mchedlischwili
Pentala Harikrishna
Bundesliga 2012/13

❑ 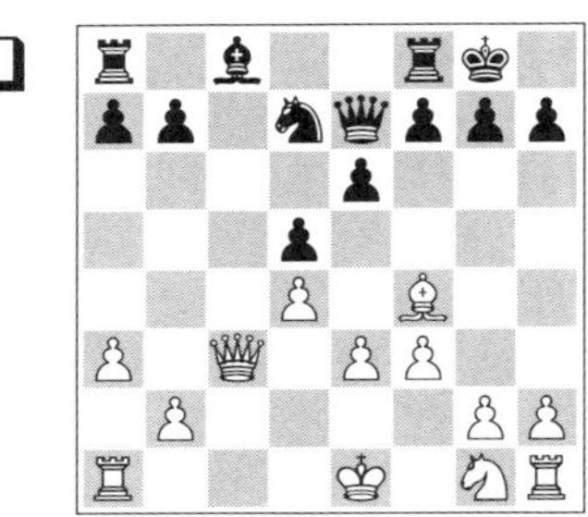

Bei Abtäuschen geht es in nicht darum, was vom Brett verschwindet, sondern was daselbst verbleibt. Nach dem Damentausch rückt die Stärke der verbleibenden Figuren ins Rampenlicht, was Weiß hier ein angenehmes Endspiel einbringt.

14.♕b4 ♕xb4+ 15.axb4

Weiß hofft, die a- und die c-Linie für seine Türme nützen zu können. Dass dabei die Bauern verdoppelt werden, macht es schwerer, diese Möglichkeit zu erkennen – auch wenn es berühmte Vorgänger gibt, z.B. Smyslow-Tal, Bled 1959. Hier liegt aber der komplette Kampf noch vor uns. Ein zwingenderes Beispiel der Überleitung in ein Endspiel ist Baryschpolets-Moranda, Krakow 2013.

15...♘b6 16.b3 ♗d7 17.♘e2 ♘c8

17...♖fc8 wirkt natürlich, doch nach 18.♔d2 hätte Schwarz keinen klaren Plan, während Weiß ♗d6-c5 erwägen oder den ♖h1 auf die c-Linie ziehen könnte.

17...a6 (Van Delft) sieht am logischsten und am besten aus.

18.♘c3 a6

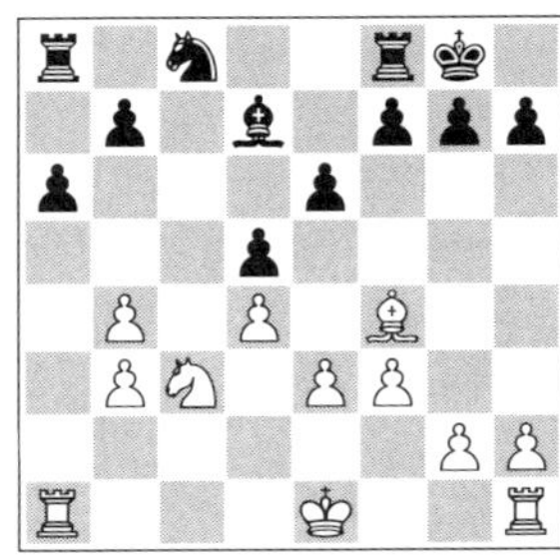

19.b5

Andernfalls würde Schwarz ...♘a7-b5 spielen.

19...a5 20.♔f2 b6 21.b4 a4 22.♘xa4 ♗xb5 23.♘c3 ♖xa1 24.♖xa1 ♗c4 25.♗c7 f6 26.♘a4 ♖f7 27.♗xb6

Weiß konnte schließlich einen Sieg herausquetschen.

Einen Verteidiger beseitigen

Robert Hovhannisjan
Awetik Grigorjan
Eriwan 2013

1.e4 e6 2.d4 d5 3.♘c3 ♘f6 4.♗g5 ♗b4 5.e5 h6 6.♗c1 ♘fd7 7.a3 ♗e7 8.♕g4 g6 9.♘f3 c5 10.dxc5 ♘c6 11.♗b5 ♘xc5 12.0-0 a6 13.♗e2 ♕c7 14.♖e1 b6 15.♗f1 ♗b7 16.h4 0-0-0 17.b4 ♘d7 18.♕g3 d4 19.♘e4 ♘dxe5 20.♘xe5 ♕xe5 21.♗f4 ♕h5 22.♘d6+ ♗xd6 23.♗xd6 g5 24.♗c7 gxh4 25.♕h2 ♖d7 26.♗xb6 ♖g8 27.b5 axb5 28.a4 f6 29.♕h3 ♘e5 30.♔h1

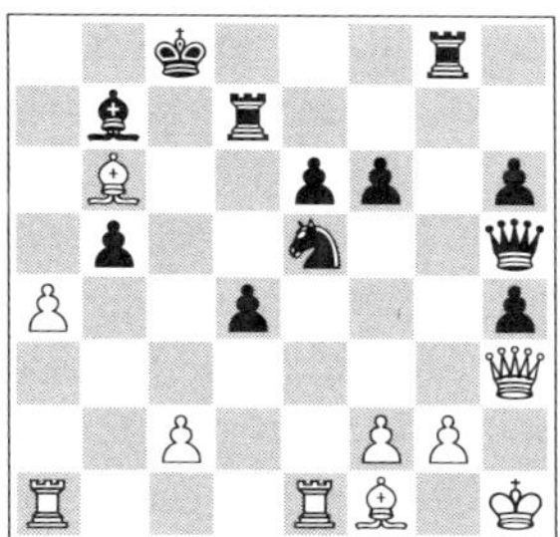

Bei einem Abtausch kann es darum gehen, eine aktive Figur des Gegners zu eliminieren. Doch beim Angriff können Sie ebensogut versuchen, die stärkste Verteidigungsfigur des Gegners zu beseitigen. Was würden Sie also in der Diagrammstellung spielen?

30...♕f5!

Die Schwierigkeit liegt hier darin, dass wenn Sie einen Angriff auf den König führen, Sie einem Damentausch grundsätzlich abgeneigt sind. Doch im vorliegenden Beispiel geht der Angriff mit unverminderter Stärke weiter. Der Bauer auf g2 ist eines Verteidigers beraubt, und ...h4-h3 droht unangenehm. Möglich war auch 30...♕g4 mit derselben Idee, doch dies wäre angesichts 31.♕xg4 ♘xg4 32.f3 etwas weniger zwingend.

31.♕xf5 exf5 32.♖a3 ♘c4

Einfach und gut, auch wenn die Engines auf 32...d3 33.cxd3 b4 34.♖b3 h3 verweisen, z.B. 35.f3 hxg2+ 36.♗xg2 ♖dg7.

33.♗xc4 bxc4

Schwarz hält besser die Drohung ...h4-h3 aufrecht als 33...♗xg2+ 34.♔h2 bxc4 35.♖g1 zu spielen.

34.♖e6

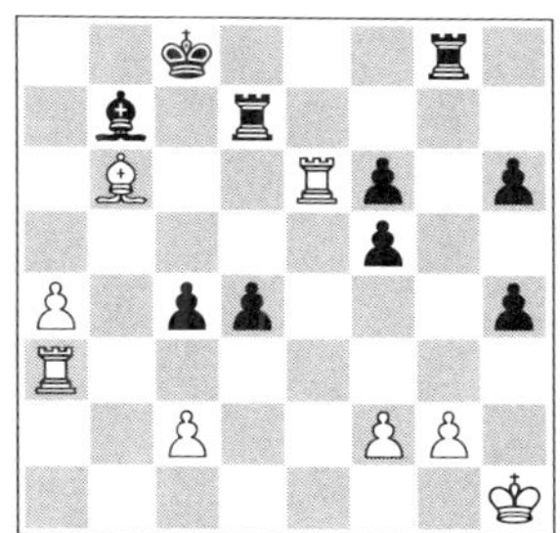

34...c3

Doch jetzt war 34...♗xg2+ 35.♔h2 ♗e4 eine sehr ernsthafte Alternative.

35.♖xf6 h3 36.♖xh6 hxg2+

Zwingender scheint 36...♖xg2, doch auch so gewann Schwarz leicht.

Zusammenfassung

Die gesehenen Beispiele erhöhen hoffentlich Ihr Bewusstsein für die möglichen Konsequenzen eines Damentauschs. Sie werden lernen, wann man den Damentausch als (Defensiv-)Waffe einsetzt und wann man ihn besser vermeidet.

Kapitel 40

Der Sprinter und die Dampfwalze

Renne um Dein Leben!

Beginnen wir das letzte Kapitel mit einem aufregenden Mittelspielduell, das faktisch das WM-Match 2013 in Chennai beendet hat. Die Bauernstruktur brachte einen typischen Kampf zwischen dem vorgerückten schwarzen Freibauern am Damenflügel und der weißen Bauernlawine am Königsflügel mit sich.

Viswanathan Anand
Magnus Carlsen
Chennai 2013

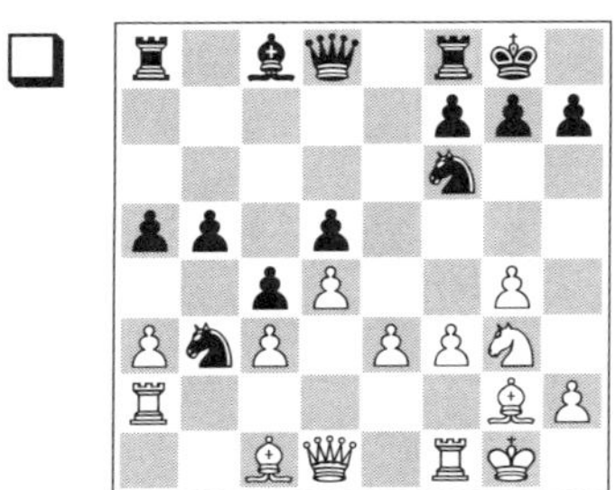

Ganz offensichtlich ist eine Schlacht auf entgegengesetzten Flügeln im Gange. Weiß wird seinen Raumvorteil und seine Bauernmehrheit am Königsflügel für einen Angriff nützen. Schwarz wird versuchen, am Damenflügel einen Freibauern zu schaffen.

Der schwarze Plan ist geradlinig: Dafür genügt die Vorbereitung und Durchführung von ...b5-b4 (tatsächlich hat Carlsen soeben ...a7-a5 gespielt). Für den weißen Angriff braucht es schon etwas mehr Findigkeit. Indes twitterte GM Erwin l'Ami: „Ich denke, hier und heute sehen wir eine der wenigen Stellungen, bei denen der Computer im Dunkeln tappt. Ich nehme unbesehen die weißen Steine." Und tatsächlich ist es stets verlockend, einen Mattangriff einzufädeln, der auf der Stelle die Partie entscheiden könnte. Für einen Freibauern hingegen ist der Weg zur Umwandlung oft noch weit.

Interessant ist übrigens auch Erwins Bemerkung zu den Computerprogrammen, die noch immer Schwierigkeiten mit langfristigen Stellungseinschätzungen haben (oder hierfür zumindest wesentlich länger Zeit brauchen). Verlassen Sie sich also niemals allein auf Ihre Engines – füttern Sie sie mit Ihren eigenen Ideen und lernen Sie auf die harte Tour!

15.g5 ♘e8 16.e4 ♘xc1

Anand hatte soeben Raum für seinen Läufer geschaffen und Carlsen entscheidet sich, ihn abzutauschen, da er nicht auf einem außer Spiel befindlichen ♘b3 sitzen bleiben will. Diesbezüglich sollten Sie vielleicht nochmal einen Blick auf Zhao Xue-Dronavalli Harika, das erste Beispiel aus Kapitel 37 zu den Abseitsfiguren, werfen.

Nichtsdestotrotz könnte man auch Züge wie 16...♘c7 in Betracht ziehen, da der Damenflügel wahrscheinlich geöffnet wird und der ♘b3 dann ganz und gar nicht schlecht wäre. Nach 17.♗e3 ♖a6 18.e5 b4 ist die Lage ähnlich wie in der Partie, nur dass Weiß ein Tempo langsamer wäre, dafür aber noch seinen schwarzfeldrigen Läufer hätte. Auch hier wird er mit f3-f4-f5 fortsetzen, sofort oder nach Abtäuschen auf b4 und a6.

17.♕xc1 ♖a6

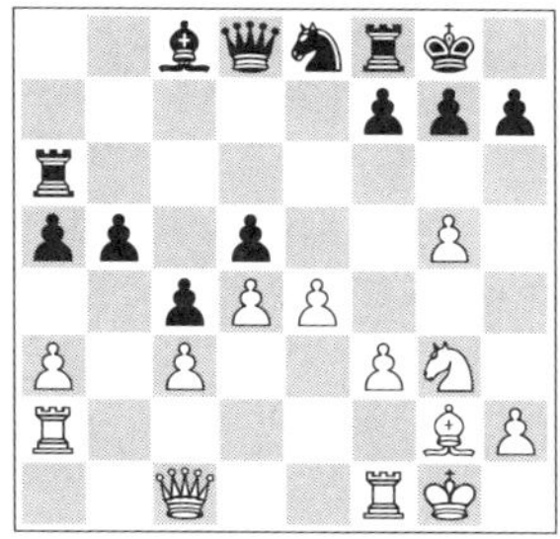

18.e5

Es ist alles eine Frage der Geschwindigkeit: Wem wird es gelingen, als Erster ernsthafte Drohungen aufzustellen? Eine der schwierigsten Fragen hierbei ist, ob man strikt seinem eigenen Plan folgen oder aber den des Gegners aufhalten soll. In diesem Sinne scheint es erwähnenswert, dass Kasparow die Welt wissen ließ (natürlich via Twitter), dass er 18.♖b2 vorgezogen hätte.

18...♘c7

Gemäß jener Fragestellung erwog Carlsen hier 18...g6 19.f4 ♘g7, wonach f4-f5 samt Qualitätsopfer nicht überzeugend wirkt, doch Carlsen fürchtete ♕b1. Generell hat Schwarz bislang Bauernzüge am Königsflügel vermieden, die den weißen Angriff beschleunigen könnten. Wenn der Nachziehende indes tatsächlich eine Blockade auf f5 errichten könnte, sähe es schon anders aus!

19.f4 b4 20.axb4

Über die Alternativen 20.f5 ♘b5 und 20.a4 wird noch viel geschrieben werden, doch Anands Idee, einen Verteidiger (den ♖a6) abzutauschen, erscheint logisch.

20...axb4 21.♖xa6 ♘xa6 22.f5 b3

Wohl der Höhepunkt der strategischen Auseinandersetzung: Das Problem von Weiß ist, dass sein einzig verbliebener Turm passiv bleiben muss, um den Freibauern im Auge zu behalten. Anands auf einem Trugbild beruhende Fehlkalkulation einige Züge später wurde bereits zu Genüge in den Schachmedien diskutiert.

23.♕f4 ♘c7 24.f6 g6 25.♕h4 ♘e8 26.♕h6 b2 27.♖f4 b1♕+ 28.♘f1? ♕e1 **0-1**

Versteckte Drohungen des Freibauern

Alexander Aljechin
Tomas Sika

Zürich (Simultan) 1921

1.e4 e5 2.♘f3 ♘c6 3.♗b5 a6 4.♗a4 ♘f6 5.0-0 ♘xe4 6.d4 b5 7.♗b3 d5 8.dxe5 ♗e6 9.♘c3 ♘xc3 10.bxc3 ♗e7 11.♘d4 ♘xd4 12.cxd4 c5 13.c3 c4 14.♗c2 ♕d7 15.f4 ♗g4 16.♕e1 ♗f5 17.♕e2 0-0 18.♗xf5 ♕xf5

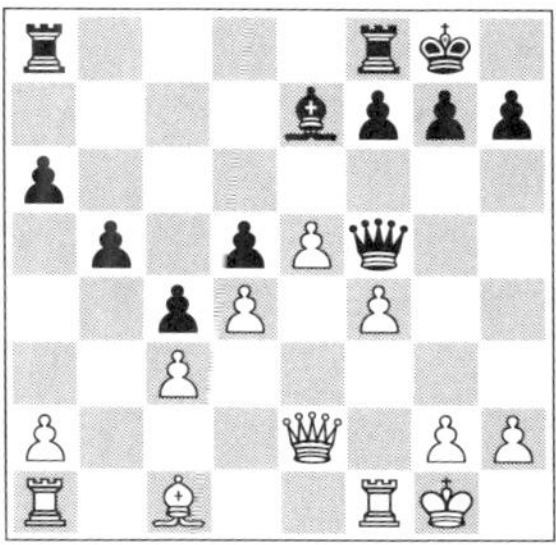

Eine andere Eröffnung (ein Offener Spanier), aber dieselbe strategische Auseinandersetzung, und erneut ein – damals noch zukünftiger – Weltmeister in der Hauptrolle. Zugegeben, es handelt sich hier um eine Simultanpartie, doch das Ende der Partie wird Sie an den abrupten Wandel der Ereignisse in Anand-Carlsen erinnern.

19.g4 ♕d7 20.f5 ♖fe8

Plausibel wäre auch das sofortige 20...b4 21.f6 gxf6 22.exf6 ♗d6 23.♗h6 ♖fe8.

21.♗d2 a5 22.e6 ♗f8?

Zu passiv. Notwendig war 22...fxe6 23.fxe6 ♕d6 mit angespannter Lage.

23.♖ae1 ♕b7 24.♕f3 f6 25.g5 b4 26.gxf6 gxf6 27.♔h1 b3 28.♖g1+ ♔h8 29.♕g4

29.e7 hätte gewonnen: 29...♗g7 (29...♗xe7 30.♕h5 ♖f8 31.♕xh7+!, 29...♖xe7 30.♖xe7 ♗xe7 31.♕g3) 30.♕e3! mit der Drohung 31.♖xg7.

29...♗d6 30.♕h4 ♕e7 31.♖g6 bxa2

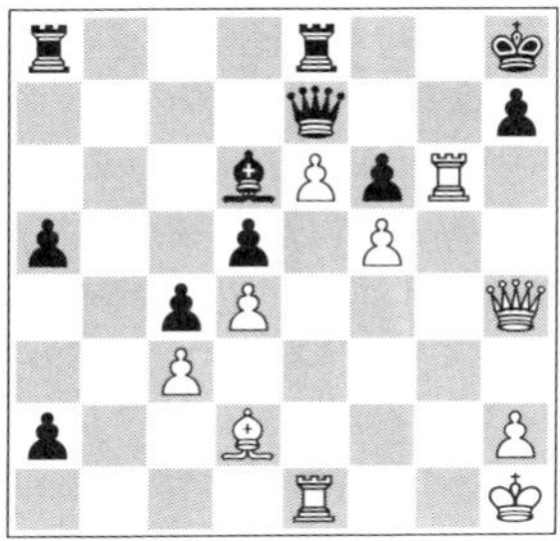

Solch ein gefährlicher Freibauer ist ein Indiz dafür, dass die Sache nicht so klar ist.

32.♖xf6 ♖ab8 33.♗g5?

Wirkt logisch, doch der richtige Weg, den Turm zu entfesseln, war 33.♕h6, und nach 33...♕g7 34.♕xg7+ ♔xg7 35.♖f7+ ♔h8 36.♗g5 ♖b1 37.♗f6+ ♔g8 38.♖g7+ ♔f8 39.♖f7+ wäre es ein Remis. Nun ist der weiße Angriff zu langsam, genau wie bei Anand am Ende der vorigen Partie.

33...♖b1! 34.♖f8+ ♖xf8 35.♗xe7 ♗xe7 36.♕xe7 ♖xe1+ 37.♔g2 ♖g1+ 38.♔h3 ♖xf5 0-1

Hier ein weiteres Wettrennen, in das Aljechin involviert ist. Dieses Mal ist er derjenige, der einen Freibauern zu bilden hat, und dies gegen einen weitaus stärkeren Gegner, nämlich Bogoljubow, in deren zweitem WM-Match 1934. Und erneut bleibt Aljechin zweiter Sieger.

Efim Bogoljubow
Alexander Aljechin

Deutschland 1934

1.d4 d5 2.♘f3 ♘f6 3.c4 dxc4 4.♕a4+ c6 5.♕xc4 ♗f5 6.♘c3 e6 7.g3 ♘bd7 8.♗g2 ♗c2 9.e3 ♗e7 10.0-0 0-0 11.a3 a5 12.♕e2 ♗g6 13.e4 ♕b6 14.h3 ♕a6 15.♕e3 c5 16.e5 ♘d5 17.♘xd5 exd5 18.♗d2 ♗e4 19.♗c3 c4 20.♘e1 ♗xg2 21.♘xg2

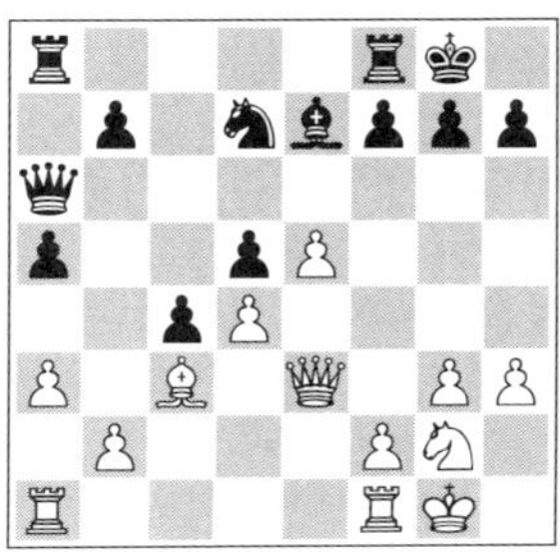

Das Rennen beginnt:

21...b5 22.f4 ♕h6

Bereitet ...b5-b4 vor und versucht, durch Angriff auf den Bauern h3 ein Tempo zu gewinnen. Eine andere Idee wäre, die Dampfwalze mit 22...f5 23.♕f3 ♕c6 24.♘e3 ♘b6 zu stoppen, wonach Weiß jetzt oder später den Durchbruch mit g3-g4 suchen müsste.

23.♕f3 b4

23...♕xh3 24.♕xd5 ♖a6 (erneut dieser Turmschwenk!) scheint trotz des furchteinflößenden Bauernzentrums in Ordnung für Schwarz zu sein, da 25.♕xb5 (25.♖ad1) mit 25...♖h6 26.♕d5 ♘c5! 27.dxc5 ♖d8 28.♕xc4 ♕h2+ 29.♔f2 ♖g6 beantwortet wird, wonach Weiß in Schwierigkeiten wäre.

24.♗d2 ♘b6 25.g4 ♕c6

Wäre es nicht besser gewesen, dies gleich im 22. Zug zu spielen? Interessant war der Durchbruch 25...c3 26.bxc3 b3!?, um den Bauern in Marsch zu setzen.

26.f5 f6 27.♘f4 ♖fc8

Nach 27...bxa3 28.bxa3 fxe5 29.dxe5 ♗c5+ 30.♔h2 ♖fc8 mit folgendem ...d5-d4 wäre Weiß mehr gefordert gewesen.

28.exf6 ♗xf6 29.♘e6

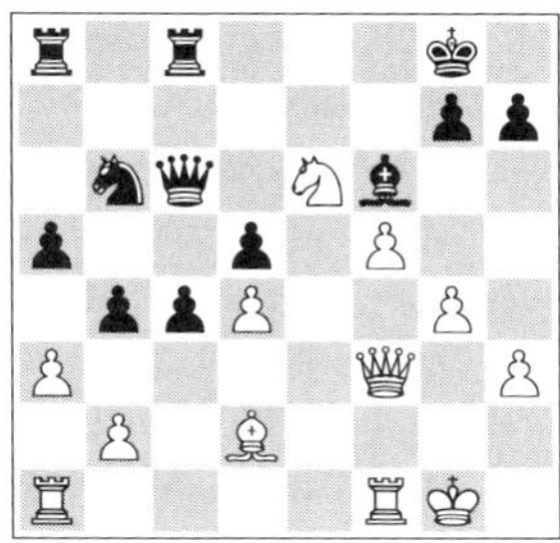

Ich kann nicht sagen, ob Bogoljubow die Riesenkrake aus dieser Stellung im Sinne hatte, als er sagte: „Ein auf e6 eingepflanzter Springer ist schlimmer als ein rostiger Nagel im Knie."

29...c3 30.bxc3 ♘c4 31.♗f4 ♘xa3 32.g5 ♗d8 33.♗e5 ♖a7 34.♕h5 ♘c4 35.cxb4

Stattdessen hätte sowohl 35.♗xg7 ♖xg7 36.♘xg7 ♔xg7 37.f6+ (Bogoljubow) als auch 35.g6 h6 36.♗xg7 ♖xg7 37.♕xh6 (Lasker) rascher gewonnen.

35...♘xe5 36.dxe5 ♗b6+ 37.♔h1 d4+ 38.♕f3 ♕xf3+ 39.♖xf3 ♖c3 40.♖ff1 d3 41.f6 ♖c6 42.♘xg7 ♖xg7 43.fxg7 axb4 44.♖f6 ♗d4 45.♖a8+ ♔xg7 46.♖xc6 d2 47.♖c7+ ♔g6 48.♖g8+ ♔f5 49.♖f8+ ♔e4 50.♖f1,

... und Weiß gewann.

Die Eröffnung gemäß Simen

Ni Hua
Simen Agdestein
Gibraltar 2008

1.e4 c6 2.d4 d5 3.e5 c5 4.♘f3 ♘c6 5.c4 e6 6.cxd5 exd5 7.♘c3

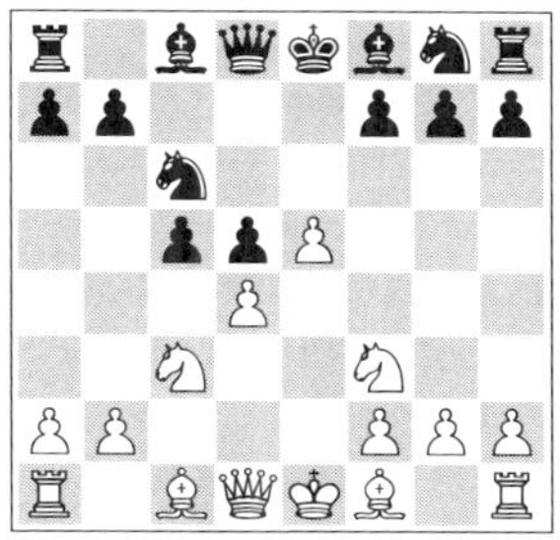

7...c4!?

Rückt erneut den c-Bauern über die Brettmitte vor und überlässt damit dem Gegner eine Bauernmehrheit im Zentrum. Dies ist im allgemeinen nicht so ungewöhnlich und ist auch in einigen anderen Eröffnungen zu sehen, z.B. dem Orthodoxen Damengambit, der Tarrasch-Verteidigung oder der Ragosin-Variante des Damengambits (Tscheparinow-Carlsen, Weltcup 2005). In den meisten Fällen beherrscht Schwarz aber das Feld e4, so dass der Anziehende einige Mühen haben wird, seine Bauernmehrheit ins Rollen zu bringen.
Hier jedoch, wo der weiße e-Bauer bereits nach e5 vorgerückt ist, scheint dieses Konzept recht gewagt. Man beachte auch, dass Agdestein – neben anderen Dingen einstiger Trainer von Magnus – in einer früheren Partie des Jahres 2013 dasselbe 8...c4 im Nimzoinder gespielt hatte (gegen Biolek, Prag 2013) wie Magnus in unserer einleitenden 9. WM-Partie 2013. Und über den Zug 10.g4 in jener Partie soll er gesagt haben: „Darauf war Magnus vorbereitet, das haben wir uns in der Nationalmannschaft zusammen angesehen." Ich frage mich, ob wir dazu noch mehr erfahren werden!

8.a3

Hindert den Nachziehenden an einer flüssigen Entwicklung mit ...♗b4 und ...♘ge7, überlässt dem Gegner aber das Feld b3.

8...♘a5

Ran an den Speck! Ein nunmehr vertrauter Platz für den Springer, nicht wahr!?

9.♗g5 ♗e7 10.♗e3

Sehr feinsinnig gespielt, der ♗e7 steht nun dem ♘g8 im Weg.

10...♘b3 11.♖b1!?

Opfert die Qualität, um die Königsflügelmehrheit voranzubringen. Die schwarze Stellung erwies sich mit dem ♘b3, der den Bauern d4 im Auge behält, als gut!

Abseitsspringer gegen bestialischen Läufer

Natürlich gibt es noch weitere Mittelspielstrukturen mit Königen am selben Flügel, die ein Rennen sehen, z.B. das Noteboom-System mit seinem überwältigenden Bauernzentrum gegen zwei verbundene Freibauern am Damenflügel (man sehe z.B. Hammer-Nakamura, Sandnes 2013). Oder Königsflügelangrifffe gegen Damenflügelangriffe im Geschlossenen Sizilianer wie im Match Spasski-Geller 1965, usw.

Bleiben wir aber bei der vorliegenden Bauernstruktur und betrachten Ideen im Manöverkampf zwischen weißem Damenläufer und schwarzem Damenspringer. Hier eine Partie von zwei starken Spielern der Vergangenheit.

Jaroslav Sajtar
Cenek Kottnauer
Prag 1946

■

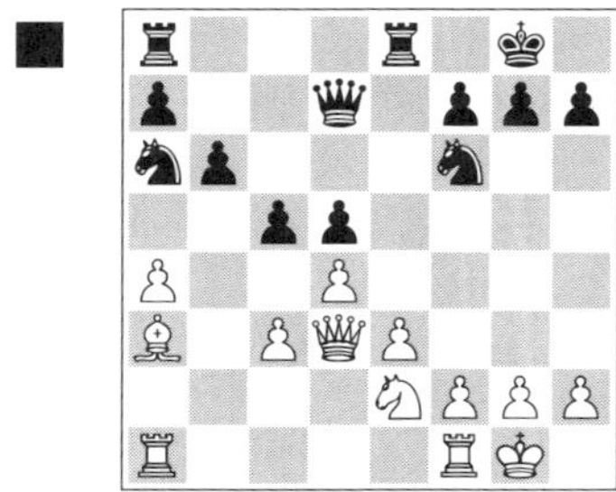

14...c4 15.♕c2 ♘b8 16.♖ae1

Weiß hatte unüblicherweise rasch a3-a4 und ♗c1-a3 gespielt, wodurch der e-Bauer etwas schwerer in Bewegung zu setzen ist, da der Bauer e3 nicht gedeckt ist. Doch auf lange Sicht ist der Läufer hervorragend platziert.

16...♘c6 17.♘g3 ♘e4 18.f3 ♘xg3 19.hxg3

Wenn es einen richtigen Moment gegeben hat, den Springer nach b3 zu überführen, so muss es dieser gewesen sein, zumal der Bauer a4 angegriffen gewesen wäre. Schwarz „verbessert" jedoch lieber seine Damenstellung.

19...♕e6 20.e4 ♕g6 21.♕f2 ♕e6 22.g4 ♘a5 23.e5 ♘b3 24.♖e3 a5

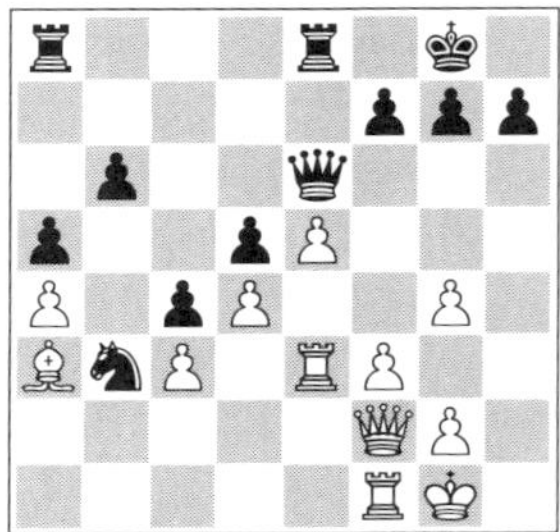

Schließlich setzt Schwarz seine Damenflügelbauern in Bewegung, doch der weiße Bauernsturm am Königsflügel macht inzwischen den gefährlicheren Eindruck.

25.♕e2 ♕d7 26.f4 ♕xa4 27.♗d6 ♕d7

Weiß hat einen bestialischen Läufer etabliert, wohingegen die Stellung des ♘b3 nur dadurch gerechtfertigt werden könnte, dass der Bauer d4 zum Angriffsziel würde. Doch nach 27...b5 stünde die schwarze Dame gleichfalls im Abseits, was 28.e6! mit Gewinn ermöglichen würde.

28.f5 b5 29.g5 b4

Inzwischen ist klar, dass die Dampfwalze ihren Job erledigen wird. Fruchtlos wäre auch die Alternative 29...g6 30.fxg6 fxg6 31.♖f6 b4 32.♕f3 ♕b7 33.e6.

30.♕h5 ♕xd6 31.exd6 ♖xe3 32.g6 1-0

Noch ein Klassiker

Michail Botwinnik
Conel Hugh Alexander
Radiomatch England-UdSSR 1946

Wir schließen mit einem Klassiker von einem weiteren vormaligen Weltmeister, Michail Botvinnik.

„Oh, bitte nicht," höre ich Sie nach dem Blick auf die Diagrammstellung sagen, „nicht schon wieder Botwinnik-Capablanca, AVRO 1938". Und es war tatsächlich jene Partie, auf die sich Giri bezog, als er etwas irritierend twitterte: „Mit seinem tollen Gedächtnis erinnert sich Magnus ganz bestimmt an Botwinnik-Capablanca 1-0 :). Mal sehn, ob er daraus auch Nutzen ziehen kann!" (Tatsache ist, dass die Altersdifferenz zwischen dem damals aufstrebenden Botwinnik und Capablanca genauso groß war wie die zwischen Carlsen und Anand, nur die Farben waren vertauscht).

Nicht aber. Würde der Läufer in der Diagrammstellung auf b2 stehen, so würden Sie völlig richtig liegen! Die vorliegende Stellung stammt jedoch aus Botwinnik-Alexander, Radiomatch 1946 (das ging damals auch ganz ohne Internet!). Tatsächlich war Botwinnik von seinem älteren Klassiker dadurch abgewichen, dass er genau dasselbe frühe a2-a4 und ♗a3 wie in der zuletzt gesehenen Partie Sajtar-Kottnauer spielte.

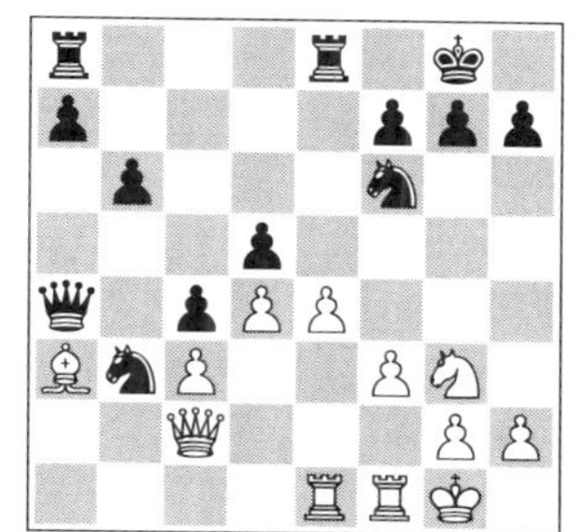

20.♕b2

„Weiß benötigt zwar einen Zug, um ihn zu decken, doch steht der Läufer hier aktiver aktiver als in der Capablanca-Partie" (Botwinnik).

20...a5 21.e5 b5 22.♗d6

22.exf6 b4 23.♘f5 bxa3 (23...♕xa3 24.♕f2 g6 25.♘h6+ ♔f8 26.♕g3 bxc3 27.♕c7 Botvinnik) 24.♕f2 hätte Weiß großen Vorteil eingebracht.

22...♖e6 23.exf6 ♖xd6 24.fxg7 b4 25.♖e5 ♖e8 26.f4 ♕d7 27.♕e2 ♖de6 28.f5 ♖xe5 29.dxe5 bxc3 30.f6

Nun konnte Schwarz mit 30...♘d4! kontern. Stattdessen hätte 30.e6! fxe6 31.♘h5 gewonnen, aber überraschenderweise nicht 30.♘h5 ♕d8! 31.e6 ♘c5 bzw. 31...♘d2.

30...♕a7+ 31.♔h1 ♘d4 32.♕e3 ♖a8 33.♕xc3 a4 34.♕xd4 ♕xd4 35.♘f5 h5 36.♘xd4 ♖e8 37.♘f5 d4 38.e6 1-0

Verbindung abgebrochen.

Zusammenfassung

Die hier betrachtete Bauernstruktur ist ein Muster, dass sich aus verschiedenen Eröffnungen ergibt. Das Studium einer isolierten Eröffnungsvariante wäre hierbei mit Blick auf die entstehenden Mittelspielstellungen nicht ausreichend. Auch wenn es hauptsächlich um Geschwindigkeit geht, lassen sich diverse weitere Muster ausmachen: Der Abseitsspringer auf b3 oder der bestialische Läufer auf d6.

Aufgaben

Aufgabe 31

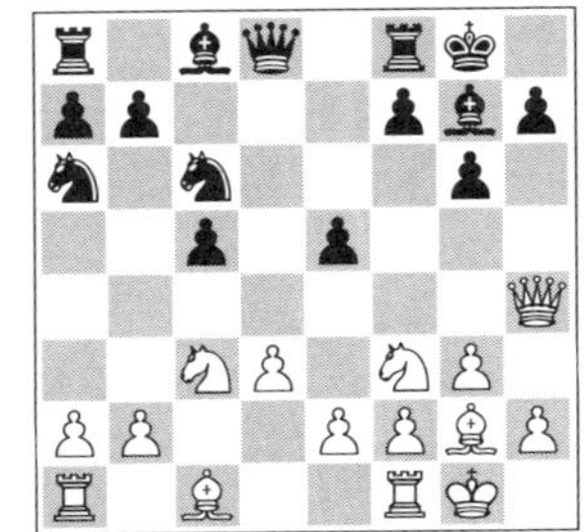

Hier ließ Weiß 12.♘g5 folgen. Mit welcher Idee, und wird sich diese Idee auch bewähren?

(*Auflösung auf S. 289*)

Aufgabe 32

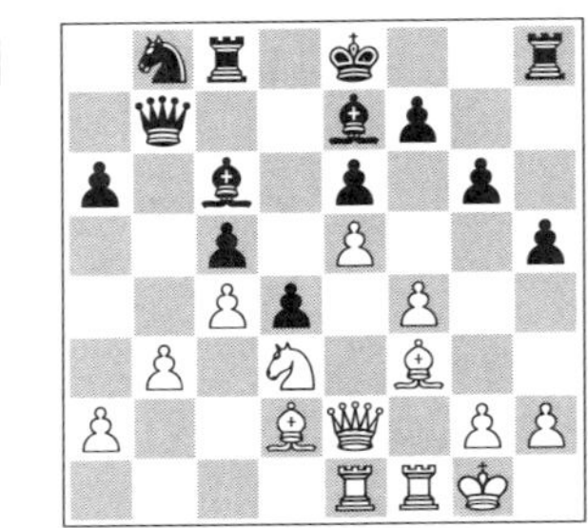

(*Auflösung auf S. 290*)

Aufgabe 33

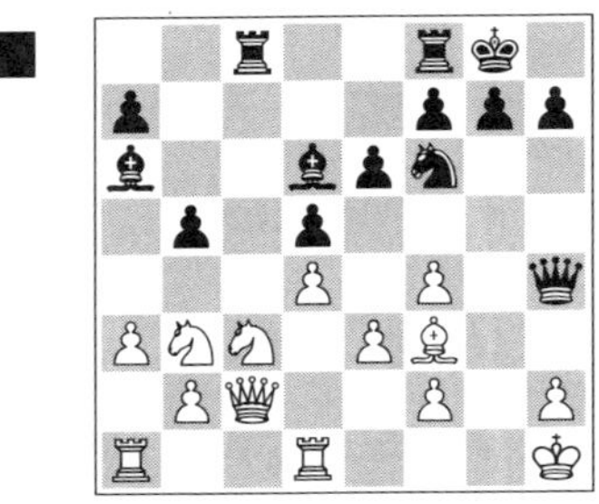

(*Auflösung auf S. 290*)

Aufgabe 34

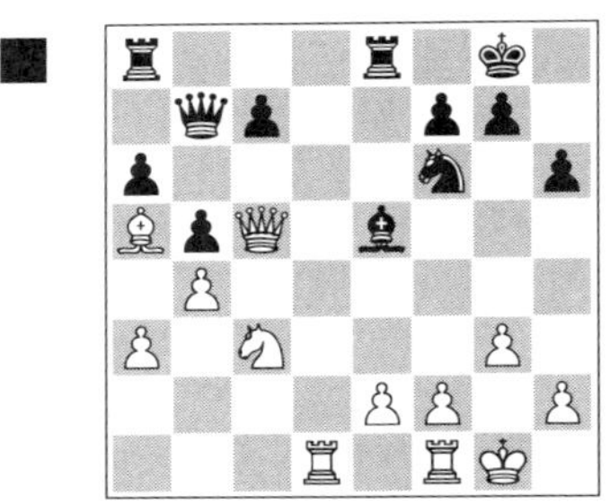

(*Auflösung auf S. 291*)

Aufgabe 35

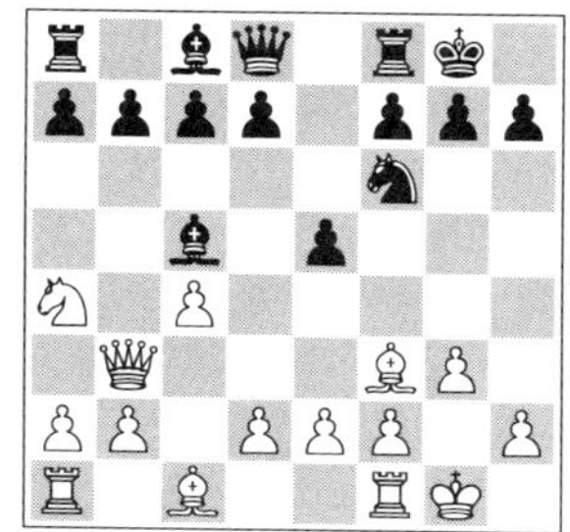

Gibt es eine sinnvolle Alternative zu 9..♗e7 ?

(*Auflösung auf S. 291*)

Aufgabe 36

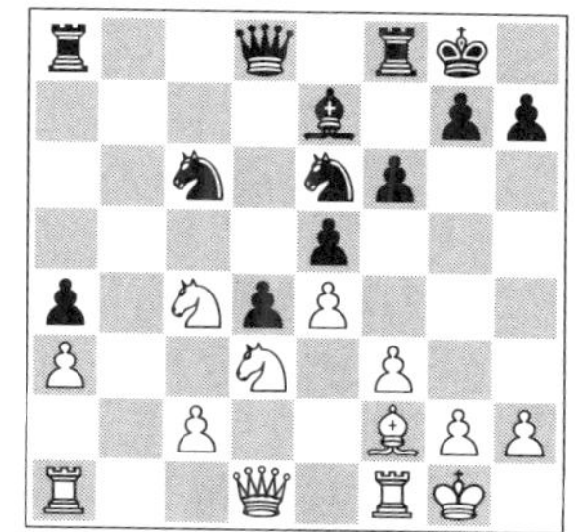

(*Auflösung auf S. 292*)

Aufgabe 37

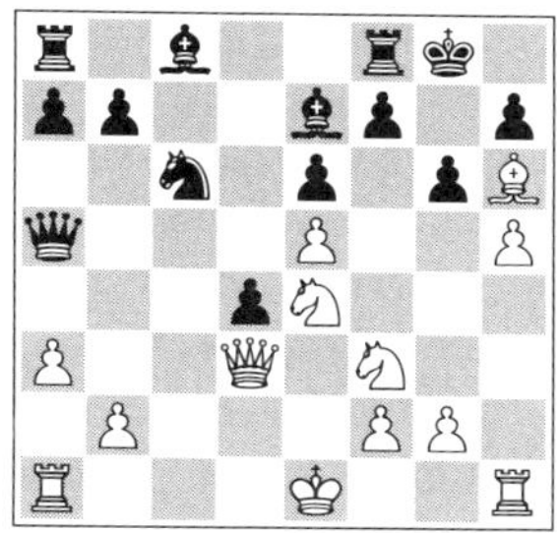

(*Auflösung auf S. 292*)

Aufgabe 38

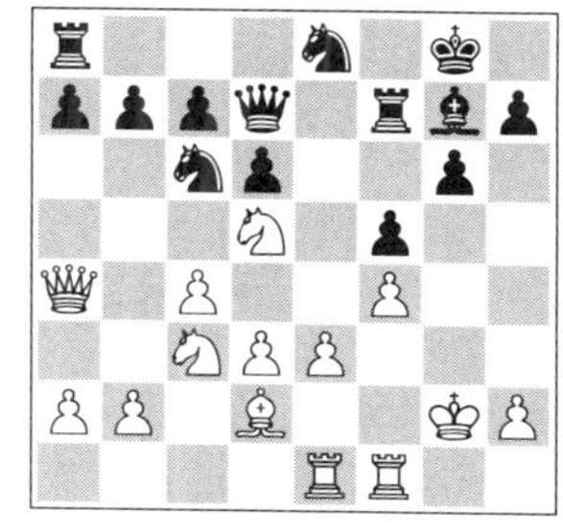

(*Auflösung auf S. 292*)

Aufgabe 39

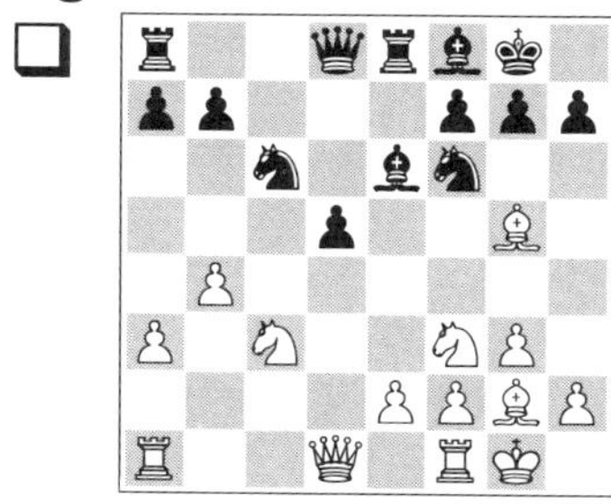

Nach 13.♗xf6 ♕xf6 14.♘xd5 ♗xd5 15.♕xd5 gewinnt Schwarz seinen Bauern auf e2 zurück. Auf welche originelle Weise kann Weiß der Drohung, auf f6 zu nehmen, Nachdruck verleihen?

(*Auflösung auf S. 293*)

Aufgabe 40

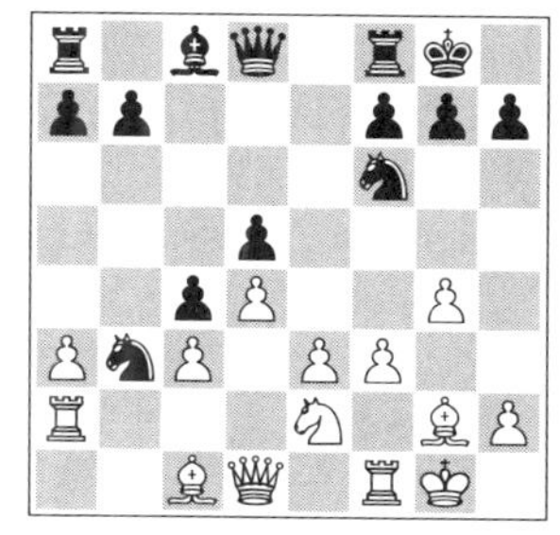

Nach 13...b5 spielte Anand in der 9. WM-Partie gegen Carlsen, Chennai 2013, 14.♘g3, was unter anderem e3-e4 vorbereitet. Wolkow fand einen neuen Zug, der von der Idee her allerdings in diesem Stellungstyp bekannt ist. Was zog er?

(*Auflösung auf S. 293*)

Lösungen

Aufgabe 1 (S. 84)
Samvel Ter Sahakjan
Zaven Andriasjan
Eriwan 2014

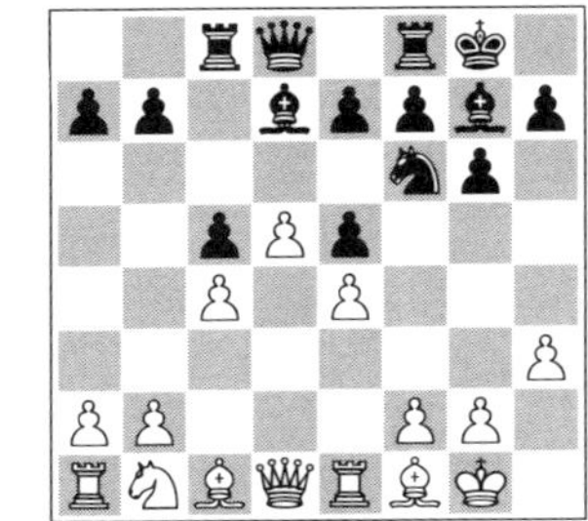

12...♘e8!

Auch wenn der Bauer d5 kein Freibauer ist, ist d6 hier ebenso ein ausgezeichnetes Feld für den Springer.

13.♘c3 ♘d6

Wie wir schon im Kapitel 3 zu Nimzowitschs Vorstopper gesehen haben, sind von hier aus die Bauern c4 und e4 angegriffen, während der Springer gleichzeitig die Flankenvorstöße ...b7-b5 und ...f7-f5 unterstützt. In der Partie gelang es Schwarz, beide Vorstöße durchzusetzen, wonach sich der Anziehende bald einer passiven Verteidigung gegenübersah.

Aufgabe 2 (S. 84)
Merab Gagunaschwili
B. Kumaran
Mumbai 2013

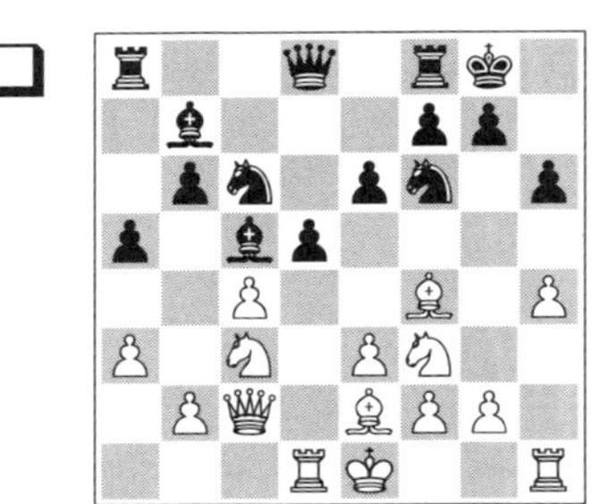

13.♘g5!?

Dies sollte für Sie nach dem zwei Züge zuvor gespielten Vorbereitungszug h2-h4 nicht überraschend kommen.

13...♘e7

Es ist leicht zu sehen, dass 13...hxg5 14.hxg5 nicht erstrebenswert für Schwarz ist, doch ganz typischerweise hat er Alternativen: Im Moment kann er den Springer in seiner Hängestellung belassen, da im Moment kein Matt droht (obgleich er auf den Bauern d5 aufpassen sollte).

Doch mit 13...♖e8?! würde man es sich zu leicht machen: 14.cxd5 exd5 15.♘xd5 ♘d4 16.♘xf6+ ♕xf6 17.♕h7+ ♖f8 18.exd4 ♕xf4 19.dxc5 ♗xg2 (19...♖xe2+ 20.♖xe2 ♗a6+ 21.♖d3) 20.♖g1 ♖xe2+ 21.♖xe2 ♖e8+ 22.♖d3 hxg5 23.♖ge1, während 13...d4 14.♘ce4 (14.♘ge4 ♕e7) 14...hxg5 15.hxg5 ♘xe4 16.♕xe4 ♖e8 17.exd4 ♗xd4 18.♕h7+ ♖f8 19.g6 dem Weißen starken Angriff brächte.

14.♗e5!

Eliminiert den Verteidiger von h7.

14...♘f5

14...♘g6 15.♘xe6.

15.cxd5 ♘xd5 16.g4!

Der Springer g5 hängt weiter „in der Luft".

16...hxg5 17.gxf5

Linien öffnen sich, zugleich zielen die weißen Figuren auf den schwarzen Königsflügel, während die schwarzen Figuren von der Verteidigung ferngehalten wurden. Es sieht düster aus für Schwarz.

17...f6?

Dies verliert umgehend. 17...♕e7 schien natürlicher, doch der Angriff bliebe gefährlich, z.B. 18.hxg5!? ♘xe3 19.fxe3 ♗xh1 20.f6.

18.fxe6 ♘xc3

18...fxe5 19.hxg5.

19.♖xd8 ♖axd8 20.♗xc3 ♗xh1 21.hxg5 f5

21...♗d5 22.♕g6.

22.f3 ♗e7 23.♖f2 **1-0**

Aufgabe 3 (S. 84)
Alexander Rachmanow
Alexander Schimanow
Minsk 2014

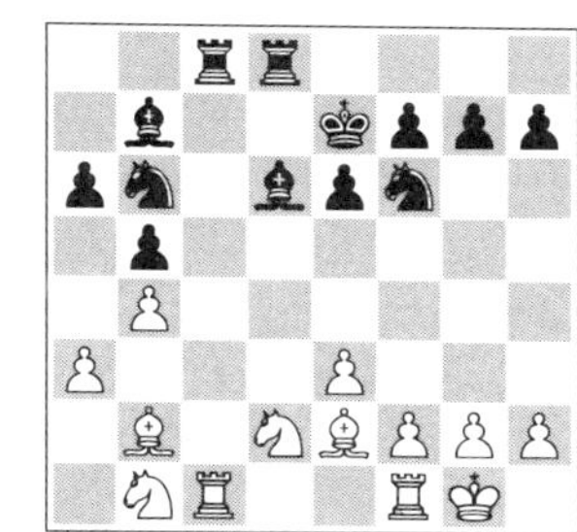

In dieser symmetrischen Stellung steht Schwarz im Augenblick ein wenig aktiver. Nun versuchte er, Raum zu gewinnen.

18...♘a4!?

Keineswegs der einzige Zug, doch ein gutes Beispiel, das zeigt, wie ein Springer vom Rande aus herrschen kann. Nach dem nächsten schwarzen Zug ist der ♗a1 nicht gerade die stärkste Figur.

19.♗a1 e5! 20.♘b3 g6 21.♖xc8 ♖xc8 22.♖c1 ♖xc1+ 23.♘xc1 ♘d5 24.♗d1

Stellt alle Figuren auf die Grundreihe! Dieser Zug unterstreicht die Stärke des ♘a4, der zugleich die natürliche weiße Springerentwicklung nach c3 hemmt.

24...f5 25.♗xa4 bxa4 26.♘d3 e4

26...a5!?.

27.♘c5

Und nachdem er den (machtvollen!) ♘a4 beseitigt hat, hielt Weiß remis.

Aufgabe 4 (S. 84)
Magnus Carlsen
Viswanathan Anand
Zürich 2014

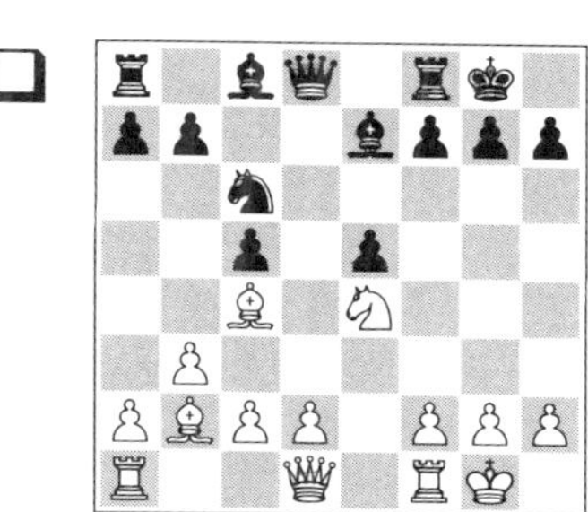

11.f4!

Danach werden die Diagonalen beider Läufer geöffnet. Anand steht seiner eigenen Zwillingskanone gegenüber!

11...exf4 12.♕h5

12.♖xf4.

12...♘d4

12...♗e6.

13.♖xf4 g6 14.♕e5 b6 15.♖af1

Nun zielen alle Figuren von Weiß, inklusive der zentralisierten Dame, auf den König. Dies war für die schwarze Verteidigung bald zuviel.

Aufgabe 5 (S. 85)
Evgeny Postny
Dan Zoler
Legnica 2013

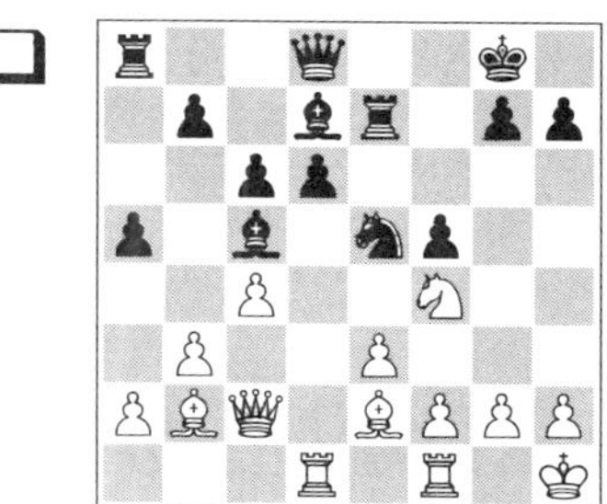

19.♘h5

Ein keineswegs harmloser Zaungast – der Springer übt im Duo mit dem ♗b2 recht lästigen Druck auf g7 aus!

19...♕b6

19...♖f7.

20.f4! ♘g6 21.e4! ♖f8

21...fxe4 22.f5 ♘e5 23.f6.

22.♗d3

Der starke Druck auf den gegnerischen Königsflügel gibt dem Anziehenden einen klaren Vorteil, den Postny auch auf elegante Weise verwertete.

Aufgabe 6 (S. 85)
Harika Dronavalli
Anna Musitschuk
Khanty-Mansiysk 2014

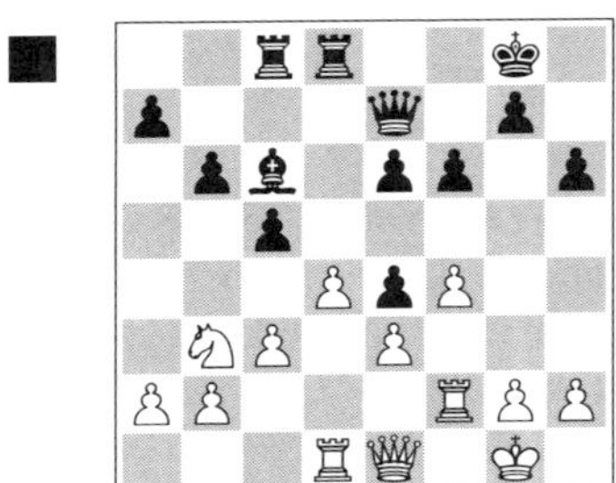

20...♗b5!

Verbessert die Stellung des Läufers.

21.dxc5 bxc5 22.♖xd8+

Anderenfalls wird dieser bestialische Läufer auf d3 beide Türme von Weiß dominieren.

22...♖xd8 23.♖d2 ♗d3! 24.c4 e5!

Natürlich wäre 24...♗xc4 nach 25.♖xd8+ ♕xd8 26.♘xc5 ♗xa2 27.♘xe4 positioneller Unfug. Nun stolperte Weiß mit...

25.♘c1?

... und verlor rasch nach ...

25...exf4 26.exf4 ♗xc4 27.b3 ♖xd2 28.♕xd2 e3 29.♕e1 ♗d5 30.♕e2 ♕e4 31.♘d3 c4 usw.

Aufgabe 7 (S. 85)
Alexander Grischuk
Anton Schomoew
Loo 2014

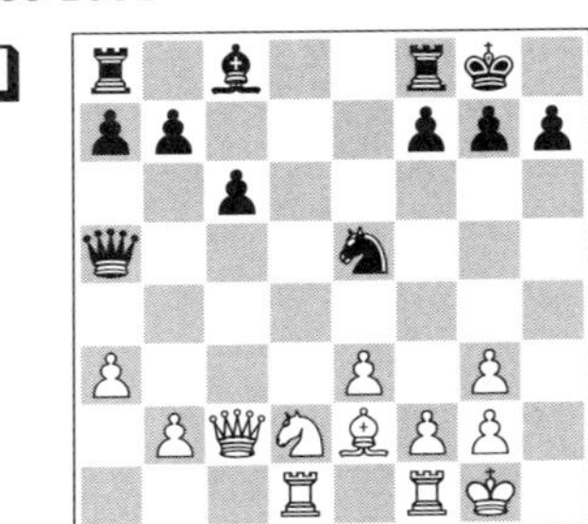

19.♘e4!

Zielt auf das Loch auf d6, um sich in eine Riesenkrake zu verwandeln.

19...h6 20.♖d4

Das sofortige 20.♘d6 war gleichfalls gut.

20...♖h8 21.♘d6

Mit seinem letzten Zug hat Schwarz 21...♗f5 vorbereitet, so dass Grischuk sich entscheidet, die Riesenkrake landen zu lassen. Innerhalb von drei Zügen hat Weiß einen großen Raumvorteil erreicht, was ihm praktisch den Gewinn garantiert.

21...♖b8 22.b4 ♕c7 23.♕c5 ♘d7 24.♕xa7 ♘b6 25.♕a5,

Und Weiß verwertete seinen Vorteil.

Aufgabe 8 (S. 85)
Andrej Sumets
Vilka Sipila
London 2012

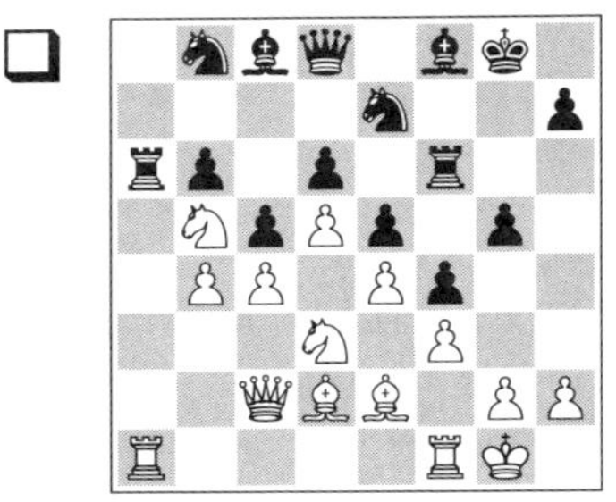

22.♘a7!

Der direkteste Weg, sich am Damenflügel Eintritt zu verschaffen und den schwarzen Angriffsläufer zu beseitigen. Zugegeben, die Lage von Weiß war angesichts seiner beträchtlichen Fortschritte am Damenflügel ohnehin komfortabel.

22...♕c7

Der Versuch, den Läufer mittels 22...♗d7 zu behalten, träfe auf 23.b5 ♖xa1 24.♖xa1 ♖h6 25.♘c6 ♕e8 26.♖a8, und der schwarze Angriff ist nicht stark genug.

23.♘xc8! ♘xc8 24.bxc5 bxc5 25.♖xa6 ♘xa6 26.♖b1

Nun steht der Anziehende bereit, am Damenflügel einzubrechen, während der schwarze Angriff auf der entgegengesetzten Brettseite ohne den weißfeldrigen Läufer von c8 seinen Stachel eingebüßt hat. Weiß verwertete seinen großen Vorteil.

Aufgabe 9 (S. 85)
Ilja Smirin
Sabino Brunello
Eriwan 2014

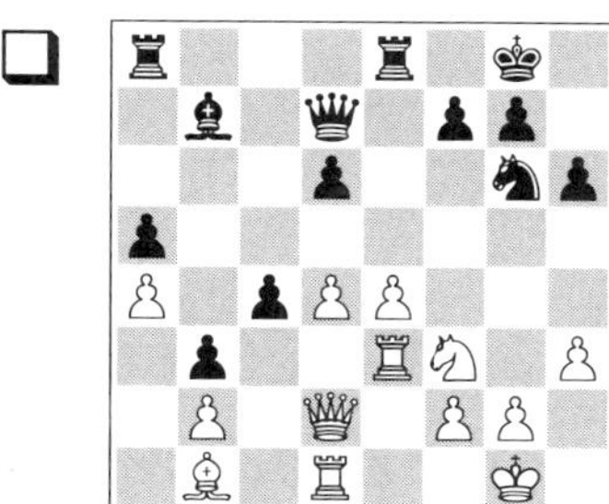

Mit seinem letzten Zug hat Schwarz den Bauern a4 ins Visier genommen. Nun, Kasparow sagte, dass ein Springer auf f5 in der Regel einen Bauern wert sei. Also ...

27.d5!

Macht dem Springer den Weg nach f5 frei!

27...♕xa4 28.♘d4 ♕b4 29.♖c3 a4

29...♘e7 (verhindert 30.♘f5) 30.♕c1! ♖ac8 31.♖g3 wäre genauso furchterregend. Nach 31...♘g6 32.♘f5 hätte der Springer seinen Bestimmungsort dennoch erreicht.

30.♘f5

Der Killerspringer.

30...a3?!

Dies erlaubt der Dame, eine überwältigende Stellung im Zentrum einzunehmen. Eine bessere Verteidigung wäre, dies mit 30...♕c5 zu verhindern. Gleichwohl hätte Weiß nach 31.♖dc1 ♗a6 32.♖g3 oder 32.h4!? angemessene Kompensation.

31.bxa3

31.♕d4! ♘e5 32.bxa3.

31...♖xa3

31...♕c5!.

32.♕d4

Nun ist es vorbei. Weiß nahm auf c4 und gewann nach ein paar weiteren Zügen.

Aufgabe 10 (S. 85)
Liu Qingnan
John Paul Gomez
Bangkok 2014

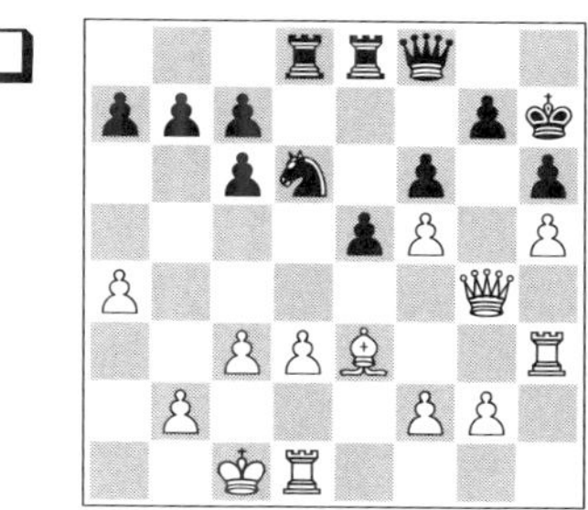

26.♗xa7!? b6 27.a5 ♖d7

Das natürliche 27...♘c8 scheitert an 28.♗b8, wonach Weiß auch a5-a6! droht. 28.axb6 ♖d7 würde lediglich zur Partie überleiten.

27...♖a8 28.axb6 führt zu einem interessanten Status quo – der Bauer b6 kann sich nicht rühren, aber ebensowenig kann Schwarz so ohne weiteres den Läufer fangen, da ...♘c8 stets mit b6-b7 beantwortet werden kann. Genau aus diesem Grund stellt Schwarz seinen Turm nicht nach a8, sondern nach d7.

28.axb6

Schwarz hatte keine unmittelbare Drohung (...♘c8 kann nach wie vor mit ♗b8 beantwortet werden, ...♖a8 hingegen mit axb6), doch hatte Weiß vielleicht eine nützlichere Fortsetzung als den Textzug? 28.f4, um dem Läufer einen Rückzug von b8 aus zu ermöglichen, war eine Idee. Doch nach 28...exf4 29.axb6 ♖a8 30.♕xf4 cxb6 31.♗xb6 ♕b8 32.♗d4 ♕b3 hätte Schwarz entscheidenden Angriff.

28...♘c8

Nun plant der Nachziehende, den Läufer mit ...cxb6 nebst ...♖b7 zu fangen.

29.d4 cxb6 30.♗b8

In der vierten Partie des Weltmeisterschaftsduells 2013 Anand-Carlsen bot dieses Feld dem Läufer spielend leicht einen Ausweg (was von Anand anscheinend übersehen wurde):

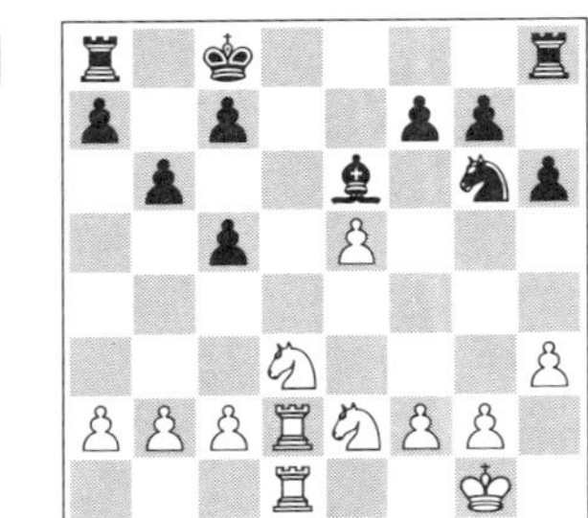

18...♗xa2 19. b3 c4 20.♘dc1 cxb3 21.cxb3 ♗b1

In unserer Partie steht jedoch der schwarze Bauer auf e5 im Weg.

30...♖ed8?!

Schwarz zaudert. 30...♖b7 war natürlich der folgerichtige Zug, und nach etwa 31.♗xe5 (31.dxe5 ♖xb8 32.♕g6+ ♖h8 33.exf6 gxf6 ist nicht gut für Weiß) 31...fxe5 32.♖e3 ♖be7 33.dxe5 ♖xe5 34.♕g6+ ♖g8 35.♖xe5 ♖xe5 36.f6 könnte sich Schwarz mit 36...♖d5 halten.

31.♕e4 ♖h8

Nun würde 31...♖b7 dem Weißen nach 32.♗xe5 fxe5 33.dxe5 zu viel Spiel für die Figur geben.

32.♕xc6 ♘e7 33.♕e6 exd4?!

Dies lässt den Läufer endgültig vom Haken, auch wenn es den Eindruck macht, als könne er auf b8 ohnehin nicht erobert werden. Weiß erlangte nun beträchtlichen Vorteil und gewann.

Aufgabe 11 (S. 86)
Ewgeni Romanow
Viktor Erdös
Bundesliga 2013/14

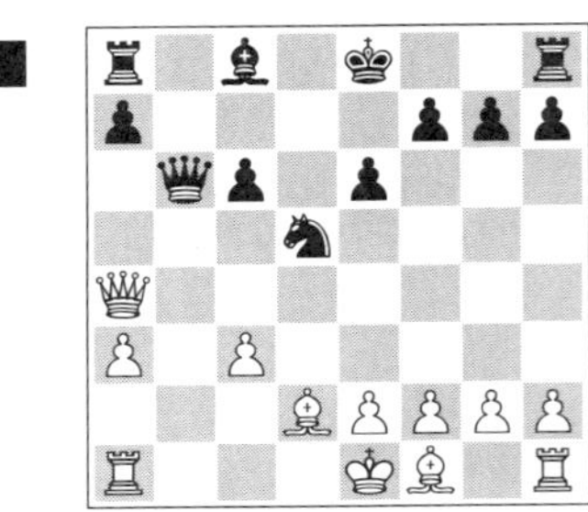

12...♕b2!?

Ganz im Widerspruch zu dem natürlichen Bedürfnis, die Dame nach einem Raubzug auf b2 wieder zurückzuziehen, zieht Schwarz hier freiwillig auf dieses Feld! Der normale Zug wäre 12...0-0 gewesen.

13.♖c1

13.♕xc6+? ♗d7 14.♕xa8+ ♖e7 mit schwarzem Gewinn zu berechnen, war vergleichsweise einfach.

13...0-0 14.e4 ♘f6 15.♗d3

Der Damenausflug mag sinnlos erscheinen, doch tatsächlich hemmt er auf ärgerliche Weise die weißen Möglichkeiten. Die Aussichten von Weiß, die Dame mittels ♖b1 und ♖e2 zu fangen, sind vergleichsweise vage.

15...♖d8 16.♗c2 ♖b8! 17.e5

Vielleicht war 17.♖e2 besser, wonach die schwarze Dame wahrscheinlich den

Rückzug angetreten hätte. Doch vielleicht wäre Schwarz auch hier standhaft geblieben, dank der Idee, ♖b1 mit ...♗a6+ zu beantworten.

17...♖b5! 18.0-0

18.exf6 ♖e5+ 19.♖d1 ♖ed5.

18...♖xd2 19.exf6 gxf6

Die schwarze Aktivität veranlasste den Anziehenden, zu einem Remis durch Zugwiederholung zu greifen:

20.♕e4 ♖f5 21.♕g4+ ♖g5 22.♕e4

Aufgabe 12 (S. 145)
Tycho Dijkhuis
Adrian Tugui
Maastricht 2014

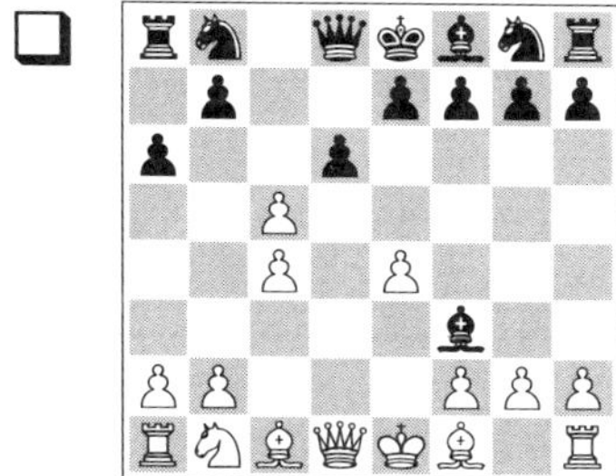

6.gxf3!

Sie haben es bereits erraten!

6...♕a5+

In dem Endspiel nach 6...dxc5 7.♕xd8+ ♖xd8 8.♗e3 e6 9.♘c3 ♘f6 10.0-0-0 ♘fd7 11.f4 wird Weiß sich bestimmt keine Gedanken über seine Bauernstruktur machen. Doch indem er dem Endspiel ausweicht, gerät Schwarz bald mit seiner Dame in Probleme.

7.♘c3 ♕xc5 8.♘d5! ♕c6?

8...♘d7 9.b4 ♕c8 10.♕a4 ♖b8 11.♗e3 e6 12.♘b6 ♕c6 13.♕xc6 bxc6 14.♘xd7 ♖xd7 15.a3, Codanotti-Bonafede, Spoleto 2011.

9.b4!

Weiß steht praktisch bereits auf Gewinn.

9...b6

9...♘d7 10.b5 ♕c8 11.b6.

10.b5 axb5 11.c5!

Sehr hübsch! Weiß gewann nach weiteren zehn Zügen.

Aufgabe 13 (S. 145)
Xu Jun
Nigel Short
Gibraltar 2014

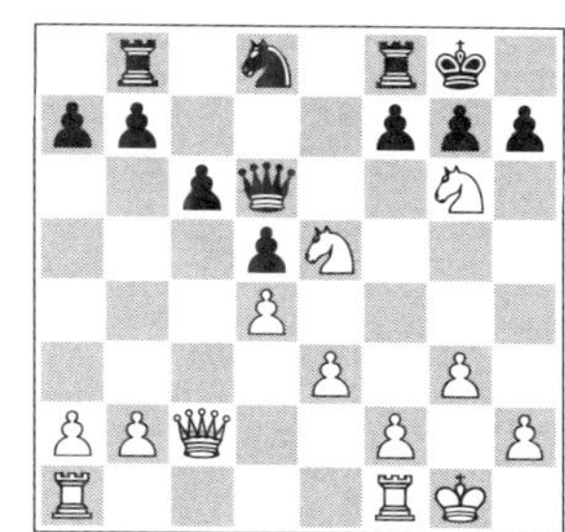

18...fxg6!

Einmal mehr richtig! Nicht nur wegen der halboffenen f-Linie, sondern auch, weil er den weißen Zentrumsspringer nun mit ...♘f7 befragen kann.

19.b4 ♘f7 20.♘xf7 ♖xf7 21.♖ab1 a6 22.a4 h5 23.b5 axb5 24.axb5 ♖c8 25.bxc6 bxc6 26.♕e2 ♕e6 27.h4 ♖cf8 28.♖bc1 ♖f3 29.♕c2 ♕f7!

Mittlerweile hat Schwarz klaren Vorteil. Seine Strategie hat sich durchgesetzt: Der starke Springer von Weiß wurde abgetauscht, und der Nachziehende hat seine Schwerfiguren auf der f-Linie tripliert.

Aufgabe 14 (S. 145)
Levon Aronjan
Simen Agdestein
Stavanger 2014

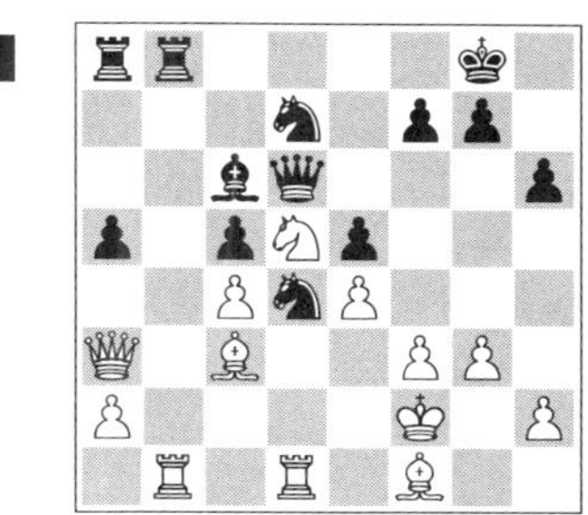

30...♖b4!

Ein stilles Opfer, dass den absoluten Weltklassemann Aronjan bemerkenswerterweise völlig überraschte. Es ermöglicht Schwarz, um die b-Linie zu kämpfen.

31.♗xb4

Nach der Partie gestand Aronjan ein, dass er 30...♖b4 übersehen hatte und dass „das Schlagen auf b4 völlig lächerlich war". Dies sollte als Einschätzung für den letzten weißen Zug genügen, der aber natürlich nicht so schlecht ist, als dass er unmittelbar verlieren würde. Schwarz hat jedenfalls ein leichtes Spiel, zumal die weißen Türme passiv bleiben.

31...axb4 32.♕b2 ♗xd5 33.cxd5 ♘b6 34.♖bc1 ♘a4

Agdestein schickt seinen Springer unmittelbar nach c3, was Weiß erlaubt, Material zurückzugeben und die Stellung zu vereinfachen.

35.♕d2 ♘c3 36.♖xc3 bxc3 37.♕xc3 ♖xa2+ 38.♖d2

Kurz darauf wurde Remis vereinbart:

38...♖xd2+ 39.♕xd2 ♕b6 40.♗c4 g5 41.♖g2 ½-½

Aufgabe 15 (S. 145)
Levan Pantsulaja
Tornika Sanikidse
Tiflis 2014

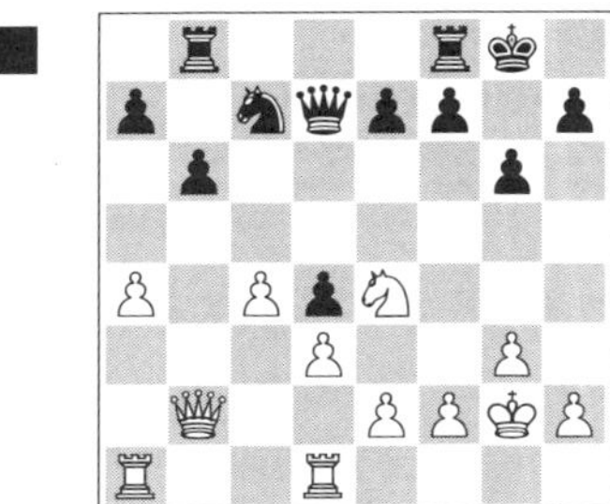

20...a5!?

Verhindert a4-a5 ein für allemal (auch wenn im Augenblick ...b6-b5 eine brauchbare Antwort wäre) und macht sich weder Sorgen um das Feld b5 noch um den nunmehr rückständigen b-Bauern. Schwarz hat dabei einen klaren Plan im Sinn.

21.♖db1 ♘e6 22.♕b5 ♕c7 23.♕b2 ♖fd8 24.♕c1 f5 25.♘d2 ♘c5

Ein schöner Posten für den Springer, von wo aus er den festgelegten Bauern a4 ebenso im Auge hat wie die Unterstützung eines möglichen Zentrumsvorstoßes mit dem e-Bauern. Nach einigen Abenteuern endete die Partie unentschieden.

Aufgabe 16 (S. 146)
Ewgeni Alekseew
Mustafa Yilmaz
Eriwan 2014

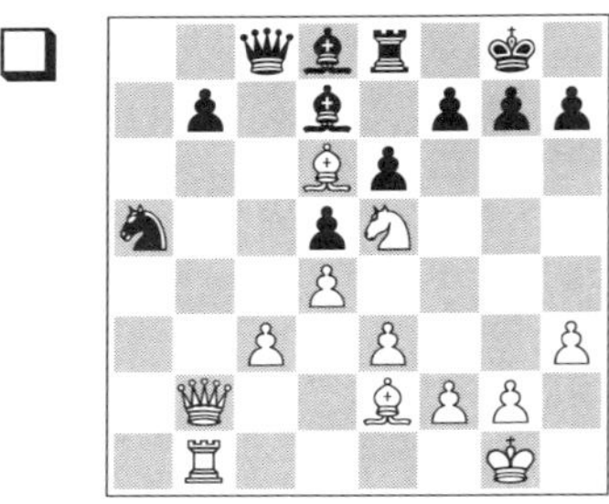

29.♘xd7!

Konkretes Schach. Was zählt ist – wie immer – das, was nach dem überraschenden Abtausch auf dem Brett verbleibt. Nach dem nächsten weißen Zug wird klar, dass der schwache schwarze Bauer auf b7 nur unter zunehmenden Schwierigkeiten zu verteidigen ist.

29...♕xd7 30.♕b5 ♘c6

30...♕xb5 31.♗xb5 ♘c6 32.♗a4 ♗e7 33.♗xe7.

31.♗g3 ♖e7 32.♗h4 f6 33.c4

Natürlich mit großem Vorteil. Schwarz stand weiterhin unter schwerem Druck, und Yilmaz konnte sich glücklich schätzen, letztlich noch ein Remis zu ergattern.

Aufgabe 17 (S. 146)
Awetik Grigorjan
Tigran Kotanjian
Eriwan 2014

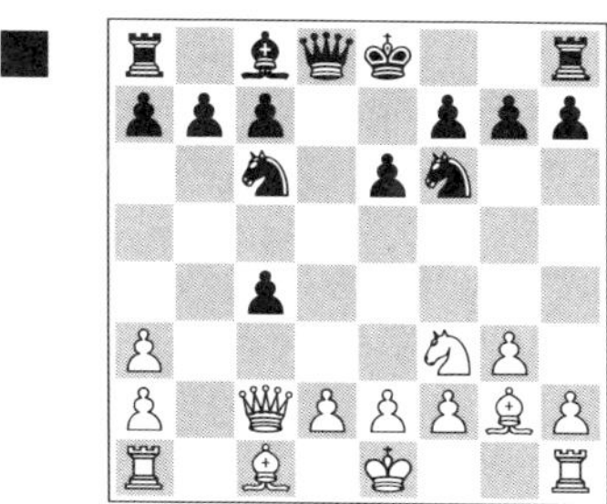

7...♕d5!

Schwarz zentralisiert die Dame. Er deckt damit ganz einfach den Bauern c4 und blickt mutig der Gegenüberstellung mit dem ♗g2 ins Auge.

8.0-0

8.♗b2 e5 9.♖c1 ♗e6.

8...e5 9.♗b2

Weiß spielt ungerührt weiter, doch die Frage stellt sich, ob er nicht die Verwundbarkeit der schwarzen Damenstellung in der Mitte demonstrieren konnte. Aber 9.♘g5 ♕c5 10.♗b2 0-0 sieht in Ordnung für Schwarz aus, ebenso wie 9.d3 cxd3 10.exd3 0-0 11.♗b2 ♕d6 12.♖fe1 ♖e8.

9...e4 10.♗xf6 gxf6 11.♘h4 f5 12.♖fc1 ♗e6,

Und Schwarz konnte mit Erfolg an seinem Mehrbauern festhalten. Seine Dame steht nach wie vor in der Mitte.

Aufgabe 18 (S. 146)
Alexei Dreew
A. R. Saleh Salem
Gibraltar 2014

Sehen Sie sich zunächst das an: 1.d4 ♘f6 2.c4 e6 3.♘f3 c5 4.d5 exd5 5.cxd5 d6 6.♘c3 g6 7.♘d2 ♘bd7 8.e4 ♗g7 9.♗e2 0-0 10.0-0 ♖e8 11.♕c2

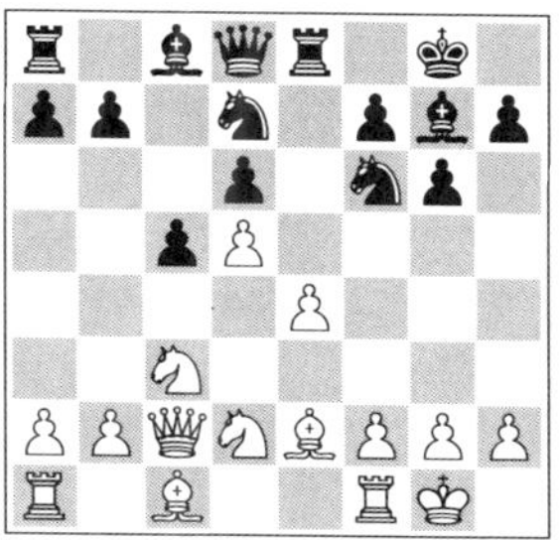

11...♘h5 12.♗xh5 gxh5 13.♘c4 ♘e5 14.♘e3 ♕h4 15.♗d2 ♘g4 16.♘xg4 hxg4 17.♗f4 ♕f6 18.g3 ♗d7 19.a4 b6 20.♖fe1 a6 21.♖e2 b5 22.♖ae1 ♕g6 23.b3 ♖e7 24.♕d3 ♖b8 25.axb5 axb5 26.b4 c4 27.♕d2 ♖be8 28.♖e3 h5 29.♖3e2 ♖h7 30.♖e3 ♖g8 31.♖3e2 ♗xc3 32.♕xc3 ♖xe4 33.♖xe4 ♖xe4 34.♖xe4 ♕xe4 35.♗h6 ♕g6 36.♗c1 ♕b1 37.♖f1 ♗f5 38.♖e2 ♕e4+ 39.♕e3 ♕c2+ 40.♕d2 ♕b3 41.♕d4 ♗d3+ 0-1, Spasski-Fischer, Reykjavik 1972.

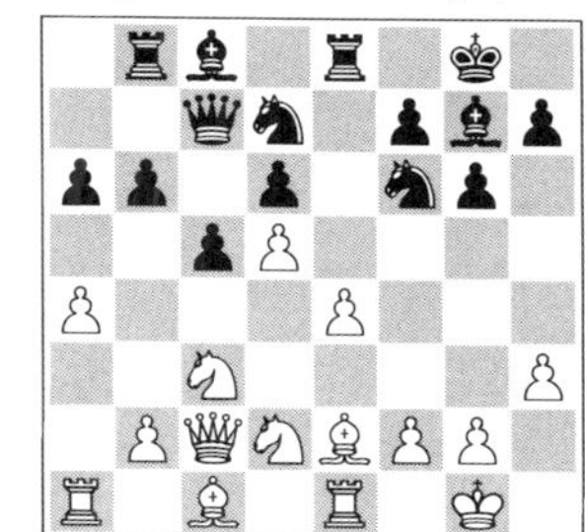

15...♘h5!?

Auf den Spuren von Fischer wandelnd, mag Salem geglaubt haben, dass 15...c4 16.♘xc4 b5 17.axb5 axb5 18.♘e3 unzureichend für Schwarz war. Vielleicht war eine geradlinige Entwicklung mit 15...♗b7 16.♖b1 ♖e7 am besten.

16.♗xh5 gxh5 17.♘f1

Aber hier können Sie den Unterschied erkennen: Fischer ließ ...♕h4 und ...♘e5-g4 folgen, was hier schlicht nicht möglich ist.

17...h4 18.♗g5

Der geradlinigste Ansatz.

18...♘e5 19.♘e3

19.♗xh4 ♗xh3.

19...c4 20.♗xh4

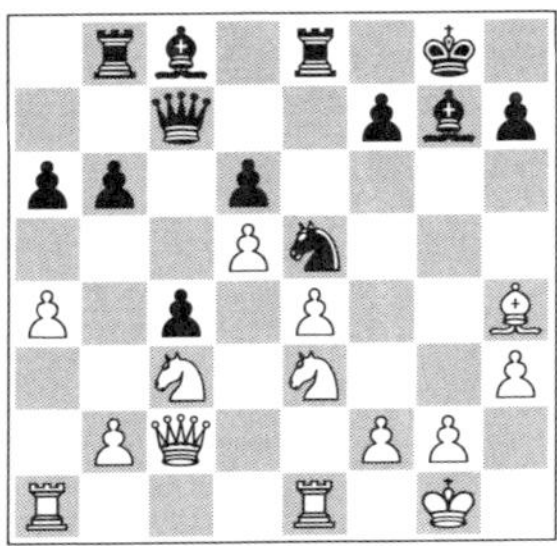

20...♘d3!

Aktives Spiel, ganz im Geiste der Benoni-Verteidigung, und statt auf das undurchsichtige 20...♗xh3 zu setzen. Man beachte, dass die Riesenkrake dadurch entstehen konnte, dass der Anziehende seinen weißfeldrigen Läufer abtauschen musste, um den schwarzen h-Bauern zu verdoppeln.

21.♖ed1 b5

Nun war 21...♗d7 am besten, da der Partiezug einen taktischen Schlag erlaubte:

22.axb5 axb5 23.♗g3

23.♘xb5! ♖xb5 24.♖xd3 ♖xe4 25.♖b3! ♖xb3 26.♕xe4. Der Textzug erlaubte...

23...♘xb2 24.♕xb2 b4 25.e5 ♖xe5 26.♗xe5 ♗xe5,

... doch nach 27.♖ac1 gewann Weiß dennoch.

Aufgabe 19 (S. 146)
Sergei Rublewski
Daniil Dubow
Khanty-Mansiysk 2013

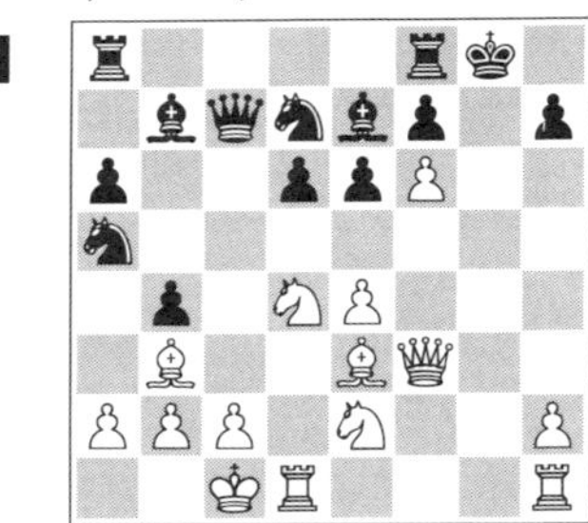

17...♘xf6!!

Das Zwischenschlagen mit zuerst 17...♘xb3+ war gleichfalls möglich.

18.♗h6 ♖h8

Dies war die Idee: Schwarz ignoriert einfach die weiße Drohung – natürlich nicht die Mattdrohung, sondern den Qualitätsgewinn... Damit wehrt der Nachziehende den weißen Angriff ab, er hat einen Bauern für die Qualität und zusätzlich Druck gegen den Bauern e4 sowie entlang der c-Linie.

19.♗xf8 ♖xf8 20.♘g3 ♖c8

20...d5!? war ein interessanter Versuch. Falls 21.exd5, so 21...♘xb3+ 22.♘xb3 ♗xd5.

21.♖d2 ♕c5 22.♖b1 ♕e5

Eine schöne Zentrumsdame! Schwarz hat eindeutig genug Spiel für die Qualität, und im 32. Zug wurde Remis vereinbart.

Aufgabe 20 (S. 146)
Merab Gagunaschwili
Rauf Mamedow
Nachitschewan 2014

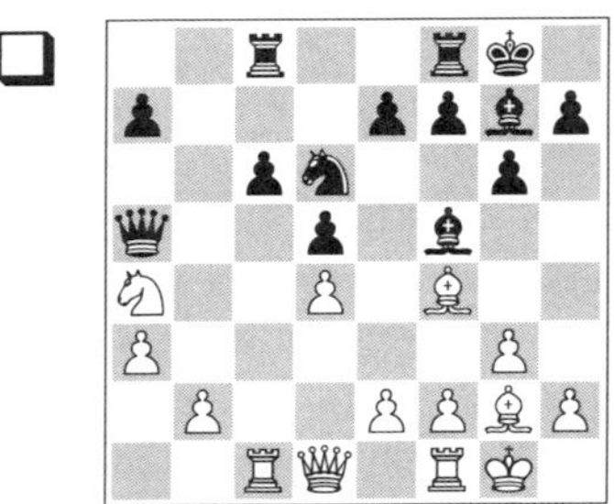

15.♗d2?!

Hier scheint dieses Manöver nicht ganz angebracht, da Schwarz rasch im Zentrum kontern kann. Überdies wäre der Läufer nach 15.e3 h6 keineswegs in Schwierigkeiten, z.B. 16.♘c5 g5 17.♗e5 f6 18.♗xd6 exd6 19.♘b7, und 19...♕c7 scheitert an 20.♗xd5+.

15...♕d8 16.e3 h5 17.♕e2 ♘e4 18.♗e1 e5! 19.dxe5 ♗xe5 20.♗b4 ♖e8

Mit kompliziertem, etwa ausgeglichenen Kampf.

Aufgabe 21 (S. 210)
Sandro Mareco
Sebastian Iermito
Buenos Aires 2013

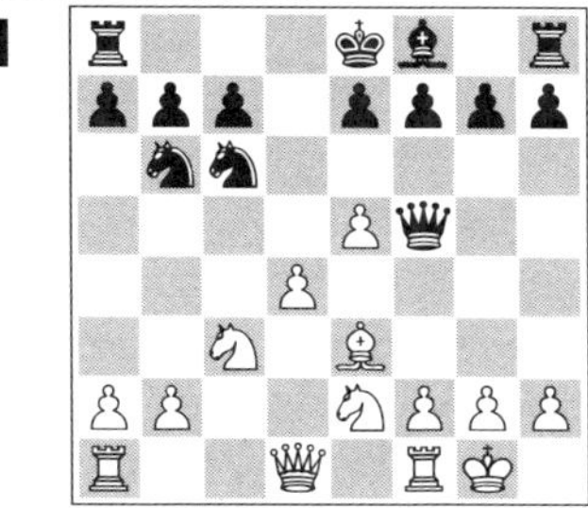

11...♕d7?

Nein! 11...e6 (ohne Angst vor 12.♘g3 ♕g6) oder 11...0-0-0 waren besser.

12.e6!

Teilt das Lager von Schwarz in zwei Hälften – die positionelle Strafe für dessen langsames Spiel.

12...fxe6 13.♘e4 0-0-0 14.♘c5 ♕d6 15.♘f4 ♘xd4

Eine Henkersmahlzeit.

16.♖c1 g5 17.♗xd4 ♕xd4 18.♕f3 c6 19.♘fxe6 ♕f6 20.♕a3 a6 21.♕a5 1-0

Der Königsläufer ist nie von f8 weggekommen.

Aufgabe 22 (S. 210)
Romain Edouard
Eric Hansen
Barcelona 2013

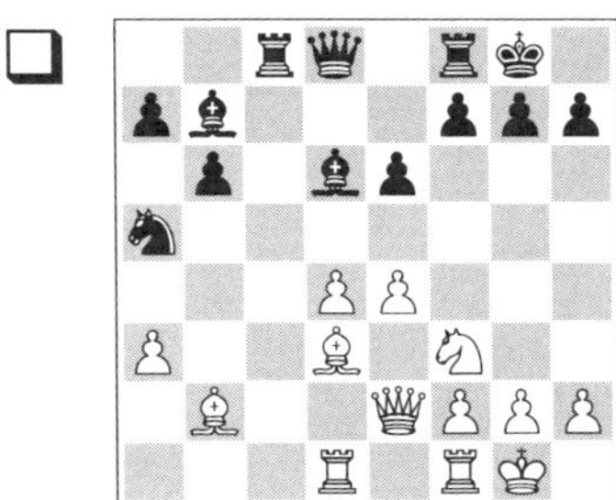

17.d5!

In einer Stellung, die normalerweise aus einem Dameninder mit a2-a3 entsteht, hat Schwarz anstelle des üblichen ...♗e7-d6 gerade ...♗f6 gespielt. Die weiße Entgegnung legt umgehend den Nachteil dieses Zuges offen.

17...exd5 18.e5!

Der typische Folgezug: Alle weißen Figuren zielen auf den Königsflügel, während die schwarzen sich momentan im Abseits befinden.

18...♗c5

Es gab zwei natürliche Alternativen: 18...♗e7 könnte allerdings mit 19.e6 beantwortet werden, was ♘e5 droht. Oder 18...♖e8, wonach sowohl 19.h4 wie auch 19.♕d2 ansprechende Fortsetzungen für Weiß wären.

19.h4

Sieht natürlich aus, da es ♘g5 oder ♗xh7+ ermöglicht. Doch 19.e6 könnte einen zweiten Blick wert sein.

19...♖c6 20.♘g5 h6 21.♕h5 d4

Nun hätte Weiß mit etwas in der Richtung von 22.♗h7+ ♖h8 23.♗f5 ♖g8 24.e6 fortsetzen sollen, was dem Nachziehenden eine schwere Zeit beschert hätte. Stattdessen spielte er...

22.♗c3,

... was dem Gegner den unerwarteten Konter 22...♖g6!! erlaubt hätte.

Aufgabe 23 (S. 210)
Kiril Georgiew
Mircea Parligras
Skopje 2014

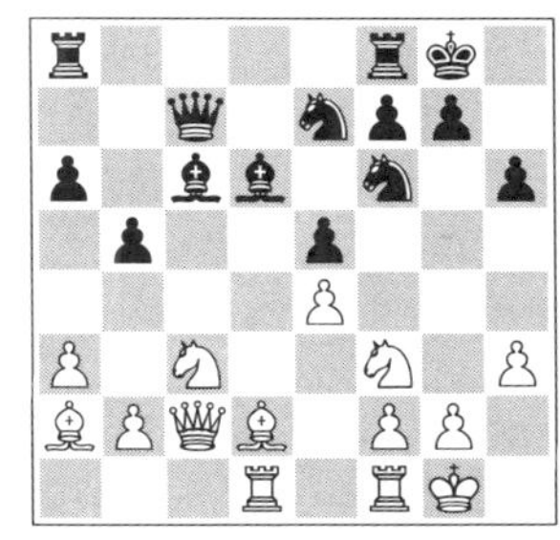

18.♗xh6! gxh6 19.♕d2

Der Umstand, dass nun (neben dem Bauern h6) der Läufer auf d6 hängt, sollte die Entscheidung für das Opfer erleichtern. Die Lage ist jedoch nach wie vor kompliziert.

19...♗c5

19...♖ad8 20.♕xh6 ♘xe4 21.♖fe1 und gewinnt.

20.♕xh6 ♘xe4 21.♗b1

21.♖de1 scheitert an 21...♘xf2 22.♖xf2 ♗xf3 23.gxf3 ♕b6, doch das natürliche 21.♘xe4 stellt sich als stark heraus: 21...♗xe4 22.♕g5+ ♘g6 23.♕g4! ♗c2 (23...♕b7 24.♘xe5, und Weiß muss dem Gewinn nahe sein) 24.♖d7 (oder auch einfacher 24.♖d2 ♗b6 25.♘h4 ♖g7 26.♖c1) 24...♕c8 25.♘xe5 ♖a7 26.b4 (26.♖fd1 ♖xd7 27.♖xd7 ♗xf2+ 28.♖xf2 ♕c5+) 26...♗b6 27.♖fd1! ♖xd7 28.♖xd7.

21...♘f5 22.♕h5 ♘g7 23.♕h4!?

23.♕h6 ♘f5 24.♕h5 könnte Remis sein.

23...♗e7 24.♕h6 ♘f5 25.♕c1!?

Weiß hat für die Figur nur einen Bauern, doch das hält Georgiew nicht davon ab, auf Gewinn zu spielen. Und das mit Recht, denn die Figuren von Schwarz stehen reichlich unbequem, und so ging er im Angriff unter nach ...

25...♕b7?! 26.♘xe5 ♘ed6 27.♖xd6!

Aufgabe 24 (S. 210)
Alexander Chalifman
Wladimir Akopjan
Minsk 2014

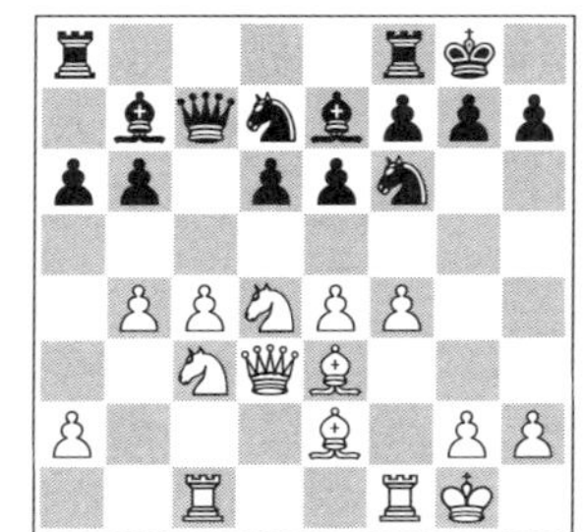

13...♖ad8?

Keine glückliche Wahl. Der gigantische Springer sollte eines der bekannteren Themen in diesem Buch sein, doch es ist bestimmt nicht leicht, einen so starken Großmeister wie Wladimir Akopjan kalt zu erwischen!

13...♖ac8 hätte Schwarz ermöglicht, 14.♘d5 mit 14...exd5 15.cxd5 ♕d8 zu erwidern, wonach Weiß seine Kompensation erst noch nachweisen müsste. Nach 13...♖fe8 würde 14.♘d5!? exd5 15.cxd5 ♕b8 16.♘c6 ♗xc6 17.dxc6 ♘f8 18.c7 ♕c8 19.♗f3 eine gewisse langfristige Kompensation versprechen.

14.♘d5! exd5 15.cxd5 ♘c5

Nach 15...♕b8 16.♘c6 ♗xc6 17.dxc6 gewinnt Weiß die Figur ebenfalls umgehend zurück.

16.bxc5 bxc5 17.♘b3

17.♘f5 war gleichfalls möglich, auch wenn Schwarz mit 17...♗c8 den Killerspringer gleich befragen kann.

17...♖fe8 18.♗d2! ♖b8 19.♘a5

„Vom Rande aus herrschen". Weiß hat großen Vorteil.

Aufgabe 25 (S. 211)
Arkadij Naiditsch
Ivan Saric
Bundesliga 2013/14

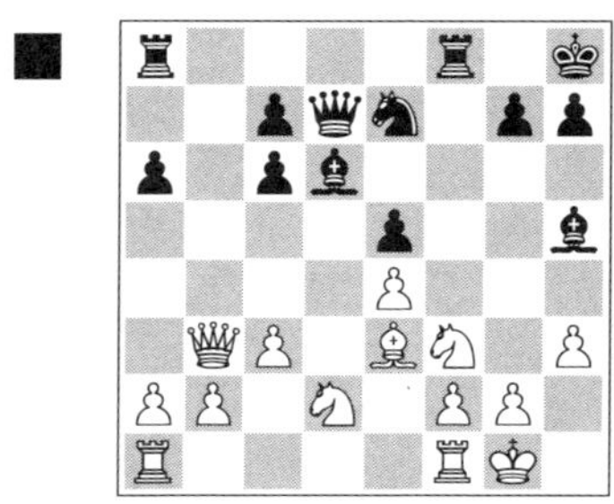

14...♗xf3 15.♘xf3 ♖xf3!?

Entfesselt eine starke Initiative, derweil die weiße Dame sich weit entfernt am anderen Flügel rumtreibt.

16.gxf3 ♘g6!

16...♕xh3 17.♕f7 ♘g6 18.♕f5 wäre weniger klar.

17.♖h2 ♘h4 18.♖h1 ♖f8 19.♖g1 ♕e8 20.♖f1

Ungenau. 20.♖d1 hätte im Vergleich zur Partie ein Tempo (♖ad1) eingespart. 20...♕g6+ (20...♕h5 kann jetzt mit 21.♕e6 pariert werden) 21.♖f1 ♕g2+ 22.♖e2 ♕xf3+ 23.♖d2 ♕xe4.

20...♕h5 21.♖e2 ♕xf3+ 22.♖d2 ♘g2 23.♖ad1 ♕xe4 24.♖c1 ♘xe3 25.fxe3 h6!?

Jetzt, wo es dem Anziehenden gelungen ist, seinen König zum Damenflügel zu überführen, hat Schwarz keine positionelle Kompensation mehr, sondern nur noch materielle. Er aktiviert jetzt zunächst seine Figuren und beugt eventuellen Grundlinienproblemen vor, anstatt unmittelbar mit 25...♕xe3+ einen weiteren Bauern zu schlagen. So oder so blieb die Partie in einem (komplizierten) Gleichgewicht und endete mit einem Remis.

Aufgabe 26 (S. 211)
Aleksander Mista
Csaba Balogh
Bundesliga 2013/14

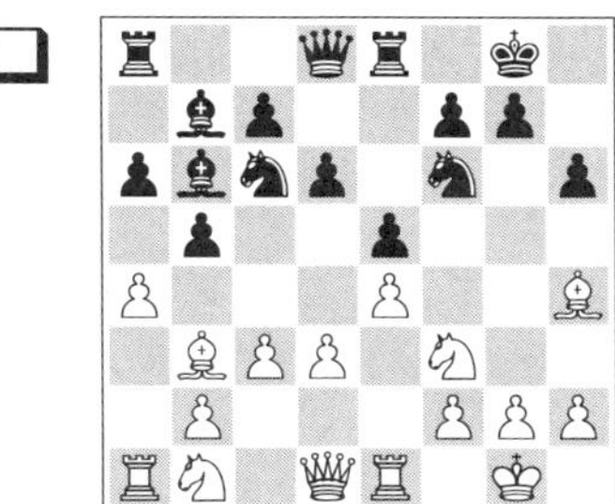

13.♗d5? g5

Wie es aussieht, hat Schwarz hier das Standardopfer auf g5 nicht zu fürchten.

14.♘xg5 ♘xd5

Höchstwahrscheinlich hat Weiß diesen Zug sehr wohl ins Kalkül gezogen, doch später etwas übersehen.

15.exd5

15.♕h5 hxg5 16.♗xg5 ♘f6 17.♕h4 ♖e6.

15...hxg5 16.♕g4

16.dxc6 ♗xc6 17.♗g3 würde die Figur zurückgewinnen, doch dem Schwarzen das Läuferpaar und ein starkes Zentrum überlassen.

16...♗c8! 17.♕g3

17.♕xg5+ ♕xg5 18.♗xg5 ♘e7.

17...f6 18.dxc6 ♖f7

Weiß hat unzulängliche Kompensation.

Aufgabe 27 (S. 211)
Richard Francisco
Anton Kovalyov
Wheeling 2014

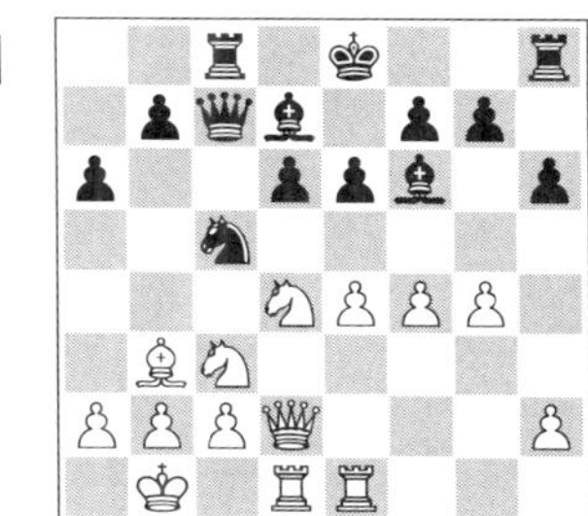

16.h4!

Sehr einfallsreich! Schwarz hat noch nicht rochiert, nichtsdestotrotz wird die Annahme des Bauernopfers die weiße Königsflügelinitiative anheizen.

16...♗xh4 17.♖h1 ♗e7 18.g5 b5 19.a3 ♕b7 20.♕g2!? a5?

Zu langsam. 20...h5!? 21.g6 f5.

21.gxh6 gxh6 22.♖xh6!

Hoppla!

22...♖f8

Auf 22...♖xh6 gewinnt 23.♕g8+ ♗f8 24.♘f5 den Turm mit großem Vorteil zurück.

23.f5 b4 24.axb4 axb4 25.♘d5 ♘xb3 26.♘xe7 ♖xe7 27.♘xb3

Weiß sollte einen gewinnverheißenden Vorteil haben, doch der nominell viel stärkere Schwarzspieler entkam noch zum Remis.

Aufgabe 28 (S. 211)
Andrei Wolokitin
Alexander Bortnik
Loo 2014

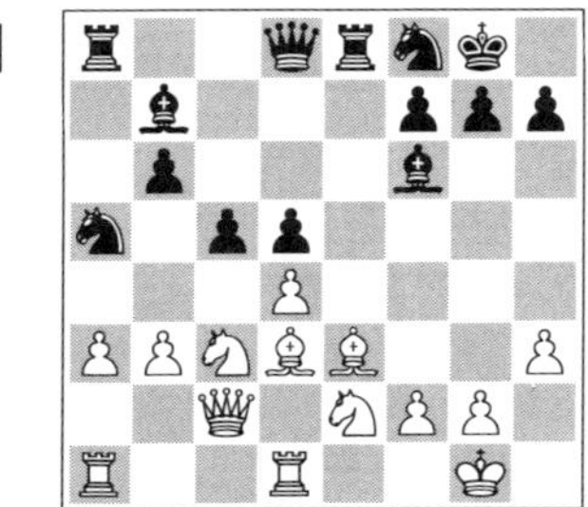

19...♖xe3!?

Eine mutige Entscheidung des aktuellen ukrainischen Nachwuchsstars.

20.fxe3 ♕e8 21.b4?

Der vormalige ukrainische Nachwuchsstar greift fehl. Der ♘a5 hat nun bald eine aktivere Rolle vor sich.

21...♕xe3+ 22.♔h1 cxd4 23.bxa5

23.♘b5 ♖c8 24.♕b1 ♘c4 25.♘bxd4 g6.

23...dxc3 24.a6 ♖xa6!

Ein doppeltes Qualitätsopfer!

25.♗xa6 ♗xa6 26.♘c1 d4 27.♘d3 ♗b7 28.♘f2 ♗h4 29.♖f1 ♘e6

Der schwarze Angriff ist unaufhaltbar. Weiß verlor rasch.

Aufgabe 29 (S. 211)
Anna Uschenina
Katerina Lagno
Khanty-Mansiysk 2014

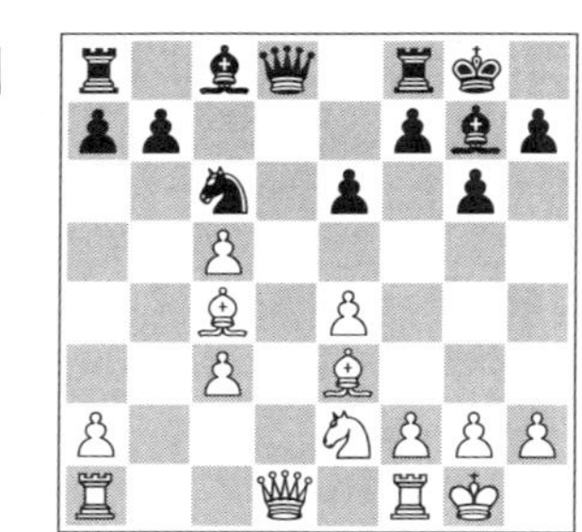

11...♕c7

Einige Schwarzspieler haben hier mit 11...♕a5 12.f4 ♖d8 experimentiert, mitunter gefolgt von ...♗f8. Lagnos Idee nach...

12.f4

... war das Bauernopfer...

12...b6!?

(das Ihnen inzwischen vertraut sein sollte!). Soll Weiß das Opfer annehmen?

13.cxb6?!

Wie so oft nach diesem Schlagen finden die Figuren von Schwarz wie von selbst auf gute Felder, während die weißen Damenflügelbauern keine Kraft ausstrahlen und eher ein Angriffsziel darstellen. Schwarz hat genug dynamisches Gegenspiel. Ein besserer Versuch war 13.♕d6, da der schwarze Damenausflug nach a5 nunmehr unterbunden ist. Nach 13...♕b7 14.♗b5 ♗d7 15.♖ad1 wären die schwarzen Figuren weit weniger günstig als in der Partie platziert.

13...axb6 14.♗d3 ♖d8 15.♕b1 ♗a6

15...♘b4!?.

16.♗xa6 ♖xa6 17.e5 ♘a5,

... und Schwarz war in bester Verfassung.

Aufgabe 30 (S. 211)
Levon Aronjan
Peter Swidler
Khanty-Mansiysk 2014

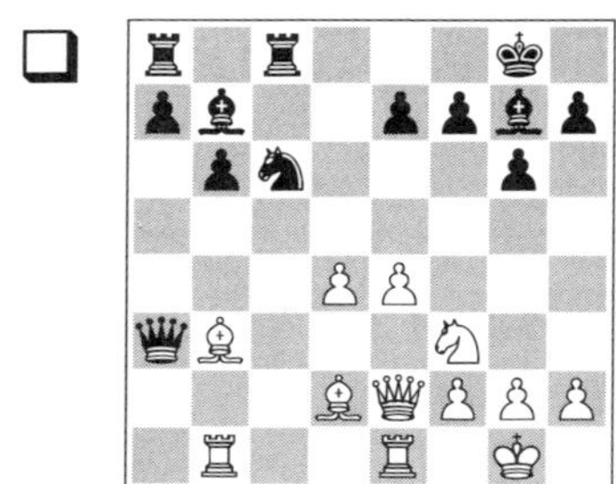

22.♗xf7+!? ♖xf7 23.♕c4+ e6

Erzwungen, da 23...♖e8 wegen 24.♕g8+ ♗f8 25.d5 sofort verliert.

24.♘g5+ ♖e8

Wie nicht schwer zu sehen, erneut der einzige Zug.

25.♘xe6 ♕e7 26.♘xg7+ ♕xg7 27.♗c3

Für die Figur hat Weiß drei Zentrumsbauern, und der schwarze König steht in der Mitte nicht gerade sicher. Wenn wir indes das Material zählen, hat Weiß tatsächlich nur einen Bauern für die Figur!

27...♘d8!?

In langfristiger Hinsicht sollte Schwarz gut stehen, doch andererseits spielt sich die weiße Stellung viel leichter. Insofern trifft Swidler eine mutige Entscheidung, da er hier das Spiel mit 27...♘xd4 28.♕xd4 (etwas stärker könnte 28.♕a4+ ♕d7 29.♕xd7+ ♖xd7 30.♗xd4 sein) 28...♕xd4 29.♗xd4 ♖c4 30.♗a1 ♗c6 vereinfachen konnte. Anschließend könnte Schwarz daran denken, seine Damenflügelbauern vorzurücken.

28.♕b3 ♖c7 29.♗a1!

Plant natürlich d4-d5, lässt aber auch das Feld b2 für die Dame frei.

29...♖ac8 30.d5

Die Walze kommt ins Rollen!

30...♕d7

30...♕e7!? 31.♖bd1!; 31.e5 ♖c2.

31.♕b2 ♕e7 32.♖bd1 ♘f7 33.e5

Und hier kommt Nummer Zwei!

33...♖c2 34.♕b5+ ♕d7?

Swidler getraut sich nicht, dem Damentausch noch länger auszuweichen, landet so aber in einem weit ungünstigerem Endspiel als er es im 27. Zug hätte haben können. 34...♖f8 war gefragt, obgleich Weiß genug Spiel haben sollte, z.B. nach 35.e6 (35.♕d3) 35...♘d6 36.♕a4 mit möglichem Schwenk der Dame zum Königsflügel.

35.♕xd7+ ♖xd7 36.e6+ ♖d6 37.exf7 ♖f8 38.♖e6+ ♖d7 39.♖f6

Und Aronjan gewann ohne allzugroße Schwierigkeiten.

Aufgabe 31 (S. 274)
Yury Shulman
Mackenzie Molner
Wheeling 2014

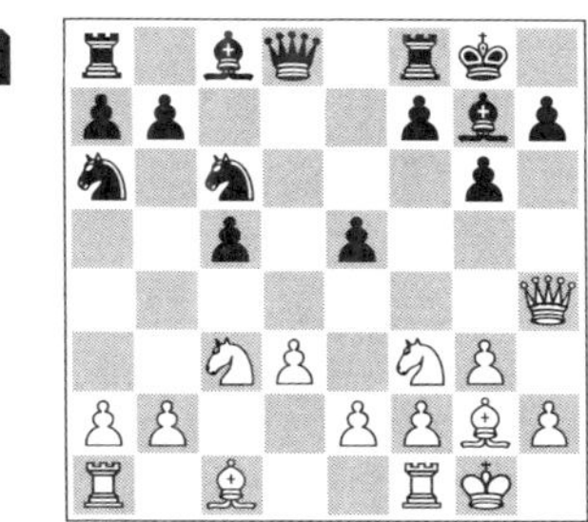

12.♘g5 h6 13.♗xc6

Die Zerstörung der schwarzen Bauernstruktur mit diesem Zug war natürlich die Idee.

13...bxc6 14.♘f3 ♕xh4 15.♘xh4

Wenn Weiß nun etwas Zeit hätte, um seine Figuren vernünftig anzuordnen, könnte er unter günstigen Umständen gegen den verdoppelten c-Bauern spielen. So wie die Dinge liegen, kann Schwarz jedoch die Angelegenheiten in seinem Sinne regeln, indem er die schwachen Bauern abtauscht und das Läuferpaar behält.

15...♗e6 16.♘g2

16.b3 trifft natürlich auf 16...e4, z.B. 17.♗b2 exd3 18.exd3 ♘b4.

16...c4 17.dxc4 ♗xc4 18.♘e3 ♗e6 19.b3 c5

Das dynamischere 19...♖fd8 20.♗a3 (20.♗b2!? f5) 20...e4 21.♖ac1 ♖d2 stellte eine gute Alternative dar.

20.♗a3 ♖fd8 21.♖fd1 ♘b4 22.♗xb4 cxb4 23.♘cd5 ♖ab8 24.♘e7+ ♖f8?!

Besser war 24...♖h7, und nach 25.♘c6 ♖xd1+ 26.♖xd1 hätte Schwarz 26...♖b6 zur Verfügung, was mit dem König auf f8 natürlich einzügig zum Matt führt.

25.♘c6 ♖xd1+ 26.♖xd1 ♖c8 27.♘xb4 a5 28.♘bd5 f5 29.f3

Schwarz hatte nicht genug für den Bauern.

Aufgabe 32 (S. 274)
David Kanovsky
Jan Bernasek
Grygov 2014

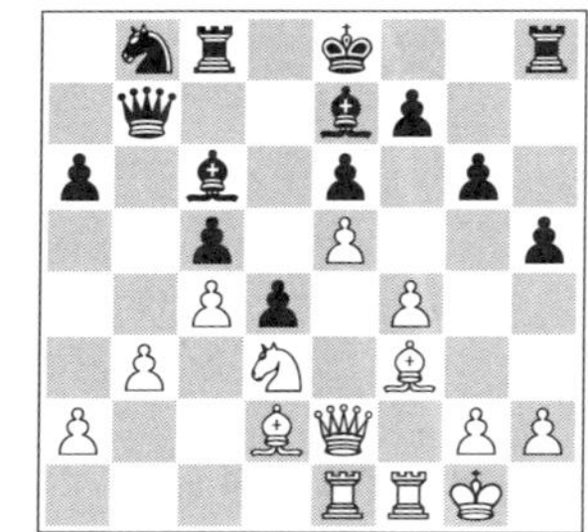

22...♖d7!?

Schwarz entscheidet sich, seinen König zum anderen Flügel zu überführen, da er am Königsflügel nicht sicher sein wird. Genaugenommen hatte er dies schon mit seinem letzten Zug vorbereitet, als er seinen Springer von d7 nach b8 zurückzog. 22...0-0 wäre tatsächlich nach 23.♗xh5 gxh5 24.f5 sehr gefährlich, doch 22...♖f8 nebst ...♖g7 wäre eine solide Alternative.

23.♖b1

Wirft seine Aufmerksamkeit augenblicklich dem Damenflügel zu und versucht, dort Linien zu öffnen.

23...♗xf3 24.♖xf3 ♘c6 25.♕e1 a5 26.a4

Selbstredend nicht 26.♗xa5 ♖a8.
Konsequenter sieht jedoch 26.a3 aus, obgleich Weiß nach 26...♖a8 den Damenflügel nicht unmittelbar öffnen könnte: 27.b4 axb4 28.axb4 cxb4 29.♘xb4? ♘xb4 30.♗xb4 ♖hb8 31.♖fb3 ♖a2, und Schwarz gewinnt.
Nach dem Textzug gelangte der König sicher nach b6. Beide Spieler hielten die Stellung geschlossen und gaben sich alsbald mit einem Remis zufrieden.

Aufgabe 33 (S. 274)
Mhamal Anurag
S.P. Sethuraman
Dharamsala 2014

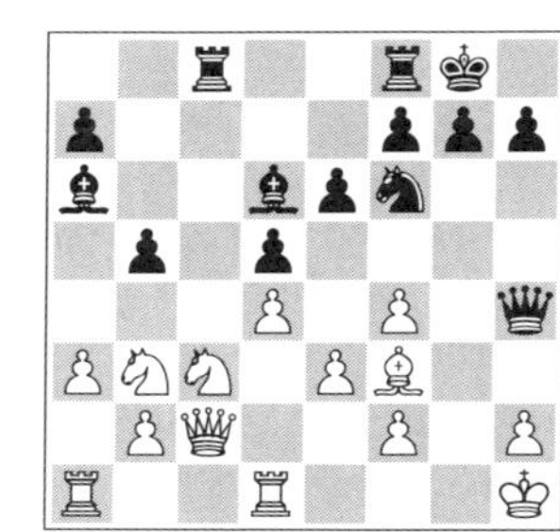

21...♖h8!

Gewiss bilden die Anwesenheit von Dame und Läufer auf h4 bzw. d6 hier einen zusätzlichen Anreiz für dieses Manöver.

22.♖g1 ♖g8 23.♖g2 g5

Die Kraft dieses Manövers wird sofort deutlich, und Weiß ist bereits in argen Nöten.

24.♖ag1

24.fxg5 ♖xg5 25.♖ag1 b4 26.axb4 ♗f1 27.♖g3 ♘e4! 28.♗xe4? ♕xh2+ 29.♖xh2 ♖h5 matt.
Verhältnismäßig am besten ist 24.f5, doch könnte Schwarz nach 24...g4 25.♗e2 ♘e4 26.♗d3 exf5 nicht klagen.

24...gxf4 25.♖xg8+

Besser wäre 25.♕e2.
Nach dem Textzug ist die Partie augenblicklich vorbei.

25...♖xg8 26.♖xg8+ ♖xg8 27.e4 ♘g4 28.♗xg4 f3 29.h3 h5 30.♗xf3

30.♕d1 hxg4 31.♕f1 b4, wonach sich der zweite Läufer zu Wort meldet, hilft gleichfalls nicht.

30...♕xh3+ 31.♖g1 ♗h2+

Und Weiß gab auf.

Aufgabe 34 (S. 274)
Alexander Kabatianski
Felix Levin
Niederlande 2013/14

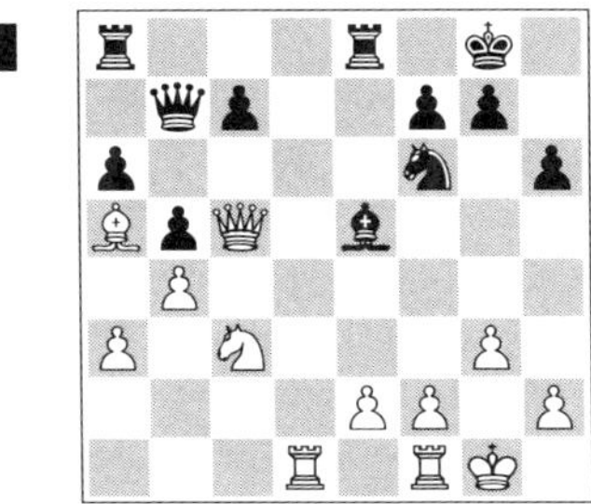

23...♗xc3!?

Eine bemerkenswerte Entscheidung! Aus einer Katalanischen Eröffnung entwickelte der ♗a5 starken Druck auf den Bauern c7, und nun tauscht Schwarz freiwillig dessen Verteidiger ab. Durch diesen Abtausch wird jedoch offensichtlich, dass der Läufer a5 im Abseits steht (man beachte, dass es keinen Rückweg gibt, da Weiß dem Läuferzug nach a5 b2-b4 folgen ließ) und Schwarz somit am Königsflügel eine Figur mehr hat. Schon bald kam mein Teamkollege Kabatianski mit den praktischen Problemen nicht mehr zurecht. In der Analyse nach der Partie diskutierte er mit seinem Gegner Levin ausgiebig über den ♗a5 in dieser Eröffnung.

Auch 23...c6 kam in Betracht, was sich ...♗xc3 vorbehält.

24.♕xc3 ♖ac8 25.♕c2 ♖e7 26.♖d4 ♖ce8 27.♖e1 ♘e4

Schwarz formiert sich für einen Königsangriff, wobei ...♘d6-c4 auch eine starke positionelle Drohung ist. Weiß übersieht indes die Hauptdrohung und begeht einen groben Fehler.

28.♖c1? ♘g5 29.♕c6 ♕xc6 30.♖xc6 ♖xe2

Auch ohne die Damen bleibt der Angriff stark. Weiß steht ohne Verteidigungsfiguren da und ist völlig verloren.

Aufgabe 35 (S. 275)
Denis Chismatullin
Andrej Stukopin
Taganrog 2014 (8)

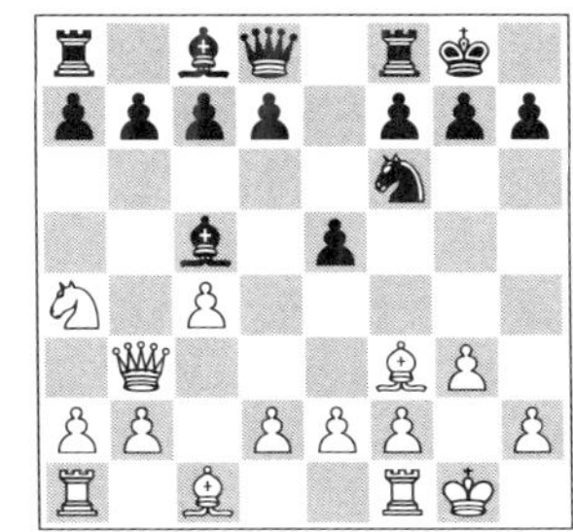

9...♗d6

In den letzten Jahren wurde 9...♗e7 mit 10.d4!? und der Idee 10...exd4 11.♖d1 c5 12.e3 beantwortet. Stukopin war nicht interessiert, Khismatullins Verbesserung zu seiner 2013 gespielten Partie gegen Sjugirow zu sehen. Der Textzug war zuvor erst einmal erprobt worden, und zwar von Vachier-Lagrave gegen... Khismatullin!

10.♖d1

10.d4 exd4 11.♖d1 kann nun mit 11...♗e5 beantwortet werden, z.B. 12.♗g2 c6 13.f4 ♗c7 14.♖xd4 ♖b8!?.

10...♖e8 11.d4 exd4 12.♖xd4 ♗e5 13.♖d1 d6 14.♗g2

Nach dem weniger ambitionierten 14.♗d2 machten die Spieler in der erwähnten Partie Khismatullin-Vachier-Lagrave, Moskau 2011, bereits Feierabend. Der Textzug ist ein logischerer Versuch, den ♗e5 unter Druck zu setzen.

14...♘d7 15.♗e3 ♘b6

Vorzuziehen war das geduldigere 15...♕e7, was den nächsten Zug von Weiß verhindert hätte. Nach 16.♘c3 ♘f6 steht Schwarz ordentlich.

16.♘c5! ♕f6

Nun hätte Weiß mit 17.♘d3! den schwarzfeldrigen Läufer verhaften und eine bessere Stellung erlangen können.

Aufgabe 36 (S. 275)
Elisabeth Pähtz
Katerina Lagno
Khanty-Mansiysk 2014

□ 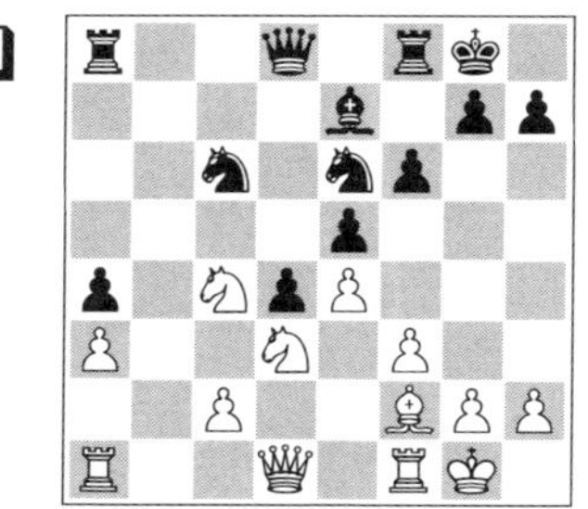

22.♕b1!

Schwarz hat Raumvorteil, doch die Weißspielerin findet die beste Möglichkeit, ihre Dame zu aktivieren.

22...♖b8 23.♕a2 ♕d7 24.♖ab1 ♖f7?!

Sucht Ärger. 24...♖h8 25.♘b6 ♕d6 war ausgeglichen. Es war eine Blitzpartie...

25.f4 exf4 26.♘xf4 ♘e5? 27.♘xe5+ fxe5 28.♘d3

Schwarz verliert nun Material.

Aufgabe 37 (S. 275)
Anish Giri
Arkadij Naiditsch
Wijk aan Zee 2014

□ 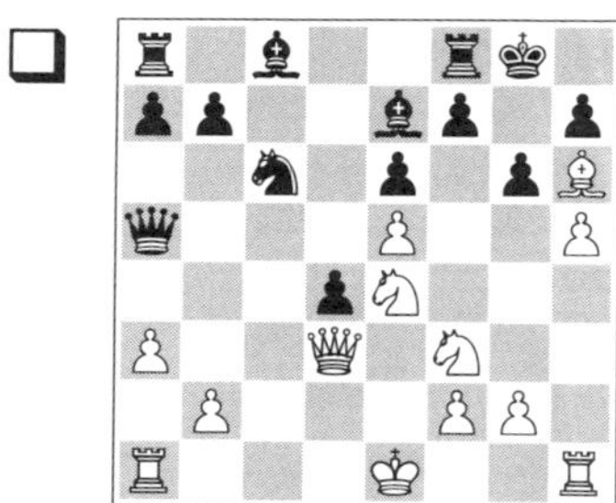

16.♕d2!

Wenn man gerade dabei ist, einen Königsangriff aufzubauen, ist man normalerweise wenig zu einem Damentausch geneigt. Giri kam aber, nachdem er die Alternativen ausgeschlossen hatte, zu der Schlußfolgerung, dass dies der beste Weg zur Fortsetzung des Angriffs sei. Er schrieb: „Ich war mit diesem Zug, der sich mir erst nach langem Nachdenken offenbart hat, sehr zufrieden."

16...♕xd2+ 17.♖xd2 ♖d8 18.hxg6 fxg6 19.♗g5 h5 20.g4?

Das geradlinige 20.♗xe7 ♘xe7 21.g4 hätte Schwarz überhaupt keine Chance gelassen, doch auch nach dem Textzug gewann Giri die Partie.

Aufgabe 38 (S. 275)
Joshua Friedel
Alex Lenderman
St. Louis 2014

■ 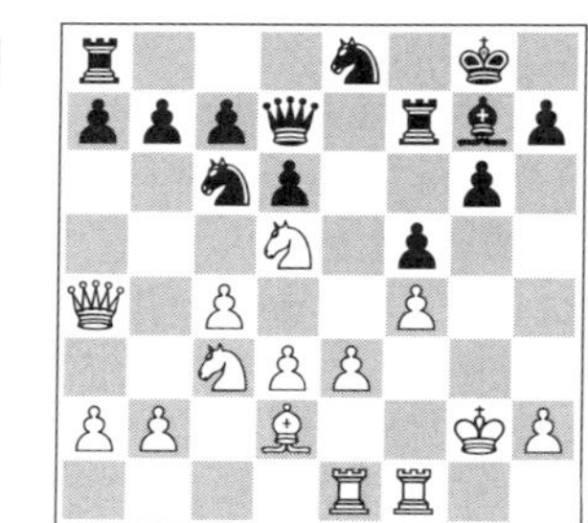

16...♘f6!?

Eine Neuerung. Lenderman beschloss, sich keine Gedanken über den überzähligen Springer von Weiß zu machen, und entwickelt sich lieber. 16...♘d8 17.♕xd7 ♖xd7 18.e4 c6? (18...fxe4 19.♘xe4!? ♗xb2 20.f5 mit sehr gefährlicher Initiative) 19.exf5! mit weißer Gewinnstellung in Dworetski(!)-Vadasz, Wijk aan Zee 1975. Indes war 16...♘b8!? eine interessante Alternative, um dem überzähligen Springer auf d5 ein paar Sorgen zu bereiten. Der Unterschied zu 16...♘d8 ist klar: Nach 17.♕xd7 ♘xd7 18.e4 c6 hat Weiß kein 19.exf5.

17.♘xf6+ ♗xf6 18.♘d5 ♗g7

Und Schwarz hatte keine Probleme.

Aufgabe 39 (S. 275)
Momchil Nikolow
Atanas Kolew
Kozloduj 2014

❑ 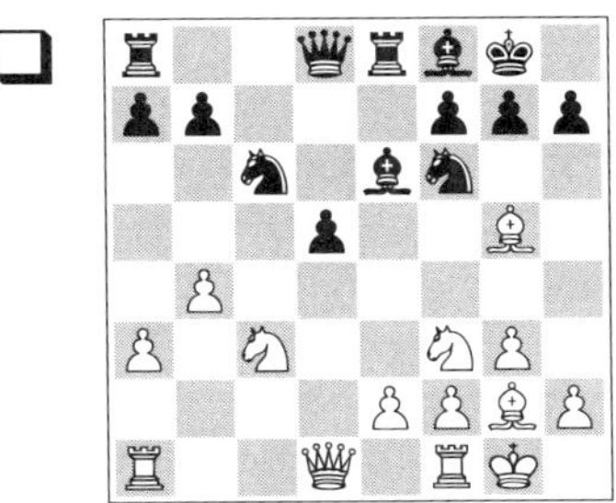

13.♖a2!?

Schützt e2, wobei der Turm auch nach d2 hinüberwechseln kann. Normale Züge wie 13.♖c1 oder 13.e3 wären nicht schlecht, doch weniger zwingend.

13...♖c8

Schwarz läßt die Verdopplung seines f-Bauern zu. 13...♗e7 kann mit 14.♖d2 beantwortet werden (was nach 13.e3 natürlich nicht möglich gewesen wäre).

14.♗xf6 gxf6 15.♘b5 ♕b6 16.♘bd4 ♗g7

Mit seiner lädierten Bauernstruktur hätte Schwarz lieber nach Möglichkeiten für ein dynamisches Gegenspiel Ausschau halten sollen, z.B. mit 16...a5.

Aufgabe 40 (S. 275)
Sergei Wolkow
Gennadi Tunik
Taganrog 2014

■ 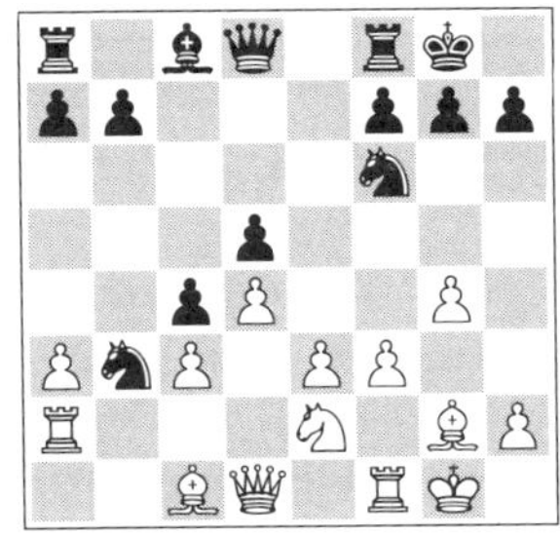

13...b5 14.e4!?

Weiß opfert seinen g-Bauern zwecks rascherer Entwicklung und um ein starkes Bauernzentrum zu erhalten. Die Idee ist nicht neu. Ein paar Beispiele:

A) 13...a5 14.♘g3 b5 15.e4!? (15.g5 hätte stattdessen zu Anand-Carlsen geführt) 15...dxe4 16.♗g5 h6 17.♗xf6 ♕xf6 18.fxe4 ♕g5 (18...♕b6 19.g5 b4! Giri) 19.e5!?, was von einigen Kommentatoren nach dem WM-Duell vorgeschlagen und auch eine Woche darauf bei Wolkow-Smirnow, Khanty-Mansiysk 2013, mit Erfolg gespielt wurde;

B) 13...h6 würde per Zugumstellung zu Kasparow-Polgar, Tilburg 1997, führen. Tatsächlich bezeichnete Kasparow während jener 9. WM-Partie den Zug ...h7-h6 als sehr schwach, da er Weiß einen „Haken" am Königsflügel gibt. 14.♘g3 (erneut 14.e4!?, diesmal von Giri vorgeschlagen: 14...dxe4 15.fxe4 ♗xg4 16.♕e1, und das Bauernzentrum ist laut Giri in *New In Chess* 2013/8 einen Bauern wert) 14...♗d7 15.♕e1 ♖e8 16.e4 (! Kasparow) 16...dxe4 17.fxe4 ♘xg4 18.♗f4 ♕h4 19.h3 ♘f6 20.e5, und Weiß fuhr einen überzeugenden Sieg ein.

C) 13...♕a5 14.♗d2 ♗d7 15.♘g3 ♗c6 würde zu Ipatow-Debashis, Junioren-WM Kocaeli 2013, überleiten. Nach 16.e4 dxe4 17.fxe4 ♘xd2 18.♕xd2 wäre nun 18...♘xg4 kritisch, doch nach 19.♘f5 hätte Weiß reichliches Spiel für den Bauern.

14...dxe4

Auch hier dreht sich die Diskussion darum, ob Schwarz den ♘b3 abtauschen soll oder nicht. Wird er später im Abseits stehen oder aber beim Gegenangriff nützlich sein? Nach 14...♘xc1 15.♕xc1 dxe4 16.fxe4 ♗xg4 17.♘f4 wird sich der ♖a2 über die zweite Reihe in den Angriff einschalten.

15.fxe4 ♘xg4 16.♗f4 a5 17.h3,

Und auch hier hatte Weiß Kompensation.

Epilog

Auch nachdem ich die Arbeiten zu diesem Buch abgeschlossen hatte, liefen mir ständig neue und alte Beispiele zu den hier diskutierten Mustern über den Weg. Und dies an den verschiedensten Stellen – ganz gleich, ob ich in alten russischen Büchern stöberte, ein aktuelles Turnier verfolgte oder die wöchentlich neuen Partien aus *The Week In Chess* durchging.

Selbstredend kommt nicht jedes Muster gleich häufig vor. Einem typischen Qualitätsopfer werden Sie weit häufiger begegnen als einem eingesperrten Läufer. Von ersterem könnte ich eine ganze Reihe von Beispielen aufzählen, z.B. das Läuferschnippen in Gupta-David, Rethymno 2014:

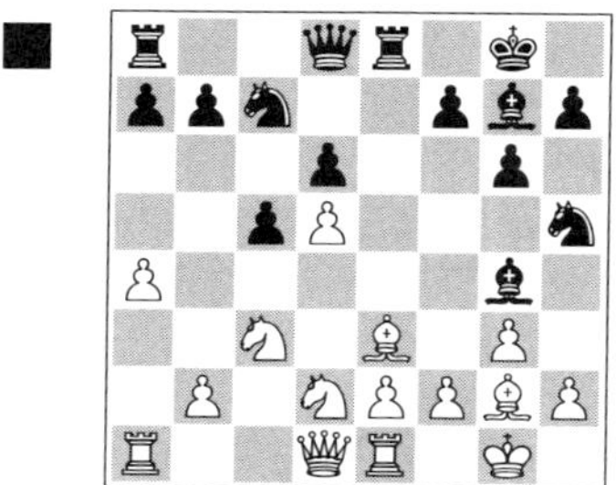

14....♖xe3!?

Oder „Der Königsturm greift sich den Springer" in Bu Xiangzhi-Zhou Weiqi, Chinesische Mannschaftsmeisterschaft Jinan 2014:

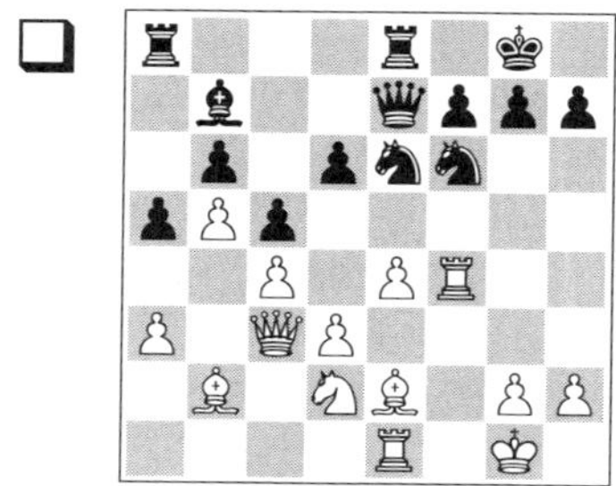

19.♖xf6!?

Doch noch mehr Beispiele zu einem jeweiligen Muster hinzuzufügen würde über das Ziel hinausschießen und kaum mehr eine weitere Hilfe für Sie darstellen. Zu beobachten, wie sich die Muster wiederholen, ist für sich schon eine schöne Sache, und gelegentlich bereiteten mir die Beispiele besondere Freude. Zum Beispiel als ich sah, wie Merijn van Delft, der unter anderem zeitweise mein Kollege beim *ChessVibes* Trainings-Magazin war, gegen unseren Landsmann Martijn Dambacher beim Europapokal der Vereinsmannschaften 2013 den Läufer wegschnippte:

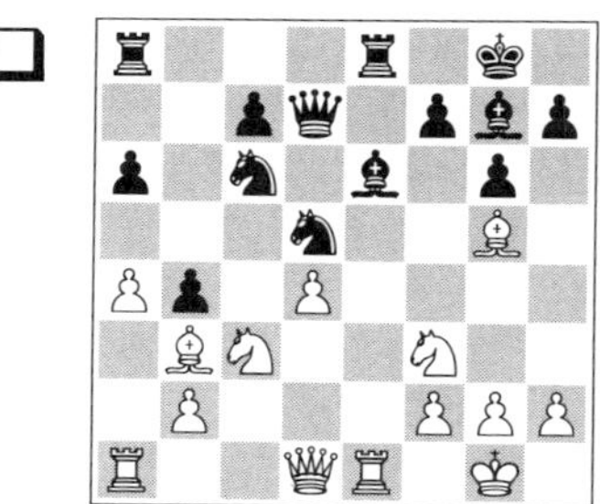

16.♖xe6!?,

... was nach 16...fxe6 17.♘e4 ♖f8 18.♖c1 umgehend mit 18...♖xf3!? gekontert wurde.

Ich möchte Ihnen ein weiteres hervorstechendes Beispiel zeigen. „Figuren im Abseits" stellt eines der am schwierigsten zu erkennenden Muster dar, da dieses Motiv nicht mit einem bestimmten Feld verknüpft ist. Doch auch hier stieß ich eher zufällig auf ein Pendant. Ironischerweise war es diesmal ausgerechnet Timman, der auf einer Art „Salow-Turm" auf a5 sitzenblieb:

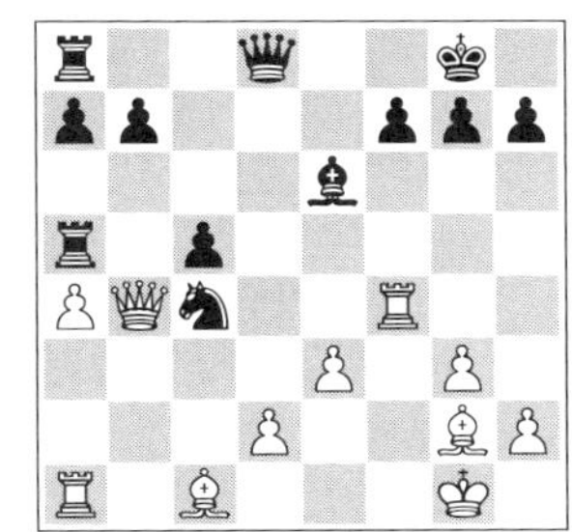

Stellung nach **19...c5** in Matlakow-Timman, Kopenhagen 2014

Es wird Sie nicht überraschen, dass Weiß nach...

20.♕c3 ♘d6 21.♗b2 f6 22.g4

bald am anderen Flügel erfolgreich war.

Bücher sind gleichfalls eine gute Quelle der Inspiration. Als ich im zweiten Band (*From GM to Top Ten*) aus Judit Polgars exzellenter biographischen Reihe schmökerte, traf ich auf einen anderen Typ eines Qualitätsopfers, nämlich ein stilles. Es kam zwar nicht in der Partie aufs Brett, aber sie hatte es erwogen:

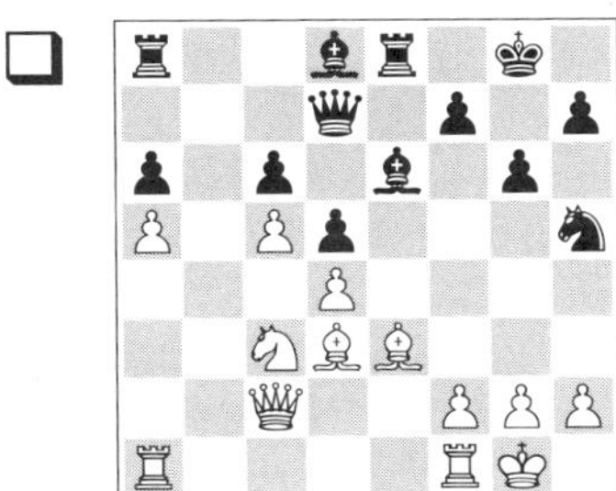

Hier wurde **19.♘a4!?** gespielt. Polgar kommentiert wie folgt: „Ich spürte, dass die Inbesitznahme des Feldes b6 wichtiger war als Material. Ich hatte sogar 19.♖fb1!? nebst ♖b6 erwogen, ein Qualitätsopfer mit ganz ähnlichen Ideen." Das ist in der Tat ein durchaus geläufiges Opfermotiv, das wir auch im Buch behandelt haben. Diesmal kam es jedoch nicht aufs Brett. Was einmal mehr unterstreicht, dass das Erkennen eines Musters nicht gleichbedeutend mit der einzigen oder richtigen Lösung des Stellungsproblems ist.

Im Kapitel 4 desselben Buches befasst sich Polgar mit positionellen Opfern, was natürlich ein viel breiteres Thema ist als die Muster in unserem Buch. Bei ihrer vergleichenden Betrachtung zweier Partien gegen Karpow zieht sie einige interessante und sehr spezielle Schlussfolgerungen. Beide Partien beinhalten ein Springeropfer auf demselben Feld (d5), jeweils mit einem starken Bauernzentrum als Ersatz für das geopferte Material. Tatsächlich hätte insbesondere die Partie aus Buenos Aires 2000 hervorragend in das Kapitel 27 über Lawinen im Zentrum hereingepasst.

Und ich bin überzeugt, dass Sie beim sorgfältigen Studium von Werken anderer Autoren ebenfalls solche Partiefragmente entdecken werden, die mit unserer Mustererkennung in engem Zusammenhang stehen.

Die Anzahl möglicher Muster ist mit der Veröffentlichung dieses Buches keineswegs ausgeschöpft. Für die vorliegende Auswahl musste ich viele weglassen, und derweil laufen mir ständig „neue" Muster über den Weg. Man nehme diese Stellung aus Maletin-Khismatullin, Ischewsk 2014:

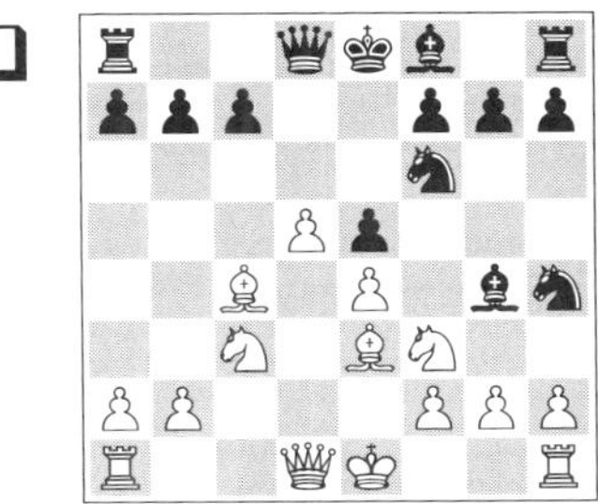

10.♖g1

Dabei musste ich sofort an Bodnaruk-Kostenjuk, Russische Frauenmeisterschaft 2010, denken:

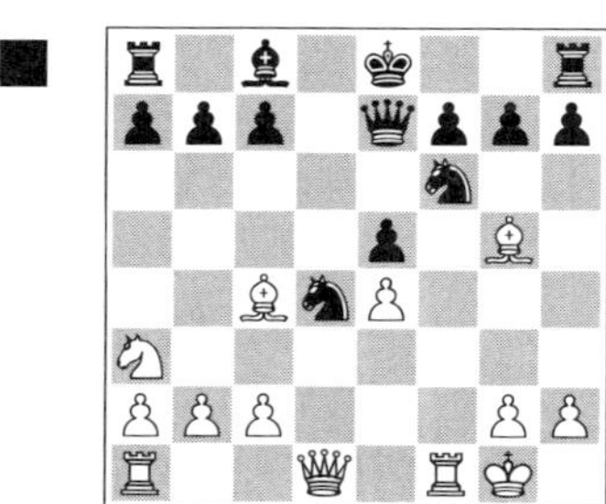

10...♖g8!

... und ebenso an weitere „mysteriöse Turmzüge", wie sie meines Wissens tituliert wurden.

Ich empfehle Ihnen, derartige Beispiele systematisch zu sammeln und die Wirksamkeit der jeweiligen Muster zu untersuchen. Danach wird es Ihnen leichter fallen, in Ihren eigenen Partien ungewöhnliche Ideen aufzuspüren.

Ich denke, es ist keineswegs seltsam, dass mir laufend neue Beispiele zu den in diesem Buch vorgestellten Mustern über den Weg laufen (auch stammen die meisten Aufgaben aus Turnieren des Jahres 2014): Ich vermute, ich habe ein Gespür der Aufmerksamkeit für diese Muster entwickelt. Und ich bin überzeugt davon, dass auch Sie, geschätzter Leser, mit geschärftem Blick typische Figurenkonstellationen oder kontraintuitive Opfer erspähen werden und von dieser Wiedererkennung in Ihren eigenen Partien profitieren werden!

Arthur van de Oudeweetering
Juli 2014

Spielerverzeichnis

Zahlen verweisen auf die Seitenzahl.

Bibliographie

Artverwandte Bücher:

John Watson Gambit 2002; *Schachstrategie in Aktion* Gambit 2004
Andrew Soltis *100 Chess Master Trade Secrets* Batsford 2013
Valeri Bronznik & Anatoli Terekhin *Techniken des Positionsspiels im Schach* Schachverlag Kania 2005

Die (derzeit!) inspirierendsten Bücher:

In der Tat obligatorisch:

Alle Bücher von **Mark Dworetski**
Garri Kasparow *Meine großen Vorkämpfer* (siebenbändige Serie) Olms 2004-2007; *Garry Kasparov on Garry Kasparov* Part 1 und 2 Everyman Chess 2011, 2013

Des Weiteren auch:

Jonathan Tisdall *Improve Your Chess Now* Cadogan 1997
John Emms *Simple Chess; More Simple Chess* Everyman Chess 2001; 2004
Mihai Suba *Dynamic Chess Strategy* New In Chess 2010
Johan Hellsten *Mastering Chess Strategy* Everyman Chess 2010
Alexander Koblenz *Lehrbuch der Schachstrategie* Sportverlag 1972
Peter Romanowski *Soviet Middlegame Technique* Quality Chess 2013
Jonathan Rowson *Die Sieben Todsünden des Schachspielers* Gambit 2003
Michail Tal *Tal - Botvinnik 1960* Russell Enterprises 2003
Judit Polgar Autobiographische Reihe *How I beat Bobby Fischer's record* Quality Chess 2012; *From GM to Top Ten* Quality Chess 2013;*A Game of Queens* Quality Chess 2014
New In Chess Magazin über die Jahre hinweg
und zahllose andere Bücher und Quellen.

Die besten Internetpublikationen:

Chesspro.ru (verschiedene Rubriken)
Chesscafe.com Mark Dworetskis *The Instructor*
theweekinchess.com/, insbesondere mit Marc Crowthers unschätzbaren wöchentlichen TWIC Partiesammlungen zum Herunterladen
ChessVibes.com/Chess.com Peter Doggers' Turnierreportagen

Über den Autor

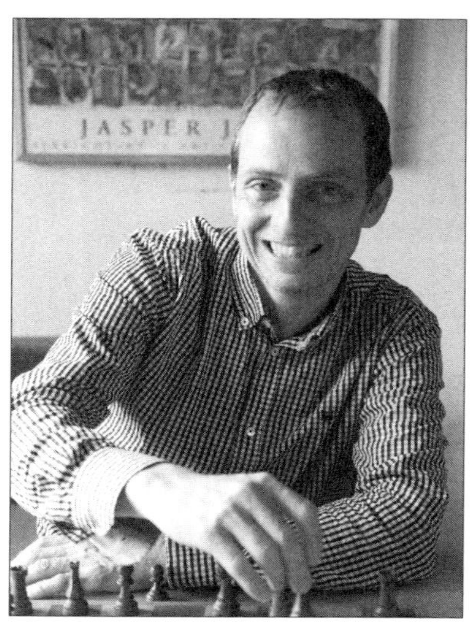

Arthur van de Oudeweetering (* 1966) ist ein holländischer Schachspieler, -trainer und -kolumnist aus Amsterdam. Aufgewachsen in der schachbegeisterten Stadt Apeldoorn, wurde er Vizemeister in der holländischen U16-Meisterschaft. Später, im Jahre 2003, errang er den Titel eines Internationalen Meisters, bevor er seine Aufmerksamkeit der Trainertätigkeit zuwandte.

Einige Jahre lang trainierte er den holländischen U14-Kader, aus dem einige starke Großmeister hervorgegangen sind. Seine so erworbenen Erfahrungen im Zusammenstellen von Trainingsunterlagen brachte er in eine wöchentliche Kolumne zum Mittelspiel für das *ChessVibes Training*-Magazin ein, was dann schließlich die Grundlage für das vorliegende Buch darstellte. Bis vor kurzem schrieb Van de Oudeweetering auch eine monatliche Kolumne für das *Master's Bulletin* auf Chess.com.